国家出版基金项目
NATIONAL PUBLICATION FOUNDATION

國家出版基金項目

教育部哲學社會科學研究重大課題攻關項目

「十一五」國家重點圖書出版規劃項目·重大工程出版規劃
國家社會科學基金重大項目
北京大學「九八五工程」重點項目

儒藏

精華編九一册
經部春秋類

儒藏

北京大學《儒藏》編纂與研究中心

《儒藏》精華編第九一册

首席總編纂　季羡林

項目首席專家　湯一介

總編纂　湯一介　龐樸　孫欽善　安平秋（按年齡排序）

本册主編　姜廣輝　朱漢民

《儒藏》精華編凡例

一、中國傳統文化以儒家思想爲中心。《儒藏》爲儒家經典和反映儒家思想、體現儒家經世做人原則的典籍的叢編。收書時限自先秦至清代結束。

二、《儒藏》精華編爲《儒藏》的一部分，選收《儒藏》中的精要書籍。

三、《儒藏》精華編所收書籍，包括傳世文獻和出土文獻。傳世文獻按《四庫全書總目》經史子集四部分類法分類，大類、小類基本參照《中國叢書綜録》和《中國古籍善本書目》，於個別處略作調整。凡單書已收入入選的個人叢書或全集者，僅存目録，並注明互見。出土文獻單列爲一個部類，原件以古文字書寫者一律收其釋文文本。韓國、日本、越南儒學者用漢文寫作的儒學著作，編爲海外文獻部類。

四、所收書籍的篇目卷次，一仍底本原貌，不選編，不改編，保持原書的完整性和獨立性。

五、對入選書籍進行簡要校勘。以對校爲主，確定内容完足、精確率高的版本爲底本，精選有校勘價值的版本爲校本。出校堅持少而精，以校正誤爲主，酌校異同。校記力求規範、精煉。

六、根據現行標點符號用法，結合古籍標點通例，進行規範化標點。專名號除書名號用角號（《》）外，其他一律省略。

七、對較長的篇章，根據文字内容，適當劃分段落。正文原已分段者，不作改動。千字以内的短文一般不分段。

八、各書卷端由整理者撰寫《校點説明》，簡要介紹作者生平、該書成書背景、主要内容及影響，以及整理時所確定的底本、校本（舉全稱後括注簡稱）及其他有關情況。重複出現的作者，其生平事蹟按出現順序前詳後略。

九、本書用繁體漢字豎排，小注一律排爲單行。

《儒藏》精華編第九一册

經部　春秋類

春秋總義之屬

春秋經解

〔北宋〕孫覺 撰
吴仰湘 校點

目録

校點説明

《春秋經解》十五卷，北宋孫覺撰。

孫覺（一〇二八—一〇九〇）字莘老，高郵甓社（今屬江蘇省）人。年輕時從胡瑗受學，入選經社，傳其《春秋》學。仁宗皇祐元年（一〇四九），進士及第，任合肥主簿。嘉祐四年（一〇五九），入選昭文館，任校勘。神宗即位，孫覺受命直集賢院，擢右正言，不久因希旨上奏，出京通判越州。熙寧二年（一〇六九），受召知諫院，同修起居注，知審官院。時王安石推行新法，孫覺屢有異言，與王安石相忤，而出知廣德軍。此後歷知湖、廬、潤、蘇、福、亳、揚、徐諸州。元豐四年（一〇八一），孫覺知應天府，後召爲太常少卿，改秘書少監。哲宗即位後，遷爲右諫議大夫，又升任吏部侍郎，擢御史中丞。數月後，以疾請罷歸，加封龍圖閣學士兼侍講，提舉舒州靈仙觀。元祐五年（一〇九〇）二月，病卒，年六十三歲。孫覺一生著作頗豐，據《宋史·藝文志》，有《春秋經社要義》六卷、《春秋經解》十五卷、《文集》四十卷、《奏議》二十卷、《外集》十卷、《荔枝唱和詩》一卷，今僅存《春秋經解》十五卷、《孫莘老先生奏議事略》一卷並《補遺》一卷。孫覺的生平事蹟，見於《宋史》卷三四四本傳及《東都事略》卷九十二，清人茆泮林編有《宋孫莘老先生年譜》一卷、《補遺》一卷。

據孫覺《春秋經解自序》，他認爲孔子晚年見救世無望，於是據魯史而作《春秋》，以代天王行賞罰：「《春秋》之所善，王法之所褒也；《春秋》之所惡，王法之所棄也。至於修身、正家、理國、治天下之道，君臣、父子、兄弟、夫婦之法，莫不大備。」孫覺由此出發，在書中極力推究聖人褒善貶惡的微言大義，宣揚尊王抑霸之論，倡導綱常人倫之説。對於《春秋》三傳，孫覺以爲「《左傳》多説事跡，而

《公羊》亦存梗概」，只有《穀梁》解説《春秋》義藴「最爲精深，且以《穀梁》爲本者」。後人因此認爲他信守《穀梁》之學，張之洞編《書目答問》甚至將《春秋經解》列爲解説《穀梁傳》的專門著作。其實孫覺在解説《春秋》經義時，並未專宗《穀梁》一家之説，而是對三傳及前儒之説均有取有舍，凡是非褒貶，一出於己之折衷斷案，呈現出任臆主觀的濃厚色彩。無論在宋代《春秋》學史上還是理學史上，孫覺《春秋經解》均有深遠的影響。

《春秋經解》成書後，一直以稿本流傳，孫覺之孫重伯曾請楊時作序，力謀刊行，但未成事。直到南宋紹熙四年（一一九三），時任高郵太守邵輯據其家藏稿本，將《春秋經解》刊板於郡齋。兩年後即慶元元年（一一九五），檇李張顔加以重刻，新增海陵周麟之跋文。嘉定九年（一二一六），高郵太守汪綱再次刊刻，補入楊時後序。元、明以來，《春秋經解》雖屢見著録，但多以抄本傳世，未見重刊。至清康熙十五年（一六七六），納蘭成德取舊本重加校刻，成十五卷本《龍學孫公春秋經解》。此乃通志堂單刻本，並未入《通志堂經解》。道光二十年（一八四〇），儀徵汪氏刻《正誼齋叢書》所收《龍學孫公春秋經解》，即據通志堂本。乾隆三十九年（一七七四），武英殿聚珍處以木活字刊行聚珍版叢書十五卷本《春秋經解》。後福建書局於乾隆、道光、同治、光緒年間屢次翻刻聚珍版叢書本，均有孫覺此書。廣雅書局於光緒二十五年（一八九九）重刊《春秋經解》，上海商務印書館於民國二十四年（一九三五）排印《叢書集成初編》所收《春秋經解》，均據武英殿本。《四庫全書》所收十三卷本的《春秋經解》，館臣標明所據爲紀昀家藏抄本。此外，臺北故宫博物院今藏有十五卷《龍學孫公春秋經解》的舊抄本，分裝四册；北京國家圖書館藏有乾隆六十年王端履校十五卷《春秋經解》，爲清抄本，已由山東友誼書社於一九九一年影印出版。

此次校點，以通志堂單刻《龍學孫公春秋經解》爲底本，以武英殿聚珍處刊印《春秋經解》（簡

稱殿本）爲校本。如此選擇的理由是：其一，通志堂本爲現存的最早刊本，版本之優顯而易見，並且較多保存宋版原貌，如避宋諱、不竄改「夷狄」等文字，而殿本凡遇「夷狄」等文句，則全部加以竄改，乃至大作删棄，大失原書面貌；其二，通過對各本現有闕文的比較，發現殿本往往整條或大段漏失，而通志堂本只偶爾缺失少數文字；其三，殿本雖有諸多不足，卻在補闕文、正訛字等方面，恰對通志堂本有參校作用。又據筆者考察，王端履校清抄本《春秋經解》（簡稱王校本）與殿本幾無差别，僅個别文字有異，可是正殿本之訛，因此遇有通志堂本、殿本均訛時引以參校。至於《文淵閣四庫全書》本或《文津閣四庫全書》本所收孫覺《春秋經解》，一則因卷數少於通行本，且卷一、卷二誤爲孫復《春秋尊王發微》前兩卷，再則因大量竄易或删改「夷狄」文句，故不足以用作底本或校本。

校勘時遵循《儒藏》相關規範，但有兩點特爲説明：其一，凡遇闕文，據校本添補，並出校記，若各本均闕，則無法添補；其二，所録《春秋》經文有明顯誤字者，爲作改正並出校記，至於三傳所録經句原本爲異文者，則一仍其舊。

爲增加讀者對《春秋經解》的瞭解，今將孫覺自序置於全書之前，並將通志堂本所載《國史傳》、邵輯序、周麟之跋、張顔跋、納蘭成德序，與四庫本所載楊時序、汪綱跋，以及武英殿本所載乾隆御題詩、四庫館臣撰擬該書提要等九篇資料移置書後，作爲附録。目録以文内标題爲準。

校點者　吴仰湘

春秋經解自序

《春秋》者，魯國之史，孔子老而後成之書也。孔子曰：「吾自衛反魯，然後樂正，《雅》、《頌》各得其所。」又曰：「加我數年，五十而學《易》，可以無大過矣。」是删《詩》、《書》，定禮、樂，在於反魯之年，而贊《易》在於五十之後也。《春秋》止於獲麟，而孔子没於獲麟之後二歲耳。是孔子於未没之前，猶記《春秋》之事，則《春秋》之於六經，最爲晚成也。孔子於未老之前不作《春秋》，必其老而後作者，蓋孔子尚壯，猶冀當時之君有能感悟而用之者矣。奈何周旋天下，至於窮老，而一丘之地不可得，一旅之民不可有。孔子之年益老，而天下之亂不止，至於臣弑其君，子弑其父，而天子不加誅，方伯不致討，三綱五常掃地俱盡。孔子於是因魯之史，以載天子之事，二帝三王之法於是乎在。《春秋》之所善，王法之所褒也。《春秋》之所惡，王法之所棄也。至於修身、正家、理國、治天下之道，君臣、父子、兄弟、夫婦之法，莫不大備。故前史云：「爲人臣而不知《春秋》，必蒙首惡之名；爲人子而不知《春秋》，必陷大逆之罪。」故學者不可以不務也。《春秋》之作，蓋以天下無王，而孔子以王法正之。誅罰褒賞者，天子之事也，故孔子曰：「知我者，其惟《春秋》乎！罪我者，其惟《春秋》乎！」作傳者既不解孔子所以作《春秋》之意，而杜預、何休之徒又妄爲之説。如杜預之説則曰：「周德既衰，官失其守，諸所記注，多違舊

章。仲尼因魯史策書成文，考其真僞而志其典禮，其教之所存、文之所害，則刊而正之，其餘則皆即用舊史。《春秋》既曰「作之」，又徒因其記注，即用舊史，則聖人何用苟爲書也？何休之説曰：「《春秋》將以黜周王魯。孔子爲天下無王，乃作《春秋》。」何得云黜周王魯？如經書王正月者，大一統也；先王人者，卑諸侯也；不書王戰者，以見天下莫之敵也；書王而加天者，别吴、楚之僭僞也。《春秋》尊王如此，安得謂之黜周乎？作傳者既不解孔子所以作《春秋》之意，而注釋者又妄爲之説，至今好怪之徒，更增引血書端門諸讖緯之説以解《春秋》。此啖氏所謂「宏綱既失，萬目從而大去」者也。故自孔子之没，能深知《春秋》之所以作與《春秋》之所存者，唯孟子爾。孟子曰：「王者之迹息而《詩》亡，《詩》亡然後《春秋》作。」孟子之意，以謂王者之號令尚行於天下，而於號令之中有過差失繆，則詩人得以刺規而正之。至其大亂而王道板蕩，號令不行，天子名存而已，則孔子作《春秋》以代其賞罰也。《春秋》既成，孔子不久而已没，又其書刺譏誅絶，多病當時之人，不可顯傳於世，故門弟子受業《春秋》者無聞焉。其後遂有《春秋》五傳，鄒氏、夾氏久已不傳，而《左傳》、《公》、《穀》代興於漢。然其祖習傳受，傳記不明。如習《左傳》者即託爲丘明，言與孔子同其好惡，又身爲國史，所載皆得其真。然《左氏》之書時亦失繆，此亦黨《左氏》之言也。習《公》、《穀》者，又言孔子經成，獨傳子夏，公羊高、穀梁赤皆子夏門人。若二子同出子夏之門，不應傳有同異，此亦黨《公》、《穀》之言也。三傳之出既已訛謬，

諸儒之説不可據依，但當取其是而舍其非爾。《春秋》之名，説者亦衆。如《左氏》説韓宣子適魯，見《易象》與魯《春秋》。又《孟子》亦曰：「晉謂之《乘》，楚謂之《檮杌》，魯謂之《春秋》，其實一也。」是孔子於未作之前，已名《春秋》，孔子因之不改也。杜預曰：「史之所記，必表年以首事。年有四時，故錯綜以爲所記之名也。」❶《孝經》亦曰：「春秋祭祀，以時思之。」是言春秋可以舉四時，杜預之説爲得矣。三傳之作既未可質其後先，但《左傳》多説事迹，而《公羊》亦存梗概，陸淳以謂斷義即皆不如《穀梁》之精。今以三家之説校其當否，而《穀梁》最爲精深，且以《穀梁》爲本者。其説是非褒貶，則雜取三傳及歷代諸儒，唐啖、趙、陸氏之説，長者從之。其所未聞，即以所聞安定先生之説解之云。

❶ 「綜」，《春秋經傳集解》杜預序作「舉」。

龍學孫公春秋經解隱上第一

孫覺莘老

元年，春，王正月。

元年者，隱公之始年。正月者，平王之正月也。《春秋》始於平王、隱公者，蓋周室之衰，自平王東遷之後，賞罰號令不行於天下，諸侯朝貢不至於京師，《黍離》之詩降於《國風》，《文侯之命》王言遂絶，所以見周道之衰基於幽、厲，而成於平王也。《春秋》於是作者，以天下無王而代之賞罰也。按：平王東遷，孝公之三十七年也。明年孝公薨，惠公立。四十六年，惠公薨，隱公立，三年而平王崩。《春秋》不始於平王東遷之年與孝公、惠公之時，而始於隱公者，孫明復云：孔子不忍遽絶之也，歷孝逾惠，冀其能以王道奮起，興復文、武之業。而平王庸暗，莫能中興，播遷陵遲，迨隱而死。夫生猶有可待也，死則何所爲哉？孔子於是絶之。此《春秋》之所以始隱公也。《春秋》，魯史，魯爲諸侯，《春秋》亦書元年者，天子有天下，諸侯有一國，皆南面稱君，故惟天子、諸侯得稱元年。天子之元行於天下，諸侯之元行於一國。《伊訓》曰「成湯既没，太甲元年」，天子稱元之驗也。《春秋》十二公皆書元年，諸侯稱元之驗也。然而元年不謂之一年，正月不謂之一月者，欲示人君體元居正之法也。夫元者，氣也，天地生成之德也。建子之月，群陰方壯，萬物未萌，而一元之氣，潛伏於黄鍾之

宫，於時已有生成萬物之心。及其發而成功，則生之爲春夏，成之爲秋冬。聖賢居無位之時，萬物未蘇，群生未安。聖賢雖處衆人之下，亦已有生成及民之心。及其發而成功，則舒之爲禮樂，慘之爲政刑。是故爲天子者體天地生成之德，則可以生成天下之民物。爲諸侯者體天地生成之德，則可以生成一國之民物。故《易》之道備於三才，而元首於四德。《春秋》褒善貶惡，以爲萬世之法，而即位之初必稱元年者，蓋以此也。夫正者，方直之名，大正之道也。上爲天子，下爲諸侯，所言必正言，所行必正行，所近必正人。法令之行，必以其正也。賞刑之出，必以其正也。造次動静，莫不一於正者，居正之謂也。然而元者，生成之本也。春者，天之所爲生成之始也。以春次元者，言春非元無以發爲生成之德也。王者，天下之本。正者，王之所爲而政教之始也。以正次王者，言正非王無以施爲政教之道也。是故王者必正其天下之政教而上奉乎天，故以王次春焉。諸侯必正其一國之政教而上奉乎王，故以公即位次正焉。此天子、諸侯體元居正大義也。然何休以爲黄帝五始之法同日並見，相須成體，此則怪誕之甚也。夫《春秋》爲亂世而作，豈有黄帝居治平之時，而預作《春秋》亂世之法哉？又以《春秋》王魯，記隱公爲始受命王，非王者不得改元立號，此亦非也。魯君之稱元年者，既即位，不得不記其始，且示人君體元居正之法也。又《公羊》言王謂文王也，杜預言王謂平王也，且文王雖大聖人，而周之始王，然事不接於《春秋》，何

得謂《春秋》之爲文王哉？杜預雖指爲平王，然不論平王東遷之後王室衰微，諸侯彊僭，孔子不與其無王，而正之以王也。《春秋》之法，繼弑君不言即位。先君不得正其終，則後君不得正其始，若莊之於桓、❶僖之於閔是也。非繼弑，則言即位。先君既得正其終，則後君亦得正其始，若文之於僖、襄之於成是也。按《史記》世家惠公正卒，非不正其終也，而隱公不書即位者，孫明復曰：以見其首惡也。周家之法在於傳嗣，傳嗣之大在於立嫡。隱公爲繼室聲子之子，惠既無嫡，隱長當立，反以手文之故，志遜於桓，首亂周道，自取簒弑之禍。不書即位者，猶曰隱不足嗣承先君之位云爾，貶之也。然《左氏》、《公羊》之説，則皆不倫。《左氏》以爲不書即位者，攝也。《公羊》以爲不書即位者，成公遜意也。夫位者，天下之公器也；遜者，一人之私惠也。隱公以私惠而忘天下之公器，以自取簒弑之禍，《春秋》豈爲遜而不書哉？此《左氏》、《公羊》不明首惡之罪也。惟《穀梁》以謂隱輕千乘之國，蹈道則未者，爲得之矣。

三月，公及邾儀父盟于蔑。

公，隱公也。及，内爲志也。《春秋》之法，内爲志則書「及」，外爲志則書「會」。凡盟會侵伐，重其爲首者。其事善，則首者之善重。其事惡，則首者之惡亦重。是故盟會則以主會爲首，侵伐則以主兵爲首，所以輕重之也。然而於内之主，則可言公及某，於外之主，則不可言某及

❶「桓」，原避宋諱作「威」，今回改。下同，不再一一出校。

公。故聖人變其文，曰及曰會也。及，以内及外，因此而及彼。會者，以此從彼，彼處某而我往會之也。邾，附庸之國也。儀父，其名也。其不書爵者，附庸之君未爵命，例以名通，若莊五年「郳犁來來朝」之類是也。盟者，刑牲歃血，詛命相誓，而質於神明，不信而後爲之也。不信於人，誰信於己？彼此不能相信，然後告於神，而誓以存亡死生也。聖人重而書之，所以謹不信也。《春秋》二百四十二年之間，凡盟百一十有二，是皆爲不信而後爲者也。雖然，當是之時，彊侵弱，衆暴寡，小凌大，天下皆是矣。苟小不事大，弱不服彊，寡不從衆，則無以苟一時之安矣，通之以一時之宜可也。故其閒事有淺深，辭有輕重，有志在天下而爲之者，有志在一國而爲之者，雖不信之辭同，而善惡之大小輕重亦以異矣。齊小白之葵丘，晉文公之踐土，可謂有志於天下而苟安於一時也。隱公之艾，莊公之柯，可謂有志於一國而委身於彊大也。然而儀父之盟，以小事大，以弱服彊，亦《春秋》之常也。以弱較魯，則魯彊。以大論邾，則邾小。與之盟，則身安而國存；不與之盟，則身危而國削，此所以爲一時之宜也。然質之以聖人之志，王者之法，則皆爲不信而爲之也。然而三傳之説，皆以爲褒。案：《春秋》與公盟者衆矣，未有以字褒之者焉。趙子曰：三傳蓋見莊十六年「邾子克卒」，以爲同盟，故書，遂以儀父爲字，殊不知儀父亦名耳。魯季孫行父、晉荀林父，亦以父爲名。緣未得王命，止是附庸之君，故不書卒書葬。至莊十六年邾子克卒，即其嗣

君自以王命爲子，故書卒爾。且儀父附庸之君，非有勤王之善，縱其自通於大國，亦自利爾，有何可嘉而字褒之乎？趙子之説，誠得之矣。若爲始與公盟，則桓十七年書「公會邾儀父，盟于趡」，彼非始與公盟也。且二百四十二年與公盟者衆矣，何獨邾儀父兩與盟而兩褒之哉？

夏，五月，鄭伯克段于鄢。

尊尊親親之道行，天下之治可知也。雖堯、舜三代之盛，其治不過乎此。尊尊，義也。親親，仁也。尊尊親親之道行，仁義之化被矣。《堯典》曰：「克明俊德，以親九族。九族既睦，平章百姓。」《文王》之詩曰：「刑于寡妻，至于兄弟，以御于家邦。」親親之道行，尊尊之義從之矣。親親者，又尊尊之先乎？故父母，天地也；兄弟，手足也。人非天不戴，非地不履，非手不指，非足不行。人焉而無父母兄弟之道，則禽獸然也，夷狄然也。故古之所謂大聖人者，其舜、周公歟？舜，兄也。象，弟也。象日以殺舜爲事，舜即帝位而封之有庳，未嘗殺之也。周公，弟也。管叔，兄也。管叔以三監及淮夷叛，將以亂天下，而周公誅之。舜、周公無異意也。舜未即位，象將殺之，在我也。周公爲相，管叔以淮夷叛，亂天下也。故在我則封之，兄弟之恩也；亂天下則誅之，仁義之道也。然而《孟子》曰：「周公之過，不亦宜乎？」管、蔡將亂天下，周公誅之。周公之義，則無過也，乃如周公之心，則以爲過焉。故《孟子》以周公爲過，而萬世兄弟之恩篤也。鄭伯不忍教其弟而忍殺之，《春秋》書曰「鄭伯克段于鄢」，罪鄭伯之失教也。教則不忍，而殺則忍

之，聖人謂鄭伯不以兄弟畜段，而路人畜之也。《春秋》之法，殺世子母弟則斥言之，所以見親親之道絶而骨肉相殘，「晉侯殺其世子申生」、「天王殺其弟佞夫」是也。克，勝也。《春秋》之例，未有以克云者，獨曰克焉，猶曰鄭伯乃勝其弟乎？不教而陷之，叛而徒勝之，罪之也。段之惡不待論説而知矣，所以爲鄭伯者有罪焉，故特書曰「鄭伯克段于鄢」，失教也，《左氏》得之矣。「于鄢」之義，《穀梁》得之矣。

秋，七月，天王使宰咺來歸惠公仲子之賵。

宰，姓也。咺，名也。來，自外也。歸，不反也。惠公仲子，一人也。仲子者，惠公再娶之夫人。不曰夫人而繫之惠公者，不正其爲夫人，故從夫以別之也。賵，覆也，天子贈死之稱也。蓋仲子卒於春秋之前，天王至是而來賵之耳。古者諸侯一娶九女，一嫡二媵，與姪娣而九，所以廣繼嗣之道而防子禍之深也。惠公元妃孟子，孟子卒，左媵聲子者實繼之，蓋隱公母也。而惠公廢亂周法，再娶仲子。使隱公不得正其終，而桓公陷簒逆之罪，惠公者實爲之兆也。《春秋》之法，妾母不得稱夫人。仲子雖再娶之女，然非禮之嫡，不得以夫人稱之也。隱爲桓立，而赴其母於四方，天王又以夫人之禮賵之，失禮也。不曰夫人，不與其爲夫人也。成風之禭繫其子僖公，而仲子繫其夫者，桓未立也。成風之薨、葬，皆曰夫人、小君。秦人來禭之，則繫以僖公者，妾母不得稱夫人，猶曰成風之所以稱夫人者，以其子僖公之失禮也。考仲子之宮則不繫惠公，天王來賵之則曰惠公者，猶曰諸侯

無再娶之禮，仲子得歸魯而當室者，以其夫惠公之失禮也。仲子繫之夫，失禮者夫也。成風繫之子，失禮者子也。賵之爲言覆也，天子贈死曰賵，猶曰：天子，天下之尊也，生爲之臣妾，死蒙其覆也。賻猶助也，襚則斂衣也。《春秋》書賵者二，皆天王也。天子有賜於下，不可與列國同辭，亦《春秋》尊周之法也。《左氏》曰：「子氏未薨，故名。」又曰：「豫凶事，非禮也。」于時周雖衰微，然未死而賵之，亦人情之不可也。《公羊》曰：「兼之，非禮也。」一使而行二賵，亦不然也。僖公薨十年，而後秦人來襚成風。襚成風可也，襚僖公，無乃不及事乎？《穀梁》以謂惠母。案：惠公即位四十六年而後薨，不應其母永年至此方卒，而天王來賵也。又考宮之義，亦復不通。

九月，及宋人盟于宿。

案：經言「及」而不言「公與大夫」者，蓋外微者則稱人，内微者不可言人及宋人也。故但言「及」，則内微者可知矣。《公》、《穀》之説皆得之。盟例邾儀父蔑同，杜預、何休皆以爲地，以宿國主與盟可知。案：前後例亦有地而不與者矣。宣十四年秋，楚子圍宋。明年春，公孫歸父會楚子于宋。夏五月，宋人及楚人平。是當歸父會楚子于宋之時，宋猶被圍，至夏始平，則于時雖會于宋，而宋未嘗與也。然則有在其地而與者，亦有在其地而不與者矣，未可以一概言也。

冬，十有二月，祭伯來。

祭伯者，王朝之大夫也。祭，采邑也。伯，字也。《春秋》内外大夫例書名，天子大夫書字，尊周也。《春秋》之法，天子之

大夫來魯，必書曰使。此不言使而獨曰來者，外交也。古者天子在上，大夫非君命不越境。春秋之時，天子微弱，不能制其臣，臣下彊恣，不肯事其君，故祭伯得外交而來於魯也。然則既不受王命而來，則是奔也。其不曰奔者，蓋言來則未絶之辭，言奔則遂絶也，但不以王命而來爾，非出奔也。然則爲天子者而不能制其臣，臣於天子而外交諸侯，受命於周而私與天子之大夫交好，天王、祭伯、魯公皆有罪也。《公羊》曰：「何以不言奔？王者無外，言奔，則有外之辭。」案：天子大夫但不言出，不可謂不言奔。若襄三十年書「王子瑕奔晉」，亦言奔。《穀梁》曰：「來者，來朝也。不正其外交，故弗與朝也。」案：莊二十三年書「祭叔來聘」，亦是無王命而來也。此若來行朝禮，則亦書朝，如祭叔來聘之例也。啖子曰：「寰内諸侯稱子，若以伯爲爵，則毛伯、召伯、榮叔、蔡叔復何等乎？是知天子大夫例書字。」此説是也。《左氏》曰「祭伯來，非王命」，亦是也。

公子益師卒。

獨君不能治其民，獨臣不能行其道。故爲天子者，必求天下之賢而治之；爲諸侯者，必求一國之賢而治之。爲天子者曰：「吾位，天位也。吾民，天民也。吾禄，天禄也。天必不以天下之大，而私吾一人之身也，將以天下之民付吾治之耳。吾必求天下之賢者，與之共天之禄而治天之民也。」爲諸侯者亦曰：「吾位，天子之位也。吾禄，天子之禄也。吾民，天子之民也。天子必不以一國之富，而私吾一人之身也，將以一國之民而付吾治之

也。吾必求一國之賢者，與之共天子之禄而治天子之民也。」故爲天子者，切於求諸侯。爲諸侯者，切於求卿大夫。故天子萬乘，諸侯千乘；諸侯千乘，其臣百乘，不敢以天下、一國之富獨私其身，而惟賢之共以治天下之民與天子之民也。古之天子、諸侯，其求賢如此之切，而頒禄如此之厚也。而古之賢者，又自重其身，曰：「吾有治天下、國家之道，天子、諸侯舍我則敗且亡也。」故當時之君，不致恭盡禮則不得見之，不共政委國則不得臣之。故君雖富貴，而不以富貴驕其臣；臣雖貧賤，而不肯以貧賤望其君。上下之交相須，而天下國家常治也。故古者遇臣之禮，來朝則改容，當坐則爲起，疾病則臨問，死喪則哭之。君之遇之也重，則其報之也亦重。君之遇之也輕，則其報之也亦輕。《孟子》曰：「君視臣如手足，則臣視君如腹心。君視臣如犬馬，則臣視君如國人。君視臣如草芥，則臣視君如寇讎。」故曰：遇人以薄者，不可責其厚。春秋之時，君遇臣之禮，不止於薄也，或專殺之；臣事君之道，不止於欺也，而或弑之。聖人痛君臣之交失道也，則於内大夫之卒，少見其意焉。《春秋》之法，内大夫例皆書卒，所以見遇臣之禮也。《春秋》魯史，記魯大夫之卒。嘗爲吾臣，不可無恩於吾大夫也，卒之者，恩録也。内大夫見於經者四十有七，書卒者三十，不書卒者十有七，所以見君恩之薄厚，且記臣道之始終也。書卒者，或君臨之，或賻贈，恩及之則卒之也。或弑賊，或出奔，或君不親臨，或賻贈不加，恩不及則不卒也，亦或卒於春秋之後也。

公子翬不卒，弑賊也。公子慶父、叔孫僑如、臧孫紇、公子慭皆不卒，出奔也。其它則或恩不及之，或在春秋之後也。

二年，春，公會戎于潛。

古者諸侯受國於天子，以治其一國之民。蓋民不可一日不治，而國不可一日去之也。故王者、諸侯無事，不得出其四境。朝事天子則出境，天子巡狩則出境，方伯率諸侯以征伐則出境，親迎則出境。故無事而出境則誅。春秋之時，侵伐盟會無時無之，爲諸侯者未嘗安居國中以治其民也，彊大之國則奔走之，弱小之國則侵陵之，未嘗一歲而無出境之事也。聖人書之以見其罪，於其罪之中，又爲之輕重焉。無事而會諸侯，則爲有罪。然當其時也，王政不行，天下無主，諸侯不從事於盟會，則又無以安其國，故有諸侯相會之事。有相會而謀安天下者，有謀安其國者，有謀侵伐者，亦各從其會以見其事焉。以王法論之，諸侯去其國家而相從於盟會，皆爲有罪。聖人又通之以一時之權，而較其輕重也。戎狄者，無知之族也，王者以禽獸畜之，亦不以禮義治之也。故其向化而來，則以恩德懷之，使其志望充滿，猶君子之遇小人，使其畏且懷也。於其不來，則置之度外，不以朝貢責也。《書》曰：「不貴異物賤用物，民乃足。」又曰：「不寶遠物，則遠人格。」恐其貪外而忘内也。《詩》曰：「薄伐玁狁，至于太原。」太原近地，薄伐之，至近地而止，不窮追之，去則不追也。故王者之治，内中夏，外夷狄。不外夷狄，不足以内吾中夏也。中夏内之，恐其不親。夷狄外之，恐其不遠。蓋未嘗以正朔加之，

禮義治之也，況與之會，與之盟哉？春秋之時，則反是矣，有舍中夏而從夷狄者矣，有率夷狄而伐中夏者矣。聖人志之，皆以見其罪也。書曰「公會戎于潛」，譏公也。

夏，五月，莒人入向。

古者王道之行，征伐出於天子，方伯、連帥受天子斧鉞之賜，然後專征諸侯。湯征自葛始，文王伐崇，諸侯專征之法也。春秋之時，上無明天子以正命令，下無賢方伯以專征伐。諸侯之國無小無大，無彊無弱，皆征伐自出，而干戈日尋也。王者之法，諸侯有罪猶不得專征，況以一人之私忿而輕動干戈哉？争地則殺人盈野，争城則殺人盈城。驅文王、武王之赤子，暴之於兵刃矢石之間，骸分而腦裂之。聖人不忍也，著其惡而罪之，曰侵、曰伐、曰圍、曰襲、曰入、曰滅、曰戰、曰敗也。觀其事之輕重，則所以罪之者可知矣。然於其間有躬行者，有使大夫者，有使微者，不可不異其辭也。蓋曰人，則《公羊》曰「將卑師少」是也。曰入，則《公羊》曰「得而弗居」是也，猶曰已入其國，勢能居之而不居也。《春秋》書入二十有七，以大入小者二十有三，其例定四年「吳入楚」。此傳所謂昭王出奔，而鞭平王之尸也。以小入大者四，其例哀十三年「越入吳」。此傳所謂越棲會稽，乘吳之出，會中國而彊入者也。皆得而弗居之驗也。《左氏》曰：「弗地曰入。」案：此說近之，但不若《公羊》之明也。《穀梁》曰：「入者，內弗受也。」案：侵伐之類，未有內受之者，此例不通。

無駭帥師入極。

《春秋》之法，將尊師衆稱「帥師」。無駭，大夫，將尊也。衆滿二千五百，又師衆也。得而弗居曰入。極，附庸之國也。春秋之時，魯非彊國，乃出二千五百人之衆，使大夫將之以入人之國，不惟專征之罪，而勞人費財亦可知矣。《春秋》有不待貶絶而罪惡見者，其此之類乎？無駭無氏，《公羊》以爲始滅貶之，《穀梁》以滅同姓貶。《春秋》之法，著其事而不没其罪者，貶之也。若實滅同姓與滅人之國，反變文爲入，則是聖人許之耳，非貶也。趙子曰：非大夫，例不書氏。隱爲桓攝，不命大夫，故終隱之世，大夫無氏也。此自不命耳，非貶也。趙子之説是也。

秋，八月，庚辰，公及戎盟于唐。

《春秋》之義，盟爲有罪。盟戎，又甚焉。魯公春與之會，秋與之盟。以中國禮義之鄉，聖人之後，而與夷狄禽獸歃血而盟，以苟一時之安。聖人志之，見公之罪而示中國之微也。

九月，紀裂繻來逆女。

獨陽不生，獨陰不成。故有天則有地，有日則有月。男女之義，昏姻之禮，天地之道，人倫之本也。古者聖王未有不先此而天下治者也。聖人重之，故《詩》首《關雎》，《禮》先冠、昏。合二姓之好，繼先祖之嗣，不可不重也。昏禮有六：納采、問名、納吉、納幣、請期、親迎。六禮具矣，猶以爲未也，三月而後廟見。見之以三月之久，其德、言可以承事君子也，然後見於先祖，夫婦之道成焉。故禮之大，莫大於昏姻。漸而之正者，惟女歸爲然。故《漸》之卦曰：「漸，女歸，吉也。」禮必親迎者，陰無先求之禮，陽唱而後和之者

也。《咸》之卦，艮下兑上。艮爲少男，兑爲少女。男下而女上者，男下女之義也。故男不下女，則夫婦不成。君不求臣，則國家不治。此禮之所以貴親迎也。《詩》曰：「文定厥祥，親迎于渭。」親迎之禮，文王嘗行之矣。《禮》哀公問孔子曰：「親迎之禮，不已重乎？」孔子曰：「合二姓之好，以繼先聖之後，爲天地、宗廟、社稷之主，何謂已重乎？」舜，大聖人也。孟子，大賢人也。罪莫大於不告而娶，孝莫大於養親。然而舜則嘗不告而娶矣，孟子則嘗曰「娶妻非爲養」也。蓋舜之父頑，告焉則不得娶。故舜不告焉，期於有嗣，以全其大孝也。孟子以親養爲急，然娶妻大務也，故曰娶不可以爲養。觀舜、孟子之意，則親迎不可不重也。《禮》曰：「娶女之家，三日不舉樂，思嗣親也。」蓋曰嗣親於此乎始焉。孝子之心思嗣親，則親且老而將至於没也，孝子之心感且傷之，樂不忍聞也。禮，婦見舅姑之禮，姑降自西階，婦降自阼階，授之室，使爲之主，言將代己也。故昏姻之禮，以嗣親而承萬世之嗣，不可不重也。春秋之時，可謂大亂矣。諸侯昏亂而夫人失道，男女淫奔而上下化之，昏姻之禮滅然而無遺也。聖人謹而書之，曰逆女，曰納幣，曰女歸，曰卒葬，所以謹其始終而著其罪惡者。然事繁而不可概舉也，則略其常事而著其非。故逆女不親則書之，居喪納幣則書之，歸來而數則書之，會享不以禮則書之。所以見一時之亂，非禮之中，以警法於萬世也。紀裂繻來逆女書之者，見其不親迎也。女親迎而後行者也。紀侯不親迎，紀侯不夫也。伯姬

不待親迎而行，伯姬不婦也。昏姻之始，而夫不夫、婦不婦，聖人著而罪之，猶曰夫婦之初不以禮合，是將不以禮終也。裂繻爲大夫，受命而逆女，不辭其君。曰：逆女，君親之者也。曰「紀裂繻來逆女」，參譏之也。《左氏》曰：「卿爲君逆也。」案：《左氏》之例，逆女以卿爲禮。若如其說，則文王親迎於渭，文王不知禮乎？《公羊》曰：「昏禮不稱主人。」養廉遠恥，不可以人稱也。案：昏禮則皆以父命，爲諸侯則無父矣，然又不可以公使也。故《春秋》以大夫專達，《公羊》之説是也。《穀梁》曰國氏者，進之也。《春秋》，王者大法，因其交接於我則進之，何苟然也？

冬，十月，伯姬歸于紀。

《春秋》之法，內女歸爲諸侯夫人則書歸，重之也。其尊敵公，公爲之服故也。伯姬以專行之辭稱之者，吾女也。曰伯姬，則內女可知矣。婦人謂嫁曰歸，言以夫爲家也。故《春秋》內女書歸者六，紀叔姬以賢，再見，其四皆録其爲夫人者。其後大歸與其惡行者，皆不録其始歸，貶之也。《春秋》之法著是以見非，內女爲諸侯夫人得書歸，則不書者皆罪之也。啖子曰內女爲夫人則書，亦一端爾。《穀梁》曰：「逆之道微，無足道焉爾。」案：經但録吾女之歸，不當更繫之裂繻。若論親迎之罪，則上云「紀裂繻來逆女」亦著之也。

紀子帛、莒子盟于密。

《春秋》之法，事在可善，則書字以貴之。莒、魯嘗有怨隙。紀既昏魯，裂繻嘗爲之逆。因聘女事畢，遂爲魯盟莒子，以解二

國之仇。子帛，裂繻字也。聖人之意以莒、魯結怨，則相與侵伐，相與勝負。兵革之所加，則殘民而傷本。土地之所侵，則耗財而失實。子帛一朝不由兵革，不矜彊大，一言而平二國之難，使魯、莒復安而無防戍之役，遂除境外之憂，與夫獻俘、斬馘、屠城、略地之功，而莒、魯得息民之實也。書其字而貴之，曰「紀子帛、莒子盟于密」。子帛，大夫也，貴而字之可矣，又推而序莒子之上者，大其爲魯結好，比之内大夫也。内大夫盟會諸侯必皆曰及，子帛序莒子之上，而無會、及之文者，少異之也。《穀梁》曰：「紀子伯、莒子而與之盟。」若然，則序莒子在紀子之上可也。又曰：「年同爵同，故紀子以伯先也。」若然，則紀、莒嘗争長矣。黄池之會，吴、晉争長，聖人於經無文。紀子以伯先，亦所未通也。唯《左氏》之説得之。

十有二月，乙卯，夫人子氏薨。

《春秋》之法，内夫人卒書薨。書小君者，夫人，君之敵也。君治於外，夫人治於内。内外治，然後國家正也。子氏之薨書者，諸侯一娶九女，嫡夫人卒，立左媵，左媵卒，立右媵，是左、右媵有當室之禮也。惠公元妃孟子，孟子卒，當立左媵聲子。惠公亂周之典禮，再娶夫人。聲子雖左媵，而不得立，故卒有隱、桓之禍。聖人本其始而罪之。仲子則不以夫人稱，而繫之惠公。聲子，隱公之母，雖不得立於惠公，而孔子於其卒而正之，曰「夫人子氏薨」。仲子嘗有夫人之位，以其不正，聖人奪之。聲子雖不得當室，以其宜立，聖人與之以此。蓋深痛隱、桓之

禍，而大明嫡庶之分，已不能救患於一時，而深有意於後世也。《左氏》之説以元年，仲子至是而始薨。此殊不近人情矣。《穀梁》又以爲隱公之妻。隱公志爲桓攝，母之葬禮猶不具，況肯以夫人之禮舉妻乎？不知子氏隱公之母，孔子正之爲夫人爾。子氏薨而不葬者，隱公不以夫人之禮葬，而妾禮葬之。葬事有實，孔子不得虛加其文，故但録其薨，而不言其葬也。

鄭人伐衛。

孔子謂：「天下有道，則禮樂征伐自天子出；天下無道，則禮樂征伐自諸侯出。自諸侯出，蓋十世希不失矣。自大夫出，蓋五世希不失矣。」孔子之言，蓋甚疾當時之亂，而大有意於春秋也。春秋之時，可謂征伐不由天子之命而諸侯自出矣。諸侯者，守天子之土，治天子之民者也。己之土則不守，而謀侵人之土，己之民則不治，而謀殺人之民。侵人之土者，人亦侵其土；殺人之民者，人亦殺其民。曾子曰：「出乎爾者，反乎爾。」此之謂也。春秋之時，可謂大亂矣。夷狄彊而中國弱，諸侯恣縱而天子衰微。小白、晉文乘是之時，以尊王室爲名，假天子之義以制服諸侯，攘夷狄，尊中國，數十年之間，海内幾於平定，可謂有功於天下矣。孔子亦嘗曰「九合諸侯，一匡天下，微管仲，吾其被髮左衽」，然而《春秋》之間記小白、文公侵伐之事，則未嘗有一辭襃之者。以爲非義，則《論語》不當稱之爲仁；以爲有功，則《春秋》稱之無美辭。蓋孔子之意，雖通之以一時之權，而不以爲萬世之法。《論語》美其功，聖人之權也。《春

秋》無褒，聖人之道也。故權有時而可假，以就一時之功，而道不可以少欺，以亂萬世之法。惟孟子深知其意，而言之曰：「春秋無義戰。彼善於此，則有之矣。征者，上伐下也，敵國不相征。」故春秋之時，侵、伐、圍、入一切書之，以見其罪，未有褒之者焉。莊三十年伐山戎，爲燕開路也。僖四年伐楚，責不貢包茅也。可謂義矣，而經無異文，與暴師者爲一。此又可見聖人之意也。三苗不帥，舜舞干羽於兩階。武王不忍其民，一戎衣而天下大定。奈何驅此以鬬彼，得一而忘十哉？聖人重其罪而書之，以見其罪不可辨其輕重也，故有書侵、書伐之例。其所謂侵者，不聲其罪也。其所謂伐者，聲其罪而行也。經書「齊侯侵蔡，遂伐楚」，考於諸家之傳，蓋伐楚則責包茅之不入，侵蔡則怒蔡姬之盪舟。是伐楚有罪，而侵蔡無名也。所謂聲其罪而行者，亦非謂有罪而可伐也，但我以彼爲罪，則聲而伐之耳。聖人罪其侵、伐自恣而喜怒自專也，皆没其事而以侵、伐書之。若曰某伐某，罪而伐之也；某侵某，無名而行也。均之有罪焉，又以辨其有名無名也。鄭人伐衞，《左氏》曰「討公孫滑之亂」，是亦嘗以公孫滑爲辭而行耳。如三傳之説，皆未通。《左氏》則曰：「有鐘鼓曰伐，無鐘鼓曰侵。」春秋大國行師，亦有言侵者矣，何以大國之衆而無鐘鼓乎？如侵蔡遂伐楚，前無之而後有之乎？此蓋《左氏》承傳「聲其罪而行曰伐，不聲其罪曰侵」，故以聲爲鐘鼓之聲耳。《公羊》曰：「觕者曰侵，精者曰伐。」案：侵、伐要辨其名，若謂精觕，則其意耳。用兵行

師，意無不在破人之國、得人之地者，何爲更論其精觕而校其罪乎？《穀梁》曰：「包人民、敺牛馬曰侵，斬林木、壞宮室曰伐。」齊小白召陵之師，不戰而楚服，無壞宮斬木之事。《穀梁》以迹論之，則它國侵伐，魯史安得盡其詳邪？惟以罪爲名與不言其罪者，乃可悉正之耳。

三年，春，王二月，己巳，日有食之。

日者，陽之精也。月者，陰之精也。其迹見於下者，其精皆上著於天。陰陽者，天地之氣運動乎天地之間，而成育乎人物者也，故其精著於天而爲日月。故言日，則天下之陽皆舉之矣；言月，則天下之陰皆舉之矣。所謂天下之陽者，中國也，君也，父也，夫也。所謂天下之陰者，夷狄也，臣也，子也，妻也。故中國彊而夷狄弱，君尊而臣卑，父慈而子孝，夫唱而妻隨，陽得其道，則日無虧。中國衰，夷狄盛，臣乘君，子弑父，妻陵夫，陽失其道，則日爲之食。故善言天人者，言其交感，以其動於下則見於上也。不善言天人者，言其自然，以爲天不與於人而人不與於天也。言其交感，則天人之道可求，而《春秋》、《洪範》無虚言也。言其自然，則人不畏天，而姦臣賊子得行其志也。故古者日有食之，則伐鼓于社，廢朝于寢，徹樂減膳，責躬思過，其意猶曰陽之精者虧，則凡天下之陽得無損乎？於是修中國之義，以厭夷狄之彊；明君父之尊，以勝臣子之盛。蓋陽息則陰消，陰息則陽消，自然之勢、必至之理也。日有食之，陽之精虧，端可見矣。不修盛德以勝之，則陽日以虧，而將至於亡矣。故曰「日食則修德」，此之謂也。春秋之時，陽

不止於虧也，至於無陽焉，故日有食之，二百四十二年之閒，凡三十有六也。于時之夷狄，則常入中國而居之矣。于時之臣子，則嘗弑君父而奪之位矣。于時之妻，則嘗行夫道而或殺其夫矣。天下之陽如此之衰，天下之陰如此之盛，如之何而不爲之食也？日有食之，不爲不多矣，奈何當時之中國，不能覺日之食，以勝夷狄之彊也；當時之君父，不能覺日之食，以制臣子之漸也；當時之夫，不能覺日之食，以防妻之侵陵也。故大敗且亂，而不可救矣。聖人著其異而告之，曰某月某日，日有食之。當時之事已不可救，猶以警於後世，使預爲之戒也。不言某食之而言有者，闕於所不知也。然而三傳之說，未有及於此者。《左氏》則曰「二至二分，日有食之，不爲灾」，又非正陽之月，不鼓。案：《詩》曰：「十月之交，朔日辛卯。日有食之，亦孔之醜。」周之十月，夏之八月也。八月，秋之分也。日食秋分，而詩人醜之，安得曰分、至不爲灾也？《書》曰：「季秋月朔，辰弗集于房，瞽奏鼓，嗇夫馳，庶人走。」夏之季秋，非正陽也，安得曰不鼓與？《公羊》曰：「或日，或不日。或失之前，或失之後也。」何休注之曰：朔在前，二日也，「己巳，日有食之」是也。朔在後，晦也，莊十八年「三月，日有食之」是也。若如其說，則桓十七年「冬，十月，朔，日有食之」，不書日，與莊十八年例同，謂之食晦可也。然而經書朔而不日，朔在後之例自不通也。《穀梁》曰：「言日不言朔，食晦日也。」案：宣十年「夏，四月，丙辰，日有食之」，而下文書「己巳，齊侯元卒」，又書

「五月，公至自齊」，則丙辰非晦日也，言日爲晦之例又不通也。《春秋》之例，在晦則書晦，在朔則書朔。僖十五年九月「己卯，晦，震夷伯之廟」，書晦也。十六年「春，王正月，戊申，朔，隕石于宋五」，書朔也。《春秋》記事，晦、朔皆書，唯日有食之記朔不記晦。聖人之意以日月之行而成四時，一歲之功，天下所瞻望，而爲生成耕斂之候，不可以不正也。《堯典》曆象日月星辰，蓋天下之大務，而聖人留意之切者。奈何春秋時曆失其守，而日食在晦。聖人以謂日食在朔，不在於晦，或在於晦，曆失之也。《春秋》萬世大法，若書曰「某日晦，日有食之」，則後世將曰日食在晦，猶之在朔也，因不正其曆，以日宜食晦云爾。故聖人於《春秋》，他事在晦則書晦，日食在晦則不書。蓋曰日食在朔不在晦，將以正萬世之曆也。而《公羊》紛紛以校晦朔之差，亦不達聖人之意矣。

三月，庚戌，天王崩。

天王者，天下之尊名也。天王在上，而四海之廣，萬民之衆，下至一草一木，一蟲一魚，得遂其生而不失其所者，天子之賜也。天下被其賜而無以爲之報者，則推尊之曰天王焉。蓋天者悠久廣大，物無不覆，天下所戴而生也。故其生而存也，則天下蒙其利澤，而凡生之理皆足也；其没而亡也，則天下失其覆戴，而將不得其所焉。故其生，則天下歡呼至歌頌之；其死，則天下潰裂而慟哭之。《書》曰：「二十有八載，帝乃殂落。百姓如喪考妣，三載，四海遏密八音。」天子崩，而天下喪之也。天子之死曰崩，極大之辭

云爾。天子崩記之《春秋》者，天子之尊也。春秋之王十有三，崩、葬皆書者五。周告之崩，魯會之葬也。崩而不葬者四，周告之而魯不會也。崩葬不見者三，周不告，魯不會也。其一則崩在春秋之後也。天王之死曰崩，猶曰尊大者崩，則天下莫不聞，莫不痛也。莊、釐、頃三王不見於經，天下無王而周室甚微也。天王崩矣，而猶不聞也，猶不痛也，則于時之天下，其謂天王何哉？平、惠、定、靈四王崩而不葬，天下無王而周政不行也。王崩而告之，猶不會也。存則不朝，葬則不會，諸侯自彊而臣禮亡也。桓、襄、康、簡、景五王崩葬皆書，往告之而來會也。朝貢則已亡其實矣，而葬送尚存其名焉，與夫崩葬不見、崩而不葬者，亦少異耳。聖人重輕而書之，所以痛周室之甚衰，而見諸侯之大惡也。然而杜預以爲卿共葬事，禮也。杜預蓋見經書魯卿往葬天王之事，故以爲禮，不知《春秋》書卿往者，罪公不往耳。天王崩，斬衰三年，雖在父母喪，猶奪其喪而服君之服。君崩而臣不會，遂以爲禮，安得不臣之禮哉？《公羊》曰：「天子不記葬，必其時也。」《春秋》之書葬者，皆我葬之也。若彼自葬，則當書曰齊葬某公、晉葬某公也。因我葬之，故書曰葬齊某公、葬晉某公。《公羊》曰葬必其時，則凡葬者皆必其時，何獨天王也？緣其自我葬之，故書之。此自魯不往葬，故不書，非謂往而不記也。

夏，四月，辛卯，尹氏卒。

尹氏，天子之大夫也。曰氏者，譏世卿也。天子之大夫外交於魯，其卒而赴之、書之者，見外交之罪也。案：《尚書》記

紂之罪，則曰「官人以世」。《小雅》亦刺棄功臣之類，絶賢者之世。《春秋》亦譏世卿。官不可以世也明矣，然文王之治岐，則仕者世禄。以《尚書》之所罪，《小雅》之所刺，《春秋》之所譏，而文王則嘗行之，文王乃有罪歟？蓋文王之所謂世者，使世世有禄者也，非謂世其禄也。農之家世耕而食之，工之家世巧而資之，商之家世利而通之，則士之家世能而禄之，無不可也。天子德大，世天下，諸侯德小，世一國，皆南面稱君，以世其位。公卿、大夫之子孫，其賢者能者，則皆世其禄而不絶也。蓋文王之政，能使仕者之子孫皆賢且能，賢且能則禄之。禄之，是世其禄也。故古者卿大夫之子孫，不得棄其父祖之業，而爲農、工、商之事。故幼則入小學，長則入太學，教之以《詩》、《書》、《禮》、《樂》之訓，習之以孝、弟、忠、信之行。其言語有常度，其衣服有常制，行成而志定，業具而身修，至於三十而後試以事，四十而後授以位，五十而後命以爵。凡公卿、大夫、士之後，苟賢焉，不失其位，苟能焉，不失其職。德大者禄厚，德小者禄薄。此其所謂世禄者也。奈何春秋之際，無賢不肖皆世其禄。苟公卿、大夫、士之子孫也，雖不肖，不失其位。苟庶人之子孫也，雖賢，而不禄。故不肖之人徧滿高位，而賢能之士放棄田野。聖人因事而見之，以著其世禄之罪，尹氏之類是也。《節南山》之詩曰：「尹氏太師，維周之氐。」《常武》之詩曰：「王謂尹氏，命程伯休父。」於宣王、幽王之時，已在大臣之位，而世執其政也。至是時卒，又外交於魯而來告之。故其後昭公之二

十三年，又書「尹氏立王子朝」，二十六年又書尹氏「以王子朝奔楚」。自幽、宣王室大亂，孔子疾世卿之爲害也，則不書名而特曰「尹氏卒」，猶曰是世世執周之政者也。而《左氏》以尹氏爲君氏，曰隱公之母。聖人於經無改字之例，安得改人之姓乎？假如實是隱公之母，則當如「姒氏卒」書之耳，亦不當改爲君氏也。《穀梁》以爲天王之崩，尹氏爲諸侯之主，故隱而卒之。趙子曰：《春秋》一字爲經邦大訓，安得以主人之恩而録之於經乎？唯《公羊》言譏世卿之義，二傳所不能加也。

秋，武氏子來求賻。

古者君喪，諒陰三年，國事決於冢宰。平王新崩，嗣王未出命令。武氏子之來，經不言使者，明非王命，又以見居喪不言之禮也。曰「武氏子」者，未命之大夫也。氏，言其世也。父卒，子未命而使之，非正也。天王崩，四方諸侯近者奔喪，遠者會葬，又致賻助之事，以爲臣子送死之禮。春秋時，王室衰淩，諸侯偃蹇。天王崩葬，不奔不會，至於用度窘窮，喪事不繼，而有求於下。夫以天子之尊、四海之大，尺地一民，莫非其有也，而常貢不入，王喪不共。聖人著其事而罪之，曰「武氏子來求賻」，所以見王道不行而天下無王也。《春秋》之法，吴、楚僭王，則加「天」以别之，以明天下莫之敵也。雖天王在外，王臣亡奔，未嘗言「出」者，以明天下之大，莫非王有，苟不入於四夷而在中國之内，皆未可言出也。故書「天」以見天下無敵，不書「出」以明王者之無外。奈何以無敵之尊、無外之土，而有求於下

哉？君猶父也，臣猶子也。《春秋》之法，君雖不君，臣不可以不臣；父雖不父，子不可以不子。故爲臣子之禮，無私貨，無私畜，不敢私假，不敢私與。奈何爲天子之臣，守天子之土，而王喪不共，至於來求？聖人書之，所以痛周道之衰，而甚魯公之逆也。《公羊》謂求爲非禮，《穀梁》謂周不當求。《春秋》之法，責臣子以重，責君父以輕。晉靈無道，至彈人以爲樂，而趙盾反不討賊，遂被弑君之名。許世子止孝於其親，以失不嘗藥，遂蒙弑父之誅。聖人猶曰：君父至尊也，臣子至卑也，重責臣子，猶恐其不謹於卑；輕責君父，猶恐其不安於尊也。求則非禮，固不當也，然而爲人臣而使君父有求於己焉，則所以事之之禮，無乃不盡而至於此乎？《公》、《穀》之言，亦不可以爲人臣戒。

八月，庚辰，宋公和卒。

《春秋》録外諸侯之卒者，諸侯之於天子，猶子也，諸侯之於諸侯，猶兄弟也，故生相往來，死相赴弔，兄弟之恩也。生則或朝或聘，相接以禮，而死則已焉，夷狄、禽獸之道，聖人所不忍也。故於卒葬以見其恩，且著諸侯之易代也。然有常相往來而不卒者，諸侯不生名，卒則名之，亦有卒而不名者。記卒記名者，即位之初以名赴我，我因其卒，得以名之於册也。卒而不名者，即位之初不赴於我，或史失之，不得記其名也。内言薨，外言卒，内外之辭也。《春秋》，魯史，我公之死曰薨，則薨者固我所不忍言也。變諸侯言卒，所以詳内而略外也。諸侯卒有常處。路寢者，人君正卒之地也。外諸侯不地，

其地可知也。在其國而不於路寢，與卒於它國者，皆載其地。人君者，一國之主，宗廟、社稷、人民之所係重，不於其寢而於他處，非常可知也。故謹而記其地，所以重諸侯之舉，欲其皆卒於正也。《左氏》之例曰：「凡諸侯同盟，於是稱名，故薨則赴以名，告終稱嗣也，以繼好息民。」趙子非之曰：豈有臣子正當創巨痛深之時，乃忍稱君父之名，爲求好之意？故名者，同盟名於載書，朝會名於要約，聘告名於簡牘，故於卒赴可得而知也。按：趙子非《左氏》之例則是，然所以爲之説則未也。禮，國君卒，赴諸侯曰「寡君不禄」，未嘗赴以名也。《左氏》記大夫聘問之禮，亦曰「寡君」，未嘗言君之名也。趙子以聘會稱名，非也。案：《左氏》記楚公子圍已弑而使赴於鄭，伍舉問應爲後之辭焉，對曰「寡大夫圍」，伍舉更之曰「共王之子圍爲長」。是當君卒而赴諸侯，則已言嗣君之名矣。故凡往來之國，皆得記其名也。然則不待於同盟、朝會、聘告而嗣君之名，已見於常所往來之諸侯矣。故《春秋》記外諸侯之卒一百三十有三，而無名者十，或即位之初不以名赴，或史失之，未可知也。必若以盟會求之，則未嘗與者五十二，而不名者九耳，未可通也。

冬，十有二月，齊侯、鄭伯盟于石門。

《春秋》外盟不志，此其志者，因其來赴於我也。齊、鄭於時蓋爲大國，盟會征伐繫中國之輕重，因其來赴，故謹而書之。若小國盟會，雖來赴亦不書，不繫之盛衰也。

癸未，葬宋繆公。

《春秋》於外諸侯書卒、書葬者，外來赴之，内往會之也。《詩》曰：「凡人有喪，匍匐救之。」《禮》曰：「鄰有喪，舂不相。里有殯，不巷歌。」重人之死，而哀孝子之在喪也。諸侯嗣君以君父之喪，告嘗所往來之國，曰吾君父之兄弟，不可以不告焉。逃空谷者，聞足音而喜；溺溝壑者，見似人而呼。中心誠切，而外望誠重也。孝子在君父之喪，而告其嘗所往來之國，吾君父之喪，不可以不告焉。故來赴則往會，有卒則有葬也。聖人備書之，所以厚人倫、長親愛而和諸侯也。然有卒而不葬者，來赴而不會，不哀人之喪，而人倫之情薄也。葬謚以公者，通彼國臣子之辭，不嫌敵内也。爲人臣者，未嘗不欲其君之顯也。爲人子者，未嘗不欲其父之榮也。聖人以孝子忠臣愛其君父而無窮也，則爲之禮以節之。五等之爵，最尊者公也。臣子取其尊，稱於其國中，得稱之曰公也。朝天子、會外諸侯，則降從其爵，正尊卑也。聖人緣臣子之恩，葬爲彼國之事，順其辭而書之曰公，使臣子之心於其葬也，得一申焉。故《春秋》於子、男之國葬亦書公，所以申臣子之心也。《公羊》曰：「諸侯卒記葬，有天子存，不得必其時也。」案：諸侯五月而葬，繫以月者，所以見五月之合葬也。書不書，所以見魯往不往也。不得必其時，非也。《穀梁》曰：「變而不葬者三：失德不葬，賊未討不葬，國滅不葬。」《春秋》失德之君如衛宣、齊襄而猶書葬，安得失德而不葬哉？啖子曰：《春秋》唯蔡桓侯請謚，故稱本爵，其餘皆不請王命，私謚爲公，以見非禮。按：古今謚議但云謚某，不言

其爵。蓋爵有定稱，不復重出也。假令蔡之臣子能往請謚，亦當云謚曰桓而已，不言桓侯也。啖子因桓侯，遂沿斷春秋之諸侯皆爲僭謚。僭謚誠有之矣，但其稱爲公，亦何傷《春秋》之法？如魯實侯爵，而魯公行事，經皆言公，豈可未謚之前已爲僭乎？又吴、楚不葬，以避其號，益知書葬爲彼國之事，惟葬得言其本國之稱也。案：此蓋聖人通之以臣子之心，順其辭而稱之耳。不可因一桓侯，遂定爲僭，以廢臣子之義也。

龍學孫公春秋經解隱上第一

後學成德校訂

龍學孫公春秋經解隱下第二

孫覺莘老

四年，春，王二月，莒人伐杞，取牟婁。

牟婁，杞邑也。伐而後言取者，先聲其罪以伐之，又奪取其邑以爲己有也。諸侯受天子之地以爲之國，德大者其地廣，德小者其地狹。疆域有常限，人民有常居，不可擅與，不可彊取也。失德於其民，得罪於其君者，則有黜地之罰，降爵之責。非天子，雖方伯不得擅黜諸侯之地，擅易諸侯之封。蓋天子者，受命於天，興也，亡也，繫之於天。諸侯受命於天子，封也，黜也，繫之天子。天子能有天下，不能以天下與人。諸侯能有其國，不能以其國與人。以國與人者猶以爲罪，況不義而取之乎？故《春秋》凡書取者，皆罪其擅取諸侯之地以入於己也。《左氏》曰：「凡克邑不用師曰取。」案：莒人伐杞，取牟婁，伐而後取，安得曰不用師徒哉？又曰：「書取，易也。」《穀梁》曰：「取，易辭也。」案：取之爲義，罪其不當取，何論難易哉？若以爲易，則先伐後取，亦不易也。《公羊》曰：「疾始取邑也。」又《穀梁》曰：「取地於是始。」案：《春秋》記事，皆因其實而褒貶之。當莒取牟婁，安知孔子修《春秋》以爲始取也？又因我《春秋》之始而重貶之，非孔子之意也。

戊申，衛州吁弑其君完。

人倫之道，大者君臣，其次父子。故天尊而

地卑，乾健而坤順。尊而且健，則君道也，父道也。卑而且順，則臣道也，子道也。天地之道，陰陽之分，而人倫之本也。聖人因天地、自然之勢，人情之所願欲，則制爲君臣父子之禮。君南面，臣北面，父坐，子立，以明其尊者不可僭，卑者不可踰也。聖人患人之不能知義，而君臣父子之間或至於失道也，則又預爲之戒。在《坤》之初六，陰生而臣子之始也。其辭曰：「履霜，堅冰至。」象曰：「履霜堅冰，陰始凝也。馴致其道，至堅冰也。」夫一陰之生而迹見於外，履之而可見之者，霜也。爲之上者，不杜漸防微，以至陰之寖長，則堅冰至焉。孔子又解之曰：「積善之家，必有餘慶；積不善之家，必有餘殃。臣弑其君，子弑其父，非一朝一夕之故，其所由來者漸矣。由辨之不早辨也。」夫聖人既言陰之所來其迹有漸，迹著而後見，則亦早辨之，無使之至于堅冰也。弑父弑君之賊，何由而至乎此？由爲君父者積之有素，而使至于此也。爲人君者，學校以養人之材，廉恥以厲人之行，其義修，其節立。雖未試以事，而治民之端見；雖未處以位，而忠君之義章。如是焉而積之，則凡在位者，皆忠臣也。爲人父者，義方以教其幼少，師傅以範其成人，不示之詐，以起其姦僞之端；不臨之慢，以開其干犯之漸。未孝而已慈，未恭而已慤。如是焉而積之，則凡在家者，皆孝子也。積不善者反此。忠賢則不親，而小人之與徒。義方則不教，而邪僻之使有。不善而積之，則至于殃及其身，爲君而見弑於臣，爲父而見弑於子。聖人既傷君父之辨不早，而臣子之惡不容

於誅也，則著其事於《春秋》，曰某弒其君，使簒臣逆子雖假息於一時，而大慤元惡常見誅於千載。然於其閒，有國弒者，有大夫弒之者，有微者弒之者，又爲之辨其所從之異而誅之焉。曰國弒者，「晉弒其君州蒲」之類是也。以國弒者，則舉國之人可誅也。有大夫弒者，若「衞州吁弒其君完」之類是也。言無從之者，但大夫弒之爾。有微者弒之者，則「宋人弒其君杵臼」之類是也。三者雖所從之異，然所以爲弒君之罪則同也。《公羊》曰：「大夫弒君，稱名氏，賤者窮諸人。」又曰：「稱國以弒者，衆弒君之辭。」此説是也。而《左氏》、《穀梁》不達斯理，妄爲之説，曰：「弒君稱君，君無道；稱臣，臣之罪。」又曰：「稱國以弒，君惡甚矣。」君父無道，爲人臣子者得弒而伐之，則是教人以簒，以開亂臣賊子之途也。惡莫逾於桀，而無道莫過於紂。湯三薦伊尹於桀，而桀不用。天下塗炭日甚，湯不忍生靈之無告也，率天下賢聖而往放之，而其書曰：「予有慙德，予恐來世以台爲口實。」商罪貫盈，文王有天下三分之二，而服事於商。孔子稱之曰：「周之德，其可謂至德也已。」以桀之惡，而湯有慚德；紂之無道，而文王事之小心，奈何無道甚惡則弒之？與孔子所以深褒夷、齊而盛美文王之至德，不大謬哉？

夏，公及宋公遇于清。

古者有朝會、宗遇之禮。春秋之時，此禮皆廢。朝不施於天子，而施於彊大之國。會不及於京師，而主於伯者。故朝會之事，一切皆譏。然而又有書遇者，蓋於時諸侯出入無常，輕忽其社稷、人民之重，

而奔走乎道塗之閒，至於草次相遇，禮數簡略，聖人推其意而書之曰「遇」，言以國君之尊，而苟然相遇若匹夫然也。《春秋》書遇者六，五皆内事，其一則「宋公、衛侯遇于垂」。由此觀之，益明遇者簡禮相遇也。故春秋之亂而遇者猶少，則遇之志又重於會也。《公羊》曰：「遇者，不期也。」《穀梁》曰：「不期而會曰遇。」案：經言「公及」，則是内爲志。内有志相遇，則非不期也。此當從趙子之説，禮簡而會曰遇也。證云：《春秋》書遇者六，内事三：隱四年「公及宋公遇于清」，莊二十三年「公及齊侯遇于穀」，三十年「公及齊侯遇于魯濟」；外事三：隱八年「宋公、衛侯遇于垂」，莊四年「齊侯、陳侯、鄭伯遇于垂」，莊三十二年「宋公、齊侯遇于梁丘」。此以爲内事五、外事一，誤矣。

宋公、陳侯、蔡人、衛人伐鄭。

《春秋》之法舉重書。宋公、陳侯之伐而不言帥師者，君行師從，舉君之重，則帥師可知也。曰「蔡人、衛人」者，將卑師少也。案：經書「衛州吁弑其君完」，而桓公未葬，則州吁當國而賊未討也。《春秋》之法，弑君之賊未及討，則於經不復重出，其意猶曰：弑君之賊而使得偷生於一日之閒，是國中之臣子，亦復忘其君父而同惡相濟矣。不復重出，聖人所以罪其臣子討賊之緩，且不忍以大惡者之名再見於《春秋》也。州吁弑君未討，而桓公未葬，則伐鄭之衛人乃州吁也。聖人不忍重出其名，故貶之曰人耳。宋、陳、蔡皆一國之諸侯。衛爲列國而其君見弑，不能救恤患難，誅討姦逆，以申兄弟之義，乃相與從弑君之賊，聲罪以伐人

之國。聖人罪三國之君親以南面之尊，禮義之出，而曲從賊子，濟成其惡，著其事而罪之，曰「宋公、陳侯、蔡人、衛人伐鄭」。《春秋》有不待貶絶而罪惡見者，此之謂也。

秋，翬帥師會宋公、陳侯、蔡人、衛人伐鄭。

翬，内大夫也。《春秋》内大夫皆書氏，書名。翬不氏者，隱爲桓立，不命大夫，故終隱之世，大夫皆不氏，無駭、翬、挾是也。《春秋》之法，唯命大夫書氏。隱不命大夫，聖人緣其情，不責其不命之罪。故隱之大夫雖未命，亦得通於《春秋》也。《春秋》前目後凡，省文也。僖五年首止之盟，再言諸侯盟于首止，莊十四年伐宋之役，但書「單伯會伐宋」是也。宋、陳、蔡、衛既已列序於上，翬之帥師又復重出四國之名者，蓋四國前已伐鄭，至秋，翬又帥師與四國再伐。前後之伐，事不一時，故須重出，以見再伐之罪。故《左氏》曰：諸侯復伐鄭，羽父以師會之也。案：莊十四年伐宋之役，自緣齊、陳、曹三國之人，與單伯同爲一伐，事在一時，故可以不敘諸侯而但書會伐也。若單伯會諸侯再伐宋，於經當如伐鄭之諸侯，再言其主名也。聖人書此者，蓋以魯、衛同姓兄弟之國，桓公見弒，賊未誅討，而遂令大夫帥師，會弒君之賊，再伐諸侯之國。叛逆之人不加誅討，瘡痍之國又復重傷。聖人痛鄭無辜而見伐，憤州吁逆臣而得志也，則再言三國有從叛之罪，内帥師無討惡之義也。而《公》、《穀》不論其實，乃徒曰：翬不稱公子，與弒公而貶也。且翬之與弒，在隱之十一年，當伐鄭之時未有逆謀，聖人安得先事而貶之哉？《春

秋》之法，善惡皆書，不以一善而掩其終身之惡，不以一惡而廢其它事之善。故楚子能殺陳夏徵舒，則書「楚人」以與之；利陳而將有之也，則書「楚子入陳」以刺之。士匄侵齊，則書「侵」以見其惡；聞齊侯卒乃還，則記「還」以明其善。楚子、士匄皆於一舉動之閒，一二日之内，事有善惡，意有邪正，猶别白而書之，以勸人之爲善，不以一惡遂廢終身之修也，安得於未弒之前、數年之外，預貶其惡哉？若然，則爲惡之人，畢世而不爲善也。公子翬自以於隱公之世，未命之大夫，至桓公而受命，乃得稱爲公子也。二傳之説，皆不足取。《左氏》曰疾之，亦非也。

九月，衛人殺州吁于濮。

弒君之賊，天地所不容，人人所同誅也。人非天不覆，非君不立，非父不生。生乎天地之閒而爲人臣子，有君之尊，有父之親，所以爲人。而亂臣賊子違天逆地，而弒君父之尊親，是天地之所不容，而人人所同誅也。故《春秋》之法，雖弒君自立者，有人焉以弒君之賊討之，則雖君，不謂君也；殺之雖臣，不謂臣也。書曰「衛人殺州吁于濮」，猶曰：州吁弒衛君而自立者也，衛之臣子不忍其君之見弒，而討賊乎州吁也。殺之者雖一人焉，不言其人也，曰「衛人」，人人皆欲殺之，今見殺於衛人矣。故廣忠臣孝子之義，使人人皆得殺之，而無閒於尊卑也。所以使亂臣賊子雖竊發於一時，而天下之大、四海之廣，欲遁逃而無所也。曰「于濮」者，譏遠地，又以責衛之臣子也。衛之臣子不夙正其君使入於道，使悖亂之臣無自而

人也；既已見弒，不討賊於即時，而緩至數月，逸於遠地，雖竟殲大憝，以復君父之讎，然逃遁它國，久而後獲，亦未免於誅也。而杜預曰：州吁弒君而立，未列於會，故不稱君。且弒君之賊，天地所不容，人人所同誅之，雖萬死不足以償其罪矣。而預以列會而貫之，則弒君弒父之讎猶有可赦，而亂臣賊子之惡猶足贖邪？此蓋杜預見文十四年書「齊公子商人弒其君舍」，而十八年又書「齊人弒其君商人」，以商人嘗列於會，得赦其弒君之罪也。預蓋不知《春秋》之法，雖弒君之賊，以賊討之，則書之爲賊；不以其罪討之，則止書其實。蓋聖人於《春秋》，不虛加其文，而罪惡自見。彼雖弒君，此討不以其罪，彼弒君之罪未能即免，而見弒之臣子遂不討之，則是君父之恩同之草芥，而逆亂之人得公行於天下也。故聖人不著其嘗弒君之罪，所以深責見弒之臣子也。如商人弒君自立，至於五年，而齊之臣子恬不加討，至令商人專行無道。而邴歜、閻職自以私怨殺之，故書曰「齊人弒其君商人」，以見齊無臣子，而商人得遂爲君也。義與州吁不侔，而預妄引之，亦非是矣。《穀梁》曰：「祝吁之挈失嫌也。」案：州吁未命之公子耳，不可以嫌不嫌解也。稱人之義，《公》、《穀》皆是也。「于濮」之義，《穀梁》是也。

冬，十有二月，衞人立晉。

孟子謂天子能薦人於天，不能使天與之天下；諸侯能薦人於天子，不能使天子與之諸侯。由此觀之，則天子者繫之於天，天與之則與之矣；諸侯者繫之天子，天子與之則與之矣。故堯將授舜而薦舜

於天，舜亦將授禹而薦禹於天。舜、禹被薦而天授之也，則舜、禹以有天下。禹薦益於天而天不受也，則益不有天下。然則爲諸侯者可知矣。薦之天子而天子受之，然後可以有其國也。故諸侯之世子，受命然後得嗣其父之位。春秋之時，斯禮廢矣。爲諸侯者不請於天子，而自立於國中。爲大夫者不請於諸侯，而世其父之禄位。天下滔滔皆是也，聖人不可一切誅之，則因其國人立之與大臣立之者，以見其文焉。書曰「衛人立晉」。晉者，衛人立之者也，非天子立之也。又書曰「尹氏立王子朝」。曰子朝尹氏立之者也，非天子立之也。書衛晉之立，可以見諸侯不請於天子而自立之罪也。書子朝之立，可以見天子之立不順於天而大臣立之之罪也。子朝則書立者之名，罪重也。衛晉則書國人之立，罪殺也。不請天子，不順於天，皆有罪矣，然所以立之異也。衛當是時，桓公以弑而卒，州吁以賊見討，國内無君，而晉因衆立。若晉之立，校之自立之君，與子朝見立於尹氏，爲少異矣。而聖人以不當得立之辭書之者，此聖人之意也。諸侯自立於其國，子朝見立於尹氏，其罪惡之本明，❶不待貶絶而後見。唯晉以國人衆立，疑其有得立之理，聖人特於疑似之間而發明不當得立之義，猶曰：諸侯之立當待天子之命，苟無王命，則雖國人衆立之，而猶不可也，況自立乎？故葵丘之會，以安中國，而其辭無褒；踐土之盟實尊王室，而貶其召王。《春秋》於疑似之間，衆人以

❶「本」，原作「不」，據殿本改。

爲功，一時以爲善者，聖人必立大中以正之，所以明示皇極之道，而較著一王之法也。《穀梁》曰《春秋》「與正不與賢」，蓋曰晉賢也。案：衞宣之惡最甚，安得賢乎？《公羊》曰：「衆雖欲立之，其立之，非也。」此說是。

五年，春，公矢魚于棠。

王道之行，則天下諸侯皆勤于職，而不暇乎荒淫之樂也。故田獵四時，以習教戰。春省耕，秋省斂，以補不足不給之人。於一言一動之閒，未嘗妄也。蓋民人之責重，而社稷之繫大，不敢以一人之私欲，而害一國之公義也。魚，卑者之事，匹夫之役。隱公不圖國之事，以安南面之尊，而忽棄其職，觀魚于棠。《春秋》常事曰視，非常曰觀。故朔曰視朔，魚曰觀魚，謂非所宜觀而觀之也。于棠，遠地也。去其所治之地，而遠至于棠以觀魚焉，譏公之動不以禮，而從耳目之娱也。《左氏》「觀魚」作「矢」。矢言陳也，陳魚而觀，殊無義理。此當從二傳「觀魚」之説爲是。

夏，四月，葬衞桓公。

《春秋》之義，弑賊不討則不書葬，以爲臣子者，君父之賊不加討逐，而含憤忍辱以成其葬，則雖葬猶不葬也。賊討而葬，則爲臣子者少足以寬其責，而死者亦可以葬之於土矣。故州吁見殺，桓公書葬也。《春秋》之例大概如此，唯世子弑君，則不待討賊而書葬。此《春秋》之變例，而聖人之深憤也。襄三十年蔡世子般弑其君固，十月葬蔡景公。般未見討，而景公之葬已書於經者，蓋世子之於君，恩則父子，義則君臣。世子者，存乎臣子之位，

而立於恩義之間，而乃親爲弑逆之惡，是絶君臣之義，而滅父子之恩。葬者，臣子之事，生者之職。弑賊不討則不葬，所以切責生者而深罪臣子也。臣子之尊，莫尊於世子。臣子之親，亦莫親於世子。然而世子弑君焉，則討賊者將在於誰歟？此《春秋》所以世子弑君則不待討賊而遂書其葬也。凡善之大，則至於無善可名；惡之極，則至於無惡可誅。無名之善，堯之爲君是也。無名之惡，世子弑逆是也。堯之爲君，巍巍乎，蕩蕩乎，天下之大，四海之廣，下至一草一木，一蟲一魚，無不咸若者。故孔子稱之，曰「民無能名焉」，贊其德大，一名不足以盡之也。世子在臣子之位，兼恩義之重，而違天逆理，弑父與君。《春秋》不待討賊而遂書其葬，以其惡大，一罪不足以誅之也。《左氏》記桓公之葬，以爲衞亂是以緩。使州吁不討，衞葬雖速，安得記於《春秋》哉？此蓋《左氏》不明弑賊不討則不書葬，故妄爲之説也。

秋，衞師入郕。

衞師不言其帥師，而曰衞師，將卑師衆，舉重者言之也。春秋之時，更相侵伐，更相仇怨，書之，所以見一時之亂而生靈之無辜也。書「入」，例同隱二年。

九月，考仲子之宫。

《春秋》之義，不宜立而立者，書之曰「立」，成公之立武宫，定公之立煬宫是也。仲子，桓公之母。桓公未立而立仲子之宫者，蓋隱公之志欲遜位桓公，自以爲桓攝立，故於此考成仲子之宫。仲子非夫人，桓公未立，而隱公苟狥一人之私意，預爲桓公立妾母之廟。然於經不譏

而變「立」爲「考」，若宣王考室之義，以得立之辭通之者，蓋妾母之禮，不祔於姑，子既爲君，得立別廟，子祭孫止。仲子妾母，若桓公已立，禮當考宮。但於隱公之時，未當考爾。故聖人不譏考宮，而譏其在隱公之時。若於經直書立宮，如武宮、煬宮，則是已祧之主，更無可立之禮，遂絶妾母立宮、子祭孫止之禮也。故聖人特變其文，書之曰「考」，以見其有可成之理焉。聖人之於《春秋》，將以權衡萬世，一定而不可變也。故於一事一言之間，委曲詳備，使人反覆以見其義焉。仲子之宮，禮當得立，但其在隱公之時立之太早，則變「立」而書「考」。武宮、煬宮，毀廟之主，義不當立，故明書其立，以見立宮之非。《穀梁》曰：「考者，成之爲夫人也。」案：書考者，但爲考成其宮，無成之爲夫人之義。又曰：「惠公之母，隱孫而修之，非正。」《穀梁》不知仲子爲桓公之母，故妄爲此説也。

初獻六羽。

仲子之宮既成，遂陳六羽而獻之。凡舞，有干，有羽。不言干而但言羽者，婦人無武事，但陳羽舞也。羽數之禮，當從《左氏》之義，天子八，諸侯六，大夫四，士二。魯在隱公之前，因成王賜天子禮樂於周公，故諸公之廟相承僭之，皆用八佾。此隱公爲桓考妾母之宮，始降從六。聖人善其復禮，書之曰「初獻六羽」。《春秋》之例，前未有此而今行之者謂之初。宣公之税畝言初，始變古也。隱公之獻羽言初，始復禮也。凡言初者，自此始爾。隱公考仲子之宮，初獻六羽，是六羽之獻止於仲子之宮也。若群公之廟盡循用

之，則於哀公之時，季氏陪臣，必不能越取魯所不用之禮而僭之也。蓋季氏見群公之廟皆僭用八，因而又僭於家庭也。《公》、《穀》皆以爲天子八，諸公六，諸侯四。若然，則大夫、士無舞矣，判縣、特縣將焉用邪？王者之禮，何至偪下如此之甚乎？當以《左氏》之義爲定。

郲人、鄭人伐宋。

《春秋》之義，事之善惡皆著其造謀者，爲首事善則首事之善重，惡則首事之惡重，不以國之小大、師之衆寡也。以郲較鄭，則鄭大而郲小。而郲序鄭上者，首謀伐宋，繫之上，以重其惡也。《左氏》以爲鄭人以王師會之。據經，無王師之文，此説妄也。

螟。

陰陽之氣往反乎天地之閒，陽來則陰往，陽往則陰來。人立天地之閒，而運動乎陰陽之氣。聖人在上，皇極之道行乎天下，而天下之人皆得其宜，和氣充盈於天地之閒，則人被五福，歲時叶休嘉之應，草木蟲魚皆遂其生，無一爲災爲異。嚮使暴君虐政代作，皇極之道不行，人倫乖離，物理倒錯，戾氣塞于天地之間，則人罹六極之苦，風雨燠寒暘變戾而爲災，螟螽蜚蜮食人之食，禽獸殺人，無一循於理者。此《洪範》所以敘陳皇極，而《春秋》所以備書災異也。天道遠而難知，人道近而易識。《洪範》著其法，欲人君修飾五事，常在休徵也。《春秋》著其驗，欲人君恐懼修省，消復於已然也。《洪範》、《春秋》其序陳災異與天人相與之意，大略如此。而漢之諸儒，泥於讖緯及諸占驗不經之書，以爲天之於人，應如影響，

一言之差，一動之失，則天爲之變，災異荐至。陰陽不和，此足以警戒庸君，而不能使中君爲之信。蓋人君之失有甚大而天無災變者，雖有道之世而災異或至者。由此觀之，則天之浩大悠久，亦不能屑屑災異，以應人君一言一事之失也。春秋之時，天下之人物，皆失其所。人倫之逆，則至於君篡父弑。物理之謬，則至於焚丘獲麟。悖戾不和之氣，上于陰陽。天行失其度，而日爲之食，星爲之隕。地道反其常，而地爲之震，山爲之崩。四時失其和，而大旱不雨，無冰雨雹。五行錯其性，而大災大水，春雨木冰。以至禽魚草木，爲怪爲災，則螽螟生、蜚蜮有、李梅冬實、鸜鵒來巢。聖人一切書之，所以見人道亂於下，則天辰錯於上，物理失其常，則災異爲之出。當時之亂已不可救，而後世之君尚足以爲戒也。然於災異之閒，又爲之辨其輕重，以志害民逆理之淺深者。蜮蜚書有，以有爲災也。麋書多，以多爲災也。蜮蜚不當有，有則爲災矣，不繫於多少也。麋者常少，多則爲災，不繫於有無也。螟蟲之書不以其多，不以其有也，爲災焉則書，不爲災，雖多也，雖有也，不書之矣。螟者，食苗心之蟲也，以其爲災，故志之。螟者，食苗心之蟲也，以其爲災，故志之。《穀梁》曰：「甚則月，不甚則時。」此説非也。《春秋》日月之志，一日之間者則日，日食、星變是也；一月之間者則月，隕霜殺菽、雨木冰是也；一時之閒者則時，大水、大旱是也；一年之閒者則年，有年、大有年是也。災甚而逾月，則月不足以盡之。不甚則已，又安俟於時也？《穀梁》失之矣。

冬，十有二月，辛巳，公子彄卒。

隱不命大夫，公子彄得書氏者，先君之大夫。《穀梁》之説是也。内大夫記其卒，不記其葬，録恩義之淺深耳。葬則臣子之事，公家所不及。杜預之説是也。

宋人伐鄭，圍長葛。

《禮》曰「天子不合圍」，《孫子》曰「十則圍之」。是圍者，兵倍於彼，合圍而守之也。《春秋》之法，舉其重者言之。此言伐，又言圍，兩重之也。既聲其罪以伐之，又圍其邑，志在於取。二者皆重，故兼書之，以見其惡焉。《穀梁》曰：「伐國不言圍邑，此其言圍何？久之也。」《穀梁》蓋見今年書伐，明年書取，以爲圍之經年，始能取之，聖人罪其久圍，故兼書之也。《穀梁》不知今年嘗圍，明年又取之耳。趙子曰：「二傳見圍者例不言伐，故怪而發例。」此乃兩重之辭，謂之伐，不言圍，非也。

六年，春，鄭人來輸平。

輸平之義，三傳、陸淳之説皆非也。《左氏》曰：「渝平，更成也。」渝之義爲變，渝平者，變其平耳。其平變，安得和之理哉？《公》、《穀》曰：輸平，輸墮也，墮其往時之平也。❶陸淳曰：「善其量力守信，告而後絶。」又曰：欲與魯絶其和平，故先來告之耳。三傳、陸淳之説皆非也。案：自隱公即位至此六年，若言前與平，則六年之閒，未嘗有會同朝聘之事。自輸平之後，至十一年，六年之閒，宛來歸祊，翬會伐宋，時來之會，伐許之役，皆與魯公同行，豈可於和平之時不相往來，渝

❶「往時」，殿本作「往來」。

變之後反同侵伐哉？此蓋因《左氏》之誤字，《公》、《穀》之誤解，故爾紛紛也。殊不知輸者，納也。《公羊》謂春秋之前，嘗有狐壤之戰。蓋魯自敗輒之後，遂與鄭絶。故入春秋六年之閒不相往來，至是鄭人請和，來納其平。故後六年之閒，復同侵伐。杜預曰「和而不盟曰平」，此例於《春秋》爲通。《春秋》書平者六，未有書國君及使者。鄭人輸平，不書鄭伯之使。宋及楚平，亦但書人。暨齊平，及鄭平，亦言國。聖人之意以爲二國不和，必至侵伐，以一人之私忿，而元元無辜，血肉原野，故凡侵、伐、圍、入，皆書其君及大夫，以重其罪。至其和而不盟，相與平定，則是舉國之人皆願欲之。聖人欲少進不盟而平者，以深罪侵伐相加之國，故凡平皆不言使，不目其君。我與外平，則但書暨、及，以明一國之人皆欲其平也。

夏，五月，辛酉，公會齊侯，盟于艾。

《春秋》公出會盟侵伐，反皆書至，以見人君出告反面之禮也。其有不書者，不行反告之禮，著是以見非。惟隱公十一年，出會、出盟及諸侯侵伐之事，無一至者。蓋隱志在遜桓，不敢正君之禮，出反皆不告。無其事，則不書也。范甯以爲不至者，明當遜此，非也。

秋，七月。

《春秋》編年，四時具，然後爲年。一時雖無事，必書首月，以明夫年有四時。一時不具，則不足以爲年也。元氣發於地下，漸而爲春夏秋冬。即位之始必書元年，欲人君體之，以生成一國之民物也。人君之治，亦有禮樂刑政。蓋樂以法春，禮

以法夏，政以法秋，刑以法冬。禮樂刑政四達而不悖，則國家理，人道得。春夏秋冬四時具而不相乖戾，則萬物育，歲功成。《春秋》不遺一時，欲體元之君，禮樂刑政皆舉而不闕於一也，聖人焉得空言於春秋哉？

冬，宋人取長葛。

長葛，鄭邑也。去年伐鄭，圍之。因其困憊，至是遂取而有之也。然而長葛不係之鄭者，去年之冬伐而圍之，至此未久也，雖不稱鄭，而鄭邑可知矣。《春秋》之法，文從簡易，❶此類甚多。二傳不達省文之例，遂以爲去冬圍之，今始取得爾。且如春秋之時諸侯爭彊，四面敵國，安能虛數百里之地，圍守它國之邑經年而後得之哉？鄭雖疲憊，其國之邑見圍經年，獨不能求救與國，以爲援邪？此不通矣。

七年，春，王三月，叔姬歸于紀。

《春秋》之法，内女歸爲諸侯夫人則書；雖非夫人，失禮則書；以它事見者亦書；婦人無外事，與外事而有惡，可以爲後世之戒者，則書。其餘則否。若有賢行，則詳書之，以見其善。婦人無外事，有賢者之行，不大耀於人，故特書其終始之詳，以見其善，且以爲後世法也。内女見於經者一十有四：紀伯姬、杞伯姬、鄫季姬，以夫人書；莒慶叔姬、宋蕩伯姬、齊高固叔姬，以失禮書；子叔姬、杞叔姬，以惡行書；僖九年伯姬卒，文十二年子叔姬卒，未嫁而卒，以恩書；陳人之婦，以公子結遂盟書。記其始終之詳及法不

❶「文」，原作「又」，據殿本改。

當書而書者，《春秋》變例，以見其賢，紀叔姬、宋共姬是也。《春秋》之法，常事不志。諸侯一娶九女，其國以姪娣從者，常事也，法不當書。叔姬爲伯姬之媵，待年於國，至是歸紀。而經書之者，蓋以見叔姬之賢也。叔姬爲伯姬之娣。紀侯大去其國，紀季以酅入于齊，復存紀之宗社。叔姬又歸于酅，以承紀之宗祀。紀之國侵削殆盡，其所存者宗祀而已。紀侯又已去，主紀之祀者，紀季而已。而叔姬不以國之盛衰繫其懷，不以夫之存亡易其慮，而惟宗祀之是依，惟簠簋之是供。春秋之時，禮義消亡，男女淫奔，而叔姬之行如此，聖人安得不賢之乎？故書歸酅、卒葬之詳，以見其賢也。共姬歸宋，以傅母不至不下堂，卒死於火。聖人賢其高絶之行，特書納幣、致女、來媵、卒葬之詳，以著其賢。若叔姬、共姬之行，雖王道之行所未易有，況如春秋之時哉？聖人既書其賢，又以見當時之亂也。《穀梁》不達詳書叔姬之賢，乃以逆之道微爲説。不知夫人之嫁，則君親迎，姪娣則大夫。禮之降殺，自當爾也。叔姬之逆以大夫，合禮，常行事，不書。逆之道微，無足取也。

滕侯卒。

滕侯不名，此或於即位不來赴，或舊史所闕，孔子不得妄加其文。《左氏》謂不以名赴，此固不通之甚。《公羊》以爲微國不名，則邾、薛之君尚猶書名。《穀梁》謂狄道，愈無義理。昭二十八年書「滕子寧卒」，若微國若狄道，當終於《春秋》不見其名，安得其後復其名乎？三傳皆非也。

夏，城中丘。

《春秋》之義，興作皆書，不以其時之得失、功之緩急也。聖人之意猶曰：甚矣，吾民之力有限也。春而耕，夏而耘，秋而斂，冬而藏。無農事，則又治其乘屋，晝于茅而夜索綯。以父母之身、有限之力，而勤動乎終歲，無一日之休也。奈何爲之上者，於不足之時，驅有限之力，以治無用之功哉？故《春秋》興作皆書，失時無用之役，則具文可見矣。雖得其時而治乎至急之務，猶有罪焉，況非其時以興無用之功也？此《春秋》重民力而責人上者之意也。文王爲臺爲沼，而庶民子來，不日成之。文王有庇民之大德，又與民同其樂，則一臺一沼，民樂其成也宜矣。春秋之時，淫刑虐政暴刻其民，侵伐戰爭殺戮其父兄子弟，而又驅之興作城池，以自固其身。當我之忿怒思鬬，則驅民以死，寇來而將及於我，又驅民築城以自固。我取其安而佚，而使民死而勞。殺人父子以快我之怒，勞民財以佚我之身。聖人不忍也，故不以得時失時、當興當廢，一切書之，以著其殘民之力、耗民之財之罪。孟子曰：「我能爲君辟土地、充府庫，今之所謂良臣，古之所謂民賊。」蓋孔子於春秋之興，亦有意於是焉。《左氏》曰：「城中丘，書不時也。」如《左氏》之説，是得時者無譏也。《公羊》曰：「以重書也。」《穀梁》曰：「凡城之志，皆譏也。」二説近之。

齊侯使其弟年來聘。

《春秋》諸侯之臣以兄弟書者，皆有義也。出奔見殺者，重其無親親之道而絶兄弟之恩也。來聘、侵伐以弟言者，罪其不使

臣而使弟也。兄弟賢則任以位，使之可也；不賢，不使也。受天子之土，治天子之民，或出聘，或主兵，皆一國之大事也。而主之無位之人，徒以弟而使之，罪之也。聘，問也。通問結好，諸侯之常也。然當春秋之時，不以禮而自專於所私之國。聖人一切書之，以見當時諸侯自爲朋黨，自相往來，不遵王法，而忘天子之公義也。其有事在可褒，來而有禮，則亦具文可見矣。《穀梁》曰：「以弟云者，爲其來接於我，舉其貴者也。」案：《春秋》之作，不私於魯。因其接我，書而貴之，何待《春秋》之淺也？

秋，公伐邾。

邾小國，附庸於魯，而公以大師伐之，幾何其不取且滅也？❶《公》、《穀》無傳，不待貶絶而罪惡見也。

冬，天王使凡伯來聘。

凡伯者，天子大夫，以字稱之也。天子大夫，視小國之君。《春秋》小國之君例皆書爵，諸侯大夫例皆書名。天子大夫當如小國之君書爵，以其未爵，故特書字，以比小國之君，稍尊於諸侯之大夫。祭伯、南季、家父、榮叔，皆字也。周禮，天子時聘，以結諸侯之好。是天王之聘，固禮之常也。《春秋》常事不書，而天王之聘魯者八，皆書於經。此聖人之意也。《春秋》書公如京師者一，而如諸侯者三十七；臣如京師者七，而如諸侯之國七十二。朝事天子之禮，則數百年閒，其行者一，而天王來聘者八，所以見天下無王而王室衰替也。天子則不事，而彊大之

❶「取」，殿本作「敗」。

國則事之；京師則不如，而彊大之國則如之。聖人一志之，以明天子不臣而大國是畏也。夫以魯之弱小，最親於周，然且偃蹇不朝，而望天王之姑息，則如晉、如齊、如秦、如楚，又可知矣。

戎伐凡伯于楚丘以歸。

凡伯聘魯而反，戎要之于衛楚丘，刧之以歸。凡伯一人，無有師衆，而經言伐者，以天子之使，聘於諸侯而見伐於戎狄，大之，故曰伐也。聖人志之，所以見夷狄之暴中國，而又刧天子之使。書曰楚丘者，天子之使過其境，而見刧於戎狄，爲之主者，亦失其所防衛而使之至此也。戎不舉號，賤之也。凡伯親見執，而變之爲伐者，大天子之使，不以中國之臣而見執於夷狄也。戎狄入居中國，暴横如此，中國與有罪矣。凡伯見執而不能死，凡伯有罪矣。衛之境土有戎伐天子之使而曾不知，衛有罪矣。聖人書「戎伐凡伯于楚丘以歸」，而有罪者三焉。所以深疾當時之亂，而預爲後世戒也。《穀梁》曰：「戎者衛也，貶而戎之。」若衛實伐凡伯而《春秋》變衛爲戎，則是有罪者得免，而無罪者見誅也。《春秋》據實志事，而善惡自見，不如是之迂也。

八年，春，宋公、衛侯遇于垂。

例同四年。

三月，鄭伯使宛來歸祊。

經於此書「宛來歸祊」，桓元年書「鄭伯以璧假許田」。祊之地在琅邪，而許田近許，則祊遠於鄭，而許田遠於魯也。書「宛來歸祊」，而鄭假許田，則是魯、鄭易地也。祊者，鄭湯沐之邑，而許田，魯朝宿之地。古者天子巡狩，至于方岳之下，

則一方諸侯皆來朝會，以考制度、明黜陟。又因名山，以柴祭于天，《尚書》曰「至于岱宗，柴」是也。諸侯集于方岳之下，則必有舍止之所。鄭以有功宣王，得賜邑泰山，蓋曰祊是也。諸侯朝宿之地，魯以周公之後，國又最大，故得賜邑於王畿之內，蓋曰許田是也。周道既衰，巡守之禮不行，而朝覲之禮久廢。鄭之泰山，去國遠而近於魯。魯之許田，去魯遠而近於鄭。欲從二國之便，以祊易許田，至是使來歸之。聖人疾其受地於天子，傳國於先君，而擅從己一時之利，易天子之土，而忘先君之受天王。巡守之禮雖已不行，而湯沐之邑不可廢也。諸侯朝覲之制既不能守，而朝宿之地在，猶足以知其儀存也。奈何因一時之衰，遂廢盛王之禮，貪一邑之利，而忘先君之守哉？蓋告朔之禮廢，則羊爲無用，子貢欲去之，❶而孔子猶罪其忘禮，況朝宿之地，湯沐之邑，受之天子，傳之先君，而擅易之乎？《左氏》曰「鄭伯請釋泰山之祀而祀周公」，安得不祀其祖而祀非其祖乎？《公羊》曰：泰山之下，諸侯皆有朝宿之邑。許慎以爲惟有功者賜之，周千八百諸侯，不可盡賜。此說是也。《穀梁》曰：「名宛，所以貶鄭伯。」宛乃其名，不名宛，無以見使大夫，謂之貶鄭伯，非也。陸淳曰：鄭不當歸，魯不當受，宛當諫止。此說是也。

庚寅，我入祊。

《春秋》外歸田邑，但書曰「歸」，未有言「我入」者。「齊人來歸濟西田」，「來歸

❶「之」，殿本無此字。

郰、讙、龜陰田」，皆不言入，以其本我之田邑，歸則有之矣。此祊之田特書曰「我入」，蓋以其非我之有，入不當入也。《公羊》曰：「非獨我也，齊亦欲之。」案：經無其文，不可更生齊欲之義。

夏，六月，己亥，蔡侯考父卒。

《穀梁》云「日卒，正也」。孔子因舊史作《春秋》，詳略不得加之也。此云日卒爲正，則無日而非正者，孔子如何書之也？

辛亥，宿男卒。

此與滕侯不名同例。《穀梁》曰：「未能同盟，故男卒也。」同盟不同盟之義，趙子論之詳矣。

秋，七月，庚午，宋公、齊侯、衛侯盟于瓦屋。

三國之盟繫諸侯之安危，故《春秋》書之。《穀梁》曰：「參盟於是始，故謹而日之。」案：《春秋》褒貶之法本無義例，罪同同誅，惡同同罰，不以終始爲輕重也。因其始盟，謹而書日，日月固不足論矣，謂之謹始，則非也。

八月，葬蔡宣公。九月，辛卯，公及莒人盟于浮來。螟。

《公羊》曰：「稱人，則從不疑也。」案：經書「公及莒人」，則是求與之盟，安得有隨從之義？《穀梁》曰：「可言公及人，不可言公及大夫。」案：稱人，則是微者，不若大夫之尊。人猶可及之，何得曰不言及大夫也？莊九年書「公及齊大夫盟于蔇」，有其事則書之，以見其義，何不可哉？

冬，十有二月，無駭卒。

無駭不氏，隱不爵大夫是也。《左氏》曰：「公命以字爲展氏。」案：不命大夫，此傳妄也。《公》、《穀》皆非。

九年，春，天王使南季來聘。

南，氏也。季，字也。天子之大夫，例書字。聘，問也。天子聘諸侯，禮也。《春秋》常事不書，天王之聘必書之者，所以見諸侯朝事之禮廢，而天王聘問之禮勤，周室甚衰而天下不臣也。《穀梁》曰：「聘諸侯，非正也。」案：天子聘諸侯之禮，周道之常。《春秋》不譏天王之聘，而罪諸侯之不臣。不著天子聘問之勤，則無以見諸侯朝覲之廢。《穀梁》以爲常事不書，故以聘諸侯爲非正，非也。

三月，癸酉，大雨，震電。庚辰，大雨雪。

周之三月，夏之正月，陽氣尚微，雷未當出，電未當見。既已雷電，則雪不當降。八日之閒，陰陽迭相盛衰，皆失序矣。大者，非常之辭。《春秋》常事不書，大唯非常，則加大以別之。而《左氏》不達大爲非常之辭，而妄發例曰：「凡雨自三日以往爲霖，平地尺爲大雪。」案：經無書霖之辭，又二百四十二年之閒凡書大雪者三，豈可年數如此之遠，而大雪如此之少乎？非也。《穀梁》曰：「八日之閒，再有大變，故謹而日之。」案：書癸酉、庚辰，明其相去之近，而陰陽繆戾也。不日，何以知之？謂之謹而日之，非也。

挾卒。夏，城郎。秋，七月。冬，公會齊侯于防。

《春秋》會有兩義：如書及書會，以別內外之志，則下皆係事，或盟，或遇，或侵，或圍，或入也。下不係事，而但書會某于某者，即是以會禮相見者也。故係事之會，如「公會齊侯盟于艾」，爲盟而會也。莊五年「公會齊人、宋人、陳人、蔡人伐衛」，爲伐而會也。二十七年「公會齊人、

宋人救鄭」，爲救而會也。故凡係事之會，則《穀梁》曰「外爲志」是也。不係事而言會，如「公會齊侯于防」者，乃是二國以會禮相見而謀事耳。《穀梁》亦一例以外爲志解之，則《春秋》書及之例，未嘗有書公及某于某者。於及之下，必皆以事係之，若及某盟、及某侵伐之類是也。會、及既是一例，則《春秋》無及某于某之例。以此推之，即知單言會者，以會禮相見而謀事也。不係事於下，無大善惡可爲懲勸，則略之耳。唯諸侯無事而屢會，廢其職守，罪大當書，故但書會以爲重也。《穀梁》曰會外爲主，以一例通之，非也。

十年，春，王二月，公會齊侯、鄭伯于中丘。

夏，翬帥師會齊人、鄭人伐宋。

案：翬不氏，例同四年伐鄭之義。翬稱帥師，將尊師衆也。齊、鄭稱人，將卑師少也。會于中丘，遂同伐宋，罪可知矣。《左氏》稱羽父先會，以解經不氏之義，非也。《公羊》以爲始貶，亦非也。隱公不命大夫，《穀梁》之說是也。

六月，壬戌，公敗宋師于菅。

《春秋》之法，中國與中國戰，書戰，書敗績；内與外戰，内勝則書敗某師，外勝則書戰。故内不言戰，言戰則内敗也。蓋戰者，敵也，使彼敵我，則我敗矣。聖人之意猶曰：躬自厚而已矣。凡我之所以治國家之道修舉大備，使彼無間可窺，無隙可入，來斯敗之而已。《易》曰：「慢藏誨盜。」蓋慢藏者，非城郭不完，兵甲不多之謂也，我之所以治之道不至，而下有離叛之心，則人乘我藏之慢，將盜我之國而有之也。《春秋》内不言戰，言戰則敗者，所以深責内不修其治國之道，慢藏以誨

盜之謂也。《春秋》之法舉重，君行不言帥師，唯戰而敗者，雖君自行，亦曰敗某師。此又聖人之意也。師，衆也。爲君者不能以德善其鄰國，以道治其國人，爲人父兄而以其子弟死于兵石矢刃之閒，使無辜之人暴骸流血。聖人不忍焉，故雖其君自行，亦重而書之，曰敗某師，若曰：其君之敗，則自取耳，可深痛者，其國之民。聖人之意如此，而《左氏》之例曰「未陳而薄之，曰敗某師」。案：聖人之於《春秋》用兵之諸侯，未嘗有一辭襃之。蓋戰而勝人，孰與不戰而無傷也，況敗乎？孟子曰「善戰服上刑」，亦孔子之意也。而《左氏》乃以未陳而薄爲《春秋》之例，《春秋》乃教人戰乎？《春秋》内敗外者凡八，豈魯專能未陳而薄人乎？《穀梁》曰「内不言戰，舉其大者」，此説亦通。

辛未，取郜。辛巳，取防。

公既敗宋師于菅，遂乘勝勢而取宋之二邑。二邑受之天子，傳之先君，以乘其敗，遂取而有之，不待貶絶而罪惡可見也。《左氏》曰：「庚午，鄭師入郜。辛未，歸于我。庚辰，鄭師入防。辛巳，歸于我。」案：經書「公敗宋師」，無鄭師之文，是鄭不與也。又曰：君子謂鄭莊公「以王命討不庭，不貪其土，以勞王爵，正之體也」。案：春秋時天下無王久矣，安得以王命討不庭之事乎？趙子曰：「諸侯專取它國之邑而以與人，罪之大者，安得謂之正乎？」《公羊》謂：取邑不日，此日者，一月再取，甚之也。案：取邑不在書日，若無日，則是同日取之。此但記實爾。凡取邑皆有罪，何論一月再取乎？

假如異月再取，則爲無罪乎？又曰：内大惡不書，小惡書。夫人姜氏會齊侯于禚，亦大惡，不可謂不書也。《穀梁》曰：不正其乘人之敗而深爲利，取二邑，故謹而日之。案：經書敗人師而取二邑，自已不正，何須日以謹之哉？

秋，宋人、衛人入鄭。

入例同「無駭帥師入極」。

宋人、蔡人、衛人伐戴。鄭伯伐取之。

戴，微國也。宋、衛既已入鄭，又還師與蔡人伐戴。戴以微國而當三大國之伐，病已甚矣。鄭伯又乘其甲兵未完，❶人民未集，伐而取之。書曰「伐取之」，伐而遂取得之也。然不曰伐戴取之，以見乘上三國既伐之後，戴人方病未瘳之際，伐而取之也。伐、取皆爲有罪，又乘人之病，掩其人之危，收奪而有之，不勝其罪矣。《左氏》以爲鄭伯圍戴，克三師焉。趙子曰：「三國皆大於鄭，鄭之兵刃可知，何能乘而取之乎？假令三國入戴城，鄭總得，則當書圍取之；若在城外，則當書伐敗之，必不曰伐取之。」此説是也。《穀梁》曰：「不正其因人之力而取之，故主其事也。」趙子曰：「假如自取，豈爲正乎？何須因人之力，始爲不正？案經實是鄭取，不得云主其事也。」

冬，十月，壬午，齊人、鄭人入郕。

二國稱人，卑者也。入者，得而不居也。《左氏》曰「討違王命」。案：經書之，直以其暴兵而入人之國耳。若實討違王命之罪，於經當有異文，此説非也。

十有一年，春，滕侯、薛侯來朝。

❶「伯」，殿本作「國」。

《周禮》曰「春見曰朝」，《論語》曰「孔子沐浴而朝」，《孟子》曰「諸侯朝於天子曰述職」，是諸侯之見天子，臣之見君，其禮曰朝。見於《周禮》，見於《論語》，見於《孟子》矣。然而春秋之時，以諸侯而見諸侯類書爲「朝」，此孔子深罪之也。分天子之土，受天子之命，爲天子之臣，天子之號令賞罰不行，則慢而不往。諸侯之國彊大以偪我，我則畏之而朝。諸侯之國弱小而畏我，我則彊之使朝。聖人以爲朝者臣事君之禮，諸侯見天子之名，今同爲天子之諸侯，同受天子之土地，同南面爲君，爵列有大小不同耳，土地有多少不同耳，然恃彊而陵弱，怯小而事大，皆爲有罪矣。《春秋》一切書之，以爲弱小者不當朝，而彊大者不當受也。求之於經，則來朝於魯者，惟滕、薛、郳、杞、曹、紀、郯、郜、牟葛十餘小國而已；公之所如者，齊、晉、秦、楚三四大國而已。外之朝天子者，不見於經。内之朝天子者，二而已，又皆在於王所，而不在於京師。其如京師者，一而已，又因會伐秦而遂行。由此觀之，則當時朝事之禮一施於彊大，天子徒存而已也。聖人因其實而書之，以罪之也。滕、薛之朝累數之者，以其同時而至，同行朝禮也。穀伯、鄧侯别言之者，以其至雖同時，禮則各行也。《穀梁》曰：「特言同時也，累數，皆至也。」此説是也。諸侯相朝之禮，《左氏》之説曰：「五年再相朝，以修王命，古之制也。」《公羊》之説曰：「來曰朝。」《穀梁》之説曰：「諸侯相朝，正也。」考禮修德，以尊天子也。若如三家之説，□□諸侯相朝爲□□禮也，同列相見曰朝，見天子亦曰

□□曰崩曰薨曰□□如朝事之禮，用之於同列乎？ 朝□□□也□□□□□□□□□故《詩》曰：「邦君諸侯，莫肯朝夕。」言朝禮之行於朝也。 故天子則有三朝，大昕視朝，皆以臣見君、以朝入朝之義也。《左氏》以爲古制，古無有也。 有之，當見於經。 經不載而《春秋》譏之，不得曰古制也。《公羊》以爲諸侯來曰朝之文，遂此成説也。《穀梁》以爲尊天子。在春秋之時，不過以大偪小，以彊陵弱，安得尊天子之事乎？ 尊之而反僭之，亦非也。《公羊》又曰微國兼言之。 案：穀、鄧之國又小於滕、薛，而未嘗兼之，此當以《穀梁》之説爲定。

夏，公會鄭伯于時來。

案：書會而不係事者，相見而謀事也。其謀之善也均善，其謀之惡也均惡，不以内外之志别之者，一其善惡也。 此與會、及之例不同，不可一概論也。

秋，七月，壬午，公及齊侯、鄭伯入許。

三國皆君自行，舉其重者書之，故不言帥師也。 入者，得而不居也。《左氏》以爲鄭莊公有禮，趙子非之曰：「入人之國，其罪已大，又使大夫守之，不容於誅矣，而以禮許之，是長亂階也。」此説是也。

冬，十有一月，壬辰，公薨。

《春秋》之法，公薨書地。 以爲一國之位，百里之地，萬户之民，姦臣賊子之所覬覦也。 人君之薨必於正寢者，政事之所出，大臣之所萃，一朝薨亡，則大臣足以制一國之命，嗣子足以正先君之位，姦人無所覬覦，而變故不作焉。 不于正寢而于它處，亦書之，以見其危也。 故人君之薨必于正寢，不蔽于幽隱也。 男子之死必於

牖下，不絶於婦人之手也。弑君不地，不忍言也。《春秋》之法，外弑言弑，内弑不地，所以辨内外、遠凶變、養忠孝也。人君之薨必有其處，然而不地，則是薨不以理也。《春秋》之義，借魯史以立萬世之法。魯君即我君，見弑而忍言焉，是無臣子之心也。凡爲臣子之道，推其君恐其不高，致其父恐其不遠。爲人臣子而君父見弑焉，是無臣子也。《春秋》内弑君必書薨而不地，蓋弑者窮天之惡，極地之醜，臣子者惡得書之哉？聖人之意若曰：内不言弑，我君父之不幸，不可聞也，於聞，猶遠之，況見乎？變而曰薨，我君父不可以不正終，必正其名焉。於名猶正之，況實乎？所以廣仁義之道，而養忠孝之心也。然則爲人臣子者，雖聞也，不可以不遠；雖名也，不可以不正。立其朝見之者，如何其罪也？與其事而助之者，如何其誅也？聖人於經内弑不地，所以深罪當時立朝之臣，而顯誅一時與弑之賊也。内弑，賊不討不書葬，此又聖人罪臣子之深也。君父而見弑於人，爲之臣子者當有罪矣。篡臣賊子已弑矣，爲臣子者又晏然不討之，則是一時之臣子，皆與乎弑而無討賊之人也。葬者，臣子之事也。一時之臣皆與乎弑，則誰爲之葬乎？故雖葬，猶不葬也。《春秋》君弑賊不討不書葬，又以責臣子之深也。隱賊則桓公，隱弑而桓立爲君，臣子無討之者。孔子責當時之臣子縱賊不討，使其得立爲君，又臣事之，安知其弑之不與也？一時臣子皆與乎弑，則葬隱公誰歟？雖葬，猶不葬焉。隱公之所以不書葬也。《左氏》曰：「不書葬，不成喪

也。」啖子曰：「豈有國君之喪而不成乎？《公》、《穀》之説是也。」

隱無正。

隱自元年有正月，後十年皆無正月。《穀梁》曰：「隱不自正，元年所以正隱也。」陸淳解之曰：「元年有正，言隱當立而不行即位之禮。十年無正，譏隱合居其位而不正，以貽其禍也。」此二説皆是。《公羊》曰：「隱將遜于桓，故不有其正月。」案：隱雖有遜桓之志，而孔子未嘗與之。十年無正月者，所以罪其當正而不正也。謂不有其正月，非隱公當時不自有之，乃孔子修《春秋》之意也。

龍學孫公春秋經解隱下第二

後學成德校訂

龍學孫公春秋經解桓上第三

孫覺莘老

元年，春，王正月。

《春秋》之法，書月則書王，不書月則不書王。而桓公在位十八年，書月書王者四，不書王者十有四，此聖人之意也。桓公之於隱公，以恩言之則兄弟也，以義言之則君臣也。桓爲弟而弒兄，爲臣而弒君，放棄恩義，絶滅尊親，舉天下之大惡無爲比者。然當是時，天子以衰而不討，諸侯相望而不救，至於晏然行即位之禮，南面爲君，以朝其群臣，以有其一國。聖人以爲桓公之行如此之惡，而能至於此，由天下之無王，王道不行而賊臣縱恣也。故在位十八年，而經不書王者十有四。然於元年、二年、十年、十八年特書以王者，此又聖人之意也。桓已弒君而自立，當時之天子已不能討也，然孔子憤賊子得志於一時，遂欲顯誅於後世，且以示萬世之下，弒君之賊不可使一日少生，奈何緩之至十八年之久縱而不討乎？元年書王者，以爲弒君之賊，其能免於誅乎？元年書王，所以誅桓也。二年書王者，以謂王室微弱，弒君之賊力不能即時誅之，二年而後誅之，雖已晚矣，然亦足以爲王誅也。至於三年而桓竟爲君，王竟不討，聖人若曰：桓公大惡者，乃得竟爲君乎？非天下之無王，何至是也？於是遂不書王，以見當時之王竟不能討，而桓公之惡竟遂其欲也。十年書王者，以爲

王者，政教之出，不可以一日無之，十年無王，則王道將絶於天下，而天下之爲惡者益熾而昌也。於是書王焉，以明王雖不能討桓公，而天下不可以十年無王也。故十年有王，非以赦桓之罪，乃所以存王道於天下也。十八年有王者，桓公之終也。桓公弑君弑兄而自立，奈何天子衰而不能討，至令在位十八年之久，而不以弑賊見討而終乎？王室雖衰，力不能討矣，于是之時，有能以王道正其罪而討之，亦可以爲有王也。聖人若曰：弑君之賊，不可使偷一日之生，將以必誅，況已弑也。故元年書王，欲王者之即討也。二年書王，雖已少緩，亦足爲王討也。十八年書王，弑君之賊無可赦之理，不見誅於即時，當見誅於歲月；不見誅於其生，當見誅於將死；不見誅於終身，當見誅於萬世。故桓公元年、二年、十年、十八年有王者，孔子所以深憤當時之亂，而有意於萬世之法也。趙子不達孔子之意在於萬世，乃曰：夫子修經時，豈不知此年竟不討乎？何須存之也？且孔子生哀、定之閒，何救於隱、桓之亂？然孔子區區褒貶，正以一王之法，蓋以萬世之下，善者可勸而惡者可懲也。孔子知其竟不討，又不立之，乃所以爲《春秋》之意也。若以爲前事皆不足治，孔子又何作《春秋》乎？此説非也。杜預以爲經之首時必書王，明此曆天王所頒也。其或廢法遺常，失不頒曆，則不書王。劉炫《規過》曰：「昭二十三年以後，王室有子朝之亂，經皆書王，豈此天王能頒曆乎？」劉炫非之，是也。何休曰：「無王者，桓公無王而行也。不就元年見始者，

未無王也。」案：桓公之行，誰弗知之？乃須去王然後見桓公之惡乎？元年已弒之矣，安得曰未無王乎？此説非也。《穀梁》曰：「無王之道，遂可以至焉。」案：此亦責桓公無王爾，未盡得夫誅桓公之意也。又曰二年有王，正與夷之卒；十年有王，正終生之卒。案：陳侯鮑卒在五年之春，又不以王正之，此亦非也。

公即位。

古者君薨，既殯而嗣爲君未就阼階之位。明年正月朔日，乃就南面而改元。《康誥》曰：「王釋冕，反喪服。」是於未逾年之時，未行即位之禮也。逾年之後，即改元。《春秋》書元年即位是也。必逾年而後即位，繼父之業，承父之志，不忍有變於中年也。在人子之心，豈逾年而遽忍哉？雖三年不忍也。緣臣子之心、土地之託、社稷之守、人民之重，曠年無君，則君道絶，故抑人子之心而申臣民之心也。然猶三年稱子於其國中，猶曰父在云爾。此《春秋》繼正之法，逾年而後即位之禮也。然《春秋》之法，繼正書即位，繼弒不書即位，以謂爲人臣子而君父見弒於人，則已雖嗣君，亦何心於即位也？故繼弒者不敢行即位之禮，以示先君之薨不以理，隱痛之深也。然繼弒而即位，是無恩於先君，而忍行其禮也。先君之薨不以理，而已無隱痛之心，則弒之者誰歟？欲即位而爲君者，乃弒君者也。彼弒君而求即位，即以即位書之，以見其弒君之惡也。隱公之薨不地，而桓行即位之禮，則弒隱者，桓也。《公》、《穀》論繼弒而即位，其義皆通，但《穀梁》謂之言、不言，非

也。趙子曰：繼弑者不當行即位之禮，何得曰言哉？此説是也。

三月，公會鄭伯于垂。鄭伯以璧假許田。

會者，二國相會而謀事也。桓公弑立，恐懼見討於諸侯。鄭伯乘桓公恐懼之時，知有求而必果，遂與桓公爲垂之會，欲終易許田。桓公者，弑君之賊，天地所不容，人人所同誅者。鄭與魯同好往來之國，不能舉大義誅凶逆，以正王道，以明諸侯討賊之義，而規規於尺寸之土、分毫之利，親去南面之尊，而求會弑君之賊。鄭伯之罪不容誅矣，聖人同其惡而書之，曰「公會鄭伯于垂」。許田，魯朝宿之邑。祊者，鄭湯沐之地。天子不狩而諸侯不朝，遂與相易天子所受之地，以絶天子之狩而廢諸侯之朝。隱八年書「我入祊」。入者，得而不居也。于時魯雖得之，而未嘗居有之也。至於桓公新立，當恐懼不安之時，而鄭伯乘之，益璧以求地也。曰「璧假」者，蓋祊之地狹小，不足以當許田之廣大。鄭伯必欲得之，又益以寶璧，而以甘辭假借。孔子著其罪而書之，曰「鄭伯以璧假許田」，所以甚惡鄭伯而重桓公之罪也。然鄭以祊以璧，然後得許田之地，而聖人於經但云璧假，而没去祊之地者，蓋《春秋》之文簡易，見於八年，則此不重出，要以璧假爲重也。杜預曰：「隱其實，不言祊，稱璧假，言若進璧以假田，非久易也。」案：孔子於《春秋》，未有無其事而虚加其文者。若實無璧，何得言璧哉？此説非也。《公羊》曰田近許，故謂之許田。《穀梁》曰：「無田則無許，可知也。不言許，不與許也。」案：此皆不知許田爲魯朝宿之邑名，妄爲説也。

夏，四月，丁未，公及鄭伯盟于越。

越之盟，《左氏》以爲結祊成也。然則以天子之地擅相交易，若市井之小人，而又屢盟數會，坦然而無所愧畏。聖人以爲天下無王，故能至此，書之，且有警於後世也。

秋，大水。冬，十月。

大者，非常之辭。水非常而爲災，或害禾稼，敗居廬。凡爲災，則書之也。水者，陰也。陰之盛，至于水大而爲災，則于時之陽，其不能勝陰而陰專盛矣。聖人既著其爲災之迹，又以見當時之天下有召災之實。春秋之閒，一魯國之小，而大水者八，天下之災又可勝記乎？《左氏》曰：「凡平原出水爲大水。」案：水爲災，故書。若水不自平原出而爲災，則不書？此非也。《穀梁》曰：「高下有水災，曰大水。」水雖高而不爲災，與不及高而爲災，孔子如何書之也？

二年，春，王正月，戊申，宋督弒其君與夷及其大夫孔父。

《大過》上六曰：「過涉滅頂，凶，无咎。」象曰：「過涉之凶，不可咎也。」大過之時，棟已傾橈，本末皆弱，剛中之君子，過以救之之時也。至于上六，則過涉已極，至于滅頂。患極而身從之死，故曰凶焉。然而忠臣義士，慷慨奮發，患難不避而以身死之，雖凶無咎，不可咎也。蓋死者，人之所難。一奮其身，死且不避，而好事者以其事之不成而咎之，多矣。聖人於《易》特設其象，而解之曰「不可咎也」，所以勉進忠義之士有爲於所不可爲之時，必救於無可奈何之際，以冀幸於萬一也。春秋之時，見弒之君二十四，而死難之人

三人而已：孔父、仇牧、荀息。當是之時，天下之爲人臣者，或亡國以自存，或賣君而苟位，滔滔是也。而三人者，或投萬死以赴君之難，或持大義以障君之賊，事既不果，而以死繼之。君存則與之俱存，君死則與之俱死。食君之禄，立君之朝，義不忍與姦臣賊子並生於時，冒白刃，投死地，以同君之禍，皎然不欺其心而自得於死所，孔子安得不與之乎？《春秋》書之，深有意於萬世，而使不忠不孝之人少爲之動也。然而三人之中，其節最高而不可擬者，孔父也。孔父正色立朝，姦臣逆子畏懾而不敢致難於其君，必先殺孔父，而後敢行弑逆。是孔父以一人之身，而捍一國之難也。孔子賢之，特書其字，以别仇牧、荀息徒能死君之難。《左氏》曰宋華父見孔父之妻于路，至遂弑殤公。啖子曰：「古者大夫皆乘車，其妻固當乘之，不可在路而見其貌。蓋以舊言孔父義形於色，故誤以爲女色之色也。」啖子非之，是也。《穀梁》曰：「何以知其先殺孔父也？臣既死，君不忍稱其名。」趙子曰：「孔父之事，非殤公自書也，何得曰君之不忍乎？」又曰其不稱名，孔子爲祖諱也。案：《春秋》魯國之史，非孔子家傳之書，何得曰爲祖諱乎？

滕子來朝。

來朝例同隱十一年。然滕子在隱之時書卒書朝，皆稱侯爵，自此二年來朝之後，但書子，終於《春秋》，不復更稱侯爵。三傳皆無説，獨杜預、范甯以爲時王所黜。諸侯之爵，有功則升，有罪則黜。滕之降爵，未嘗有罪天王，但以弱小之故，降爵

爲子，亦失罰矣。趙子以爲居喪稱子，豈可滕之嗣君，終春秋之世常居喪乎？此説非也。

三月，公會齊侯、陳侯、鄭伯于稷，以成宋亂。

《春秋》之法，會不繫事，以爲常事不書，亦善惡無足懲勸，則没其事而但著出會之罪也。會而繫事者三：薄之盟釋宋公，澶淵之會宋災故，皆以其事至善，故特繫事以美之；稷之會以成亂，以其事至惡，故特繫事以貶之。弑君之賊，人人皆得討之。四國與宋往來，宋督弑君不能討，又會于稷以成其亂，使督得遂爲臣，而公子馮得遂爲君。聖人深罪四國之君無人君之道。四國之力足以討宋國之亂，四君之義足以定宋君之位，不能援立正君，討除賊子，而反從其謀以成就其志，使其亂得成焉。聖人若曰：宋督雖有弑君之罪，然卒其亂者，四國之君焉，故書之曰「公會齊侯、陳侯、鄭伯于稷，以成宋亂」。會于稷而無暨、及之文，是均其惡也。《春秋》凡言以者，不宜以也。成其亂，何所宜哉？故書曰「以」也。《公羊》曰「内大惡諱」，又曰「隱賢而桓賤也」。案：内之大惡者甚衆，逆祀僖公、昭公之孫悉書之，無有諱者。桓爲其賤而以大惡加之，又非也。使桓無成亂之惡，孔子焉得而加之？《穀梁》曰：「以者，内爲志。」案：言以者，不宜以爾，無内爲志之義。又曰「取不成事之辭而加之」。案：經無虚加之理，謂之取而加之，則非實事也，孔子安得妄加人之罪乎？杜預曰：成者，平也，平宋弑君之亂。江熙亦曰：成者，平也。案：經言成

亂，不得曰平也。若實平之，乃是善事，於經當有異文，又安得取鼎而還乎？

夏，四月，取郜大鼎于宋。戊申，納于太廟。

取者，收奪之名。桓公既成宋亂，又奪取其大鼎以歸。書曰「以」，大惡無甚於此者也。鄰國之亂，力不能救則已可也。會四國往救之，又但求取其賂，遂成其亂焉。夫貪賂嗜利，不顧禮義，雖小人有所不爲，奈何以南面之尊，公侯之貴，社稷、人民之守，道義、風俗之出，而貪賂嗜利，滅棄禮義，爲小人之所不爲？聖人欲示其惡於後世也，直書其事，曰「以成宋亂」，「取郜大鼎于宋」。太廟者，周公之廟。周公大聖人，魯之始祖。桓公既成亂，得鼎而歸，不自以爲惡也，納之於聖祖之廟，以爲光榮焉。書曰「納于太廟」，納者，不宜納也。成亂之罪，已不可勝誅矣。納鼎而歸，又罪之大者，況以賊亂之餘、賄賂之物而納之聖祖之廟，如何其罪也？桓公一舉事而大惡者三，孔子書之無遺焉。既深疾之，且憤弑君之人得志而有爲，則罪亂無不至，放情而自恣也。鼎實宋人以之歸我，然不以宋歸爲辭，而曰我取之者，所以見桓公之志在於成亂而取鼎也。又實取之而還，非自歸我，故於經但言「取」，而不曰歸也。鼎實自宋得之，然而謂之郜大鼎者，鼎之成自郜也。凡物皆有以名之，若和氏之璧、雲和之琴瑟之類是也。❶《公》、《穀》之論煩碎，無足取者。

秋，七月，杞侯來朝。

杞者，魯之與國，桓公即位而始來朝也。

❶ 「雲」，原作「垂」，據殿本及《周禮》改。

春秋小事大，弱事彊，時朝歲聘，一時之失禮也。《穀梁》曰：「桓内弑君，外成人之亂，杞即是事而朝之，惡之也。」《春秋》之義，責其所可責，不責其所不可責。聖人之意若曰：偃者不可責之恭，跛者不可責之踴。不彊其所不能，不求其所無有。當是時，天子衰，不能討桓公之亂。諸侯之彊者，不能誅弑君之賊。杞侯弱小之國，偪畏於魯，朝聘以時，恐其不保，能舉大義而立王法乎？杞侯之朝，罪不在朝桓公也。《穀梁》說非。

蔡侯、鄭伯會于鄧。

鄧，楚之近國。是時楚方僭號，欲伯中國。蔡、鄭二國國小而偪於楚，始懼而謀自安之計。孔子書之，所以見中國甚衰而狄戎方盛，小國恐懼而盟會不暇也。《公羊》曰：「離不言會。」案：《春秋》書離會者衆，謂之不言，非也。

九月，入杞。

入者，我入之也。不曰公及大夫帥師者，微者入也。入者，得而不居也。《左氏》曰：「討不恭也。」案：小國畏懼而來朝矣，其敢不恭乎？《左氏》承上文「來朝」而後書「入杞」，故成此說也。殊不知春秋之時，彊陵弱，衆暴寡，侵伐取入，何得皆有罪乎？

公及戎盟于唐。

及戎盟，例同隱二年。《左氏》曰「修舊好」，蓋隱公好也。《左氏》附會而成此書，如此等義不繫於襃貶輕重，無足取者。

冬，公至自唐。

《春秋》魯公出外、會盟、侵伐，反皆書「至」，《左氏》所謂「凡公行，告於宗廟。

反行，飲至，舍爵，策勳」是也。因其告于廟，《春秋》書之，以見不告者之罪，又以知遠近遲速也。《春秋》書至者，皆至其所出之事，以地至者四而已：此年「公至自唐」，文十七年「公至自穀」，定八年「公至自瓦」，十年「公至自夾谷」四處爾。趙子以爲魯地，則至自地，此說是。《左氏》曰「特相會，往來稱地」，非也。

三年，春，正月，公會齊侯于嬴。

桓二年嘗與齊侯會于稷，成宋之亂。於是復爲之會，而經不繫事。秋七月，遂有公子翬如齊逆女之事，是於未婚之前而爲此會也。《左氏》曰「成婚于齊」是也。婚禮有六，惟逆女自行，餘皆稱父兄之命，以遣使者，所以養廉遠恥，示萬世之嗣不可輕也。今桓公與齊謀婚，而不由紹介之命、媒妁之言，身至齊境，以與齊謀己之婚，醜惡見矣。

夏，齊侯、衞侯胥命于蒲。

胥命之說，三傳皆是也。春秋之時，天下無王，諸侯放恣，彊者暴弱，衆者逼寡。至其不能自存，則去社稷之守，以相從於會遇，而苟旦夕之安。會遇不信，又至于割牲、歃血、呪咀而相盟，然猶有朝盟而暮叛之者，侵伐圍入殆無虚月。聖人疾之而一志於《春秋》，會盟侵伐各從其罪而重輕之。聖人方疾會盟之不信，侵伐之無已也。當是之時，齊、衞二國相期於蒲，約言而信諭，不盟而好成，終二君之身，未嘗渝言而侵伐。是由胥命之言，而二國和好十數年之閒也。孔子安得不少進之，以見屢盟數會而侵伐隨之者之罪乎？故《荀子》曰：「《詩》非屢盟，《春秋》是胥命，其心一也。」趙子不達孔子是

胥命之意，而非之曰：「偶爾相遇，匹夫之行，非諸侯之事，以志其非。此若以禮相見，當書會、書遇也。」案：《春秋》之義，有事如可善而經無褒者，有事如可惡而經進之者。聖人之道，浩浩如天，淵淵如淵，若鬼神之變化，不可求測，但其反復顛沛，未嘗不在因時成化而入人於善也。許世子止不嘗藥之過小，然而其君不幸死焉。許止一人，孔子亦將恕之矣，奈何後世將有因是迹而爲亂者也？孔子寧誅許止一人，不與後世簒臣賊子爲之地也。諸侯受國於天子，以治其民人，而遠去其疆守，而苟然相見，聖人所不許也。然是時口血未乾，遂相侵伐者，不可勝數。二國之君，乃能一約其言，往來和好，遂至其身之殁，不猶愈於朝盟而暮叛之者乎？孔子寧少進胥命者，以罪常盟會而尋伐者。凡賢者之論病於太高，不肖之言病於太下，雖高下不同，而爲害一也。如趙子者，其亦病於太高者乎？

六月，公會杞侯于郕。

杞，《公羊》作紀。案：《左氏》、《穀梁》皆杞，而《左氏》載事，此當以二傳爲定也。去年之秋，魯嘗入杞。杞於此恐懼，而求成於公，故爲郕之會也。會者，均二國之善惡，義同元年垂之會。

秋，七月，壬辰，朔，日有食之，既。

例同隱三年。書朔書日者，正朔也。《春秋》日食三十六，其書「既」者三而已。既者，盡也。不曰盡而曰既，《穀梁》曰「有繼之辭」是也。蓋言盡，則絶無復生之理。言既，則見既而又生也。方日之食，但見其食之盡，安知其既而復生？然聖人以復生之意書之者，此其深意也。日

者，陽之精。陽之精者食而且盡，則天下之陽亦將虧而至于盡也。聖人之爲道，唯陽之勝陰，則君父常尊而臣子常卑，君子常彊而小人常弱。至於陰盛而勝陽，聖人所不與也。陰雖盛，必爲之戒；陽雖衰，必爲之助。《易·坤》之上六，陰道之極，至疑陽而戰于野。然聖人不與陰盛而陽爲之戰也，則正其象而言曰「龍戰于野」，若龍之自戰焉。故《春秋》日食而至于盡，則變而曰「既」，以明復生。《坤》之上六陰盛而戰于陽，則以龍自主其戰。然則陽不可以不盛，而陰不可以不弱。奈何天下之爲陽，常至于衰而爲陰之勝，天下之爲陰，常至于盛以陵陽。凡陰之類者，亦何足道焉？所爲陽者有罪矣。

公子翬如齊逆女。

公子翬内大夫，在隱公時嘗再見經，然而無氏。蓋隱自以爲桓攝立，不命大夫，故終隱之世，但稱翬也。桓公已弒隱自立，而翬爲謀主，故即位未幾而遂加爵命，於此見經，遂曰「公子翬」也。逆女之禮，君親之者也。春秋之時，親迎之禮類多不行，一切書大夫之逆，以見其罪。《左氏》曰：「修先君之好，故曰公子。」以爲婚禮雖奉時君，其言必稱先君以爲禮辭，故曰公子也。案：公子、公孫皆其族氏，不緣先君而謂之公子。隱二年紀裂繻來逆女，亦修先君之好也，何以不稱公子？

九月，齊侯送姜氏于讙。

古者送女，父不下堂，母不出祭門，其義猶曰：女以嫁爲歸，義當適外者也，以義割恩而已。故男子則主其祭祀，以傳於世，女子則一適於外，終身不反。男子而

去父母，則爲不孝。女子而大歸其家，則爲至惡。故閨門之内，以義割恩，而男女之事、夫婦之道成。齊侯以諸侯之尊，不能割愛以從義，而眷眷爲兒女之情，越禮而犯義，而送女出境。讙，魯地也。送女不下堂，而遠至于魯，失禮之甚。故書曰「齊侯送姜氏于讙」。《春秋》之法，入國稱夫人。讙，魯地，而姜氏不稱夫人。齊侯身送之，有父母之親，故申之曰姜氏，《公羊》曰「雖爲鄰國夫人，猶曰吾姜氏」是也。

公會齊侯于讙。

齊侯送姜氏于讙，公於是與齊侯會也。《春秋》書之者，以見公親迎之禮不行，而徒會齊侯于讙，以姜氏歸也。逆女親者也，不于其國而于我之境，非禮也。齊侯不送之，則公亦不至于讙也。讙之會，實受姜氏于齊侯，而經但以會讙爲文者，以謂萬世之嗣，己則輕之，而使大夫；齊侯之彊，我則畏之，而會于讙。見公之動不以禮，而惟彊之畏，故書曰「公會齊侯」。《穀梁》曰：「齊侯來也，公之逆而會之，可也。」親迎不行而惟齊侯之畏，經曰「會齊侯」爾，未嘗言逆也，而《穀梁》以爲逆而會之，何也？

夫人姜氏至自齊。

君治外，夫人治内。君、夫人分治内、外者也。故一國之政，莫大於夫婦之閒、男女之際。《易》曰：「有男女，然後有夫婦。有夫婦，然後有父子。」一國之化，自人君夫人而來。故文王刑于寡妻，而《關雎》之詩作，天下儀焉。婚姻之禮，《春秋》重之，雖常事必書，以風化之所出、治亂之所由，不可不重也。君出而反必書

至，夫人之歸亦書至，告廟之禮同也。合二姓之好，繼萬世之嗣，以爲宗廟、社稷之主，不可不告焉。穆姜之至，書「遂以」，齊姜之至，書「僑如以」。今姜氏之至，不言翬以者，《穀梁》謂「公親受之于齊侯」是也。

冬，齊侯使其弟年來聘。

使弟來聘，例同隱七年。《左氏》曰：「致夫人也。」趙子曰：「案成九年季孫行父如宋致女，書以示譏。此若致女，亦必書之。《左氏》但見彼有致女之文，此又新婚之後，附成此説也。」

有年。

《春秋》二百四十二年之久，書「有年」、「大有年」二而已，其一則桓公是也，其一則宣公是也。夫年數如此之久，而豐年纔二而已，又於桓、宣之時，此聖人之意也。桓弒隱而自立者，宣弒子赤而自立者。當是之時，天子衰，不能討，諸侯自以爲惡，不肯誅，竟得其位，以處一國之民上，此孔子欲誅之而不能者也。然天又以豐年安之，所以不可知者，天也。人力所不能及者，必推之天，以天道有常，不若人道之錯亂也。桓、宣弒君而未討，又有年以安之，此又不可知者也。孟子曰：「君不鄉道而求富之，是富桀也。」桓公弒君大惡者，一時不能討之，然而在位嘗有年焉。有年何足道也？亦志於仁、鄉於道而已。苟大惡之人在乎位，則雖歲歲有年焉，無益於治也。有年，固常事爾。《春秋》二百四十二年之間，有年者宜不少也，然在於桓、宣之時，則可書也。桓、宣大惡，是行道而有年乎？有者，不宜有也。螽也，蜮也，鸜鵒也，無有者也。

有之，則爲災、爲異矣。蜚、蜮之災，何可有也？桓、宣何等君也，所行何道也，而有年焉。有者，不宜有也。《春秋》書有年者二，所以疾亂尤甚焉。然而《公羊》曰「以喜書」，是何足喜也？又曰「恃有年」也，焉知恃而書之邪？恃有年，當有恃之之迹也，其恃者何也？然而經無文焉。此非也。《穀梁》曰：「五穀皆熟，爲有年也。」然則二百四十二年之間，皆熟之年纔二爾，魯何以能存乎？此非也。趙子惟怪《春秋》書有年之少，然而曰「告廟即書」也。雖大惡之人，亦知有年之可喜，彼若有年，寧惜一往以告之乎？以告廟爲義，則《春秋》告廟者宜不少矣，然而纔二年焉？趙子之説非也。

四年，春，正月，公狩于郎。

人與禽獸異類也，然而人道衰則禽獸盛，禽獸盛則將害人而食人之食矣。故聖人常務使人勝於禽獸，孟子論周公之功驅猛獸而百姓寧是也。古者畋獵以時，所以習戰陳，講武事，驅猛獸，除人害也。春謂之蒐者，方春之時，禽獸孳尾生育之際，不可以盡殺。蒐，言其擇取之也。夏謂之苗，夏之時，田苗盛長，有禽獸害苗，則田焉，言其爲苗而田也。秋謂之獮，時方肅殺，可以順天時而殺物也。冬謂之狩，狩，猶守也。冬物畢成，可以圍守而取之也。四時田獵，三傳之辭各異。惟《左氏》記臧僖伯諫觀魚之辭，曰「春蒐，夏苗，秋獮，冬狩」，與《周禮》、《爾雅》之文合，義説又通，當以《左氏》爲定。《春秋》之法，常事不書。狩者，冬田之名。周之正月，夏之十一月，此得田之時也。然而經書之者，以郎爲遠地，狩雖得禮，

而公從禽至於遠地，荒國内之政而逐盤游之樂。故志其地，以譏遠狩也，《公羊》曰「譏遠」是也。《左氏》以爲「書時，禮也」。案：《春秋》常事不書，若得時得禮，即常事爾，何用書之乎？

夏，天王使宰渠伯糾來聘。

《春秋》王臣爲三公則稱公，畿内諸侯則稱字，大夫則稱氏、稱字，士則稱名，爲冢宰則加宰，未有宰而言名者。渠伯糾，蓋天子之宰也。冢宰之職任重位尊，四海之事皆得統領。《春秋》書「宰渠伯糾」，「宰周公」是也。書宰者，譏其以冢宰之尊，而行聘問之禮也。然而宰周公不名者，宰雖不當下聘，而聘未失禮也。「宰渠伯糾」言宰，官也；言渠，氏也；言伯，字也；言糾，名也。官、氏、名、字四者兼舉之者，所以重責之也。以桓公弑君自立，天下大惡之人，天子衰，不能討，已爲有罪，又使大臣聘之。渠伯糾當是時爲天王冢宰，任重責大，居可言之地，有可爲之資，宜以正道匡救天王，❶揭桓公弑君之罪，號令天下，使天下諸侯得以大義誅殘賊悖亂之人，以示王者之法不容姦臣逆子也。渠伯糾不能如此，已爲尸位，又首奉天王之命來聘桓公，使弑君之賊得遂其志，而天下諸侯晏然而莫敢討也。桓公雖一時弑君自立，然常恐懼見討於當時。天王冢宰今來聘之，則是成桓公弑君之罪，而使孤臣孽子含憤飲痛於君父之讎，窮天地而不報也。《春秋》王臣失禮者多矣，至於求賻求金，未嘗書名以罪之，惟渠伯糾責之最深者。《春秋》之

❶「匡」，原避宋諱作「康」，今回改。下同，不再一一出校。

義，可責則責之，不可責則不責也。渠伯糾在可責之域，孔子安得不責之乎？陳恒弑簡公，孔子沐浴而朝曰：「陳恒弑其君，請討之。」公曰：「告夫三子。」之三子告，不可。孔子嘆曰：「以吾從大夫之後，不敢不告也。」夫魯小而齊彊，又非方伯連帥之任，孔子爲之大夫，陳恒弑君，亦無責矣，然而孔子告於魯公，告於三子，不聽，而孔子興言嘆惜者再。孔子以謂弑君之賊人人可討也，況鄰國乎？況有諸侯之位乎？故陳佗、陳夏徵舒之見殺，孔子稱蔡人、楚人以少進之，所以廣仁義之道而誅篡逆之人，使將萌而不敢也，奈何渠伯糾爲天子之冢宰，既不能帥天下諸侯倡大義以討之，又來下聘之乎？此孔子深疾之也，故特書名以貶之。《左氏》曰：「父在，故名。」案：父在書名，則當如仍叔之子書之，此不明貶之之意，故妄爲此説也。《公羊》曰「下大夫也」。若下大夫書名，則士當如何書之乎？糾下大夫，當名，則宰又何官也？反覆求之，《公羊》之説亦非。

無秋、冬二時。

孔子曰「吾猶及史之闕文也」，蓋孔子修《春秋》，皆因舊史。舊史之所載不可以爲勸懲，則孔子削之。舊史之所無，雖如日月之可考知者，孔子亦不妄加也。如經所載首時，皆首時之下舊有事，孔子以其無足懲勸，略去其事，而獨存其首時也。舊史一時或二時，其下無事則不書，孔子亦不加之，此年無秋、冬二時是也。亦有雖非首時，而事適在於其月，孔子但去其事，亦不改爲首時也，莊二十二年書「夏，五月」是也。推此以求之，足知孔子

於《春秋》無虛加者，不惟闕所不知，亦以傳信於萬世也。

五年，春，正月，甲戌、己丑，陳侯鮑卒。

《春秋》前後例記諸侯之卒，未有書二日者。《左氏》於此經之下記陳亂，文公子佗殺太子免而代之，公疾病而亂作，國人分散，故再赴。明年之秋，經書「蔡人殺陳佗」以張本。趙子以爲甲戌之下當記其事，而簡編脱之，作傳首者不見其事，故爲此紛紛也。案：《春秋》之經自相照驗，未有始卒不相會者。若明年但書殺陳佗，而今年不載陳亂之迹，則陳佗者何人，而殺之又以何罪？本此而推，故甲戌之下載陳佗之事，趙子之説是也。《左氏》曰「再赴」也，趙子非之，曰：「豈有方當禍亂之時，而有暇來告赴乎？」《公羊》曰：「甲戌之日亡，己丑之日得。」若孔子知其實死之日，必不以二日書也。《穀梁》曰「不知死之日」。案：不知者，孔子皆闕之，未嘗妄書，恐人之傳疑也。若實不知，則闕以傳疑可也，必不以二日而惑人矣，此非也。

夏，齊侯、鄭伯如紀。

《春秋》之法，著内以見外，常事不書。朝覲之禮廢，而小事大，弱事彊，一僭其禮而行。故《春秋》小國之來朝與内之如外，皆可以見其罪也。至其外事，雖朝覲之禮孔子深疾者，亦略而不書，以爲見於内者其責已備，外相朝事者又皆常事故也。故《春秋》外相如不書，其書之者二處而已，蓋皆有所見也。春秋之時，齊、鄭彊大而紀最小，以紀挍之，不能當齊、鄭百分之一，此宜紀侯朝事之不暇者。然而齊、鄭嘗往朝焉，則朝者非實朝也，

有以窺之也。故桓十三至於戰，❶而莊元遷其邢、鄑、郚，三年以酅入齊而紀亡矣。於是朝之者，安得心服而朝乎？將圖其地，名朝而實襲之也。事既不果，遂行朝禮而還。孔子疾其懷詐以圖人之國，故特書之曰「如紀」也，《左氏》曰「欲以襲之」是也。《公羊》曰「離不言會」，若齊、鄭實不朝紀，聖人安得變文而書「如」乎？

天王使仍叔之子來聘。

仍叔，天子之大夫。仍，姓；叔，字也。《春秋》父没子代而未爵者則書某氏，不稱某、稱字，「武氏子來求賻」是也。此書姓、書字加「之子」以別之者，父在而代從政，《公》、《穀》之説是也。父在而使子，非君道也。己在而使子代之，非臣道也。己之父在而代之使，非臣子也。天王、仍叔與仍叔之子皆有罪矣，范甯曰「參譏之」是也。《左氏》曰「弱也」，趙子非之，曰：「年長而代父出使，得無譏乎？」

葬陳桓公。城祝丘。

義同蔡宣公。

秋，蔡人、衛人、陳人從王伐鄭。

王者之法，賜諸侯弓矢使之征，賜諸侯鈇鉞使之殺。天下諸侯有敢逆王之命，叛上之政而不朝不貢，❷則天子修德於内，方伯專征於外。《尚書》載有苗弗率，禹乃徂征；羲和湎淫，廢時亂日，胤往征之；東郊不開，徐戎並興，伯禽作誓，無有天子征伐之事。蓋天子者，至尊至貴、至高至大者也。四方有一弗率，則天子

❶「三」，原作「王」，據殿本及《春秋》經文改。

❷「政」，原闕，據正誼齋本補。

退託不明，益修德教，而方伯連帥問罪專征。其義以謂天子至尊至貴則不可敵，至高至大則不可擬，有罪則驅除之而已，爲惡者則滅絶之而已，焉得天子之尊而下伐於諸侯乎？春秋之時，天王衰，號令不能行於天下，諸侯人人自專征伐，有罪者不罰而無罪者見侵，干戈妄動，蓋無虚月也。雖天王之尊，亦親伐於諸侯。聖人欲見上下之交失道也，則書之曰「王伐鄭」。夫以天王之尊而諸侯不服，至率諸侯以伐之，而蔡、衛、陳三國之君又不自行，而但遣微者，則王室之衰、諸侯之彊亦可知矣。聖人惡天下之無王也，則變其文而書之曰「從王」，以謂王者之尊，天下之民、天下之土皆所自有，一令之出，則天下莫敢不從焉。然諸侯有罪，天王不能號令方伯討之而至于親行，三國從王，不自行而使微者，蓋有罪矣。《左氏》載王卒大敗，及射王中肩之事。案：若實有其事，於經當有異文，經不書之，此未可據也。《公羊》曰：「從王，正也。」案：罪三國使微者從王，安得謂之正乎？《穀梁》曰：「爲天王諱伐鄭也。」案：經書伐鄭，安得曰諱哉？

大雩。

雩者，求雨之祭，非常之事也。天子有天下，諸侯有一國，皆當愛民重穀，卹災救旱，故天子、諸侯皆有此祭。《周禮》司巫掌群巫之政令，國大旱，則率群巫而舞雩，天子之雩也。《春秋》書「大雩」，諸侯之雩也。雩之祭當在建巳之月，《左氏》曰「龍見而雩」是也。必於建巳之月者，陽氣方盛，群物方長，一時不雨，則生意槁矣。然《春秋》書大雩者二十有一，則

皆在建午、建未、建申之月。《春秋》常事不志，建巳之雩則常事爾，故不書。至其過時則書之，《左氏》曰「書不時」是也。雩者，旱而求雨，非常之祭也。然而不謂之旱者，以其無雨，雩而求之，有意於民焉。書之，所以見其非常而有志於民也，趙子曰「雩者，勤民之祀」是也。蓋言旱則爲災，災之甚及於民物，雖雩不書也。《公羊》曰：「言雩則旱見，言旱則雩不見。記災也。」案：書「雩」者，志其有心於民，雩而求之爾。若旱及民物，則不書也。《穀梁》例曰「得雨曰雩，不得雨曰旱」。《春秋》書雩二十一，書旱者三，是雩而常雨也。此二傳不知言雩者志其勤民，爲災則雖雩而書旱，故妄爲此説也。

螽。

《春秋》之法，以有爲異則書有，以多爲異則書多。螽也，螟也，不係於有，不係於多，爲災則書，故但曰螽、曰螟也。案：《詩》有「螽斯羽」，又曰「喓喓草蟲，趯趯阜螽」，又曰「六月斯螽動股」。詩人以其常多而興子孫之衆，以其常有而正節令之早晚。是常多常有之物也，然而《春秋》書之者，以其爲災爾，《公羊》曰「記災」是也。

冬，州公如曹。

州公如曹之説，三傳之解皆不同。《左氏》以爲「度其國危，遂不復」，蓋以爲一國諸侯因其適曹，遂不復其國，故書之也。《公》、《穀》皆以爲因其過我，故書之。惟趙子以爲州公者王臣也，譏其外交，故書之。案：趙子所以知州公爲王臣者，蓋隱十一年《左氏傳》載王與鄭人蘇忿生之田，凡十二邑，其一則州也。州

既爲畿内之邑，則此州公食采於天子畿内而爲三公之官，故曰州公，若祭伯之類是也。《春秋》如外不書，而如曹書者，以其明年亦私來魯，明此州公嘗私如曹，而又私至魯，故先於此時見其如曹之迹也。三傳之説皆非。

六年，春，正月，寔來。

去年之冬州公如曹，於是來魯。無事，故但曰寔來也。寔猶實也，猶曰州公如曹，實來也。《春秋》之文本末相會，若不於去年見如曹之文，則於此書州公之來，但若自王室而來也。故必先書如曹，而曰寔來，明其如曹而遂來也。州公爲王臣而外交，既如曹，而又來魯，此其罪不待貶絶而可見也。《左氏》之説則曰「來朝」。若州公實來朝魯，則於經亦當書之。蓋州公之來，亦如祭伯之來，不朝不奔，故亦書之曰來也。《公羊》曰「化我也」，《穀梁》曰「畫我也」，皆以謂州公之來簡慢於我，故曰「寔來」也。若州公無如曹之迹，於是之時但私來魯，則經亦不承上文而書曰州公來也。《公》、《穀》之説皆非。

夏，四月，公會紀侯于成。

成之會，《公》、《穀》皆無傳，惟《左氏》曰：「紀來咨謀齊難也。」其後齊終併紀，會盟侵伐自此而無已。經書之，所以見彊國暴恣，而小弱奔走不暇也。

秋，八月，壬午，大閲。

《周禮》大司馬之職：中春教振旅，中夏教茇舍，中秋教治兵，中冬教大閲，又因以行田獵之禮。蓋王者之法，舉一事不兼數者之利，則不爲也。然而大閲之禮，比於三時最爲盛大。蓋當仲冬之月，田

事已畢，而農功閒隙之際，又禽獸盛長，取而無擇故也。天子有天下，諸侯有一國，雖尊卑小大之不同，而軍旅之事皆不可忘，宗廟之事皆不可忽。故田獵以四時，皆以習兵教戰，因取禽獸以共祭祀也。《周禮》所載者，天子之事。《春秋》所書者，諸侯之事。《春秋》常事不書，書之者，皆有所見也。大閱之禮，冬行之事也。《春秋》之八月，夏之六月也。盛夏六月之時，農方居野而苗稼方長，農之功不可一日少輟，而田野之間不可一人暴踐也。桓公於此乃行大閱之禮，簡車徒，選士馬，以妨農之稼。爲國者貴農重穀，猶恐其務本者鮮，乃於盛夏之時妨且害之，聖人所以深罪也。書之曰「秋，八月，壬午，大閱」，以見其於盛夏之時而簡閱，非常也。《春秋》未有書大閱，而此獨書之，蓋《春秋》十二公之閒，二百四十二年之久，不恤農功而惟情慾之縱者，未有甚於桓公也，它公之年未嘗有此，不得而書之也。《公羊》曰「以罕書」，非也。事有罕而中節者，孔子亦將書之乎？《穀梁》曰：「蓋以觀婦人也。」《穀梁》之意，以爲姜氏之歸魯未久，公於此大閱以觀侈之也。然經無文，此未可知。

蔡人殺陳佗。

《春秋》之義，弒君之賊人人皆得討之，所以廣仁義之路而誅篡逆之漸。蓋弒逆之賊，永無可赦之理，其國不能討，則諸侯可得而誅也，中國不能討，則夷狄可得而誅也。衛之州吁、齊之無知，舉國之人皆得誅之也，故書「衛人殺州吁于濮」，「齊人殺無知」。陳佗，鄰國得誅之也，故書曰「蔡人殺陳佗」。陳之夏徵舒，夷狄得

誅之也，故書曰「楚人殺陳夏徵舒」。所以弑君之賊雖竊發於一時，而天下之大、四海之廣，近之其家，遠之夷狄，不能逃討賊之誅也。春秋弑君之賊或見討於其臣，或見討於其國，或見討於諸侯，或見討於夷狄。然而聖人書之無異辭焉，一志之以人也，其義猶曰：人之爲人者，以其有父子君臣也，臣而弑君，子而弑父，滅人倫也，非人道也，滅人倫，非人道，則凡爲人者皆得誅之，若誅異類爾。故無臣子、無國人、無諸侯、無夷狄，能討之者皆稱之曰人，所以厚人倫、别異類、廣仁義之路也。陳佗殺太子免而立，在位逾年，蔡能以賊討之，遂進而書之曰「蔡人」也。案：陳佗弑君之賊，然其迹不見於經，惟趙子推之，謂當在五年正月甲戌之下，己丑陳侯鮑卒之前。而《左氏傳》文亦載其事，詩人有墓門之刺，趙子之説是也。蔡人殺陳佗，不在於陳，當在於蔡，然而經但書殺而不言其地，蓋以謂殺州吁于濮，罪衛臣子殺之之晚，蔡爲它國，能爲陳討賊，已爲大義，於蔡無責，不當書地以謹之。故但書殺陳佗，而不記其地也。《公羊》以爲賤之，《穀梁》以爲匹夫行，是皆不知討陳賊之義，妄爲此説也。《穀梁》又曰其地於蔡也，是又不知蔡不當討賊之責，能討之則爲義，故不書地也。

九月，丁卯，子同生。

王者之法，立子以嫡，所以杜争奪之患而正嫡庶之分也。嫡長之生，必舉以禮，而史書之册。嫡庶有定分，少長有定日，一著於史，則少不得陵長，庶不得加嫡，争奪之患消，而愛憎之心息矣。《春秋》十二公二百四十二年未有書子生者，而子

同之生特書之，所以明史書之常法，而示嫡庶之有分也。餘公之生，或非嫡，或舉不備禮，或舊史不書，《春秋》載一可以見二，著是可以明非者，此之謂也。當春秋嫡庶爭奪之際，愛憎廢立之時，而子同之生適書之册，孔子安得删之而無意於後世哉？《公羊》曰：「喜有正也。」案：桓、隱之事，孔子誅之已備，不在於同之生也。《穀梁》之説，尤無足取。

冬，紀侯來朝。

七年，春，二月，己亥，焚咸丘。

咸丘之地，《公》、《穀》皆以爲邾邑，而杜預以爲魯邑。鉅野縣南有咸亭，而邾之國實在魯之南境。咸丘在南，則二傳謂之邾邑是也。《左傳》曰「魯擊柝，聞於邾」，言其相近之甚也。邾本魯附庸之國，繫屬於魯。隱元年盟於蔑，桓十六年盟于趡，皆書名，言附庸之國小，其爵秩裁能當大國大夫，故以名見於經也。其它侵伐類言人，亦以其國弱師寡，裁能當大國將卑而師少者。至齊桓公稱伯之後，屢從桓公，始加以子爵，故莊十六年書「邾子克卒」。是於未爵之前，猶附庸於魯，至其有爵之後，始自别爲一國也。於此咸丘之見焚，與莊二年於餘丘之見伐，猶是附庸之國，故經於此不曰邾咸丘，莊二年不曰邾於餘丘也。邾，我附庸之國。咸丘者，我附庸之邑。邾猶屬我，則咸丘不得繫於邾也。我之德政修，號令明，則雖外諸侯猶將相率而朝我，況附庸之國乎？德政不修，號令不明，雖我附庸之邑且將叛去，況外諸侯乎？咸丘之焚，於餘丘之伐，不繫於邾，而若焚、伐我之邑，猶曰：邾，我附庸也，咸丘、於餘

丘，我邑也，然而焚且伐之，得非親近猶叛，疎遠誰將服從邪？二丘之不繫於邾，所以深責於内，而明我邑之叛也。焚者，二傳所謂火攻是也。言邑，則是民聚居之所也。民聚而居，有老而不能自持者矣，有弱而不能自行者矣，有耳而無聞、瞽而無見者矣。然而以火焚之，火之所及，其能自脱者幾希矣。其傷人如是，則其害物如何哉？聖人憤且疾之，書之曰「焚咸丘」，舉我之邑而固焚之也。《公羊》曰「疾始也」，《穀梁》曰「疾火攻也」，實爲邾邑而没去邾文，則是何也？因可疾而去之，又何也？《春秋》可疾者固多矣，悉去之，無乃事實不明乎？杜預曰「火田也」。火田而在冬月，固得時也，何用書之乎？趙子曰：邑不係國，《春秋》之常也。伐杞、取牟婁、圍宋彭城，言國而後言邑也，不係國，竟爲何國之邑乎？謂之《春秋》之常，非也。

夏，穀伯綏來朝。鄧侯吾離來朝。

來朝，例同滕、薛。然滕、薛來朝則累數之，穀、鄧則各書之，《穀梁》曰「犆言同時」是也。二國之朝適同在於夏時，故連書也。《春秋》之法，惟失地滅同姓則書名，未有來朝而名者。鄧、穀二君特以名書者，趙子曰用夷禮也。《春秋》之義，内中國，外夷狄，然而中國而夷狄，則夷狄之。穀、鄧二國來行朝禮，以夷狄之禮見公，故特書以外之也。穀之地在南鄉，春秋有爵而無姓。鄧者，楚之屬國也。以二國皆在於南而服屬於楚，則其用夷狄之禮不足怪也。《史記》載趙武靈王胡服之事。以晉中國之土，衣冠之人，而樂爲胡服，則鄧、穀二國久屬於楚，習成荆楚

夷狄之禮，亦可知矣。《公》、《穀》並云失國之君，趙子非之，曰：「失國之君，惟隨敵以歸者書名，若奔它國，亦不名。」又曰：《春秋》無用夷禮生名之例，但作傳者遺之爾。《左氏》以爲賤之，故名。若但以其僻小而賤之，則彊大者可貴也。如此，則《春秋》乃是隨勢低昂之書也，何其失歟？

八年，春，正月，己卯，烝。

天子、諸侯宗廟之禮，雖廟數、牲器之不同，而四時之祭則等。蓋子之事父、孫之事祖，孝敬之心，尊卑一也。春祠，夏礿，秋嘗，冬烝，《公羊》之説是也。四時之祭名，見於《春秋》者唯二而已。蓋《春秋》常事不書，非常即書之也。烝者，進也。於冬之時，物皆成熟，凡可薦者，皆進而祭之也。《春秋》之正月，夏時之十一月也。冬十一月，烝祭之時也。得時而祭又書之者，爲夏五月烝張本也。不書正月之烝，無以見又烝之失。故先書之，以示其數。凡祭之道，所以盡子孫愛思之心而廣孝道於國也。然而不可疏，不可數，數則黷，疏則不敬。故一歲之閒行事者四，所以使不肖者及之，而賢者不能過也。四時之祭，得時合禮者不書，失禮者不在於祭，亦不書所祭之名，而謂之有事，若宣八年「有事于太廟，仲遂卒于垂。壬午，猶繹」。失禮者，猶繹也，祭無譏焉。書祭名者，罪在祭也，己卯烝之類也。《穀梁》曰：「春興之，志不時也」。《春秋》之春，夏時之冬也，《穀梁》遂以爲春，非也。

天王使家父來聘。

家，氏也。父，字也。天王之大夫見於經

者類書字，所以尊王室也。桓公大惡之人也，而五年之間來聘者三，《春秋》一切書之，所以見不能討惡而王道之衰，遂使篡人得志也。

夏，五月，丁丑，烝。

宗廟之祀，國之大事也，蓋以盡己孝敬之心而教民親親焉。故聖人必於凡祭以盡其敬，必於四時以重其禮，其意猶曰：祖父至尊也，神明至幽也，以至卑而事至尊，以至明而事至幽，不致誠以盡敬，則不足以接於神；不越月逾時，則不足以重其禮。故四時之祭祀皆不同，而薦獻之物，惟時所有也。烝，冬祭也。行之於春，則夏時之冬也。五月又行之，不時且非禮也。祖父至尊，神明至幽，而以非禮黷之，聖人所以深罪也。《公》、《穀》之説皆是也。

秋，伐邾。

書伐者，聲其罪也。不言帥師者，微者伐之也。去年火攻其邑，此又伐之，此不待貶絶而惡見矣。

冬，十月，雨雪。

《春秋》十月，夏時八月也。陰未當盛，陽未當衰，八月雨雪，所以見陰盛而陽衰也。《公羊》曰「不時」，是也。

祭公來，遂逆王后于紀。

祭公者，天子三公，食采於祭者也。祭公逆王后而來至於魯者，魯主天王之婚也。祭公來魯謀婚，謀合而遂往逆之，不反白於天王也。禮有親逆之事，而天子親迎，《禮》無明文，唯鄭玄以《詩》文王親迎于渭爲證。案：文王亦諸侯爾，不得以文王之事，遂定爲天子親迎之禮也。又曰：「繼先聖之後，爲天地、宗廟社稷之

主。」案：此直以魯言之，聖即周公也，天地即魯得郊祀也。故曰爲魯言之焉。天子之女嫁於諸侯，諸侯卑不敢敵天子，則同姓諸侯主之。諸侯所以敢主王姬之婚者，以王姬下嫁爲諸侯夫人，則王姬之尊與己相敵也。至於王后，則其尊敵於天子，非諸侯所敢主之。《春秋》書「祭公來，遂逆王后于紀」，所以譏天王不當使魯主婚，魯不當主王后也。天子者，天下之父；王后者，天下之母；諸侯者，天王之臣，義猶父子也。諸侯而主王后之婚，則是卑天子之尊，而主天下之母也。故諸侯主后之婚者，《春秋》譏之。然則天子亦無親迎之事矣。天子之尊，舉天下莫之敢敵。諸侯之女命之爲王后，則后禮成焉。屈萬乘之尊，以臨諸侯之卑，禮之所不可者。故天子親迎之禮，《詩》、《禮》無明文，而《春秋》無譏。祭公之來，譏魯主王后之婚，祭公之遂事，劉夏之逆王后，譏非王公而使微者，則《春秋》無親迎之禮亦已明矣。《春秋》之法，入國稱夫人。當祭公之來，王后猶在紀也，然不謂之逆女，而謂之王后者，天子之尊，天下皆其有也，諸侯之尊，一國皆其有也。天王之后苟逆於天下，則所在之國皆得以尊名稱也。天子命之，則爲王后矣，蓋其在天子之天下也。諸侯有一國，境外之地則非己有，故入國而後稱夫人也。《左氏》曰：「祭公來，遂逆王后于紀，禮也。」《左氏》之意，以魯主王后之婚爲禮。若是，則王者之尊，爲臣者可得而敵；天下之母，爲子者可得而主之。《穀梁》曰：「遂逆王后，故略之也。」案：逆女而遂稱王后者，以天子之天下也，謂之略

之，非也。

九年，春，紀季姜歸于京師。

季姜，紀女也。季，字也。姜，姓也。季姜歸于京師爲天王之后，而謂之紀季姜者，伸父母之尊，不得以王后稱也。祭公之逆，則曰王后。天子命之爲后，雖在於紀，亦天子之天下也。自紀而歸，則曰季姜，有父母之尊，不敢以尊名稱也。京師者，天子之所在也。京，大也。師，衆也。天王之居必以衆大之辭言之者，猶曰：至大矣，小者不能敵也；至衆矣，寡者不能當也。欲天王自處於至大至衆之地，以臨天下之寡小也。季姜之歸不曰周，天下無往而不周也。《左氏》曰「諸侯之女惟王后書」，非也。

夏，四月。秋，七月。冬，曹伯使其世子射姑來朝。

朝者，諸侯事天子之禮也。春秋之時，彊陵弱，衆暴寡，而朝事天子之禮，一施於同列焉。故諸侯相見類曰朝，所以見天子則不事，而大國則朝之。然以諸侯朝諸侯，亦春秋之常也。曹爲小國，世朝于魯，於是遣世子者來行其禮。《春秋》書之，以爲皆有罪也。世子，有父則子也，有君則臣也。爲人臣子而僭行君父之禮焉，射姑之罪也。曹伯不能來朝則已矣，又使其子抗諸侯而行禮。曹伯不命之，世子不敢僭也。書曰「使」，曹伯之罪也。射姑在人臣之位，而魯待之以人君。世子在人子之位，而魯待之以人父。書曰「來朝」，魯之罪也。故世子不朝，朝不言使。言使言朝，❶參譏之，《穀梁》之說是

❶「言使」，原作「信使」，據殿本改。

也。《左氏》曰：「曹太子來朝，賓之以上卿，禮也。」案：世子無來朝之禮。經曰「來朝」，則是魯以人君之禮待之也，謂之賓之以上卿，與經相違戾矣。

十年，春，王正月，庚申，曹伯終生卒。

義同陳侯鮑卒。

夏，五月，葬曹桓公。 秋，公會衛侯于桃丘，弗遇。

案：書會者，諸侯相約而謀事爾。然春秋之閒，未有會而弗遇者，於此獨言弗遇，蓋公與之會而衛侯不願也。經曰「弗遇」者，以爲衛侯嘗至於桃丘，但公往會之而弗遇也。

冬，十有二月，丙午，齊侯、衛侯、鄭伯來戰于郎。

《春秋》之法，内不言戰，言戰則敗矣。我之所以爲彼敗者，我之德必不修，我之政必不明也。顯言戰而隱言敗，所以責内尤甚焉。《春秋》於内戰亦多矣。戰而在内地者，如桓十七年之奚，僖二十二年之升陘，皆内地，然未有曰「來戰」者。郎亦内地，而經特書曰「來戰」。内雖敗矣，而經以「來」文加之者，不宜來也。我無可伐之罪，彼無名而伐之，内雖敗焉，彼亦不宜來也。故《春秋》一十二公之閒，言戰者未嘗言來，蓋我之所以敗者，亦有罪焉。郎之戰雖敗而言來，我無罪也。我無罪而彼伐之，雖敗焉，不足深恥也。《左氏》曰「我有辭」，蓋亦曰我之辭直，則無罪矣。又曰「故不稱侵伐」，案：書侵伐者，非盡有罪，《左氏》一例説之，非也。又曰：「先書齊、衛，王爵也。」《春秋》之義，侵伐以主兵爲首，書齊於上，即是齊主兵也，謂之王爵，非也。《公羊》曰「吾

近邑」，案：奚、升陘皆内地，然不以來戰爲文，我有罪也，謂之近邑，言來，亦非也。《穀梁》曰：「不言其人，以吾敗也。」案：經文乃是公與之戰，謂之不言其人，非也。又曰：「不言及，爲内諱也。」案：書來戰，所以見内無罪，而三國敗之，亦無諱内之文也。

龍學孫公春秋經解桓上第三

後學成德校訂

龍學孫公春秋經解桓下第四

孫覺莘老

十有一年，春，正月，齊人、衛人、鄭人盟于惡曹。

去年之冬，三國之君嘗伐魯而勝矣。於此復使微者爲惡曹之盟，所以固其好也。《左氏》曰：「齊、衛、鄭、宋盟于惡曹。」案：三國之盟，但以新勝魯而結好耳，謂之宋與盟，則於此九月必不執鄭祭仲、與折之盟、有夫鍾之會也。《左氏》之説謬矣。

夏，五月，癸未，鄭伯寤生卒。秋，七月，葬鄭莊公。九月，宋人執鄭祭仲。

《春秋》之義，言人則衆辭也，微者也，有書而爲貶，有書而爲褒。可以衆人治之者，則書人以與之。人君而匹夫行，則書人以貶之。蓋執者，上治下之辭，稱爵而執之者，執有罪也。彼雖有罪，然無爵不得執之。成十五年書曰「晉侯執曹伯，歸于京師」，曹伯有篡立之罪，晉侯執之，又歸京師焉。執有罪，又歸得其所，則書爵以與之，猶曰：有罪之人，當使無罪者治之。天子賞之爵矣，則是有道而無罪者也。有道而無罪，則是可以治有罪之人也。故執有罪者，《春秋》書爵以許之。至於無罪而執之者，則書之曰「人」，雖公侯之尊，不與其爵也，猶曰：公侯則是有道者爲之矣。爲公侯矣，乃執無罪之人乎，是亦無道也，貶之曰人。雖爲公侯而無公侯之道，則亦衆人而已。《春秋》書

人以執人者，貶之也。宋人執祭仲，蓋宋公執之也。不曰宋公者，不與無道之公侯執無罪之人也。祭仲者，鄭之大夫而專政者也。宋公以公子突、雍氏之出，欲立突爲鄭君。然祭仲專政焉，不執祭仲，突不得立也。於是要祭仲而執之，使逐忽而立突。忽爲世子，突爲支庶。宋公欲亂人之國而廢嫡立庶，又要專政之大臣而執之。聖人所不與也，故書曰「宋人」焉。祭仲爲鄭之大臣，專國之政，不能守死一節，以輔立政君，爲它國要而執之。祭仲之惡，亦不可勝罪矣，故書曰「執祭仲」。《公羊》曰：「古人之有權者，祭仲之權是也。」案：祭仲爲人臣而叛其君，受託先君而賣其子，舍嫡而立庶，廢賢而樹不肖，罪不容誅矣，而《公羊》以爲權焉，聖人之所謂權者，果如是乎？范甯曰：「以廢君爲行權，是神器可得而窺也。」此説當矣。《穀梁》曰：宋公而曰人，貶之也。

突歸于鄭。

突，公子突也。宋雍氏之出也，藉雍氏之寵，求於宋公，執祭仲，出世子忽，而立己爲君。不曰公子，若曰：突爲莊公子而廢莊公之命，爲世子忽之弟而篡忽之位，無子弟之道，蓋非公子也。突不曰公子，而又不曰鄭突者，挈之祭仲也，猶曰：突之所以得歸于鄭者，以祭仲也。先書祭仲之出，而次書突歸，則突之歸，因祭仲也。《春秋》之例，有書「歸」、書「復歸」、書「入」、書「復入」者，至其國則同，然所以至之之迹則異也。凡曰歸者，歸之之易，未嘗有君之位也。突之曰歸，蓋祭仲爲之應，又未嘗有鄭國，於是始因祭仲而

歸耳，故書曰歸也。《公羊》曰：「其言歸何？順祭仲也。」案：祭仲廢嫡立庶，聖人方深罪之，何謂順也？

鄭忽出奔衛。

忽者，世子忽也。不曰世子者，莊公已葬，忽當嗣位爲君也。《春秋》之法，居喪未逾年稱子。忽居喪未逾年，禮當稱子，而以國氏者，貶之也。世子忽受命先君而嗣鄭伯之位，凡鄭之政皆自己出。忽不能守先君之位，無嗣子之德，至於見逐而出奔，猶曰忽無人子之道焉。逐忽出奔者，實祭仲也，然不曰祭仲逐之而以自出爲文者，❶所以深責世子忽也。《易》曰：「震驚百里，不喪匕鬯。」震爲長子，則是有世子之象也。凡爲世子者，能修其德，養其望，使如雷焉，則近者驚而遠者懷也。故世子有震雷之德望，然後可以守其祭祀，而匕鬯不失也。鄭忽無震驚之望，至於大臣逐之，孽弟篡之，奔走而亡，僅以身免。故出奔之惡，雖祭仲逐之，亦自取之也，故但曰「鄭忽出奔」。《春秋》之法，諸侯不生名，惟失地則名之，以謂先君之土地、宗廟不能守而至於亡也，尚何足以諸侯待之哉？鄭忽之名，失地故也。而《公羊》曰：「忽何以名？《春秋》伯、子、男一也，辭無所貶。」陸淳非之，曰：「《春秋》伯、子、男皆殊稱，非一也。鄭實伯爵，若世子，何關爵乎？」《公羊》之説非也。

柔會宋公、陳侯、蔡叔盟于折。

會者，外爲志也。柔者，未命之大夫，故不書氏。四國會盟而蔡獨稱叔者，陸淳

❶「自」，原作「目」，據殿本改。

曰：「國而字之，與君一體也。」」案：《春秋》之法，諸侯之兄而行事者稱兄，弟者稱弟，賢者字之。蔡叔之事不見於《春秋》，賢不賢未可知也。陸淳與紀季之徒一概論之，恐未有據。此可疑之事，且當闕之耳。

公會宋公于夫鍾。冬，十有二月，公會宋公于闞。

案：此二會，三傳皆無義説。會者，聚而謀事耳。書之，所以見去其疆守而相從於盟會，均有罪也。

十有二年，春，正月。

三傳皆無義説。案：此書首時，義與九年書「夏，四月。秋，七月」同也。

夏，六月，壬寅，公會杞侯、莒子盟于曲池。

案：書會者，外爲志也。曲池，地名，《公羊》以爲毆蛇，杞侯爲紀侯。此當以《左氏》、《穀梁》多者爲定也。

秋，七月，丁亥，公會宋公、燕人盟于穀丘。

入春秋來，燕未嘗見於經，惟此年與十三年始見，而稱燕人。昭三年書「北燕伯欵出奔齊」，又稱北燕，有二國矣，言北燕，則亦有南燕也。故杜預於此解燕人爲南燕大夫。蓋北燕限於山戎，自莊三十年齊桓伐山戎之後，始爲燕開路，得通中國。是於此穀丘之盟，北燕猶爲山戎所隔，未能自通。杜預解之曰南燕大夫，是也。

八月，壬辰，陳侯躍卒。

案：不書葬者，魯不往會耳。義同隱公八年宿男卒。

公會宋公于虚。冬，十有一月，公會宋公于龜。

案：《左氏》意以爲會于虚、會于龜，皆公

求與之會，欲平鄭耳。然而宋公辭不願平，故有伐宋之事也。今案經書會、伐，皆以見均有罪也，無專罪宋公之文。《左氏》之説，未可知也。

丙戌，公會鄭伯，盟于武父。丙戌，衛侯晉卒。

丙戌之日再見於經者，誤文耳。《穀梁》以爲「決日義也」，案：《春秋》不以日月爲例，有書之者，但因舊史而詳略之耳。《穀梁》謂之決日，非也。

十有二月，及鄭師伐宋。丁未，戰于宋。

《春秋》之義，以内敗外則書公、書大夫；爲外所敗，則書戰、書及，不言公，不言大夫。書戰，則内敗，以爲使外能敵我，則我敗可知也。然而又不書公及大夫者，蓋曰公及大夫則必無敗矣。公者，一國之尊，而仁義之出也，其政教素修，其號令素明，蓋有所不戰，戰則勝矣。大夫者，亦一國之賢，上下所倚仗而瞻望者，其德義素著也，其治道素行也，蓋亦有所不戰，戰亦勝矣。孔子曰：「我戰則克，祭則受福。」蓋孔子爲政，則其凡治民之道，莫不備具而修飾，又能以時而習武，使皆兵農兼事，故不戰則已，戰則必勝焉。孔子謂戰則勝者，亦非能戰而使之勝，但其爲戰之道素修耳。春秋時内見敗於外者不書公及大夫，蓋以此道責之也。《春秋》之法，舉重者言之。言伐則不言戰，戰重於伐也。此言伐，又言戰，蓋戰于宋之國都，不復言戰之地。若但書及鄭師戰于宋，則是與鄭戰。故特變其文而書之，曰「及鄭師伐宋，丁未，戰於宋」，所以見與鄭同伐而爲宋所敗也。《公羊》曰「嫌與鄭人戰」，此説是也。《穀

梁》曰：不曰與鄭戰，恥不和也。案：經文乃是與宋戰，非鄭也。啖子曰：「案自此後魯嘗與鄭和而同伐宋，此傳誤矣。」

十有三年，春，二月，公會紀侯、鄭伯。己巳，及齊侯、宋公、衛侯、燕人戰，齊師、宋師、衛師、燕師敗績。

《春秋》戰必書地，此不書地者，戰于紀也。紀爲齊之侵削，志欲滅之，舉宋、衛、燕三國之師往伐之。紀於是要魯、鄭之君，以爲之敵。然經不書所戰之地者，以紀侯主兵而與之戰，則是其戰在紀也。若書曰「公會鄭伯及諸侯之師戰于紀」，則是鄭伯主兵，不見紀侯爲主兵也，又不見齊侯率諸侯之師至于紀之國都而志在滅紀之罪也。故必以紀主兵，序其上，而後見與諸侯之師戰焉。《春秋》之法，内不言戰，言戰則敗，敗外諸侯者，直以敗爲文。而於此敗諸侯之師言戰言敗，與例不同者，蓋《春秋》之法，不以外敵内。會外諸侯則不嫌，敵者非一，其責不專在我也。《春秋》内敗外師書戰書敗者二而已：其一即紀之戰，其一即成二年鞌之戰也。蓋皆會外諸侯焉，其責不專在我故也。齊、宋、衛三國稱爵，君行，舉重也。燕稱人，微之也。戰則舉重，敗則稱師，重衆也。敗績者，敗其成績也。爲人君者保守其民，恐其不安，又驅之戰，以争土地、逐財利，其至于敗，則是舉已成之績而敗壞之也，亦重衆之辭也。《春秋》之法，居喪稱子。緣人子之心當創巨痛深之時，不忍即先君之爵而稱之也。居喪之禮，諒陰不言，天子、諸侯之通禮也。故居喪者不與於國事，而聽之大臣，必不得已而行事焉，則自稱曰子，猶曰父

在云爾。春秋之間，居喪而不稱子者，聖人亦據其實而書之，所以見其無恩於君父而忘哀之速也，且明無子子之道焉。衛侯晉卒於去年之冬，於此纔三月耳，猶未葬也，而衛之嗣君出會諸侯而伐人之國，又自稱其爵，不以喪禮自持。聖人據實而書之，以見其罪，且深疾之也。《左氏》曰：「宋多責賂於鄭，鄭不堪命，故以紀、魯及齊、宋、衛、燕戰。」案：經書「公會紀侯、鄭伯」，則是紀侯主兵。若如《左傳》之文，乃鄭主兵矣，此非也。趙子亦曰若紀侯助鄭，即當戰于宋、鄭之境，不當在紀也。此説是也。又曰：「不書所戰，後也。」《左氏》以爲公往會戰而後之，故不書戰也。案：戰實在紀，故不地，謂之後之，非也。《公羊》曰：「曷爲後日？恃外也。」趙子非之曰：「先會而後日，成會而後戰，謂之恃外，有何義乎？」又曰：「不地，近也。」趙子曰：「不地者，在紀都也。」《公羊》、《左氏》之説皆非，唯《穀梁》曰：「戰，由外言之也；不地，於紀也。」此説皆是也。

三月，葬衛宣公。

案：諸侯五月而葬。衛宣公卒於去年之十一月，葬於今年之三月，正合五月之禮也。《春秋》之義，有具文而得失可見者，葬而書月之類是也。

夏，大水。秋，七月。冬，十月。

十月四年，春，正月，公會鄭伯于曹。

《左氏》曰：「曹人致餼，禮也。」春秋之時，會盟無度，或于其國都，或于其地。弱者奔走，彊者暴恣，蓋由天下無王，而法度皆廢也。至於小事大，弱事彊，歲朝時聘，納幣致餼者滔滔皆是。《左氏》之

說非也。

無冰。

《春秋》之春，夏時之冬也。冬而冰者，陰陽之常，物理之自然也。冬而無冰，則是陽氣不閉而陰氣不凝也。《洪範》五行是謂恒燠。❶聖人以爲政教之差，上干陰陽，則陰陽乖戾，故謹而書之曰「無冰」。無，不宜無也。《春秋》書災異之法，有曰無者，無冰是也，有曰不者，不雨是也。然而冰不書曰不冰而謂之無，雨不曰無雨而謂之不，蓋皆有所見，曲盡其微而書之也。無者，對有之辭也。冰之曰無，未嘗有也。雨之曰不，雖有之，不及於物，與無雨同也。然不者，在有無之間之辭也。孔子之於《春秋》，委曲詳盡，無一字苟然者，所以傳信萬世，示人以法也。《公羊》曰「記異」，《穀梁》曰「時燠」，二傳皆是。

夏，五。鄭伯使其弟語來盟。

孔子曰：「知之爲知之，不知爲不知，是知也。」又曰：「吾猶及史之闕文也。」蓋孔子之意以謂所不可知者，求以彊通而知之，則不免於穿鑿狂妄，貽悮後人矣。故不可知者以爲不知，乃所以爲知也。《春秋》之文有闕而可知者，孔子亦不加之，所以教人疑則闕之，而誠身於善也。「夏五」之月，雖兒童、女子必知其有月，然而孔子不加之，蓋以爲闕文，不易知也。知之爲君子之道未有益焉，然且示人以詐而傳後不實也。夏五之月猶妄加之，則凡所傳於後世者，無乃可疑而不信乎？則是苟一闕文之必正，而致疑於六

❶「恒」，原避宋諱作「常」，今回改。下同，不再一一出校。

經皇極之道也。孔子曰：「多聞闕疑，慎言其餘，則寡尤。」又曰：「古者言之不出，恥躬之不逮也。」蓋孔子之意非獨一疑似之文而闕之耳，其身行之未至者，口不可言也；耳聞之未審者，事不可必也。然則孔子之言，必其嘗行者也；孔子之傳，必其已審者也。孔子《春秋》之文疑則闕之者，既以信其書之傳，又以見君子行身之法也。《春秋》諸侯使其弟來者，皆罪其不當使也。弟而可使，則命而使之可也。不命而使之，徒曰弟焉，罪之也。來盟者，盟於魯也。《春秋》凡使自外而至盟者書曰來盟，不言其地，盟於我之國都也。趙子曰：不言其誰，敵者也。蓋以爲不言公及大夫，則其所來之臣尊卑相敵，故不書也。《春秋》來盟者，蓋皆内之敵者與盟焉，故但曰來盟也。《穀梁》曰：「來盟，前定也。」案：來者，自外之辭耳，來戰、來聘、來朝，皆自外也，安得前定乎？又曰：「弟之者，與其貴者也。」經文乃是譏使弟耳，無與貴之義也。

秋，八月，壬申，御廩災。乙亥，嘗。

御廩者，粢盛所藏也。雖尊爲天子，必有宗廟；貴爲諸侯，必供粢盛。故天子籍田，諸侯躬耕，皆所以教民務農而親事祖禰也。災，火災也。《春秋》之法，固火謂之焚，莫究其從來謂之災，知其所自謂之火。「焚咸丘」，固火之也。「御廩災」，不知其來而但見其火也。「成周宣榭火」，火有所自，可究而知之也。御廩者，粢盛之所在，公所親事而致敬乎祖禰者也。然而災焉，公之所事者得無不敬，而粢盛之用無乃闕乎？四時之祭，秋曰嘗。《春秋》之八月，夏時之六月，而嘗，不時

也。御廩災裁四日矣，而嘗焉，不時且不敬也。御廩之災，公之不德而盡事祖禰之道不至也。不知遇災而懼，責身修德以答災異之戒，遽然以災之所餘，未及時而祭之，蓋公無恐懼之心而黷益甚也。《左氏》宣十六年傳曰：「人火曰火，天火曰災。」安知其自天而下也？但不知其所從來，則謂之災爾，不可指言天也。《左氏》又曰：「書，不害也。」粢盛不害，不時而祭，得無罪乎？孔子安得特書乙亥之嘗，以見其不害乎？此非也。《公羊》曰：「御廩災，不如勿嘗而已。」趙子曰：「案有災當恐懼而改卜，何得便闕先君之祀乎？」《穀梁》曰「御廩之災不志」，趙子曰：此乃大故，何得不志？又曰：譏未易災而嘗。案：雖易災而嘗，猶未免已災之罪也，《穀梁》責之，非也。

冬，十有二月，丁巳，齊侯祿父卒。

三傳無義說。案：書「卒」，義同十二年衛侯晉卒。

宋人以齊人、蔡人、衛人、陳人伐鄭。

《春秋》諸侯用兵侵伐未嘗有言「以」者，言以者惟三處爾：伐鄭之役，書宋人以諸侯之師，僖二十六年書「公以楚師伐齊取穀」，定四年書「蔡侯以吳子及楚人戰于柏舉」。其它侵伐入滅之類，但書主兵者爲首，則是倡率諸侯之罪已見其重矣。然而加「以」者三，此其罪又重於主兵之罪也。若但主兵，居諸侯之上，則不見諸侯之師本無侵伐之意。言「以」，則是以我之故，而諸侯舉兵從我也。凡言「以」者，不宜以者也。我不當以彼侵伐，彼不當以我而動也。彼以我而動者罪輕，我以彼而侵伐者罪重。故不得以主兵爲首

者，一例書之而特加「以」文焉。《春秋》二百四十二年之間，諸侯主用兵者四百一十有七，而書「以」者三焉。蓋諸侯自相讎敵，自相報償，雖總十數國之師，待主兵者而後動，亦各自伸其意也。書「以」者三，我無意於彼，但彊率而隨人者亦少也。《左氏》僖二十六年例曰「師能左右曰以」。案：齊、楚、吴皆爲大國，非宋、魯、蔡所可當也。然三大國常爲宋、魯、蔡以之，豈是能左右之乎？又桓、文用兵，悉能使諸侯之師左右如意，何不書「以」乎？趙子曰：「不用我師而用彼師曰以。」案：若我師不行，安能主彼之師？它國之師必不爲我用也。君行師從，自不言師爾，非謂不用我師也。《穀梁》曰：「使人以其死，非正也。」案：《春秋》用兵未有使以生者，何獨書「以」則是使人以死乎？《公羊》曰「行其意也」，此説爲近。

十有五年，春，二月，天王使家父來求車。

《春秋》書天王之求者三：求賻、求金、求車是也。夫以天王之尊，苟天下所有者皆其所有，爲諸侯者受之地而爲之主爾。故王道之行，則天下之有者畢入於京師，而天子無求於下也。周衰至於春秋之時，天下無王，而諸侯自恣矣。王室之卑，僅如列國，諸侯貢賦不入，而天王益貧，至於賻死之物、車服之用闕而不貢，使來求之。天王以天下之大，不能有之而至於求。諸侯分天下之土，不時入貢而使來求之。曰求者，兼譏之辭也。《左氏》曰「諸侯不貢車服」。案：諸侯之貢雖無車服之名，然而貢入於京師，則天王車服無闕。常貢不入，而天王車服有闕

焉。乃欲以不當貢者爲臣子之辭，則是責君以備，而爲不臣者之地也。《公羊》曰「王者無求」。王道之行，固無求矣，然爲臣子而君父有求於己焉，則所以事之之禮得無未盡其道歟？《穀梁》曰「有辭讓而無徵求」。案：臣下當貢之物又何辭焉？辭則有不受之理也。貢賦之入，何不受之有？謂之有辭遜，非也。

三月，乙未，天王崩。

案：書崩者，桓王也。葬在莊三年。天王崩葬，義同平王。

夏，四月，己巳，葬齊僖公。

書葬，例同衞宣公。

五月，鄭伯突出奔蔡。

《春秋》之法，諸侯不生名，以爲有一國之地，而長一國之民，爵受之於天子，而德見尊於國人，天下之達尊三，而諸侯兼之者二，故不名於經，所以尊之，且責之以諸侯之道也。然而失地則名之。受天子之爵，而長一國之民，是有德有爵者也。德不足以保其國而至於出奔，則無德矣。己之爵土不守而亡於它邦，則無爵矣。向之所以尊之，德與爵也。德與爵俱亡矣，則是匹夫也。匹夫者，何尊於《春秋》哉？《春秋》之法，諸侯失地則名之，無德無爵故也。鄭突篡兄之位，在國五年，不能守，至於出奔，書曰「鄭伯突出奔」。諸侯而匹夫行，則匹夫稱之。然猶曰伯者，所以見其嘗有鄭也，不書其爵，則無以別鄭之臣也。天子有天下，諸侯有一國。天子出者不曰出，在天下也。諸侯去其國曰出奔，非其土也。《公》、《穀》皆曰：鄭突之名，奪正也。案：鄭突奪正之罪，在於書歸與忽之稱世子，不在於失地

之名也。此自失地，當書名爾，奪正之説非也。

鄭世子忽復歸于鄭。

《春秋》之法，易者曰歸，難者曰入，復其位曰復歸，復其惡曰復入。鄭突因祭仲之援逐世子忽，出奔而後歸焉，蓋易也，故書曰「突歸于鄭」。忽嘗有鄭伯之位，突見逐而出奔，忽歸無難，而位又復也，故書曰「鄭世子忽復歸于鄭」。齊小白外有糾之争立，内無大臣之爲援，遽以兵歸而奪國焉，歸之難也，故書曰「齊小白入于齊」。宋魚石既奔于楚，藉楚而入于彭城，明年，宋嘗會數國之師而圍之。出奔嘗有惡矣，入又據其邑以叛，復其惡而不悛也，故曰「宋魚石復入于彭城」。《春秋》以一字定其難易之迹，故有書「歸」、「復歸」，書「入」、「復入」四者之異。然其事之善惡、迹之逆順，則皆隨其所書而可見矣。世子忽之出奔，居喪未踰年，故不稱爵，貶其無世子之德而至於見逐，故不稱子。然鄭突之歸，則以庶奪嫡，以邪干正，以弟逐兄，在位五年之久，而大臣、國人皆不安之，至於突自出奔，忽始來復。聖人方惡突之惡，貶支庶之亂嫡嗣也，正其名而書之曰「鄭世子忽復歸於鄭」，若曰：忽乃世子，今歸而復其位矣。忽無世子之德，至于逐時出奔，而孔子與之爲世子者，此《春秋》之義也。此雖未善，然彼之不善者有甚於此，不得不少進於此，以見彼之惡也。故凡《春秋》之所善，非孔子所謂善也，以彼不善而見之爾。忽之得稱世子，非其德能堪之而見許也，蓋示突之不正爾。此不可不察也。歸入之例，三傳之説不同。《左氏》則曰：「國逆

而立之曰入，諸侯納之曰歸。」案：小白入齊，大夫盟于蔇，而魯納子糾，不得曰國逆也。楚子入陳，納公孫寧、儀行父于陳，是諸侯納之也，何不言曰公孫寧、儀行父歸于陳，而曰納也？此例不通矣。《公羊》則曰：「復歸者，出惡，歸無惡。復入者，出無惡，入有惡。入者，出入有惡。歸者，出入無惡。」鄭忽之出，權臣逐之，非自爲惡也。宋魚石奔楚，要楚以伐宋，出非無惡焉。許見入於鄭，許叔因鄭亂而復之，出入無惡也。鄭突篡兄奪嫡，見制權臣，出入非有善也。《公羊》之例不通矣。《穀梁》則曰：「以好曰歸，以惡曰入。」鄭突之歸，安得好乎？許叔之入，安得惡乎？此亦不通矣。惟《左氏》曰「復其位曰復歸，以惡曰復入」，此例爲通。

許叔入于許。

許自隱十一年齊侯、鄭伯入許之後，許不見於經，桓十五年始書許叔之入。《左氏》隱十一年傳曰：許莊公奔衛，鄭伯使許大夫奉許叔以居許東偏，於此入許。《左氏》又不載許叔事迹。由此觀之，則是於隱十一年之時，許嘗爲鄭所有，許之宗祀不滅，而許叔居許東偏，故無滅許之文。於此之時，鄭有子忽、子突爭國之亂，許叔能乘其勢入許而復其國。聖人美之，故特書「許叔入于許」。許叔當許之危亡，國君出奔，則苟全宗祀，居其東偏。及鄭之亂，兄弟争立而彊臣制命，則方以我之全力，復其國而居之。聖人善其屈伸得宜，進退無失也，特書其字曰許叔。不書其爵者，未嘗有爵也。不曰歸者，有鄭之難，不可以安而歸也。其鄭雖

有争立之亂，然而許嘗爲其所入，許叔之歸蓋亦難矣，故書之曰入焉。紀季以酅入齊則書季，許叔入許則書叔，皆賢之也。紀季能全其祀，許叔能復其國，皆諸侯之弟而其兄奔亡，存祀復國之善同，故其賢一也。陸淳論之曰：「入繼之美者，莫過於紀季；興復之善者，莫過於許叔。」此説是也。《穀梁》曰：「其歸之道，非所以歸也。」許叔爲許之後，能興復其先君之土地，而祭祀不失焉，謂之非所以歸，有何理焉？

公會齊侯于蒿。

蒿，《左氏》作艾，《公羊》作鄗。陸淳以謂當以爲蒿，從艸，從高也。蒿之盟，《左氏》以爲「謀定許也」。案：若二國實謀定許，當見其定許之迹。經無其事，此亦未可知也。

郲人、牟人、葛人來朝。

案：此郲、牟、葛皆附庸之國。《春秋》之法，附庸之國未有王命例當書名。故隱元年郲儀父盟于蔑書名，莊五年郳犂來來朝亦書名。以其未命爲諸侯，止同大夫之例也。於此來朝三國之君皆書以人，謂之其臣，則不當來行朝禮；謂之其君，則不書名。惟《公羊》以謂「夷狄之也」，啖、趙、陸淳亦同《公羊》之説。然而中國而行夷狄之禮，固《春秋》之所賤。其迹不見於經，而行事又無聞於傳記，安知其行夷狄之禮乎？如穀、鄧之名，以其近楚，服屬於楚之日久，則其用夷狄禮猶有所據。至郲者魯附庸之國，盟會侵伐嘗見於經，今年來朝，十七年又盟趡，至從齊桓侵伐之後，遂與大國抗而書爵，安知其用夷禮而貶之乎？牟人、葛人皆

附庸之小者，於此書之後遂不見於經，事迹無可考者，然遂以夷禮斷，恐未盡也。何休、范甯謂之貶而稱人。《春秋》之義，不責其所不可責者。如三附庸之小國，固在不可責之域矣。謂之貶而書之，亦非也。

秋，九月，鄭伯突入于櫟。

鄭伯突篡兄而立，在位五年，國人不安之，至於出奔。於是鄭世子忽入居其位，突又入鄭之邑曰櫟者以居焉。入者，難也。是時忽在鄭，而突入其旁邑，蓋亦難矣。子忽、子突爭國之事，於此入櫟之後遂不見於經。至莊四年遇于垂，遂稱鄭伯，莊二十一年又書「鄭伯突卒」，則是突自入櫟之後遂能有鄭，而忽終出奔至亡於外也。然而經皆不書，此聖人微意也。忽爲莊公世子，法當爲君，但其德望不著，而爲權臣逐之，支弟篡之。孔子雖罪其無世子之道，然嘗與之爲世子焉，嫡庶之分不可亂，兄弟之倫不可逾也。突有大臣之應，鄰國之助，篡兄之位而竟立爲君，在位者二十餘年。孔子所不與也，故於忽之竟出、突之竟立，一見其法焉。鄭突自櫟之後，要諸侯以伐鄭，竟出其兄而立己。突之入鄭必有迹也，然而孔子没之，以謂突者大惡之人而不弟之甚者，有王者作，則在所先誅，安得與之鄭而書其歸入之迹乎？故特没其事，而見其可誅之罪焉。鄭忽自突入之後，諸侯侵伐不已，不安其國，竟亡于外以死。然忽之再出奔也，孔子不書之經，猶曰：若鄭忽者，實莊公之世子也，嗣莊公而有鄭者，在忽不在突也，然忽之孤危，竟爲孽弟逐之，死矣。故特没其再出奔之迹，以明忽

之宜立焉。不然，安得突自入櫟之後，不書忽奔而突入鄭也，遂有鄭伯突卒之事？此聖人微意也。《公羊》曰：「曷爲不言入于鄭？末言爾。」案：當鄭突入櫟之時，實未入鄭，不得謂之末言也。又曰：「言忽爲君之微也。」案：不書忽之出奔，乃孔子進忽之微意也，安得微忽而獎突乎？此非也。

冬，十有一月，公會宋公、衛侯、陳侯于袲伐鄭。

春秋之間侵伐者衆矣，地而後言伐者三焉：于袲，一也；宣元年于棐林伐鄭，二也；定四年于召陵侵楚，三也。蓋先爲會，期先會而後伐，故與諸例不同而變文書之也。案：《左氏》納突之事，蓋以突爲不正，四國之君又伐而納之，其罪大矣。《穀梁》曰：「地而後伐，疑辭也。」案：侵伐而不言會者，直以侵伐相期爾。會而後伐者，先期會而後謀伐事，不得不先地而後伐也。謂之疑辭，非也。

十有六年，春，正月，公會宋公、蔡侯、衛侯于曹。

案：曹之會，二傳無説，惟《左氏》以爲謀伐鄭。故《左氏》事迹，凡此二年之間會盟侵伐，皆爲納厲公突。《穀梁》之意，則以爲伐突而納忽。案：世子忽卒以外無大國之援，内無彊臣之應，至于出亡以死，而厲公突竟以外有諸侯之援，卒至于篡兄而有鄭。蓋於此二年之間，突猶居櫟，忽未出奔，故諸侯謀伐忽而納之爾。然以諸侯之尊、鄰國之義，不能救卹孤危，扶嫡立長，以廢黜支庶，乃反助不正之突，以伐逐當立之忽，罪不可勝誅矣。《穀梁》、《公羊》之傳謂之「非其疑也」，意

以爲諸侯之師助忽伐突無所疑爾。案：若諸侯之師實能助忽伐突，則忽不當竟逐，而突不當竟立也。此當以《左傳》爲定。

夏，四月，公會宋公、衛侯、陳侯、蔡侯伐鄭。

自入春秋以來，蔡與中國盟會侵伐，未嘗後陳、衛之下。自此伐鄭之後，陳、衛常處其上，終於春秋，未嘗一會輒先陳、衛也。蓋蔡之國小而迫於楚，於是始服屬於楚。既以去中國即夷狄，故常惴惴懼中國之諸侯合而軋己也，始自請陳、衛居其上，而僞若謙處其下也。自莊十年獻舞爲荆所敗以歸，而莊十三年始與齊桓北杏之會，明年荆復入蔡，至僖公四年齊桓侵蔡，遂伐楚。終齊桓之世，不見於經。十七年齊侯小白卒，後年遂與楚人盟于齊。由此觀之，則蔡之服屬於楚，蓋自此始。又憂懼中國諸侯謀之，故謙以處陳、衛之下也。而杜預、范甯之徒，皆以爲蔡序陳、衛之下者蓋後至也，豈有蔡自伐鄭之後，會盟侵伐常後至乎？此説非也。

秋，七月，公至自伐鄭。

案：書至，義與二年「公至自唐」同説，皆告廟則書也。彼書地，此書伐鄭，蓋非魯地者皆至以事也。《穀梁》曰：「桓無會，其至，危之。」此説非也。

冬，城向。

義同五年城祝丘。《左氏》曰：「書時也。」案：城向書冬，而下書十有一月，則城向在十月。《春秋》之十月，夏時之八月。八月農事方盛，不可謂農隙之時。經書之者，蓋以見勞民且不時爾。謂之時，非也。

十有一月，衛侯朔出奔齊。

出奔書名，義同鄭突。三傳所載出奔事迹皆不同。《左氏》則以爲伋、壽之事由朔構之，及朔之立，二公子立黔牟，朔遂出奔。《公羊》以爲朔不能守衛，得罪天子，而至于出奔。《穀梁》則以爲天子召而不往。當春秋之時，天下無王久矣，安得有天子召而不往，及天子能加諸侯以罪之事乎？此蓋二傳見莊六年有王人子突救衛之事，其下遂書「衛侯朔入于衛」，有抗天子之迹，故生此文也。案：伋、壽之事見於經傳甚詳，此當以《左氏》之事爲據也。

十有七年，春，正月，丙辰，公會齊侯、紀侯盟于黄。

自此盟之後，魯遂與齊戰于奚，而齊於莊元年遂遷紀郱、鄑、郚，足知盟無益而侵伐隨之。

二月，丙午，公會邾儀父盟于趡。

「會」，二傳皆作「及」，惟《左氏》之經作「會」。案：及者，内爲志。會者，外爲主。邾儀父，魯附庸小國之君，非敢盟公，公欲與之盟爾。此當以「及」字爲定。

五月，丙午，及齊師戰於奚。

案：不言公及大夫而但書「及」，所以深責内敗其師也。言戰，則義同十二年戰於宋。「五月」之上，《左氏》、《公羊》皆無「夏」字，此蓋闕文。「奚」，《穀梁》作「郎」，此當從多者爲定。

六月，丁丑，蔡侯封人卒。秋，八月，蔡季自陳歸於蔡。

蔡季事迹，《公》、《穀》皆無文。惟《左氏》以蔡侯封人卒，蔡人召蔡季於陳，秋，蔡季自陳歸於蔡，蔡人嘉之也。何休曰：

「蔡封人無子，蔡季當立。封人欲立獻舞而疾季，季避而之陳。封人死，歸反奔喪，思慕三年，卒無怨心，故賢而季之。」《左氏》、何休之意，皆謂季賢，故經特字之也。而何休所載，不出於傳記，不知何休何從知之，然其事極美，可賢，則與經所字之義合。杜預以爲桓侯無子，故召季而立之。季内得國人之望，外有諸侯之助，故書字以善得衆，稱歸以明外納。杜預之意，蓋謂蔡季當立爲蔡君。而啖、趙、陸氏皆以爲蔡季義而後取，非如當時之歸者或謀殺，或奪正，或本非當立，國人不順，惟蔡季入繼之善，美而字之，與杜預之説相表裏矣。今案《蔡世家》及《諸侯年表》無蔡季嘗立爲蔡君之文，又莊十年荆敗蔡師於莘，以蔡侯獻舞歸，中間亦無蔡季爲君之説。由此觀之，則蔡季之歸，但爲蔡臣爾，未嘗爲君也。季之所以得字，著於《春秋》，當如《左氏》、何休之説。蔡季去其國以避其位，入其國以終其喪。一國之尊、社稷之重則輕去，以遜於人，吾君之喪、吾兄之喪則必歸焉，以服其服，然則爲蔡季之行，亦足以見取於孔子而書字於《春秋》也。若杜預、陸氏之説，考之傳記則無文，求之《春秋》則又無事。雖得立爲君，亦未足多賢，不若生被其逐、死服其喪之爲美也。況獻舞之事相去裁十年間，不容蔡季卒葬與獻舞得立之迹，不見於經也，況《世家》、《年表》皆無其事，杜預、陸淳失之矣。《春秋》歸入之例，有加「自」文者，此蓋其國奉之以歸，故書其所自，以其有助焉爾。其事之善惡，亦皆隨其迹而見之，不繫於輕重也。《穀梁》曰：「自陳，陳有

奉焉爾。」此說是也。

癸巳，葬蔡桓侯。

《春秋》魯君行事皆稱曰公。魯雖侯爵，然其史稱公，則知魯之臣子嘗所以尊於國中者，但曰公爾。若朝天子、會外諸侯，則自稱本爵，不可僭尊名而亂王爵也。故它國諸侯因盟會侵伐見書於魯史，亦各從其爵，書齊侯、晉侯之類是也。若魯之諸公，於它國之史，則亦但書侯爵爾，以《春秋》觀之可知也。其君已死，則其臣子雖朝於天子及會外諸侯，皆得稱公。蓋公者尊爵，臣子愛其君父，於其生則私以尊名稱於國中，至其死則不嫌其僭。故雖天子之前，亦得以尊名稱之。故臣子忠孝之心，於死者得一伸也。《春秋》雖子、男之爵，葬皆稱公，又況《魯頌》者，季孫行父請命於周而作之，則必上達於天子矣。故其詩曰：「魯侯戾止，言觀其旂。」于時僖公尚存，又其詩達於天子，告於宗廟，不敢僭尊名而亂二爵也。至其頌伯禽、莊公，則曰：「乃命魯侯，俾侯于東。」又曰：「周公之孫，莊公之子。」於時伯禽、莊公已死，不嫌僭稱，故雖達於天子，告於宗廟，亦取尊名稱之，示不嫌也。《春秋》之法，惟葬稱公，不嫌敵内者，所以爲臣子之辭而廣忠孝之心也。蔡侯封人之卒，於經但稱桓侯，而啖、趙、陸氏以謂蔡子之賢，請謚於王，王之策書謚曰某侯，夫子從而書之，以譏當時之僭稱公者，且明蔡侯獨存其禮也。若如其說，則是《春秋》所書公者皆有罪爾。然請謚之迹不見於傳記，不知啖、趙之徒何從知之？又觀古今謚議，但先敘其事，然後宜謚曰某，亦不曰某公、某侯也。蓋

其封爵之大小，自其始封之君已有定爵，自非大功當升、大過當黜，不更加減其爵。故於其請謚之策書，但曰「謚曰某」。其定稱之爵，從可知故也。啖、趙之徒嘗賢蔡季之歸爲君，又推尋請謚，以扶會其說。蔡季之爲君，固已無據，請謚之事，又不聞於傳記，豈亦好立異取勝之弊歟？爲人臣子，於法得以尊稱於其君之葬，而苟徇己一時之名，稱之爲侯，則蔡之臣未免有罪，不然，或謬誤之文，未易可知也。

及宋人、衛人，伐邾。

及者，内爲志。微者，及之也。宋、衛稱人，亦微者也。内之微者，及二國之微者以伐邾。邾，魯附庸之國，前年來朝，而又此年盟于趡，乃遽帥二國之人，伐附庸之親附者，所以見會盟無信而朝事不暇，彊大縱横而弱小見陵也。《左氏》曰「宋志也」。案：邾，我之附庸，及我爲志，謂之宋志，非也。

冬，十月，朔，日有食之。

日食之志，義同隱三年。書朔不書日，孔子因舊史，不加之也。《左氏》曰：「日官失之也。」案：孔子之於《春秋》，因闕文以見傳信之意。「夏五」之下無月，不妄益之。丙戌之日重出，不妄損之。舊史之文其著如此者，猶不妄爲損益，則其隱晦難明者，孔子不加之必也。朔不書日，蓋史之闕爾，謂之官失，非。爲日官者雖至庸愚，豈不能知甲乙之日乎？《穀梁》曰：「食既朔也。」案：經言朔，則不可謂之既朔。若實在二日，不應書朔也。《穀梁》之說亦非。

十有八年，春，王正月，公會齊侯于濼。公

與夫人姜氏遂如齊。

濼之會，夫人實與公偕行，然經但書公而不言夫人，蓋與齊侯會公爾，夫人未嘗會也。於是之時，桓公尚在，夫人雖欲會齊侯，亦不可得。孔子據實而書夫人不會，則但言公也。《春秋》之法，以尊及卑，「宋叔弑其君與夷，及其大夫孔父」之類是也。而二百四十二年之間，未有言與者，於此如齊特書「公與夫人」。蓋夫者，天也，陽也，天陽之氣動於上，則凡天之下陰之類者，莫不感動而順從焉。天動則地應，陽唱則陰和，物理之自然，不易之定分也。公會齊侯于濼，無如齊之意，而夫人彊公以行，公不能制，與之如齊焉。聖人罪魯以國君之尊、天陽之位，不能自守，而見制於婦人。姜氏無夫人之德，以彊制公而使之如齊。故特變其文而書之，曰「公與夫人姜氏遂如齊」。遂者，繼事之辭也。會濼之時未有如齊之謀，會成遂事也。《公羊》曰：「公何以不言及夫人？夫人外也。外夫人何？內辭也。其實夫人外公也。」《公羊》之經無「與」字，故其解經煩碎如此。但當依《左氏》、《穀梁》作「公與夫人」，義自明也。《穀梁》曰：「不言及夫人，何也？以夫人之抗，弗稱數也。」案：書「與」，所以見其抗公。既欲見其驕抗之罪，又云弗稱數，自相乖戾也。

夏，四月，丙子，公薨于齊。

《春秋》之法，公薨必地，所以見公薨之正不正也。薨于外者雖正，亦書其地，所以見薨非其所，且示人君之薨不於路寢者，皆爲失正，況它國乎？昭公薨于乾侯，而定公書即位，以見薨雖不得其所，而卒

猶正也。桓公薨于齊，而莊公不書即位，桓之薨有故也。然經不書所薨之故。《春秋》魯史，魯公之薨不正者，不忍言也。其君父見弑於人者，其臣子不忍言之。聖人因而不書，所以養臣子之志而厲忠孝之心也。諸侯之薨不於正寢，皆爲有罪，況它國乎？于它國而正卒者猶爲有罪，況見弑乎？桓公弑兄以有其位，身卒不免見弑於人。孔子書之曰「公薨于齊」，不以弑賊討之。弑桓公者，但戕魯君爾，❶不討桓公弑隱之罪也。故孔子亦據而書之，又以絶弑殺無已之亂也。彼雖弑賊，而齊嘗與之盟會，與之侵伐，與之婚姻，平居相好則爲鄰國，忿怒相殺則稱討弑。如此則啟亂召禍，開相殺之門。聖人原情定罪，不以弑賊討之者，皆爲弑君，所以豫防無已之亂也。《穀梁》曰：「薨稱公，舉上也。」啖子曰：五等諸侯臣子皆曰公。生時皆然，何獨薨也？

丁酉，公之喪至自齊。

桓公見弑於齊，喪於此始自齊至，告于廟，故經書之也。人子之禮，出告反面。桓公會齊侯于濼，常告廟而後行，身雖見弑於齊，而反至之禮不可以闕，故其臣子以喪至告之。人君出國，則一國之安危係之。桓公内不能制其夫人，外見弑於鄰國，生而往，死而歸，惡莫甚焉。然魯之臣子，義不可以不君。其君喪之至也，亦告之廟，若無故而死於外者。桓公之喪至自齊，不以見弑者書之也。昭公之喪至自乾侯，不以見逐者書之也。爲諸侯之尊，有一國之大，而不能以尊大者自

❶「戕」，原作「代」，據殿本改。

居，至於見弑，至於見逐，是非位之不尊，而勢之不彊也。持之不以其道，臨之不以其德，蓋非不幸也，有以取之也。然臣子之心，不以其自取之者加之，又所以責之，使不至於此也。桓公之喪不至自齊，則冬不能葬也。昭公之喪不至自乾侯，則秋不能葬也。喪在外，至於内然後能葬。此又至之不可不書也。

秋，七月。冬，十有二月，己丑，葬我君桓公。

《春秋》之法，弑賊不討不書葬，以謂爲人臣子而君父見弑於人，則有罪矣，又縱賊不討，忍恥以葬之，則雖葬，猶不葬也。葬者，臣子之事，生者之職。賊討則書葬，所以少寬臣子之責，而示君父之讎有時而竟也。《禮》曰：「父之讎，不與共戴天。」君猶父也，天不可與之共戴，則君父之賊，爲人臣子者不可一日與之俱生也。故殺人之父者，人亦殺其父。殺人之君者，人亦殺其君。弑君之賊殺人君父，而其臣子者隨而殺之，所以使簒臣賊子欲爲而不敢，君父之讎預制於無形也。然而桓公見弑於齊，而賊未討，遽書其葬者，《春秋》之變例，而聖人之微意也。《春秋》必責臣子以討賊者，以爲可討而不討也。至其所不能必討者，《春秋》所不責也。夫以魯之衰弱而齊之彊大，魯之臣子必復其讎，則必至於侵伐以殘其人民，爭奪以亡其社稷，君父之讎未必能復，而先君之土地先以危亡，無辜之人民先以殘賊，則其爲害於我者，甚於仇讎不復之恥也。魯之臣子，聖人非不責之，但責以其君見殺於它邦，不責其國必討賊於彊齊。此《春秋》所以曲盡人臣之難

處，而深慮危亡之必至。《公羊》曰：「書葬，君子辭也。」《穀梁》曰：「不責踰國而討于是。」二説皆是也。《穀梁》曰：「葬我君，接上下辭也。」趙子曰：案：稱我君，以別它國，臣子之敬辭也。《穀梁》之説非也。

龍學孫公春秋經解桓下第四

後學成德校訂

龍學孫公春秋經解莊上第五

孫覺莘老

元年，春，王正月。

《春秋》之法，繼正則即位，繼弒則不即位。故一十二公之閒，繼弒而不行即位者三焉：❶莊之繼桓，桓見弒於齊也；閔之繼子般，般見弒于慶父也；僖之繼閔，閔見弒於慶父也。即位禮，居喪逾年，於正月朔日，始就阼階之位，南面而改元，以聽斷一國之政，蓋盛禮也。繼弒而自立者，則不忍行即位之禮，以爲君父見弒於人，則爲之子者，亦何心於即位也。《春秋》因而不見，所以深痛先君之禍，而少伸嗣子之恩焉。《左氏》曰：「不稱即位，文姜出故也。」趙子曰：「母以得罪去國，猶爲不忍，父爲它國所弒，其情若何？」非通論也。三月文姜方孫，何妨正月即位？此爲妄也。《公》、《穀》曰：「不言即位。」案：實不行其禮，謂之不言，非也。

三月，夫人孫于齊。

《春秋》，魯史，其記魯事異於外，非以爲諱也。吾之君必無是惡，君之夫人必無是行也。吾之君則甚有道者也，吾之夫人則甚有德者也。待之以有道、有德之人，然而常不道而見殺，嘗有罪而出奔，則非待之者之過也，爲之君、爲之夫人者自取之，然吾之所以待之者猶是也。謂

❶「行」，殿本作「書」。

之君，則至尊者也；謂之夫人，則至貴者也。至尊、至貴之位，非所以待不肖、姦惡之人也。然不肖焉，姦惡焉，非名號之不美，非位勢之不崇也，所以爲之者非其人也。吾不以今之爲者非其人而卑其位勢，惡其名號也，吾所以待之猶是也。君、夫人者，至尊、至貴之位，而有道、有德之稱也，吾待之不可不以是禮也，爲之者非其人，吾不與也。《春秋》之法，諸侯而失其國家者，謂之出奔，所以罪其不能守天子之土，不能奉先君之祀也。魯之君、夫人去其位、失其國家者，謂之孫。孫之爲言謙也，謙孫而去其位也。《堯典》曰「將遜于位」是也。《春秋》於魯君、夫人之出奔謂之孫，猶曰吾君、夫人之去其國，不過孫其位爾，非出奔也。魯君之見弑者謂之薨，猶曰吾君未嘗不正終也，焉得見弑於人乎？凡吾之爲是法者，所以待君、夫人也，非所以待見弑、出奔者也。故《春秋》之書孫者三，夫人之孫者二。文姜之孫則去其氏，哀姜之孫則不去之。文姜殺其夫桓公，哀姜殺其子閔公。姦惡之迹同，而弑君之罪等。然其氏或去或不去者，聖人之意也。文姜之惡可見矣，其孫于齊，是宜見絶於齊也。不稱姜氏，所以許齊絶之也。齊侯則是與夫人爲惡者矣，然許齊絶之者，非爲齊襄設也，以明骨肉之親，惡之大至於害義，則雖其親得絶之也。哀姜之惡可知矣，其孫于邾，邾非哀姜之國，非所宜往也，特曰姜氏，所以明邾得絶之也。文姜，齊女，齊絶之，則有疎骨肉之嫌。聖人辨其嫌，使之得絶也。故不稱姜氏，而書之曰「夫人孫于齊」。哀姜孫于邾，邾

非其族，以明邾不當受異姓之女，它國之夫人來則絶之爾，故書之曰「夫人姜氏孫于邾」。《公羊》曰：「内諱奔，謂之孫。」案：言奔爲孫，所以待之厚而責之深也，謂之諱，非也。《公羊》曰：「夫人固在齊矣，其言孫于齊，念母也。」《穀梁》曰：「接練時，録母之變，始人之也。」啖子曰：「豈有先在齊，而今書孫乎？蓋見不書夫人之至爾。」不知姜氏隨喪而歸，不告廟則不書也。又曰：「不稱姜氏貶。」案：夫人不稱姜氏，所以明齊得絶之也。《左氏》曰：「不稱姜氏，絶不爲親。」此説近之，而謂之禮，又非也。

夏，單伯送王姬。

《左氏》作「單伯送王姬」。杜預以單伯爲王臣，天王將嫁女於齊，使魯主其昏，故單伯來送之也。《公》、《穀》皆以爲單伯者，吾大夫之命于天子者也。案：杜預所以推單伯爲王臣者，蓋見《左氏》作「送王姬」，於是之時，王姬猶未至魯，既言送女，則決非魯臣也。又魯之大夫死皆書卒，其不書者皆有所見，而單伯之卒不見於經，又無不當書卒之迹。内臣未嘗書字，而單伯書字，若蔡伯、毛伯之類是也。故杜預因此數事，推爲王臣也。然單伯於此見經之後，莊十四年書「齊人、陳人、曹人伐宋，單伯會伐宋」，冬，又會諸侯于鄄。《春秋》王臣而會諸侯，但序諸侯之上，亦不若内臣而書會也。惟内臣會諸侯，則曰會某。由此觀之，則單伯内臣，非王臣也。王姬未至於魯，不當稱送，此當從二傳作「逆王姬」爲是也。然内臣而稱單伯者，二傳所謂「吾大夫之命于天子者」是也。天子命之畿内之邑，使之歸國

爲大夫，故書氏、書字，同之天子大夫也，鄭祭仲、陳女叔之類是也。卒不見經，或有大惡，或舊史所無，未可知也。書曰「逆王姬」者，天子之女下嫁諸侯之國，尊卑不敵，必使同姓之國主之。魯之主王姬之婚，蓋同姓，亦常事耳。天子之女且至，使大夫者逆而爲之主，亦常事耳。皆不當書而書之者，蓋桓公見弑於齊，仇讎未復，而莊公又在衰絰之中，天子乃於是時使之主王姬之婚，下嫁於齊。居喪主婚，非禮也；又與仇讎之國爲禮，失禮之甚者。書曰「單伯逆王姬」，以見天王不當使居喪者主婚，魯不當交仇讎，而單伯不當逆也。《公羊》曰「何以不稱使」，案：内臣出外未嘗有言使者，《春秋》省文耳，何獨於此始發例乎？《穀梁》曰：「其義不可受之於京師也。」案：逆王姬，則是如京師可知也，不須曰「如京師」也，惟曰「君弑於齊，其義不可受」，此説是也。

秋，築王姬之館於外。

《荀子》云：「從道不從君，從義不從父，人之大行也。入則孝，出則弟，人之小行也。」蓋事有不中於道，理有不合於義者，則雖君父之命有不必從，惟道義之所在耳。桓公見弑於齊，仇讎未復，莊公之喪猶未除也，而天王遽使魯主齊王姬之婚，天王則失禮矣。爲莊公者，當以衰絰未除，仇讎未復，辭於天王，期於得請而後已。於是之時，非無同姓之諸侯，非無無喪之鄰國也，蓋莊公未之辭耳。辭之不固，與不辭同也。誠之至者，通於鬼神；哀之切者，感於異類。君父之讎未復，儼然在衰絰之中，乃遽釋怨解仇，與之爲婚

姻之主，雖變其禮而築館於外，然猶未免於交婚也。聖人以莊公爲事君不盡其誠，居喪不致其哀，忘君父而交仇讎，舍衰經而親弁冕，雖築館以示變，然不能救其罪也。《春秋》之法，責賢者備，不知而爲者，猶可恕也；知其是非，猶且爲之，此聖人所深誅之者也。莊公知主婚之非，而改築王姬之館，孰與辭之而不築也？蓋攘雞者待來年而後已，《孟子》非之。不當主婚而築館於外，《春秋》罪之。《左氏》曰：「於外，禮也。」《穀梁》曰：「變之，正也。」不能辭之，而徒築於外，乃以爲正禮與，正止如是乎？非也。趙子曰「築之爲宜，不若辭之爲正」是也。

冬，十月，乙亥，陳侯林卒。王使榮叔來錫桓公命。

《春秋》書錫命者三：桓公之命，錫之於既薨之後；文公之命，錫之於即位之初；成公之命，錫於在位之八年。三傳、諸儒論其禮皆不同。杜預尋《左氏》之説，則以謂桓公之命，若今之哀策，文、成則錫以命圭，合瑞爲信。若如其説，則錫命之禮有不同矣，然經書之皆曰命，無異文焉。《公羊》以爲「命者，加我服也」，何休解之，曰「九錫也」。案：九錫蓋諸侯極盛之禮，非大功大德不輒加之矣，以周室之衰而魯侯之弱，不應十二公之閒，賜之九錫者三也。《穀梁》曰：「有受命，無來錫命。」范甯亦曰「九錫也」。至如陸淳、趙子之徒，以謂如漢已來就加爵秩。今以經考之，則桓公已死，文、成時在位，謂之追錫死者，則在位者不通也；謂之加服賜圭，則已薨者無用也。《尚書·文侯之命》有秬鬯弓矢，亦不具九錫。《周

禮·大宗伯》以九儀之命，正邦國之位，有受職、受服、受位、受器，賜則賜官、賜國，作牧、作伯之别。然則上之賜下，尊之賜卑，皆謂之命。故書傳言天子則曰天命，言臣則君命，言子則父命。蓋命者亦無定物，上之所加，君之所賜，則謂之命。春秋之時，天王有賜於魯，則皆書曰錫命。於其來求，則指其定物，曰求車、求金。此聖人之微意，而君臣之大法也。君而有賜於臣，父而有賜於子，不以其多，不以其少，不以其貴，不以其賤，皆曰命焉，物之多少、貴賤不可校也，其所重者，尊者之命焉。君而有求於臣，父而有求於子，多者言其多也，少者言其少也，貴者言其貴也，賤者言其賤也。爲之臣、子，而君、父有求於我焉，則所以事之者不至而有罪矣，必言其貴賤、多少，以爲輕重也。《春秋》書錫者三，而皆謂之命；書求者三，而指名其物，聖人之微意，而君臣之大法也。《春秋》書王必曰天，所以别吴、楚之僭號，表天下之無二，且推尊之，明無與上也。其不書王者三，范甯所謂舊史有詳略，夫子因而弗革者也。趙子曰：「殺弟出居，覩文見義。至於錫命桓公，則歲月已深，不異其文則無以見惡。」案：經書「錫桓公命」，則弒君大惡之人，而天王之命加之，譏貶之意已見，何須去天也？當從范甯之説，錫桓公命見其生不能誅，死錫之命，其無王也甚矣。

王姬歸于齊。

不書來逆者，蓋齊侯自來。得禮親逆，常事不書。齊與魯爲世讎，而魯主其婚，又在衰絰之中也，不書王姬之歸，無以見魯

之失禮而天王失命也。趙子曰：内女歸，非常，乃書。此説是也。《公羊》「我主之」，《穀梁》「爲之中者，歸之也」。十二公之閒，書王姬之歸者惟二處耳，足知書之皆非常也。

齊師遷紀郱、鄑、郚。

《春秋》書遷有二例：宋人遷宿，遷非宿之意，爲宋所彊；遷邢，遷於夷儀，邢自遷國，非人彊之。至於郱、鄑、郚三邑，爲齊師所遷，與例不同，而書之有異，此聖人之意也。紀無可滅之罪，齊侯志欲滅之。紀於當時，其行又賢。聖人於齊之滅紀，特變文以示義，不與無道之齊而滅有道之紀。凡遷之例皆書人，以見遷人之國爲己附庸，貪利忘義，行如匹夫。紀三邑之見遷，則書曰「齊師」，以見三邑之民無去紀之意，而齊以彊師遷之也。❶郱、鄑、郚遷之於齊，則三邑爲齊有也。《春秋》之例，奪取它國之邑者謂之取。齊實奪紀三邑以爲己有，然不曰取而曰遷者，取它國之邑，容有可取之罪，紀實無罪，而齊彊取之，不與無道者取有道之邑，變其文，書曰遷。《春秋》於紀之亡也，見孔子之意眷眷然不忍也。自遷邑至於大去其國，孔子書其事而致意者三。齊實取紀三邑，而書之曰「遷」，蓋不與三邑之入齊而紀至於弱也。紀季以酅叛於齊，不曰以叛，而曰「入」，蓋曰齊爲無道，安得有邑從之乎？齊實滅紀，而紀侯出奔，不曰出奔，而曰「大去」，蓋曰齊安得逐有道之君而使之出奔乎？紀侯大去其國耳。孔子於紀之亡，三致其意，所以

❶「彊師」，殿本作「師彊」。

甚疾無道之齊，而深護有道之紀。齊滅人之國以自彊，雖得志於一時，而孔子罪之，則其惡流於不泯。紀見絶於彊齊而無告於天下。然《春秋》善之，則其志伸於無窮。《公羊》曰「不言取，爲襄公諱也」。案：變取爲遷，深惡之也，安得爲之諱乎？若曰爲賢者諱，則襄公大惡之人，《春秋》安得爲之諱也？《穀梁》曰：「紀，國也。郱、鄑、郚，國也。」或曰：遷紀于郱、鄑、郚。」郱、鄑、郚者，紀之三邑耳，謂之國，非也。若遷紀于它處，當加其文，范甯非之，是也。

二年，春，王二月，葬陳莊公。夏，公子慶父帥師伐於餘丘。

於餘丘之地，《公》、《穀》皆以爲邾邑，而杜預闕之，此當以《公》、《穀》爲定。《春秋》之例，國則曰伐，邑未有書伐者。於餘丘特書伐者，孔子之意也。邾者，魯附庸之國。於餘丘，魯附庸之邑。曰親近者，莫過於附庸。附庸之邑叛，而至於命將帥師伐之，所以見内之德有所不修，内之政有所不明。附庸，我國也，於餘丘，我邑也。我之邑叛而至于伐也，何繫於邾焉？「叔孫州仇帥師墮郈」，郈，我之邑也，不得曰墮魯郈也。「焚咸丘」，咸丘，我附庸邾之邑也，不得曰焚邾咸丘也。「圍宋彭城」，不書宋，無以見彭城之屬宋也。咸丘、於餘丘書曰邾，則無以見邾爲我附庸，而二邑爲我之邑。我附庸之邑叛，而至於大夫之尊，舉國之衆，聲其罪而伐之，則我之所以爲國者，無乃有所不至而然乎？於餘丘之不係於邾，所以責内尤深也。《公羊》曰：「國之，君存焉耳。」若邾君實存於此，當曰伐邾，以邾君爲重也。

《春秋》之法，舉重者書之。邾君實存，乃曰於餘丘，則是舉輕者言之而殺其罪也，此非也。《穀梁》曰「公子貴矣」，曰「師重矣，而敵人之邑，所以譏公也」。若譏公，不以將尊師衆者敵大，則是教人戰也。《春秋》乃教人戰乎？此非也。

秋，七月，齊王姬卒。

外女而爲外夫人者，《春秋》皆不書卒。非與魯事，且非懲勸所係，雖來告，亦不書。王姬而魯主其婚者，則爲之服亦不書，以其常事，無所載也。《春秋》書王姬之歸者，皆在於莊公之時，而其歸又爲齊夫人者，所以罪莊公忘君父之大讎，狥婚姻之常禮也。王姬之歸者二，而書卒者一，蓋其卒適在於莊公之時也。莊十一年歸齊之王姬，其卒不在於莊公之時，則不書也。莊公父見殺於齊，而國小力弱，仇讎不復，雖一時見命於天子，而莊公不能以大義辭之，爲主其婚而竟成其禮。至其來告王姬之卒，則莊公又爲服其夫人之服。君父之讎，同於草莽而不報，仇讎之夫人，爲之主而爲之服，所以見莊公一失於前，而其後蕩然失之也。魯與天王同姓，聖人之後而禮義之邦也。天王之女下嫁諸侯，❶天王之后歸于京師者，多魯主之，然而十二公之閒，二百四十二年之久，王姬之歸，書之最備者，齊王姬也。單伯之逆，築館于外，王姬之歸，王姬之卒，二百四十二年之閒，見於《春秋》者凡四。《春秋》常事不書，而齊王姬之事書之備者，所以見莊公盡禮於仇讎而無恩於先君也。罪之大則書之備，惡之

❶「王」，原作「主」，據殿本改。

積不可掩也。十一年之王姬書歸而遂已者，但以見莊公主婚之罪也。其卒或於它公之時，齊雖來告，魯雖爲之服，❶亦不書也。仇讎者嘗易世矣，主婚者嘗已死矣，罪無所加則不書也。《公羊》曰「我主之也」，《穀梁》曰「爲之主者卒之」。魯主王姬之婚不一也，何獨卒王姬乎？元年者卒之，則十一年者何不卒之也？啖子曰：「公爲之服也。」十一年之王姬，何不爲之服？趙子曰：記是以著非。爲仇讎夫人服猶以爲是，交仇讎者亦得禮也。啖、趙之説亦非也。

冬，十有二月，夫人姜氏會齊侯於禚。乙酉，宋公馮卒。

孔子曰：「不曰如之何，如之何者，吾末如之何也已。」蓋孔子之意，以謂天下萬事，處得其道而制得其初者，則不至於無如之何，及其至於無如之何也，天下之大惡，萬事之極弊，所不可諫止，所不能救者，聖人亦猶曰不能如之何而已矣。瞽瞍者何如？其父也。商紂者何如？其君也。舜之事父，可謂孝矣，而瞽瞍不愛也，且將殺之。舜念父母之不我愛何也？我之事之未必至也，日號泣於旻天、於父母。祗載見瞽瞍，瞽瞍亦允若。瞽瞍之頑如此也，而舜終格之。爲舜者，亦曰事父之道，不曰如之何也。文王之事紂，可謂忠矣，而紂不愛也，且將殺之。文王三分天下有其二，而服事商之心不懈也。庇民之德日大，而事君之心日小，卒自免於禍。後世之爲人子者，父之頑

❶「之」，原作「微」，據殿本改。

苟不甚於瞽瞍者，皆可以爲孝也。❶後世之爲人臣者，君之惡苟不甚於商紂，皆可以爲忠臣也。孔子謂天下之惡無不可止之者，萬事之弊無不可救之者，以舜、文王之事知之也。夫人姜氏之惡，見貶於《春秋》，見刺於《詩》，并出於《傳》，可謂大惡不可掩，至著而不可救矣。然而孔子書之，曰：「夫人姜氏會齊侯於禚。」魯之國，莊公之國也；夫人姜氏，莊公之母也。孔子書姜氏之惡於莊公在位之年，莊公有罪也。莊公父見殺於齊侯，而母奔於齊，爲莊公者，宜哀痛其父之死不以其理也，毀瘠深墨，哭泣思慕，以仇讎未復爲刺骨之恨，以父之見弒爲窮天之恥，愁憂痛傷，若不容其生於一日也，則其母姜氏雖頑如瞽瞍，雖惡如商紂，且將感動其心，而奔之有所不忍也。故姜氏之會齊侯，蓋莊公之哀戚不至而誠心不篤耳。論此義者多矣，惟趙子得之，曰：「姜氏、齊侯之惡著矣，亦所以病公也。」此深於《春秋》者之言也，故柳子厚嘗稱其書曰：「讀『夫人姜氏會齊侯于禚』，見聖人立《孝經》之大端。」《穀梁》曰：「言會，非正也。」姜氏之惡如此，乃徒責之曰非正，則其所謂正者，忘其大矣。❷

三年，春，王正月，溺會齊侯伐衛。

溺，未命之大夫也，無駭、翬、挾之類是也。不曰帥師，師少也。會者，外爲志也。伐者，聲其罪而行也。《左氏》曰：「疾之也。」案：不稱氏，未賜族爾，謂之疾而去之，非也。《穀梁》曰：「不稱公

❶「孝」下，殿本有「子」字。
❷「忘其」，原空闕，據殿本補。

子，惡其會仇讎而伐同姓，故貶而名之也。」《公羊》謂「吾大夫未命者」，其説是，《左氏》、《穀梁》皆穿鑿也。

夏，四月，葬宋莊公。五月，葬桓王。

臣之事君，猶子之事父。父之喪葬而子不往，則不孝矣。君之喪葬而臣子晏然不赴，於義得乎？天王崩葬，《春秋》載之甚詳。周之告崩則書崩，魯之會葬則書葬，義無可疑也。然而啖、趙之徒，皆以爲萬國之數至衆，封疆之守至重，故天子之喪，諸侯不得越境而奔喪，修服於國，卿往弔送，既葬，卒哭而除喪。若此，則文九年叔孫得臣如京師葬襄王爲得禮也。《春秋》常事不書，得禮者又書之，則失禮者如何見乎？案：天王崩葬，當從孫復之説。古者天子崩，諸侯近者奔喪，遠者會葬。故《周禮·大行人》「若有大喪，則詔相諸侯之禮」，此説是也。説《春秋》者，多議春秋之時書魯如京師者，一若魯公實有會葬天王之事，則於經當書。經不書其事，安知魯公之自往也？蓋《春秋》常事不書，其非常者則書之。叔孫得臣、叔鞅之如京師，以其君不自往，故著其使臣之罪也。若魯公自往，乃是禮當然者，合禮則不書也。《春秋》書諸侯之葬，未嘗言所往之臣，其書之如公子遂如晉葬晉襄公者，蓋以使卿會葬，其禮太重，見其失禮，故書之也。葬天王而使臣者，罪公不自往也。葬諸侯而使卿，譏卿往失禮也。故葬天王而得禮者，但曰葬某王，葬諸侯而得禮者，但曰葬某公，書臣往者，皆有罪也。魯公之如京師葬天王，得禮，不書也。書公如京師者，一罪成公因會伐秦而遂事也。古者諸侯即

位，必朝於天子。春秋之時，其禮多廢。莊三年葬桓王，因會葬桓王，遂如周也。宣三年葬匡王，襄二年葬簡王，皆因會葬而往也。由此觀之，則知諸侯即位之後，當行朝禮。三公即位之初未嘗如周，又因會葬天王，自往以行二禮，且親周也。襄王之葬在文公九年，故文公不往，而得臣往焉。景王之葬在昭公二十二年，故昭公不往，而叔鞅往焉。益知即位之久，則事周之心益懈，不自往而使臣也。然則匡王之葬，亦莊公自往葬之，不書於經，常事不載。桓王之崩，在桓公之十五年，於是始葬者，《穀梁》謂之改葬是也。以其非常，是莊公自往，故書之爾。《左氏》曰「緩也」，案：實改葬，非緩而方葬也。《穀梁》「或曰：卻尸以求諸侯」，❶范甯非之。

秋，紀季以酅入于齊。

《春秋》之法，以己之邑入於它國者，書之曰叛。酅者，紀邑，紀季以之入齊，而經不書以「叛」，而謂之「入」者，《春秋》之變例，而聖人之意也。夫以甚弱之紀而抗虎狼之齊，必至於傷殘其人民而覆亡其宗社，潰滅而後已也。紀侯閔其民之無辜，而念宗社之不祀也，則使其弟季以酅入齊，求以生其民人，存其宗祀。若紀侯者，固王道之所賢，而聖人之所與。況於春秋之時，爭奪侵伐之無已，殺傷敗亡之不救，貪利而不愛其民，屈彊而終覆其祀者，不可勝數。而當此之時，紀侯之行獨能如此，孔子安得不少進之乎？故於弟季以酅入齊也，不以例書曰「叛」，而變文

❶「卻尸」，原作「郤只」，據殿本及《穀梁傳》改。

曰「入」，以見紀季受兄之命而能存其祀也。《公羊》曰：「賢紀季者，服罪也。」案：紀季無罪，齊以彊暴滅之，而紀侯不忍鬬其人民，使季存其宗祀，何罪而服乎？非也。

冬，公次于滑。

《春秋》書次，皆譏也。凡兵者，義而後動可也。不義而動，動而有畏，畏而後次也。或以義而動，動而加畏，亦畏而次也。故次有二例，然皆譏也。紀、魯世相婚姻，世相會盟，世相往來。紀侯見逼於齊，齊已遷其三邑矣，紀季又以酅入齊矣，紀之亡在於旦夕也。公不忍而往救之，然又畏齊而不敢也，故徒次于郎焉。凡兵者，量力而後動，中節而後舉。不量力，雖中節，不可舉也。不中節，雖量力，不可動也。故兵者，量力爲上，中節次之。蓋有不量力而亡其國家者矣，宋襄公之敗于泓是也。力雖彊而不中節者，又不可勝罪也。當是之時，紀雖危亡，然爲莊公者，宜量其力之如何，可往也，則往救也；力不可救，則不如勿往而已矣。内空虚其國家，外無救於危亡，徒至於郎而次止焉。聖人罪其勞衆而無功也，書曰「公次于郎」。郎，《左氏》作「滑」，《公》、《穀》作「郎」，當以《公》、《穀》爲定。《左氏》之例曰：「凡師，一宿爲舍，再宿爲信，過信爲次。」《春秋》書次十六，未有舍、信之文。書次，但譏其次，不論其久也，《左氏》之例不通矣。《公》、《穀》皆是。

四年，春，王二月，夫人姜氏享齊侯于祝丘。

《春秋》諸侯相見皆謂之會。會者，蓋春秋之時諸侯相見以禮之名也。簡禮而會

者，謂之遇。遇，罪又重於會也。二百四十二年間未有言享者，其因會而相享者亦不書。以會爲重，則享不足挍也。夫人無道而享齊侯，亦因會而後享也。然經不言會而言享者，姜氏會齊侯，又享之，播惡於二國之内，會已不可，況享乎？以享爲重，故書享也。姜氏、齊侯之惡，不待貶絶而見矣。爲莊公者，亦未免於有罪也。《穀梁》曰：「享齊侯，所以病齊侯也。」案：姜氏大惡，而公猶有罪，何獨病齊乎？陸淳曰「參譏之」，此説是。

三月，紀伯姬卒。

《春秋》内女歸爲諸侯夫人則書卒，蓋其尊卑敵公，公爲之服九月之服故也。《中庸》曰：「期之喪，達乎大夫。三年之喪，達乎天子。」蓋以謂爲諸侯則有國君之尊，故於旁期之喪皆降爲大功。内女適諸侯爲夫人，則於公有姑姊之親，公爲之服九月服。《春秋》以恩録之，故書卒也。其有惡行，則去卒以示貶，明不足以録之以恩，郯伯姬是也。其賢行之著若紀伯姬、宋共姬者，則著其終始之事，卒葬之詳，以見其賢焉。紀伯姬隱二年歸于紀，於是始卒。書之者，公爲之服，以恩録之，且明其無惡行也。《穀梁》曰：「吾女適諸侯，尊同，則吾爲之變。」此説是也。

夏，齊侯、陳侯、鄭伯遇于垂。

遇者，簡禮而會，義同隱八年遇于垂。

案：齊、陳、鄭三國之遇，三傳皆無事迹，今以經前後挍之。當是之時，齊將滅紀，而畏陳、鄭救之，故齊侯爲主，求陳、鄭爲遇，以安二國也。所以知其必然者，蓋鄭於桓十二年嘗與魯助紀，及齊、宋、燕戰

于紀之國都，宋、齊敗績，陳又鄭所與之國，故兼遇二國，結其驩心，而其下遂書「紀侯大去其國」也。然則齊侯將滅人之國，而畏諸侯之兵，至於求和而相遇，其亦不可勝罪也。

紀侯大去其國。

《孟子》曰：昔者太王居邠，狄人侵之，事之以皮幣、犬馬、珠玉，不得免也，乃告其耆老曰：「狄人之所欲者，吾土地也。吾聞之也，君子不以其所以養人者害人，二三子何患乎無君？我將去之。」去邠，逾梁山，邑于岐山之下居焉。邠人曰：「仁人也，不可失也。」從之者如歸市。蓋太王之所去者，邠之地爾，邠之人未嘗去太王也。故古者去其國而能不失其人者，惟太王爾。後世亦有去國者矣，未聞其國人從之，如太王之去邠也。《春秋》書「紀侯大去其國」，說者褒之或過其實，貶之或失其真，皆未爲得也。《公羊》之說最爲誕妄。齊襄復九世之讎，而紀侯當絶滅，是《春秋》滅人之國猶爲賢也。此不近人情矣。《穀梁》曰：「大去者，不遺一人之辭。言民之從者，四年而後畢也。」若紀侯舉國而去，不爲大去，民盡從之，則當復建國，如太王之岐山。然《春秋》於此之後紀遂不見，蓋紀已滅矣。此不通矣。陸氏之徒曰：「堯禪舜，舜禪禹，非賢非德，莫敢居之。若捐軀以守位，殘民以守國，斯皆三代已降家天下之意。」若陸氏之徒，以紀侯去國爲堯、舜之心，雖三代不能及也。《穀梁》、陸氏褒之則過其實，《公羊》貶之又失其真，俱未爲得也。《孟子》曰：「春秋無義戰。彼善於此，則有之。」以此施於《春秋》，不獨戰

伐之一事。蓋《春秋》之意，孟子以一言盡之，「彼善於此，則有之」，此極至之論也。春秋之時，無德而固守其位，無道而固持其國者，天下皆是也，終於一身之不保，而至於奔亡；生民之無辜，而至於塗地。紀侯於是之時，不忍鬬傷其民而苟全一身之爵也，使其弟以酅入齊，以存其祀，而脱身去之。宗祀復存，不可曰滅，其臣與民未嘗逐之，不可曰奔。聖人美其輕去一身之位，而重舉一國之民也，特變其文而曰「大去」。紀侯之所謂賢，蓋春秋時之賢也，非孔子之所謂賢也。大去之所謂褒，蓋春秋時之褒，非孔子之所謂褒也。太王去邠，國人從之，邠之地亡，而人未嘗亡也。紀侯去國，國且至于亡，而人亦亡也。邠之人被太王之德，深如父母也，父母往則子從之，故太王亡邠，不亡其人也。紀之人被紀侯之德淺，其爲紀民與爲齊民等爾，紀亦一君，齊亦一君，去紀而歸齊，則是失一君而得一君也。故紀侯去國，民不從之，紀侯亡，紀遂亡其人也。《春秋》之賢紀侯，乃爲當時忍鬬其民者設也。紀侯之賢，《春秋》之賢爾，非孔子之所謂賢也。蓋去其國而不若太王者，皆孔子所未與者也。孔子論群弟子之行，未嘗與之爲仁，而管仲者，孔子謂之「如其仁」。蓋管仲之仁，齊小白時之仁也。然則紀侯之賢，乃春秋時之賢爾。此不可不辨。

六月，乙丑，齊侯葬紀伯姬。

仗大義而爲小惡者，《春秋》之所誅也。齊大惡矣，欲爲小善以掩之，又《春秋》之所深誅也。齊侯滅人之國，逐人之君，入其地爲附庸，《春秋》之大惡，不可勝誅

矣。乃於伯姬之卒，加恩葬之，將以掩其惡而求善名也，然不能逃孔子之誅也矣。故《春秋》之作，所以公萬世之與奪，正一時之是非。齊侯之於伯姬，衆人之所謂善，一時之所謂仁，然而孔子罪之。紀季之以酅入齊，衆人之所惡，一時之所謂非，然而孔子與之。故心不純道，則雖葬亡國之夫人，不得爲仁。志存乎善，則雖叛其兄而出奔，是亦爲義。趙盾反不討賊，安知其弑不與謀？故書曰「趙盾弑其君」。楚子已嘗討罪，然而遂欲縣陳，故書曰「楚子入陳」。心則是而迹非，迹雖善而情惡，一時所不能辨，衆人所不能知者，《春秋》正之。齊侯有虎狼之行，而爲婦人之仁，葬百十夫人不能償滅國之罪，乃欲葬一伯姬而掩覆其惡邪？《公羊》曰「雖遇紀侯殯，亦將葬之」，蓋《公羊》賢齊襄之行，終欲附成其説。假令能葬紀侯，遂足贖滅國之罪乎？《穀梁》曰：「失國，故隱而葬之。」案：書齊侯葬之，所以罪齊侯爾，何謂隱之乎？

秋，七月。冬，公及齊人狩於禚。

公之父見殺於齊，公之於齊有不同天之讎也。然而莊公忘其父之讎，而貪齊之利，畏齊之彊，元年主其婚，三年臣會其伐。《春秋》一書之，❶以見其罪。然元年之婚見命於天王，雖有交仇讎之罪，其責差輕也。三年臣會其伐，罪已重矣，然公猶未親也。於是又親與其臣狩於其地，蓋公之不孝而釋讎也，於此爲甚。聖人深疾之，書曰「公及齊人狩於禚」。莊公釋仇讎之罪，惟是爲重也。不曰齊某而

❶「一」，殿本作「一一」。

曰人焉，又所以重之也。其父見殺於其國，而爲子者乃與其臣狩於其地，不同天之恨則俄頃忘之，遊畋之樂則晏然爲之，雖甚不孝、甚不肖者有所不爲，而莊公安爲之。聖人方曰：吾之君必無是行，必無是惡，安有其父見殺而子從其臣遊乎？吾之君不爲是也。吾之君失禮之甚，不過與彼微者狩爾。彼微者必不敢抗我而狩我，求與之狩而後及之，故書曰「公及齊人狩於禚」。所以待之者厚，責之者詳，則其罪之者深矣。《公羊》曰：「重乎與讎狩也。」《穀梁》曰：「卑公之敵，所以卑公也。」案：不書齊侯，實非齊侯也。不書其名，嫌以臣而敵我也。《公》、《穀》之説皆非。

五年，春，王正月。夏，夫人姜氏如齊師。

夫人姜氏會齊侯之惡，《春秋》皆據實書之，以其爲惡之迹同，而罪無輕重也。或會，或饗，或如其師，一時之迹不侔，而爲行之惡則一。《春秋》必異其事而書之，著其惡以傳信後世爾。于是之時，齊侯將兵于外，而夫人奔之。不曰會者，無前定之期也。不曰享者，無相享之實也。不曰其地，師之次止無常也。經無譏刺之文，不待貶絶而可知其惡也。

秋，郳犁來來朝。

郳犁來，僖七年之小邾子也。於是之時，霸者未起，但爲附庸而居郳之地。附庸之君《春秋》例以名書，以其國附庸於大國，而爵秩之高下裁能當大國之大夫。《春秋》諸侯大夫例書名，故附庸之君未有爵命者亦書名。桓十七年「公及邾儀父盟于趡」是也。犁來自是之後，數從霸者征伐。齊桓公始請王命，加郳以子爵，

始自爲小邾。故僖七年之來朝，書曰小邾子。自稱子之後，遂不復稱邾，《春秋》亦不見其名也。朝者，朝事天子之禮。附庸雖卑，然亦無朝諸侯之義。春秋之時朝禮咸廢，而小弱者奔走於大國，暴彊者受人之朝。故凡書朝者，皆兩罪之也。

冬，公會齊人、宋人、陳人、蔡人伐衞。

以一字偏施於《春秋》而不可推以爲常者，惟「人」字爾。或書以爲貶，或書以爲褒，然皆隨其事而可見其義。執諸侯、執大夫書人，貶其擅執無罪之人，行如匹夫也。殺弑君之人，及二國不盟而平，善其得衆人之心，若舉國皆欲之也。至於公之會盟侵伐，歷敘諸侯之國以爲人者，又聖人之微意而《春秋》之微旨也。聖人設禮，近尊者不得敵尊，敵尊則爲僭，故爲禮以疎之。遠尊者不嫌其僭，愈疎則不親，故爲禮以親之。禮，君沐粱，大夫沐稷，士沐粱。君沐粱，以粱爲貴也。大夫沐稷，賤於粱也。士沐粱，士去君遠，不嫌其僭也。粱則同君，而禮益殺矣。公與族宴，則異姓爲賓，膳宰爲主人。主人代君者也，不使大夫而使膳宰。大夫位尊，代君爲主人，嫌其逼也。膳宰，士耳，士卑，雖爲主人，不嫌其逼也。設禮之意如此者衆，蓋《春秋》亦用是也。魯公而同他國會盟侵伐，他國或使臣敵公。其臣雖大夫，不名也，書曰人爾。魯公以一諸侯之尊，而屈與它國大夫會盟侵伐，則恥辱之甚，不可言也。大夫之位逼於君，而使得與我公會盟侵伐也，則是我公爲彼僭矣。彼且僭之，則是魯公之位與大夫等也。故其與它國大夫會盟侵伐，類皆書人，若使微者從公，則不嫌伉公也。

孔子之爲是法者，蓋以待有道之君也。君有道，則其政教必修，聞望必著，他國之君且將從我。我往從之，則彼必奔走而事我矣，若微者然。順從無疑也，必無敢伉而來敵我者矣。故春秋之閒，以魯公而會外臣者，未嘗著其名也，必皆曰人焉。其有異之者，皆變例也。於是之時，公會諸侯之師以伐衛者，蓋衛侯朔爲公子黔牟所逐，求復其國，諸侯伐衛以納之也。伐衛之役，實納衛侯朔於衛。然而言伐而不言納，蓋衛侯朔得罪於其國，國人逐之。於是天王且使子突拒朔以救衛，則是諸侯之師拒天子之命而納惡人也。拒王命不忠，納惡人不義。不忠不義，無名之師，聖人所不與也，故没去納朔之事，不與其拒王命而納惡人也。《春秋》實納君者書納，納子糾、納捷菑是也。彼書之者，雖有不當納之罪，然未有拒天王之惡也，猶書納以見其實。至其大惡而不可掩者，聖人反没去之，所以責之尤深而罪之尤切也。魯公之弑書薨，夫人之奔書孫，意愈微而惡愈著，文益深而罪益彰。此《春秋》所以爲難也。《穀梁》曰：「人諸侯，所以人公。」案：諸侯言人，實使人爾，非諸侯自行也。若自行，書諸侯之爵，其罪之者不更明歟？

六年，春，王正月，王人子突救衛。

《春秋》侵伐者皆罪之也，有能救之者，則《春秋》善之，以其志無惡也。然救之爲道，當量其力之爲如何與其責之輕重也。在方伯之位，而諸侯之兵有無名而興者，責當救之而力又可也，起而救之，則固善矣。以弱小之國，又不在方伯之位，惟以我之同好、我往來之國，如是而救者，則

《春秋》之所不善而聖人之所未與也。蓋同室者鬭，則被髮纓冠而救之可也，鄉隣之鬭亦纓冠焉，則惑之甚者也。《春秋》書救者二十有三，救固聖人之所善。然無責而救，又不量其力者，雖同出於救，而所以爲救者異也。然救亦一名也，若其輕重，則皆隨其事而見焉。衛侯朔譖殺二公子於衛，即位數年而見逐於黔牟，黔牟在位八年矣。去年之冬，齊帥諸侯之師伐衛而納朔，天王於是使其子突者救之。《春秋》之法，王臣而士者書名。蓋《王制》謂天子之元士視附庸，附庸之君《春秋》書名，故王臣而士者亦書名，以明爵列同而輕重等也。書曰王人，則微者矣。又曰子突者，貴之也。於是之時，周衰如此，而天王能征朔之不義而助黔牟之當國，使子突者將兵救之，蓋善矣。然經不褒之，蓋《春秋》之法，有褒則有貶，有善則有惡。褒一善所以使善者勸，貶一惡所以使惡者畏，無空言也。天王者，天下之至尊而道德之所從出，其善者衆，不可以一善褒。蓋褒者，有貶之辭也。天王可褒，則亦可貶矣。故《春秋》之義，天王無褒，非無善也，其善者一褒不足以該之也。天王無貶，非無惡也，天王之位非爲惡者居之，雖有惡不加貶焉，所以責天王備而預爲之嫌也。王人子突救衛，子突之善，非天王之善也。子突善，則天王善矣。然救衛之事，王人之一善爾，未可以爲褒，瀆吾天王也。王師敗績於茅戎，王師自敗爾，非茅戎能敗王師也。故爲王師則無敗，其敗者自敗也。《春秋》善天王之救衛，而書子突之字，貶王師之敗績，而以自敗爲文。蓋曰天王

無褒，又其善不可掩也，則褒其臣；天王無敗，又其惡不可諱也，則書王師之自敗，所以推尊而責備之也。《穀梁》曰：「救者善，則伐者不正矣。」趙子曰：「假令天王不正，諸侯豈得争之哉？」此説是也。

夏，六月，衛侯朔入于衛。

《春秋》之義，難者曰入。衛侯朔内有公子黔牟之難，外有子突之師，雖諸侯助之，不可以安而歸也，故書曰「入」。《春秋》諸侯失地則名，衛侯朔桓十六年出奔，❶於是始復其國。出入皆名，罪其以國君之尊，不能守位而見逐於人，以匹夫處之，故書名也。《公羊》曰「犯命也」，《穀梁》曰「惡也」。案：失地之君例當名，不可更爲義説。

秋，公至自伐衛。螟。

《春秋》書至者，皆公反告廟也。其至或以前事，或以後事，皆無一定之法。蓋人君之一出，或行數事，於其反也，不可以並告，但擇其一事之重者告之。《春秋》因舊史即書之爾。《公羊》曰：「得意致會，不得意致伐。」案：公去年伐衛納朔，諸侯之伐竟成，而衛侯竟入，非不得意也，《公羊》之例不通矣。

冬，齊人來歸衛俘。

衛侯朔出奔于外八年，黔牟已立爲君矣，而諸侯帥師納朔于衛，天子救之不可，朔竟得入爲君。朔以諸侯之兵納己，而又得立，齊主其兵，於是以寶賂齊，使分遺諸侯，於是使微者分賂於魯。蓋朔嘗得罪於其國，見逐於衛國之人，衛已有君，

❶「朔」，殿本作「於」。

又天王爲援。爲諸侯者亦可已矣，乃相帥伐衞而遂納之，又取其寶。齊主兵，又爲分賂焉。不著齊人之歸，則無以見齊主其賂。蓋郜之大鼎，公自取之，不可以分過於人。衞之賂寶，齊實取之而分我，故主齊言之，以重其罪。《公羊》曰：「齊人歸之，分遺我也，無相遜之事。《左氏》曰：「文姜請之。」案：經之上下文無文姜請寶之事，若有之，當紀其實，不當滅去姜氏也。《穀梁》曰：「分惡於齊也。」案：齊實來歸，非分惡也。

七年，春，夫人姜氏會齊侯于防。

案：姜氏、齊侯罪均惡等，蓋無輕重也。《左氏》曰「齊志也」，蓋猶以書地辨彼我之志，不知聖人一書之以見其罪爾。

夏，四月，辛卯，夜，恒星不見。夜中，星隕如雨。

恒星，經星也。經星之于天，無時而不見。無雲掩之而不見焉，異之甚者也。至其夜中而隕如雨，又異之甚者也。故言恒星之不見，則它星之不見可知也。星隕如雨，其隕者星爾，不知其爲恒星也，故不見者，知其恒星。隕者，不知其名也。如雨，多也，自上而下，如雨然也。夜已不見，及中而隕，皆異之當書者。恒星當見而不見，星不當隕而隕。故恒星以不見爲異，星以隕而書也。《左氏》曰：「與雨偕也。」案：書「星隕如雨」，但以多名之，如《詩》曰「祁祁如雲」，亦多之辭也，不可謂與雨偕也。《公羊》曰：「不及地尺而復。」案：經書其隕，亦不見不及地而復之義。《穀梁》曰：「著於上，見於下，謂之雨。」趙子曰：「若其不多，豈

得稱雨？」此説是也。

秋，大水。

大者，非常之辭。非常而爲災，故書也。《穀梁》曰：「高下有水災，曰大水。」案：若災不及高，亦當書之，不以高下爲辨也。

無麥苗。

《春秋》之秋，夏時之夏。夏之時，麥已大成而禾苗方盛。大水之災，而麥也苗也皆無也，災之甚者，故書之。二十八年麥禾之無，經書之曰大。大者，非常之辭。麥苗之無，以水災而無也。災之所不及者，猶有存焉，不得曰大無也。麥禾之無，書之於一歲之卒，歲凶而至于冬，一國之内舉無收也。蓋大無焉，不得但曰無也。故無麥苗志之於秋，見水災也。大無麥禾志之於冬，見歲凶也。《春秋》一字，聖人必盡心，無苟然者。《左氏》曰：「不害嘉穀也。」案：經先書大水，而後言無麥苗，蓋爲害矣。一穀不登，民有受其飢者，謂之不害嘉穀，非也。《公羊》曰：「一災不書，待無麥而後書無苗。」案：聖人重穀愛民，爲災而及民物者，《春秋》未嘗遺之也。一災不書，則隕霜殺菽亦一災爾，何爲書之乎？此非也。

冬，夫人姜氏會齊侯於穀。

八年，春，王正月，師次於郎，以俟陳人、蔡人。

《春秋》書次，皆譏也。莊公於此將有圍郕之事，嘗欲與陳、蔡偕行，而陳、蔡不至，故次於郎以俟之。凡次，皆有待也。《春秋》書次一十有六，未嘗有言俟者，於此書之，蓋聖人深疾之也。郕於魯爲同姓之國，莊公無親親之恩，率諸侯以伐

之。春次於郎，以俟陳人、蔡人，我俟之也。及齊師以圍之，我及之也。郕爲同姓而率諸侯伐之，其爲志者，皆我也，所以重内之罪而深疾之也。《公羊》曰「次不言俟，記不得已也」，❶案：《春秋》事皆據實，未有無其事而加之，謂之記不得已，非也。《穀梁》、趙子皆謂陳、蔡將來伐，故次於郎以待之。❷今案經前後無與陳、蔡相違之迹，安得來伐之事乎？蓋皆不明將邀陳、蔡以伐郕，而陳、蔡不至，故次於郎以俟之爾。

甲午，治兵。

治兵，習戰也。出曰治兵，入曰振旅。治兵之法，壯者在前，老者在後，先武勇也。振旅之法，老者在前，壯者在後，明少長也。《周禮》治兵之法行於中秋，遂以獮田焉，振旅之法行於中春，遂以蒐田焉，無非事者。夫民勤動於四時，而無一朝之休也。又兵不可施於無事，而田不可廢於四時，故獮且習兵，示戰事之不可忘而祭祀之不可失也。《春秋》之法，常事不書，失禮非常則書之。莊公之志在伐郕以滅同姓之國，非時而治兵於外，勞苦其民，而有意於侵伐，失禮且非常也。故書曰「甲午治兵」，志不時，且明其不當治也。《左氏》曰：「治兵於廟，❸禮也。」趙子曰：「兵車之衆，非廟中所容。」案：公非時治兵，志滅同姓，《春秋》書以罪之爾，《左氏》謂之禮，不亦妄乎？《公羊》曰：「祠兵，爲久也。」案：經傳治兵之義，

❶「記」，《公羊傳》作「託」。下「謂之記」同。
❷「待」，殿本作「俟」。
❸「廟」，原作「外」，據《左傳》改。

其禮甚明，不得曰祠兵也。又曰：「吾將以甲午之日，然後祠兵於是。」案：實以甲午治兵，故書之爾，安得爲久之事乎？《穀梁》曰：「治兵而陳、蔡不至矣，兵事以嚴終。」案：治兵本爲圍郕，非爲禦陳、蔡也。若以禦寇而嚴終，乃是得禮，《春秋》何用書之乎？《穀梁》蓋以俟陳、蔡爲預防之，故迷誤爾。

夏，師及齊師圍郕，郕降于齊師。

二國將卑師衆，故皆稱師。及者，内爲志。圍者，以兵環之也。郕者，魯同姓之國。莊公志滅同姓，求與齊師同往圍之。然而郕獨畏齊之彊也，降於齊焉。莊公連年治兵，求伐同姓，德不足以懷來，威不足以畏服，郕又畏齊而獨降齊也，公之惡可知矣。《春秋》降有二例：齊人降鄣，鄣力不敵，齊彊降之也；郕降于齊師，二國勢均力敵，然郕不降我而降齊，非齊能使之降，郕自降耳。鄣見逼於彊齊，無有助齊伐者，書降鄣，所以專罪齊也。郕見圍於齊、魯，齊彊而魯弱，歸魯則齊怒，歸齊則魯不能争，決志降齊，所以兼惡魯也。魯之國小而力弱，又無道以伐同姓，至其降也，又歸于齊焉。齊非無罪也，其重魯也，以不降我而見降齊之順也。《左氏》曰：「君子是以善莊公。」蓋以莊公不從慶父之言，不伐齊歸也。齊彊魯弱，與之同圍而郕獨降彼，就令伐之，勢必不量力而止，又何足善？率諸侯而伐同姓，罪豈小邪？若令莊公能知己之不德，乃是賢君，安有會仇讎而伐同姓之事也？《左氏》之説妄矣。《公羊》以郕爲成，曰「諱滅同姓也」。案：成當從邑，《公羊》經誤之，故生此説。果爲之

諱，當没去其事，不得改國名也。若變改其國名，則後世何從知之乎？又曰「不言降吾師，辟之也」。案：郕實降齊，不降魯，爲魯辟之，何也？内惡書之，有甚於滅同姓者矣。《穀梁》曰：「其曰降于齊師何？不使齊師加威於郕也。」案：圍郕實有二國，不言降齊，則若兼降齊、魯矣，謂之不使加威，亦非也。

秋，師還。

《春秋》之例，事畢而非其志者書還，事未畢而遂反者書復，事成而告之廟者書至。書還者四：文十三年公如晉，公還自晉，鄭伯會公于棐。文公之還，所以見會鄭于棐，未及告廟，不可書至。已盟晉侯，不可書復。宣十八年公孫歸父如晉，冬歸父還自晉，至笙，遂奔齊。聘事已畢，不可書復，反未告魯，不可書至。襄十九年晉士匄帥師侵齊，至穀，聞齊侯卒，乃還，亦侵事不成而反也。《春秋》書還者四，皆事畢而非其志也。莊公自今年之春次于郎，以俟陳、蔡，甲午治兵，夏及齊師圍郕，郕降于齊師。郕爲魯同姓之國，莊公志欲滅之，陳、蔡不至，又治兵，及齊侯圍之，其志在於得郕也。然郕畏齊之彊，輕魯之弱，卒自降于齊也。莊公之師自正月出于外，至秋始反，志在取郕而郕不降于我，圍事雖畢，而所志不就，故特曰師還。《公羊》曰：「善辭也。」案：惟士匄之還得不伐喪之善，若師還，乃魯之大惡，何得更爲善乎？《穀梁》曰：「還者，事未畢。復者，事畢。」案：書還者四，皆已畢之事，無有未畢者。趙子疑例或倒之耳。趙子曰：「凡師還告廟則書，重之也。記是以著非。又二百四十二年，唯

一處書師還告廟，可疑也。」案：告廟者當書至，不當書還。趙子自云可疑，又著告廟之説，非孔子闕疑之意也。

冬，十有一月，癸未，齊無知弑其君諸兒。

案：無知之弑，義同隱四年「衛州吁弑其君完」。未命，故不書氏也。《穀梁》曰：「以國氏者，嫌也，弑而代之也。」案：未命之大夫例不書氏。若宋督弑其君，未嘗代之，然亦以國氏，謂之嫌，非也。

九年，春，齊人殺無知。

無知，弑君之賊，稱人殺之，討賊之辭也。無知嘗弑襄公，而自立逾年，然齊之臣子以賊討之，雖爲君，不得以君稱也。《穀梁》曰：「無知之挈，失嫌也。」案：未命之大夫例不書氏，安得曰失嫌哉？

公及齊大夫盟于蔇。

《春秋》之義，魯公及外大夫盟，非外大夫之罪，則書人，不言其名者，成二年「盟于蜀」是也；外大夫及公盟而伉公者，則没公而書名，若但與者微也，莊二十二年「及齊高傒盟于防」是也。蓋曰諸侯，君也，外大夫，臣也。諸侯之爲君，苟在於天子之天下，皆可以君稱也。大夫之爲臣，雖在於外諸侯之國，蓋亦臣爾。故君有常尊，臣有常卑，所以正君臣之分而防僭亂之萌也。以大夫之卑而敵諸侯之尊，大夫之罪也。明書大夫之名，以著其罪，没去我公之號，示不與大夫之得僭也。以諸侯之尊而求與大夫盟者，則魯公之罪也。明書魯公之及，以著其罪。没去大夫之名，以人書之，不與大夫之敵諸侯，若微者，則不嫌也。「公及齊大夫盟於蔇」，既書公矣，又書大夫而不名，公則有罪，而大夫無嫌也。於是之時，齊襄

見弑，無知見討，小白在外而未入，大夫專政而無君，魯公求與之盟，齊無君，不可待君而盟也，故公及大夫盟焉。莊公父見弑於齊，不以復讎爲念，而爲齊立君，又屈諸侯之尊以與大夫盟，公則有罪矣。齊之大夫無君於上，而公子在外，辭不盟公，懼其見討也，故以一時之權，伉公而盟於蔇。聖人深察人情之難，而盡一時之變也。公則有罪，而大夫無嫌，故變例而書之，曰「公及齊大夫盟於蔇」。《公羊》曰：「何以不名？爲其諱與大夫盟也，使若衆然。」❶案：大夫不得盟公，若存其義，當曰齊人，不得曰大夫也。既書大夫，則非諱矣，「使若衆然」有何義乎？《穀梁》曰：「可納而不納，惡内也。」范甯非之，曰：「不納子糾，爲内惡，是仇讎可得而容也。」此説當矣。

夏，公伐齊，納子糾。

《公》、《穀》二傳皆作「納糾」，惟《左氏》作「納子糾」。據下文，有「齊人取子糾，殺之」，此當以《左氏》爲定也。《左氏》載無知作亂之後，二公子出奔，糾奔魯，小白奔莒。糾與小白俱襄公子，而糾爲小白庶兄。無知之亂，二公子皆出奔。齊人既殺無知，則齊之當立者，公子糾也。莊公於是盟齊之大夫，將納糾焉。然而外有小白之難，内之大臣或不同心而立糾，公又伐齊納之。《春秋》之義，納者不宜納也。桓公見弑於齊，齊之於魯有不同天之讎。仇讎之國，無時而可與通也。莊公忘君父之大讎，伐齊而納讎人之子，書曰納者，不宜納也。公子糾雖非嫡長，

❶「使若」，原作「若使」，據《公羊傳》改。下同。

而桓之庶兄，襄公見弑而無知見討，於是之時，宜立者莫如子糾。莊公納之，雖不得於義，而宜嗣齊襄而爲君者，惟糾焉，故曰「子糾」。書「納」者，見莊公納之之罪。書「子糾」者，言其宜爲齊君。鄭世子忽、衛世子蒯聵，其歸納也，皆稱世子，以其當有世子之位，❶其歸納也宜焉，故曰世子。糾之納於齊，亦宜爲齊君也。不曰世子，非世子也；不曰公子，嫌其若衆公子，無得立之道也。特書「子糾」，以見其宜立也。《公羊》曰：「何以不稱公子？君前臣名也。」案：《公羊》之意蓋謂糾之不稱公子，以其在魯公之前也。公子糾非魯臣，何得曰君前臣名？但稱齊公子，亦復何傷？此非也。《穀梁》曰：「惡内也。」惡内之説，范甯非之當矣。

齊小白入于齊。

孔子曰：「桓公九合諸侯，一匡天下。」❷又曰：「微管仲，吾其被髪左衽矣。」蓋桓公有大功於天下，雖孔子之聖，猶謂當時無之，將不免於夷狄矣。若桓公之事，宜有取於孔子矣。然孔子之於《春秋》，於桓公之惡未嘗以一辭假之。於是之時，桓公始入于齊，而經書曰「入」。蓋小白外有子糾之難，内無國人之助，其入於齊，未可以安而入也。書曰「入」，與衛侯朔入于衛等爾。桓公小白有大功於一時，而天下受其賜者凡數百年。然於其入也，與兄争國，而竟殺之。聖人方誅其殺兄争國之惡，則不與其功，至論其攘夷

❶「當」，原作「常」，據殿本改。
❷「匡」，原避宋諱作「正」，今回改。下同，不再一一出校。

狄、尊中國之效，又盛稱其美。蓋聖人以謂功則可取，而行猶誅之，則同於大惡。《穀梁》曰：「以惡，曰入。」案：許叔入于許，《春秋》以復國字之，不可曰以惡也。小白之惡，見於殺子糾，不在於入。入者，但志其難爾，《穀梁》之説非也。

秋，七月，丁酉，葬齊襄公。

《春秋》之義，弒君賊討則書葬。襄公見弒於無知，齊人已討無知殺之矣。不於無知之已殺書葬者，蓋齊亂，公子争立，不以時葬也。於是小白之入始葬之，故書爾。

八月，庚申，及齊師戰于乾時，我師敗績。

及齊師戰者，公及之爾。不曰公，承上文公伐齊也。先言伐而後戰，則戰者公也。《春秋》省文，故不曰公及齊師也。《春秋》之義，內不言戰，言戰則敗。二百四十二年之閒，未有內言敗績者。乾時之戰，書戰、書敗，此《春秋》之變例而聖人之新意也。莊公父見弒於齊，齊爲仇讎。仇讎之國，無時而通。莊公受公子糾之來奔，志欲納之。已盟其大夫，伐齊而納糾矣，而公子小白先之。既忘其讎也，又不量其力而與齊戰焉。戰不勝而至於敗，師徒崩喪，而子糾不免於死，爲莊公者，其罪如何也？莊公有諸侯之位，國君之尊，民人之所瞻望，一國之所矜式也。父之仇讎則忽而忘之，仇讎之子則決而納之。既不果納，又戰而敗其師焉。不同天之讎，已不報而與之交矣。無辜之民，又驅之戰而至於敗焉。十二公之閒，二百四十二年之久，興師之惡未有甚於莊公者也。內不言戰，戰不言敗，魯史之所以待魯公之法也。若莊公之行，蓋

非魯公之所宜爲者。書戰書敗，蓋曰我君之所以至於是者，由其不君也。《春秋》之法，自周無出。天下者，天王之天下也。天王而在天下，則所在皆其有也。雖出而在天下，不在於四夷，皆未可以出言也。惟其自絶於天王之位，則書出也。僖二十四年書曰「天王出居于鄭」。夫以王臣之微，於其奔也猶不曰出，天王而居于鄭，遂曰出焉，蓋天王得罪於母，至辟子帶之難，而出居鄭也。天王者，教化之本而孝悌之所出也。天王而得罪於母，則不孝矣。不孝之人，何以爲天王乎？書曰「天王出居于鄭」，以其得罪於母而自絶於天王之位也。莊公忘君父之讎，納讎人之子，不孝於父也。不孝於父者，自絶於諸侯之位。書戰書敗，見君之不君也。不孝於母者，自絶於天王之位，變而書出，見王之不王也。一國之尊者，君也；天下之大者，王也。曰君曰王，則至尊至貴之名，至順至孝之稱也。襄王得罪於母則書出，莊公納讎人之子則書敗，蓋曰不孝之人，大之則不可以爲天王，小之則不可以爲國君也，於此見聖人之篤於孝也深矣。《公羊》曰：「曷爲伐敗？復讎也。」莊公實納讎子而敗，故書以罪之，無復讎之意，何得推言復讎乎？

九月，齊人取子糾殺之。

殺子糾者，齊侯也，而經言齊人。《春秋》之義，殺兄者稱兄，殺弟者稱弟，殺世子者稱世子，以明骨肉相殘也。子糾者，齊侯之兄，又不書兄而書子糾，皆《春秋》之變例也。襄公既弑，無知既討，宜立爲齊君者，莫如子糾焉。子糾未入，而小白先之。莊公納糾，至于戰，至于敗績。子糾

竟不果納，而小白竟爲君。小白簒兄而立，戰而敗之，亦可以已矣。小白又乘其勝勢以脅於魯，必取糾而殺之。聖人深惡小白之簒而罪其殺兄之惡也，深閔子糾之當立而不可，又竟殺於弟也，特變例而書之曰「齊人取子糾殺之」。小白入齊，已爲君矣，殺子糾者，小白也。不曰齊侯而曰齊人，若曰宜立于齊而爲齊侯者，子糾也。子糾不幸見簒於弟而不得立，簒子糾者不得曰齊侯。雖其位爲齊侯，其義則齊人爾。子糾有當立之義，獨小白者簒之，雖不得於一時，不害其得立之義也。曰子糾者，若曰是真齊侯之子，而宜立於齊者也。不曰取其兄糾殺之者，其重者子也。言子，則有當立之義，簒之者同簒君也。但曰兄焉，則當立者不明也。舉重者言之，故曰子糾爾。不曰殺子糾，而曰取子糾殺之，又所以重之也。子糾不得立於齊而寓於魯，蓋一匹夫爾。小白弟也，既簒其位，又戰而敗之矣。庶長之兄，當立之君，使之爲一匹夫而寓於魯，罪不勝誅矣，又忍取而殺之邪？「齊人取子糾殺之」，孔子書之，三致意焉，所以深疾小白而甚憐子糾也。小白雖爲君矣，不書齊侯而曰人焉，不與之爲君也。子糾兄也，不曰其兄而曰子糾，特明其當立也。齊殺之爾，不曰齊人殺子糾，而曰取子糾殺之，所以罪小白之可已而不已，殘忍必殺之也。《左氏》曰：「子糾，親也，諸君討之。」《公羊》曰：「脅我，使我殺之也。」《穀梁》曰：「猶曰取其子糾而殺之爾。」三傳之意蓋皆曰魯殺之，其言取者，著齊之意也。案：《論語》子路、子貢皆曰桓公殺公子糾，則殺

之者齊桓也，非魯也。《春秋》記事皆據實書之，未有無其事而虛加其文者。若實魯殺之，於經當有異辭，不得但曰齊人也。三傳之説皆非。

冬，浚洙。

洙者，魯城北水名也。莊公伐齊納子糾，不果，於是畏齊報之，始浚洙爲備。浚，深之也。《春秋》之義，凡興作書之者皆有罪。莊公忘仇讎而納讎人之子，戰至于敗，又畏齊人報之，役民浚洙以爲備。父之讎則不復，國内之人驅之戰而敗矣，又於其瘡殘未復之際，役之盛冬而浚洙。莊公一舉事而爲罪者，不可勝數，《春秋》一書之，以見其惡於後世也。

十年，春，王正月，公敗齊師于長勺。

《春秋》之義，内不言戰，言戰則敗。内與外戰而敗外師者，直書曰敗也，以明内無可敵之道，來斯敗之矣。敗必稱師，重其君以無辜之衆驅之戰而又使之敗也。莊公去年納糾伐齊，桓公小白既入而報其見伐之役，來戰於長勺，而莊公帥師敗之，故書曰「敗齊師于長勺」。《穀梁》曰：「不日，疑戰也。」案：《春秋》不以日月爲例，詳略因舊史爾，疑戰之例不通也。

二月，公侵宋。

《春秋》之例，不聲其罪曰侵，聲其罪曰伐。《公羊》曰：「觕者曰侵，精者曰伐。」蓋以謂凡書侵、伐者，皆辨其意之精麤也。精麤之意，何以見之？《春秋》據迹而定其名爾。《穀梁》曰：「惡之，故謹而月之。」案：日月詳略自非義例所存，皆不通。

三月，宋人遷宿。

《春秋》遷有二義：某遷于某，其國自遷，或見逼於彊大，遷以避之也，衛遷于帝丘是也；某人遷某，遷其國爲己附庸也，宋人遷宿是也。宿近於宋，宋大而宿弱，遷宿而爲其附庸，故曰遷也。宗祀不亡，不可曰滅，國不復見，不可曰取。凡遷者，皆兩罪之也。諸侯受地於天子，傳國於先君，不能以道守位，以德懷民，而見迫於彊大，受制於同列，去南面之位而爲之臣，屈諸侯之尊而爲之附庸之國，爲之遷者未免有罪，遷人之國者蓋不可勝誅矣。不書爵書師而曰人者，微之也。諸侯而匹夫行，不以諸侯待之，曰人，微之也。齊遷陽，亦其例焉。《公羊》曰：「以地還之也。」案：遷之爲附庸爾，何論還與不還乎？《穀梁》曰：「遷，亡辭也。」案：遷之者，移徙之名也，謂之亡，又非也。趙子曰：「徙而臣之，曰遷某。」此説是也。

夏，六月，齊師、宋師次于郎。公敗宋師于乘丘。

公正月敗齊師于長勺，而二月侵宋。齊納糾之恨不釋，而宋見侵之怨方興，故齊、宋之師會次于郎，將伐我。公乘二國之未至，先敗宋師，而齊師亦還也。不書侵伐，方次而侵伐未成也，不敗齊師，但敗宋師，而齊師不敗也。《穀梁》曰：「畏我也。」案：齊、宋皆大國，二大國合而伐我，亦無畏矣，但其伐事未成，故據實而書「次」，謂之畏我，非也。

秋，九月，荆敗蔡師于莘，以蔡侯獻舞歸。

《禹貢》九州曰：「荆及衡陽惟荆州。」宣王《采芑》詩曰：「蠢爾蠻荆，大邦爲讎。」蓋荆州於堯、舜之時，常爲中國九州之地，至宣王之時謂之蠻荆而讎之，則荆不

爲中國亦已久矣。《春秋》自莊十年始見於經，十四年「荆入蔡」，十六年「荆伐鄭」，二十三年「荆人來聘」，猶稱「荆」也。至僖元年「楚人伐鄭」，自伐鄭之後遂稱「楚」，不復言「荆」矣。杜預曰：「荆者，楚之本號，後改爲楚。」此説是也。然《春秋》於其敗蔡師、入蔡、伐鄭，不書「人」而以國言之者，所以夷狄之也，若「狄伐邢」、「狄入衛」之類是也。荆者，夷狄之國，賓於南服，於周之盛時猶爲中國之患，❶至其衰弱，遂乘中國之無人，侵陵中國，至執諸侯而用之會，而劫中國之盟主，侵伐圍滅無所不至。故《春秋》於其始，賤而外之，以賓於夷狄，至其漸盛，則稱人稱爵，同之中國矣。蓋聖人所以深罪中國而力外夷狄也。夫夷狄者，至無禮義，至無廉恥也。王者起，必以禽獸畜之，使之畏威懷德，不敢叛去，不敢侵而已。《書》曰「蠻夷猾夏」，欲其深備之，使之不至於猾夏也。《詩》曰「戎狄是膺，荆舒是懲」，則莫我敢乘，欲深懲之，使之莫敢乘陵而已。蓋聖人深防夷狄之患而遠中國之備也。故《春秋》之於楚也，見聖人之深意焉。於其始也，以夷狄處之，若曰：「楚夷狄爾，安得使之至乎？其至也，必深備之，是將猾夏矣。」至其侵陵之甚，主盟中國而虐害諸侯也，則書人書爵，與中國等矣，若曰：「中國而至于是者，中國無人焉爾。中國而無人，則中國夷狄也，夷狄又何外之？」故楚之所以得稱人稱爵者，非進楚也，罪中國也。一時之中國不深罪之，則無以懲後世也。故

❶「之患」，殿本作「所患」。

楚之始稱「荆」，非狄之也，未改號也。無人無爵，非外楚也，欲中國早爲之防也。稱爵稱人，❶非進楚也，罪中國皆夷狄也。《春秋》之義，内不言戰，不使外敵内也。中國敗夷狄不言戰，不使夷狄敵中國也。夷狄敗夷狄不言戰，禽獸相殘，不責備也。蔡，中國諸侯，不從中國而從夷狄，棄親而即疎，去人倫而逐禽獸，蔡亦夷狄也。齊桓攘夷狄，彊中國，盟會諸侯以尊天王，而蔡從荆楚，未嘗一與其閒。故僖四年侵蔡，遂伐楚。及齊桓之没，遂從楚子會盟而伐宋。蓋蔡從楚之日久，至其與楚戰而敗績，亦其從楚而自取其敗。故《春秋》不以中國待之，而書同夷狄也。《春秋》之法，諸侯失地名。獻舞既敗於楚，又隨楚軍以歸，失其土地，故名之也。楚人以獻舞歸，而經不書「執獻舞」，隨之歸爾。楚不加「執」，無其事則不書焉。《公羊》曰「州不若國」。案：《春秋》無書州者，此言荆，蓋楚未改號之稱也。又曰「國不若氏」。案：《春秋》諸侯無書氏者，尹氏之類自譏世卿，不緣諸侯也。又曰「氏不若人」。案：書人或以爲貶，或以爲襃，亦無一定之法也。又曰「人不若名，名不若字，字不若子」。案：此數等皆爲楚發也，然楚未嘗有字之者，楚子無罪亦不加名，皆不通也。又曰「不與夷狄獲中國也」。案：獻舞但隨楚軍以歸，故不言執爾。經以夷狄相敗爲文，不可謂蔡爲中國也。《穀梁》曰：「以歸，猶愈乎執也。」案：實不執之，不可言愈。

冬，十月，齊師滅譚，譚子奔莒。

❶「稱爵稱人」，殿本作「稱人稱爵」。

《春秋》之法，滅有三例：國滅而其君死之者書「滅」，莊十三年「齊人滅遂」是也；國滅而其君出奔者書「奔」，「齊師滅譚，譚子奔莒」是也；滅其國，以其君歸者書歸，僖二十六年「楚人滅夔，以夔子歸」是也。《春秋》之義，就其可責者責之，不責其所不能也。彊大之國以兵加弱小之諸侯，而奪其土地，有其民人，絶其宗祀，其國之君不能守，以死繼之，則滅人之國而殺人之君，其罪不容誅也。國爲之滅而身爲之死者，非無罪焉。聖人方深誅滅者之罪，不得不少緩死者之責也。故滅而其君死之者，但書曰「滅」，不更出死者之名，以深罪滅其國而殺其君。天子之土地己不能守，先君之宗社又不能全，爱其一身之死，而蒙恥忍辱，奔亡於外者，則書「滅」、書「奔」，罪其不能死社稷也。國爲之滅而民人爲之有也，宗祀又不能全焉，則是有不同天之讎而莫之恥也，乃苟完其一身，隨之歸而爲之臣，蓋其罪不可勝誅矣，故書「滅」、書「歸」，又書名也。國爲之滅者，非其罪也，以其君死之，則滅者之罪重而死者之責輕，不得更書死者之名也。國滅而不能死，固已有罪矣，以其奮然出奔，不爲仇讎之屈，則比之隨軍以歸者，罪差殺之責，但書奔而不名焉。國滅而隨之歸者，則已大惡矣。然滅人之國者，非無罪焉。又欲深明滅者之罪，故亦少寬奔者焉。故滅人之國者，其例則三，而其罪則一。爲人所滅者，其罪則一，而其去就之輕重有三科焉。此《春秋》所以辨罪惡之淺深，而示誅責之輕重也。「齊師滅譚」，稱「師」，將卑師衆也。譚子之奔不言出，

皆自我也，故自我言出。譚子之國滅矣，尺地非其有也，安得無國而出乎？《春秋》之例，國滅無出，無國可出也。《左氏》之例曰：「用大師焉曰滅。」案：《春秋》絶祀者書「滅」，前後用大師者多矣，豈得書「滅」？《公羊》之例曰：「滅，上下同力者也。」案：侵伐同力者衆矣，滅以同力爲例，亦非也。案：凡滅者，當從趙子之例，「覆邦絶祀曰滅」是也。

十有一年，春，王正月。夏，五月，戊寅，公敗宋師于鄑。

去年之冬宋師嘗敗於乘丘，今年之夏來報其役，公復敗之于鄑也。《左氏》於此發例曰：「凡師，敵未陳曰敗某師。」案：此之例止可用於魯，不可施之於外。《春秋》魯凡八敗外師，豈能專於未陳而敗之乎？又曰「皆陳曰戰」。《春秋》於外諸侯言戰、言敗績，惟内敗則没而不書，但曰戰而已，皆陳之例，亦不通也。又曰「得儁曰克」。案：《春秋》二百四十二年之閒，惟有鄭伯克段一事而已。蓋孔子以鄭伯不教其弟，至其叛也，又徒勝之。克者，能勝之名爾。《春秋》得儁者豈少哉，何獨鄭伯之於段也？又聖人之意，於侵伐之事嘗欲絶其原，使之不至於此。若以得儁别之，則似教人以戰也。此例又不通矣。又曰「覆而敗曰取某師」。案：《春秋》取師之例亦止有隱十年宋人、蔡人、衛人伐戴，鄭伯伐取之一條而已。二百四十二年之閒，覆而敗之者宜不少也，然止著其一條，此例不通矣。《左氏》之例數條，惟「大崩曰敗績，京師敗曰王師敗績于某」，似與經合，然亦未盡其義也。《穀梁》曰：「其日，成敗之

也。」案：《穀梁》以日月爲例，以不日者爲疑戰，日者爲成敗，日月之例既已不通，又經言敗者直爲内辭爾，不可謂成不成也。又曰「宋萬之獲也」，案：僖元年公子友敗莒師，獲莒挐，經書獲也。若於此實獲宋萬，當書之，不得没去其事也。經不書，安知其獲哉？《穀梁》之説妄矣。

秋，宋大水。

「大」者，非常之辭。水之爲災非常，故曰「大水」也。《春秋》書内大水者八，外大水惟此爾。案：《左氏》之意以爲公使弔之，故書爾。《穀梁》曰「王者之後也」，蓋曰外災不書，宋爲商後，故特書之爾。《公羊》曰「及我也」，蓋亦曰外災不當書於魯史，此以書者，以其災及於我故也。三傳之意，大抵推尋孔子未修《春秋》之前，外事得書之迹爾。《春秋》者，孔子已成之書，其詳與略但當據所書解之爾，若更尋未修之事，則亦有所不知，縱使解之或通，已非孔子闕所不書之意，况稱之未盡通也。如《左氏》之説，則是外諸侯之災患皆當弔之，弔之輒書，《春秋》豈能盡紀之邪？如《穀梁》之説，則是外災惟王者之後書爾，如莊二十年書齊大災，豈齊亦王者之後乎？如《公羊》之説，則是外災及我則書，如僖十六年書「隕石于宋五」「六鷁退，飛過宋都」，豈是石、鷁之異亦能災我邪？皆不通矣。案：《春秋》者，孔子因魯史成之，其詳略皆因舊史。蓋孔子亦曰「吾猶及史之闕文」，則是《春秋》之文無妄加之者矣。舊史所載，孔子因之以爲懲勸爾，其若未修之前，不可復加也。故彊知之，亦或疑而不通。蓋不

知其所不可知者，孔子謂之知。若三家者，其或未知乎？

冬，王姬歸于齊。

《春秋》一十二公之閒，二百四十二年之久，書王姬之歸者惟二，又在莊公之時而歸于齊。蓋莊公者，桓公之子也。桓公見殺於齊，莊公親爲之子，而不爲之復讎，又爲之主其昏焉。夫仇讎者，義不與之同天，不復之於其人，當復之於其國，不復之於其始，當復之於其後。莊公父見弑於齊，而爲齊主昏，父之讎則不復，而仇讎之人惟恐其祀之絶。聖人深罪莊公盡禮於仇讎，而無恩於其父也，則一書之以見其惡。元年之王姬，書單伯之逆，築館于外，而此獨亡者，蓋元年之時，莊公之父新見殺於齊，創巨痛深之際，於仇讎者之昏，而使人逆之，築館待之，失禮之甚者，故詳書之以重其罪。於此王姬之歸非無逆者矣，然不書於經者，仇讎之人嘗已易世，於其子孫之昏，但擇其重者書之爾。《左氏》曰：「齊侯來逆共姬。」案：經不書逆，常事得禮不書爾，謂之因逆而書，又非也。《公》、《穀》皆曰「過我也」。案：魯實主其昏，非但過我。書之，所以罪莊公交仇讎爾。三傳皆非。

十有二年，春，王三月，紀叔姬歸于酅。

《春秋》内女之賢者，惟紀叔姬、宋共姬爾。叔姬爲伯姬媵，法不當書，《春秋》賢之，故備書之也。隱七年叔姬始歸于紀，至莊三年紀季以酅入于齊，四年紀侯大去其國，紀之國亡矣，而宗祀僅存於酅焉。叔姬念紀之宗祀幸存也，於是自魯歸之。紀侯大去，則叔姬無夫。土地已亡，而國爲附庸，則叔姬之奉不給，爲叔

姬者，惟宗廟、社稷之是依。聖人賢之，書曰「紀叔姬歸于酅」。以奉養爲意乎？則魯大而酅小也。以紀侯爲歸乎？則國亡而夫去也。然則叔姬之歸，歸其宗祀而已。叔姬嘗自紀歸魯矣，而經不書之，以其國亡，則吾女義當歸也。常事無所書，於是之歸，則其賢行之著，在於此爾。不曰「叔姬」而曰「紀叔姬」者，以明往時歸紀之叔姬今歸于酅。若不加紀，則嫌於它叔姬也。《公羊》曰「隱之」，《穀梁》曰「喜得其所」。案：《春秋》大法所係，不可因魯侯之憂喜，特加此文也，《公》、《穀》皆非。

夏，四月。秋，八月，甲午，宋萬弑其君捷及其大夫仇牧。

《春秋》死難之臣三人而已，孔子書之無異文也。夫以春秋之時，臣事君不以其道者多也，至逐君以求利，賣君以全身。三人者，立人之朝，食君之禄，君存與之俱存，君死與之俱死。《春秋》弑君二十有四，而死君之難者三人而已。若三人者，投萬死以赴君之難，難不果救，以身死之，而又在春秋之時，蓋賢者不可議矣。然而孔子書之無異文者，蓋孔子曰：「以道事君，不可則止。」又曰：「既明且哲，以保其身。」事君而至於殺身，孔子不爲也。事君之日久，則君必信我，而言必用也。然小人猶在於朝，而君猶任於小人，則其道必不行，其言必不信矣。道必不行，言必不信，猶在其位，是苟禄者也，非以道事君者也。苟禄而事君，固位而見殺，孔子又何褒乎？三人者之謂善，乃孔子爲不能死者設爾，非孔子之所謂善也。孔子之謂善，「以道事君，不可

則止」者也，「既明且哲，以保其身」者也。孔子皇皇乎七十餘國，孟子奔走齊、梁之郊，既未嘗遇，亦未嘗死也。然孔子亦不貶此三人者，以謂不得不少進三人者，以激時人之不死者也。然亦不遂褒之者，非吾道之極致，若遂褒之，則若聖人之道至是而止矣。在《易》「咸者感也」，感物必以心，不以心者物必不感，以其感之外也。初咸其拇，二咸其腓，三咸其股，皆不得感之道，以感者在下，未至於心也。至於四，則心矣。然又曰：「憧憧往來，朋從爾思。」孔子解之曰：「未光大也。」蓋猶以謂感之未也。感至於心，亦以已矣，然猶曰「未光大也」，則感者不可以心。無心於感，又感之盛也。故未至於感者，責之以心；已至於感者，責之以盛。拇、腓、股則不若心，憧憧之心又不若無心之盛也。逐君以求利，賣君以全身，則三人者必不爲，而《春秋》之所善也。「以道事君，不可則止」，則三人者不能也。「既明且哲，以保其身」，又三人者不至也。故取之以春秋之時，則三人在可褒之域；格之以聖人之道，則三人猶未備焉。此《春秋》所以進之而無褒，書之而未善也。《公羊》曰「賢」，《穀梁》曰「閑也」，此説皆是矣，然亦所未盡也。

冬，十月，宋萬出奔陳。

《春秋》之法，弒君之賊有能討之者則書「人」，以明弒君之罪無所可逃，逆人倫，非人類，凡爲人者，皆得誅之。一時之臣子不能討賊，則君不書葬，以明臣子之責有所未盡，則雖葬猶不葬也。弒君大惡之人不見誅於一時，則孔子之於《春秋》，不復重出，其意以謂君親無將，將而必

誅。君已弑矣，一時之臣子又不討賊，則是悖亂之人得行其志，而人倫將至於亡矣。故弑君之賊時未能討，則孔子不復書之，欲其即誅於一時也。宋萬已弑其君，殺其大夫，其國之臣子不即討賊，使之出奔，則是其臣與子無恩於君父，而縱之使奔也。宋萬之罪已不容誅，書其出奔，所以深罪宋之臣子也。《左氏》曰「宋人醢之」。若是，則宋嘗討賊矣。若宋實能討賊，於經當書宋人殺萬，不得更書奔也。案：經但言出奔，《左氏》何從知其討賊乎？此妄矣。

十有三年，春，齊侯、宋人、陳人、蔡人、邾人會于北杏。

桓公自九年入于齊，於是始爲北杏之會。齊侯稱爵而諸侯皆稱「人」者，蓋桓公將興伯業，諸侯未甚信向，齊桓欲過爲謙遜，以求諸侯，故親屈其尊，以會諸侯之臣。諸侯之臣蓋皆大夫矣，然不書其大夫之名者，亦以大夫之位去君近，嫌其敵君，故不出其名也。諸侯之尊，雖在於天下，皆得以尊稱也。大夫之卑，雖在於諸侯之國，亦不得伉君而會盟。故凡諸侯會大夫者，皆殺大夫之號而稱「人」，以明大夫不得敵君。若微者，則順從無疑也。當是之時，齊桓將伯，諸侯未甚尊之，但遣其臣往耳。然齊方求諸侯，亦不卑之而與之會也。聖人欲正君臣之分，辨上下之常，以大夫不得敵君，特降之曰「人」也。《穀梁》曰：「齊侯、宋公也。」案：《穀梁》經文亦作「齊人」，《左氏》、《公羊》皆作「齊侯」，此當據多者爲定。然《穀梁》謂之「宋公」，經當書之，不得没去其稱也。

夏，六月，齊人滅遂。

齊桓自滅遂之後，歷莊、閔二十年，伐宋、伐郳、伐鄭、伐我西鄙、伐徐、伐衞、救鄭、降鄣、伐山戎、救邢、遷陽，皆稱「人」，救邢、城邢，但稱「師」，至僖四年侵蔡，遂伐楚，始書曰「齊侯」。此孔子之微意也。夫春秋之時，王室衰，中國弱，諸侯無道，夷狄侵陵，於是之際，能帥諸侯以尊天王，攘夷狄以彊中國者，惟齊桓公。而桓公又以其私而報平生之讎，奪諸侯之土，行師二十餘年始伐楚，以責包茅之不入而彊中國之威。故伐楚之前悉貶之曰「人」、曰「師」，至伐楚之後遂以爵稱之，謂其一正天下也。春秋諸侯無道而行師者多矣，而經未嘗去爵以貶之，至桓公之盛而聖人罪之尤深，責其可責者也。《春秋》之義，可責者責之。餘年稱「人」者，微之也。至侵蔡遂伐楚，方純以伯者之義許之。齊人滅遂，不言遂之君者，其國見滅，其君死之，不出死者之名，所以深見滅者之罪也。《穀梁》曰：「不日，微國也。」案：《春秋》襃貶不以小大爲之輕重，國微者不日，則是《春秋》輕重係之小大也。此蓋推日月之例有所不通，故妄爲此説也。

秋，七月。冬，公會齊侯盟于柯。

魯與齊爲世讎，又小白之入，魯納子糾伐之，至于屢戰，則齊、魯不和久矣。於是齊桓求伯，欲與魯平，故爲柯之盟也。《左氏》曰「始及齊平」是也。《公羊》載曹劌劫盟之事，以謂齊數侵地，而齊遂歸汶陽之田。案：實侵地，經當書其所侵，齊實歸田，經當書其所歸。今經無其事，未可遽信。趙子曰：「其事迹既妄，不可以

訓。」此說是也。

十有四年，春，齊人、陳人、曹人伐宋。夏，單伯會伐宋。

宋背北杏之會，齊桓帥諸侯之師伐之。經書「齊人」者，蓋桓公初興伯業，德政不修，而專以兵勝天下，《春秋》貶之，凡用師皆書「齊人」。陳、曹小國，其勢不敢使微者隨從齊桓，然亦稱「人」，蓋桓公伯者之盛，其用師且貶而稱「人」，則隨從其侵伐者亦不得稱爵也。春秋用師之盛未有盛於齊桓，然《春秋》貶之，則其不逮之者可以類推也。聖人不悉貶之，而擇其最盛者貶焉，又見聖人深惡於行師也。單伯內臣也，內臣而命於天子，受地於畿內，故書地、書字，尊天子之命。比之王臣，又以別於諸侯之大夫也。書「會伐」者，蓋諸侯伐事已成，而單伯後至也。《左氏》曰：「諸侯伐宋，齊請師于周。夏，單伯會，取成于宋而還。」案：《左氏》于單伯逆王姬，經誤爲送，因以單伯爲王臣。至是見經會伐之事，欲附成其說，故以爲齊請師于周，而單伯王臣會之也。元年之逆王姬，實魯臣逆之爾。於此會伐宋，亦魯臣會之也。去年之冬始及齊平而盟于柯，於是伐宋，內臣會之無疑也。若王臣，則鄄之會不得更書「單伯會諸侯」也。推尋前後，《左氏》之說不通。蓋《左氏》不知諸侯之臣受地於畿內則書字，故妄爲此說也。

秋，七月，荆入蔡。

荆者，楚未改號之稱也。不稱人稱爵，而曰「荆」者，夷狄也，若「狄伐邢」之類是也。荆自是始通中國，敗蔡師，今又入蔡，其勢將盛，欲令中國備之。於始盛之

時制之猶易也，至其漸盛，將不可制矣。聖人於此見禦戎之道焉。

冬，單伯會齊侯、宋公、衛侯、鄭伯于鄄。

諸侯伐宋，宋已服罪，故齊侯會諸侯于鄄，以與宋平。而魯之單伯嘗往會之，故同爲鄄之會也。《左氏》曰：「會于鄄，宋服故也。」此説是。

十有五年，春，齊侯、宋公、陳侯、衛侯、鄭伯會于鄄。

齊桓欲成伯業，故爲鄄之會，以帥諸侯。然《春秋》書之，與無事而會盟者等爾。蓋《春秋》之意，以謂爲道而不至於三王者，皆苟道也，爲學而不至於聖人者，皆苟學也。齊桓雖有一時攘夷狄、尊中國之功，而終不至於王道，蓋功則可取，而道猶未也。《春秋》王道之極致，聖人之成學，故雖桓、文之功，而其辭無褒，孔父、仇牧之事，而其事無善，所以使學者求之至於無窮，行之至於不足。范甯曰：「君子之於《春秋》，没身而已矣。」此深於《春秋》之言也。

夏，夫人姜氏如齊。

齊桓之立至是七年，夫人姜氏未嘗如齊，於是往者，但歸寧爾。然經書之與齊襄之事等者，蓋婦人之事，以夫家爲歸，一適其夫，則終身不返。聖人制禮，惟父母存者得歸寧，其父母没，雖兄弟不往也，所以預爲之嫌而防逆亂之將萌也。齊桓雖無齊襄之惡，然《春秋》書之與齊襄等，蓋非禮之迹同也。故父母没，雖兄弟不往，往皆犯禮矣。經曰「夫人姜氏如齊」，姜氏之惡不可勝誅矣，然爲齊桓者，不能無罪也。

秋，宋人、齊人、邾人伐郳。

宋爲兵主，故序齊上。《左氏》曰「爲宋伐郳」，此説是也。齊桓興伯而屢伐諸侯，《春秋》貶之稱「人」。經亦稱「人」者，蓋桓公伯主，之罪差殺。然宋主兵，則齊桓伯主之義當以德服諸侯，尊獎王室，乃徒爲諸侯興師，以報其怨也。宋雖主兵，而齊桓當伯主之責，故亦書「人」以罪之也。

鄭人侵宋。冬，十月。

鄭之微者主兵，故書「鄭人」。不稱宋罪，以行師故，但書「侵」。三傳不解其事，例甚明也。

龍學孫公春秋經解莊上第五

後學成德校訂

龍學孫公春秋經解莊下第六

孫覺莘老

十有六年，春，王正月。夏，宋人、齊人、衛人伐鄭。

去年之冬鄭嘗侵宋，宋於是報其見侵之役，故率衛以伐鄭也。齊桓將謀伯業，求合諸侯，故從宋人以伐鄭。宋總三國之衆，聲罪而伐人之國，勢必不使微者主之，然經皆書「人」者，蓋齊桓行伯，不務德政以懷來天下，而專恃威武，貶齊稱人，則宋、衛不得書爵也。宋雖主兵，而齊桓以伯者隨從，國大力彊，不可逃行師之責也。《左氏》曰：「諸侯伐鄭，宋故也。」此説是。

秋，荆伐鄭。

前年荆嘗入蔡，於是又伐鄭焉，所以見夷狄之彊而中國之衰也，不早備之，將横行於天下。故二十三年來聘，遂稱荆人，僖元年伐鄭，遂稱楚人也。於此書荆，言其尚可禦也。

冬，十有二月，會齊侯、宋公、陳侯、衛侯、鄭伯、許男、滑伯、滕子，同盟于幽。

齊與魯爲世讎，《春秋》於莊公之交齊，皆以釋怨罪之，未嘗一許之也。蓋聖人之意，以謂不同天之讎無時可與通，故雖齊襄已没，小白易世，而《春秋》罪之如新見殺也。柯之盟，始平於齊，而經書其事，顯言公會，蓋亦釋怨而交齊也。至幽之盟，則齊桓已伯，諸侯已服。魯於是時最爲弱小，若莊公反仇讎之怨，棄絶盟主而

倔彊不從，則齊桓必帥諸侯而伐我，國且至於危亡，而社稷不保也。《春秋》通之以一時之權，故於幽之盟，没去魯公而列序諸侯，以謂莊公之爲是盟，非以釋怨而交齊，所以同尊王室而求天下之安也。父之讎則不可與之同天矣，然天子之土地，先君之祭祀，又不可快一朝之忿怒，而自取於危亡也。此《春秋》所以曲盡人情之難，而深明輕重之權也。陳入《春秋》會盟，皆在衛下。於是齊桓主盟，以其三恪之國，進而在衛之上，又其近楚之國，恐其叛去，亦稍懷來之爾。《春秋》書盟者多矣，未有曰「同盟」者。二百四十二年之閒，其書同盟者十有八。蓋盟載之書，有「同奬王室、同卹災患」之語，有異於以彊陵弱，以大脅小之盟，故特書曰「同盟」也。《穀梁》曰：「不言公，内外寮一疑之也。」案：莊公之交仇讎，蓋非一日也，但《春秋》欲著其法，故特没公，以明雖仇讎之國，若至於尊王室、彊中國，則雖與之盟，未爲過爾。内外寮一疑之，有何義乎？《左氏》曰：「鄭成也。」案：經書「同盟」，所以别盟之不同者，若因鄭成而謂之同，又非義也。《公羊》曰：「同欲也。」案：欲有善惡，若同心爲惡，《春秋》亦書之爲同，何以别爲善乎？啖子曰：「同盟者，謂其盟詞同。」此説是也。

郳子克卒。

郳者，魯附庸之國。隱元年、桓十七年與魯盟，皆稱儀父而未有爵命，至是始子者，蓋自齊桓稱伯之後，嘗從之會盟侵伐，故進之爲子爵也。克者，儀父之嗣君也。儀父之卒不見於經者，附庸之君未有爵命，略而不書也。《左氏》隱元年傳

曰：「邾子克未王命，故不書爵。曰儀父，貴之也。」案：若儀父實字，然《春秋》之於元□□□道，貴之乎？隱之元年能與魯盟，則儀父在位固已久矣，至是書卒，又四十五年矣。據此，決非一人也。《左氏》但見儀父《春秋》不書其卒，故以克爲儀父，此説非也。

十有七年，春，齊人執鄭詹。

《春秋》之法，執諸侯、執大夫，不以其有罪無罪，皆書曰「人」，以明執人之君臣者不可以專也，必受命於天王，天王命之執，則執之矣，不命於天王而專執者，皆爲有罪也。執人之君，則係國之存亡；執人之大夫，則係國之治亂。執有罪者猶爲不可，況無罪乎？《孟子》曰：「今有殺人者，或曰：『人可殺與？』曰：『可。』曰：『孰可殺之？』曰：『爲士師則可以殺之。』」殺人者固有罪矣，然非士師，則殺之不可。它國之君，它國之大夫，雖有罪當執，然不受於天王而執之，則亦猶非士師而殺人也。故《春秋》執人之君、執人之臣者，一貶之曰「人」，以其非所執而執之，行如匹夫也。《春秋》書見執者無貶辭焉，蓋曰以人君之尊，以大夫之位，而見執於它邦，則不待貶絶而罪惡見矣。執鄭詹者，齊侯也，不曰齊侯，貶之也。鄭詹，鄭之大夫，不書氏族，未命者也。鄭詹事迹不見於經傳，惟《公》、《穀》以爲佞人，不知何據而言之也。《左氏》曰：「鄭不朝也。」若鄭不朝齊而但使詹往，則詹爲行人，於經當書「執鄭行人詹」，不得但曰「鄭詹」也。《穀梁》曰：「不得不録其本。」《穀梁》之意蓋以經爲下文「逃來」張本爾。趙子非之曰：「但

書自齊逃之，❶知見執，❷假先書乎？」

夏，齊人殲于遂。

《春秋》之義，凡自取之者以自取爲文。齊嘗滅遂，使人戍之，爲遂所殺，至于殲盡。齊滅人之國，以戍守之，而卒至于殲，非遂人之罪，齊人自取之爾。齊不戍遂，遂人安得齊人而殺之乎？故特變例而書之，曰「齊人殲于遂」。梁亡，非人亡之也，梁自亡爾。鄭棄其師，非它國敗之也，鄭自棄爾。齊人殲于遂，罪齊之深，而憫遂之滅也。《穀梁》曰「狎敵也」，案：若齊戍能謹爲齊守，則遂終滅矣。若更責齊人狎敵，則是教之滅人之國而固守之也，何以爲訓乎？

秋，鄭詹自齊逃來。

《春秋》之法，義當留而竊去曰逃。鄭詹爲鄭之執政大臣，至於見執，已有罪矣。然齊執詹，必有以怒鄭也，爲詹者，當仗節死義，以紓一國之難可也，乃苟免其一身之死，遁逃而去齊。於是之時，桓公方伯，而天下諸侯皆已服從，能事之者身榮而國安，違且叛之，則身危而國削。鄭詹既已見執，因服從之，猶及救其難也，乃苟全其身，遁逃去之，詹固有罪矣。然魯容罪人而納之，以抗天下之盟主，亦未免乎有罪也。書曰「鄭詹自齊逃來」，所以兩罪之也。《公羊》曰：「何以書？甚佞也。」假使詹非佞人，則苟免其身而遁逃，亦不勝其罪矣。

冬，多麋。

《春秋》之法，以有爲災則書有，有蜮是

❶「之」，殿本作「來」，《春秋》經文亦作「來」。

❷「知」上，殿本有「足」字。

也；以無爲異則書無，無冰是也。至於麋者，常有之物，雖有之不足以爲異，惟其多而害五穀則書之。《公羊》曰：「記異也。」案：異者，非常可怪也，如麋者常有之物，雖多不足以爲怪，其爲災則書，害也。杜預曰：以災，故書。此説是也。

十有八年，春，王三月，日有食之。

《春秋》日食之例，有書日書朔者，有書日而不書朔者，有日與朔皆不書者。書日書朔，日食正朔，舊史之詳備，孔子因之以傳信也。日而不朔者，食不在朔，或在晦，或二日，孔子以曆者之失，因而略之，以正後世之曆也。日、朔皆不書者，舊史所無，孔子闕之以傳疑也。春秋之間，日食不書朔與日者惟二而已，亦足以知舊史所闕者亦少也。《穀梁》曰「夜食也」，何休非之，當矣。

夏，公追戎于濟西。

《春秋》書追者，皆寇已去而追之也。齊人侵我西鄙，公追齊師至酅，不及。先言侵而後言追，蓋侵事已成，既去而追之。公追戎于濟西，不言戎之侵我，但曰追者，蓋戎來爲寇，以我備之而遁去，兵無所加，但追之而已。《春秋》書追者二，皆譏之也。禦戎之道，來則拒之，去則勿追。禦之道素修，❶則彼必不來。來不爲寇，去則已，又追之至濟西焉。公不能使之不來，而徒追之也。齊人侵我，追之至酅。我禦敵之道不修，而至于見侵。於其來也，又無其備，至已侵而去，又窮追之。凡追，皆罪之也。《左氏》曰：「不言其來，諱之。」案：文七年書狄侵我西鄙，

❶「之」，殿本重文。

未嘗諱也。《公羊》曰：「大其爲中國追也。」案：戎入中國久矣，魯小國，自保不暇，何能爲中國追乎？此非也。《穀梁》曰：「不使戎邇於我也。」案：戎實至魯，兵無所加而去之，故不曰侵我也，安得曰不使之邇我乎？又曰：「爲公之追，大之也。」案：書追，所以罪公不能使之不來爾，❶何大乎？

秋，有蜮。冬，十月。

蜮，含沙射人之蟲也，有則爲災，故書有。有者，不宜有者也。《穀梁》曰「一有一亡」，此説是。

十有九年，春，王正月。夏，四月。秋，公子結媵陳人之婦于鄄，遂及齊侯、宋公盟。

媵者常事，《春秋》不書。陳人娶姬姓之女，魯使其臣公子結媵之。結行而成宋盟，遂詐公命，以盟齊侯、宋公。於是之時，齊桓方伯，而宋又彊國，公子結不終媵事，而欲交歡伯主，終之齊、宋皆怒，陳亦棄好。是年之冬，三國皆來伐我西鄙，由公子結之遂事召之。故先書媵事于鄄，以見其失陳之因，次書遂盟，又見其召寇之迹。公子結本以媵往，而媵事不終，及齊、宋盟，而齊、宋皆怒，是公子結一出而召三國之師。爲結者，不勝其罪矣。所以使之者，猶未免乎有罪也。公子結於此書之後，遂不復見。陸淳以謂有遂事之美，故特書之。然公子結遂盟而召寇，不可謂賢也。或以爲貶之，故不書卒。然春秋之間，惡有甚於公子結遂事而書卒者矣。皆不通。此蓋以其遂盟召寇，特書之爾。若於其卒，則其不爲大

❶「能」下，殿本有「修禦之之道」五字。

夫，自不當書矣。盟不言地，盟于鄄也。書及，公子結爲志也。《公羊》曰：「大夫出疆，有可以安國家、利社稷，則專之可也。」案：結之遂事而致三國之師，豈得謂安國家、利社稷乎？《穀梁》曰「辟要盟也」。案：《春秋》記事，安得虚加其文乎？若魯自辟要盟，孔子亦當考實而書之也。杜預曰：結去其本職，與二國盟，本非公意，又失媵陳之好，故冬來伐。此説是也。

夫人姜氏如莒。

婦人無專行之禮。故雖父母之國，惟父母在得歸寧，父母没，雖兄弟不往。此許穆夫人所以賦《載馳》之詩也。衛文公露處于曹，夫人欲往唁之，而義不可，賦《載馳》以寫其憂。孔子删《詩》三百餘篇，得其可訓者三百有五。而《載馳》婦人之詩，孔子取之，取其父母没雖兄弟不往也。故父母之國有時而不往，況它國乎？然則夫人姜氏如莒，不待貶絶而罪惡見也。

冬，齊人、宋人、陳人伐我西鄙。

公子結以遂事召寇，故齊、宋、陳皆來伐我。三國有辭，故曰伐也。西鄙，魯之西境也。《春秋》外師之至魯，雖入其郛，亦皆曰鄙。蓋鄙者，言其邊遠也。侵伐它國，但曰某而已，不曰某鄙也。魯必曰鄙者，蓋我國之君，寇之來者，不過至於邊鄙而已，不能至於國都也。我之治國之道素修，禦敵之道素備，彼之來寇者，乃適吾之閒隙，犯吾之邊鄙爾。故《春秋》之法，於内言戰而不言敗，言圍而不言入，言侵言伐而不言其至於國都，所以親之尊之而備責之也。不然，安得二百四

十二年之閒，外師之侵伐我者皆莫能深入乎？此蓋聖人之意也。哀八年、十一年再言伐我而不言其鄙者，《春秋》之終而聖人之微旨也。《穀梁》曰：「其言遠之，何也？不使難邇我國也。」此深於《春秋》者之説也。

二十年，春，王二月，夫人姜氏如莒。夏，齊大災。

大者，非常之辭。災者，莫知其所從來也。齊大災者，記其非常，且火之發不知所從來也。《春秋》詳内而略外，内之災異皆書，我史故也。外災之書，惟周、齊、陳、宋三數大國便近者而已。蓋舉近可以明遠，記大可以知小也。春秋之時，皇極之道汩没不敘，而天下災異不可勝記。故《春秋》但取其著者書之爾。《公羊》曰：「大災者何？大瘠也。」案：經書宋災記甲午之日，宋、衞、陳、鄭災記壬午之日，豈是大瘠止於一日之閒乎？非也。《穀梁》曰：「其志，以甚也。」案：宋災不書大，豈亦甚而後志乎？亦非也。

秋，七月。冬，齊人伐戎。

春秋之時，諸夏衰，戎狄入居中國。齊桓行伯，始興師伐之，蓋齊桓有意於中國也。然其用師亦止書人者，以其德義未著，而專事兵革。《春秋》不遽褒，將有待也。

二十有一年，春，王正月。夏，五月，辛酉，鄭伯突卒。

鄭伯突自桓十五年入櫟之後，遂不見入鄭之迹。至莊四年遇于垂始稱伯，十四年會于鄄亦書爵。而《左氏》於十四年傳載厲公自櫟侵鄭之事，言鄭伯於是始入于鄭，而四年稱伯者，自是祭仲所立鄭子

爾。然則鄭伯突之出入及篡忽而立者，《春秋》皆不書也。而《史記》世家及《左傳》皆有其事，不知何從知之，但當據經爲定爾。四年遇于垂，十四年會于鄄，所書之鄭伯前後皆無異辭，而於此始記突之卒，則是突自入櫟之後，其後遂入鄭而有其國也，於是始卒爾。遇垂之鄭伯，安知其爲鄭子乎？《左氏》採諸國史之文，共成其書，《史記》又因《左氏》，皆未可據。

秋，七月，戊戌，夫人姜氏薨。冬，十有二月，葬鄭厲公。

夫人姜氏之惡，《春秋》載之備矣。而薨葬皆詳書之，無貶辭焉。《春秋》，魯史，其載魯事，有臣子之法。蓋《春秋》之義，所以訓爲臣者之忠，爲子者之孝。故於臣子之法最爲詳備，所以躬自厚而薄責於人也。姜氏雖大惡者，然魯之臣子不可不以母禮待之。故君雖不君，臣不可以不臣；父雖不父，子不可以不子。爲君父者，不以臣子之故而得没其罪，爲人臣子者，不以君父之惡而無禮焉。此《春秋》所以責臣子之備而篤忠孝之深也。魯君之卒書薨，夫人者，君之敵，故亦書薨。君薨書地，所以定其常處，而防禍亂之萌也。夫人無外事，薨有常處，不書其地，明其薨不可以他處也，所以深責之而謹其處爾。《穀梁》曰「婦人弗目」，此説是也。

二十有二年，春，王正月，肆大眚。

肆，放也。眚，過也。《書》曰：「眚災肆赦。」《易》曰：「有災眚。」蓋災者自外而至，眚者由己所爲。《无妄》亦曰「其匪正有眚」，言其不正而後有之，則眚者本以

過失而有之也。經曰「肆大眚」，猶有大過者皆舍之也。夫赦宥之事，古先聖王日月之所行也。《易・解》之象曰「赦過宥罪」，蓋解之時，取其一新。君子法其象，則過誤者赦之，罪惡者寬宥之，使之遷善而改過也。民之愚冥無知而犯於罪，則君之教不至，禮義之治不先爾。又深治之以刑，則是驅之至于爲惡，而又從而殺之。故聖人於《解》之象，欲君子法之，使得自新焉，亦非謂一時肆眚，而大惡無道之人一切釋去也。《周禮》三赦三宥之法，亦以其老弱無知者爾，皆爲治獄之常，而不施於一切也。至《書》之言文王作罰，刑兹無赦，已譏後世之赦，但縱失有罪之人，而惠姦長惡爾。《春秋》書「肆大眚」者一，亦譏莊公一切放縱姦惡，而有意於文姜之葬也。而莊公又以其母文姜嘗得罪於魯，而播惡於齊，至殺其夫而奔亡，不已大惡無道，一國之所賊惡，而魯人切齒之深者。於其死也，莊公欲備禮葬之，恐爲國人所譏，乃先大赦國中，以悦國人之心，然後舉其葬焉。故正月肆大眚，而癸丑葬文姜。聖人罪莊公不能防制其初，而又縱其姦惡，故書「肆大眚」以見其失焉。《公羊》曰「始忌眚也」。案：《公羊》不以肆眚爲赦，故生此説爾，非也。《穀梁》曰「爲嫌天子之葬也」。案：當是時，天王衰弱，何畏而不敢葬其母乎？此亦非也。

癸丑，葬我小君文姜。

文姜之惡，不待貶絶而見矣。而《春秋》書卒葬，與它夫人無異辭焉，所以篤臣子恩義之深，而預爲後世法也。陸淳曰：「葬，生者之事也，臣子之禮，其可虧

乎？」此説是也。

陳人殺其公子禦寇。

《春秋》之法，諸侯之國殺大夫，其君殺之則稱國，其國人殺之則稱人。蓋古者諸侯貢士於天子，天子以爲賢，則命之歸國爲大夫。故其爲諸侯之大夫，則一國之賢也，爲天子之大夫，則天下之賢也。故爲賢者則不苟進其身矣，天子命之，則無不肖也。故王道之行，則列國之大夫莫不皆賢，而諸侯遇之莫不有禮。故其爲臣之道，諫行言聽，則膏澤其民；諫不行，言不聽，則違而去之，以自免於禍。其爲大夫者，不苟於其君，君無禮則去。爲諸侯者，不敢不盡禮於其臣，一朝無禮，則賢者去。賢者去，則誰與治其國家？故君臣相須而天下常治也。至周之衰，諸侯之臣或不命於天子，而當時之大夫，或苟禄以活其身。不命於天子，則未必皆賢；苟禄以全其身，則不能使其君遇之以禮。以不賢之大夫，事無禮之諸侯，故君臣失道而至於君殺臣、臣弑君也。《春秋》書弑君三十六，以見爲君者不近賢臣而自取於禍；殺大夫者三十八，以見爲臣者不自重其身，苟禄於無禮之諸侯而終見殺也。又不可不較其輕重大小也，故有書國、書人之例，稱名、不稱名之别，然其大概皆貶之也。禦寇，陳之公子，不爲大夫，以其國君之嗣，公子之貴，同之大夫，特書之也。書陳人殺之者，非陳君殺之，陳國之人殺之爾。不目其人，賤略之也。禦寇以公子之貴而見殺於國人，禦寇有罪矣。陳之君使公子者而見殺焉，亦未免乎有罪也。《左氏》曰「殺其太子禦寇」。案：禦寇實陳太

子，經當書之。《春秋》舉重，不當略去世子而但書公子也。此說非也。

夏，五月。

《春秋》一時無事，必書首月以具四時，而成編年之書也。其書首月者五十有九，未有非首而書者。於此書「夏五月」，蓋此聖人因舊史所載，不妄改易，以傳信於後世。書首月者五十九，首月之下皆當記事。孔子以其事無可訓，刪而去之，但存首月而已。至於首月之下舊史無事而不書之者，則孔子不更書首月，而但存五月也。《春秋》書五月者惟此爾，亦可知舊史所載者繁多，而首月無事者一處而已。

秋，七月，丙申，及齊高傒盟于防。

《春秋》之法，大夫不得會諸侯。諸侯者，一國之長而南面之尊也。大夫者，諸侯之臣，在彼猶在此也，雖於外諸侯之國，不得抗之而會盟，所以伸諸侯之尊，防僭亂之萌也。故魯公而會諸侯之臣者，公自屈尊而與之盟，則明書公以見其罪，沒外大夫而稱之曰人，不與大夫之得僭，且明魯公求與之盟也。隱八年公及莒人盟于浮來，所以見公屈尊之罪，而非大夫之過也。高傒，齊大夫。於是時齊桓方伯，而其國彊大，以臣敵君，則高傒罪也。公雖有屈尊之罪，然見逼於彊大，比之求盟小國之臣，罪差殺爾。故沒公不書，以明國君之尊大夫不得抗也。明書高傒，以著盟公之罪焉。《公羊》曰「諱與大夫盟」。案：不書公，所以深罪高傒，謂之諱，非也。《穀梁》之説是也。

冬，公如齊納幣。

婚禮有六：納采、問名、納吉、納幣、請

期，親迎。惟親迎則諸侯自行，合二姓之好，繼先君之後，不可以不重也。其它五禮，皆使大夫，所以養廉遠耻，而預爲之嫌也。《春秋》六禮其書者二：納幣、親迎，其它四禮無失禮者，故不書爾。莊公之父桓公見弑於齊，齊之於魯，有不同天之讎也。文姜之薨在去年七月，至是年之冬，莊公猶在三年之喪也。婚禮惟親迎自行，納幣之禮，大夫之事也，而公又親焉。莊公忘君父之讎，而娶讎人之子，又在母三年喪内，而行大夫之職。書曰「公如齊納幣」，所以見公無恩於母而不孝於父，無廉耻而親納幣焉，一舉事而大惡者三也。《公》、《穀》譏納幣之非禮，不罪其娶讎而喪婚，以其罪惡顯著，不待貶絶而可見故也。

二十有三年，春，公至自齊。

《春秋》凡書至者，皆告廟也。莊公如齊納幣，於是始還而告廟，故書爾。《公羊》曰：桓會不至，公一陳佗也。案：莊公有惡，則經嘗見之，不可於至始見其意也。經但言「公至自齊」，安知其爲陳佗乎？非也。

祭叔來聘。

祭叔者，天子之大夫也。書來書字，以别諸侯之臣，且尊王命也。祭叔之聘，自周而來，則是天王使之。於經不言使者，蓋祭叔自以私事來魯，故假王命以來聘。聘事雖命於天王，而祭叔私之，不專爲聘。《春秋》原情定罪，若書天王使之，則不見其私也。若書祭叔來，又不見其來行聘事，非如祭伯之自來也。以爲專聘乎？ 則實爲己私，非如凡伯之受命也。聖人罪其挾公以行私，故特没去天王之

使，以著其罪。祭叔有罪，而《春秋》書之與王臣者等，無貶辭焉，蓋《春秋》之法，一事無再貶之道。宰渠、伯糾下聘桓公弒君之人，不書其名，則無以見獎惡之罪。❶祭叔聘魯行己私，不書天王使之，其罪已著，又書其名，則若王臣微者，如宰咺之徒焉。《春秋》避其不明，故但没天王以見罪也。《穀梁》曰：「不正其外交，故不與使。」案：若但來交魯，不得書聘。書聘，則是挾天子之命而來，不獨外交也。不書使，所以見其行私。譏外交當去聘，不當去使，此亦非也。

夏，公如齊觀社。

《春秋》之法，非宜觀而觀之者，書之曰觀。隱公觀魚于棠，魚，卑者之事，君不當觀也。莊公如齊觀社，國自有社而不觀，乃觀社于齊，齊社不當觀也。《中庸》曰：「明乎郊社之禮，禘嘗之義，❷治國其如指諸掌乎！」故雖天子之尊，必有郊；諸侯之貴，必有社也。郊社之禮，所以教民報本，而知嚴上之道焉。爲諸侯者，曰天子之尊而猶郊事天地，則吾屬不可以不尊天子也。爲臣民者，曰諸侯之貴而猶報本於社稷，則吾屬不可以不事諸侯也。《易》曰「大觀在上」，此之謂也。古者社禮必行於春、秋之上戊土日也，報土之神不可以不求，其故上自天子，下至於閭里之間，社必以戊也。《春秋》之夏，夏時之二月。二月之上戊，社祭之日也。莊公不修己國之社，而觀齊社焉。書「公如齊觀社」，則魯社廢。以國君之尊而有

❶「獎」，殿本作「貶」。
❷「禮」、「義」，原誤乙，據殿本及《中庸》改。

社稷，社稷之祭不修，而觀社于它邦，用見魯公之不有其社稷也。《穀梁》曰：「以是爲尸女也。」案：書觀社，則是非所觀而觀之，且見魯社之廢。尸女之説，不與經合。

公至自齊。

觀社于齊，反而告廟，故書至也。《穀梁》曰：「公如往時，正也。致月，故也。如往月、致月，有懼焉爾。」案：《春秋》不以日月爲例，且如莊公觀社于齊而不書月，得曰正乎？致不書月，得曰無故乎？不通也。

荆人來聘。

荆者，楚未改號之稱也。曰人，其臣也。不言其名，微之也。夷狄之國至于彊盛而來聘諸侯，中國不早備之，將乘中國之衰而侵陵諸夏矣。略之曰荆人，猶言其微，尚可禦也。至文九年使椒來聘，其國已盛而交通諸夏，諸夏與之等矣。《春秋》不復外之，用見夷狄之盛，中國不能外之，而中國皆夷狄也。《公羊》曰：「何以稱人？始能聘也。」啖子非之曰：「若言荆來聘，則似舉州皆來。」此説是也。《穀梁》曰：「善累而後進之。」案：《春秋》之大法，尊君卑臣，内中國外夷狄，安得進夷狄之事乎？聖人方深責中國不得不漸見夷狄之彊，謂之進，非也。

公及齊侯遇于穀。

簡禮而會曰遇。莊公方納幣于齊，而遇齊侯于穀，用見公不恤國事，而惟婚姻之務也。

蕭叔朝公。

公及齊侯遇于穀，蕭叔朝公于穀。不書來朝，不至於魯也。蕭叔者，附庸之君，

未命者也。朝者，以臣事君之禮。春秋之時，以大欺小，以彊陵弱，而小國之君朝事大國類書爲朝，以見彊者不當受諸侯之朝，而小弱者不當朝於同列也。至於大夫，則不言來朝。大夫無私出境之道，出境則受君命矣。故大夫之來，皆書其所以來之事，而不言朝也。至諸侯，則一國之尊而號令自出，係社稷、人民之重，無出境見諸侯之禮。故諸侯之如諸侯，則是以小事大，以弱畏彊，而行朝事之禮也。《春秋》之法，凡朝皆有罪。至於附庸之君，雖甚小弱，然亦南面而爲君者，故其如諸侯也，亦書曰朝，比之一時諸侯焉。蕭者，宋附庸之國。於是公遇齊侯于穀，而蕭叔朝焉。附庸之君，《春秋》之法書名。説《春秋》者，或以蕭叔爲字，或以爲名。杜預謂之名，蓋謂郳黎來來朝書名，而蕭叔附庸之君，不得獨書字也。啖子以爲字，蓋謂言叔，則非名也。又推而書之，曰始封附庸之君書字。若從杜預以爲名乎，則叔者字也，不可以爲名。若從啖子以爲字乎，則附庸之君例書名，郳黎來不得曰字也。謂之始封，則舊封者何以見賤，而始封何貴而書字乎？皆不通也。案：《左氏》有蕭叔大心，《公》、《穀》有蕭同叔。言蕭者必以叔配之，不知何故也。此可疑之事，且當闕之。

秋，丹桓宫楹。

《春秋》之法，祖廟曰太，❶「太室屋壞」、「大事于太廟」是也；群公曰宫，桓宫、新宫之類是也。莊公娶讎人之女以承事先

---

❶「太」下，殿本有「廟」字。

君，又丹其楹以夸侈之，不待貶絶而罪惡見矣。《穀梁》譏丹楹之非禮，不知丹楹之得禮猶有罪。夫娶讎人女以事先君，又盛飾先君之宫以夸侈之，丹之得禮，得無罪乎？桓之於莊，父也。不曰新宫，而謂之桓宫，公薨至是二十餘年，亦已久矣。成公、哀公皆三年之喪新畢，而其宫見災，傷痛之深，特曰新宫也。桓宫之成已久，但記其丹之失禮，足見其罪，不得更曰新也。

冬，十有一月，曹伯射姑卒。十有二月，甲寅，公會齊侯盟于扈。

與齊盟者，蓋莊公娶于齊，齊遂欲率魯以從己，故會公而盟于扈。《公羊》曰：「此日者，危之，我貳也。」案：《春秋》不以日月爲例，我貳之説，有何義乎？

二十有四年，春，王三月，刻桓宫桷。葬曹莊公。

去年之秋既丹其楹，於此又刻其桷，不待貶絶而罪惡見矣。《穀梁》曰：「斥言桓宫，以惡莊也。」案：《春秋》但以其宫成之久，而不謂之新宫爾。若丹楹刻桷在三年、四年之間，亦不得曰桓宫也。如昭十五年有事于武宫，豈可斥言武宫而罪昭公乎？非也。

夏，公如齊逆女。

《春秋》常事不書，非常則書之。親迎乃常事，然莊公親迎而《春秋》書之者，以其父見弑於齊，而子婚讎女，是無恩於父而盡禮於仇讎，特書之以見其罪也。《公羊》曰：「親迎，❶禮也。」案：親迎合禮，則《春秋》何用書之？此非也。

❶「迎」，原作「遊」，據殿本及《公羊傳》改。

秋，公至自齊。

莊公親迎於齊，當與夫人偕至。夫人未至而莊公先還，告至於廟。《春秋》志其告廟之實，且罪其先夫人而至也。《穀梁》曰「先至，非正」，此説是也。

八月，丁丑，夫人姜氏入。

《春秋》之法，君夫人至而告廟則書至。人子之禮，出告反面，故人君之出而反也，告廟則書之曰至。夫人之來魯，必見於宗廟，然後敢入居於公之宫，亦告廟焉，則書也。莊公父見弒於齊，而娶讎人之女，以事其父之廟，義不可致，禮不可合也。夫人之至嘗告廟矣，然聖人不與莊公以讎人之女而見其父也，特變文而書之，曰「夫人姜氏入」，以明仇讎之國無時而可與通，況取其女以事先君之廟乎？故雖備禮而入見於廟，先君必不享，宗廟必不容也。義不可以至於先君之廟，故特没至不書，而變文曰入也。《公羊》曰：「與公有所約，然後入。」案：經不書至，但謂其不可至於廟爾。《公羊》之説，不近人情。《穀梁》曰「義不可受」是也。

戊寅，大夫宗婦覿，用幣。大水。

《春秋》之法，不與婦人而專行。夫人之至必書其以，僑如、公子遂是也。歸賵、歸襚，必著其夫與其子之號，惠公仲子、僖公成風是也。事繫二人者，必爲辭以別之，齊人執鄭詹，齊人執子叔姬是也。蓋婦人無專行之道，必有所繫而後行，所以深防禍亂而遠爲之嫌也。大夫宗婦，則是大夫之家宗婦爾。蓋以宗婦繫之大夫，不與之專行也。大夫之宗婦衆多非一，不得書大夫之名，曰某宗婦也，故《左

氏》但曰「宗婦覿，用幣」，而不言大夫是也。於是之時，莊公娶讎人之女，而姜氏已入其國，莊公欲侈大之，故令大夫之宗婦覿夫人者用幣爲贄。幣者，男子之贄，❶非婦人之事。婦人之贄，榛、栗、棗、脩而已。聖人罪莊公娶讎人女而又侈之，至于失禮也，故特書曰「大夫宗婦覿，用幣」，所以見幣非婦人之贄，用者不宜用也。宗婦之義，杜預以爲同姓大夫之婦。案：若同姓大夫之婦，則其婦非同姓也，安得曰宗婦乎？何休曰大夫爲宗子者之妻也，安得一時之大夫皆爲宗子？此非也。此蓋大夫之家宗婦爾。爲大夫者，或非宗子，而覿夫人者，必皆宗婦也。《公羊》曰：「宗婦者，大夫之妻。」案：一時之大夫，必不皆其宗子，而其妻不得皆爲宗婦。《公羊》不達古者重宗之義，但見書大夫宗婦，便以爲大夫之妻。若實大夫之妻，當書曰大夫之婦，不得曰宗婦也。《穀梁》曰：「不正其行婦道，故列數之也。」經不書及者，以大夫之宗婦爾，安得便謂大夫與其妻同贄皆見乎？不應悖亂禮文如此之甚也。

冬，戎侵曹。

春秋之時，戎狄入居中國，無名而侵曹，經書之，所以見夷狄之横而中國之衰也。

曹羈出奔陳。

曹伯射姑卒於去年之冬，至是戎來侵曹，曹之嗣君羈不安其國，而出奔於陳也。羈爲曹之嗣君，不書伯爵，射姑之喪至是未朞，不可稱爵也。《春秋》之法，居喪稱子。羈居父喪未逾年，法當稱子，不曰曹

❶「男子」，原作「子男」，據殿本改。

子羈出奔陳者，《春秋》深罪之也。羈爲曹之嗣君，已嘗在位也，不能承先君之託，以嗣先君之位，而奔之于陳，蓋不子也。《春秋》之法，爲太子而不能盡爲子之道者，不書子以貶之。鄭忽見逐於彊臣，見篡於孽弟，於其出也，但書「鄭忽奔衞」。曹羈見逐于戎，而見惡於赤，於其出，書曰「曹羈出奔陳」。曹羈、鄭忽皆嗣位未久而出奔者，《春秋》貶之意同而文亦相類也。《公羊》曰「曹大夫也」，又曰：「三諫不從而去之，得君臣之義。」案：經書羈之出奔，而赤之歸曹，其事甚著。又杜預推尋《左氏》而爲諸國作譜，亦以爲曹之世子也。此蓋《公羊》因晉重耳過曹，曹無禮，曹之大夫僖負羈諫之不聽，而文公其後執曹伯因之，而令其衆無入僖負羈之家，遂以羈爲曹大夫。不知僖負羈之事去此已四十餘年，決非一人也。《公羊》之説誤矣。

赤歸于曹。

赤者，曹僖公也。戎既侵曹，逐羈出奔，迎赤歸而立之也。不曰曹赤者，承上文羈之出奔而赤歸，則其爲曹赤明矣。赤外有戎人之助，内無曹羈之難，曹方無君，赤安而歸也。故書曰「赤歸于曹」。《公》、《穀》皆曰：赤，郭公也。案：郭公自是下文，非關赤也。若赤實郭公，經當曰郭公赤歸於曹，不得書郭公于下也。《公》、《穀》之説皆非。

郭公。

郭公之文，三傳皆無義説。《公》、《穀》爲曹赤，理又不通。案：《管子》載郭亡之事，以謂齊桓過郭，問郭父老郭何以亡。父老曰：「善善而惡惡也。」桓公又曰：

「善善而惡惡，何至于亡？」父老曰：「善善而不能用，惡惡而不能去，郭之所以亡也。」由此觀之，則《春秋》莊二十四年齊桓已伯，而管夷吾用事，但見其郭父老而問之，不知在何時爾。然則郭之事迹，亦嘗見於傳記也。《春秋》書梁亡，言梁之自亡也。《管子》載郭亡之迹，蓋亦曰郭自亡爾。「公」與「亡」字相近，疑經書「郭公」爲「郭亡」也。然疑誤之事，聖人闕之。善善惡惡之説，足以訓後世，且當存之，亦未可決言經誤也。

二十有五年，春，陳侯使女叔來聘。

諸侯大夫天子賜之邑，使之歸國，則書氏，書字，鄭祭仲、魯單伯、陳女叔是也，所以别諸侯之臣，尊天子之命也。《左氏》曰：「嘉之，故不名。」案：春秋之時，諸侯大夫來聘者衆，何獨嘉女叔乎？《穀梁》曰「天子之命大夫」，此説是也。

夏，五月，癸丑，衛侯朔卒。

案：書卒義同曹伯射姑。衛侯朔不書葬者，魯不往會爾。范甯推尋《穀梁》傳例，以爲失德不葬，非也。

六月，辛未，朔，日有食之。鼓用牲于社。

書日書朔者，日食正朔也。《春秋》書日食三十六，其書「鼓用牲于社」惟三而已，蓋皆失禮也。案：古者日食則鼓，《尚書》曰：「乃季秋月朔，辰弗集于房，瞽奏鼓，嗇夫馳，庶人走。」《周官·鼓人》曰：「救日月，則詔王鼓。」日食必鼓者，以爲日者陽之精，日食則是陰盛而勝陽。社，土神，陰之主也。伐鼓于社，所以助陽而攻陰也。《夏書》、《周禮》皆無用牲之禮，蓋伐鼓者求以勝陰，用牲則是祈請之也。將勝之而又祈之，非禮也。《左氏》曰：

「惟正月之朔，慝未作，日有食之。於是用幣于社，伐鼓于朝。」如《左氏》之説，則是正陽之月始忌之也。凡日食之災，皆爲陰盛而勝陽，人君當警戒恐懼以消復之，何獨正陽之月乎？《公羊》曰「以朱絲營社」，經傳皆無此禮，非也。《穀梁》曰：「鼓，禮也。用牲，非禮也。」此説是。

伯姬歸于杞。

伯姬之歸不書逆者，杞子自來逆之，得禮，不書也。《春秋》之法，内女歸爲諸侯夫人者則書。伯姬歸于杞，義同隱二年伯姬歸于紀。《穀梁》曰：「逆之道微，無足道焉爾。」案：杞子自來，合禮，故不書，非微者也。

秋，大水。鼓用牲于社于門。

日食必鼓者，爲陰侵陽，其爲驗甚遠，而爲災未見。大水則災及於物，其驗已明，其災已著。其災未見，則聖人爲伐鼓之法以救陽，且以警于人君也。驗已著者，則無或於鼓也，故《左氏》曰「非日月之眚不鼓」。大水而鼓用牲于社于門，皆非禮也。《公羊》曰「于社，禮也」，《穀梁》曰「救水以鼓衆」，皆非也。

冬，公子友如陳。

《春秋》内臣適外諸侯行聘事者但書如，以其聘問之禮，諸侯常事，略而不書也。記其所往之事者，皆非常也。大夫之聘必書之於《春秋》者，所以見其往來之國皆於其黨，而其行多非禮也。有以私事行者，有以彊大行者，皆非周制聘問之常，故謹而録之也。

二十有六年，春，公伐戎。夏，公至自伐戎。

戎狄，至無知而好争戰者也。莊公不内修其國家，而聲戎之罪，舉師伐之，是較

輕重於禽獸也。於其還也，告至於廟。《春秋》一書之，以見其罪焉。三傳無解，以其事至著也。

曹殺其大夫。

《禮》曰：「刑不上大夫。」蓋大夫者，一國之選而人君之所尊任者也。選之得人而任之當其才，故君臣相與而國家以治。不幸其選之非人，而任之不見其功，則放之而已。蓋大夫有罪而放之，爲之君者已有罪矣，況刑之乎？故曰「刑不上大夫」也。春秋之盛，莫如齊桓。齊桓之盟，莫如葵丘之盟。葵丘之盟，曰「無專殺大夫」。蓋春秋之時，諸侯之大夫多不命於天子，至其有罪，又專殺之。故齊桓盟以五事，而專殺其一也。夫以齊桓伯者，猶以專殺大夫爲非，則王道之行而天下治也，固無殺大夫之禮焉。《春秋》殺大夫三十有八，有書國殺之者，有書人殺之者，未嘗有書爵者也。蓋聖人之意猶曰：大夫者，人君之所尊任而與之治國家之人也，同體之相須，同業以相濟，求取之不精，任使之不當，❶則已有罪矣，何至於殺之乎？古之大夫，或命於天子。命於天子，則不可專放。春秋之大夫，或命於其君。命於其君，則不可專殺。故《春秋》可書國人殺之，不可以君殺之也。雖其君殺之者而不言，蓋有之，不許之也。曹殺其大夫，則是曹君殺之，不言其爵，不許其專殺大夫也。《春秋》殺大夫三十有八，而不名者三，非賢之，史失之也。舊史失其名，孔子安得而妄加之也？爲人臣而見殺焉，則所以事之之道

❶「使」，殿本作「用」。

未備。事之道未備，而君無禮焉，則去之可也，何至於見殺乎？春秋死難之臣，如仇牧、荀息者，孔子未嘗褒之也，況無事而見殺者哉！《公羊》曰：「不名，衆也。」案：《春秋》殺三大夫者猶悉名之，安得衆而不名乎？又曰：「爲曹覊諱也。」案：《公羊》以曹覊爲大夫，故生此義，非也。《穀梁》曰：「無命大夫也。」案：宋殺大夫亦有不名者，豈宋大國亦無命大夫乎？又曰：「大夫，賢也。」案：無事君之道而見殺矣，安得賢乎？皆不通也。

秋，公會宋人、齊人伐徐。冬，十有二月，癸亥，朔，日有食之。

會者，外爲志也。宋人、齊人者，宋公、齊侯也。不曰宋公、齊侯，蓋齊桓行伯，不務德以綏天下，而專欲力勝諸侯，《春秋》擇其用兵之盛者貶之也，故曰齊人也。宋人亦稱人而序齊上者，以其主兵，方貶齊侯爲人，不可不人宋公也。三傳無解，著明故也。

二十有七年，春，公會杞伯姬于洮。

伯姬前年歸杞，今會公于洮。三傳皆無淫惡之迹，而《春秋》書之，與「夫人姜氏會齊侯于禚」文同而無異者，蓋婦人無專行之道，傅母不至不下堂。而伯姬無事而會公于洮，安知其不爲惡也？傳無其事，而經書之文同者，犯禮之迹無異也。《左氏》罪公行之非事，而不譏伯姬，亦但其一偏爾。陸氏曰：「公及杞侯、伯姬俱失正矣。」其說是也。

夏，六月，公會齊侯、宋公、陳侯、鄭伯，同盟于幽。

是時齊桓已伯，諸侯已從，同盟于幽，盟

書之辭同也。《穀梁》曰：「衣裳之會十有一，兵車之會四。」趙子曰：「征伐則兵革，修好則衣裳。大例皆然，何獨桓公？此説是也。」

秋，公子友如陳葬原仲。

大夫無私出境之禮。公子友與陳之大夫原仲有舊，如陳而葬之。《春秋》罪其私行，故書曰「如陳葬原仲」也。原，謚也。仲，字也。以字稱之者，《春秋》之例，内外大夫既没之後，不稱其名，但書謚、書字而已。僖十五年震夷伯之廟亦是也。《公羊》曰：季子避内難，《春秋》通其私行也。《穀梁》曰：「諱出奔也。」案：《春秋》未有無事而虚加其文者，若公子友出奔，經當據實而書之，何爲諱乎？公子友爲大夫，不能止難而去，已有罪矣，《春秋》何得爲之諱乎？居其位，食其禄，不能使之無難，至有而又去之，《春秋》乃變文以諱其奔，則何以勸人死難乎？《公》、《穀》之説皆非也。《左氏》曰：「非禮也。原仲，季友之舊。」此説是。

冬，杞伯姬來。

《春秋》之例，歸寧曰來，大歸曰來歸。惟父母在得歸寧，父母没，雖兄弟不往也。《春秋》内女適諸侯者多矣，於其歸寧，未嘗曰子某姬來歸寧，常事無書也。伯姬非莊公子，義不當歸，《春秋》以其歸之非禮，故書曰「杞伯姬來」也。《左氏》曰：「歸寧曰來。」案：《春秋》内女之來惟二爾，是年伯姬及僖二十八年復來爾。趙子曰：「豈有二百四十二年，内女惟兩度歸寧乎？」《公羊》曰「直來」。此皆不知常事不書之義，故爲此説。

莒慶來逆叔姬。

禮，大夫不得越境逆女，所以絶外交而使一心於其國也。莒慶來逆叔姬，則是外交矣。莊公以諸侯之尊，而屈禮主大夫婚，則是失禮也。莒子爲君不能制其臣，而使之外交諸侯，則是不君矣。蓋莒慶、莊公、莒子皆有罪也。《春秋》之法，親迎者但曰逆女，而此曰叔姬者，蓋不與莒慶之得逆女于我也。不書叔姬之歸，叔姬爲大夫妻賤，略之也。《公羊》曰：「大夫越境逆女，非禮。」此説是也。

杞伯來朝。公會齊侯于城濮。

杞自入《春秋》常稱侯，至是降而稱伯。僖二十三年書「杞子卒」，《左氏》曰：「杞，夷也。」二十七年書杞子來朝，又曰「用夷禮」也。文十二年書「杞伯來朝」，又曰「舍夷禮」也。杜預、范甯於是見杞稱伯，❶即云爲時王所黜。案：杞，二王之後，其爵最尊，又在中國，不鄰於夷狄，安得如《左氏》之説用夷禮、復舍之乎？又春秋時，王室衰弱，安能號令諸侯，升降其爵秩乎？《左氏》、范、杜之説皆不通。陸淳之徒以爲當時主盟列國會諸侯以國大小爲次，故國小而爵尊者降爵，爵卑而國大者進之，或升或降，從一時之便，故杞之爵或侯或伯或子也。於是來朝稱伯者，蓋齊桓興伯，降爵從伯。此説是也。

二十有八年，春，王三月，甲寅，齊人伐衛。衛人及齊人戰，衛人敗績。

齊人者，齊侯也。以其方伯於天下，而專恃兵勝，故貶之曰人。衛小於齊，而齊方彊盛，齊伐之不服而求與之戰，衛人實欲

❶「伯」下，殿本有「稱子」二字。

與戰，故曰「衛人及齊人戰」也。不書所戰之地，戰於衛之國都也。《春秋》之義，師敗稱師。衛敗不言師，貶衛也。齊桓方興伯業，以信懷諸侯，以兵勝天下。衛之小弱而不服，至於見伐，已有罪矣。德政不修，而倔彊不從於伯主，爲之侵伐則已，又驅其人而求與之戰，以至弱之衛，當甚彊之齊，必不可勝矣。以不教之卒，當屢試之師，必不可勝矣。以衛之無道，當齊桓之方彊，又必不可勝矣。衛不量其國之至弱，師之不教，己之無道，以與齊桓戰焉。《春秋》之義，敗稱師，所以深痛吾民。衛侯安忍其民而驅與齊戰？不以其民爲民也。《春秋》二百四十二年之久，爭事多矣，未有敗而不言師者。不量其力之如何，不度其德之優劣，戰而至于敗，未有甚於衛者也。聖人本其無愛民之心，而貶之曰「衛人敗績」。《左氏》曰：「數之以王命，取賂而還。」案：《左氏》終始載衛立子頹及衛人伐周之事，考於經無有也。於是又曰數之以王命，終無其事者，皆未可據也。《公羊》曰：「衛不稱師，未得乎師也。」案：《春秋》惟此一處敗績稱人，未得乎師者，何其少也？《穀梁》曰：「微之，不以師敗於人也。」《穀梁》之意，蓋貶桓公爾。若《春秋》實貶桓公，衛何稱人乎？皆不通也。

夏，四月，丁未，邾子瑣卒。秋，荆伐鄭。

荆者，楚未改號之稱也。《春秋》外之，故但曰荆，而不曰荆人、荆師也。《穀梁》曰「州舉之也」，《穀梁》不知楚未改號，故妄生此說也。

公會齊人、宋人救鄭。

是時荆爲夷狄之彊，遠至中國而伐諸侯。

齊桓以伯者之義，率諸侯而救鄭焉。齊桓攘夷狄，尊中國，可謂義矣。然《春秋》猶書曰人，未有以爵許之也。《春秋》之義，責賢者備。齊桓在可責之域，故《春秋》責之備也。

冬，築郿。

《春秋》書築者七，其六皆臺囿也，邑者惟一處爾。不謂之城而謂之築，《左氏》例曰：「邑曰築，都曰城。」《春秋》内城邑者二十有四，豈皆有先君之廟乎？此非也。《穀梁》曰：「虞之非正也。」案：虞之當曰囿，經不書，安知其虞乎？惟《公羊》謂之造邑，陸氏從而廣之，曰：言城者，城舊邑也。言築者，築新邑也。蓋臺囿無舊新，爲之者必皆曰築。然則築郿者，新城郿而爲邑也。不曰新，無舊也。不曰城，無所因也。《春秋》之法，興作皆書，所以重民力，謹天時也。先書「築郿」，而下書「大無麥禾」，則公之興作不量力，可知矣。

大無麥禾。

莊七年書「秋，大水，無麥苗」。麥苗之無，大水災之也。不曰大者，水所不傷，或有之也。此書「大無麥禾」，非常無之也。無，水旱災之，蟲螟傷之，而大無者，歲凶不收也。舉魯之國無收者焉，故曰大無也。《穀梁》曰：「大者，有顧之辭。」案：七年書無麥苗，亦二災也，何爲不言大乎？此說非也。

臧孫辰告糴于齊。

古之爲國，必有數歲之備，雖甚豐年，民食之者不過四鬴也，君取之者不過什一也。民之食有節，君之取有度，則爲國三年而餘一年之蓄，爲國九年而餘三年之

蓄也，爲國二十七年而餘九年之蓄。湯之旱至于七年，堯之水至于九年，而天下無飢者，九年之蓄素具也。天時之不可期，而水旱之無常，又無蓄以備之，則是使民恃天而生也，安得爲民父母哉？莊公在位二十八年，雖九年之蓄可具也，而莊公於其無事奪民之力，使不得盡力於耕耨，以其餘蓄藏以待有事，又驅之戰鬭而殺傷之，一年不登，告糴于外。《春秋》罪莊公在位之久，蓄積無素也，書「臧孫辰告糴于齊」，❶以著其困窮而告乞于外，恥之也。《公羊》之説是。《穀梁》最深切者歟？

二十有九年，春，新延廐。

《春秋》凡興作皆書，不以其時之得失、功之當否也，勞民之力、費民之財，皆聖人所重故也。有國家者，不可忘戰。馬，戰之具，故國必養馬焉。《左氏》曰：「凡馬，日中而出，日中而入。」馬出入之時也。廐者，馬之所在，不可以不修。然莊公不務治其國家，一無麥禾，告糴它國；於甚歉之歲，又興作以勞民。蓋莊公之新延廐，於《春秋》興作之罪又甚焉。不曰新作而但謂之新者，制度規模無所增益，但因其舊而新之爾。《左氏》曰「不時也」。案：去年之歉如此，今年新廐雖時，得無罪乎？《公羊》曰：「凶年不修。」《穀梁》以其用民力爲已悉矣。此二説皆是。

夏，鄭人侵許。

案：鄭稱人者，將卑師少也。言侵者，不聲其罪而行也。《左氏》於此發例曰：

---

❶「書」下，殿本有「曰」字。

「有鐘鼓曰伐，無曰侵。」案：侵伐之例，但言罪與不言罪爾，不係於鐘鼓之有無也，陸淳非之當矣。

秋，有蜚。

蜚者，臭惡之蟲，❶南方所生，魯不當有者也。經曰「有蜚」，非所宜有而有之，爲異，故書也，《公羊》曰「記異」是也。《左氏》曰：「爲災也。」案：蜚豈爲災之物？又曰：「凡物不爲災，不書。」案：《春秋》災異悉書，不必皆爲災也，鸜鵒豈能爲災乎？《春秋》何以記其來巢也？皆不通也。

冬，十有二月，紀叔姬卒。

内女歸爲諸侯夫人，無它惡行，即書卒，猶不書葬。其賢行之著者，則書卒書葬，以旌之異於它女也。紀叔姬爲紀侯之媵，法不當書，而《春秋》書「歸于紀」、「歸于酅」，而卒葬皆詳書之者，特賢之也。紀見滅于齊，而紀侯去國，叔姬不以紀之存亡大小易其心也，惟宗廟之是依。紀季以酅入齊，而紀之宗祀不絶，則叔姬又歸于酅，以共承祀事焉。夫以春秋之時，天下無道而婦德狼藉也，而叔姬之行如此，聖人安得不進之乎？蓋進一叔姬，而當時之淫亂無德者皆誅焉。此《春秋》所以志叔姬之詳也。《穀梁》曰：「不曰卒而曰葬，閔紀之亡也。」案：若叔姬無賢行可紀，則《春秋》何用記其卒乎？閔紀之亡，非孔子作《春秋》爲萬世之意也。

城諸及防。

諸、防皆我邑也。城者，因舊邑而城之也。《春秋》之義，凡城皆譏。爲人父母，

❶「臭惡」，殿本作「惡臭」。

不務以德教治民，而徒驅民城邑，以固其城池。城池治世不能去，然其在春秋時則有罪矣。「城諸及防」，所以別二邑也。若曰城諸防，則恐其爲一邑爾。亦有施功之先後，先諸而後防，不得曰城防及諸也。《穀梁》曰「以大及小」，非也。《左氏》曰「書時也」。案：《春秋》興作不以時不時，皆書之，所以重民力而愛民財。若但以時爲義，則得時者何用書乎？如莊之三十一年，一歲而築臺者三，使皆得時，而《春秋》書之，可無罪乎？此非也。

三十年，春，王正月。夏，師次于成。

《春秋》之義，凡次皆譏。兵者，量力而動，動而必中者也。莊公之於紀，世爲婚姻之國，紀亡而附庸于齊。鄣，紀之附庸，未能下齊，而自處於僻陋，齊桓志欲滅之。莊公以紀之故，將往救鄣，又畏齊而不敢也。書曰「師次于成」，所以見莊公不量其力，妄動而勞民，師已成矣，又畏懼而不進，徒次于成焉，罪之也。《穀梁》曰：「不言公，恥不能救鄣也。」案：實將卑師衆，故稱師爾。謂之恥而不言，則莊四年公次于郎何以不恥也？《穀梁》之説非。

秋，七月，齊人降鄣。

《春秋》書降者二。降者，降服之名也。八年郕降于齊師，不曰齊師降郕，而曰郕降者，是時齊、魯之師相會圍郕，郕不降魯而自降齊爾。今言齊人降鄣，非鄣欲降也，齊彊降之爾。鄣入于齊，不曰滅鄣者，鄣附庸之國，降齊而爲附庸，國無所滅也。不曰取鄣者，齊之師無所加，脅之以聲威而鄣已降矣。不曰遷鄣者，鄣不去其土地，就其國，服爲附庸，齊無所遷

也。不曰齊侯而曰齊人者，聖人疾齊桓將伯天下，不務德教而專恃兵革，貶之曰人也。《春秋》書降者二，郕以自降爲文，而鄣言彊降者，非郕、鄣之降有宜有不宜，非齊之於郕、鄣有輕有重也，郕之降不入魯，不得不曰郕降也。《春秋》之輕重與奪，惟其事之所在。《公羊》曰：「不言取之，爲桓公諱也。」案：齊實不取鄣，而鄣猶如故也，安得曰取乎？《春秋》方書齊侯爲人以罪桓公，安得爲之諱乎？

八月，癸亥，葬紀叔姬。

内女之葬，法不當書，而叔姬得書葬於《春秋》者，聖人賢之也。婦人不與外事，雖其賢，無事可褒，獨於終始之詳，以一見焉。紀伯姬之葬，無他賢行可書，以齊侯葬之有罪，故特書之，以見齊侯之惡。其他内女無事著其卒葬者，惟紀叔姬、宋共姬爾。紀叔姬之歸于酅，不忘紀先君之祭祀。宋共姬之傅母不至，卒死於火。聖人特賢二夫人之行，故終始書之無遺焉。《公羊》曰「隱之」，《穀梁》曰「閔紀之亡也」，是皆不知孔子賢二夫人之事，故妄爲之傳爾。魯自隱閔之，何與於孔子修《春秋》之意乎？皆非也。

九月，庚午，朔，日有食之。鼓用牲于社。

書日書月，食正朔也。日食而鼓，禮也。用牲，非禮也。《春秋》書「鼓用牲于社」，所以譏用牲之非禮爾。然而鼓用牲者，不言鼓，無以見用牲之非；但曰用牲，則若當時未嘗鼓也。所以至于用牲者，由古有日食鼓社之禮，相緣而誤，至於用牲也。必言鼓者，以見失禮之因爾。《春秋》書日食三十六，而鼓用牲于社者三。不用牲而鼓于社者，蓋常事，無所書爾。

惟其用牲，非常事，是以記之。

冬，公及齊侯遇于魯濟。

簡禮而會曰遇。是時齊方盛彊，而伯業已著，齊將有事，而遇公于濟也。曰「魯濟」者，杜預曰：濟在齊者曰齊濟，在魯曰魯濟。若但曰濟，則無以分齊、魯之界也。

齊人伐山戎。

王道衰，伯者競起，一匡天下，以扶持王室。蓋五伯之道劣於三王，而有功於一時也。五伯之盛，莫過於齊桓；而齊桓之功，莫盛於北伐山戎，南伐彊楚。而《左氏》記宰孔之言，曰：齊侯不務德而勤遠略，故北伐山戎，南伐彊楚。而《史記》世家亦曰：北伐山戎，爲燕開路。又有齊侯割地之説。《公》、《穀》亦皆曰：齊人者，齊侯也。然則伐山戎者，齊侯無疑也。孔子論管仲之功，而知免於左衽。蓋齊桓五伯之盛，而北伐山戎又其功之著者，然而《春秋》曰「齊人伐山戎」，不曰齊侯也。齊桓用師，在《春秋》貶之亦已至矣，於其伐山戎，可以少進之矣，而孔子未也。齊桓之仁義，非有之者，假之者也。假仁義者，久而不變，然後如其有之也；❶未久，則變未可知也。於其未可知之際也，《孟子》曰「亦在夫熟之而已矣」，蓋《春秋》之意也。齊侯之伐山戎，孔子若將許之，然而未許之者，齊桓之功未大，而荆楚方彊也。書曰「齊人伐山戎」，所以深貶齊侯用兵之盛，而勉之以伐楚也。《公羊》曰：「操之爲已蹙矣。」案：《春秋》甚外夷狄，恐其不竦；甚内中國，

❶「之」下，殿本有「者」字。

恐其不親。操之已蹙，非《春秋》絀夷狄之意也。《穀梁》曰「愛齊侯乎山戎」，齊桓之功，孔子之門人羞之，何愛之也？又愛者私情，非《春秋》公法。《公》、《穀》之説皆非。

三十有一年，春，築臺于郎。

《易·需》之象曰：「雲上於天，需，君子以飲食宴樂。」《隨》之象曰：「澤中有雷，隨，君子以向晦入宴息。」蓋君子之道，有所屈則有所伸，有所張則有所弛。需之時，君臣相須而天下治也，則飲食宴樂，以盡聖人之歡心。隨之時，威德已著而天下隨也，則優游宴息，以樂乎無事，聖賢所以養其神；臺池苑囿，宮室服御，聖賢所以養其身。文王之囿方七十里，而靈臺靈沼麀鹿魚鼈具。養身之道，雖文王不廢也。然庸君暗主知養其身而不養其民，此《春秋》所以深罪之也。《春秋》之義，興作皆書，雖城池之固，門廄之急，無遺焉。竭民有限之力，以養無道之君，聖人不與也，況非民人之所急，國家之所務，築臺築囿以爲耳目之娱哉，此其罪不待貶絶而自見。《公羊》曰「臨民之所漱浣也」。如莊公之治魯築臺，不臨於民，得爲無罪乎？此特譏其淺近爾。

夏，四月，薛伯卒。築臺于薛。

春築臺于郎，夏築臺于薛，民不勝其勞也。莊公務一身之娱而勞民如此，不待貶絶而罪惡見矣。薛伯之卒，經無其名，舊史失之，孔子不妄加也。

六月，齊侯來獻戎捷。

去年齊侯北伐山戎，於是還而過魯，遂以所捷獻焉。《春秋》齊侯用兵皆貶稱人，於此獻捷顯言齊侯者，蓋齊大魯小，齊於

魯無所畏憚，若言齊人，則是微者無疑也，特書其爵，以見齊桓之罪。齊桓伯者，不務德以綏諸侯，而專恃兵革，遠以伐戎，已有過矣；又因過魯，以其伐戎之所得，誇示諸侯以自矜大，因使之威服焉。《春秋》誅齊桓矜功威魯之罪，故特書之曰「齊侯來獻戎捷」也。孟之反不伐，奔而殿，將入門，策其馬曰：「非敢後也，馬不進也。」孟之反全軍而歸，魯賴以免敗績之辱。於其還而至魯之門也，辭以馬不進焉。孔子取之，取其不伐爾。顏子之行事不見於傳記，而孔子稱其庶幾，蓋其言曰：「願無伐善，無施勞。」然則孟之反辭馬不進，得聖人之一偏；顏子願無伐善，得聖人之具體。齊桓矜功，則亦去聖人遠矣。故孟之反、顏子見稱於聖人，而齊桓得罪於《春秋》也。然則矜能而伐善者，皆孔子之罪人歟？《左氏》曰「非禮」，《公羊》曰「威我」，二說皆是。《穀梁》曰：內齊侯也。❶案：齊侯矜功而自伐，《春秋》方深罪之，安得內而進之哉？又曰：「內與同，不言使也。」案：實齊侯自來，不得曰使也，安得曰內與同哉？

秋，築臺于秦。

莊公一歲之內築臺者三，其視民如何也？乘君上之勢，軏疲羸之民，築臺者三，以爲耳目之觀，一身之娱，《春秋》書之，不特見莊公之罪深，有意於後世也。《穀梁》曰：「虞山林川澤之利。」❷築臺非以虞利，此傳誤矣。

❶「齊」，原作「諸」，據《穀梁傳》改。
❷「川」，《穀梁傳》作「藪」。

冬，不雨。

《春秋》之法，盡無之者曰無，無冰是也；有之而不爲益者書不，不雨是也。《易》之象，陰陽和者曰雨。《睽》之上九曰：「往遇雨則吉。」孔子解之曰：「遇雨之吉，群疑亡也。」其不和者，則曰不雨。《小過》之六五曰：「密雲不雨。」孔子解之曰：「密雲不雨，已上也。」然則凡雨者皆陰陽和也，不雨者皆陰陽不和也。《春秋》不雨者七，記陰陽不和之異也。人與物之在天地間者，皆仰陰陽以生也。陰陽不和，則所以仰之者無乃不遂歟？故《春秋》之法，一時不雨則書，不以其爲災也，異之大者，不可不記故也。然而不曰無雨而曰不雨者，雖有之，不足以爲雨，猶不雨爾，不得曰無雨也。《公羊》曰「記異」，此説是也。

三十有二年，春，城小穀。

小穀之地，《公》、《穀》皆無解，惟《左氏》曰：「爲管仲也。」杜預推尋其地，以爲濟北穀城縣，城中有管仲井，附會《左氏》魯爲管仲城私邑之説。陸淳之徒又從而廣之，曰：「管仲德及諸侯，魯爲之城私邑，雖非常禮，亦變之正也。」然《春秋》之作所以傳信後世，若魯爲齊城，當曰城齊小穀，經不言齊，安知小穀之爲齊乎？《春秋》書内城者，但曰城某而已，其書外城又不書國，何以分别乎？三傳稱外城者，惟小穀、楚丘爾。楚丘之地，雖復不明，而雜見於書。若小穀者，惟《左氏》謂之管仲邑，而二傳又無其事。范甯注《穀梁》，亦曰魯邑也。杜預雖以管仲井爲據，然其地自是穀城，非小穀也。聖人之經不待傳而後見，不應不明如此。但地

名疑誤，亦未可決爲魯邑，且當存之。

夏，宋公、齊侯遇于梁丘。

宋公序齊侯上者，宋爲之志也。《穀梁》曰：「大齊桓也。」案：《春秋》書之無異文焉，何以知其大乎？

秋，七月，癸巳，公子牙卒。

《左氏》、《公羊》載公子牙事，皆以爲見殺於季友。然《春秋》書其卒，無異辭也。季友遏惡於未萌，乃《春秋》之所重。《春秋》不以骨肉相殘責之，當變文以見意，不得但書卒也。《春秋》但記其卒，安知其殺之乎？若曰鴆而殺之與刃而殺之者異，則許世子止之不嘗藥，遂得弒君之罪，季友鴆公子牙而殺之，與刃殺之無異也。《春秋》之法，所不可言則沒而不言，君弒不地，君夫人奔變爲孫皆是也。若《春秋》賢季友之殺公子牙，則亦當爲辭以異之，不應與正卒者同例也。二傳但見公子牙魯之大惡者，而卒於莊公之前，又季友方用事於魯，疑其爲季友殺之爾。且當據經爲正，二傳說未足憑。

八月，癸亥，公薨于路寢。

曾子有疾，召門弟子曰：「啟予足，啟予手。《詩》曰：『戰戰兢兢，如臨深淵，如履薄冰。』而今而後，吾知免夫，小子！」樂正子春下堂而傷其足，三月猶有憂色，蓋曰「父母全而生之，子全而歸之」。夫以曾子之賢，戒懼乎終身，死而後知其免。樂正子春一傷其足，而憂者三月。然則二子之所重，其七尺軀爾猶且恐懼如此，況國君之尊，有宗社之重，人民之託哉？名位之尊，則竊伺之者衆；危病之際，則覬覦之者多。故人君之薨，必於路寢。路寢者，聽政之居，而大臣之所

在。一朝而薨，則國家之事，社稷之守，不至爲姦人、女子之僥倖也。《春秋》之法，薨必書地，所以謹之也。《穀梁》「寢疾居正寢，正也」，此説是。

冬，十月，己未，子般卒。

《春秋》之法，君薨未逾年，君稱子，承祖之國，❶繼父之業，不忍有變也。自稱曰子，人子之心不忍其君父之亡，於未逾年，猶曰父在云爾。稱名，君之殯猶在焉，❷□□尸柩之前，則君父之前也，臣子不可不名焉。此《春秋》之法，忠孝之道也。子般繼莊公而立者，立未逾年，而莊公未葬也，乃遽見殺於公子慶父，故稱子稱名而不地。《春秋》未逾年之君書卒者三，子般亦以弑，不地，而子野正卒，亦不地。趙子疑經闕之，恐爾也。《穀梁》曰：「子卒日，正也。不日，不正也。有所見則日。」案：《春秋》日月例不通，《穀梁》以卒日爲正，有所見則日，自相反也。

公子慶父如齊。

慶父，弑子般者，弑君之罪不見於經，聖人非不欲誅之也，我君之弑所不可言，若著慶父之罪，則我君之惡顯矣。若慶父者，孔子深欲誅之，爲君父之醜，隱忍焉爾。已弑其君矣，國内無討之者，又安然如齊焉。不曰出奔，内無所逐，晏然而如齊也。齊爲伯主，當討除弑逆，以明天下之義。齊容而納之，齊有罪矣。慶父不待誅絶，而魯之臣子、齊之桓公皆未免有罪也。《穀梁》曰：「諱莫如深，深則隱。」案：慶父如齊，非魯人逐之，故不言奔

❶「祖之國」，原空闕，據殿本補。
❷「焉」，原空闕，據殿本補。

爾。若《春秋》爲之諱奔，則閔二年出奔莒，何以不諱乎？此非也。

狄伐邢。

春秋之時，中國衰，戎狄入居中國，而侵伐諸侯，書之所以見中國之無人而夷狄之盛彊也。爲中國者有罪爾，夷狄又何責之哉？

龍學孫公春秋經解莊下第六

後學成德校訂

龍學孫公春秋經解閔公第七

孫覺莘老

元年，春，王正月。

閔公繼子般之弒而立，不行即位之禮，《春秋》因不書之，以見繼弒之法也。《左氏》曰：「不書即位，亂故也。」案：人君即位，國家之大事也，雖在危亂，不過禮有不具爾，不應因亂遂廢其禮也。《公》、《穀》之説皆是。

齊人救邢。

去年之冬狄伐邢，於是桓公救之。夫以中國諸侯見伐於夷狄，桓公仗大義救之，得伯者之正，此宜在可褒之域矣。然而《春秋》未始許之，猶貶之曰「齊人」，蓋齊桓未至於道，而救邢未足以爲功也。齊桓不能明王道以兼夷狄，使之不來，而區區救其侵伐，則干戈之役奔命不暇，未及救其亂也。蓋齊桓爲春秋之極盛，救邢又齊桓之大功，聖人必於其盛者貶之，爲其可責而責之也。《穀梁》曰：「善救邢也。」案：救邢雖善，而桓公稱人，蓋其甚微之爾。

夏，六月，辛酉，葬我君莊公。秋，八月，公及齊侯盟于落姑。

閔公是時年始八歲，又新大亂之後，可謂君少而國家多難矣。落姑之盟，齊侯屈伯主之尊，而盟危國之幼主，蓋於魯有存亡繼絶之功矣。

季子來歸。

《左氏》記季友之事，以爲莊公三十二年

公子牙卒，季友鴆之也。於此來歸，又曰「齊侯使召諸陳」。然則季子自二十七年如陳葬原仲，其後遂不反魯，於此始召之矣。以爲於此召之，則殺公子牙者誰乎？自相乖戾也。蓋公子友葬原仲後嘗還魯，《春秋》常事無所書，故不記爾。慶父之亂，嘗出奔，然《春秋》不書，此聖人之意也。季友賢者，有可以安社稷、利國家之道，而莊公不親信之，使慶父之徒用事於內且爲亂矣。季友欲治之，則不與於政，坐視之，不免於死，於是違難而去也。然《春秋》不書其出奔之迹，以見其意。魯方有難，國人迎而歸之。《春秋》善其反也，特變文而書之曰「季子來歸」。字而不名，《春秋》深善之也。不書至，未嘗見執也。不書所自，魯人迎之也。陸氏曰：「聖人善其歸，不譏其去，以明變而得中，進退不違道也。」

冬，齊仲孫來。

仲孫，齊之大夫。于時魯方有難，齊侯使來窺之。不書使仲孫，得專使之宜，因受命來魯，遂寧魯難。《春秋》嘉之，特書其字，曰「齊仲孫來」。齊桓有窺魯之心，而仲孫止之，不言使，不受君命也。魯之危亡在於旦夕，而仲孫存之，不書其名，魯人德之也。《春秋》之法，大夫外交則書之曰「來」，隱元年「祭伯來」是也。仲孫受命齊侯，實將窺魯而取之。仲孫不受君命，反爲辭以存魯，人臣外交也。《春秋》惡其無別，特書其字以旌之。陸氏曰：「存鄰國之美者，莫過於仲孫、高子。」此説是也。《公》、《穀》皆曰：仲孫者，公子慶父也。繫之齊，外之也。案：《春秋》之作，所以懲亂，實魯慶父而書齊

仲孫，不惟義不明，亦何以止亂乎？皆非也。

二年，春，王正月，齊人遷陽。

趙子曰：「徙而臣之曰遷。」陽，國也，齊彊遷之爲己附庸之國也。齊稱人，貶之也。諸侯雖有國之大小，爵之尊卑，然皆受地於天子而爲己同列，恃其彊大而遷爲附庸，蓋其罪不可勝誅矣。不書曰「滅」，宗祀復存也。

夏，五月，乙酉，吉禘于莊公。

禘之説，見於《詩》，見於《春秋》，見於《論語》、《中庸》。孔子之意則同，而傳記、諸儒之説紛紜不合，不可齊一，要當折衷於孔子爾。《春秋》之言禘，曰「吉禘于莊公」，又曰「禘于太廟，用致夫人」。莊公之卒在前年之八月，至閔二年之五月，猶未三年也。書「吉禘」，未可以吉禘而吉也，斥言莊公，不于太廟、不配于祖也。哀姜之薨在僖之元年，至于八年始禘而致之，因夫人而禘，禘又致夫人也。《春秋》書禘者二，皆失禮非常，譏之則書之爾。《春秋》之法，祭祀失禮者斥言祭名，因下事而書，但書曰「事」。禘、嘗、烝、繹失禮，書之。大事、有事，於祭無譏，但因下事爾。「大事于太廟，躋僖公」，大事者，禘也。「有事于太廟，仲遂卒于垂」，「有事于武宫，叔弓卒」，有事者，烝、嘗也。禘大於烝、嘗，故加「大」以別之。烝、嘗常事，故但曰「有」爾。大事無譏，而躋僖公失禮，不得書禘也。有事無譏，而仲遂、叔弓之卒非常，不得書烝、嘗也。蓋禘者，天子、諸侯審禘昭穆之祭名也。群公之宫合食太祖，已祧之主升享于廟。自天子、諸侯三年之喪，則宗廟之祭皆廢

不舉，至于喪畢，則遷親盡者之祧，致新死者之主，審别昭穆，大祭於太廟，於是而行禘禮焉。閔公之喪未除，而莊公之主入於廟，乃遽也。夫人不當致大廟，未當禘。用者，不宜用也，故亦譏之而書「禘」、書「致」也。《詩·周頌·雍》之《序》曰：「《雍》，禘太祖也。」《長發》之《序》曰：「《長發》，大禘也。」《雝》之詩曰：「宣哲維人，文武維后。」又曰：「既右烈考，亦右文母。」然則《雝》詩之所及，止於文、武爾，非大禘也。《語》曰「三家者以《雍》徹」，若《雍》爲大禘，不應三家止用於徹祭，而孔子譏之，亦但曰「相維辟公，天子穆穆，奚取於三家之堂」。蓋三家之僭，但僭徹祭之歌，不僭禘樂也。若實僭禘樂，孔子罪之當更著明，不得但以天子、辟公爲説也。《長發》之詩曰：「濬哲維商，長發其祥。」蓋商者，契之始封也。又曰：「相土烈烈，海外有截。」相土，契之孫也。又曰：「帝命不違，至于湯齊。」然則商之禘祭，自契而下也。曰相土者，自契而下也。賢君，故特舉之爾。由此觀之，商之禘，禘契而下至于湯。湯以來皆常廟而祧之者，故不序也。《論語》之言曰：「禘自既灌而往者，吾不欲觀之矣。」《中庸》之言曰：「明乎郊社之義，禘嘗之禮，治國其如指諸掌乎！」蓋孔子之言魯禘，則譏既灌以往，其論治國，則先郊社而後禘嘗，則禘嘗之禮達於諸侯，郊社之禮大於禘嘗，亦以明矣。今參以諸經考之，則天子之禘不及於祖之自出，而諸侯之國類皆得也。《大傳》曰：「禮，不王不禘。王者禘其祖之所自出。」又《祭法》曰：「殷人禘嚳而郊冥。」

不知《禮記》諸篇何從而知「不王不禘」？禘大於郊也。《春秋》之法，祭祀非常失禮者，書祭祀之名。故郊者，天子之禮也。魯，諸侯，不得郊，而成王妄賜，魯公僭受。《春秋》凡郊事之失禮者，并郊書之，以此見郊之非禮。禘、嘗之祭失禮，不在於祭者，但曰「大事」、「有事」而已。《春秋》不譏禘之非禮，則「不王不禘」之説非也。《長發》之詩，殷之大禘也，而詩之所及，惟曰商焉，不云嚳也。諸儒從而廣之，曰：周之禘，禘嚳；魯之禘，禘文王。《閟宮》之詩其序魯事備矣，其辭曰：「皇皇后帝，皇祖后稷。」又曰：「周公皇祖，亦其福女。」蓋魯之郊郊稷，故曰后稷也，魯之禘禘周公，故詩曰周公，而不曰文王也。若實禘文王，詩當敘之，不應列序魯之始出，而文王獨遺也。魯不祀之，故不言爾。然則周之禘，禘稷；魯之禘，禘周公。天子、諸侯通得以行禘禮，而禘小於郊無疑也。《禮運》曰：「魯之郊禘非禮也，周公其衰矣。」《祭統》曰：「成王追念周公，賜之重祭，郊、社、禘、嘗是也。」《禮記》諸篇但見《春秋》所載郊、社、禘、嘗之名，遂以爲皆天子之禮，不知社稷禘嘗皆諸侯所得祭者爾。魯之用天子禮樂，蓋成王尊寵周公，使之郊天爾，其它典禮自循本爵也。諸儒苟見《春秋》載之，不復究其實，便爲之説，故相承致誤也，但當以孔子所删爲之據爾，諸儒之説不可憑也。

秋，八月，辛丑，公薨。

閔公之薨不地，見弒於慶父也。《春秋》，魯史，臣子之禮義，不可言君之弒，故但曰「公薨」也。弒君之賊討則書葬。閔公

之賊不討，而使之出奔，《春秋》不記其葬，所以罪魯之臣子也。《穀梁》曰：「不以討母葬子也。」案：弑閔公者，慶父爾。《春秋》不討哀姜，乃當書葬。賊不討不葬，母又不書葬，何以分別乎？《穀梁》之説非。

九月，夫人姜氏孫于邾。

文姜之孫也不稱姜氏，所以令齊絶之。哀姜之孫也稱姜氏，以明邾非姜氏父母之國，其得絶之無疑焉。邾容而受之，爲有罪爾。《春秋》深罪邾之容它國夫人也，特曰「夫人姜氏孫于邾」，以見其不絶之罪。《穀梁》曰：「諱奔也。」案：内不言奔，乃《春秋》臣子之法，所以待之至而責之周爾，何得謂之諱乎？

公子慶父出奔莒。

慶父比弑二君，魯之臣子不能討而殺之，至令出奔也。《春秋》之法，弑君之賊不能討於當時，則《春秋》不復見之。蓋聖人疾之甚者，欲其即討，不欲見其復生也。特書慶父之奔，蓋深罪魯之臣子爾。《穀梁》曰：「其曰出，絶之也。」案：魯大夫之奔例皆書「出」，何獨慶父特言絶乎？非也。

冬，齊高子來盟。

莊公死，子般、閔公皆遭賊弑，魯曠年無君。齊桓以伯者之義，使高子來盟，平魯亂。《春秋》賢高子得專使之道，受命不受辭，終立僖公賢君，而魯難遂已。不言齊侯使之，所以見其能使。不書其名，所以善乎平亂。《公羊》曰：「我無君也。」趙子非之，曰：「既與魯盟，即是致命。若不致命，如何盟乎？」

十有二月，狄入衛。

案：《左氏》載狄人伐衛之事，以爲衛滅而遷都也。然《春秋》但書曰「入」者，蓋狄雖迫衛，至于奔亡，而未嘗居有其地。❶其後衛復見於經，非狄滅而取之，故不曰「滅」爾。

鄭棄其師。

《詩·清人》之《序》曰：「高克好利而不顧其君，文公惡而欲遠之，不能，使高克將兵而禦敵于境。陳其師旅，翱翔河上，久而不召，衆散而歸，高克奔陳。公子素惡高克進之不以禮，文公退之不以道，危國亡師之本。」蓋《清人》之詩深惡高克，而兼罪文公。然《春秋》書之，曰「鄭棄其師」，無罪高克云者。高克之進之不以禮，君惡之不能去，則亦小人而已，小人又何責之哉？爲之君者有罪爾。文公惡其臣，則放之可也。不放之而乃與之衆，使禦寇于境。高克竟奔而師衆潰散，則非高克之罪，使之者有罪爾。鄭之所以爲鄭，以其有鄭之師，乃驅其師而去之，不得歸罪高克也。《春秋》之法，自取之者以自取爲文，「齊人殲于遂」，「鄭棄其師」，「梁亡」之類是也。故不以其例而變文書之，蓋聖人深罪之爾。

龍學孫公春秋經解閔公第七

後學成德校訂

❶ 「有其」，原作「其有」，據殿本改。

龍學孫公春秋經解僖公第八

孫覺莘老

元年，春，王正月。

僖公繼閔公之弑，不行即位之禮。《春秋》據實去之，以見繼弑之法。《公》、《穀》之説皆是。《左氏》曰：「公出故也。」案：《左氏》之意以爲閔公之弑，僖公嘗出奔，於是不言即位，以公之出，不以正月即位也。定公六月即位，《春秋》書之。僖公即位不於正月，書之又何傷乎？趙子非之備矣。

齊師、宋師、曹師次于聶北，救邢。

《春秋》之義，凡次皆譏，未有次而言救者。力能救之則救之可也。不能救矣，又徒次焉，蓋罪之也。《春秋》言救言次者二，襄二十三年「叔孫豹帥師救晉，次于雍榆」及此年「次于聶北救邢」是也。聶北之次，先次而後救，雍榆之次，先救而後次，皆有罪矣。於罪之中，又爲輕重焉。齊侯伯業已盛，諸侯皆已服從。於是時也，狄已入邢而將滅邢矣。爲齊桓者，不能攘夷狄，使之不至於中國，至其入中國而侵陵諸侯也，則仗大義，帥諸侯往救之爾，乃次于聶北也，曰救邢焉。師已次矣，其能救乎？實次而名救也。雍榆之次，齊伐晉也。齊大魯小，勢不能敵齊之彊，又畏晉，不敢不往也，乃帥師救之，而次于雍榆焉。聶北之次，先次而後救，罪其能救而不救也。雍榆之次，先救而後次，言其欲救而不敢也。齊桓用師，

《春秋》貶之曰人，未有曰師者。於是特稱師焉，所以見挾彊師而不能救邢，深罪之也。《公羊》曰：「邢已亡矣，蓋狄滅之。」案：邢實不滅，不可言滅也。《穀梁》曰：「以其不足乎揚，不言齊侯也。」案：不言齊侯，蓋貶之爾，何謂不足乎揚也？

夏，六月，邢遷于夷儀。齊師、宋師、曹師城邢。

邢爲狄人所逐，至于奔亡，遷都夷儀。書曰「邢遷」，邢自遷也。齊桓閔邢之亡，率諸侯之師而爲之城，得救患分災之道矣。然《春秋》不書其爵，但曰齊師云者，方狄之伐邢，齊桓早率諸侯救之，則邢不至于遷，而夷儀不必爲城也。齊桓失救邢之義，使邢至于遷也，而爲之城，則與齊襄亡紀而葬紀伯姬也何異矣？《春秋》之法，前目後凡。救邢、城邢一事爾，復敘諸侯之師者，所以見齊桓帥諸侯之師不能救之而徒城之也。❶齊襄亡紀之國而葬其夫人，不足以爲義，而滅紀之惡愈彰。齊桓帥諸侯之師救邢，而次于聶北，邢已亡矣，而帥師城邢。城邢未足以爲功，而不救之情益顯。齊襄之惡不可掩也，乃徒葬其夫人。桓公挾諸侯之師，坐視之而不救，待其亡而爲之城，欲自大其功也。《春秋》迹其意而誅之，曰「齊師、宋師、曹師城邢」，爲之城爾，又何用師哉！《左氏》曰：「諸侯城之，救患也。」《穀梁》曰：「美齊侯之功也。」案：《春秋》方以齊桓失救患之道罪之，何美之乎？

秋，七月，戊辰，夫人姜氏薨于夷，齊人以歸。

❶「徒」，原作「徙」，據殿本改。

《春秋》之義，弑君之賊人人皆得討之，雖在其國，雖在外諸侯，有能以弑賊討之者，則書之曰人，所以廣忠孝之路而厚人倫也。衛州吁弑其君完，嘗立爲君矣，衛之臣子討之，則書曰「衛人殺州吁于濮」。陳佗弑太子免而立，蔡人殺之，則書曰「蔡人殺陳佗」。弑君之賊不容於人倫，能殺之者必皆稱人，猶之殺異類也。夫人姜氏帷箔不飾，比弑二君，❶不安其位而出奔於邾。齊桓討而殺之于夷，以其尸歸。《春秋》與齊桓之得討賊之道，不曰齊侯而書之曰人，蓋夫人之行，人人得討之也。夫人言薨而不言殺，内辭也。書「齊人以歸」，所以明齊人殺之也。《穀梁》曰：「夫人薨不地。地，故也。」此説是也。

楚人伐鄭。

荆自此稱楚，始改號也。侵伐自此稱人者，所以見中國之衰而夷狄之彊暴也。孟子曰：「人必自侮，然後人侮之。國必自伐，然後人伐之。」荆蠻之俗，至無禮義，至無知識者也。中國盛，王道明，則遁逃遠去，莫敢内向而窺覦矣。至其衰陵而中國無人也，則伐其小國，執其諸侯，無所不至矣。《春秋》深罪中國之衰而夷狄之盛也，則漸見其迹焉，以謂於是之時有能攘而却之者，則夷狄之暴庶幾可息，奈何中國卒無其人焉？故稱人、稱爵，與中國等，明中國皆夷狄也。

八月，公會齊侯、宋公、鄭伯、曹伯、邾人于檉。九月，公敗邾師于偃。

冬，十月，壬午，公子友帥師敗莒師于酈，獲

❶「弑」，殿本作「殺」。

莒挐。

閔二年公子慶父出奔莒。慶父弑君之賊，莒容而納之，蓋有罪矣，乃復責賂於魯。公子友爲是帥師敗之于酈，獲其大夫挐。《穀梁》之説，江熙非之當矣。

十有二月，丁巳，夫人氏之喪至自齊。

《春秋》之法，有不待貶絶而罪惡見者，則直書其事爾。一時所不能斷，衆人所不能辯者，則異其文以著之。夫人姜氏之惡，蓋不待貶而見之者矣。然經不書姜，但曰夫人氏焉。《公》、《穀》二傳則曰貶之，杜預則曰闕文，范甯則曰殺子之罪輕也。要之，皆未得聖人之意。以爲貶之，則姜氏之惡何待貶乎？以爲闕文，則又妄以爲殺子之罪輕於殺夫，則是有可殺之君，而弑君之賊猶有輕重也。「夫人孫于齊」，不言姜氏，所以使齊絶之也。齊者，文姜父母之國。父母之於子，雖有罪惡，得容隱焉。若哀姜之惡，蓋與文姜等矣。爲魯夫人，則比弑二君；爲齊姜氏，則見殺於齊侯。氏者，祖之所自出，所以別其生也。若哀姜者，爲魯夫人而弑二君，爲齊姜氏則見殺。罪惡貫盈，至于天下之大、四海之廣，無所容其一身，蓋非齊姜氏也，夫人氏而已。於其孫邾，其見殺於齊，不去姜者，孫邾所以別異姓，見殺於齊所以與齊殺之。惟其喪之至自齊也，可以不言姜焉。蓋聖人之輕重與奪，惟其事之所在也。

二年，春，王正月，城楚丘。

三傳之説，皆以爲楚丘衛邑，齊桓帥諸侯城之。然案《春秋》之例，諸侯城之者則書諸侯，城邢、城緣陵、城虎牢、城成周是也，未有與諸侯同城而不敘諸侯者。楚

丘之地見於傳記者，皆以爲衛邑。衛詩《定之方中》序亦曰衛楚丘，而詩中無之，但曰楚宮、楚室爾。楚丘之名見於《春秋》者二，隱之七年曰「戎伐凡伯于楚丘以歸」。❶當凡伯之來聘，戎遂伐之以歸。經不言衛，則楚丘安知非魯地乎？於此城之，又不言諸侯城楚丘，益可疑也。今地里楚丘屬宋，則凡伯自周聘魯，無緣更過宋也。此蓋可疑之事，且當闕之。

夏，五月，辛巳，葬我小君哀姜。虞師、晉師滅下陽。

下陽，虢邑也。《春秋》邑不言滅，特書下陽之滅而虢不見經者，蓋聖人之意以爲虞公貪璧馬之賂，而爲晉假道，以滅脣齒之國，下陽舉而虢滅矣。《春秋》不書其滅，但曰滅下陽者，蓋虢之滅見賣於所與之國，聖人所不忍焉，書滅下陽而已。虞師首惡，序晉之上。至五年晉人執虞公，虞亦滅矣。又不書滅者，蓋虞之滅乃在於滅虢之時，不在五年也。經書「虞師、晉師滅下陽」，則是虞、虢之滅在於此舉。然聖人於虢則不忍其亡，在虞則先見其滅，故虢之滅但書下陽，而虞之滅書執虞公也。三傳之説皆是。

秋，九月，齊侯、宋公、江人、黄人盟于貫。

貫之盟，齊桓德大著，江、黄小國遠來服從也。《公》、《穀》二傳皆以爲遠國舉江、黄，則諸侯皆至，然春秋之時天下諸侯亦以衆多，齊桓豈能盡服之乎？但四國會盟爾，安知當時之諸侯皆來乎？《公》、《穀》之説非。

冬，十月，不雨。

❶「七」，原作「八」，據《春秋》經文改。

《春秋》之法，一時不雨則書，過時不雨則加「自」文以別之。僖公三時不雨而首時皆志者，《穀梁》謂之閔雨。僖公有卹民之心，一時不雨則憂其災及於物，《春秋》據舊史書之，以見其有志於民也。

楚人侵鄭。

三年，春，王正月，不雨。夏，四月，不雨。

徐人取舒。

舒，國也。徐人取之而不言滅者，舒之宗祀復存，未嘗見滅也。舒者，楚附庸之國，服屬於楚。徐人自楚取之，使之屬徐也。趙子曰：「凡得國不書滅者，不絶其祀也。」此説是也。

六月，雨。

文公二年、十年、十三年逾時不雨，皆加「自」文以別之。僖公二年之中逾時不雨者九月，於其首時皆曰不雨，無自某至某之文。《左氏》曰：「不曰旱，不爲災也。」此説雖通解《春秋》之義，然於僖公未明也。《公羊》曰「上雨而不甚也」，然則首時之文又何也？惟《穀梁》以爲閔雨。《春秋》緣人君愛民之心而書之，比之二傳近而可訓，且當以《穀梁》爲據也。

秋，齊侯、宋公、江人、黄人會于陽穀。

陽穀之會，蓋齊桓伯業之盛，遂欲誇服諸侯爾，而《左氏》以爲謀伐楚也。案：伐楚之役，江、黄不與。又楚方盛彊，桓公必不敢倡謀伐之。《左氏》但見伐楚在於明年，於此妄爲之説也。

冬，公子友如齊涖盟。

涖，臨也。《春秋》，魯史，其書魯事有内辭焉。外臣之來者，書曰來盟。來者，自外之辭也。内臣之往者，書曰涖盟，臨涖而盟之也。我君之有道而大夫之賢，所

往之國無敵也，臨之而已。不書其人，非其國之君敵吾大夫者爾。不書，簡辭也。《公羊》曰「往盟于彼」，《穀梁》曰「涖者，位也」，是皆不知《春秋》之謂内辭，故各爲之説也。

楚人伐鄭。

四年，春，王正月，公會齊侯、宋公、陳侯、衛侯、鄭伯、許男、曹伯侵蔡。蔡潰，遂伐楚，次于陘。

楚之爲中國患，齊桓欲伐之久矣。而蔡爲楚之與國，當諸侯之道。齊侯遂帥諸侯之師，侵其所與之國，使之奔潰，以懼楚人，遂進而聲楚之罪以討之，然又畏楚而不敢進也，於是次于陘焉。夫以楚之彊而侵陵中國也有日矣，齊桓志欲攘之，而諸侯未服，伯業未成，於是數盟諸侯，而諸侯信服。北伐山戎，而兵威已試。齊桓帥已試之師，而從信服之諸侯，南伐彊楚，責包茅不入於天王，蓋伯者之功於斯爲盛。《春秋》齊桓用師二十餘年，貶之曰人，以其不務德而務力也。於是始書其爵，以爲其師知所討矣。於其次陘而不進也，❶蓋有罪焉。《春秋》不深罪之，所以見齊桓之彊而不能當楚，於次之中有足矜焉者矣。《左氏》、《史記》載侵蔡之事，皆以爲怒蔡姬之蕩舟。然《春秋》於齊桓之侵蔡伐楚也，始書其爵，孔子方進之，不應其侵蔡有私也。《公羊》曰：「次于陘，俟屈完也。」案：經文師自次爾，安知屈完之來乎？

夏，許男新臣卒。

《春秋》之法，諸侯卒於其國都者不地，雖其國，不于其都，猶地也。蓋以國君之

❶「於其」，殿本作「至於」。

尊，社稷人民之繫重，卒不于其國者，皆書其地以謹之也。許男新臣會齊桓，而卒于師。《春秋》之於新臣也，不書其地，蓋地者罪之也。諸侯不自治其國家，而奔走于會盟侵伐，至于死非其所而社稷危焉，則書地以罪之。齊桓之彊而伐楚之盛，諸侯從之則國安身榮，不從之則危辱滅亡至矣。新臣雖死于師，而《春秋》書之若卒于國者，所以許新臣之出會齊桓，異於它諸侯之卒也。《穀梁》曰「內桓」，此説是也。趙子曰新臣「歸，卒于國爾」。案：經文次陘而書新臣之卒，下有屈完來盟之事，新臣豈能遽歸乎？此説非也。

楚屈完來盟于師，盟于召陵。

《春秋》大夫來盟者，必書君使。屈完之來不書使者，屈完受命不受辭，得專使之宜，故不曰使也。是時魯公在師，以屈完自外而至，故曰來盟。《春秋》再言盟，蓋屈完受命來盟于師，諸侯以其服從，退軍召陵，然後盟也。若一書盟于召陵，則無以見諸侯退師之實。故先書來盟，以見楚之服從，又書盟于召陵，以見諸侯之退師。春秋之盛，莫盛於齊桓。齊桓之功，莫大於召陵之盟。然而孔子書之，無異辭焉。蓋王道之行，則無伯者。伯者雖盛，皆王道之罪人。故明乎王道，然後知伯者之小。論乎聖人，然後知道德之大也。楊子曰：齊桓之時緼，而《春秋》美召陵，習亂也。蓋楊子之意亦曰召陵無足美者焉，而《春秋》以習亂美之也。《公羊》曰：「喜服楚也。」雖夷狄之盛，然王道不繫之重輕，服而喜之，何待聖人之小也？《穀梁》曰：「內桓師也。」趙子非

之，曰：「魯侯不在，豈有言來之理乎？」此説是也。

齊人執陳轅濤塗。

執轅濤塗者，蓋齊侯也，書曰齊人，貶之也。它國之大夫雖有罪，不可專執，況無罪乎？《春秋》之法，執人之大夫，不以其有罪無罪，一貶之曰人，罪其不受命於天王而專執也。濤塗之事見於《左氏》、《公羊》，皆以爲誤齊侯之道而至于見執。然《春秋》書之與執大夫之例等爾，蓋專執之罪同也。三傳之説，《公羊》得之。

秋，及江人、黄人伐陳。八月，公至自伐楚。葬許穆公。冬，十有二月，公孫兹帥師會齊人、宋人、衛人、鄭人、許人、曹人侵陳。

五年，春，晉侯殺其世子申生。

申生之事，見於傳記備矣。晉侯之惡，不待貶絶而後見也。然《春秋》之於申生無美辭焉，蓋人子之道至於見殺，則爲不孝大矣。舜之事瞽瞍，瞽瞍亦允若，而卒免于禍。申生之於獻公也，獻公聽讒而申生死之。《春秋》舉重者言之，斥言晉侯，而申生未免有罪也。

杞伯姬來朝其子。

婦人既嫁，不踰境，惟父母存得歸寧，父母歿，雖兄弟不往也。《春秋》内女之歸者，未嘗有曰子叔姬焉，❶其書者皆非禮也。杞伯姬既以非禮來，魯又以其子來行朝禮，失禮之甚者也。書曰「杞伯姬來朝其子」，則是杞伯姬、魯侯皆有罪矣。《穀梁》曰「參譏之」，是也。

夏，公孫兹如牟。

---

❶「子叔姬焉」，據文意及卷六莊公二十七年「冬，杞伯姬來」條，疑當作「子某姬來」。

公及齊侯、宋公、陳侯、衛侯、鄭伯、許男、曹伯會王世子于首止。

齊桓欲帥諸侯以尊王室，❶於是致王世子而會之首止。不列敘世子者，《春秋》尊之，不與其致世子也。齊桓之伯，始會世子。晉文之伯，至于召王。齊桓以方伯之盛，不能帥諸侯以朝天子，而致王世子會之。至於晉文，遂召天王而臣禮亡矣。孔子罪作俑者至于用人，蓋召世子而至于召王，齊桓之罪亦不可勝誅矣。《公羊》曰「世子貴也」，《穀梁》曰「尊之也」。案：《春秋》之法，尊尊卑卑，不與其致世子，特殊會以見其意，貴之、尊之皆非也。

秋，八月，諸侯盟于首止，鄭伯逃歸不盟。

《春秋》之法，間有異事則前目後凡。首止之會間無異事而復敘諸侯者，不與其盟王世子也。世子者，天子之子而世天下者也。諸侯盟之，而以不信加之，聖人之所不與也，特没去世子而但曰諸侯也。齊桓於此大會諸侯以尊王室，而鄭伯逃歸。《春秋》惡其以國君之尊而爲匹夫之行，義當留而竊去，特曰「逃歸」也。

楚人滅弦，弦子奔黄。

《春秋》國滅而其君死之者，但書曰滅，以其君歸者書名，其君出奔者書奔。奔者非無罪也，校之隨軍歸者則輕。國滅而身死者非可褒也，校之不死而奔者則善。故滅人之國，其罪則一，而見滅之君，其例有三也。弦子出奔而不名，罪輕於以歸者也。

九月，戊申，朔，日有食之。

冬，晉人執虞公。

❶「欲」，殿本作「又」。

虞、虢相爲表裏之國也。虞公貪璧馬之賂，假晉道以亡虢。蓋虢亡而虞舉矣。《春秋》於虢之滅也，敘虞於晉上，而以下陽當之；於虞之亡也，不言其遷，不言其滅，但曰執虞公。蓋虞之所依者虢也，貪賂而首惡，虢亡則虞亡。下陽之滅，虞已見滅，而晉已取虞。虞之亡也，四年于茲矣。於是但執虞公焉，非亡虞也。《公羊》曰「其言執之，不與滅也」。案：虞之滅，蓋在滅下陽，故不再言爾。又曰「滅者，亡國之善辭」。案：滅人亡國，大惡也，何謂善乎？

六年，春，王正月。夏，公會齊侯、宋公、陳侯、衛侯、曹伯伐鄭，圍新城。

去年鄭伯逃首止之盟，齊侯於是帥諸侯伐之而圍其邑。鄭伯誠有罪矣，然爲齊桓者，不務修德以綏懷諸侯，乃恃其彊，伐圍小國，蓋其罪亦大矣。《公羊》曰「邑不言圍，彊也」。案：鄭小國，而當齊桓、諸侯之師，又一邑爾，何能彊乎？《穀梁》曰「著鄭伯之罪也」。案：鄭伯逃歸，不待貶絶，而齊桓伐人之國而圍其邑，能無罪乎？

秋，楚人圍許，諸侯遂救許。

鄭伯逃歸而附楚，故齊桓帥諸侯伐之。楚人救之而圍齊桓所與之國，齊桓遂釋鄭圍，而帥諸侯救之。蓋楚人救鄭而圍許，圍其所與必救者也。《春秋》書之，若曰齊桓伐鄭，未足以爲討罪，救許未足以爲功，不若務修其德以懷諸侯，則鄭不須伐，許不須救也。齊桓一失於首止之盟，而天下兵革遂至連年。《春秋》一切著之，以見桓公之罪。《穀梁》曰：「善救許也。」案：《春秋》方罪之爾，安得善乎？

冬，公至自伐鄭。

七年，春，齊人伐鄭。

齊桓以鄭附楚，於是又使微者伐之。夫齊桓不務德而務侵伐，❶《春秋》一切著之，蓋其罪不待貶絶而自見矣。

夏，小邾子來朝。

郳黎來自莊公五年來朝，以後久不見經。❷於是來朝稱小邾子者，蓋其隨從齊桓伯主，而齊桓稱王命爵之，❸故書子也。言小者，有大之辭，所以自伯者之興而附庸小國類多稱爵。❹《春秋》因而書之，所以見當時之爵或降或升，惟伯者之所欲爲爾，其罪蓋不可勝誅也。❺

鄭殺其大夫申侯。

《春秋》之法，殺大夫稱國者，惡專殺也。❻不言其爵，不與其專殺也。著大夫之名，所以見其罪，且有以別之也。其不名者，皆闕之爾，非美之也。《穀梁》曰：「稱國以殺大夫，殺無罪也。」案：大夫無專殺之禮，雖有罪，不得殺。《春秋》不與其專殺也，故奪其爵以見之，謂之殺無罪大夫，非也。

秋，七月，公會齊侯、宋公、陳世子款、鄭世子華，盟于甯母。

甯母之盟，蓋鄭屢爲齊所伐，勢不自安，故遣其世子盟齊桓，以紓一時之難。然鄭伯知附楚之罪，以求伯者，又不能以

❶「夫」，原空闕，據殿本補。
❷「以後久」，原空闕，據殿本補。
❸「主而齊桓」，原空闕，據殿本補。
❹「自伯者」，原空闕，據殿本補。
❺「蓋」，原空闕，據殿本補。
❻「惡專殺」，原空闕，據殿本補。

身下之而徒遺其子，❶卒之齊人不悦，❷故洮之盟鄭伯不與而至于乞也。禮之道，❸自敵以下不容失也，❹況天下之盟主哉！故陳、鄭世子與盟，而《春秋》書之以見其罪也。

曹伯班卒。公子友如齊。冬，葬曹昭公。

八年，春，王正月，公會王人、齊侯、宋公、衛侯、許男、曹伯、陳世子款，盟于洮。

王人，王之微者。《春秋》尊之，故雖微者銜天子之命，亦敘諸侯之上也。春秋伯者多假王命以令諸侯，名尊天子，而實行其私。齊桓是時致天王之命，以會盟中國。雖其微者，而《春秋》不與其盟諸侯也，故顯言王人而列敘諸侯，以見其罪。王人而盟諸侯，則王道之衰；諸侯而盟王人，則諸侯之伉。盟者，不信而後爲之也。天子諸侯矣而猶盟焉，蓋君臣之交失道也，其猶以齊侯爲之重乎？

鄭伯乞盟。

《春秋》之法，有義同而辭異者，皆聖人之新意也。天子有求於下，則書求。求者，責也。天王者，天下之尊，一物皆其所有，於其所無也，則責其下使共之爾。故其取車、取金也，書之曰求，求其所當入也。諸侯之於諸侯，土地有常守，人民有常奉，以其所無求其所有者，皆非其道也。故於求盟、求師也，書之曰乞，非所有而乞之也。《春秋》書求者三，皆施之於天王，書乞者六，皆施之於諸侯。鄭伯逃天下之盟主，而附彊暴之夷狄。甯母

❶「徒」，原作「徙」，據殿本改。
❷「人不悦」，原空闕，據殿本補。
❸「道」上，殿本有「爲」字。
❹「以下不容」，原空闕，據殿本補。

之盟，雖嘗遣其世子，又恐懼不安其國，親來乞盟。《春秋》罪之，首止則著其逃，洮盟則書其乞，其賤之之意如何也。《公》、《穀》皆曰「蓋酌之也」。經書「鄭伯乞盟」，則是鄭伯親乞之。此説非也。實酌與之，則當書曰使某乞盟。

夏，狄伐晉。

秋，七月，禘于太廟，用致夫人。

夫人之説，三傳皆不同。《左氏》則以爲哀姜，《公羊》則以爲聲姜，《穀梁》則以爲成風。或以爲嫡母，或以爲庶母，或以爲夫人。考經前後皆不可據，然聖人但書夫人，而不言姓氏，則聖人之意亦不在於姓氏也。禘者，國之大事，而太廟，魯之始祖之廟，其不可失禮也明矣。今乃以夫人之故，而大禘太廟。蓋禘不可以爲夫人而設，太廟不可以夫人而禘也。其所當重者，禘於太廟爾，夫人何足道哉？《春秋》之法，祭祀失禮者書其祭名。書曰「禘于太廟」，則是非所宜禘而禘也。書用者，不宜用也。致者，不宜致也。聖人以不宜用、不宜致之辭，加之夫人之上，則夫人之氏姓，❶亦不足道也。國之大事，莫大於禘。魯國之尊，莫大於太廟。失禮大事，黷祀周公，則其所用而致之者，雖國君之嫡母，盛德之夫人，不可當也，況聲姜、哀姜、成風乎？《春秋》没去其氏姓，但書夫人，以謂凡夫人者皆不可也。三傳皆非。

冬，十有二月，丁未，天王崩。

九年，春，王三月，丁丑，宋公御説卒。夏，公會宰周公、齊侯、宋子、衛侯、鄭伯、許男、

❶「氏姓」，殿本作「姓氏」。下「氏姓」同。

曹伯于葵丘。

宰周公者，天子三公，又爲冢宰者也。宋稱子者，御説之喪至是未逾年，居喪稱子，禮也。《春秋》諸侯居喪而盟會侵伐者多矣，其稱子者四爾。孔子因而書之，以見其居喪而與乎國事之罪。不稱子而行者，其罪又不可勝誅也。葵丘之會，蓋齊桓之極盛，然而《春秋》無與辭焉。以桓公之彊盛，而從服諸侯之日久矣，其帥之朝天子、獎王室，如反掌然，無難爾。然桓公恃其彊盛，致天子之冢宰以號令諸侯，假天王爲名而實自尊大。《春秋》罪之，故書曰「公會宰周公、齊侯、宋子、衛侯、鄭伯、許男、曹伯于葵丘」。《左氏》之説，《辯疑》非之當矣。

秋，七月，乙酉，伯姬卒。

《春秋》内女許嫁而卒惟二爾，伯姬、子叔姬是也。未自其國，未適他國也，必書其字，許嫁者也。許嫁而卒者，《春秋》書之，以吾君爲之服，因録之也。《公》、《穀》之説皆是。

九月，戊辰，諸侯盟于葵丘。

葵丘之盟，實會宰周公。自言諸侯而不敘宰周公者，聖人不與齊桓致天子之三公而與之盟。三公之位，迫於天子。冢宰之權，重於天下。齊桓不能尊事天子，而假其位號以令諸侯，又盟其世子，盟其三公。聖人不與其以不信而加天王之近臣，故其於盟葵丘也，但曰諸侯焉。蓋《春秋》之法，近尊者則爲之嫌，遠尊者則不嫌其敵。天子之大夫可得而侵伐，王臣之微者可得而會盟。至於三公之尊，則近於天王，世子之位，則貴於天下。故首止之會殊會世子，葵丘之盟不盟周公，

皆《春秋》之變例，聖人之新意也。葵丘之盟，孟子美之，以爲後之諸侯皆犯其五禁。蓋春秋之盛，莫盛於齊桓，齊桓之盟，莫著於葵丘之事。齊桓最高之業，春秋甚盛之際，以孟子之時諸侯言之，則齊桓在可褒之域，校之三王之盛，則齊桓又其罪人。此《春秋》所以無褒，而孟子言其有罪也。

甲子，晉侯佹諸卒。

冬，晉里克殺其君之子奚齊。

《春秋》之法，未逾年之君稱子，其見殺者稱君。稱子者，人臣之心不忍變於中年。稱君者，已繼其位，國人以之爲君也。齊公子商人弑其君舍，舍未逾年之君也，然商人之弑同於成君，不得曰子也。奚齊見殺與齊舍等爾，不曰其君而曰君之子者，聖人之意也。獻公有寵賤妾，至聽其讒而殺其世子申生，而立奚齊。奚齊不當立，而獻公以嬖立之，里克因其不順而殺之。書「晉里克殺其君之子奚齊」，奚齊雖庶，里克不得殺之，里克有罪矣。里克雖不得殺，而奚齊不得爲君。里克殺其君之子，罪不減於殺君，然奚齊之不正始著。奚齊嘗立爲君，不幸見殺於里克，聖人惡其殺嫡而立，斥曰「其君之子」，而里克之罪不減。此《春秋》所以斷疑似之邪正，而曲盡人情之難言也。《穀梁》曰「國人不子」，其最精者歟？

十年，春，王正月，公如齊。狄滅温，温子奔衛。

温子爲狄所滅，不能死位而出奔，《春秋》書奔以罪之。不書其名，罪差於隨軍以歸者也。

晉里克弑其君卓及其大夫荀息。

《春秋》弒君二十有四，而死難之臣三人而已。荀息事迹見於傳記，皆以謂從君於昏，廢嫡而立庶。然《春秋》書之與孔父、仇牧之事等而無異辭者，蓋聖人所謂大臣以道事君，不可則止者也。若事君之日久，不能致君於無過而至于見殺焉，則其事君之道必未至矣，雖死之，何益也？然其在春秋之時，則猶有可取者爾。孔父之死于與夷，仇牧之死于捷，皆正君所當得立者，而猶無褒，況如息哉？卓之得立，以獻公之私、荀息之阿意。然而《春秋》之於息也無貶辭，而書之與仇、孔者類，蓋荀息之所死者可知矣。晉獻公殺其世子而立奚齊，奚齊見殺，荀息立卓，卓見殺而荀息死之者卓爾，❶卓安得立而荀息安所致死哉？蓋書息之死卓，❷則知息之所立者非其人也。《公羊》云息之立非其君，以死而賢之，與仇、孔者等，息豈足道哉？柳子厚曰：《春秋》之進荀息，非聖人之情也，進荀息以甚苟免之惡，忍之爾。子厚不知《春秋》書荀息之死于卓以見其罪爾，孔子安得隱忍而不罪之乎？

夏，齊侯、許男伐北戎。晉殺其大夫里克。

《春秋》殺大夫稱國者，不與其君專殺大夫也。里克比弒二君，天下之大惡，於其殺之也，稱大夫而不與專殺。蓋《春秋》之法，雖弒君之賊，以其罪討之，則書之爲人，不以其罪討之，則爲專殺。里克雖有弒君之罪，而夷吾嘗命爲大夫矣，又以己私殺之，晉殺其大夫爾，非討弒賊也。

❶「荀息死之」，原空闕，據殿本補。

❷「書」，殿本作「荀」。

齊公子商人弒其君舍而立，於其見殺也，書曰「齊人弒其君商人」。商人雖有弒君之罪，而齊人殺之者以己怨焉。齊人弒君爾，非討弒賊也。弒君之賊固《春秋》所不容，然當時討之必正其罪，不正其罪而殺之，猶之不討也。故晉殺里克，得殺大夫之罪，齊人弒商人，被弒君之惡。蓋《春秋》之輕重與奪，必皆盡當時之情，非苟然也。《穀梁》曰「殺之不以其罪」，此説是。

秋，七月。

冬，大雨雪。

《春秋》書雨雪者三，而言大者二。大者，非常之辭。雨雪非常而爲災，故志之爾。《公羊》曰：「大雨雹，何以書？記異也。」案：《左氏》、《穀梁》皆作雪，《公羊》未可據也。

十有一年，春，晉殺其大夫丕鄭父。

《左氏》載丕鄭見殺之迹，以爲謀出晉君。丕鄭謀出其君，蓋有罪矣，然《春秋》不與其專殺者，以其命之爲大夫，則賢者矣，安得有罪之人乎？大夫有罪，則所以命之者非其人也，不得已則放之可也，何至於殺之乎？故《春秋》之義，大夫之罪如丕鄭者猶不可專殺，況無罪乎？

夏，公及夫人姜氏會齊侯于陽穀。

婦人無事不逾境，公乃及其夫人會齊侯。《春秋》以其非禮，特書之以爲戒。

秋，八月，大雩。

雩，旱祭也。旱而祈雨，其祭非常，故曰大雩也。雩則旱矣，不曰旱而曰雩者，但雩而已，旱不爲災也。歲旱而大雩，有志於民，且其事非常，故志之爾。《穀梁》之説，何休非之當矣。

冬，楚人伐黃。

十有二年，春，王三月，庚午，日有食之。

夏，楚人滅黃。

黃小國而近於楚，齊桓之興，始釋楚而從齊會盟侵伐，惟齊桓之所令。於是楚人滅之，而齊不能救。故《春秋》書之，既以見夷狄之彊，且罪齊桓之不救也。《穀梁》曰「君子閔之」，蓋《春秋》之意也。

秋，七月。冬，十有二月，丁丑，陳侯杵臼卒。

十有三年，春，狄侵衛。夏，四月，葬陳宣公。公會齊侯、宋公、陳侯、衛侯、鄭伯、許男、曹伯于鹹。

鹹之會，二傳皆無事迹，惟《左氏》以爲謀杞、謀王室。案：王室之事不載于經，而明年經書「城緣陵」。前目後凡，則謀杞之説與經合矣。

秋，九月，大雩。冬，公子友如齊。

十有四年，春，諸侯城緣陵。

緣陵之地，經不言杞者，杞未遷也。不敘諸侯而凡言之者，會鹹之諸侯於是復合而城之。前目後凡，《春秋》之簡辭也。去年之冬經書「公子友如齊」，則是公子友受命于魯公而聘齊侯也。公子友受命而聘，則齊、魯之君皆嘗反其國矣。然經不再敘之者，以去年定其謀，今年終其役，事無殊異，國無增損，可以簡言之矣。《春秋》城杞、城邢斥言其國，緣陵、虎牢但書其地。蓋遷國者書國，未遷者書地，《春秋》之法然也。會盟戰敵不書其地之國名，可推而知者也。《左氏》曰：「不書其人，有闕也。」案：前目後凡，何所闕乎？《公羊》曰「徐、莒脅之」。案：徐、莒亦小國爾，何能脅杞使遷乎？且經無

其事，未可據也。《穀梁》曰：「其曰諸侯，散辭也。」案：會鹹之諸侯歸而復合，前目後凡爾，何散乎？ 三傳之説皆非。

夏，六月，季姬及鄫子遇于防，使鄫子來朝。

《春秋》之法，内女適人者以國繫之，明有所從也，杞伯姬、宋蕩伯姬是也。 未適人者但書其字，未有所從，字以別之也，伯姬，子叔姬是也。 經書「季姬及鄫子遇于防」，非禮可知也。 又使之來朝，謀來詣己，❶惡之甚者也。 季姬、鄫子之惡不待貶而後見，所以爲僖公者罪不可責也。《左氏》以爲季姬歸寧而公止之，故遇于防而使之朝。 案：《春秋》内女適它國者言歸。 季姬未嘗言歸于鄫，而明年始書之，又經不曰鄫季姬，明其未歸鄫也。《左氏》徒見醜惡之甚，以爲必不至此，故曲爲之解。 文姜、哀姜之行有甚於此者矣，季姬之事，經書之甚明，無足疑也。《穀梁》曰：「以病鄫也。」《春秋》三罪之，何止鄫子哉？

秋，八月，辛卯，沙鹿崩。

《春秋》災異之志，必言其國。 雨螽，大水，星隕，鷁退，書宋災，書齊災，書陳火，書成周火。 沙鹿崩，梁山崩，皆非魯地，而《春秋》書之，有内辭焉。 此聖人之意也。 夫水火之爲災，石鷁之爲異，地不過百里，時不過數日，所以召之者止於其君，所以應之者盡於一國，故國不可不著也。 至於王道大壞，彝倫一斁，而天下之人皆反皇極，則天見其變而日食星孛，地見其妖而川竭山崩，所以召之者在於天下，所以應之者徧於四海，則雖在其國，

❶「詣」，殿本作「請」。

不得著其國也。日有食之，星孛于某，其變之大，其應之廣，不可以一國言也。沙鹿崩，梁山崩，雖在於晉，而異及於天下，不可以晉言也。沙，山名也。鹿，足也。山崩而其足舉崩，異之甚者也。《詩》曰：「百川沸騰，山冢崒崩。」冢，山頂也。山崩其頂，以爲大異，況其足隨之乎？異之大者也。《左氏》記卜偃之言，曰「期年將有大咎，幾亡國」。案：沙鹿之崩，其異在於天下，何獨晉乎？卜偃之言妄矣，《左氏》載之非也。《公羊》曰「爲天下記異」，此最得之。

狄侵鄭。冬，蔡侯肸卒。

十有五年，春，王正月，公如齊。楚人伐徐。

徐自僖公三年書「徐人取舒」，始見於經。牡丘之盟，齊桓始會諸侯謀之，而使大夫救。其見伐，故卒有婁林之敗。然則徐人附齊而外楚，故至楚人伐且敗之，而諸侯大夫之救也。《左氏》曰：「楚人伐徐，徐即諸夏故也。」《左氏》得之矣。

三月，公會齊侯、宋公、陳侯、衛侯、鄭伯、許男、曹伯盟于牡丘，遂次于匡。

牡丘之會實齊桓會諸侯，將救徐，然畏楚而不敢進也，故次于匡。齊桓伯業之盛如此，又從天下之諸侯，其帥之以義而救人之危蓋甚易爾，然畏楚而不敢進，徒次于匡。《春秋》書之，蓋譏之也。夫兵者量力而後動，中節而後行。齊桓之力可以動，救徐之師可以行，反畏之而不進，徒次于匡而使大夫救之。書次、書救，再罪之也。

公孫敖帥師及諸侯之大夫救徐。

齊桓從天下之諸侯，不能救徐之見伐，而使大夫救之，罪其不親往也。夫以彊楚

之無知而徐人之弱小，齊桓不即救之，而盟于牡丘，次于匡，至其將見滅也，而使大夫救之。是齊桓擁彊兵，不敢當楚，假救徐之名以助之，而實不能救，故徐卒不免婁林之敗也。《春秋》之義，禦夷狄欲其不來，彊中國欲其無敵。「公追戎于濟西」，譏其不能使之不來而徒追之也。「遂伐楚，次于陘」，譏其不能窮討而次之爾。盟于牡丘，次于匡，而大夫救徐，❶《春秋》之意可知矣。《春秋》之法，前目後凡。魯公而再與諸侯序，則但曰諸侯，魯公則一也。大夫而與大夫序，必書大夫之名，有衆大夫而爲之别也。諸侯會而大夫行事，魯即書大夫之名，而諸侯之大夫不序。《春秋》，魯史，魯事則詳書之，以别衆大夫也。葵丘之盟不曰公及諸侯盟者，魯一君爾，不嫌非公也。宋之盟叔孫豹實與焉，盟而再言豹者，别它大夫也。救徐之師，牡丘諸侯之大夫也，必曰公孫敖焉，所以詳内而爲之别也。《穀梁》曰：「善救徐也。」案：經書盟于牡丘，次于匡而大夫救徐，蓋罪之爾，何謂善乎？

夏，五月，日有食之。

秋，七月，齊師、曹師伐厲。

厲者，楚所與之國也。齊桓以楚之彊盛，數暴中國，故帥曹伐之。楚有暴中國之罪，齊桓畏其彊，不敢伐，而伐其所與之厲，厲何罪乎？怒楚而伐厲，齊桓失所伐矣。

八月，螽。九月，公至自會。

季姬歸于鄫。

❶「而」下，殿本有「使」字。

季姬之歸，不書所逆。逆者，鄫子也。内女之歸不書逆者，皆其君自來逆之，常事不書爾。季姬惡行當絶，而《春秋》書之與内女之歸無異，蓋季姬之貶已見於遇鄫子于防之時，於是但以恩録之爾。

己卯，晦，震夷伯之廟。

夷伯，魯大夫。《春秋》魯大夫既卒之後例書其字，「公子友如陳葬原仲」是也。震者，雷電擊之。《春秋》記異，故書之爾。遇晦書晦，遇朔書朔，「戊申，朔，隕石于宋五」是也。「己卯，晦，震夷伯之廟」，《公》、《穀》皆曰「晦，冥」，非也。《左氏》以爲展氏有隱慝，震而罪之。天道之浩大如此，安得物禍而人福之？展氏有隱慝而天輒震焉，姦惡而得志者，天道遺之何也？非也。《公羊》曰：「稱夷伯者，天戒之，故大之。」夷伯微者，因天罰而字之，理自不安也。

冬，宋人伐曹。

楚人敗徐于婁林。

《春秋》之法，内敗外師不言戰，不使外敵内也；中國敗夷狄不言戰，不使夷狄敵中國也；夷敵敗夷狄不言戰，❶禽獸相殘，不重輕也。《春秋》之義，近尊者則爲之嫌，遠尊者不嫌其敵。内之於外，中國之於夷狄，近尊者爲之嫌，不使之敵也。夷狄之於夷狄，去内已疎，去中國已遠，爲之辭雖同於内、同於中國，不嫌其敵也。楚人敗徐于婁林，與内之敗外、中國之敗夷狄無異辭焉，不嫌故也。徐人之睦于齊而見伐于楚，齊桓盟于牡丘，次于匡，使大夫救之，而楚卒敗之，則齊桓之

❶「敵」，據文意，疑當作「狄」。

救爲無益也。書曰「楚人敗徐于婁林」，所以病齊桓也。

十有一月，壬戌，晉侯及秦伯戰于韓，獲晉侯。

晉師不敗而其君見獲，故但書戰、書獲，而不言敗也。獲之者，禽之也。晉師與秦戰，其師未敗而身見禽焉，不可必言師敗也。晉侯内失其民，外深秦怨。《春秋》書曰「獲晉侯」，蓋賤之也。《公羊》曰「君獲不言師敗績」。若如其説，師實不敗，君見獲，如何書乎？《左氏》、《穀梁》之説是。

十有六年，春，王正月，戊申，朔，隕石于宋五。是月，六鷁退飛過宋都。

石、鷁之説，《公》、《穀》皆是也，然《公羊》曰「《春秋》不書晦」，非也。《春秋》之法，惟日食不書晦。聖人以謂日食必於朔，食晦者曆失也。《春秋》日食不書晦，所以正萬世之曆也。其它事遇晦朔則書，無不書之理也。又曰「外異不書」，案：《春秋》宋、衛、陳、鄭無不書者，何獨宋王者之後乎？《穀梁》曰：「是月者，決不日而月也。」案：《春秋》不以日月爲例。書是月者，所以別非戊申之日爾。不書其日，所不可知，闕之也。又曰：「石無知，鷁有知。」案：石、鷁之志，所以著其爲異爾，何論有知無知乎？又曰：「五石六鷁之辭不設，則王道不亢。」案：石、鷁之辭，孔子所謂致廣大而盡精微者也，廣大有所不致，而徒盡其精微，其於王道亦疎矣。謂石、鷁之辭足亢王道，亦《穀梁》之偏説也。

二月，壬申，公子季友卒。

《春秋》内臣之卒書氏、書名，未有字之與言其兄弟者，而公子季友書字，公弟

叔肸稱弟，皆賢之也。公子季友當莊公之昏、閔公之弱，賊臣擾擾之際，爰立僖公，而魯難遂已，國家安寧，蓋其賢且有功者也。《春秋》於其來歸也，字而不名，曰「季子來歸」；於其卒也，惜而不忍，曰「公子季友卒」。公子遂殺子赤而立宣公，宣公立而不討遂之罪。公弟叔肸非之，不食其禄，又不舍其兄而去。《春秋》以爲得弟之道，非大夫而書卒、字，且稱弟，曰「公弟叔肸卒」。《春秋》内臣之見于經者四十七，書字者三十，其書字以卒之者二人而已，季友、叔肸是也，豈非賢乎？

夏，四月，丙申，鄫季姬卒。

《春秋》内女適諸侯者書卒，以魯公爲九月之服，恩録之，鄫季姬是也。時君非其兄弟，無九月之服者，不書其卒，杞伯姬是也。適諸侯而大歸者，見棄於它國，則非夫人也。非夫人則無九月之服，亦不書卒，郯伯姬是也。適諸侯之大夫者無服，無服者亦不書卒，莒慶叔姬是也。鄫季姬惡行，當絶於《春秋》，然而君爲之九月服，吾爲之變，故卒言也。

秋，七月，甲子，公孫兹卒。冬，十有二月，公會齊侯、宋公、陳侯、衛侯、鄭伯、許男、邢侯、曹伯于淮。

十有七年，春，齊人、徐人伐英氏。

英氏近于楚而附屬之。齊桓以楚之彊而暴中國也，於是使微者會徐人伐之，且爲徐申其忿也。《左氏》曰「報婁林之役」，此説是也。

夏，滅項。

項，國名也。《公》、《穀》二傳皆以爲齊桓滅之，而爲之諱之也。然《春秋》之作不

待傳而後明，實齊滅之，而以内滅爲文，則是齊桓之罪見原，而魯無辜被誅也。蓋二傳之意，以滅國爲大惡，《春秋》諱内大惡，必不書滅也。滅人之國誠大惡矣，魯不幸而有之，如何爲之諱乎？書「取部」，不滅部之宗祀，但取而屬我。部非滅爾，故不書滅。項實滅之，而不存其祀，如何不書滅乎？《春秋》書魯滅者惟一，蓋魯自滅國少爾，何足疑哉？《左氏》之説是。

秋，夫人姜氏會齊侯于卞。

《左氏》載夫人會齊侯之事，以爲齊桓止公，故夫人會齊侯以釋之。然考之於經，無魯侯見執之迹。《春秋》雖爲内諱，亦不全没其事，則異其文爾，如公弑書薨而不地，殺大夫書刺，奔走變爲孫，不全没其事也。若齊侯實嘗執公，亦當異辭以見之。經無其辭，則《左氏》未可據也。若夫人因救解魯公而會齊侯，聖人亦當恕之，未可直以非禮之辭加之也。經言「會齊侯于卞」，則非禮可知矣，《左氏》之説非。

九月，公至自會。冬，十有二月，乙亥，齊侯小白卒。

十有八年，春，王正月，宋公、曹伯、衛人、邾人伐齊。

《左氏》載齊侯既卒之後，五公子争立，故宋帥諸侯之師伐之，將立孝公也。夫人國亂而爲之立君，蓋義舉矣，然《春秋》書之，有伐喪之迹。十二月齊侯卒，至是正月方兩月爾，而諸侯伐之。齊桓會盟侵伐，以安中國爲事者四十餘年，於其卒未兩月也，諸侯相帥伐之，藉使齊之公子争立。爲諸侯者，但當擇其可立者而立之

爾，而乃因其亂而伐之，無公心救齊之亂，而幸其有喪，乘其爭立伐之以爲利，故《春秋》原其情而書之曰「伐齊」。《穀梁》曰「非伐喪也」，此説非是。

夏，師救齊。

齊桓之没，諸侯乘其喪伐之，魯於是使微者帥師救之。夫伐之者有罪，救之者蓋可喜也。

五月，戊寅，宋師及齊師戰于甗，齊師敗績。

《春秋》之例，以見伐者爲主。宋於是時帥諸侯之師伐齊，既已伐而去，諸侯之師皆歸，齊師反伐宋師，故以宋爲主，而及齊師戰也。《公羊》以爲與宋，《穀梁》以爲惡宋，蓋皆不知齊反伐宋，故宋主之爾。若於伐齊之時宋遂及戰，不應曹、衛、邾不與也。此當以《左氏》爲定。

狄救齊。

中國諸侯相滅亡，有能救之者，則《春秋》善之。齊桓會盟侵伐四十餘年，攘夷狄，尊中國，存亡繼絶者不可勝數，死未逾年而諸侯伐之，戰至於敗，夷狄不忍而救之。《春秋》書曰「狄救齊」，則是中國皆夷狄，而夷狄有中國之行也。夷狄之行何足道哉，蓋傷中國爾。

秋，八月，丁亥，葬齊桓公。

冬，邢人、狄人伐衛。

《春秋》之法，夷狄以中國言之，未嘗有稱人者。夷狄禽獸爾，安得謂之人乎？於其伐衛也，特曰「狄人」焉，非進夷狄，所以傷中國也。衛嘗見滅於狄，而齊桓討之。《木瓜》之詩，衛人美齊桓而作也。齊桓死未逾年，而衛人同諸侯伐之。邢人自以復存者桓公也，於是不忍齊之見伐而衛之無恩也，與狄伐之。《春秋》書

曰「邢人、狄人伐衞」，中國則夷狄矣，而夷狄則人焉。稱之曰人，所以見中國之亂，人理泯亡，而夷狄爲人也。中國無道，則孔子欲居九夷。九夷非可居也，所以傷中國爾。諸侯伐齊，狄能救之，則進之曰人。狄非可進，所以罪諸侯也。故《春秋》之義，有非可善而善之者，皆有傷也。「紀侯大去其國」，非善紀侯也，所以罪殺人以圖存者也。「及其大夫孔父」，非善孔父也，所以罪賣君以苟生者也。然則召陵之師非善齊桓也，以其承衰亂而攘夷狄也。伐衞之役非進狄人也，所以傷中國而罪諸侯也。《春秋》之義於此最微乎！《穀梁》曰「善累而後進之」，亦一偏之論也。

十有九年，春，王三月，宋人執滕子嬰齊。

諸侯不受命於天王而專執者，貶之曰人，罪其以諸侯之尊而爲匹夫之行，微之也。諸侯失地生名，嬰齊見執而遂失其地，故名之也。

夏，六月，宋公、曹人、邾人盟于曹南。

曹南之盟，蓋宋襄公求伯而爲之也。曹、邾皆稱人者，蓋宋襄威德未著，曹、邾但使其臣會之，亦猶北杏之會齊桓稱公而諸侯稱人也。《春秋》不與臣敵君，雖大夫亦稱人爾。《公羊》作「宋人」，非也。

鄫子會盟于邾。己酉，邾人執鄫子用之。

鄫子會曹南之盟不及，及邾子會，因求盟焉。邾子因其至己之國，乘其無備，執而用之。蓋邾之與鄫，世讎之國，故宣十八年又戕鄫子于其國都。但邾、鄫小國，其相讎之迹不能悉見經，惟記其無道之甚者爾。用之之説，三傳皆不同，《左氏》以爲用之於次睢之社，《公》、《穀》皆以爲血

社。至昭十一年楚人執蔡世子友以歸用之，杜預則以爲祭山，《公羊》則以爲築防，趙子之徒又以爲用爲盟歃之牲，皆不同也。然考之於經，但曰用之，不云所用之迹。案：子路見殺於衛，曰醢之矣，遂命覆醢。蓋春秋之時，有用人爲牲，用人爲醢，大亂之極，聖人所不忍言，但曰用之，則知以人爲用也，不必正其名，其所重之者用之而已。春秋弒君之賊其弒之迹多矣，不必皆以刃也，然孔子書之曰弒，蓋所誅者弒君之罪爾，何論於弒之之迹乎？春秋殺它國之君者多矣，然未有用之之重者，其重者用之爾，何論於用之之迹乎？《左氏》之説，《辯疑》非之詳矣。

秋，宋人圍曹。

曹南之盟口血未乾，而宋人圍曹，用見宋襄之伯不成也。善乎子魚之言，深有補於後世矣。

衛人伐邢。

去年之冬邢伐衛，於是衛人報之爾。《左氏》曰衛有大旱，師興而雨。邢之惡何至於紂，而衛之有道焉比於武王？《左氏》之説妄矣。

冬，會陳人、蔡人、楚人、鄭人盟于齊。梁亡。

《左氏》以梁好土功，《穀梁》以梁爲淫湎而亡，然孔子書「梁亡」爾，不曰所以亡也。蓋所以亡之道衆，一惡不足以盡之。爲人之君而不向道，不志於仁，❶危亡之來皆自取之也，其自亡之迹不必論也。《公羊》曰「魚爛而亡」，其最優乎？

二十年，春，新作南門。

❶「志」，殿本作「至」。

《春秋》之法，言新則有舊也，言作則有加也。因其舊而制度有加焉，則所謂新作者也。《春秋》興作皆書，不以其時不時、有宜有不宜爲例也。《左氏》曰「書不時」，蓋譏其淺近者爾。

夏，郜子來朝。

五月，乙巳，西宮災。

西宮，僖公所居之西宮也，以其在西，故曰西爾。《公羊》曰「有西宮則有東宮」，此説是也。《穀梁》以爲閔宮。案：僖公繼閔而立，若實閔公，何妨言新宮乎？爲其已久，何妨言閔宮乎？因其近，因其疎，變而言，於記事之法無乃不明乎？

鄭人入滑。

秋，齊人、狄人盟于邢。

前年之冬邢人、狄人伐衛以救齊，於是三國會盟于邢之國都。不書其地，地以邢也。狄人以救之善，於是又爲之盟，以安齊。《春秋》書之曰「人」，所以罪諸侯而傷中國也。《穀梁》曰「邢爲主乎」。救齊實盟于邢之國都，故地邢爾，謂之以邢爲主，非也。

冬，楚人伐隨。

二十有一年，春，狄侵衛。

狄嘗有救齊之善，《春秋》於伐衛、盟邢再言狄人，非進之也，所以傷中國也。至其侵衛，則夷狄之常行。曰國而不言人，以例書之，無所褒貶也。

宋人、齊人、楚人盟于鹿上。

鹿上之盟，三國皆微者爾，宋實主之，故敘其上也。宋國小德薄而求諸侯，不量其力而以抗彊楚，至于見執，至于見敗，幾亡其國。蓋其禍自茲盟始焉。《左氏》載子魚之言，蓋善量其國者也。

夏，大旱。

《春秋》之記災異，有曰不雨者，旱不爲災，陰陽不和之異也；有曰大雩者，旱未爲災，非時而雩也；有曰大旱者，旱而爲災，非常也。旱而爲災，則不雨矣，然不雨淺於旱也。旱則雩矣，言雩，未見其爲災也。《春秋》書大旱者二，非常爲災之辭也。《穀梁》曰：「旱時，正也。」案：旱歷時而爲災，自書時爾，何論正與不正乎？

秋，宋公、楚子、陳侯、蔡侯、鄭伯、許男、曹伯會于盂，執宋公以伐宋。

《春秋》因會而執諸侯惟二處爾，盂之會楚人執宋公而不言楚人，溴梁之會晉侯執莒子、邾子而斥言晉人。二事略同而書之異辭者，聖人之意也。《春秋》之義，責其所可責，不責其所不可責。盂之會，執宋公者楚子也，而聖人以諸侯共執爲文，蓋楚子蠻夷之君而無知之人也。中國之諸侯隨盟主而會夷狄，夷狄執其盟主，又隨夷狄而伐之。夷狄何足責也，中國之諸侯有罪爾。執宋公以伐宋，罪不專於楚子，諸侯實同之也。溴梁之會，晉侯以大義率諸侯而會焉，乃於其會執辱諸侯，以信致之，以詐執之。執莒、邾之君者，晉侯也，諸侯何與焉？楚子夷狄，不足責之，可責者諸侯也。晉侯中國之君，禮義之出，信會而詐執之，可責者晉侯也。蓋《春秋》之輕重與奪，惟義所在爾。《公羊》曰：「不與夷狄之執中國也。」楚子夷狄爾，聖人雖不與之，夷狄豈知義乎？《公羊》不知責夷狄之義，故爲之説爾。

冬，公伐邾。

楚人使宜申來獻捷。

《春秋》書楚有漸焉，非進之也，所以見中國無人而夷狄暴彊也。於其未盛而驅攘之，易爲力爾，至其彊暴而中國不能當也，則其君稱爵，其臣稱名，會盟侵伐與中國諸侯無異文焉。中國則夷狄，夷狄則中國，非進楚也，所以罪中國也。故《春秋》之義，夷狄無褒貶之法，所以待中國也，其善則褒，其惡則貶，褒貶所以動之，則禮義之俗，中國之人也。夷狄則禽獸爾，禽獸無禮而人不責之。夷狄暴中國而中國責之，夷狄何足責哉！故《春秋》之義，夷狄無貶，非無惡也，夷狄之惡貶不足以動之也。楚之入中國久矣，未嘗有書爵者，於其會于盂，始曰楚子焉。楚之書爵，非進之也，中國衰而夷狄盛也。其它行事，類書楚人。夷狄之國，安得君臣之禮乎？君臣同辭，《春秋》待夷狄之法也。會盂之後二十年次于厥貉，復曰楚子。自是之後，君臣始不同辭焉。非夷狄之有君臣也，所以見中國之衰益甚矣。《春秋》書獻捷者二：「齊侯來獻戎捷」，書曰「齊侯」，罪其矜功伐勞，斥言其爵也；「楚人使宜申來獻捷」，勝則誇矜，敗則逃遁，夷狄常情，《春秋》不責備矣。楚子稱人，夷狄之法君臣同辭也。齊稱戎捷，捷山戎也。山戎則可捷矣，而獻有罪焉，不得没戎捷而不言也。宋襄求伯而不果，至于見執而伐之。宋中國也，而夷狄攘之，夷狄安得捷吾中國乎？不曰宋捷，不以中國而捷於夷狄也。非諱宋也，中國無見捷於夷狄之理也。無其理則不言焉，所以護中國而法後世也。《公羊》曰：「楚子稱人，貶也。」夷狄亦足

貶乎？又曰：「爲宋襄諱。」襄公何足賢而諱之哉？《穀梁》曰：「不與楚捷於宋也。」楚夷狄爾，安足以輕重較之乎？有與不與者，猶足以輕重言之也。

十有二月，癸丑，公會諸侯盟于薄，釋宋公。

諸侯會盂而執宋公，而公會諸侯盟以釋之。《春秋》之法，主内顯言善，隱言惡。釋宋公者，蓋我之善，顯言之。《春秋》之法，臣子之辭也。《穀梁》曰：「不與楚專釋也。」案：實公會諸侯釋之，安得謂之不與楚釋乎？

二十有二年，春，公伐邾，取須句。

《左氏》載伐邾取須句之事，謂須句爲國，見滅於邾，而其君奔魯，公爲是伐邾，取須句而反其君。若能如此，則是魯得所伐，且有存亡繼絶之功。然《春秋》書之，與伐邾取訾婁、伐莒取向其文無異。考尋經意，止是須句爲邾邑，公伐邾而取之爾。既伐其國，又取其邑，蓋其罪大矣。《左氏》乃以魯爲得禮，然則孔子罪之而《左氏》善之也。此當據經爲定爾，《左氏》之言不足憑也。

夏，宋公、衛侯、許男、滕子伐鄭。

秋，八月，丁未，及邾人戰于升陘。

《春秋》之義，内不言戰，言戰則敗，敗則不言其人，我之公及大夫無敗故也。《穀梁》曰：「不言其人，以吾敗也。」此説是。

冬，十有一月，己巳，朔，宋公及楚人戰于泓，宋師敗績。

《春秋》之義，内不言戰，言戰則敗也。中國不言戰，言戰則敗也。宋中國也，楚夷狄也。泓之戰言戰言敗，待楚人以中國也。蓋楚入中國之日久，侵伐盟會於中國，而中國不能攘之，非楚能中國也，而

中國皆楚焉。《春秋》於楚之漸盛而不外之者，非進之也，所以一中國於夷狄也。楚稱人，君臣同辭之法也。《公羊》曰「雖文王之戰，亦不過此」。孔子曰：我戰則勝。非謂能戰而勝也，勝之道素修而無敵於天下也，豈若宋襄勝之道不修，而苟拘小信乎？《公羊》殆未知文王之戰爾。《穀梁》責宋襄，有以取之，乃近於道也。

二十有三年，春，齊侯伐宋，圍緡。

《春秋》之法，舉重者言之。言伐、言圍，兩者皆重，不可偏遺。伐者，聲其罪。圍者，以兵環之。伐其國矣，又圍其邑焉。惡之，故兩書之也。《公羊》曰「疾重」，《穀梁》曰「以惡報惡」，皆非也。

夏，五月，庚寅，宋公茲父卒。

《春秋》之法，告卒書卒，會葬書葬。宋襄之不葬，魯不會之，故不書。《公羊》曰「盈乎諱」。案：宋襄何賢而爲之諱乎？《春秋》雖賢不諱，況非賢乎？《穀梁》曰「失民也」。春秋失民而葬者多矣，何獨宋襄不葬乎？

秋，楚人伐陳。冬，十有一月，杞子卒。

二十有四年，春，王正月。夏，狄伐鄭。秋，七月。冬，天王出居于鄭。

《春秋》之義，自周無出，天下一周爾，故雖王子之奔不書出也。曰天王矣，乃出居於外乎？天王而出於外，則是天王自絶於位也。自絶其位，則天下非其所有，不能有天下矣。猶曰「出居於鄭」，天王雖不有天下，而鄭不可無天王也。《春秋》之義，自取之者以自取爲文，君雖不君，臣不可以不臣，天王出居于鄭是也。天王自絶之迹不見於經，而《公羊》、《左氏》有得罪於母之説，然經不言焉。蓋

聖人之意以爲天下之大，元元之衆，而天王一人者治之，則其道德仁義有以先天下而帥元元也，一言之非，一動之失，則不足以爲天下王矣。爲天王而自絶於天下，則其迹亦不足言也，況得罪於母，又惡之至者乎？故曰「天王出居於鄭」而已，三傳之説皆通。

晉侯夷吾卒。

二十有五年，春，王正月，丙午，衛侯燬滅邢。

《春秋》之法，諸侯不生名，失地、滅同姓則名。爲人子孫而失先君之土地，與己同姓之國而彊滅之，皆非人君之行也，故生名以賤之。三傳之説皆通。

夏，四月，癸酉，衛侯燬卒。

宋蕩伯姬來逆婦。

親逆之禮，自諸侯達於士、庶人，未有姑而逆婦者也。書「宋蕩伯姬來逆婦」，非禮可知矣。

宋殺其大夫。

《春秋》之義，殺大夫不書爵，不與其專殺大夫也。爲大夫而見殺，則其賢否可知矣。故不以其有罪無罪，皆無與辭。宋殺大夫不書名，史失之爾，無所見也。《公羊》曰宋無大夫。案：經書大夫，安得曰無大夫也？《穀梁》曰：「以其在祖之位而尊之。」案：孔子作《春秋》以垂萬世，豈可因其在己祖之位，尊而不名乎？若然，則《春秋》乃孔子家史，非國史也。二傳之説皆非。

秋，楚人圍陳，納頓子于頓。

《春秋》之法，繼事書遂。楚人圍陳，納頓子于頓而不言遂者，圍陳所以納頓子也。杜預曰：頓迫於陳而奔楚，楚圍陳，納

之，不言遂者，明一事也。頓子迫陳奔楚之迹雖不見經，然以理觀之，杜預之言得之矣。《公羊》曰「兩之也」。案：經兩之者，當再言楚人，經不再言，安知其兩之乎？《穀梁》曰：「蓋納頓子者陳也。」案：經言圍陳爾，何能納頓子乎？

葬衛文公。

冬，十有二月，癸亥，公會衛子、莒慶盟于洮。

《春秋》之義，不以我公敵大夫。以我公而會外大夫，則皆降而稱人。人，微者，遠尊，則不嫌其敵也。於其會諸侯而大夫與焉，雖大夫不嫌也。有諸侯爲之敵，則大夫雖從，若微者然，不能與公伉也。莒慶小國之大夫，而得與公盟者，有衛子在，不嫌也。衛侯稱子者，衛文公卒未逾年也。

二十有六年，春，王正月，己未，公會莒子、衛甯速盟于向。齊人侵我西鄙，公追齊師至酅，弗及。

《春秋》書追者二，皆譏之也。禦寇之道，當使之不來，不能使之不來而徒追之，蓋有罪矣，況至遠地而不能及乎？《春秋》之法，戰稱人，敗稱師，重其以衆敗也。齊之侵也曰人，公之追也曰師，大公之追之也。寇侵其國，國無有備而見侵焉。寇去已遠而窮追之，入其地。其侵也曰人，微者將偏師爾。其追也曰師，我公之追之，不可以不言師也，非師不足以我公追之也。追之弗及，則譏已著矣。變人曰師，又所以爲内辭也。《穀梁》曰以弗及，大之罪也，《公羊》曰侈也，二者皆非也。

夏，齊人伐我北鄙。衛人伐齊。

公子遂如楚乞師。

人道貴者，讓也。以其所無，求其所有，則是無廉與讓，而人道之至賤也。《春秋》之義，天王則書之曰求，求，責也；諸侯則書之曰乞，乞，賤辭也；於魯則書曰告，告，内辭也，求、乞之間也。《春秋》書求者三，皆施之於天王也；書乞者六，皆施之於諸侯也；書告者一，但施之於内也。公子遂，内臣也。如楚乞師，内乞也。不曰告而曰乞，《春秋》之變例，而聖人之意也。内不言戰，戰不言敗。戰者，敵也。外能敵内，則敗矣。《春秋》十二公之閒，二百四十二年之久，内有敗外師者矣，内有與外戰者矣，未嘗有書内敗者也，非内能不敗也，蓋雖敗而不言，以爲責備之法也。乾時之戰書戰書敗，無内辭焉，内有取敗之道也。桓公見殺於齊，莊公之父讎未復，而納讎人之子，至于戰，至于敗，非外能敗内也，内有取敗之道也。楚夷狄也，齊中國也。中國而相侵伐，不過以禮義相責，廉恥相屬爾。魯之見侵於齊，不治其禮義之所不至而使之不來，乃使其臣乞師于楚。楚夷狄也，何知禮義，何知廉恥？是其以殺戮侵伐爲事者爾。僖公不自反其不至，而乞救於夷狄。夷狄禽獸爾，見侮於人，而乞救於禽獸，禽獸豈有知乎？書曰「如楚乞師」，蓋賤之也。乾時之戰，内有取賤之道，❶則書之曰敗績。公子遂之行，内有可賤之理，則書曰乞師。蓋《春秋》之例如此。❷《公羊》曰重師，《穀梁》曰重辭，

❶「賤」，依上文疑當作「敗」。

❷「此」，原作「何」，據殿本改。

蓋皆不知例有變焉，故曲爲之説也。

秋，楚人滅夔，以夔子歸。

《春秋》滅國以其君歸者，其君書名，罪其見滅於人而蒙恥忍辱隨之以歸也。以歸而不名者，惟夔子爾。楚夷狄之國，而夔其類也。以夷狄滅夷狄，不以例書之者，賤略之也。諸侯書戰書敗，而夷狄戰敗曰敗某于某，不云戰也。《春秋》之於不以例書之者，皆賤略之也。《穀梁》曰：「以歸，猶愈乎執也。」案：實執之而隨軍以歸爾，何得曰愈乎？

冬，楚人伐宋，圍緡。

言伐言圍，兩重之爾。《公》、《穀》曰刺道用師也。案：孟子曰「殺一不辜而得天下，不爲也」，然則至于用師以相侵伐者，皆孟子之罪人也。《公》、《穀》以爲道用師爲有罪，然則專用師得無罪歟？楚師、楚人罪自等爾，何獨非道用師乎？

公以楚師伐齊，取穀。

公以夷狄之師伐中國而取其邑，蓋其惡不待貶而後見也。《穀梁》曰：「使民以其死，非正也。」它國之師使之死且非正，己國之師得曰正乎？此説誤矣。

公至自伐齊。

二十有七年，春，杞子來朝。夏，六月，庚寅，齊侯昭卒。秋，八月，乙未，葬齊孝公。乙巳，公子遂帥師入杞。冬，楚人、陳侯、蔡侯、鄭伯、許男圍宋。

《春秋》之義，可以諸侯會微者，不以諸侯會大夫。北杏之會齊桓稱爵而諸侯稱人。齊桓伯者，將會諸侯，以攘夷狄而尊中國。《春秋》著桓公之爵，而降諸侯稱人，將授之方伯之事，不得不推尊之而書其爵，諸侯將從之以安天下，不得不降而

稱人也。圍宋之役楚子稱人而諸侯稱爵。楚子夷狄而諸侯從之，宋中國而諸侯圍之。中國諸侯而隨夷狄以圍同列，貶諸侯稱人而書楚子，則不見諸侯隨從夷狄之罪，惟書楚子爲人，而序諸侯之上，則諸侯之罪著矣。蓋與北杏之會所書不同，而褒貶之意相類也。《公羊》曰：「爲執宋公，故終僖公之篇貶也。」案：《春秋》無貶夷狄之道，楚雖執宋公，宋公有罪爾，諸侯能釋之，諸侯自可善爾，何與於貶楚稱人哉？《穀梁》曰：「人楚子，所以人諸侯。」此說是也。

十有二月，甲戌，公會諸侯盟于宋。

宋見圍於諸侯，而公會諸侯盟於其地，則宋之圍釋可知矣。地宋，宋與盟無疑也。

二十有八年，春，晉侯侵曹。晉侯伐衛。

齊桓之興四十餘年，貶其用師曰齊人，以其不務德而務兵也。伐楚之後始進而稱爵，以爲伯功之著，攘夷狄、尊中國在此舉矣。晉文之興，與齊桓異。齊桓屢合諸侯，威信大洽，然後北伐山戎，南伐彊楚，以尊大中國，四十餘年主盟諸夏，而夷狄莫敢陵犯中國。晉文之興于兹五年，未嘗見其行事，一朝以彊兵侵曹伐衛，而執衛侯，執曹伯。夫彊楚之侵陵久矣，中國既無伯主以主盟諸侯，則諸侯之從之也宜矣。晉文而有志於中國，當大會諸侯，合心并力，以攘夷狄、奬王室爲義，諸侯有不從者，然後以師征之，則誰敢不服？曹、衛之君附夷狄之楚而背中國，誠有罪矣，然晉文未嘗會盟而號令之，而遽以兵侵伐，亦與齊桓異矣。孔子曰：「不教而誅，謂之虐。」孟子曰：「教之不改，而後誅之。」若晉文之侵曹伐衛，蓋

所謂不教而誅者也。《春秋》用師之盛未有盛於齊桓，而貶之曰人，以齊桓爲可責也。諸侯用師，君行稱爵，臣行稱名，不可責者不責之也。晉文用師之始遂書其爵，蓋亦不可責之者焉，與《春秋》之諸侯等矣。《春秋》之法，因事而有事曰遂。侵曹伐衛，一晉侯爾，不曰遂焉，蓋所以罪之也。齊桓侵蔡，遂伐楚，不再言齊侯者，侵蔡所以伐楚也。楚爲中國之患日久，蔡爲其與國而當用師之道，侵之潰，所以懼楚而遂伐之。《春秋》不以侵蔡累齊侯，故曰遂伐楚也。晉文不攘戎狄以懷諸侯，而侵曹伐衛以陵中國。夷狄之爲害者未能攘却，而中國諸侯先已殘暴。再言晉侯，所以見其重傷諸夏也。《公羊》曰「不言遂，未侵曹也」。案：先侵曹而後伐衛，何得曰未侵曹乎？《穀梁》曰：「再稱晉侯，忌也。」案：再言所以罪之爾，晉侯之忌何足言乎？

公子買戍衛，不卒戍，刺之。

《春秋》，魯史，其書魯事有内辭焉。諸侯殺大夫書殺，罪其專殺也，魯殺大夫書刺。《周禮》斷萬民以三刺之法。魯之殺之者，必其罪在可殺，三刺而後殺之也。非魯能三刺也，大夫之尊而我公殺之，其罪在三刺則殺之矣。殺之雖不以罪，而《春秋》猶曰刺焉，若曰：斷庶民不可以不刺，況殺大夫乎？我公之殺大夫，則是三刺後殺之也。待之愈厚，則責之愈周；書之益順，則貶之益至。《春秋》書刺者二，公子偃不書所刺之罪，而公子買著不卒戍之迹，偃則有當刺而罪在可恕之域也。諸侯受天子之命，守天子之土，國家之事不治而土地失亡，則有罪矣，何

能治它國乎？衛附於楚而見伐於晉，衛則取之，魯何與焉？公乃使其臣戍之，不卒戍反殺之。衛不當戍者也。衛之見伐，以全衛不能支晉侯，買豈能卒戍哉？不當戍而戍，已有罪矣，不能卒戍又殺之，書曰「公子買戍衛，不卒戍，刺之」，明買無罪而見殺也。《公羊》曰：「其言戍衛何？遂公意也。」案：實戍而不卒爾，何所遂乎？《穀梁》曰：「先名後刺，殺有罪也。」案：買無罪，故録其事爾，《穀梁》之説非。

楚人救衛。

三月，丙午，晉侯入曹，執曹伯，畀宋人。

《春秋》之法，執諸侯大夫者稱人，罪其專執也；執得其罪又歸之京師者稱爵，與其得方伯之討也。晉侯執曹伯，畀宋人。曹伯雖有附楚之罪，而晉文之興，未嘗會諸侯以令之，一朝入其國，執其君，又畀於宋人，非方伯之討矣。《春秋》稱其爵，非與之者也，以「入曹」見之也。入曹者，晉侯也。於其入曹稱爵，則執曹伯不可再言晉人也。諸侯而執諸侯，已有罪矣。又不歸之京師，而畀宋人，宋非天王而受之，亦有罪矣。晉執之有罪，當貶稱人，而以入曹書爵。宋受之有罪，故貶之曰人也。宋受晉侯之畀，猶且稱人，執而畀之者非方伯之討，又可知也。《穀梁》曰「不以晉侯畀宋公」。《穀梁》不知貶宋公之義，故曲爲説爾。

夏，四月，己巳，晉侯、齊師、宋師、秦師及楚人戰于城濮，楚師敗績。

《春秋》之法，將卑師衆稱師。齊、宋、秦三國隨從晉文以與楚戰，不容皆遣微者而將全師，然惟晉書爵，而三國皆稱師

焉，蓋聖人之意也。北杏之會稱人，則隨從無疑也。城濮之戰稱師，則盛彊無敵也。北杏之會，齊桓九合之始，《春秋》書其始，所以要其終。城濮之戰，晉文伯功之盛，《春秋》與其盛，則其外無觀焉。稱人稱師，雖所書之迹少閒，而貴之之意不異矣。《公羊》曰：「楚稱人何？貶。」案：楚之臣不稱名者，君臣同辭之法爾，非貶其敵君也。

楚殺其大夫得臣。

衛侯出奔楚。

晉侯伐衛而楚人救之，衛附夷狄而叛中國，其迹明也。於是晉侯敗楚師，而衛侯不安其國，至于出奔。《春秋》之法，諸侯失地則名。衛侯奔楚獨得不名者，非赦之也。以晉侯之迫出奔，其重者晉也。《春秋》之義，有罪在可貶而不貶者，皆有所見也。國滅而出奔者，法當書名也。隨軍以歸者，罪又重焉，不得不殺出奔者之名，以爲以歸者之重也。諸侯失地則生名矣。衛侯之奔也，晉人迫之。《春秋》欲重迫者之罪，不得不殺衛侯之名以見之也。若衛侯者，聖人非不欲名之，名之則不見晉侯之罪。聖人是以不名焉，非赦之也。

五月，癸丑，公會晉侯、齊侯、宋公、蔡侯、鄭伯、衛子、莒子盟于踐土。

踐土之會，晉文實致天王，經不言之，不與其致天王也。諸侯盟於踐土，而公朝于王所。天王不致，則魯公安得朝于王所乎？齊桓之興，始致世子。晉文之興，遂召天王。《春秋》於首止殊會世子，不與其盟王之世子也。踐土之會沒去天王，不與其臣召君也。《春秋》之法，居喪

稱子。衛侯出奔而與盟者稱子，《春秋》不與晉文逐君而擅立公子也。子者居喪之稱，衛人無喪而稱子，以明非衛子之罪而晉侯擅立之。衛子以居喪之稱，不敢當正君也。孔子曰：「齊桓正而不譎，晉文譎而不正。」齊桓之正，非孔子所謂正也，校之以晉文則正矣。然則若晉文者，未能庶幾於齊桓，況王道歟？若踐土之召天王，皆所謂譎而不正也。

陳侯如會。

陳侯本不與踐土之會，畏晉文之威而來赴，故曰如會也。《公羊》曰：後會，當召之。陳侯不召而至，故曰如會，《公羊》之說非。

公朝于王所。

踐土之會晉文實致天王，《春秋》不與其致之，故不書爾。天王至踐土，則諸侯皆朝。《春秋》不與其致天王而朝也，但曰「公朝于王所」，言公之朝之，則諸侯可知矣。王之所在也，不朝于京師，而朝于王所，則公之朝，其禮亦有所未至矣。晉侯不致天王，則公之朝禮必不行矣。書曰「公朝于王所」，則是不與諸侯致王而朝，而公之朝亦非誠心也。著一事則衆惡皆見矣。

六月，衛侯鄭自楚復歸于衛。

《春秋》之例，當有其位而歸者曰復歸。衛侯鄭見迫於晉而奔楚，楚奉之以歸而復其位，故曰「衛侯鄭自楚復歸于衛」。

衛元咺出奔晉。

元咺之事見於《左氏》，以爲奉叔武爲君而逐衛侯。經書咺出入之迹，衛侯歸則咺奔，咺復歸則衛侯出。藉使咺之所立得其賢，然咺爲臣而逐君，亦不可訓矣，

故《春秋》書晅之出入最爲詳備。若晅者，聖人所深誅者歟？

陳侯款卒。秋，杞伯姬來。公子遂如齊。冬，公會晉侯、齊侯、宋公、蔡侯、鄭伯、陳子、莒子、邾人、秦人于温。

天王狩于河陽。

《尚書》載天子巡狩之事，至方岳之下而諸侯會朝，以考治亂而行黜陟之法。周衰之日久，平、惠而下益以不振，而齊桓、晉文更伯天下，又懼諸侯之不從而會盟之不合也，始假借天王以號令中國。齊桓始致世子、致三公，藉尊周爲名，而實自彊大。晉文之興，中國益弱，而夷狄彊暴，諸侯多懼而從之。晉文始致天子于踐土，又致之于河陽，挾天子之名以令中國，而中國諸侯始去楚而從晉。于時周室之衰，蓋於列國諸侯皆莫知有王矣。桓、文之興，始尊事之，以號令諸夏，而天下諸侯尚知有周，周之不亡，桓、文力也。然聖人之於齊桓也，不與其致世子、三公，而殊爲之會，於晉文則不與其再召天王，而以天王自狩爲文。一時之周，無桓、文之伯，則周且亡矣。後世之臣，襲桓、文之迹，則遂無君矣。孔子深嘉其有功於一時，而又欲爲法於後世。盟于首止，盟于葵丘，則殊世子、周公，未嘗輒與而諸侯自盟也。踐土之盟，全没其迹，河陽之迹，天王自行焉。夫以春秋之時天王之弱，巡狩之禮其能舉乎？聖人以謂臣之見君未嘗于外，君之朝臣必于其廟。惟巡狩之禮行而天王在外也，則諸侯見之可以于外，而君之受朝不必于廟也。書「天王狩于河陽」，而公朝于王所，則君臣不易之禮而萬世之通法也，豈止區區

一晉文之召避而諱之哉？《左氏》曰：「言非其地也，且明德也。」案：晉文召王，其罪大矣，安得德乎？《穀梁》曰：「温，河陽也。」案：温與河陽自是兩邑爾，❶安得合而言之乎？《穀梁》欲附會其大天子、小諸侯之説，故曲生此義爾。

壬申，公朝于王所。

《春秋》繫事，以日繫月，未有日而不月者，而壬申之日上無所繫，史之闕文，無所見也。天王狩于河陽而朝焉，不言諸侯而言公。言公之朝，可以見諸侯之朝也。《穀梁》曰：「其不月，以晉侯之行事爲已傎矣。」案：晉侯行事之失，在於再致天王而不與之，安在日而不月以爲貶乎？

晉人執衛侯，歸之于京師。

《春秋》諸侯執諸侯、諸侯執大夫者，貶之曰人，以其執非其罪，又不歸之京師。晉執衛侯歸京師，可以爲伯討矣。然《春秋》書曰「晉人」，不與其受元咺之譖而執衛侯，直其臣而曲其君，不可訓也。衛侯歸衛，元咺奔晉，而晉執衛侯，晉之執之以何罪歟？受臣之譖而執人之君，雖歸之京師，不得以爲伯討。「執曹伯歸于京師」，不曰歸之，執衛侯而加「之」焉。此非衍文，則彼必闕文也，聖人之意如何爾？「歸于」之「于」不足校也。而《公羊》有罪定未定之説，何其迂哉！《穀梁》以爲緩辭，亦非也。

衛元咺自晉復歸于衛。

元咺奔晉，訟其君，其君見執。晉奉之，復其位于衛。元咺内無衛侯之難，而外

❶「兩」，原作「巨」，據殿本改。

得晉侯之助，安而復其位，故曰復歸也，咺之罪不待貶絶而見矣。爲晉侯者，執其君，復其臣，蓋非伯主靖亂之義也。書曰「自晉」，晉侯之罪亦已明矣。

諸侯遂圍許。

晉文再會諸侯，而許未嘗與，温之諸侯遂合而圍許，討許之不從中國也。

曹伯襄復歸于曹，遂會諸侯圍許。

曹伯見執於晉，以畀宋人，於是始復其位。歸而諸侯圍許，不安其國，遂往從之，懼晉之復見討也。晉文執曹伯，畀之宋人，至於經年得釋，而歸不少留，又從之圍伐。晉侯一出而中國騷然，至於終歲務以靖亂而更擾之，皆所謂譎而不正者也。

二十有九年，春，介葛盧來。

《春秋》之法，諸侯來魯書「朝」。諸侯相朝，衰世之禮也。故春秋之間諸侯之來者，皆書曰「來朝」，言其以小事大，以弱畏彊而朝事之，如臣之於君也。春秋夷狄之君來魯者三，但書其來，而不曰「來朝」。蓋夷狄之俗無禮義廉恥，聖人外之，欲其不來，來朝不足以爲榮，不來不足以爲辱。故雖其君至魯，亦不曰朝，不以諸侯遇之、禮讓責之也。介者東夷之國，其行事未嘗見於《春秋》，於是再言其來，而明年有侵蕭之迹，蓋自是始通於魯也。《春秋》之法，自外而至者書來。「介葛盧來」、「白狄來」，一也。蓋聖人之意，凡曰來者，皆以不來爲善也。《公羊》曰「不能乎朝」。介葛盧能自通於魯矣，豈復不能行朝禮乎？《穀梁》曰「微國之君未爵」。案：「郳黎來來朝」稱名而行朝禮，微國之君何妨書朝乎？《左氏》曰「公在會」。案：於冬又來，公已嘗見之矣，亦不言朝，自相違戾也。

公至自圍許。

夏，六月，會王人、晉人、宋人、齊人、陳人、蔡人、秦人盟于翟泉。

翟泉之盟，内外皆微者爾。晉文致王人于會，而使微者盟焉，晉文之罪也。

秋，大雨雹。冬，介葛盧來。

三十年春，王正月。夏，狄侵齊。秋，衛殺其大夫元咺及公子瑕。

元咺訟其君於晉，晉執其君，歸之京師。衛國無君，元咺立公子瑕。衛侯得釋歸國，先使其臣殺咺及瑕，而後入也。公子瑕嘗立爲君矣，於是殺之，猶曰公子瑕，見立於元咺爾，非受命於天王、傳國於先君者也。不曰其君，非君也。元咺及之者，言瑕之見殺由於元咺立之，元咺存則公子瑕存，元咺死則公子瑕死。咺立之君，咺見殺則公子瑕死也。荀息之死繫於晉卓，以卓及息者，弒成君也。子瑕之死繫於元咺，以咺及瑕者，殺公子也。《穀梁》曰：「公子瑕，累也，以尊及卑也。」案：公子瑕之死乃元咺累之。先咺後瑕，又非以尊及卑之義，《穀梁》之説非。

衛侯鄭歸于衛。

《春秋》之義，復其位曰「復歸」。衛侯鄭嘗有衛國而爲衛之君，雖晉人執之，然猶曰衛侯鄭也。於其歸也，言「歸」而不言「復」，《春秋》之變例，而聖人之微旨也。諸侯受命於天子，封之黜之惟天王得專其命。衛侯見執於晉，晉歸之於京師，使聽命於天子。衛侯鄭歸于衛，是天子釋之使歸也。衛侯之執歸京師，則是嘗失其爵而不爲衛君矣。天子釋之歸，則是受命於王而爲君於衛，與新受封者同也。故衛侯鄭雖嘗有國而歸，不言「復」，所以稟命於天王也。《公羊》曰：「其言歸

何？歸惡乎元咺。」案：書衛侯鄭爾，又何惡於元咺哉？

晉人、秦人圍鄭。介人侵蕭。

冬，天王使宰周公來聘。

禮雖有天子聘諸侯之義，然義不當使三公。書曰「宰周公來聘」，見周之衰而諸侯彊盛也。

公子遂如京師，遂如晉。

是時晉文方彊而諸侯畏之，實使公子遂聘晉，而因周公之來，遂使往報，故如京師。《春秋》之義，不可先晉而後京師，故曰遂也。此猶王人雖微，必序諸侯之上。聖人之法不與其以卑及尊，故先京師而後晉也。《公羊》曰「公不得爲政」，案：自聖人正上下之法，故曰遂，非譏公子遂之専政也。不敢叛京師，蓋孔子之意也。

三十有一年，春，取濟西田。

《左氏》、《公羊》皆以爲晉侯以曹地分諸侯，而魯取濟西之田。然案經書之與「取汶陽田」相等爾，無異文。此蓋晉侯執曹伯而反諸侯之侵地，魯濟西之田嘗見侵入於曹，魯於是而取之。取其嘗所有之田於曹，非取曹田，故不繫之曹也。陸氏之徒雖知田不繫於曹則非曹田，然又不明曹嘗侵地而魯復得之，《左氏》、《公羊》雖以田爲曹田，又不明曹嘗侵魯之地，皆妄爲之説也。

公子遂如晉。

《左氏》雖言魯受田於晉而使公子遂拜之，然亦未明田本魯田也。公子遂如晉乃是拜晉反曹侵地爾，非拜曹也。

夏，四月，四卜郊，不從，乃免牲，猶三望。

《春秋》之法，祭祀失禮者斥言祭名，主爲下事者但言大事，禘嘗烝繹失則書其名。大事、有事於祭無譏，則主譏下事。雩者，求雨之祭，龍見則雩。非龍見之月而

雩，皆爲非禮。故《春秋》書雩者二十一，而未嘗在龍見之時，所書之意可知矣。郊望之禮，非魯所得行者，而成王妄賜，魯公僭受。《春秋》欲書以譏之。又其來已久，歲嘗行之，一切皆書，則厭於繁重，故因其失禮、有災，則并書祭名，以見所譏之意。天子祭天地，諸侯祭社稷與封内之山川。而魯爲諸侯，兼祀天地，失禮之大者。《春秋》書郊者九，皆卜不吉、失時、牛災則書，然必皆曰郊，此聖人之意也。《禮》曰：「三王之郊，一用夏正。」又曰：「季秋，大饗于明堂。」蓋夏時之正月、九月，天子郊時之正也。《噫嘻》之郊祈穀于上帝，祈穀必于正月，農人將有事之時也。《昊天有成命》之詩郊祀天地，郊祀必於九月，萬物大成之時也。《周頌》二詩則曰祈穀之謂也，正月以祈之，九月以報之，一歲而再郊也。魯郊則非禮矣，而《春秋》書之。正月，夏時之十一月也。十一月養牛，三月在滌，禮也。《春秋》之四月，夏時之二月也。二月而卜郊，魯之郊不敢並天子之時，而殺從於二月也。《春秋》之九月，夏時之七月。七月而郊，不時用，不宜用也。正月書牛，可以見養牛之禮。四月書卜，可以見魯郊之殺。九月書用，可以見郊時之失。蓋天子之郊則用於夏正，而魯郊則降從於二月也。天子一歲再郊，而魯郊歲一行焉，又以降於天子也。前郊三月，養牛于滌，卜不吉而免之，曰牲嘗置之於上帝也。傷者曰牛，已傷之牛不可以瀆尊稱也。諸侯之封内山川得祭。魯之三望，《公羊》曰太山、河、海是也。太山在其封内，而河、海猶遠於魯，魯望而祭之，亦非禮也。三望之禮又因郊而行焉，不郊矣，猶三望乎？猶曰可以已也。三傳之説，

《公羊》最得之。

秋，七月。

冬，杞伯姬來求婦。

昏禮有六，納采、問名、納吉、納幣、請期五者皆命使者，而夫不自行，惟親逆之禮其夫行焉。杞伯姬爲子求婦，而歸至於魯，非禮可知矣。伯姬之求，得不得未可知，而遂以婦言之者，其始來求，則雖未得之，而姑道存焉，故曰婦也。

狄圍衛。

十有二月，衛遷于帝丘。

《春秋》之法，自遷其國者曰某遷于某。衛人見迫於狄，所居不安而遷于帝丘也。《春秋》書之，罪其勞民擾衆。去先君之土宇，雖云避難而行，然不能使難不加己，又勞舉國以避之，其爲勞且擾之，蓋亦甚矣。重之，所以志之也。

三十有二年，春，王正月。夏，四月，己丑，鄭伯捷卒。衛人侵狄。秋，衛人及狄盟。

去年狄侵衛，衛人報之而侵狄焉。侵之而狄服，遂與之盟。然不曰衛人、狄人盟，而曰「及狄盟」者，《春秋》外夷狄之法也。《春秋》之法，内與外盟則書會、書及。中國與夷狄亦曰及，所以同衛于内而殊夷狄於外也。盟不可施於中國，爲其不信也。施於夷狄，又甚焉。書曰「衛人及狄盟」，衛之罪不待貶絶而見也。

冬，十有二月，己卯，晉侯重耳卒。

三十有三年，春，王二月，秦人入滑。

經書「秦人入滑」，而晉敗秦，則是秦之師入滑而後敗也。《左氏》載秦出師之迹，以爲滅滑而還。然經但書「入」而不書其滅，蓋滑未嘗滅，《左氏》之説非也。

齊侯使國歸父來聘。

夏，四月，辛巳，晉人及姜戎敗秦師于殽。

《春秋》之法，内敗外不言戰，言戰則敗

也，中國敗夷狄不言戰，言戰則敗也。殽之戰，晉敗秦師，不曰戰而曰敗者，狄秦也。晉文之興，主盟中國，以攘却彊楚，數年之間，中夏復盛而夷狄屏息。天王狩于河陽而諸侯率朝，周之不亡，桓、文更伯之力也。重耳之卒未逾一年，而秦由僻陋，乘中國之無伯，越數千里以伐鄭。鄭，中國之諸侯，而晉同姓之國。秦越千里而伐之，其無晉也甚矣。襄公於是墨縗行師，敗秦于殽。書曰「敗秦師」，所以甚秦之惡而與晉之勝也。晉襄居喪，禮當稱子。不曰子而曰人者，諸侯居喪，已葬稱君，未葬稱子，承父之志而繼其位，不忍有變於柩前也。晉文之伯功未泯，而秦人亡之，出千里之遠，越晉而伐其所與之國。晉襄不忍墮其父之業，往救而敗之。書曰晉子，則不免背殯出師之罪。變例而書之曰人，則是全晉之人敗秦師于殽也。《春秋》之例，有稱人以爲褒，有稱子以爲貶。弒君之賊雖國君討之，而書之曰人，蓋亦與之稱人，與晉敗秦師其例等爾。《尚書·秦誓》之序曰：「秦穆公伐鄭，晉襄公帥師敗諸殽。」雖其自誓之辭有可取，然伐鄭而見敗，則其過不得掩焉。《春秋》書晉人敗秦師，則與晉而狄秦。《尚書》載其自誓，則許其改過而新之。蓋聖人之意，惟其事之善否所在爾。《公》、《穀》皆曰晉襄之稱人，貶而微之也，是皆不得孔子與之之意。陸氏曰：「許其以權變禮，異乎匹夫之孝。」此說是也。

癸巳，葬晉文公。狄侵齊。公伐邾，取訾婁。

秋，公子遂帥師伐邾。

夏，公伐邾，取其邑。秋，又使其臣伐之。《春秋》一切志之，用見天下無王，而諸侯

橫暴侵伐無已也。

晉人敗狄于箕。

《春秋》中國敗夷狄不言戰。夷狄無敵中國之道，治則夷狄不來，來斯敗之而已。「晉人敗狄于箕」，不言戰，《春秋》待夷狄之法也。❶

冬，十月，公如齊。十有二月，公至自齊。

乙巳，公薨于小寢。

隕霜不殺草，李梅實。

陰陽四時之氣，天地所以生殺萬物者也。雨露生之，雪霜殺之，❷天地自然之氣而四時之常也。皇極之道行，而和氣塞於天地之間，則陰陽之氣有常，而生殺以時也。彝倫攸斁而干遏於陰陽，則當生者不生，當殺者不殺。雖天地之大無窮，而陰陽之氣無形，然以其小可以驗其大，以其近可以推其遠。《春秋》之十二月，夏時之十月也。十月隕霜而草不死，❸李梅實，皆異之大者也。《春秋》之法，爲災而及於民物者則書，爲異而反常者則書。十月之霜，草當殺而不殺，十月之李梅，不當實而反實，天地陰陽之義，非常可怪者也。定元年十月隕霜殺菽。《春秋》十月，夏之八月，霜未當隕而隕，菽難殺之物而殺之。蓋《春秋》之義，舉要者言之爾。草易殺也，而不殺焉。不殺者書草，其要者草也。菽難殺也，而八月殺之。殺之者書菽，其要者菽也。《公》、《穀》之説皆是。

晉人、陳人、鄭人伐許。

龍學孫公春秋經解僖公第八

後學成德校訂

❶「待」，原作「敗」，據殿本改。

❷「雪霜」，殿本作「霜雪」。

❸「十」，原作「一」，據殿本改。

龍學孫公春秋經解文公第九

孫覺莘老

元年，春，王正月，公即位。

《春秋》之法，繼正即位，繼弑者不行其禮。僖公正卒，文公逾年而行即位之禮。《春秋》書之，以爲繼正、繼弑之法，又以謹其始。

二月，癸亥，日有食之。

天王使叔服來會葬。

諸侯之卒，天王固當使人弔且葬之。叔服會僖公之葬，誠禮之宜者。然《春秋》之法，常事不書，書者皆非常也。《春秋》十二公卒葬之見于經者十一，天王使人會之者一僖公而已。《春秋》之王一十二公，會葬者三，而臣會其葬者二，不會其葬者九。《春秋》一切著之，用見周之不君而魯之不臣也。《公羊》、《穀梁》皆以謂叔服之葬得禮，故書，不知《春秋》著是以記非也。

夏，四月，丁巳，葬我君僖公。

天王使毛伯來錫公命。

天王有錫於下，書曰錫命。已薨之公則曰錫某公命，當國之君但曰錫公命。此《春秋》之法也。文公之立至是未逾一年，恩德未加於民，而勳勞未著於衆，爲天王者遽以命錫之，亦非禮矣。《穀梁》曰：「有受命，無來錫命，非正也。」案：禮，天王就賜諸侯未爲不正，但春秋之王錫之非禮，故志之爾。

晉侯伐衛。

叔孫得臣如京師。

天王錫命魯公，而魯公使臣拜之，非禮之

甚者也。魯公即位未嘗如周，而周錫之命。受命矣，又不自行而使臣以往，其爲不臣可知矣。

衛人伐晉。秋，公孫敖會晉侯于戚。

冬，十月，丁未，楚世子商臣弑其君頵。

商人爲世子，則弑其父，爲臣，則弑其君。舉天下之惡無以加之，故書曰世子弑其君。《春秋》之法，世子弑君則不待討賊而書葬，以爲其惡之大至于無可責也。楚子不葬，避僭號爾，非《春秋》於商臣偏有輕重。

公孫敖如齊。

二年，春，王二月，甲子，晉侯及秦師戰于彭衙，秦師敗績。

殽之戰，《春秋》狄秦而護晉，以晉文之喪未逾年，而秦乘喪越其國以伐其同姓也。齊桓、晉文有大功於衰周，而《春秋》於其會盟侵伐未嘗以辭許之。至其卒也，諸侯伐齊而狄能救之，則進狄而稱人，以甚諸侯之惡。秦乘其喪以伐同姓，則書曰「晉人敗秦師」，以外秦於夷狄。蓋桓、文之伯，心雖得罪於《春秋》，而迹亦有功於當世。孔子於其卒也，蓋皆以其微意見之，亦深惜之爾。殽之役敗而不戰，所以外秦於夷狄也。彭衙之戰書戰書敗，所以進秦於中國也。秦驅其民連年戰傷，亦足進乎？而《春秋》進之，非進秦也，所以罪晉爾。晉襄承先君之餘業，不能紹先君之志，以德懷諸侯而主盟諸夏，攘夷狄以尊天子，而二年之間興師者四，敗秦于殽，敗狄于箕，伐許、伐衛，勞弊其國以侵諸侯。故秦乘晉之空虛、諸侯之背叛，復來伐之。雖晉能力戰以取勝，然不能使秦之不來。彭衙之戰書戰書敗，所以均晉罪於秦也。

丁丑，作僖公主。

作主之禮，虞而爲桑主，練而爲栗主。僖公之卒至是十有五月，爲虞主乎，則五月之期亦已久矣；爲練主乎，則小祥之期又已過矣。不時而作主，非禮可知矣。由《公羊》以言之，則謂之久喪。久喪雖不中於禮，然亦賢者過之而後爲之也。文公未禫而納幣，豈復能爲久喪之事乎？由《左氏》以言之，則曰祔而作主。作主非禮也，文公則固不肖。父死逾年始爲之主，亦不如是之甚也。獨《穀梁》譏其後，蓋謂過練而爲吉主也。期年而練，練又三月始爲之主，則亦不時非禮矣。三家之義，《穀梁》最爲得之。

三月，乙巳，及晉處父盟。

《春秋》之法，魯公及外大夫盟，非外之罪則没其名氏而書人，不以我公而盟大夫也；外大夫之罪則書其名氏而没公不書，以著大夫之罪，不與大夫而伉我公也。公如晉，晉侯卑公而使大夫盟，書曰「及晉處父盟」，所以著晉侯之罪也。公行不言其如，公反不言其至，所以没公如晉之迹，使微者盟處父然也。三傳之説皆是。

夏，六月，公孫敖會宋公、陳侯、鄭伯、晉士縠盟于垂隴。

垂隴之盟，宋公、陳侯、鄭伯在焉，而晉、魯之臣與之盟而無其譏，蓋公孫敖内臣也。《春秋》之法，内臣可以盟外諸侯，外大夫不可以盟公，所以尊之而責之備，内之而罪之至也。❶

自十有二月不雨，至于秋七月。

《春秋》之法，一時不雨則書。陰陽之異而天地反常，不可以不書。逾年不雨而始書于經，以見時君無憂民之心，雖不雨

❶「罪」，原作「要」，據殿本改。

之久，而恬然無志於雨也。《穀梁》以謂僖無雨而憂之，故逾時而必志，文無雨而不憂，故歷時而不書。此說是也。

八月，丁卯，大事于大廟，躋僖公。

《春秋》之法，譏在祭事者斥言祭名，譏在下事者但稱有事。僖公之薨至是未及三年，而文公以其主入廟，而行大禘之禮，與閔之二年吉禘于莊公月數正同，而吉禘非禮又復相類。在莊公之祭則譏禘，而僖公之祭但曰大事。蓋禘者，審昭穆之祭，而行之於三年喪畢之後。文公之喪未畢，而禘祭躋僖。躋僖逆祀，則非禘也。禘所以審別昭穆，而躋僖逆之，逆祀不可曰禘。而宗廟之祭，惟禘爲大，聖人是以變吉禘之文，而曰大事也。三年之喪未畢，則祭未可以吉，而大廟未可以禘。閔公吉禘于莊公，失禮於吉，而禘祭大早。譏吉譏禘，則閔公之罪著矣。文公失禮於吉禘，而躋僖又甚焉。躋僖不可以言禘，而喪制之月未終，未可以吉而吉，其罪不明，故特曰大事也。定八年從祀先公不言禘者，禘祭得禮不書，而從祀爲禮之變，故特記之也。《春秋》之法，常事不書，書者皆非常也。仲遂、叔弓之卒不言有事，則無以見變禮之因從祀先公。禘祭無譏而後書大事，則厭於煩重，且常事所不當書者。文公吉禘非禮，而逆祀非禘，若從而書曰「吉禘于大廟，躋僖公」，則是禘禮可瀆而逆祀可以禘也。惟變而書之曰「大事」，則所譏皆明而爲法又遠。聖人之旨微哉！《公》、《穀》以爲大事則祫。案：祫祭之名未嘗經見，孔子論宗廟之祭，惟禘爲詳。蓋禘者與祫同祭而異名，諸儒因其合群廟之主而祭之，故曰祫爾，然則亦未可據也。《左氏》言鄭祖厲王。案：諸侯無祖天子之道，

鄭何得祖厲王乎？此説非也。《穀梁》曰：躋僖公，先親而後祖。案：文公但以僖爲閔兄，故躋之爾，亦非躋於莊公之上也，此説亦非。

冬，晉人、宋人、陳人、鄭人伐秦。

公子遂如齊納幣。

納幣之禮，婚禮之將成也。文公於納幣之時，而猶在喪制之月。《春秋》以其喪而謀婚，故書以罪之也。《左氏》之説，范甯非之當矣。

三年，春，王正月，叔孫得臣會晉人、宋人、陳人、衛人、鄭人伐沈，沈潰。

沈者，楚所與之國。中國諸侯不忍楚之暴而侵漁諸夏也，於是伐其所與之國，將以懼之。沈小國，不勝而潰。潰者，其下奔亡之辭也。暴中國者楚爾，沈何罪乎？《春秋》書之，以諸侯爲失所伐矣。

夏，五月，王子虎卒。

《春秋》王臣不書卒，書卒者皆譏之也。人臣無外交之禮，王臣之卒而赴告諸侯，則是外交也。《春秋》因其卒而書之，❶以見其外交之罪。《左氏》曰：「來赴弔，如同盟，禮也。」案：翟泉之盟書王人爾，安知其爲王子虎乎？經不與其王臣而外交，故書之爾，謂之得禮，非也。《公羊》曰：「新使乎我也。」案：《春秋》王臣使魯者豈少哉，何獨王子虎書卒也？《穀梁》曰：「以其來會葬。」夫會葬者叔服也，若叔服名虎，何會葬之時不言王子也？或曰：「以其嘗執重以守也。」「尹氏劉卷卒」亦王臣而書卒，豈亦執重者乎？三傳之説皆非。

秦人伐晉。秋，楚人圍江。

雨螽于宋。

---

❶「卒」上，原衍「書」字，據殿本删。

雨，自上而下者也。螽不見其所從來，自上而下，衆多如雨，而適在宋之四境，故曰「雨螽于宋」也。《公羊》以爲死而墜，《左氏》以爲墜而死。案：經書之，但以上而下，故言雨爾，亦不言其死不死也。《穀梁》以爲災甚，故書。案：言雨螽，則是災，且爲異也。災雖甚，安得虛加雨螽之文乎？亦非也。

冬，公如晉。十有二月，己巳，公及晉侯盟。晉陽處父帥師伐楚以救江。

救患之道，力能救之則救之可也。晉爲天下彊國，而主盟諸侯。楚暴圖江，且將滅之矣，晉於是使其大夫帥師救之。明年楚遂滅江，則是晉師聲以救之，而實不能助也。

四年，春，公至自晉。夏，逆婦姜于齊。

《春秋》書逆女來多矣，未有曰婦者。逆而言婦，則是成禮於彼也。禮成於彼，則逆之者公也。不曰公焉，不與公之成于齊也。《春秋》夫人之至者，必書於經。婦姜書逆而不書至，不與其先配而後祖也。夫人之至，則告廟矣。《春秋》非之，故不書爾。《左氏》以爲卿不行，非禮也。卿雖不行，何妨書逆女乎？文公居喪而大夫納幣，不容逆女而使微者也。《公羊》以爲娶乎大夫，略之。娶大夫者雖賤可略，然稱之曰女，又何傷乎？三傳之說，《穀梁》得之。

狄侵齊。秋，楚人滅江。晉侯伐秦。衞侯使甯俞來聘。冬，十有一月，壬寅，夫人風氏薨。五年，春，王正月，王使榮叔歸含且賵。

成風，僖公之妾母也。妾母稱夫人，則非禮矣，而天王含且賵之。賵者，覆也。天王加賜死者，謂之賵，言若天之覆賵也。賵人之妾母，已爲失禮，況含乎？含者，臣子之職，卑者之事。先含後賵。榮叔

之來，主於含而兼行賵事也。《春秋》一志之，見其皆失禮矣。《公》、《穀》之意皆以一使而行二事爲失禮，故志之。不知含、賵之事皆以失禮，故書爾。

三月，辛亥，葬我小君成風。

王使召伯來會葬。

天王而會諸侯葬，《春秋》猶譏之，以爲君弱臣彊，君葬不會而臣則會之也。成風妾爾，天王使人含且賵之，又會其葬，其爲非禮可知矣。《左氏》以爲禮也。葬人妾母之僭夫人者猶以爲禮，則何往而不爲禮也？

夏，公孫敖如晉，秦人入鄀。秋，楚人滅六。

冬，十月，甲申，許男業卒。

六年，春，葬許僖公。夏，季孫行父如陳。

秋，季孫行父如晉。八月，乙亥，晉侯驩卒。

冬，十月，公子遂如晉，葬晉襄公。

《春秋》之法，常事不書，失禮非常則書之。葬諸侯者不言某人之往，常事得禮也。❶公子遂如晉葬晉襄公，失禮非常也。古者大國不過三卿，而諸侯之葬輒往一卿，則國家之事無闕乎？故《春秋》之法，葬諸侯使微者則無譏焉，卿行則譏之，以爲彊者脅弱而弱者畏彊也。

晉殺其大夫陽處父。

《春秋》殺大夫之例，自下殺之者稱人，自君殺之者稱國。襄公既卒，新君方幼，殺之者決非其君，然經書之，以君殺之爲文。蓋《公》、《穀》之說，以爲其君漏言而狐射姑殺之。君漏言而處父見殺焉，則殺之者君爾。非身殺之，而以告言殺之，殺之亦等爾，亦何論君存君亡乎？二傳之說皆是。

晉狐射姑出奔狄。

❶「往常事得」，原空闕，據殿本補。

閏月，不告月，猶朝于廟。

古者天子頒朔諸侯而藏之祖廟，每月之首受朔於廟而告之國中，遂行朝廟之禮焉，所以尊正朔、重天時也。蓋朝廟之禮，爲告月而設之，月不告則廟不朝也。文公怠於政事，以閏月爲歲之餘日，忽棄而不告，又不敢廢朝廟之禮，猶往朝焉。猶者，可止之辭。大者不舉，則細者可以已矣。閏不告月，則朝廟可已焉，故曰「猶朝于廟」。告月之禮廢於文公，於是閏不告月，至于十有六年而朔之不視凡四。諸公相因而告朔之禮殆廢，而《春秋》不可勝譏，故孔子但於其廢禮之始，一正其法而誅之也。《論語》曰：子貢欲去告朔之餼羊，孔子曰：「爾愛其羊，我愛其禮。」然則告朔之禮不行久矣，而《春秋》所書獨文公焉，又不曰始焉，蓋其後或行或廢，不可勝書，但一見之，以爲《春秋》之法也。《公羊》曰「天無是月」，《穀梁》曰「天子不以告朔」，二傳之意，蓋皆以閏不告月爲得禮。案：經書「不告月，猶朝于廟」，則告月大於朝廟，而月無不告之禮也。以閏爲餘日，月不當告，則一月之事皆當廢乎？二傳之説非也。

七年，春，公伐邾。三月，甲戌，取須句。

須句，邾邑也。僖二十二年魯嘗自邾取之，中間不見邾人復取之迹，於此再言取須句也，然則須句嘗復屬邾矣。而經不見之者，聖人之意以須句本邾之邑，魯恃其彊取之爾，邾復得之爲合禮，於經無所譏，故不書也。今再言魯取之，則魯罪益可知也。

遂城郚。

郚，内邑也。因須句之師而城之，故言遂爾。伐國取邑，民已勞之，又驅而城郚，其視民爲如何也？

夏，四月，宋公王臣卒。

宋人殺其大夫。

稱人以殺大夫，自下殺之之辭也。大夫不名，史失之也。《公羊》曰「宋三世無大夫」，非也。《左氏》曰：「不稱名，衆也。」案：殺三大夫者經猶書名，何謂衆而不名乎？又曰「非其罪也」，案：《春秋》見殺例皆罪之，安得非罪則不名乎？《穀梁》曰：「稱人以殺，誅有罪也。」案：自下殺之，故稱人爾，何論有罪乎？

戊子，晉人及秦人戰于令狐。

秦與晉爲世仇讎之國，自殽之戰敗而數年之閒兵交者四，迭勝迭負，殆無虚歲爾。秦人之兵加晉而不已者，以殽之戰未復也。主殽之役者，晉襄也。晉襄且存，則秦之報猶有辭焉。晉襄死，主晉國者嗣君也。晉之嗣君何負於秦，而秦乘其喪求與之戰也？秦之仇讎固已易世，晉之嗣君無罪可伐，而幸其喪與之戰而敗之，若秦者，夷狄之不若也。《春秋》是以狄之。《春秋》之法，外敗内則言戰。夷狄外也，中國内也。秦夷狄行，無罪而伐晉之喪，雖幸而勝，《春秋》所不與也。書曰「晉人及秦人戰于令狐」，與「及邾人戰于升陘」一例也。秦，夷狄也。秦能敵晉，則晉敗矣。秦無勝晉之道，雖幸勝之，不與其勝也，故言戰而不言敗焉。自是之後秦兵加晉，則《春秋》狄之。十年書曰「秦伐晉」，十二年書曰「晉人、秦人戰于河曲」，不與易世而相讎也。《公羊》曰：「何以不言師敗績？敵也。」案：春秋之間内敗而言戰者多矣，豈是相敵而不書敗乎？此説非也。

晉先蔑奔秦。

先蔑將晉之軍以與秦戰，戰敗而奔，是以不言出也。《公》、《穀》之説皆是。

狄侵我西鄙。

秋，八月，公會諸侯、晉大夫盟于扈。

《春秋》書及某大夫盟者惟二例爾，莊九年「公及齊大夫盟于蔇」及此晉大夫是也。蔇之盟，齊襄被弑而無知見討，小白在外而未入，齊方無君，齊之大夫不求盟以紓國之難，則安危未可知，於是權宜與公盟。齊無君，大夫盟公，非大夫之罪，是以不名而曰齊大夫也。晉襄已葬，靈公尚幼，晉之大夫求盟諸侯，以紹先君之業，而諸侯皆會。晉之嗣君幼不能盟，則大夫權宜而盟諸侯。以大夫伉諸侯，則有罪矣，然不幸而值幼君，則不可不假一時之權，是以不名而曰晉大夫也。《春秋》之法，外臣而盟我君皆書名，以見其罪。不幸其國無君，若無知之亂，則齊之大夫得免焉。大夫而盟諸侯，亦書其名以見其罪。不幸其君薨而嗣子少，若靈公之在抱，則晉之大夫得免焉。舍是二者，未有不得罪於《春秋》者矣。《春秋》之法，前目後凡。扈之盟不序而前無所見，以晉之大夫不名，不以諸侯之序而敵一大夫也。《春秋》通晉大夫之得盟諸侯，是以不列諸侯之爵也。《左氏》曰：「後至，不書其國，辟不敏。」案：公實不至，當言公不與盟，何與諸侯之序不序也？《公羊》曰：「公失序也。」案：公失序而不及會，當不見公，亦不與諸侯之不序。《穀梁》曰：「略之也。」案：爲公諱而略之，當言諸侯盟，不得曰「公會」。三傳之説皆非。

冬，徐伐莒。公孫敖如莒涖盟。

八年，春，王正月。夏，四月。秋，八月，戊申，天王崩。冬，十月，壬午，公子遂會晉趙盾，盟于衡雍。乙酉，公子遂會雒戎，盟于暴。

盟于衡雍，盟于暴，一公子遂爾。壬午、乙酉，四日爾。公子遂一人，相去四日之閒而行二事，於經可以言遂也，然不曰遂者，衡雍之盟與暴之盟皆受命於其君，而後行事，非繼事之謂，是以不曰遂也。《左氏》曰：「公子遂，珍之也。」案：公子遂實遂事，於經當曰遂會雒戎，經不言遂，何以見珍之之意也？

公孫敖如京師，不至而復。丙戌，奔莒。

大夫受命而出，雖有疾不復還，死則以尸將事。《春秋》內大夫受命出境不至而還者二焉。公子遂如齊，至黄乃復，辛巳仲遂卒于垂。公子遂以疾還，《春秋》罪其受命而不死於外，故曰「至黄乃復」。公孫敖受命弔天王之喪，不至而復。廢君命當誅，而文公不能誅之，丙戌之日遂奔莒。如京師重於如齊，弔喪重於時聘，無故重於有疾。公子遂罪之輕者，猶在可誅之域。公孫敖三罪俱重，而文公容之，至于外奔，則文公與有罪焉。公子遂至黄，則記其地。公孫敖不至京師，則不書所至之名。如齊而至黄，可以記至之遠近。如京師而不至其所，而不致命焉，猶不至也。公子遂之罪重於遠近，公孫敖之罪重於京師。重於遠近者可以地言，重於京師者斷於不至，此所以或地而或不地也。自內而奔者，例皆書出。敖之奔不言出，不由魯出也。《公羊》曰「不可使往」，《穀梁》曰「未如也」。二傳之意，蓋皆曰公孫敖實未嘗行也。案：經書「如京師不至而復」，安得未嘗行乎？二傳之説皆非。

螽。

宋人殺其大夫司馬。宋司城來奔。

春秋大夫之見殺出奔者多矣，未有以官書者，而宋之大夫二人皆以官書。爲大

夫而見殺，亦無足善矣。然司馬死其官，爲大夫而出奔，則亦有罪矣。然司城免於禍。宋昭公之亂，其國司馬爲其下殺之而不知，司城致其官去而不悟，其爲闇亂如何也？故子哀之奔稱字，華孫之盟稱官。此數人者，非聖人進之，以其立汙君之朝而處之不失其道也。故司馬見殺，司城子哀來奔，而宋人弑其君矣。然則死之與去之者，皆得其宜也。《公羊》曰「宋無大夫」，非也。《穀梁》曰「無君之辭」。案：近甚而不切爾。

九年，春，毛伯來求金。

《春秋》書求者三，皆譏之也。天王崩，喪事不具，而求金於魯。魯爲人臣，而使君父有求於己焉，魯之罪可知矣。毛伯之來不稱王使者，天王在喪，未出命令，而國決於冢宰。

夫人姜氏如齊。

《春秋》之法，常事不書，書者皆非常也。婦人之禮，惟父母在得歸寧，父母殁，雖兄弟不往也。夫人姜氏如齊，謂之歸寧，則法不當書。書之者，以其不當歸而歸也。三傳無説，至明故也。

二月，叔孫得臣如京師。辛丑，葬襄王。

《春秋》天王書葬者五，君往者三，臣往者二，公往者不書。公如京師，常事得禮，法當略也。臣往者悉書其人，以爲天王之喪，君不自往而使臣焉，則是無君父之恩而廢臣子之禮。公子遂如晉葬襄公，叔孫得臣如京師葬襄王，是天王之尊，下同於列國，而大夫之往，無閒於天王也，用見周道衰而魯不臣矣。《公羊》曰：「王者不書葬。」案：《春秋》書葬而不言其人者三，皆公自往也。公往葬則記之，何謂不書葬乎？又曰：「不及時書，過時書。」案：時與不時，何與於魯？惟其

往不往則爲魯事爾。又曰：「我有往者則書。」《公羊》之説，惟此一言合《春秋》之義。《穀梁》曰：「天子志崩不志葬。」案：周告崩則書崩，魯會葬則書葬，《穀梁》之説皆非。

晉人殺其大夫先都。

三月，夫人姜氏至自齊。

夫人自齊還而告至於廟，故書至爾。《穀梁》以爲病文公，案：夫人與君敵禮，其稱小君，爲宗廟之主，反而告至，蓋當然爾，何謂卑以尊致乎？

晉人殺其大夫士縠及箕鄭父。

《春秋》殺大夫例有殺兩大夫、三大夫而不相及者，蓋其罪無所累，而見殺之迹同，不可以及言也。殺兩大夫而言及者，惟三例爾。公子瑕見立於元咺，咺死則公子瑕死，瑕見殺由於元咺，故曰「及公子瑕」也。晉之士縠、箕鄭父，陳之慶虎、慶寅，傳載之不詳，然考之經意，蓋皆累而及之者也。《穀梁》曰：「鄭父累也。」案：經所書之意，乃是士縠累鄭父爾，此説非。

楚人伐鄭。

楚自齊桓之興，屢與齊争，而加兵於鄭。葵丘之會鄭始叛楚而附齊，楚亦畏齊之彊，不敢加兵於鄭也。鄭恃齊之援者十五年。齊桓既没，鄭不自安，復去中國而從楚。晉文敗楚於城濮，鄭伯復從晉文。踐土之盟楚畏晉，又不敢與争鄭，鄭恃晉以安者又十五年。至是晉文死，楚復伐鄭矣。桓、文之功，亦何足道哉？然天下諸侯恃之以無夷狄之恐者三十餘年。桓、文没，夷狄入侵中國，而諸侯騷然無寧歲矣。《春秋》一切著之，用見中國之衰而夷狄之盛也。

公子遂會晉人、宋人、衛人、許人救鄭。夏，

狄侵齊。秋，八月，曹伯襄卒。

九月，癸酉，地震。

地静而不動者也，動則爲異矣。《春秋》書之曰地震，非所震而震也。後世之爲史者，其記地震之異，必曰地震于某。然《春秋》曰地震焉，不曰于某也。蓋聖人之意曰：地當静而反動，則天下之静者必有反其常者矣，地一震動，則其異應於天下，不止於一方，安得曰于某也？《春秋》記地震者五，未嘗曰于某。蓋聖人之意，欲大其異於天下也明矣。

冬，楚子使椒來聘。

莊二十三年書「荆人來聘」，不言君使，又不言其臣之名。荆時尚微，《春秋》欲中國早爲之禦，不使之浸盛而侵漁中國也。於是來聘君稱爵，臣稱名，非楚能自同於中國也，所以見中國之微而夷狄之盛，聘問往來，華夷一爾。椒之不稱氏，未氏者也，與「鄭伯使宛來歸祊」同爾。《公羊》曰「始有大夫」，《穀梁》曰「以其來我，褒之」，是皆不知孔子傷中國之意。

秦人來歸僖公成風之襚。

成風者，僖公之妾母也，僭稱夫人，而《春秋》書葬書薨，天王賵且含之，又會其葬，蓋皆用夫人之禮矣。於是秦人歸襚，而成風之事於此不復見經矣。聖人是以正其法，曰「僖公成風」，猶曰成風之所以爲夫人者，以其子僖公之失禮矣。仲子係之惠公，失禮者惠公也。成風係之僖公，失禮者僖公也。仲子從夫，成風從子，以失禮者爲從也。成風之薨至是六年，而秦人始歸其襚，蓋亦不及事矣。襚之所以送死者，而成風已葬，襚將焉用乎？秦人不稱君使者，以其送死不及於事，弔生不中於禮，因其僻陋之俗，賤而略之也。《左氏》曰：「雖不當事，苟有禮焉，

書也，以無忘舊好。」案：《春秋》一字係於懲勸，安得以舊好而書之者乎？❶《公羊》曰：「兼之非禮。」案：禭成風一人爾，安得兼乎？假令兼之，不應以子先母也。《穀梁》曰：「即外之，弗夫人而見正焉。」案：秦人來歸禭，乃是欲與魯通好而爲禮，方將結好以交其驩，不應殺去夫人之禮而以妾母爲辭也。是時天王賵含會葬皆備夫人之禮，秦豈獨能弗夫人乎？弗夫人者，由於天子，不由於秦人也。《穀梁》之説非。

葬曹共公。

十年，春，王三月，辛卯，臧孫辰卒。夏，秦伐晉。

秦自令狐之戰，《春秋》狄之，以其易世而相讎也。於是秦伐晉不稱其人，但曰秦者，狄之也。

楚殺其大夫宜申。自正月不雨，至于秋七月。

及蘇子盟于女栗。

蘇子，王臣也。天王新立，求親諸侯，而其臣下盟于魯，不自往而使微者盟焉。書曰「及蘇子盟于女栗」，内之惡可知也。

冬，狄侵宋。

楚子、蔡侯次于厥貉。

楚、蔡之次，將以侵伐諸侯。而侵伐之迹不見於經，則是欲爲而不敢也。楚之入中國久矣，會盟侵伐當稱楚人，君臣同辭以賤之。厥貉之次遂稱楚子，而明年伐麇又以爵書，蓋自是楚與中國等矣。楚夷狄而中國與之等，則夷狄益彊而中國益衰也明矣。

十有一年，春，楚子伐麇。夏，叔仲彭生會晉郤缺于承匡。秋，曹伯來朝。公子遂如

❶「安」，原脱，據殿本補。

宋。狄侵齊。冬，十月，甲午，叔孫得臣敗狄于鹹。

齊與魯，相比之國也。狄既侵齊，而復加兵於魯，叔孫得臣與之戰而敗之。不曰戰者，内勝之辭也。叔孫得臣不言帥師，將尊而師少也。三傳之説皆以爲長狄兄弟三人，而叔孫得臣敗其二人，而言敗，大夫之辭也。❶案：經之所書惟曰敗狄，而狄之未敗，又嘗侵齊。夫狄以徒衆侵魯，魯能敗之，亦不以一人而言敗也。或者長狄爲將，其幹軀有以異於人，故三傳因之，以生此説。然其事不少，概見於經，豈謂怪力亂神，則孔子不復語耶？

十有二年，春，王正月，郕伯來奔。

《春秋》之法，諸侯失地則名，未有失地而不名者。郕伯來奔，獨不書名。《左氏》之説以爲公以諸侯逆之，故不書名。若郕伯父死不葬，以地來奔，而《春秋》書爲郕伯，則寵其能叛也，何以示勸戒乎？《公羊》之説以爲兄弟之辭。曹、衛之君皆魯兄弟，而奔輒書名，何謂兄弟則不名乎？此當從孫明復之説。莊八年郕降于齊師，則是郕入齊爲附庸久矣，於是郕逼於齊，不安其國而來奔於魯。《春秋》欲重其逼者之罪，是以不名郕伯也。郕伯非無罪也，以迫之者其罪重，不得不殺郕伯之名以見之也。《左氏》、《公羊》之説非。

杞伯來朝。

二月，庚子，子叔姬卒。

子叔姬者，文公之女也。許嫁而卒，故曰「子叔姬卒」。《左氏》之經作「叔姬卒」，以爲杞伯來朝之故，於是卒不言杞，絶也。案：趙子曰：《左氏》此傳當在成八

❶「夫」，《公羊傳》作「之」。

年杞叔姬卒，明年杞伯來逆叔姬之喪。經不載之，載於此者，誤也。蓋《左氏》經無「子」字，故誤之爾。趙子之說是也。《公》、《穀》皆以爲公之姊妹。案：若公之姊妹，則不當書「子」。經曰「子叔姬」，則不可謂非公之子也。

夏，楚人圍巢。秋，滕子來朝。

秦伯使術來聘。

術不言氏，失氏者也，鄭宛、楚椒一例爾。《公羊》以謂賢其能變，故書大夫。案：秦本非夷狄，《春秋》因其入鄭敗于殽、令狐、河曲之戰，醜而狄之爾。若其本國，自從諸侯例褒貶爾。賢其變，《公羊》殆失之矣。

冬，十有二月，戊午，晉人、秦人戰于河曲。

秦、晉易世之讎，而猶戰伐不已。《春秋》罪之，令狐之戰，伐晉之役，皆外秦於夷狄，非《春秋》内晉而外秦也。以主兵者秦，受伐者晉，不得不狄秦而護晉也。《春秋》以見伐者爲主。河曲之戰，主晉於上而不言及，考之傳，則秦伐晉而已，晉追秦而與戰，秦、晉交爲兵主，不可以晉及秦也。《春秋》雖外秦於夷狄，而不言晉敗，然亦罪晉交爲兵主而不言及秦，所以原情定罪而見輕重也。《公羊》曰：「不言師敗績，敵也。」案：《公羊》不知《春秋》狄秦之義，故爲此説爾。《穀梁》曰：「不言及，秦、晉之戰已亟，故略之也。」二國之戰雖亟，《春秋》獨不辨其主兵乎？兵無所主，則輕重何以見之？此蓋不見事之本末，故苟爲之説也。

季孫行父帥師城諸及鄆。

十有三年，春，王正月。夏，五月，壬午，陳侯朔卒。邾子籧篨卒。自正月不雨，至于秋七月。大室屋壞。

文公爲宗廟之主，以主其先祖之祀，大室

不修而至於壞，其爲不敬大矣。三傳之說，《穀梁》爲優乎？

冬，公如晉，衛侯會公于沓。

沓之會，公已去魯而未至于晉。《左氏》謂請平于晉，蓋公將如晉，而衛侯因公以結晉好，故會公于沓。

狄侵衛。十有二月，己丑，公及晉侯盟。公還自晉。鄭伯會公于棐。

棐之會，公已去晉而未至于魯。經書「還自晉」者，所以見公會鄭伯于道也。《春秋》之例，事畢而非其志者曰還，事未畢而遂反曰復。公自晉還，將至於魯，而鄭伯會公。如晉之事已畢，而會鄭伯非公之志，故曰還也。《公羊》曰：「還，善辭也。」案：王法，諸侯無事出境皆有罪，況奔走會盟乎？公一如晉而會鄭、衛之君，皆王法所不容者，何足善乎？《穀梁》曰：「還者，事未畢。」自晉還，事畢。《穀梁》還、復之例正自顛倒，宜趙子非之也。

十有四年，春，王正月，公至自晉。邾人伐我南鄙，叔彭生帥師伐邾。夏，五月，乙亥，齊侯潘卒。六月，公會宋公、陳侯、衛侯、鄭伯、許男、曹伯、晉趙盾。癸酉，同盟于新城。秋，七月，有星孛入于北斗。

星孛之異，經書之者三而皆曰有者，不宜有之辭，且不知其孛者何星，闕所不知也。大辰東方不曰入而北斗曰入者，不全孛北斗，而但入其魁中爾。《公》、《穀》之說皆是。

公至自會。

晉人納捷菑于邾，弗克納。

孟子曰：「諸侯能薦人於天子，而不能使天子與之諸侯。」蓋能使人爲諸侯者，惟天子爾。晉與邾俱諸侯也，就令邾國無君，亦必薦之天子，天子立之則立之矣。

晉以捷菑已國之出，志欲立之，乃使其臣帥師而納於邾，而邾已立君，捷菑於義不當立，弗克納之而反。邾子蘧蒢卒於去年之夏，晉納捷菑於今年之秋。踰年而後納之，則已立君必矣。捷菑義不當立，而晉人必欲立之，至邾而後不克納。不曰伐邾，未嘗伐之。未嘗伐邾而弗克納乎？非伐而弗克也，義弗克爾。義弗克而知反，蓋可善也。然《春秋》書曰晉人焉，此其微意也。《春秋》之義，可責者責之，不可責者不責之。《春秋》納諸侯者五，蓋皆書其君與其臣之帥師也。「公伐齊，❶納子糾」，「楚子圍陳，納頓子于頓」，「齊高偃帥師納北燕伯于陽」，❷「晉趙鞅帥師納衛世子蒯聵于戚」，不書其君，即書其臣，未有貶之曰人者。「晉人納捷菑于邾，弗克納」，非其君則臣也，然而不書其名而曰人者，豈以晉人知捷菑之不可納，畏義而反，不敢以兵加邾焉爲可責而責之歟？用兵者多矣，齊桓之師則貶之，納君者多矣，晉弗克納則貶之，可責者然後責之也。《左氏》曰趙盾，《公羊》曰郤缺也，《穀梁》曰郤克也，是皆不知孔子貶之之意，故妄言其人爾。

九月，甲申，公孫敖卒于齊。

《春秋》內大夫出奔則不書卒，蓋奔者絶於其國而後往也。公孫敖奔莒者也，而卒特書之，蓋以明年齊歸其喪，故録其卒，所以將有其末，不得不録其本也。《穀梁》曰「爲受其喪，不可不卒」是也。

齊公子商人弑其君舍。

《春秋》未逾年之君稱子者，人子之心不忍有變於中年也。齊侯潘卒於五月，而

❶「公」下，原衍「子」字，據殿本及《春秋》經文删。

❷「偃」，原脱，據殿本及《春秋》經文補。

舍見弑於九月，未逾年也，不曰子而曰君者，商人之弑，弑成君也。人子之心，則未逾年而稱子，國人弑君，則未逾年而稱君。此《春秋》所以辨君臣之分而防篡弑之禍也。《穀梁》曰：「舍之不日，未成爲君也。」案：《春秋》不以日月爲例，又商人之弑書曰弑君，安得未成君乎？

宋子哀來奔。

《春秋》出奔之大夫未有以字書之者，而子哀之奔特書其字。考經之所載，又明年宋弑其君，而《左氏》記其事，以爲不義宋公而出奔，然則子哀見其國之將亂，不忍食其禄而無救其禍，於是違而去之。《春秋》以爲得去就之分，故賢而字之也。

冬，單伯如齊，齊人執單伯。齊人執子叔姬。

子叔姬者，齊君舍之母也。商人弑其君舍，魯于是使單伯往請之，商人執單伯。執子叔姬不言及者，非單伯累之，齊人自執子叔姬爾。然則商人既弑其君，又執魯使，又執其君之母，其罪不可勝誅也。《左氏》以單伯爲王卿士。案：明年書「單伯至自齊」，未有王臣而魯史書至者，此蓋不知其爲魯之王命大夫，❶故字而不名爾。《公羊》之説，蓋又鄙惡之甚。

十有五年，春，季孫行父如晉。三月，宋司馬華孫來盟。

《春秋》外臣來盟而不言君使者，皆善之也。楚屈完來盟召陵，遂却諸侯之師。齊高子來盟，遂寧魯難。屈完、高子皆受君命而來，《春秋》嘉其得專使之宜，故不言君使，以起其善。司馬華孫者，其君昏亂，國事廢弛，而賢臣外奔，華孫懼鄰國諸侯因其閒隙而侵伐之，於是不由君命，

❶「知其爲」，原空闕，據殿本補。

權宜來盟，以紓其國之難。《春秋》以其實不受命於君，不可稱君使，又其憂國而舉職，異於高子、屈完，特書曰「宋司馬華孫來盟」，見其憂國之難，乃其職事之所當爲者，不可以矯命罪之也。春秋大夫之見於經者多矣，其官舉者三人焉，又皆在昭公之時也，豈非禍亂之際，則節義之士有以顯名於後歟？《左氏》曰「其官皆從」，又曰「司馬華孫貴之也」。盟會而備其官，何足善乎？不責其善而取其威儀之備，聖人之意殆不然也。《穀梁》曰：「無君之辭也。」《穀梁》之意近之，但未精爾。

夏，曹伯來朝。

齊人歸公孫敖之喪。

公孫敖，奔大夫，齊人歸其喪，故志之爾。爲大夫而出奔，則絶於其國。生絶之，死反其喪，葬之義也。使齊歸之，非義也。不言來者，魯之臣非自外至者也。《公羊》曰「内辭」是也。

六月，辛丑，朔，日有食之，鼓用牲于社。

單伯至自齊。

單伯見執於齊，而釋之歸魯也。無罪見執，喜之而告于廟，故書曰「單伯至自齊」。

晉郤缺帥師伐蔡。戊申，入蔡。秋，齊人侵我西鄙。季孫行父如晉。

冬，十有一月，諸侯盟于扈。

《春秋》之義，前目後凡。扈之盟前無所目而不序諸侯者，所以罪文公之怠於政也。盟會之事，雖王法所當誅，而春秋之時，伯主持之以號令天下，從之者安，不從者危。文公怠於國政，不務安其國家，而諸侯盟會不能與焉，至於齊師再侵其鄙。書曰「冬，十有一月，諸侯盟于扈」，所以見諸侯之大會而公獨不與，齊師再

侵而外無所救也。《左氏》曰：「公不與，諱君惡也。」案：書諸侯，所以見公之意墮，何謂諱乎？

十有二月，齊人來歸子叔姬。

《春秋》内女之大歸者以自歸爲文，言其婦道不修，自絶於其夫之國也，郯伯姬、杞伯姬是也。子叔姬者，齊君舍之母也。商人弑舍而自立，不容子叔姬之在其國也，執單伯，執子叔姬。既殺其子，又執其母，義不忍殺之，而大歸於魯也。《春秋》原其情而書之，曰「齊人來歸子叔姬」，非叔姬絶之也，齊人絶之爾，與郯伯姬、杞叔姬異矣。《左氏》以叔姬爲齊君舍之母，其説是也，而以單伯爲王臣，於其歸叔姬，又曰王故也，蓋因單伯而致誤也。《公》、《穀》之説，皆以叔姬爲有罪者。考尋經文，當以《左氏》爲定。方單伯之如齊，齊已有弑君之難。齊方有難，單伯送女，將安歸乎？不容犯難而致女也。蓋如齊之行，爲請叔姬爾。若單伯、叔姬實有爲惡之迹，則經書其執，當以累及爲文。據經文兩執之，乃是叔姬因單伯之請而見執。二傳之説，殊不近人情矣。

齊侯侵我西鄙，遂伐曹，入其郛。

《春秋》伐國者多矣，未有曰「入其郛」者。郛者，郭也。伐之爲已甚矣，况入其郛乎？《春秋》甚之，故曰入郛。《公羊》曰「動我也」。案：齊自入曹之郛爾，何謂動我乎？

十有六年，春，季孫行父會齊侯于陽穀，齊侯弗及盟。

齊大國，世爲盟主，其彊有素矣。文公不自量其力，而使大夫往盟其君，齊侯卑之不盟。書曰「齊侯弗及盟」者，所以見魯之罪也。鄭伯逃盟主以從楚，而《春秋》

罪之，書曰「鄭伯逃歸不盟」。魯以弱小之國，邀盟彊齊而使臣以往，卒之齊侯弗及盟，非不能盟也，弗及我大夫盟爾。

夏，五月，公四不視朔。

視朔之禮，所以敬天時，尊君命，令國人也，一月廢之不可，況四不視朔乎？然則文公怠政慢上可知矣。孔子在定、哀之時，不欲去告朔之羊，以存其禮。定、哀之閒固嘗有不視朔者矣，然經不書之，視朔之禮廢自文公焉。又不曰始不視朔，亦或行而或廢也。《左氏》、《公羊》皆以爲文公有疾，廢之。案：孔子《春秋》皆曲盡人情之難言者。昭公在乾侯時，而告朔朝廟之禮不行於魯，故經於一歲之首，必曰公在乾侯，所以見昭公之在外，雖欲行之而勢不可得也。文公實有疾不能行，則孔子當恕之，如昭公之乾侯也，何爲獨深罪之？蓋其可行而不行，故詳誅之爾。《穀梁》之説其最精歟？

六月，戊辰，公子遂及齊侯盟于郪丘。

齊侯拒季孫行父於陽穀，而盟公子遂於郪丘，豈非幣重而禮卑歟？然文公安然於魯，區區使其大夫重幣以盟之，亦未免有罪也。

秋，八月，辛未，夫人姜氏薨。

毁泉臺。

毁者，全除之，與隳異也。泉臺之設，先公游觀之所，而勞民力以爲之。文公以爲非而必毁之也。先君爲之是而毁之，是毁先君之美也，爲之非而毁之，是暴先君之惡也。文公之毁泉臺，其必有一於此矣。三傳之説，《公羊》最爲得之。

楚人、秦人、巴人滅庸。

冬，十有一月，宋人弑其君杵臼。

弑君稱人，賤者弑君之辭也。《左氏》曰：「君無道也。」君雖無道，臣不可以不

臣。君無道而臣弑之，則是有可弑之君而教人以逆也。《公羊》曰「賤者窮諸人」，此説是。

十有七年，春，晉人、衛人、陳人、鄭人伐宋。夏，四月，癸亥，葬我小君聲姜。齊侯侵我西鄙。六月，癸未，公及齊侯盟于穀。諸侯會于扈。

文公怠於國政，而使其大夫會盟彊國。諸侯之盟公不與之，以求安其國家，而肆然受諸侯之來討，至於無所救而土疆以削，人民以傷。書曰「諸侯會于扈」，罪公之不與也。《左氏》曰：「書曰諸侯，無功也。」案：《春秋》，魯史，惟魯事爲詳，諸侯自盟而無功，何與魯事而記之乎？《春秋》不如是之煩。

秋，公至自穀。冬，公子遂如齊。

十有八年，春，王二月，丁丑，公薨于臺下。

人君之薨必於路寢，非路寢皆不正也。其曰臺下，蓋又甚焉。

秦伯罃卒。

夏，五月，戊戌，齊人弑其君商人。

商人，弑君之賊也。齊人殺之不以討賊書者，殺商人者又以其私，非討賊也。《春秋》之義，雖弑君大惡之人，殺之必正其罪，然後許之。不討其罪而又以其私，則亦曰弑君也，所以原情定罪而大爲之防歟？

六月，癸酉，葬我君文公。

秋，公子遂、叔孫得臣如齊。

魯小國，大夫有幾？而兩大夫同時如齊，國家之事無乃缺歟？《左氏》以爲惠公立，且拜葬，然則以二事行也。以二事，當再言如齊。經一書之，安知其爲二事乎？《穀梁》以爲同倫而相介，故列而數之。案：副介者不當見經，就令同倫，所譏亦淺爾。惟其非禮，故書之，何用曲

爲之説也？

冬，十月，子卒。

子卒不地，見殺者也。不名之，文公已葬，無所名也。《春秋》未逾年之君書卒者三，而子野正卒，亦不書地。趙子疑經缺之，亦恐然爾。《公》、《穀》皆以日不日爲斷，聖人之意豈其然歟？蓋亦可疑爾。

夫人姜氏歸于齊。

子赤見弑，宣公立，夫人姜氏不安於魯，而大歸於齊。聖人書之曰「子卒，夫人姜氏歸于齊」，然則宣公之弑不亦明歟？

季孫行父如齊。莒弑其君庶其。

龍學孫公春秋經解文公第九

後學成德校訂

龍學孫公春秋經解宣公第十

孫覺莘老

元年，春，王正月，公即位。

桓公弑隱公而立，《春秋》月而不王，以罪天王不能誅之，而使弑君大惡之人肆於民上十八年之久也。宣公弑子赤而立，其罪同於桓公，《春秋》書月書王，不罪天王之不討者，非赦之也。天下無王，自平王而下也，至於桓公，王道之不行未久，有王者興，赫然而行其道，則桓公在可誅之域，不於在位，當於其將終。竟桓公之死，天王不能誅之。聖人不忍周道之衰而弑君者得志也，一十八年之間書王者四，終始反覆，欲其見討而竟不能。聖人不忍焉，於是月而不王，以爲法於萬世。至於宣公，則王道之不行百餘年矣。天下之王不可無於一日，而百餘年間王道不行，亂臣賊子接迹而起，而王者未嘗誅之，非天下之無王，何至是也？宣公弑子赤而自立，王道之行在所先誅，而即位晏然，無所忌憚。《春秋》於其即位之月則書王，以明王道之行不容於一歲而無王爾。❶《春秋》於桓、宣之惡，非偏有輕重，以桓公之時猶可望，而宣公之時竟無王也。王猶可望，則可以待王之誅。後竟無王，於是書王以討也。《春秋》之法，弑君賊討則書葬，世子弑君則不待討賊而書葬，以爲葬者臣子之事，世子弑君，則無望於臣子矣。桓公則不書王，以謂待天王之討也。王道益衰，亂臣賊子滋起。宣公弑君而書王，以爲無望於

❶「而無」，原空闕，據殿本補。

天王也。無望於臣子，則世子弑君而書葬。無望於天王，則宣公弑立而書王。無所望者不復望之，此《春秋》之法也。趙子之徒謂不去王者，宣公本不同謀，故異於桓公也。案：經繼弑而書即位，何謂不與弑乎？非也。

公子遂如齊逆女。三月，遂以夫人婦姜至自齊。

宣公弑子赤而立，又在文公之喪也，乃遽使大夫逆女于齊。書逆、書至，所以見弑君之人得志，而在位則無所不至也。居喪而序大夫逆女，皆非禮之大者，而經無異辭，不待貶絶而罪惡可見矣。公子遂不再言公子者，一事而再見者卒名，《公羊》之説是也。《左氏》以爲尊君命、尊夫人，蓋失之矣。

夏，季孫行父如齊。

晉放其大夫胥甲父于衛。

放，流之也，《書》曰「放驩兜于崇山」是也。大夫者，人君任以治國家者也。古者諸侯大夫命于天子，大夫有罪則請於天子，天子命殺之可，放之可。春秋之於諸侯，未嘗請於天子，專命之，專殺之，專放之也。君遇臣以禮，臣有罪而去，猶使人道之出疆，三年而後收其田里，況無罪乎？《春秋》書曰「放其大夫」，罪其命之專、放之無禮也。《論語》曰：君子翔而後集，色斯舉矣。爲大夫而見放焉，則亦非賢者矣。《公羊》曰「近正也」。案：經書國而不書其君，不與其專放大夫也。經不與之，安得曰近正？《穀梁》曰：「稱國以放，放無罪也。」案：書放者皆有罪爾。稱人自爲，與其下爲別也，安得以稱國而見其無罪乎？

公會齊侯于平州。公子遂如齊。

六月，齊人取濟西田。

濟西之田齊人取之，蓋有罪矣。然三傳皆以爲賂齊而略齊之惡，經無所見。蓋宣公

弑君，罪大當誅，而齊爲伯主不能討，與公婚姻，與公盟會，再受其臣之聘，又取其田，蓋皆於數月之閒也。齊侯之罪隱而難見，故明書取田以著其罪。《春秋》取田邑皆貶之曰人，罪其擅取也。惟昭公二十五年「齊侯取鄆」獨書以爵。是時昭公見逐於季孫而寓於齊，齊侯以義取魯之鄆，以居昭公。《春秋》以其取不爲己，得伯主之義，特書曰齊侯。舍是而取田邑者皆貶曰人，「齊人取濟西田」是也。

秋，邾子來朝。

楚子、鄭人侵陳，遂侵宋。晉趙盾帥師救陳。宋公、陳侯、衛侯、曹伯會晉師于棐林，伐鄭。

陳、宋附晉而見侵於楚，趙盾帥師救之。不曰救宋者，侵宋已去而陳方受侵也。諸侯伐鄭討陳，見侵之後而會晉師。不言趙盾者，前目後凡也。《公羊》以爲君不會大夫。案：春秋諸侯會大夫亦多矣，此例不通。《穀梁》以爲大趙盾之事。案：經言會晉師而没去趙盾之名，乃是賤爾，何謂大乎？蓋《公》、《穀》不知《春秋》省文之義，故妄爲之説爾。

冬，晉趙穿帥師侵崇。

崇之地未嘗見經，於此始書焉。《左氏》以崇爲秦所與之國，侵崇所以求成於秦。事雖不見於經，然以崇爲國，則與經相近。《公羊》以崇爲柳，柳爲天子之邑，若晉師侵天子之邑，其罪甚重，於經當有異文。《左氏》、《穀梁》皆作崇，《公羊》未可據。

晉人、宋人伐鄭。

二年，春，王二月，壬子，宋華元帥師及鄭公子歸生帥師戰于大棘，宋師敗績，獲宋華元。

華元師敗而身見獲，《春秋》書之，蓋罪之也。華元爲政於宋，不能使寇讎之不來。而《穀梁》以謂「以三軍敵華元，華元雖獲，不病矣」。案：《春秋》師敗而至于見獲，

皆先言敗而後言獲，「公子友帥師敗莒師于酈，獲莒挐」，「齊師敗績，獲齊國夏」是也，何獨華元則以三軍敵之？《穀梁》之説非也。

秦師伐晉。夏，晉人、宋人、衛人、陳人侵鄭。

秋，九月，乙丑，晉趙盾弒其君夷皋。

晉趙盾、許世子止，聖人以弒君書之，而三家之傳與後之説者説皆不同，蓋皆不知孔子之意。三傳之説以爲盾不弒君，弒君者趙穿也。孔子加趙盾以弒君之罪者，盾亡不越竟，反不討賊也。許世子未嘗弒君，而止不嘗藥，父飲止藥而死也。後之説者以爲學當據經。經書晉趙盾弒君，則盾也，非趙穿。書許世子止弒君，則止也，非不嘗藥也。從三傳之説，則是二子無心於弒，而孔子妄加之罪也。從後人之説，則二子實親弒君，而三家妄傳也。是皆不見孔子之意。夫趙盾之爲大夫于晉，其執政之久且專如此，靈公無道而欲殺盾者數矣。族人弒君，而盾反不討，又與之並立于朝。然則弒君者誰與？盾也。若盾者，蓋陰弒其君而陽逃其迹，實行其計而穿受其名者也。盾執政之久，其賢聞於國人，而靈公無道，滋欲殺之。盾出奔未遠，而其族人乘國人之不悦而弒之。盾反討賊，猶未免也，況不討乎？春秋弒君者多矣，不必其身弒之，他人弒之而己受其福者，孔子皆以弒賊誅之，不論其同謀不同謀也。弒隱公者，公子翬也，桓公被弒君之罪。弒子赤者，公子遂也，而宣公受弒君之名。必待親弒然後罪之，則姦臣賊子得以計免，而庸愚無知者常當其實。許世子止進藥於父而不嘗焉，父飲藥以死。藥不可以妄進，進不容於誤也。而止以藥弒其父，安知止心不欲弒也？若止者，蓋亦幸而得不嘗藥之名也。由孔子以觀之，則

曰止弑其君矣。然而後之説者，則曰不討賊、不嘗藥，其罪輕於弑君，孔子不應以不討賊、不嘗藥之人而加之弑君之罪。不知孔子原情定罪，而罪當其人爾。弑君者趙穿，而欲弑者盾也。盾不欲弑，何爲不討？桓公不討公子翬，而隱不書葬。宣公不討公子遂，而經書即位。盾不討穿，而經書弑君。蓋一例耳，何獨至盾而疑之乎？殺人者或以刃，或以梃，[1]或以藥，或以饑，四者雖異，而同歸於死。《春秋》弑君二十有四，亦不皆以刃也，何獨至止而疑之乎？《春秋》書盾、止之弑，而三子者論其情，或恕或不恕。此自三子之見爾，安可以三子之異而廢《春秋》之公法哉？如三子亦不能造虚於盾、止之事也，然如《左氏》曰：「惜也，出境乃免。」弑君之惡，天下無所容而逃，出其竟輒免之，何其無法之甚也？《公羊》曰：「親弑君者趙穿，曷爲加之趙盾？不討賊也。」盾不討賊，迹其心乃欲弑者也，何謂加之乎？又曰：「賊未討，何以書葬？不成于弑也。」《春秋》之法，世子弑君不待討賊而書葬，蔡世子般弑其君而葬景公是也，何獨至止而曰不成于弑乎？《穀梁》曰：「於盾也，見忠臣之至，於許世子，見孝子之至。」若盾、止者，君弑不討賊，進藥而父死，蓋大惡之人也，何謂忠孝之小不至乎？

冬，十月，乙亥，天王崩。

三年，春，王正月，郊牛之口傷，改卜牛。牛死，乃不郊，猶三望。

《春秋》之正月，夏時之十一月也。魯諸侯，郊不敢並天子之時，而殺從于二月、十一月，而養牛三月，在滌之禮也。郊牛之口傷，不書所以傷之，牛自傷也。改卜牛，

[1]「梃」，原作「挺」，據殿本改。

牛死，異也。不郊而望，望所以因郊也。不郊矣，安用望乎？猶者，可以已也。

葬匡王。

匡王之葬不書所以往者，宣公自往也。古者諸侯即位，必朝天子。宣公之立，未嘗如京師，因其葬匡王也，一往會葬，而且朝焉。《春秋》常事不書。公如京師葬天王，事之常者，故不書爾。

楚子伐陸渾之戎。夏，楚人侵鄭。秋，赤狄侵齊。宋師圍曹。冬，十月，丙戌，鄭伯蘭卒。葬鄭穆公。

四年，春，王正月，公及齊侯平莒及郯。莒人不肯，公伐莒，取向。

《春秋》之義，大和平而惡侵伐，侵伐必正其主兵之名，和平則曰人而已，以明舉國皆欲之也。公及齊侯平二國之怨，而莒獨不從，書曰「莒人不肯」，蓋微之也。《春秋》平者曰人，不肯者亦曰人，所以書人則同，而褒貶則異矣。公以大國之義，平小國之怨，恥已大矣，又伐之而取其邑，莒人不肯，則有罪矣。伐之而取其邑，不亦甚乎？《春秋》之義，不以有功没其過，不以不正治人之邪。楚人殺陳夏徵舒則爲義，入陳則無道矣。平莒及郯則近正，伐莒取向則有罪矣。所謂牽牛蹊人之田而奪之牛也。《公羊》曰：「其言不肯，辭取向也。」莒雖不肯平郯，公取向，罪可辭乎？《穀梁》曰：「伐莒，義兵也。」平莒可以爲義，伐之安得義乎？

秦伯稻卒。

夏，六月，乙酉，鄭公子歸生弑其君夷。

案：《左氏》以爲歸生懼而從弑君，實弑者公子宋也。《春秋》三傳之法，弑君者以與謀爲首。公子宋謀之，歸生從之，歸生則有罪矣，然公子宋何以免乎？又曰：「弑君稱君，君無道也。」君雖不君，臣不可以不臣，奈何君

無道則臣得弒之，傷教害義之甚者也。

赤狄侵齊。秋，公如齊。公至自齊。冬，楚子伐鄭。

五年，春，公如齊。夏，公至自齊。秋，九月，齊高固來逆叔姬。

人臣無外交，齊高固踰竟而婚，《春秋》罪之。不曰逆女而曰逆叔姬者，所以別大夫之自逆，且禮所當略。《穀梁》曰不與夫人之稱。大夫外交誠有罪矣，不與其稱，有何義乎？《左氏》曰「卿自逆」是也。

叔孫得臣卒。

冬，齊高固及子叔姬來。

子叔姬之歸寧，義不當書。《春秋》以高固外交，故見高固之來，與子叔姬偕也。《左氏》曰：「來，反馬也。」若反馬，常事，又何書乎？《穀梁》曰：「不使得歸之意。」若高固受命來聘，當先書來聘，乃曰「及子叔姬來」，經一書之，足明非聘也。

楚人伐鄭。

六年，春，晉趙盾、衛孫免侵陳。

《春秋》之法，將尊師少稱將。趙盾、孫免，晉、衛之大夫，而所將之衆少，故不稱帥師也。《穀梁》以爲敗前事，故不與帥師。非□□□□□□復見爲孔子赦之。案：許世子止與盾之罪□□□□□□許悼公之葬，又與蔡景公之例等。《公羊》之❶下闕。

夏，四月。秋，八月，螽。冬，十月。

七年，春，衛侯使孫良夫來盟。

良夫自外而至，故書曰來。不書其所與之人，我之敵者也。《穀梁》曰：「來盟，前定也。」案：但書其自外爾，安知其前定乎？又曰「以國與之」。案：盟不言我之敵者，以國與之，有何義乎？

夏，公會齊侯，伐萊。

❶「穀梁」至「公羊之」五十七字，殿本、王校本均無。

《春秋》内爲志曰及，外爲志曰會。伐萊之役，主於齊侯，而公往會之。《左氏》以與謀不與謀爲別，意則近之，而義未精爾。

秋，公至自伐萊。大旱。冬，公會晉侯、宋公、衛侯、鄭伯、曹伯于黑壤。

八年，春，公至自會。夏，六月，公子遂如齊，至黄乃復。

公子遂至黄乃復，而卒于垂。復蓋有疾，而復亦可矜也。而《春秋》書之，罪其受命而不死于外，復者不當復也。

辛巳，有事于大廟。仲遂卒于垂。壬午，猶繹，萬入去籥。

仲遂弑君之賊，於經不當書卒，而經書其卒，又責宣公之不盡禮者。蓋仲遂雖弑君之賊，宣公以弑賊討之，則罪無所逃矣。既任之爲大夫，則當盡遇臣之禮。里克比弑二君，而夷吾殺之，書曰「晉殺其大夫里克」，不言討賊也，蓋謂夷吾殺之不以義而以己私。里克雖有罪當討，而夷吾殺之無道，是以書殺大夫。公子遂之罪當誅，而宣公恃之即位，國内之事皆使專焉。常任之爲大夫，則不可不盡大夫之禮。卒而猶繹，萬入去籥，蓋所謂知其不可而爲之者也。猶者，可以已之辭。籥有聲者徹，則萬無聲者將焉用乎？三傳之説，《公羊》最得之。

戊子，夫人嬴氏薨。晉師、白狄伐秦。楚人滅舒、蓼。秋，七月，甲子，日有食之，既。冬，十月，己丑，葬我小君敬嬴。雨，不克葬。庚寅，日中而克葬。

喪事有進而無退。葬必有雨備爾，不爲雨止也。雨不克葬，可以克而不克也。孔子葬其母，雨壞其墓，門人修之而孔子不樂。老聃助葬，日食而止其柩，既明而後行，曰：「君子行禮，不以人之親患。」❶孔子葬

❶「親」下，《禮記》有「痁」字。

母，則墓不爲修。老聃助葬，柩以日食而止。蓋雨則常有，可以前備，而日食非常，不可預知也。然則《春秋》書之，蓋譏之也。《左氏》以爲禮，而《公羊》無譏，皆失之矣。《穀梁》曰「喪不以制」，蓋孔子之意也。

城平陽。楚師伐陳。

九年，春，王正月，公如齊。公至自齊。夏，仲孫蔑如京師。齊侯伐萊。秋，取根牟。

根牟者，邑名也。《春秋》之法，本魯田邑而魯復取之者，不以國繫之，明本我田邑也，取濟西、取汶陽、取鄟、取鄆是也。《公羊》以根牟爲邾邑，《春秋》不係之邾者，以亟數而諱之也。此蓋《公羊》不知根牟本魯邑，嘗爲邾取去而魯復得之，故不係邾也。謂之諱亟，有何義乎？

八月，滕子卒。九月，晉侯、宋公、衛侯、鄭伯、曹伯會于扈。晉荀林父帥師伐陳。辛酉，晉侯黑臀卒于扈。

《春秋》諸侯卒皆不地，外事則略也。卒于外者八，書地者三：晉侯卒于扈，鄭伯卒于鄵，宋公卒于曲棘。不言于師、于會而以地言者，在其封内也。人君之卒必于正寢，而諸侯非王命奔走于外以死，國事無所寄託而宗社危殆者，必謹志之。晉、鄭、宋之君皆卒于封内，而《春秋》猶罪之者，罪其不卒于正寢也。卒于封内者書地，卒于會者書會，卒于師者書師。以地爲重，則于會、于師又可知也。《公羊》曰：「未出地，故不言會。」此説是也。

冬，十月，癸酉，衛侯鄭卒。宋人圍滕。楚子伐鄭。晉郤缺帥師救鄭。

陳殺其大夫洩冶。

《春秋》大夫之見殺者，不以有罪無罪皆書之，以其事無禮之君，不能去而又死之也。洩冶之事見於《左氏》、《穀梁》，皆以爲諫

其君不聽，而君殺之也。如陳靈公之惡，蓋桀、紂有所不爲，而洩冶事之久，不能格其非心，至其惡積而醜穢聞於人也，然後從而諫之，亦已晚矣。洩冶得爲臣之道，當使其君不至於惡。君爲惡而不從其言，則去之，奚至於殺其身乎？孔子曰「有殺身以成仁」，然則洩冶見殺而陳靈不免於弑，冶之殺身何所成哉？此《春秋》書之所以與諸侯之大夫無異辭也。《左氏》曰：「《詩》云：『民之多辟，無自立辟。』」如洩冶之死，蓋不善立辟矣。洩冶而能立辟，則必不終陳靈之仕。惟其不立，是以見殺焉。詩人之言，非洩冶之謂。《穀梁》曰：「使國聞之則猶可。」❶如陳靈之惡，當言其決不可，安得曰猶可乎？

十年，春，公如齊。公至自齊。齊人歸我濟西田。

宣公弑立，懼齊見討而求婚於齊，又以濟西之田賂之。齊人以公服從而受制也，於是復以其田還我。齊取之未久而復歸之，可以知我田也，然而必曰我者，濟西之田魯不能皆有之，特言我以別之也。《公羊》曰「其實未之齊也」。案：元年書齊取之，何得曰未之乎？

夏，四月，丙辰，日有食之。己巳，齊侯元卒。齊崔氏出奔衛。

《春秋》書氏者，皆譏世卿也。春秋世卿多矣，而尹氏書卒，崔氏書奔，蓋聖人於世卿之中，擇其尤彊而爲害之深者，以爲後世戒也。隱三年書「尹氏卒」，昭二十三年書「尹氏立王子朝」，又三年書曰尹氏以立子朝奔楚。自隱至昭二百年矣，而尹氏世執周政，故有子朝之難而專廢立之權也。宣十年書「齊崔氏出奔衛」，至襄二十五年書

❶ 「國」下，《穀梁傳》有「人」字。

「齊崔杼弑其君光」。自宣至襄五十餘年矣，崔氏世齊大夫，故卒有弑君之禍也。春秋之國，莫尊於周，莫彊於齊，而周、齊世卿卒造大禍，世卿之爲害可知矣。故聖人特書其尤著而易知者以爲之戒也。《左氏》曰：「書曰崔氏，非其罪矣。告以族，不以名。」案：書崔氏，譏世卿爾，何言非罪乎？假令以族告魯，孔子焉得不加考正而遂書之耶？《穀梁》曰「舉族而出之辭」，何休非之，曰：可以尹氏卒，復以謂舉族死乎？三傳之説，《公羊》得之。

公如齊。五月，公至自齊。癸巳，陳夏徵舒弑其君平國。六月，宋師伐滕。公孫歸父如齊，葬齊惠公。晉人、宋人、衛人、曹人伐鄭。秋，天王使王季子來聘。

《春秋》天王之大夫則字而不名，所以尊天王之命，而異於諸侯之大夫。王季子者，天王之大夫，字而不名爾。《公羊》曰：「母弟也。」案：《春秋》要辨尊卑之分，何獨母弟則貴之乎？

公孫歸父帥師伐邾，取繹。大水。季孫行父如齊。冬，公孫歸父如齊。齊侯使國佐來聘。饑。

經秋書「大水」而冬書「饑」。大水災之，嘉穀不成而歲凶也。經書「無麥苗」、「大無麥禾」而不言饑，他穀或收，不全饑也。言饑，則是五穀無收而舉國饑凶也。《公羊》曰「以重書」是也。

楚子伐鄭。

十有一年，春，王正月。夏，楚子、陳侯、鄭伯盟于辰陵。公孫歸父會齊人伐莒。秋，晉侯會狄于欑函。

《春秋》内中國，外夷狄。欑函之會殊會狄人者，所以同晉於内而離狄于外也。《穀梁》曰：「不言及，外狄也。」案：經若不外狄，當書「晉侯、狄人會于欑函」，亦無言及

之理，安得以不言及爲外狄？

冬，十月，楚人殺陳夏徵舒。

陳夏徵舒弑君之賊，《春秋》許其討之，故曰楚人也。《春秋》之義，弑君之賊人人皆得殺之。殺之者雖諸侯，雖大夫，雖國人，雖夷狄，必皆曰人也。陳佗殺太子免而立，蔡殺之，則曰「蔡人殺陳佗」。陳夏徵舒弑其君平國，楚人殺之，則曰「楚人殺陳夏徵舒」。蓋聖人欲以杜篡弑之漸而廣忠孝之路也。《公羊》曰：稱人者，貶其外討也。案：稱楚人乃是進之，何謂貶乎？

丁亥，楚子入陳，納公孫寧、儀行父于陳。

楚子夷狄之君，因陳之亂，討陳之弑賊。《春秋》以其得中國之義，書曰楚人。楚子既討其賊，則爲陳立君而去可也，乃乘其亂，以兵入陳而遂將有之，又納靈公同惡之人。《春秋》貶之，書曰「楚子入陳，納公孫寧、儀行父于陳」，見其爲義不終而濟之以亂也。徵舒弑賊，討而殺之則進之。二人亂臣，入而納之則貶之。蓋《春秋》之法，不以一善掩其終身之醜，不以有罪廢其常行之義，輕重與奪，惟其事之所在爾。《左氏》曰：「書有禮也。」案：經乃是貶納惡人，何謂有禮乎？

十有二年，春，葬陳靈公。

《春秋》之義，弑君賊討則書葬，以爲爲人臣子而君父見弑焉，則罪已大矣，弑君之賊能即討之，則臣子之責亦足少恕，而君父之讎亦有時而已也。賊不討，則雖葬而不書，以爲臣子之義，君父見弑於人，又縱而不討，則雖葬猶不葬也。陳靈見弑於夏徵舒，陳之臣子不能討賊，而楚人殺之。至是二十餘月而始書其葬，不以罪陳之臣子者，以爲臣子之責主於討賊，賊已討，則陳之臣子亦已免矣。蓋《春秋》之義，有不可責而不責之者。魯桓見弑於齊侯，齊彊

國，魯之臣子力不能討，則不待討賊而書葬。陳之臣子雖不討賊，而楚已討之，故書葬，所以盡人情之難言，不責其必不能也。《公羊》謂之君子辭，蓋得之矣。

楚子圍鄭。

夏，六月，乙卯，晉荀林父帥師及楚子戰于邲，晉師敗績。

《春秋》之義，内大夫可以及外諸侯，外大夫不可以及我公，所以尊内而殺外也；中國之大夫可以及夷狄之君，夷狄之大夫不可以及中國之諸侯，所以貴中國而賤夷狄也。外大夫及我公行事，則殺而稱人，蜀之盟、伐衛、伐徐之會是也。夷狄之大夫及中國之諸侯，則殺而稱人，泓之戰、城濮、柏舉之敗是也。内大夫可以及諸侯，單伯會諸侯于鄄是也。中國之大夫可以及夷狄之君，晉荀林父及楚子戰是也。《春秋》之義，内於中國非偏貴之，外於夷狄非偏賤之，以爲不貴内，不貴中國，不足以責治道之詳；不賤外，不賤夷狄，不足以杜侵陵之漸。惟其貴之，是以内之；惟其賤之，是以外之也。《公羊》曰：「稱名氏以敵楚子，不與晉而與楚子爲禮也。」案：經書林父以敵楚子，則是不與楚子爾，何得曰不與晉乎？

秋，七月。冬，十有二月，戊寅，楚子滅蕭。晉人、宋人、衛人、曹人同盟于清丘。宋師伐陳，衛人救陳。

十有三年，春，齊師伐莒。夏，楚子伐宋。秋，螽。冬，晉殺其大夫先穀。

十有四年，春，晉殺其大夫孔達。夏，五月，壬申，曹伯壽卒。晉侯伐鄭。秋，九月，楚子圍宋。葬曹文公。冬，公孫歸父會齊侯于穀。

十有五年，春，公孫歸父會楚子于宋。夏，五月，宋人及楚人平。

是時楚子圍宋而釋之，不與之盟而平，宋

必不敢使微者，然經書之概皆曰人。《春秋》之義，和平而不相侵害，則是舉國之人皆欲之，雖晉、楚之君釋憾而平，然二國之人欲之，故不言其君而言人。《公羊》以爲貶之。案：《春秋》罪侵伐而大和平，和平者貶，則侵伐爲可善乎？失之矣。《穀梁》以爲上下欲之，是也。

六月，癸卯，晉師滅赤狄潞氏，以潞子嬰兒歸。

潞氏者，赤狄之別種也。潞氏國滅而以嬰兒歸，書滅書名，蓋罪晉也。《春秋》之義，夷狄無貶而嬰兒貶之。名焉，以晉之滅名之也。晉中國也，❶而校重輕於潞氏。潞氏赤狄也，何足校哉？潞氏之罪在可滅而晉滅之專，猶有罪也。潞氏之罪在不可滅而晉滅之，則晉亦狄也。以狄滅狄，潞子安得不名乎？楚子滅夔，以夔子歸，亦不足名也。晉中國也，潞夷狄也，夷狄則無道矣，則禽獸矣。治無道者，必有道也，驅禽獸者，必人也。以無道治無道，以禽獸驅禽獸，何以別哉？《春秋》有外中國於夷狄者，則曰狄中國也，有進夷狄於中國，不曰中國夷狄乎？夔子之歸不名，以夷滅狄，賤略之也。晉滅赤狄而嬰兒名焉，同嬰兒於中國，所以一中國於夷狄也。《公羊》曰潞子之爲善，《穀梁》曰嬰兒賢，是皆不見《春秋》之意。

秦人伐晉。

王札子殺召伯、毛伯。

《春秋》有書王子突、王子虎者矣，未嘗曰王某子也，而札子特異焉。《公羊》以爲長庶之號。別長庶者當言伯、仲、叔、季，亦未有曰某子。杜預疑經之倒，蓋恐然矣。殺召伯、毛伯，不由王命而王子殺之，天子之政如何也？《穀梁》以爲君不君、臣不

❶「國」下，殿本有「諸侯」二字。

臣，蓋得之矣。

秋，螽。仲孫蔑會齊高固于無婁。

初税畝。

孟子曰：「耕者助而不税。」此言税，則非助出也。至孟子時，天下皆税畝矣，故使之復助也。❶ 井田之法，有公田，有私田。《詩》曰：「雨我公田，遂及我私。」是官取其公，民取其私。商謂之助，而周謂之徹也。故私田雖善，而公田不善。官不以其善而取之，不善而不取也，惟公私爲之别焉。至宣公之時，患公田之不善而豐凶無常也，於是畝畝而税之，定其常入之數而使供焉，始墮井地之制，而亂公田之法也。《春秋》罪之，故書曰「初税畝」。《公》、《穀》皆以爲税畝者，履畝而税也。履畝者，謂履踐其良者而收之。若實若此，魯國之廣，歲歲履畝，不亦勞乎？經言「初」，則是終其國而行之。履畝而税，勢亦不能久也。杜預、趙子之徒又以《論語》哀公曰「二，吾猶不足」爲據，言此税畝乃什二而税也。案：魯舊行什一之法，一朝而什二焉，不亦甚乎？亦不能暴取於民如此之刻也，必有漸矣。此蓋宣公之時，始限畝之所出而税之，廢助法而用貢法。至哀十二年又以田爲賦，其後始行什二之法也。若於宣公之時遂行什二之法，不應於經無譏。孔子弟子有若最少，孔子没，群弟子嘗奉之爲師，則是有若後孔子卒，亦以明矣。哀公於春秋之後行什二之法，而有若之對皆在春秋之後，故經無譏也。諸家皆非。

冬，蝝生。

蝝者，螽之子。《春秋》之秋，夏時之夏也，《春秋》之冬，夏時之秋也。螽爲災於夏，

❶「孟子曰」至「復助也」，原爲雙行小字，在「初税畝」下，據殿本改。

而蝝生於秋。一歲而再爲災，故謹志之爾。案：《左氏》、《公羊》皆曰幸之，以蝝生於冬，物皆已收而不爲災也。案：秋乃五穀大成之時，安得曰不爲災乎？但生而不爲災，亦何用書之乎？螽蓋常有之物爾，況夏時之冬爲甚寒，草蟲閉蟄之際，蝝安能生乎？《穀梁》以爲稅畝之災，亦牽合之論也。

饑。

十有六年，春，王正月，晉人滅赤狄甲氏及留吁。

案：甲氏、留吁皆赤狄之別種。經言及者，所以別其爲二族爾。

夏，成周宣榭火。

《楚語》曰：「榭不過講軍實，臺不過望祥氛。」蓋榭之實爲講武而設也，故杜預以宣榭爲講武屋是也。成周之地而有宣榭焉，蓋所謂宣王之榭也。宣王承幽王之後，夷狄內侮，中國衰弱，於是南征荊舒，北伐玁狁。周室中興，宣王用武之力也。故《六月》、《采芑》之詩，大其南征北伐而作也。然則宣王用武於四方，固必有講武之所矣。成周宣榭，蓋所謂講武之榭也。宣王之時，周未東遷，而講武之榭在於成周者，蓋成周之地自周公、成王卜之，久爲別都，宣王嘗講武於此爾。周道衰，征伐一出於下，而宣王講武之榭又天災之。聖人傷之，是以謹志之爾。《公》、《穀》之說，皆以爲樂器之所。藏樂器則榭何獨名宣乎？《左氏》以爲人火之也。案：二傳皆作「災」，《左氏》未可據。

秋，郯伯姬來歸。

冬，大有年。

《春秋》之法，大者非常之辭，有者不宜有也。宣公弒君之賊，王法所先誅，而天下無王，即位一十六年之久而晏然無討之者。人理之不可知，必推之天，天又大有

年以安之。聖人傷之，特書曰「大有年」者，不宜有也。《春秋》書有年者二，皆在桓、宣之時，聖人之意可知矣。

十有七年，春，王正月，庚子，許男錫我卒。丁未，蔡侯申卒。夏，葬許昭公。葬蔡文公。六月，癸卯，日有食之。己未，公會晉侯、衛侯、曹伯、邾子，同盟于斷道。秋，公至自會。冬，十有一月，壬午，公弟叔肸卒。

《春秋》內臣之卒未有書字者。季友以立僖公字，叔肸以不食其兄之禄，又不去之字。季友之事，《春秋》載之詳，惟曰季焉，則賢可知矣。叔肸之事不見於經，而經書其卒，雖曰叔焉，未見其賢人也。又特稱之曰公弟，以明叔肸之賢，得弟道於宣公也。《左氏》曰：「凡稱弟，皆母弟也。」但爲母弟，亦何足貴而書之？《穀梁》之説得之矣。

十有八年，春，晉侯、衛世子臧伐齊。公伐杞。夏，四月。秋，七月，邾人戕鄫子于鄫。

《春秋》書殺之例，有曰弑者，有曰殺者，有曰用之者，蓋皆有别也。其書戕者惟一焉。《左氏》以爲外曰戕。案：楚子誘蔡世子般殺之，亦不曰戕也。蓋戕者，賊而殺之，無道之甚，《春秋》甚之，故曰戕之。《公》、《穀》之説是也。

甲戌，楚子旅卒。公孫歸父如晉。冬，十月，壬戌，公薨于路寢。歸父還自晉，至笙，遂奔齊。

歸父使晉，事畢而還，聞宣公之薨，至笙而遂奔齊也。《左氏》、《公羊》以爲公薨家遣出奔爾，❶然皆以還爲善。案：如晉事畢故書還，何足善乎？

龍學孫公春秋經解宣公第十

後學成德校訂

❶「遣」，殿本作「遂」。

龍學孫公春秋經解成公第十一

孫覺莘老

元年，春，王正月，公即位。二月，辛酉，葬我君宣公。無冰。三月，作丘甲。

丘甲之説多矣，然皆失之而未得其當也。《公》、《穀》之意則以爲甲非人人所能爲，而使丘作之，人人而爲甲也。夫甲者惟工人能爲之爾，就令成公暴刻，亦不能使丘人皆爲之。丘人皆爲之，則是盡魯之人皆作甲也，何其不近人情之甚乎？如杜預之説，以爲甸出甲士三人，而使丘出之。夫一甸之地兼有四丘，而使丘出甸賦，丘豈能供之哉？亦不能頓取於人如此之暴也。蓋古者九夫爲井，四井爲邑，四邑爲丘，四丘爲甸。一甸之地兼有四丘，而出長轂一乘，戎馬四疋，牛十二頭，甲士三人，步卒七十二人。成公始作丘甲，則是丘出一甲，而甸出甲士四人也。往者三人而今增其一，丘出一人焉，故曰作丘甲也。諸家之説皆非。

夏，臧孫許及晉侯盟于赤棘。

秋，王師敗績于茅戎。

天王之尊，天下莫之有敵。王師雖敗績于茅戎，非茅戎能敗王師也，王師自敗爾。《公》、《穀》之説皆以爲晉敗王師，不言晉，爲天王諱也。晉不臣之甚，至敗王師，而經沒不書，則是爲晉掩惡也，《公》、《穀》之説非。

冬，十月。

二年，春，齊侯伐我北鄙。夏，四月，丙戌，衛孫良夫帥師及齊師戰于新築，衛師敗績。六月，癸酉，季孫行父、臧孫許、叔孫僑如、公孫

嬰齊帥師會晉郤克、衛孫良父、曹公子首及齊侯戰于鞌。

鞌之戰，曹大夫書名者，曹之命大夫也。曹之大夫見於經者二，公子首、公孫會是也。大國之命大夫書字，小國之命大夫書名，理自然爾。《公羊》以爲憂內，《穀梁》以爲我大夫在焉，皆非也。

齊師敗績。秋，七月，齊侯使國佐如師。己酉，及國佐盟于袁婁。八月，壬午，宋公鮑卒。庚寅，衛侯速卒。取汶陽田。冬，楚師、鄭師侵衛。

十有一月，公會楚公子嬰齊于蜀。丙申，公及楚人、秦人、宋人、陳人、衛人、鄭人、齊人、曹人、邾人、薛人、鄫人盟于蜀。

《春秋》之義，公及大夫則殺大夫而稱人，不與大夫而敵公也。公之罪，則書公書大夫之名，言公之爲彼敵者，有以取之也。嬰齊，夷狄之大夫，而公親與之會，蓋公將去中國而從夷狄也。公將從夷狄而會其大夫，則公之罪也。書曰「公會楚公子嬰齊于蜀」，罪公也。蜀之盟，嬰齊在焉，不書之者，蓋諸侯之大夫衆多，其將去中國而附夷狄者，非獨我公也。《春秋》之義，罪不專於我公而與諸侯共之者，不以我公獨當其責也。會則書名，我公獨與之會，責無所分也。盟則不名，諸侯皆有罪矣，何獨我公哉？《公》、《穀》之説皆非。

三年，春，王正月，公會晉侯、宋公、衛侯、曹伯伐鄭。辛亥，葬衛穆公。三月，公至自伐鄭。甲子，新宮災，三日哭。乙亥，葬宋文公。

二傳新宮之説皆得之，但《公羊》以爲禮，《穀梁》以爲無譏，則其與成公爲過矣。《春秋》之義，蓋謂不若無災而不哭之爲愈也。至于災而哭之，故未免《春秋》之譏爾。

夏，公如晉。鄭公子去疾帥師伐許。公至自晉。秋，叔孫僑如帥師圍棘。大雩。晉郤克、衛孫良夫伐廧咎如。

冬，十有一月，晉侯使荀庚來聘。衛侯使孫良夫來聘。丙午，及荀庚盟。丁未，及孫良夫盟。

晉、衛之大夫皆因聘而盟者，不書所以及之，内之敵者也。

鄭伐許。

狄鄭之説，諸儒論之多矣，蓋皆以鄭附夷狄而伐中國，叛去年之盟，一歲而再伐，又乘其喪也。董仲舒曰：「伐喪無義，叛盟無信。無信無義，故大惡之也。」

四年，春，宋公使華元來聘。三月，壬申，鄭伯堅卒。杞伯來朝。夏，四月，甲寅，臧孫許卒。公如晉。葬鄭襄公。秋，公至自晉。

冬，城鄆。鄭伯伐許。

五年，春，王正月，杞叔姬來歸。仲孫蔑如宋。夏，叔孫僑如會晉荀首于穀。

梁山崩。

《春秋》災異及於天下者不以國，言異不主於一國也。梁山雖在於晉，而山崩之異係於天下，故不曰晉梁山崩。《公羊》以謂爲天下記異，蓋得之。

秋，大水。冬，十有一月，己酉，天王崩。十有二月，己丑，公會晉侯、齊侯、宋公、衛侯、鄭伯、曹伯、邾子、杞伯同盟于蟲牢。

六年，春，王正月，公至自會。二月，辛巳，立武宮。

天子七廟，諸侯五廟，親盡則毁，百王不易之禮也。武宮者，魯十一世祖，其廟毁已久矣，而成公立之。《春秋》以其非禮，特書之曰「立武宮」也。三傳之説皆是。

取鄟。

鄟本魯邑，而久陷于邾，今復取之。不言邾者，明我邑也。《公羊》謂之亟而諱之，

殊失其義也。

衛孫良夫帥師侵宋。夏，六月，邾子來朝。公孫嬰齊如晉。壬申，鄭伯費卒。秋，仲孫蔑、叔孫僑如帥師侵宋。楚公子嬰齊帥師伐鄭。冬，季孫行父如晉。晉欒書帥師救鄭。

七年，春，王正月，鼷鼠食郊牛角。改卜牛，鼷鼠又食其角，乃免牛。吴伐郯。夏，五月，曹伯來朝。不郊，猶三望。秋，楚公子嬰齊帥師伐鄭。公會晉侯、齊侯、宋公、衛侯、曹伯、莒子、邾子、杞伯救鄭。八月，戊辰，同盟于馬陵。公至自會。吴入州來。冬，大雩。衛孫林父出奔晉。

八年，春，晉侯使韓穿來言汶陽之田，歸之于齊。

汶陽本魯地，而齊久侵之。鞌之戰敗，而齊以其地復反於魯。至是齊、晉通好，齊人以我受制於晉而求地焉，故晉侯使韓穿來言之也。諸侯受地於天子，不得擅以與人，而晉恃其彊，使魯以其邑與齊。《春秋》書之，所以深誅之也。

晉欒書帥師侵蔡。公孫嬰齊如莒。宋公使華元來聘。

夏，宋公使公孫壽來納幣。

納幣，禮之小者，無事則不書。宋公納幣特書之，所以起伯姬之賢也。婦人不與外事。其行事不聞見於人，惟備書之，可以見其賢爾。伯姬傅母不至不下堂，卒以火死。當春秋淫奔之世，而伯姬火死。《春秋》賢之，故著其始終以見意焉。納幣，致女，二國來媵，卒葬，無遺焉，聖人樂人之善如何也！諸家之説，《公羊》最爲得之。

晉殺其大夫趙同、趙括。

秋，七月，天子使召伯來賜公命。

天王有賜於下，經皆書之曰錫，不以生死爲之異，所尊者天王之命。成公即位八年之久，未有善政及民，而元年作丘甲，侵伐

之事無虚歲焉，天王何善而錫之命乎？《春秋》書之，蓋罪天王之失賞也。《春秋》有書天王、天子及止曰王者，先儒多以爲褒貶所係，賵含成風則云天王，錫命成公則稱天子。❶賵含、錫命雖非禮也，孰與求車、出居于鄭之甚乎？《公羊》曰「其餘皆通」，《穀梁》曰「見一稱也」，二傳皆是。

冬，十月，癸卯，杞叔姬卒。

《春秋》内女之大歸者卒葬不書，以其見絶於夫，貶之，郯伯姬是也。叔姬五年來歸而卒特書者，蓋明年杞伯來逆其喪，將有其末者，先録其本也。《左氏》以爲來歸，故書，殊失之矣。

晉侯使士燮來聘。叔孫僑如會晉士燮、齊人、邾人伐郯。

衛人來媵。

媵女淺事，《春秋》皆不書之。惟共姬之歸三媵皆志，不以其得禮失禮皆書之。三傳，《公羊》得之。

九年，春，王正月，杞伯來逆叔姬之喪以歸。

叔姬者，杞伯之出妻也。杞伯生絶其妻，死歸其喪，《春秋》以其非禮書之，見杞不當逆，魯不當歸。

公會晉侯、齊侯、宋公、衛侯、鄭伯、曹伯、莒子、杞伯同盟于蒲。公至自會。二月，伯姬歸于宋。

夏，季孫行父如宋致女。

致女常事，法不當書，書之，所以起共姬之賢也。《穀梁》以爲「以我盡之」。諸侯之國禮文亦已備矣，外諸侯來逆女，遂不使人致之，於義安乎？又曰「不與内稱」。《春秋》内大夫行事皆不書使，何獨行父致女獨不與内稱乎？

晉人來媵。秋，七月，丙子，齊侯無野卒。

❶「天」，原脱，據殿本補。

晉人執鄭伯。晉欒書帥師伐鄭。

晉執人之君以伐其國，罪不容誅矣。不曰戰焉，晉、鄭之師未嘗戰也，《春秋》安得爲鄭諱乎？《穀梁》之説非也。

冬，十有一月，葬齊頃公。楚公子嬰齊帥師伐莒。庚申，莒潰。楚人入鄆。秦人、白狄伐晉。鄭人圍許，城中城。

十年，春，衛侯之弟黑背帥師侵鄭。夏，四月，五卜郊不從，乃不郊。五月，公會晉侯、齊侯、宋公、衛侯、曹伯伐鄭。齊人來媵。丙午，晉侯獳卒。秋，七月，公如晉。冬，十月。

十有一年，春，王三月，公至自晉。晉侯使郤犨來聘。己丑，及郤犨盟。夏，季孫行父如晉。秋，叔孫僑如如齊。冬，十月。

十有二年，春，周公出奔晉。

《春秋》之義，自周無出。蓋曰天下一周也，何往而非周乎？王子瑕、王子朝之奔不言出是也。天王居鄭、周公奔晉特異之者，孔子之意也。王之所以爲王，以有其位而天下皆其有也。王得言出，則是自絶其位而不能有天下也。天下非其所有，則雖居鄭，不可不言出也，故曰「天王出居于鄭」。周公之所以爲公，以其左右天王而與王共治也。爲三公而得罪天王，至于奔晉，則是自絶於王而不能有三公之位也。三公之位非其所有，則雖止奔于晉，猶若出於四海之外也，故曰「周公出奔晉」。天下一王，而王有三公。天子不能有天下而出居矣，周公不能有其位而出奔矣，天下其如何哉？《春秋》書之，用見天下無王而王無三公也。《穀梁》曰：「以爲上下一見之。」《春秋》適有此二事，故可言爾。不幸其一無焉，上下將焉見乎？《公羊》以謂自私土而出。案：其官三公，是以貶之言出，自其私，有何訓乎？

夏，公會晉侯、衛侯于瑣澤。秋，晉人敗狄于

交剛。冬，十月。

十有三年，春，晉侯使郤錡來乞師。

以其所無，乞其所有，《春秋》賤之，乞師、乞盟是也。《穀梁》以爲重師而言乞。師固可重矣，盟亦可重乎？

三月，公如京師。夏，五月，公自京師遂會晉侯、齊侯、宋公、衛侯、鄭伯、曹伯、邾人、滕人伐秦。

《春秋》常事不書。公如京師朝天王，常事當略，而經書之者，蓋以其如京師主於伐秦，因過京師，遂行朝禮爾。然經不言遂如京師而言遂會諸侯者，蓋聖人之意，以謂成公之如京師非其誠心，法當罪之。《春秋》萬世君臣之法，不以成公非禮而遂亂之也，必曰如京師，然後會諸侯，則成公之罪無所可逃，而君臣之法愈久愈正也。晉文公實召天王，而經書「狩於河陽」。成公實會諸侯，而經書「公如京師」。惟其無禮，是故以禮正之，聖人之意遠矣。《穀梁》曰：「非如而曰如。」案：實嘗如之，安得曰非如乎？又曰：「言受命，不敢叛周。」案：書「公自京師」，所以見如周之偶，非曰受命也，傳皆失之。

曹伯盧卒于師。

諸侯之卒不地，蓋有常地也。其有會盟侵伐而卒者，必謹志之，所以見卒非其所而國家危殆爾。《穀梁》謂之閔之，殊失之也。

秋，七月，公至自伐秦。冬，葬曹宣公。

十有四年，春，王正月，莒子朱卒。夏，衛孫林父自晉歸于衛。秋，叔孫僑如如齊逆女。鄭公子喜帥師伐許。九月，僑如以夫人婦姜氏至自齊。冬，十月，庚寅，衛侯臧卒。秦伯卒。

十有五年，春，王二月，葬衛定公。三月，乙巳，仲嬰齊卒。

嬰齊，公子遂之子，而歸父之弟也。歸父出奔，而魯命嬰齊爲仲遂之後，故曰仲嬰齊也。《公羊》以謂爲兄後。案：公孫歸父奔齊而仲遂之後遂絶，魯不欲絶仲遂之後，故使嬰齊後之也。《穀梁》以爲子由父疏之。父自有罪，何與子哉？《公》、《穀》之説皆非。

癸丑，公會晉侯、衛侯、鄭伯、曹伯、宋世子成、齊國佐、邾人同盟于戚。

晉侯執曹伯，歸于京師。

《春秋》執諸侯者多矣，未嘗有書爵者。晉侯執曹伯歸于京師，特書以爵。《公羊》僖四年傳曰：「稱侯而執者，伯討也。」蓋以謂執得其罪，又歸于京師，則以伯討書之。曹伯之罪不見於經，惟《左氏》於葬曹宣公發傳，以爲曹伯盧卒于師，而公子負芻殺太子而自立也。然則晉侯執之爲得其罪，而又歸於京師，《春秋》與之，故特書曰「晉侯執曹伯」也。《穀梁》以謂惡晉侯，《左氏》以謂惡不及民，皆失之矣。

公至自會。夏，六月，宋公固卒。楚子伐鄭。秋，八月，庚辰，葬宋共公。宋華元出奔晉。宋華元自晉歸于宋。

宋殺其大夫山。

《左氏》以謂背其族而見殺，故不言氏。殺大夫則有罪矣，而山爲公族，反害公室，書曰「宋殺其大夫山」，則是宋公族明矣。不言其族，所以見背族之罪。此與段不弟故不言弟，義例相類也。

宋魚石出奔楚。

冬，十有一月，叔孫僑如會晉士燮、齊高無咎、宋華元、衛孫林父、鄭公子鰌、邾人，會吴于鍾離。

鍾離之會再言會以殊吴者，《春秋》外吴於夷狄也。《春秋》之於吴、越，書之有漸焉，非進之也。夷狄益彊，則中國益衰。《春

秋》書之，所以傷中國之衰而戒夷狄之彊也。

許遷于葉。

十有六年，春，王正月，雨木冰。夏，四月，辛未，滕子卒。鄭公子喜帥師侵宋。六月，丙寅，朔，日有食之。晉侯使欒黶來乞師。甲午，晦，晉侯及楚子、鄭伯戰于鄢陵，楚子、鄭師敗績。

《春秋》之法，舉重言之。韓之戰實獲晉侯，不言晉師之敗，君獲則師敗矣。鄢陵之戰楚師敗績，而楚子傷焉，不曰楚師，君傷則師敗也。

楚殺其大夫公子側。

秋，公會晉侯、齊侯、衛侯、宋華元、邾人于沙隨，不見公。

沙隨之會，公往就之，而諸侯不之見焉。公以諸侯之尊，會諸侯與諸侯之大夫而不見，辱莫大焉。然經不異其文，而書曰「不見公」，蓋曰可以見而不見也。《穀梁》以爲譏在諸侯，是也。

公至自會。公會尹子、晉侯、齊國佐、邾人伐鄭。

曹伯歸自京師。

曹伯有殺太子自立之罪，晉侯執之，歸于京師。《春秋》與晉侯得伯討之義，而書曰晉侯。晉侯稱爵，則曹伯有罪矣。曹伯之歸，經不書名，以爲曹伯雖有罪，然天子以爲無罪釋之，使歸而復爲曹伯。書曰「曹伯歸自京師」，所以見天王縱罪人而失刑賞也。《公羊》以爲甚易，《穀梁》以爲歸之善，皆失之也。

九月，晉人執季孫行父，舍之于苕丘。

晉稱人者，不與晉執也。苕丘，晉地。晉人既執行父，於是流之于苕丘。《春秋》雖流它國之大夫皆書曰放，楚師入陳執公子招，放之于越是也。《春秋》，魯史，具記魯

事，有内辭焉。行父，我大夫也。雖爲晉人執而放之，不可曰「放」也，故變文而書之曰「舍」也。若曰執而舍之，釋其罪也，實則流放之爾。《公羊》曰仁之，非也。《穀梁》以謂公亦見執。若實執公，經當有異文，不應都没其事也。

冬，十月，乙亥，叔孫僑如出奔齊。

十有二月，乙丑，季孫行父及晉郤犨盟于扈。

公至自會。

行父見執于苕丘，於是始盟而釋之。不書釋而書晉大夫與之盟，則釋之可知矣。單伯見執，反而言至。行父之至不書，以從公歸，可以知其至也。

乙酉，刺公子偃。

《春秋》書刺大夫二，皆内大夫也。公子買記其事，而公子偃但曰刺焉，明不卒成之罪在可恕，僖公刺之，殺無罪也；公子偃不書其罪，罪當刺者也。諸侯不得專殺大夫，而《春秋》之於魯也，又辨其有罪無罪，蓋《春秋》，魯史，魯事則詳也。《穀梁》以謂「先刺後名，殺無罪也」。案：經書公子買詳其事者，以明無罪爾。公子偃直書曰刺，安得無罪乎？

十有七年，春，衛北宫括帥師侵鄭。夏，公會尹子、單子、晉侯、齊侯、宋公、衛侯、曹伯、邾人伐鄭。六月，乙酉，同盟于柯陵。秋，公至自會。齊高無咎出奔莒。九月，辛丑，用郊。

王者一歲而再郊，故春郊正月以祈穀，秋郊九月以報功。春曰員丘，秋曰明堂。后稷，員丘之配；文王，明堂之配也。《孝經》曰：「郊祀后稷以配天，宗祀文王於明堂，以配上帝。」后稷、文王不可一時而同配也，故曰郊、曰明堂焉。《豫》之象曰：「先王以作樂崇德，殷薦之上帝，❶以配祖

❶「殷」，原作「因」，據殿本及《周易》改。

考。」亦曰祖考異時而各配也。王者之郊，歲再行焉，故有正月、九月之二時，郊祀、明堂之異處。魯郊非禮也，而成王賜之，魯公受之。《詩》曰：「皇皇后帝，皇祖后稷。」魯之郊配后稷而不曰文王焉，蓋其郊止於祈穀，而報功之郊不行也。《春秋》卜牛必於正月，三月在滌，則《春秋》之正月，夏時之十一月也。十一月而養牛，則二月可以郊矣。然則魯之郊用夏時之二月，不敢並天子之時，又殺之也。《春秋》之九月，夏時之七月，以爲祈穀則已晚，以爲報功則太早。又魯禮不當行，書曰「用郊」，用者不宜用也。《公》、《穀》之說，皆得其粗。

晉侯使荀罃來乞師。冬，公會單子、晉侯、宋公、衛侯、曹伯、齊人、邾人伐鄭。十有一月，公至自伐鄭。

壬申，公孫嬰齊卒于貍脤。

經書九月辛丑、十二月丁巳朔，則十一月無壬申矣。《公羊》以爲公許然後卒之，則是於十一月，然後録十月壬申之日也。《穀梁》以謂《春秋》先君後臣，故公既許之，而後書嬰齊之卒也。❶二傳之意蓋皆以孔子大聖人，不應不辨壬申之日當在十月，其書之必有義，故從而爲之説也。殊不知孔子不苟知所不知以爲智，其於《春秋》也，疑則闕之爾。壬申當在十月，而孔子録之於十一月，爲《公》、《穀》者猶知之，孰謂孔子而不知乎？二傳不知闕疑之意，故妄爲之説爾。

十有二月，丁巳，朔，日有食之。邾子貜且卒。晉殺其大夫郤錡、郤犨、郤至。楚人滅舒庸。

十有八年，春，王正月，晉殺其大夫胥童。庚

❶「既許之而」，原空闕，據殿本補。

申，晉弒其君州蒲。齊殺其大夫國佐。公如晉。夏，楚子、鄭伯伐宋。宋魚石復入于彭城。

《春秋》之義，易者曰歸，難者曰入，復其位曰復歸，入其地而爲惡者曰復入。魚石奔楚，爲楚鄉道，誘楚、鄭以伐宋。楚於是取宋彭城之邑，復魚石於彭城。明年華元與諸侯之大夫圍宋彭城，以魚石復入而叛也。然則魚石之仕宋，嘗食邑於彭城，十五年出奔楚，遂舍彭城以去，於是藉楚取之而復入焉。書曰「復入」，明魚石之嘗有彭城也。魚石入彭城而宋圍之，則是入以叛也。不曰叛焉，經書楚、鄭伐宋而魚石入，魚石入而宋圍彭城，不待書而義可見也。《左氏》之例，惟「復其位曰復，歸以惡曰復入」二説近之。

公至自晉。晉侯使士匄來聘。秋，杞伯來朝。八月，邾子來朝。築鹿囿。

《春秋》興作皆書，雖城池之固、門廐之急無遺焉，重其德不及民而徒勞民力也，況耳目之玩、一身之娛哉？《左氏》曰「書不時」，蓋得時猶書也。《公羊》曰：「譏有囿矣，又爲之。」雖無囿而爲之，亦有罪也。《穀梁》曰：「虞之，非正。」苑囿所以娛一身，又非虞衡之事也。

己丑，公薨于路寢。冬，楚人、鄭人侵宋。晉侯使士魴來乞師。十有二月，仲孫蔑會晉侯、宋公、衛侯、邾子、齊崔杼，同盟于虚朾。丁未，葬我君成公。

龍學孫公春秋經解成公第十一

後學成德校訂

龍學孫公春秋經解襄公第十二

孫覺莘老

元年，春，王正月，公即位。仲孫蔑會晉欒黶、宋華元、衛甯殖、曹人、莒人、邾人、滕人、薛人圍宋彭城。

彭城宋邑，魚石始封之地也。成十八年楚子伐宋，始取彭城以居魚石。於是諸侯之大夫討魚石之叛而圍彭城，爲楚取之，則非宋有也。然經書之猶曰「宋彭城」焉，蓋《春秋》之義，治不正者必以正也。蒯聵出奔，七年于外矣，衛侯元卒，而輒已立爲君，於蒯聵之納也，必曰「世子蒯聵」，若曰：是乃世子也，輒安得立而爲君乎？彭城已入於楚而以之居魚石也，於其圍之必曰「宋彭城」，若曰：彭城乃宋邑，魚石安得受之於楚乎？惟其取之不正，是以正之曰宋彭城也。三傳之説雖小有異同，然大抵皆同爾。

夏，晉韓厥帥師伐鄭。仲孫蔑會齊崔杼、曹人、邾人、杞人次于鄫。秋，楚公子壬夫帥師侵宋。九月，辛酉，天王崩。邾子來朝。冬，衛侯使公孫剽來聘。晉侯使荀罃來聘。

二年，春，王正月，葬簡王。

襄公即位，未嘗朝周。於是因天王之崩，往會葬而且朝之也。不曰公如京師，常事不書。

鄭師伐宋。夏，五月，庚寅，夫人姜氏薨。六月，庚辰，鄭伯睔卒。

晉師、宋師、衛甯殖侵鄭。

晉、宋稱師，將卑師衆也。甯殖稱名，將尊師少也。《穀梁》曰「稱于前事也」，蓋以謂鄭嘗乘喪以侵衛，衛又乘喪以報之也。若

是，則《春秋》乃教人以怨報怨也，失之矣。

秋，七月，仲孫蔑會晉荀罃、宋華元、衛孫林父、曹人、邾人于戚。己丑，葬我小君齊姜。叔孫豹如宋。

冬，仲孫蔑會晉荀罃、齊崔杼、宋華元、衛孫林父、曹人、邾人、滕人、薛人、小邾人于戚，遂城虎牢。

虎牢，鄭拒楚之邑而僻險之地也。諸侯患楚之侵陵中國，於是使其大夫會而城之。虎牢鄭地，經不係之鄭者，蓋諸侯將以安中國，推公心與天下共之，非一己之私，但曰「城虎牢」，明非私取而有之也。梁山崩不係之晉，其義係之天下也。虎牢之城不係之鄭，其義係於中國也。《左氏》以爲城虎牢，鄭人乃行成。蓋曰晉將服鄭，故城虎牢以偪之爾。若然，則是晉一國之私也。晉私取虎牢而城之，《春秋》何善而不言鄭乎？此非也。《公羊》曰：「爲中國諱伐喪也。」諸侯伐喪取邑蓋大惡也，《春秋》何爲諱之乎？《穀梁》曰「内鄭也」。案：諸侯虎牢城以拒楚爾，何内鄭乎？

楚殺其大夫公子申。

三年，春，楚公子嬰齊帥師伐吴。公如晉。夏，四月，壬戌，公及晉侯盟于長樗。公至自晉。六月，公會單子、晉侯、宋公、衛侯、鄭伯、莒子、邾子、齊世子光，己未，同盟于雞澤。陳侯使袁僑如會。戊寅，叔孫豹及諸侯之大夫及陳袁僑盟。

雞澤之盟諸侯爲會，而陳侯使袁僑往焉。諸侯卑之，不與盟。戊寅之日，使大夫盟之。再言及者，所以别内臣與諸侯之大夫爾。《穀梁》以爲大夫執國權。案：經意乃是諸侯不與袁僑盟，故使大夫，大夫安得專權哉？

秋，公至自會。冬，晉荀罃帥師伐許。

四年，春，王三月，己酉，陳侯午卒。夏，叔孫

豹如晉。秋，七月，戊子，夫人姒氏薨。葬陳成公。八月，辛亥，葬我小君定姒。冬，公如晉。陳人圍頓。

五年，春，公至自晉。夏，鄭伯使公子發來聘。叔孫豹、鄫世子巫如晉。

鄫世子巫自以見偪於莒，於是求與魯大夫如晉，以結晉援也。秋會于戚，而明年莒人滅鄫，則是晉失伯主之道，而魯大夫之往爲無益矣。鄫世子巫得書如者，以我大夫偕也。《左氏》謂之比魯大夫，蓋失之矣。

仲孫蔑、衛孫林父會吳于善道。秋，大雩。楚殺其大夫公子壬夫。公會晉侯、宋公、陳侯、衛侯、鄭伯、曹伯、莒子、邾子、滕子、薛伯、齊世子光、吳人、鄫人于戚。

《春秋》於吳皆外之，不以中國數也。侵伐圍入則曰吳，盟會則曰會吳，未嘗曰吳人、吳子也。戚之會特書吳人，非進之。蓋《春秋》於吳之與會，其君行事則與中國諸侯序而處其上，《春秋》不與焉。諸侯皆在而吳之大夫序其下，則不嫌敵我諸侯，故不待殊會而義已明矣。《公羊》以謂「吳鄫人云，則不辭」，蓋不得其義也。

公至自會。

冬，戍陳。

戚之會，陳始去楚而從中國，又懼楚之見討，於是求諸侯戍之。戍陳者，蓋諸侯也。不曰諸侯者，諸侯歸國而後遣戍，但見我戍之往，不得以諸侯言之也。

楚公子貞帥師伐陳。公會晉侯、宋公、衛侯、鄭伯、曹伯、齊世子光救陳。十有二月，公至自救陳。辛未，季孫行父卒。

六年，春，王三月，壬午，杞伯姑容卒。夏，宋華弱來奔。秋，葬杞桓公。滕子來朝。莒人滅鄫。

《公羊》於「鄫世子巫如晉」發傳曰：「莒女有鄫夫人者，欲立其出。」《穀梁》於此又曰：「立異姓，以莅祭祀。」然則鄫嘗立異姓爲後也。立異姓爲後而經遂書滅，不惟於義不明，亦何以爲後訓乎？此蓋莒人因鄫不順立異姓之君而滅之爾，非謂異姓爲君而遂書滅也。《公》、《穀》皆得其一偏爾。

冬，叔孫豹如邾。季孫宿如晉。十有二月，齊侯滅萊。

七年，春，郯子來朝。夏，四月，三卜郊不從，乃免牲。小邾子來朝。城費。秋，季孫宿如衛。八月，螽。冬，十月，衛侯使孫林父來聘。壬戌，及孫林父盟。楚公子貞帥師圍陳。十有二月，公會晉侯、宋公、陳侯、衛侯、曹伯、莒子、邾子于鄬。鄭伯髡頑如會，未見諸侯。丙戌，卒于鄵。

鄭伯自城虎牢之後去楚而從中國，三年遂同諸侯盟于雞澤，五年使大夫來聘，又會諸侯於戚，又會諸侯救陳。數年之間，未嘗有從楚之迹。至是諸侯會于鄬，而鄭伯如會，卒于鄵。《春秋》之義不生名，鄭伯如會而書名者，爲其如會未見諸侯而卒。《春秋》省文，不可再言鄭伯，故一書之於如會之上。三傳不知《春秋》省文之義，但見鄭伯書名於如會之上，遂以爲鄭之諸臣欲從楚而鄭伯不欲，弒而卒。《春秋》不與中國之君見弒於夷狄之大夫，故不言弒也。若如其說，則是鄭之大夫無從中國之意，而獨鄭伯欲之，則數年之前鄭伯合諸侯而背楚，其大夫何故從之，至是而始弒之也？實見弒焉，《春秋》皆不没其事以傳信，何獨鄭伯而不然乎？三傳皆誤矣。

陳侯逃歸。

首止之會，齊桓始攘荆楚，帥諸侯，會王世子，以尊周室，安天下，而鄭伯附楚，逃歸

不盟。《春秋》書之，曰「鄭伯逃歸不盟」，其叛中國、從夷狄，行如匹夫也。不盟者，可以盟而不盟也。鄬之會，晉悼公合諸侯以背彊楚，亦有安中國、攘夷狄之心，而陳侯附楚逃歸。《春秋》書之，曰「陳侯逃歸」爾，不曰不會也。蓋陳侯雖爲匹夫之賤行，而晉悼亦非天下之盟主，不曰不會者，可賤者逃歸爾，會不會不與也。齊桓之盟可以盟也，鄭伯不盟則有罪矣。晉悼之會可以會，可以不會，陳侯不會亦無譏也。然則齊桓、晉悼之優劣，可以陳、鄭之君見之也。

八年，春，王正月，公如晉。夏，葬鄭僖公。

三傳之説，皆以髡頑爲見弑者。《春秋》之義，賊不討不書葬，而髡頑之葬未嘗討賊也。蓋鄭伯正卒，故書葬爾。《公羊》曰「爲中國諱」。此乃自相附會之説，❶不可據。

鄭人侵蔡，獲蔡公子燮。

鄭微者，不聲其罪以侵蔡，蔡公子燮禦焉，獲之也。《春秋》大夫見獲必曰敗。公子燮未嘗戰，故不書戰。《穀梁》曰：「公子病矣。」公子燮禦寇而見獲，其惡可知，不待書人，書侵而後爲之病也。

季孫宿會晉侯、鄭伯、齊人、宋人、衛人、邾人于邢丘。

公如晉未及，而大夫會。晉侯不與公會，而會季孫宿。君在而專會，經書之，所以見公之不君、宿之不臣而晉侯無伯主之義。《穀梁》謂譏魯之失正，蓋猶未及晉侯也。

公至自晉。莒人伐我東鄙。秋，九月，大雩。冬，楚公子貞帥師伐鄭。晉侯使士匄來聘。

九年，春，宋災。

---

❶「附」，原作「符」，據殿本改。

《春秋》假魯史以載王道者也，其於天下之事有特書之者，齊、晉、宋、鄭數大國而已，舉近可以明遠，言大可以知小也。故災異之書者，齊、晉、宋、鄭焉。皇極之道不行而悖理反常者衆，蓋不可勝書，書數大國者，可以類推也。作傳者不知此意，以爲宋王者之後，或曰故宋也，是其誤歟？《春秋》之義，常事不書，反常則書，故其書災異可知也。二百四十二年之久，書災者十有二，未嘗有曰火，則人爲之也。爲之者又悉書之，《春秋》豈勝紀哉？不知其來告者書之，所以戒人君之深，使之反身以思其變也。人爲之者書之，則將曰：法令之嚴而防虞之至則無之矣，何以爲戒乎？《左氏》、《公羊》不知此意，成周宣榭則曰人火之也，宋災則曰小者火，何其妄歟！不知孔子深悼皇極之廢而災異則書爾。

夏，季孫宿如晉。五月，辛酉，夫人姜氏薨。

秋，八月，癸未，葬我小君穆姜。

冬，公會晉侯、宋公、衛侯、曹伯、莒子、邾子、滕子、薛伯、杞伯、小邾子、齊世子光伐鄭。

十有二月，己亥，同盟于戲。楚子伐鄭。

諸侯伐鄭而遂盟，鄭亦與也。楚又伐之，討其叛楚而從中國也。然則鄭嘗與矣。於經序諸侯而書同盟，不曰及鄭伯盟者，蓋諸侯之舉所以服鄭。鄭服不久，又復從楚。故明年楚、鄭伐宋，而諸侯討之也。戲之盟雖嘗盟鄭伯，而鄭輒叛去。不書之，猶曰鄭未嘗服也。晉侯會天下之兵，從役者一十二國，以討鄭之叛，而服未逾時，輒更從楚，非晉侯之德望不素著，威令不素行，何至是乎？蓋有不討而服從者矣，未有討之服而又叛者。不曰及鄭盟焉，若鄭之未嘗服從云爾。《穀梁》曰「善得鄭」，蓋失之矣。

十年，春，公會晉侯、宋公、衛侯、曹伯、莒子、邾子、滕子、薛伯、杞伯、小邾子、齊世子光，會吴于柤。夏，五月，甲午，遂滅偪陽。

柤之會晉實主之，會吴而還，遂滅偪陽之國也。滅偪陽者晉爾，然經以諸侯同滅爲文。蓋晉爲盟主，以號令諸侯，因諸侯從之，遂以諸侯之師滅人之國。若晉者，所謂因諸侯而爲利，名恤災患而實自封殖者也。若晉滅人之國，其罪甚明而易見。諸侯從之滅國，則情或可矜。聖人以諸侯共滅爲文，深罪隨從之者，則爲之唱而受其利者，不待貶絶而其罪已重矣。《穀梁》曰「不以中國從夷狄」，蓋曰吴滅之也。此當以《左氏》爲定。

公至自會。楚公子貞、鄭公孫輒帥師伐宋。晉師伐秦。秋，莒人伐我東鄙。公會晉侯、宋公、衛侯、曹伯、莒子、邾子、齊世子光、滕子、薛伯、杞伯、小邾子伐鄭。

冬，盗殺鄭公子騑、公子發、公孫輒。

《春秋》國君、大夫有見殺而稱盗者，不知何人，但見其殺之，故曰盗也。爲大夫而見殺於盗，則其所以在人上者可知也。盗殺其君，則其臣與有罪。盗殺其臣，則其君與有罪矣。《穀梁》曰「惡上」是也。但爲盗殺之者，不可曰其君、其大夫，不知其殺者何也，惡上之説猶未盡矣。

戍鄭虎牢。

虎牢，鄭邑也。晉、楚争鄭久矣。二年晉始帥諸侯城虎牢而拒楚，數年之閒楚不敢加兵於鄭，而鄭爲中國矣。八年楚師伐鄭，鄭從楚。九年諸侯伐鄭，鄭從諸侯，而楚又伐之，鄭又從楚大夫帥師以伐宋。於是晉侯大會諸侯，而分兵戍之。書曰「戍鄭虎牢」，蓋天下諸侯用兵騷然不安其國，于兹十年矣，本其所起，自晉、楚之争鄭也。鄭卒附于晉，而楚之爲患亦已淺矣。

《春秋》原其心而書之，二年則曰「城虎牢」，於是則曰「戍鄭虎牢」。虎牢一邑也，或係之國，或不係之。不係之者，以明諸侯無私虎牢之心，雖取鄭邑而城之，乃所以圖安天下也。係之國者，以明晉、楚争鄭之久，而晉卒得鄭。自虎牢之戍也，於其始也，晉侯推公心，拒楚以安中國，帥諸侯以城虎牢，其心將以安天下也；於其後也，分諸侯之師，取虎牢而戍之，其心將以求鄭也。晉侯拒楚以安中國，雖取鄭邑而城之，其心無私焉，則以虎牢同於天下而不係之國。及其分諸侯之師，遠戍虎牢而私鄭以從己，則曰「戍鄭虎牢」。虎牢之邑，或係之國，或不係之者，公與私之所在也。然則從天下之諸侯，以取它國之邑而城之，迹雖不善而其心至公，則雖鄭而不謂之鄭也。案制彊楚以安天下，而中國諸侯恃之以無侵陵之恐者數十餘年，迹雖甚善，其心私鄭以從己，則利雖及於天下，而戍必曰鄭也。《左氏》曰：「戍鄭虎牢，非鄭地也，言將歸焉。」案：二年經不書鄭，明非私取也。於是戍之，實爲鄭而戍也，安得曰非鄭地乎？《公羊》曰：「諸侯莫敢主有，故反係之鄭。」案：《春秋》一字爲褒貶，安得爲諸侯不有之而曰鄭乎？不幸其後無戍虎牢之事，則諸侯之意將安見之邪？《穀梁》曰：「決鄭乎虎牢也。」案：鄭自是之後會于蕭魚而遂從中國，無附楚之迹，《春秋》何用決絶之乎？

楚公子貞帥師救鄭。公至自伐鄭。

十有一年，春，王正月，作三軍。

《周禮》萬二千五百人爲軍。天子六軍，大國三軍，次國二軍，小國一軍。魯侯次國也，而作三軍。蓋三桓之族欲弱公室而彊私家，不量其力之可否而頓作一軍。《春秋》以其亂王制，竭生民之力，罪之，書曰

「作三軍」也。《穀梁》以爲諸侯一軍，作三軍非正。案：五等之爵當有降殺，諸侯之國當有大小，安得皆一軍乎？《公羊》之義亦未盡其善。

夏，四月，四卜郊不從，乃不郊。鄭公孫舍之帥師侵宋。公會晉侯、宋公、衞侯、曹伯、齊世子光、莒子、邾子、滕子、薛伯、杞伯、小邾子伐鄭。秋，七月，己未，同盟于亳城北。公至自伐鄭。楚子、鄭伯伐宋。公會晉侯、宋公、衞侯、曹伯、齊世子光、莒子、邾子、滕子、薛伯、杞伯、小邾子伐鄭，會于蕭魚。

晉侯争鄭之迹，見于經多矣。楚夷狄也，《春秋》不責之。晉爲中國，《春秋》未嘗有與辭。戲之盟鄭實與之，然經書伐鄭而同盟，未嘗曰會鄭伯盟也。亳城北之盟鄭不與也，然經書伐鄭而同盟，亦未嘗見鄭不與也。蕭魚之會鄭始去楚而從晉，諸侯自是少休矣。然經書伐鄭而會，亦未嘗曰會鄭伯也。戲之盟可以知鄭伯之與者，已盟而楚人伐鄭也。亳城北之盟可以知鄭之不與者，已盟而楚、鄭伐宋也。蕭魚之會可以知鄭伯從者，已會而楚人執鄭行人良霄也。然經書其事，皆無異文焉。蓋聖人之意以楚爲夷狄而晉爲中國，夷狄不責之，則爲中國者當任其責也。以區區之鄭，介於晉、楚之間，從楚則晉怒，從晉則楚伐。晉侯而有志中國，將以攘夷狄，休諸侯之兵，宜明中國之義，扶持王室以號令諸侯，息民隷兵，而諸夏有餘力也，然後南征北伐，以一天下，則楚雖夷狄，何敢不畏？鄭雖近楚，何敢不從？晉侯不明其義，而力驅諸侯之師，以與楚鬬而争鄭。鄭未可得而中國空虚，諸侯疲弊矣。《春秋》罪之，鄭雖來盟，不曰盟也，鄭雖來會，不曰會也，若曰：晉之威德何如，而能使

鄭去楚而從之會盟乎？猶之未服云爾。書曰「會于蕭魚」，「楚人執鄭行人良霄」，鄭自是不復附楚，而一從於晉矣。然而經無服鄭之文，若曰：鄭何爲服晉乎？以楚執其行人絶之也。楚自絶鄭，鄭無所從而從晉爾，非晉能得鄭於楚也。

公至自會。

《春秋》書至者，或以前事，或以後事，蓋皆擇其重者告之。伐鄭重於同盟，則至以伐。會而得鄭，重於徒伐，則至以會。蓋皆其重者也。《穀梁》之説，亦言其粗。

楚人執鄭行人良霄。

《春秋》之大夫見執，或稱行人，或不稱行人，以行人之事執者稱行人，不以行人之事執者不稱行人。《穀梁》曰「行人者，挈國之辭」，言其挈國命以行者也。凡爲行人者皆挈國命，其見執者或不稱，何也？

冬，秦人伐晉。

十有二年，春，王三月，莒人伐我東鄙，圍台。季孫宿帥師救台，遂入鄆。

台者，邑也。莒人伐我，遂圍之。季孫宿救之，又入莒之邑鄆也。經一書之，所以見不能使寇之不來，而又侵傷無已也。《公》、《穀》皆曰伐不言圍。《春秋》圍、伐兼舉之，所以見其重傷也。又曰「公不得爲政」、「惡季孫宿」。襄公之時，禄去公室久矣，何獨於此始惡之乎？

夏，晉侯使士魴來聘。秋，九月，吴子乘卒。冬，楚公子貞帥師侵宋。公如晉。

十有三年，春，公至自晉。夏，取邿。

邿本魯邑，久陷於邾，而今取之。不係之邾，本我邑也。《公羊》之説非。

秋，九月，庚辰，楚子審卒。冬，城防。

十有四年，春，王正月，季孫宿、叔老會晉士匄、齊人、宋人、衛人、鄭公孫蠆、曹人、莒人、邾人、滕人、薛人、杞人、小邾人，會吴于向。

二月，乙未，朔，日有食之。夏，四月，叔孫豹會晉荀偃、齊人、宋人、衛北宮括、鄭公孫蠆、曹人、莒人、邾人、滕人、薛人、杞人、小邾人伐秦。己未，衛侯出奔齊。莒人侵我東鄙。秋，楚公子貞帥師伐吴。冬，季孫宿會晉士匄、宋華閲、衛孫林父、鄭公孫蠆、莒人、邾子于戚。

十有五年，春，宋公使向戌來聘。二月，己亥，及向戌盟于劉。劉夏逆王后于齊。

天子無親逆之禮，逆后則使三公。《春秋》書逆后者二，祭公得行禮而又書之者，譏遂事也，劉夏之逆，則以非三公譏之。《春秋》二百四十二年，周王十二，而逆后者惟二，足知非禮則書也。

夏，齊侯伐我北鄙，圍成。公救成，至遇。

齊圍成而公救之，至遇而不進。於經可以言次也，然而但曰至遇而不曰次，蓋《春秋》之言次皆譏。言次，則公有罪矣。公以齊侯之伐，往救之，量其力不能當齊，又圍成之急，不可以不救，於是至遇焉。然襄公不能脩其道而使敵不來，又不能親睦鄰好以解寇讎之難，成見圍而始至于遇，蓋有罪也。《春秋》不責人以所不能，原襄公之情失之於前，故不加於後也。書「救成，至遇」，以見其不敢抗彊齊而自取危亡也。

季孫宿、叔孫豹帥師城成郛。秋，八月，丁巳，日有食之。邾人伐我南鄙。冬，十有一月，癸亥，晉侯周卒。

十有六年，春，王正月，葬晉悼公。三月，公會晉侯、宋公、衛侯、鄭伯、曹伯、莒子、邾子、薛伯、杞伯、小邾子于溴梁。戊寅，大夫盟。

溴梁之盟諸侯皆在，而大夫行事。不曰某及諸侯之大夫盟，而但曰大夫者，聖人於此見天下之諸侯禄去公室而政在大夫也。《論語》曰：「天下有道，禮樂征伐自天子

出。天下無道，禮樂征伐自諸侯出。自諸侯出，蓋十世希不失矣。自大夫出，五世希不失矣。陪臣執國命，三世希不失矣。天下有道，則政不在大夫。」孔子所謂十世，則隱、桓之時，所謂五世，則宣、成之時也。《春秋》始於隱、桓，天下之禮樂征伐出於諸侯，而王道絶矣。宣、成以前，諸侯之大夫尚多稱人。宣、成以後，魯、宋、齊、晉、蔡、衛、陳、鄭八國之大夫會盟侵伐，名氏悉書，無復稱人者。于時六卿專晉，三桓擅魯，齊之政出於崔、高，衛之政歸於孫甯，天下諸侯之國政，無不在大夫者。孔子傷之，至於隱、桓而《春秋》作。隱、桓至於襄、昭，凡十世矣，天下諸侯不得爲政於其國，而大夫之名氏悉見於《春秋》。孔子之意如此其明，又患夫後之人莫能知戒，因溴梁之會而大夫盟焉，列序諸侯，而書曰「大夫盟」以一見之。孔子之意如何也！求子之事父者，莫若先身以孝。求臣之事君者，莫若先身以忠。爲諸侯而擅征伐，以上無天王，則其大夫效之擅盟會，而上無其君矣。孔子曰：「自諸侯出，蓋十世希不失矣。」然則諸侯之失政，自襄、昭之時也。三傳之説皆通。

晉人執莒子、邾子以歸。

僖二十一年諸侯會楚而楚執宋公，經不再言楚人執之，所以罪諸侯從盟主以會楚子，楚執其盟主而諸侯不討，若諸侯者共執之爾。晉侯會諸侯于溴梁，將以號令而安之，會而執二國之君，《春秋》罪之，故曰晉人也。楚夷也，晉中國也。夷則不責，中國則責之，有知無知異也。

齊侯伐我北鄙。夏，公至自會。五月，甲子，地震。叔老會鄭伯、晉荀偃、衛甯殖、宋人伐許。秋，齊侯伐我北鄙，圍郕。大雩。冬，叔孫豹如晉。

十有七年，春，王二月，庚午，邾子牼卒。宋人伐陳。夏，衛石買帥師伐曹。秋，齊侯伐我北鄙，圍桃。高厚帥師伐我北鄙，圍防。九月，大雩。宋華臣出奔陳。冬，邾人伐我南鄙。

十有八年，春，白狄來。

《春秋》夷狄之來魯者，但書曰來，不曰朝也，介葛盧、白狄是也。蓋夷狄者，《春秋》外之，欲其不來。雖來焉，《春秋》不以爲榮也。《春秋》書「白狄來」，與「鸜鵒來巢」一例，若曰非所宜來而來也。《左氏》曰「白狄始來」。假令嘗來，固亦書來爾，何論始來乎？

夏，晉人執衛行人石買。秋，齊師伐我北鄙。冬，十月，公會晉侯、宋公、衛侯、鄭伯、曹伯、莒子、邾子、滕子、薛伯、杞伯、小邾子，同圍齊。曹伯負芻卒于師。楚公子午帥師伐鄭。

十有九年，春，王正月，諸侯盟于祝柯。

諸侯已圍齊，而爲祝柯之盟。不序諸侯者，前目後凡也。

晉人執邾子。公至自伐齊。取邾田，自漷水。

「自漷水」者，邾田多，魯不盡取之，其取之者自漷水爾。襄公新與邾盟，反國未幾而遂取其田。《春秋》一切書之，公之惡可知矣。

季孫宿如晉。葬曹成公。夏，衛孫林父帥師伐齊。

秋，七月，辛卯，齊侯環卒。晉士匄帥師侵齊，至穀聞齊侯卒，乃還。

士匄之事，二傳論之備矣，然皆不明孔子所以書還之意。《春秋》之義，復者事未畢，還者事畢。士匄侵齊，兵無所加而反，《春秋》遂以事畢之辭書之。蓋士匄所爲，受命於君，而侵齊者齊靈公也。靈公已卒，太子光即位，未嘗得罪於晉，士匄乘而

侵之，則有罪者已卒，而無罪者見侵也。士匄之義，不幸其喪，以侵無罪之人，聞其所爲致侵者已卒，而於是乎反。《春秋》以爲得事畢之義，故曰還也。《穀梁》以士匄善不稱君，故以事未畢之辭加之。不知士匄受命得其宜，故曰還爾。若士匄者，蓋不能諫正其君，以不侵齊爲有罪爾。如墠帷歸命而君不見從，又將奈何？《穀梁》所謂，蓋責士匄之已然，不能責士匄之未然也。

八月，丙辰，仲孫蔑卒。齊殺其大夫高厚。鄭殺其大夫公子嘉。冬，葬齊靈公。城西郛。叔孫豹會晉士匄于柯。城武城。

二十年，春，王正月，辛亥，仲孫速會莒人，盟于向。夏，六月，庚申，公會晉侯、齊侯、宋公、衛侯、鄭伯、曹伯、莒子、邾子、滕子、薛伯、杞伯、小邾子，盟于澶淵。秋，公至自會。仲孫速帥師伐邾。蔡殺其大夫公子燮。蔡公子履出奔楚。陳侯之弟黃出奔楚。

陳侯以諸侯之尊、一國之廣，不能容其弟而至於出奔。《春秋》罪之，特書曰「弟黃出奔」，言其不能相容也。《穀梁》曰「親而奔之」，蓋其意也。

叔老如齊。冬，十月，丙辰，朔，日有食之。季孫宿如宋。

二十有一年，春，王正月，公如晉。邾庶其以漆、閭丘來奔。

邾小國，其大夫未嘗見經，而庶其得書者，以其以邑來奔，不書其名則不知其誰也。《春秋》小國大夫奔叛，類皆書名。《左氏》、《公羊》以謂重地。案：魯受叛人，其罪大矣，何謂重地而名之乎？

夏，公至自晉。秋，晉欒盈出奔楚。九月，庚戌，朔，日有食之。冬，十月，庚辰，朔，日有食之。曹伯來朝。公會晉侯、齊侯、宋公、衛侯、鄭伯、曹伯、莒子、邾子于商任。

二十有二年，春，王正月，公至自會。夏，四月。秋，七月，辛酉，叔老卒。冬，公會晉侯、齊侯、宋公、衛侯、鄭伯、曹伯、莒子、邾子、薛伯、杞伯、小邾子于沙隨。公至自會。楚殺其大夫公子追舒。

二十有三年，春，王二月，癸酉，朔，日有食之。三月，己巳，杞伯匄卒。夏，邾畀我來奔。葬杞孝公。陳殺其大夫慶虎及慶寅。

《春秋》殺大夫有言及者，皆累之也。二慶之迹見於《左氏》，以爲不義而見殺。考經之所書，乃是慶虎累慶寅。若如《左氏》之說，則經何以得言及乎？此當據經爲定也，《穀梁》曰「慶寅累」是也。

陳侯之弟黄自楚歸于陳。

晉欒盈復入于晉，入于曲沃。

《春秋》復入之例惟二爾，欒盈、魚石是也。魚石復入于彭城，則魚石嘗受封于宋，既叛宋出奔楚，楚復取彭城以居之，故曰復入也。欒盈亦嘗受封于曲沃，既叛晉出奔楚，於是復入曲沃以爲亂。魚石奔楚，復入彭城，以其嘗受封焉，曰復入可也。欒盈奔楚，復入于晉，晉非欒盈所封，然曰復入者，見其先入晉而後入曲沃也。入于晉，志在曲沃，欲復入其嘗受封於晉者，實再入焉，故曰「復入于晉，入于曲沃」也。《公羊》曰：「欒盈將入晉，晉人不納，由乎曲沃而入也。」《公羊》之說，正例錯爾。欒盈實先入晉，後入曲沃，故經如此爲文也。若由曲沃而入晉，則經當書「欒盈復入于曲沃，入于晉」也。

秋，齊侯伐衛，遂伐晉。

八月，叔孫豹帥師救晉，次于雍榆。

《春秋》書救、書次者二。僖元年聶北之次，先次後救，罪齊桓挾諸侯之師，力能救邢而不救也，徒次聶北，曰救邢焉。齊、晉皆諸侯之彊者，齊伐晉，魯往救之。不救

則懼晉之討，往救則畏齊之彊。大夫帥師救之而次焉。聶北之次，先次後救，可救而不救，則罪重矣。雍榆之次，先救後次，欲救而力不能，有罪而猶輕爾。《春秋》之義，次皆有罪。於次之中有足矜者，雍榆之次是也。三傳之説，皆不得其義。

己卯，仲孫速卒。

冬，十月，乙亥，臧孫紇出奔邾。晉人殺欒盈。

欒盈出奔而入以邑叛，晉人殺之，不言大夫，以欒盈見絶已久，雖嘗爲大夫，不得以大夫言也。《左氏》曰「言自外也」。若自外入而復爲大夫，則亦曰大夫爾。《穀梁》曰：「惡之，不有也。」若實爲大夫，何爲謂之惡而不稱之乎？《公羊》曰非大夫，得之矣。

齊侯襲莒。

《春秋》之義，掩其不備曰襲。莒小國，齊諸侯之彊而世爲盟主。以彊攻弱，又掩其不備焉，書曰「齊侯襲莒」，蓋侵伐之中罪之尤者也。

二十有四年，春，叔孫豹如晉。仲孫羯帥師侵齊。夏，楚子伐吴。秋，七月，甲子，朔，日有食之，既。齊崔杼帥師伐莒。大水。八月，癸巳，朔，日有食之。公會晉侯、宋公、衛侯、鄭伯、曹伯、莒子、邾子、滕子、薛伯、杞伯、小邾子于夷儀。冬，楚子、蔡侯、陳侯、許男伐鄭。公至自會。陳鍼宜咎出奔楚。叔孫豹如京師。大饑。

二十有五年，春，齊崔杼帥師伐我北鄙。夏，五月，乙亥，齊崔杼弑其君光。公會晉侯、宋公、衛侯、鄭伯、曹伯、莒子、邾子、滕子、薛伯、杞伯、小邾子于夷儀。六月，壬子，鄭公孫舍之帥師入陳。秋，八月，己巳，諸侯同盟于重丘。公至自會。衛侯入于夷儀。

夷儀，邢邑也。衛既滅邢，夷儀於是入衛。

衛侯十四年出奔齊，至是始入其國之邑。《春秋》反國而入其邑者惟二，「鄭伯突入于櫟」，「衛侯入于夷儀」是也。突則書名而衛侯不名者，鄭突簒其兄忽之位，入邑則名。衛侯本正當立，而見逐於權臣，雖未及國，而夷儀本其所有，比之鄭突則正，故不名也。然而皆書入，見其以兵而後入，其入之也難。《公羊》以謂「不言入于衛，諼君以弑也」。案：衛侯實未入衛，故言夷儀爾。若實入其國，何爲不書入衛乎？

楚屈建帥師滅舒鳩。冬，鄭公孫夏帥師伐陳。

十有二月，吴子遏伐楚，門于巢，卒。

《春秋》諸侯不生名，生名者皆有罪當絶者也。鄭伯髡頑、吴子遏皆書名於行事之上，而後書其卒。三傳苟見其文有異於常，故推而言之，以髡頑之卒爲見殺，遏之卒爲巢人所傷。若實如此，當有異文，經不書之而正言其卒，何以爲别乎？髡頑之事則然矣。如吴子遏者，蓋其行將以伐楚，而道行過巢。巢爲楚之與國，於是攻巢之門。方攻而卒，故曰「門于巢卒」也。若吴子實爲巢人傷之死，則經書之足以爲戒，見其輕身以侵伐而取死也。《春秋》惟魯事有臣子之辭，弑殺皆不正言之，於諸侯又何擇焉？三傳之説皆非。

二十有六年，春，王二月，辛卯，衛甯喜弑其君剽。

剽以十四年甯殖逐其君衎而立之，至是十年矣。殖之子喜謀將納衎，❶於是又弑剽也。剽之立不正，而甯殖實立之爲君。以甯氏立，則甯氏不得不君剽矣。剽雖不正，於王法當誅，然甯氏立之，甯氏殺之，不得不書曰「弑其君」也。《左氏》、《穀梁》

❶「子」，原作「于」，據殿本改。

之說皆是。

衛孫林父入于戚以叛。

衛侯衎之奔，本甯氏、孫氏逐之。於是甯喜弑剽，將以逆衎而君之。林父不安其國，故以戚叛入于晉也。

甲午，衛侯衎復歸于衛。

衎嘗有其國，見逐而出奔。於是剽已弑，而甯喜自内迎之，其歸無難，而位又復也，故曰「復歸」。辛卯、甲午相去四日，剽弑而衎歸，不容甯喜之弑衎不聞也。然經之所書惟曰喜弑，而衎不與焉。蓋甯氏立剽而又弑之，當坐弑君之罪。衎以出奔而求反其國，雖與聞焉，蓋未嘗以之爲君，而位又其嘗所有者，故但曰復歸也。《公》、《穀》之說皆誤。

夏，晉侯使荀吴來聘。公會晉人、鄭良霄、宋人、曹人于澶淵。秋，宋公殺其世子痤。

晉人執衛甯喜。

甯喜弑君之賊，晉人執之宜矣，然猶不以伯討之辭許之，而曰「晉人」。蓋甯喜雖有罪者，而晉侯受林父之譖而執之。執而不殺，又不歸之京師，若晉者，非討弑賊者也，乃徒以私譖執之爾。書曰「晉人執衛甯喜」，與宋執祭仲、齊執陳袁濤塗何以異哉？《公羊》曰「不以其罪執之」，此說是也。

八月，壬午，許男甯卒于楚。冬，楚子、蔡侯、陳侯伐鄭。葬許靈公。

二十有七年，春，齊侯使慶封來聘。夏，叔孫豹會晉趙武、楚屈建、蔡公孫歸生、衛石惡、陳孔奐、鄭良霄、許人、曹人于宋。衛殺其大夫甯喜。

甯喜弑賊也，弑剽而歸衎。衛侯衎得喜之逆己反國，復用之爲大夫，未嘗奪其位。喜既見執而歸，衛侯乃以其私殺之。喜雖有罪，然衛侯殺之不以其罪，故書曰「殺其

大夫」也。晉里克弑奚齊、卓子而立夷吾，夷吾殺之，亦曰「殺其大夫」也。晉侯夷吾、衛侯衎之殺大夫，皆以其私而不以其罪。《春秋》以其事同，故書之亦相類也。《穀梁》曰「惡獻公」，意亦通爾。

衛侯之弟鱄出奔晉。

鱄之迹見於三傳，皆以鱄與甯喜合謀弑剽，以納其兄。喜既被誅，鱄以其言不信負喜，於是出奔。然則鱄與喜皆弑君者，《春秋》不罪鱄而罪衛侯，蓋以鱄之意在立其兄，衎即以衛之廣而不能容鱄，至于出奔也。書曰「衛侯之弟鱄」，所以深罪衛侯兄弟不相容爾。鱄之意雖無所見，然其至於出奔，則亦不待貶絶而可見也。《穀梁》以鱄之去合乎《春秋》，不知《春秋》無與鱄之辭者。蓋《春秋》與鱄，則是篡弑者可獎而背叛者可進也。何休非之，當矣。

秋，七月，辛巳，豹及諸侯之大夫盟于宋。

《春秋》之法，前目後凡。叔孫豹及諸侯之大夫盟於宋，再言豹者，内則詳也。《公羊》以謂殆諸侯，殊失之矣。《穀梁》以溴梁之會比之，亦非也。溴梁之會，聖人欲一見大夫專政之惡，不可爲例也。

冬，十有二月，乙亥，朔，日有食之。

二十有八年，春，無冰。夏，衛石惡出奔晉。邾子來朝。秋，八月，大雩。仲孫羯如晉。冬，齊慶封來奔。十有一月，公如楚。十有二月，甲寅，天王崩。乙未，楚子昭卒。

二十有九年，春，王正月，公在楚。

公在外而經歲者多矣，《春秋》未嘗書曰公在某也。惟襄公之在楚，昭公之在乾侯，每於一歲之首必書之。蓋襄公如楚，爲楚所制，不得歸國以行朝正之禮。聖人以襄公告廟之廢者，見制於楚也，故書曰「公在楚」。昭公見逐於季氏，出居乾侯，不得告

廟而行朝正之禮。❶聖人以昭公之廢禮者，見逐於季氏也。襄公之得罪於楚，昭公之見逐於臣，皆有罪矣。然責其朝正之不廢，則其所必不能者。《春秋》之義，不責人以所不能。然則它公之無事而久留於外，遂廢朝正之禮者，《春秋》所深罪也。三傳之説，《穀梁》得之。

夏，五月，公至自楚。衛侯衎卒。❷閽弑吴子餘祭。仲孫羯會晉荀盈、齊高止、宋華定、衛世叔儀、鄭公孫段、曹人、莒人、滕人、薛人、小邾人，城杞。晉侯使士鞅來聘。

吴子使札來聘。

《春秋》之於夷狄，書之有漸焉，非進之。夷狄益進，則中國益衰矣。「楚子使椒來聘」，書爵、書名，非進楚也，所以見楚之盛也。「吴子使札來聘」，書爵、書名，非進吴也，所以見吴之盛也。楚始聘魯，書曰荆人。吴始聘魯，遂稱吴子。《春秋》非厚吴而薄楚也。荆初來聘，中國猶有可爲者，早攘却之，楚將不至於盛，而中國將不至於衰也。至其通好之久，盟會侵伐同於諸侯，則中國與之等矣。故書曰「楚子使椒來聘」，所以一楚於中國也。吴初來聘而遂稱子，言其一來而遂同中國也。《公》、《穀》皆以季子賢而來聘，故吴得稱子。案：季子雖賢者，而吴實夷狄，安得以一季子之賢而亂華夷之法哉？此皆不得其義而過爲之説爾。

秋，九月，葬衛獻公。齊高止出奔北燕。冬，仲孫羯如晉。

三十年，春，王正月，楚子使薳罷來聘。夏，四月，蔡世子般弑其君固。五月，甲午，宋災。宋伯姬卒。

❶「正」，原作「政」，據殿本改。

❷「衛侯」上，三傳經文均有「庚午」二字。

伯姬之行，蓋婦人之伯夷也。方春秋之際，人倫大亂而婦德掃地矣。伯姬立淫亂無禮之世，而爲高潔難行之行，寧殺其身于火以死，不苟其生於有過之地。雖其身不幸於一時，而萬世無禮不潔之人，小聞其風則知所愧矣。孔子賢之，於納幣、致女、歸媵、卒葬雖法所當略者一切書之，所以樂道人之善，而使不潔之人懼也。《左氏》、陸淳之徒不能深達孔子之意，而妄爲之説，曰共姬女字不婦。夫以伯夷之賢，不見稱於孔子，則亦西山之餓夫。共姬之行，不見列於《春秋》，則亦小國之愚婦爾。爲伯夷、共姬，又何恨哉？亦信其志而已矣。

天王殺其弟佞夫。王子瑕奔晉。秋，七月，叔弓如宋，葬宋共姬。

鄭良霄出奔許，自許入于鄭。鄭人殺良霄。

良霄出奔，嘗絶其大夫之位。於其入也，❶又自許焉，見絶於國，而藉許以入，其非大夫亦明矣。故其殺之但曰良霄，言非大夫也。《穀梁》曰「惡之」，非也。

冬，十月，葬蔡景公。晉人、齊人、宋人、衛人、鄭人、曹人、莒人、邾人、滕人、薛人、杞人、小邾人會于澶淵，宋災故。

《春秋》凡盟會皆不係事，以爲皆有罪矣。於罪之中有甚大而當誅者，則係事以甚之，桓二年會于稷以成宋亂是也。等爲會，於會之中有甚善而可嘉者，則係事以明之，「會于澶淵，宋災故」是也。罪莫大於弑君殺兄，惡莫大於成人之亂。桓公内弑其兄，簒其位，外成人之亂，以縱罪人而立君。《春秋》甚之，特書曰「成宋亂」。救患分災，同其有無，諸侯之義而人倫之常也。春秋之時，則無是矣。宋災而諸侯大

❶「入」，原作「人」，據殿本改。

夫爲會以救之,《春秋》嘉之,特書之曰「宋災故」。然則《春秋》常事不書,書之必有意也。澶淵之會,十有二國不容皆使微者,然而書之皆曰人焉。蓋聖人之意以謂憂患之來,何可豫知也,憂人之憂,人亦憂其憂矣。春秋諸侯以幸災相攻伐爲事,未有憂人之憂者。於是會而憂宋災,合人倫之義而人人所欲者,❶故書曰人,明人人之所欲也。與和平書人者,義相類爾。《公羊》以爲貶,《穀梁》以爲救災以衆,皆不得其義。

三十有一年,春,王正月。夏,六月,辛巳,公薨于楚宮。秋,九月,癸巳,子野卒。

《春秋》未逾年之君書卒者三,子赤、子般以弑,不地,子野之卒又不書地。《穀梁》以日月爲例,以日爲正,然又不可通於《春秋》衆弑之君。趙子以子野卒爲有地而疑脱之,未可知爾。

己亥,仲孫羯卒。冬,十月,滕子來會葬。癸酉,葬我君襄公。十有一月,莒人弑其君密州。

龍學孫公春秋經解襄公第十二

後學成德校訂

❶ 「所」上,殿本有「之」字。

龍學孫公春秋經解昭公第十三

孫覺莘老

元年，春，王正月，公即位。叔孫豹會晉趙武、楚公子圍、齊國弱、宋向戌、衛齊惡、陳公子招、蔡公孫歸生、鄭罕虎、許人、曹人于虢。三月，取鄆。

鄆，我邑也，久陷於外，而今取得之，故曰取鄆而不係之國也。定十年書曰「齊人歸鄆、讙、龜陰田」，蓋近鄆者以取之齊爾。《左氏》以爲莒邑，亦未知所據也。《公羊》以爲不聽而取之。若如此説，則經當先書其不聽之迹，而後言邑。

夏，秦伯之弟鍼出奔晉。六月，丁巳，邾子華卒。晉荀吴帥師敗狄于大鹵。秋，莒去疾自齊入于莒。莒展輿出奔吴。

《春秋》未逾年君出奔者三，篡未逾年而歸入亦三：突歸于鄭，鄭忽出奔衛；曹羈出奔陳，赤歸于曹；莒去疾自齊入于莒，莒展輿出奔吴是也。莒子密州見弑於去年，展輿之立亦逾年矣，於經可以書爵也，然而不書爵者，《春秋》以其不正而奪之也。曹羈、莒展輿皆即位而逾年者，其爵皆不書之，以其不正同也。

叔弓帥師疆鄆田。葬邾悼公。冬，十有一月，己酉，楚子麇卒。楚公子比出奔晉。二年，春，晉侯使韓起來聘。夏，叔弓如晉。秋，鄭殺其大夫公孫黑。冬，公如晉，至河乃復。

公如晉朝而晉不納，公一至河乃復。以公之自復爲文者，臣子之心不欲其君見拒於人，而公自復也。昭公四如晉，四至河而復。二十三年冬至河乃復，書曰「有疾」

焉。公雖不見納於晉，然有疾而復，❶猶可以殺恥爾。《穀梁》曰：「著有疾也。」案：經文乃是公自復爾，何言有疾乎？ 實有疾，經當書之，安知其有疾也？

季孫宿如晉。

公如晉不見納，而季孫宿往輒納之。經書曰「公如晉，至河乃復。季孫宿如晉」，所以見君不君、臣不臣而晉無道也。

三年，春，王正月，丁未，滕子原卒。夏，叔弓如滕。五月，葬滕成公。秋，小邾子來朝。八月，大雩。冬，大雨雹。北燕伯款出奔齊。四年，春，王正月，大雨雹。夏，楚子、蔡侯、陳侯、鄭伯、許男、徐子、滕子、頓子、胡子、沈子、小邾子、宋世子佐、淮夷會于申。楚人執徐子。

盂之會楚子執宋公，則經以諸侯共執爲文。申之會楚子執徐子，而經斥言之者，盂之會主盟者宋公，諸侯會盟者以宋公也。諸侯隨宋公以盟，而楚子執其盟主，諸侯不能討，反隨從之，則諸侯有罪矣，故以諸侯共執爲文。申之會主盟者楚子，諸侯隨楚子以盟，而盟主執諸侯焉。諸侯無所加罪，則曰「楚人執徐子」。盂、申之會，非聖人偏有彼此，所以歸罪者異也。《春秋》之法，殊會夷狄，會于柤，會于向是也。淮夷夷狄而不殊會之者，蓋殊會之法施於中國會夷狄也。晉中國，吴夷狄也，于柤、于向是以殊之。楚夷狄，淮夷亦夷狄也，以夷狄會夷狄，又何殊乎？ 然則中國諸侯皆在行，楚子主會以會夷狄，則中國之衰如何也！

秋，七月，楚子、蔡侯、陳侯、許男、頓子、胡子、沈子、淮夷伐吴，執齊慶封，殺之。

《春秋》之法，弑君之賊人人皆得討之。慶

❶「疾」，原作「晉」，據殿本改。

封，崔杼之黨，已弑其君而奔吳，諸侯伐吳，執慶封殺之，得討賊之義，可以言人也。然而敘諸侯而不書所以殺之者，明諸侯共殺之也。弑君之賊一人殺之，則曰某人，若齊人殺無知、蔡人殺陳佗也。諸侯之共殺者八國，不嫌殺者衆也，故不曰某人，而以共殺爲文也。申之會執徐子，則斥言楚人，以其主會而執諸侯，賤之也。殺齊慶封，則若諸侯然，弑君之賊衆殺之也。《穀梁》曰：「慶封弑君，而不以弑君之罪罪之。」案：經以諸侯共殺爲文，何謂不以弑君之罪罪之乎？

遂滅賴。

九月，取鄫。

孔子曰：「興滅國，繼絶世，舉逸民，天下之民歸心焉。」鄫爲莒人滅之久矣，魯以爲非義而取之，則求鄫後而立之可也，乃取鄫以自私焉。書曰「取鄫」，以爲鄫之滅見取於魯也。不繫之莒者，本非莒地也。不書滅者，莒先滅之也。《左氏》曰：「不用師徒曰取。」魯不加兵於莒，何以能得鄫乎？《公羊》曰：「内大惡，諱也。」項亦書滅，何以不諱乎？

冬，十有二月，乙卯，叔孫豹卒。

五年，春，王正月，舍中軍。

魯次國，制當二軍，而襄十一年頓作一軍，至是二十餘年，民不勝其弊，於是舍其中軍。作三軍非禮，當書。舍中軍又書之者，蓋罪其擅興作勞民，民不勝其勞，又舍之。始謀之不詳，則終處之無法。作三軍非禮，雖舍之，未得爲正也。《公》、《穀》曰「復正」、「復古」，蓋不若勿作而勿舍之爲善也。

楚殺其大夫屈申。公如晉。夏，莒牟夷以牟婁及防茲來奔。秋，七月，公至自晉。戊辰，叔弓帥師敗莒師于蚡泉。秦伯卒。冬，楚

子、蔡侯、陳侯、許男、頓子、沈子、徐人、越人伐吳。

六年，春，王正月，杞伯益姑卒。葬秦景公。夏，季孫宿如晉。葬杞文公。宋華合比奔衛。秋，九月，大雩。楚薳罷帥師伐吳。冬，叔弓如楚。齊侯伐北燕。

七年，春，王正月，暨齊平。

是時晉、楚彊大，侵伐諸侯以求服從者無虛歲焉。魯畏晉、楚之彊而交驩二國，故事齊之迹罕見於經。於是齊求魯平，魯不得已從之平焉。書曰暨者，言魯方畏晉、楚之彊而事之不暇，其與齊平者，蓋暨暨然不得已爾。不書其暨之與齊之主名者，和平之事上下皆欲之，不主於一人也。《左氏》以爲暨齊平者，燕一也。案：去年齊侯伐燕，《左氏》見其閒無異事，故云爾。不知外國平書人，「宋人及楚人平」是也。又襄二十四年我侵齊，二十五年齊侯伐我北鄙，齊、魯之好遂絕。至是平之後，叔孫婼如齊莅盟，足明齊、魯爲此平也。

三月，公如楚。叔孫婼如齊涖盟。夏，四月，甲辰，朔，日有食之。秋，八月，戊辰，衛侯惡卒。九月，公至自楚。冬，十有一月，癸未，季孫宿卒。十有二月，癸亥，葬衛襄公。

八年，春，陳侯之弟招殺陳世子偃師。

招之見於經者，皆曰公子，未嘗曰陳侯之弟也。於是殺陳世子稱曰弟者，所以親之而見其惡也。《穀梁》之說得之。

夏，四月，辛丑，陳侯溺卒。叔弓如晉。

楚人執陳行人干徵師殺之。

是時陳有公子招之亂，干徵師如楚告之。楚不能討公子招，而殺其行人。是冬楚師滅陳，而放公子招于越，足明楚子之失刑也。經書「執陳行人干徵師殺之」，則以其殺行人之罪也。干徵師以楚爲其與國，而告之以亂，反執而殺之，楚子之無道如

何也！

陳公子留出奔鄭。

秋，蒐于紅。

《春秋》書蒐者五，皆曰大蒐，未嘗有曰蒐者。於是「蒐于紅」獨不言大，蓋蒐田之禮止於春秋，而蒐不時也。《春秋》以其蒐田之不時，故書以譏之也。《公羊》曰罕，《穀梁》曰正，皆非也。

陳人殺其大夫公子過。大雩。

冬，十月，壬午，楚師滅陳，執陳公子招，放之于越。殺陳孔奐。葬陳哀公。

公子招弒君之賊，楚子放之，孔奐無罪，楚子殺之，滅其國，葬其君，皆楚子之大惡也。《春秋》次序而書之，所謂不待貶絕而罪惡見者也。《穀梁》曰：葬陳哀公，閔之也。陳哀公之書葬，與齊侯葬紀伯姬一例爾，何所閔哉？

九年，春，叔弓會楚子于陳。許遷于夷。夏，四月，陳災。

楚已滅陳，而經復言陳災者，蓋陳滅不久而國復興，同之不亡也。《公》、《穀》皆以災爲火。《春秋》火不書，災則書爾。又曰存陳。幸而陳有災，故可復見。不幸無事，則雖欲存之，不可得也。

秋，仲孫貜如齊。冬，築郎囿。

十年，春，王正月。夏，齊欒施來奔。秋，七月，季孫意如、叔弓、仲孫貜帥師伐莒。戊子，晉侯彪卒。九月，叔孫婼如晉，葬晉平公。十有二月，甲子，宋公成卒。

十有一年，春，王二月，叔弓如宋，葬宋平公。夏，四月，丁巳，楚子虔誘蔡侯般，殺之于申。

蔡侯般弒父之賊，楚子以義討之則無不可，乃詐誘而殺之，又滅其國而有之。《春秋》以楚子之志不在於討賊，徒殺人之君而利人之國，故書曰「楚子虔誘蔡侯般殺之」。《公羊》得之。

楚公子棄疾帥師圍蔡。五月，甲申，夫人歸氏薨。大蒐于比蒲。仲孫貜會邾子，盟于祲祥。秋，季孫意如會晉韓起、齊國弱、宋華亥、衛北宫佗、鄭罕虎、曹人、杞人于厥慭。九月，己亥，葬我小君齊歸。冬，十有一月，丁酉，楚師滅蔡，執蔡世子有以歸，用之。

蔡世子有即位未逾一年，法當稱子。楚子用之特稱世子者，蓋楚子之心務在絶蔡之宗祀，殺戮蔡之子孫，已殺其君，又殺其世子。世子者，世世有國者也。執其世子而殺之，則是欲絶蔡之世子也。《公羊》曰「不成其子也」。案：《春秋》不與楚爲討賊，何得罪蔡乎？《穀梁》曰「不與楚殺」，義亦通。

十有二年，春，齊高偃帥師納北燕伯于陽。

《春秋》書納者六，其四或納大夫，或納公子，其納失地之君惟二，頓子、北燕伯是也。《春秋》諸侯失地則生名。頓子、北燕伯失地不名者，蓋孔子之意也。夫立諸侯者，惟天子爾，諸侯不得立諸侯也。諸侯失地則名，頓子、北燕伯爲齊、楚納之而又名焉，則是諸侯得立諸侯也。特變例而不書其名，所以不與齊、楚之專立也。《穀梁》曰「不以高偃挈燕伯」，蓋一偏之説。《公羊》又非也。

三月，壬申，鄭伯嘉卒。夏，宋公使華定來聘。公如晉，至河乃復。五月，葬鄭簡公。楚殺其大夫成熊。秋，七月。冬，十月，公子慭出奔齊。楚子伐徐。晉伐鮮虞。

案：先儒論《春秋》狄晉之事，以爲假道鮮虞，還而伐之，《春秋》惡其夷狄之行，故狄之。然考之於經，皆不見其迹。以鮮虞爲同姓，則春秋伐同姓多矣。以晉不能行伯，以與楚爭諸侯，則春秋可責之諸侯蓋

多矣，夫何獨晉哉？此可疑之事也，姑闕之。

十有三年，春，叔弓帥師圍費。夏，四月，楚公子比自晉歸于楚，弒其君虔于乾谿。

歸，易辭也。公子比晉奉之以歸，因國人之不悦其君，弒而簒之也。《左氏》、《公羊》皆以爲公子比自晉歸，脅楚子而死，故書曰弒也。公子比誠不親刃，但脅之使縊，則亦公子比弒之爾。《穀梁》以爲不弒君。若實不弒，則經何以得言弒乎？但不親刃爾，安得不弒哉？《穀梁》失之。

楚公子棄疾殺公子比。

公子比弒君之賊，《春秋》討賊則稱人。棄疾討賊而不稱人者，蓋棄疾殺公子比而代之爲君也。棄疾有利楚之心，而借討賊之名。公子比雖有罪當討，而棄疾不爲義討矣。《春秋》書曰「公子棄疾殺公子比」，若曰二人皆有罪者，惟其相殺，是以志之，不以棄疾與比較輕重也。《公》、《穀》之說皆非。

秋，公會劉子、晉侯、齊侯、宋公、衛侯、鄭伯、曹伯、莒子、邾子、滕子、薛伯、杞伯、小邾子于平丘。八月，甲戌，同盟于平丘。公不與盟。

沙隨之會不見者，可以見而不見。平丘之盟不與者，可以與而不與者也。是時楚方有簒弒之禍，諸侯因是盟于平丘，將以乘楚之閒而反陳、蔡之君，得外夷狄、繼絶世之義。此中國諸侯之義舉也。公可以與也，而畏楚之彊，逃歸不與。逃歸者，賤辭。《春秋》於魯有内辭焉，但曰不與，而不曰逃歸也。《穀梁》曰「譏在公也」，此說是也。

晉人執季孫意如以歸。公至自會。

蔡侯廬歸于蔡。陳侯吴歸于陳。

《春秋》之義，復其位曰復歸。陳、蔡之國嘗見滅於楚，於是諸侯歸之。不曰復歸

者，國滅無所復也。陳、蔡之君爲諸侯所當歸，書曰納。不曰納而以自歸爲文，蓋納者不宜納也。諸侯之義不得專封，凡納諸侯皆有罪也。《春秋》以平丘之諸侯反陳、蔡之君，得存亡繼絶之義，不以專封罪之，但曰歸爾。蔡侯廬、陳侯吴未嘗有國，於其歸也，遂書以爵。蓋《春秋》不與楚夷狄滅之，而與諸侯歸之，雖未嘗有國而加之爵，使之歸也。❶《公》、《穀》皆得其一偏。

冬，十月，葬蔡靈公。

蔡侯般見殺於十一年之夏，至是始書其葬者，蓋蔡侯廬歸國，然後舉其葬也。《穀梁》以般之失德而書葬，爲不與楚滅而成諸侯之事，則失之矣。

公如晉，至河乃復。吴滅州來。

十有四年，春，意如至自晉。三月，曹伯滕卒。夏，四月。秋，葬曹武公。八月，莒子去疾卒。冬，莒殺其公子意恢。

《公》、《穀》之説，以爲曹、莒無大夫。蓋曹、莒小國，其君之爵才當大國之大夫，其大夫之位才當大國之士。《春秋》諸侯之士皆不書名，故曹、莒大夫之名不得見於經也。其有事繫懲勸之法當書者，則雖賤必名之，邾庶其、黑肱，莒牟夷、意恢是也。《穀梁》不知此義，見經特書意恢之名，則曰意恢賢。意恢賢者，不能久事無道之君而至其見殺也。蓋《春秋》欲見君臣之交失道，故特著其名爾，何謂賢乎？

十有五年，春，王正月，吴子夷末卒。二月，癸酉，有事于武宮。籥入，叔弓卒，去樂卒事。

武宮者，廢廟也。成六年立之，於是有事焉。而大夫卒，去樂卒事，則合禮矣。然

❶「也」，原作「九」，據殿本改。

武宫之事則不當有者，《春秋》因變禮而推言之。武宫在所當廢，則叔弓之卒將不至於去樂卒事也。三傳皆以去樂卒事爲得禮，蓋未明武宫不當有事者爾。

夏，蔡朝吴出奔鄭。六月，丁巳，朔，日有食之。秋，晉荀吴帥師伐鮮虞。冬，公如晉。

十有六年，春，齊侯伐徐。楚子誘戎蠻子殺之。夏，公至自晉。

《春秋》之法，内事則詳，外事則略，中國則詳，夷狄則略，所以重内而輕外，内中國而外夷狄也。楚子誘殺蔡侯般則書楚子之名，誘殺戎蠻子則不名。蔡中國也，而楚子夷狄殺之，名楚子，所以深責中國也。戎蠻子夷狄也，楚亦夷狄也，以夷狄殺夷狄，不名，禽獸相殘，不責備也。《公羊》：❶「夷狄相誘，君子不疾也。」此説是。

秋，八月，己亥，晉侯夷卒。九月，大雩。季孫意如如晉。冬，十月，葬晉昭公。

十有七年，春，小邾子來朝。夏，六月，甲戌，朔，日有食之。秋，郯子來朝。八月，晉荀吴帥師滅陸渾之戎。冬，有星孛于大辰。楚人及吴戰于長岸。

《春秋》之法，遠内不嫌敵内，内不言戰，言戰則敗也，中國不言戰，言戰則敗也。「公敗邾師于偃」，與之戰而邾敗也，不曰戰焉，不以外敵内也。「及邾人戰于升陘」，言戰則内敗也，不曰敗焉，不以外敗内也。「晉荀吴敗狄于大鹵」，與之戰而狄敗也，不曰戰焉，不以夷狄敵中國也。「晉人及秦人戰于令狐」，言戰則晉敗矣，不曰敗焉，不以夷狄之秦而敗中國之晉也。《春秋》戰敗之法，於内、於中國則貴之，於夷狄則賤之，其於兩夷狄，則反是矣。「於越敗吴于檇李」，有内敗外之辭焉，有中國敗

❶ 「羊」下，殿本有「曰」字。

夷狄之辭焉。然而越也吳也，皆夷狄爾，唯其兩夷狄，是以不嫌也。「楚人及吳戰于長岸」，有外敗內之辭焉，有夷狄敗中國之辭焉。然而楚也、吳也皆夷狄爾，是以不嫌也。然則內之於外，中國之於夷狄，則有閒矣。中國之於中國，夷狄之於夷狄，又何閒哉？「楚人及吳戰于長岸」，言戰而不言敗，兩夷狄之戰，故無閒焉。《公羊》、《穀梁》皆不得其義。

十有八年，春，王三月，曹伯須卒。夏，五月，壬午，宋、衛、陳、鄭災。

四國同日而災，《春秋》以爲異，故記之。《穀梁》以謂是人也，同日而爲四國災，失之矣。《公羊》之説是。

六月，邾人入鄅。秋，葬曹平公。冬，許遷于白羽。

十有九年，春，宋公伐邾。夏，五月，戊辰，許世子止弑其君買。

許世子之事，宣二年論之詳矣。然《左氏》之説曰：「盡心力以事君，舍藥物可也。」許世子自以不嘗藥，被弑君之罪矣。人子之事親，安得以許止進藥而父死，恐蹈其迹，遂廢事親之禮乎？但嘗藥而進之，亦何害於人子之義？是欲因咽而廢食也，其可乎？《穀梁》曰因其自責而責之。夫聖人原止之情以加之罪，即其言誤而責之爾，何謂因其自責而責之乎？

己卯，地震。秋，齊高發帥師伐莒。冬，葬許悼公。

《春秋》之義，世子弑君則不待討賊而書葬，蔡世子般弑其君固，葬蔡景公，許止弑其君買，葬許悼公是也。而《公羊》以爲赦止之罪。夫《春秋》之法，一定而不可易也，嘗加之弑君而又赦其罪，何其二三歟？《公羊》不知世子弑君不待討賊而書葬，故妄爲之説爾。

二十年，春，王正月。夏，曹公孫會自鄸出奔宋。

《春秋》書自某出奔者，皆叛邑也，宋華亥之南里，宋公之弟辰之蕭是也。曹公孫自鄸出奔宋，鄸亦其嘗據之以叛之邑。但曹小國，其行事見於經者略，故公孫會以鄸叛之迹不先見經也。於是出奔自其叛邑，故曰自鄸爾。《穀梁》曰：「自鄸者，專乎鄸也。」言其專取之而不以叛。案：若公孫會不以鄸叛，則經何爲書「自鄸」乎？《公羊》以謂爲賢者之後諱叛，此説尤不足取。

秋，盗殺衛侯之兄輒。

衛侯以一國之廣、人君之尊，不能衛其兄而爲盗殺之。書曰「盗殺衛侯之兄輒」，所以深惡衛侯也。《公》、《穀》因經書兄而推言之，以有疾不得立。案：經書兄乃是極衛侯之親以見其罪爾，不言立與不立也。

冬，十月，宋華亥、向寧、華定出奔陳。十有一月，辛卯，蔡侯廬卒。

二十有一年，春，王三月，葬蔡平公。夏，晉侯使士鞅來聘。宋華亥、向寧、華定自陳入于宋南里以叛。秋，七月，壬午，朔，日有食之。八月，乙亥，叔輒卒。冬，蔡侯朱出奔楚。

《左氏》、《公羊》皆作「蔡侯朱」。惟《穀梁》作「東」，蓋《穀梁》見二十三年經書曰「蔡侯東國卒于楚」，故以爲出奔而竟死於楚也。不知朱，東國所逐爾，此當從《左氏》、《公羊》爲定。

公如晉，至河乃復。

二十有二年，春，齊侯伐莒。宋華亥、向寧、華定自宋南里出奔楚。大蒐于昌閒。夏，四月，乙丑，天王崩。六月，叔鞅如京師。葬景王。王室亂。

是時劉子、單子立王子猛，而尹氏欲立子朝。❶邪孽並爭，王室無主，天下諸侯視之恬然，無一人往救之者。聖人疾之，書曰「王室亂」，以見周室之衰而天下諸侯無人焉。《左氏》曰叔鞅言之。就令當時無叔鞅如周之事，則經將不書王室亂乎？《公羊》曰：「言不及外也。」案：王室者，天下之根本。王室亂則天下可知也，何謂不及外乎？《穀梁》之説近之。

劉子、單子以王猛居于皇。

《春秋》未逾年諸侯未嘗書名。魯未逾年之君三，其卒書名者二，其一則已葬，但曰子卒焉。由此推之，則已葬者雖《春秋》諸侯不名，況天王哉？景王崩已葬矣，而王猛居皇猶書名者，此聖人之意也。蓋王猛不正，不當立，而劉、單二子彊欲立之，既不安其國，又出奔焉。書曰「劉子、單子以王猛居于皇」者，若曰猛者何所取王哉？劉子、單子王之爾。不書爲王，則無以見劉子、單子專王之罪。不書猛，則無以見猛不當立而二子王之也。不曰出奔而曰居者，二子雖無道專王，猛雖不正不當得立，然而《春秋》之法尊王言之，爲王則天下皆其所有，無往而不爲君也。《公》、《穀》以爲王猛有當國之嫌，故曰王爾。不知猛之得立不正，而二子王之，故曰「王猛」也。

秋，劉子、單子以王猛入于王城。

王城，蓋京師也。二子以王猛實入京師，而曰王城，不與王猛不正之人爲二子所負而入京師也。居于皇則書曰皇，入于王城則不曰京師，蓋皇之地遠于京師，王猛居之，不足爲嫌；京師一爾，王猛得入，則是與之爲王也。《春秋》之法，自周無出。

❶「立」，原作「出」，據殿本改。

「王子瑕奔晉」不言出，王子則無出也。「周公出奔晉」則言出，去三公之位而自絶于王，則出之也。皇遠而京師近，則皇可以言居，而京師不可以言入也。王子瑕親而周公自絶，可以言出，而子瑕以戚書奔也。《春秋》之輕重，唯其事之所在爾。《公羊》曰：王城，西周也。是時王猛方與子朝争立，而西入於岐周將何爲乎？又曰：入，篡辭。《穀梁》曰：入，内弗受。二傳不知王猛入有尹氏之難，故書入爾。

冬，十月，王子猛卒。

《春秋》書卒而不名者，惟天王及魯公爾，天子書崩，魯公書薨。魯公之未逾年而死者書卒，已葬者亦不名焉。以爲君父已葬，則尊無所詘，故不名也。天王未逾年而卒者，惟王猛爾。是時景王已葬，而王猛之卒書名，又曰王子，蓋聖人之意也。天王之位而竟不克以卒，於其再見於經，皆曰王猛，言猛之王以二子爾。於其卒也，書曰「王子猛卒」，所以正猛之不正而奪其王稱也，與文三年書「王子虎卒」無以異爾。《左氏》以爲不成喪。《春秋》何得以猛之喪禮不具，遂奪其尊稱乎？《公羊》曰：「未逾年之君也。」未逾年君已葬當不書名，此何得更稱猛乎？皆非也。

十有二月，癸酉，朔，日有食之。

二十有三年，春，王正月，叔孫婼如晉。癸丑，叔鞅卒。晉人執我行人叔孫婼。晉人圍郊。夏，六月，蔡侯東國卒于楚。秋，七月，莒子庚輿來奔。戊辰，吴敗頓、胡、沈、蔡、陳、許之師于雞父。胡子髡、沈子逞滅，獲陳夏齧。

于時王室有子朝之亂，中國諸侯安然不救，而連六國之師以與吴戰。不言戰而言敗，又不敘諸侯之師，以中國皆夷狄而賤略之也。胡、沈之君死事而經書滅，以其

自取滅亡，非吳滅之，故以自滅爲文，若梁亡爾。陳夏齧之見獲，生得之也。《左氏》、《公羊》以滅、獲別君臣，非也。《穀梁》以言敗，釋其滅，蓋不知《春秋》於此狄中國諸侯，故言敗爾，何以爲釋滅乎？

天王居于狄泉。尹氏立王子朝。

天王者，敬王也。尹氏欲立子朝，天王不安其位，於是出奔狄泉也。狄泉言居者，以天王之尊，天下皆其所有，往則居之爾。尹子世卿，❶而專廢立。立王子朝者，非周人之意，惟尹氏立之，故曰「尹氏立王子朝」。《春秋》之義，立者不宜立也。衛、晉得國人之心，國人立之，猶以爲不宜立也，書曰「衛人立晉」，況尹氏立子朝乎？

八月，乙未，地震。冬，公如晉，至河，有疾，乃復。

二十有四年，春，王二月，丙戌，仲孫貜卒。婼至自晉。夏，五月，乙未，朔，日有食之。秋，八月，大雩。丁酉，杞伯郁釐卒。冬，吳滅巢。葬杞平公。

二十有五年，春，叔孫婼如宋。夏，叔詣會晉趙鞅、宋樂大心、衛北宮喜、鄭游吉、曹人、邾人、滕人、薛人、小邾人于黃父。有鸜鵒來巢。

有者，不宜有也。來者，不宜來也。鸜鵒非魯所有，自遠而來巢。《春秋》以爲異，故記之爾。

秋，七月，上辛，大雩。季辛，又雩。

九月，己亥，公孫于齊，次于陽州。齊侯唁公于野井。

昭公爲季氏所逐，遂出奔齊。《春秋》內不言奔，奔變爲孫，言吾君之去國非奔也，孫其位而去爾。齊侯以公失國而來，故唁之也。《春秋》一切書之，用見昭公之不君，

❶「子」，殿本作「氏」。

季氏之不臣。齊爲伯主，不能誅季氏以納昭公，而徒唁之于外，亦非義也。

冬，十月，戊辰，叔孫婼卒。

十有一月，己亥，宋公佐卒于曲棘。

曲棘，宋地。宋公之卒不于其都，而《春秋》書其地者，以爲一國之重係之，不卒于國都，皆有危也。《公羊》以爲憂内，《穀梁》以爲訪公，蓋皆因卒其國而地，故求爲説爾。❶

十有二月，齊侯取鄆。

《春秋》爲外加兵於内者，皆言某鄙。言鄙，所以遠之也。外圍邑者，亦必言伐而後言圍。取田取邑，皆書曰人，未有不伐而圍、書爵而取者。於是齊侯取鄆無所加兵而齊侯書爵，蓋以齊侯爲無罪矣。昭公見逐於季氏而寓于齊，齊侯不義季氏之彊而昭公之羈寓，取鄆以居昭公。齊無私者，《春秋》與之，故曰「齊侯取鄆」也。《公》、《穀》之説皆非。

二十有六年，春，王正月，葬宋元公。三月，公至自齊，居于鄆。

昭公在齊之日久，齊取鄆以居之，於是始自齊反居于鄆。鄆本魯邑，昭公居之，與在其國中等爾，故曰「居于鄆」也。

夏，公圍成。秋，公會齊侯、莒子、邾子、杞伯盟于鄟陵。公至自會，居于鄆。九月，庚申，楚子居卒。

冬，十月，天王入于成周。

成周，蓋京師也。不曰京師而曰成周者，京，大也，師，衆也，惟衆惟大，故天子居之則稱之。是時周已衰微，而敬王孱弱，不能高居京師以臨制天下，至于出奔而復入也。聖人以周之衰微同於列國，敬王失地同於諸侯，故曰「天王入于成周」，而不曰

❶「求」，各本同，疑當作「曲」。

京師也。《公羊》以入爲不嫌。不知是時内有子朝之難，而敬王入之難，故曰入爾。

尹氏、召伯、毛伯以王子朝奔楚。

尹氏之徒以天王入成周，迫之不自安，復以子朝出奔也。子朝之惡經當誅絶，然猶不曰出者，周無出，不以子朝之惡而亂《春秋》之大義也。

二十有七年，春，公如齊。公至自齊，居于鄆。夏，四月，吴弑其君僚。楚殺其大夫郤宛。秋，晉士鞅、宋樂祁犂、衛北宫喜、曹人、邾人、滕人會于扈。冬，十月，曹伯午卒。邾快來奔。

大夫來奔，以叛，不以小國，例皆書名，疾其爲惡，特書之也。《公羊》以爲以近書。若邾與近，其事多詳，則侵伐會盟大夫不名，何也？

公如齊。公至自齊，居于鄆。

二十有八年，春，王三月，葬曹悼公。公如晉，次于乾侯。

公久於鄆以事齊，求齊之納己，而齊竟不能，於是又如晉，將以求助焉。至于乾侯，而晉辭公不見納，徒次于乾侯焉。不曰復者，公久于乾侯，以須晉命也。

夏，四月，丙戌，鄭伯寧卒。六月，葬鄭定公。秋，七月，癸巳，滕子寧卒。冬，葬滕悼公。

二十有九年，春，公至自乾侯，居于鄆。齊侯使高張來唁公。

齊大國，世爲盟主，又與魯相婚姻。昭公有難，久留于外。齊侯不能納之，乃徒使人唁之，以虚辭相恤而無實利救公。經再書齊侯之唁者，蓋深惡其無益之空言也。

公如晉，次于乾侯。夏，四月，庚子，叔詣卒。

秋，七月。

冬，十月，鄆潰。

公久于鄆，鄆小邑，不勝供給之弊，因公如晉次于乾侯，其民相與叛去，故曰「鄆潰」

也。然則昭公以一國之廣，不能居而見逐於其臣，一邑之小，不能久而見惡於民，書曰「公孫于齊」，又曰「鄆潰」，公之德如何也？

三十年，春，王正月，公在乾侯。

昭公之孫于齊，居于鄆，次于乾侯，七年于兹矣，朝廟之禮廢亦久矣。於歲之首未嘗有曰公在某者，於是始書「公在乾侯」。蓋昭公七年于外，有齊、晉爲之援，有鄆爲之居，雖失其國，而猶有其國之地，不全爲旅人也，幸而伯主納之，其反國易爾。至是去齊而如晉，鄆潰而在乾侯，非其國之土，晉侯無反公之志，季氏又通于晉，昭公自是與魯絶而不得還矣。故於一歲之首必曰「公在乾侯」，以見公之竟不還也。二十五年公孫于齊，則孔子知其必不還矣，於每歲之首不書公之所在焉，孔子不遽絶之，所以有待也。至於鄆潰而在乾侯也，則孔子絶之，以其居非魯地而國已全失，又竟不還矣。《左氏》以爲懲過。若昭公之過，尚足懲邪？《穀梁》曰「中國不存公」，近之矣。

夏，六月，庚辰，晉侯去疾卒。秋，八月，葬晉頃公。

冬，十有二月，吴滅徐，徐子章羽奔楚。

《春秋》之法，國滅而其君出奔者不名，以爲滅者之罪重，則奔者之責輕也；國滅而其君隨之以歸者書名，以爲廟社見滅不能死，又苟其生，隨之以歸，恥辱之甚，書名以賤之也。楚人滅夔，以夔子歸，而夔子不名，吴滅徐，徐子章羽奔楚，而徐子書名者，二例不同，非它也。吴、楚夷狄也，夔、徐亦夷狄也。以夷狄滅夷狄，猶禽獸之相殘，何足責哉？夔子當名而不名，徐子不名而名之，所以別異於中國而變法於夷狄也。

三十有一年，春，王正月，公在乾侯。季孫意如會晉荀躒于適歷。夏，四月，丁巳，薛伯穀卒。晉侯使荀躒唁公于乾侯。

晉爲大國，又世爲盟主。昭公久留于外，寓於其國，不得入，而晉侯恬然無納公之意，乃使其大夫會其叛臣意如，而空言唁公。書曰「晉侯使荀躒來唁公」，所以見晉侯空言無實，陰交其臣而陽唁其君也。

秋，葬薛獻公。

冬，黑肱以濫來奔。

黑肱，邾大夫也。以地來奔而經不名者，❶舊史闕之，孔子因之不加爾。《公羊》以爲叔術之後，《春秋》賢叔術，故不言邾。若是，則祖父賢者，其子孫得肆爲惡乎？《穀梁》以爲別乎邾。若黑肱實受封於邾，則亦猶邾臣爾，安得不係邾乎？此當從杜預闕文爲定。

十有二月，辛亥，朔，日有食之。

三十有二年，春，王正月，公在乾侯。取闞。

闞本魯邑，久没于外。公在乾侯，復取得之，故曰取爾。《公羊》以爲邾邑，經何不言邾乎？

夏，吴伐越。秋，七月。

冬，仲孫何忌會晉韓不信、齊高張、宋仲幾、衛世叔申、鄭國參、曹人、莒人、薛人、杞人、小邾人，城成周。

成周，蓋京師也。不曰京師者，所以見周室之衰同列國也。《春秋》有書城邢、城杞者矣，今曰城成周，何以異也？《春秋》之作，以天下無王而王政不行也。故天下無王，則《春秋》書王以正之。王政不行，則《春秋》微周以見其意。自文公而下，天下無王百餘年矣。孔子於周之行事而諸侯之事周，未嘗不曰京師也。紀季姜「歸于

❶「名」，殿本作「著」。

京師」，不曰歸于成周也。自宣公而下，王政竟不能行，而王室益衰。孔子於周之行事與周事之見於經者，皆不曰京師焉。「成周宣榭火」，實京師也，而不曰成周。「王室亂」，實京師也，而曰王室。「王猛入于王城」，亦京師也，而曰王城。推而言之，自宣公之下周事之見於經者，未嘗曰京師焉。所以見王室之竟衰，周道之不復，而與列國諸侯無閒矣。雖然，於諸侯之事周也，猶曰京師。成十三年「公如京師」，昭二十二年「叔鞅如京師，❶葬景王」。蓋聖人之意以爲君雖不君，臣不可以不臣也。周道雖衰，下同於列國，而天下諸侯不可以不事京師也。定元年「晉人執宋仲幾於京師」者，爲其執人於天子之側，重其罪而誅之，故曰京師也。於是諸侯之大夫共城京師，而經曰「城成周」，與城邢、城杞一例而書之者，所以益甚周道之衰，而一見諸侯之實也。仲孫何忌，魯大夫也。昭公見逐，出居乾侯，而其大夫會諸侯之臣以城成周。城成周則近義矣，然則國君之不能事，於王室也何有？書曰「仲孫何忌會」焉，所謂不待貶絶而罪惡見者矣。

十有二月，己未，公薨于乾侯。

龍學孫公春秋經解昭公第十三

後學成德校訂

❶「二十二」，原作「二十」，據《春秋》經文改。

龍學孫公春秋經解定公第十四

孫覺莘老

元年，春，王。

《春秋》魯公即位之始，雖無事必書正月，所以端本而正始也。人君即位必於柩前，以明繼體於先君，而君位有所授也。昭公見逐於季氏，竟死於乾侯，逾年六月而喪始還。定公逾年即位，不得於正月朔日而六月即位焉。元年不書正月，所以見即位之後而不能正始也。

三月，晉人執宋仲幾于京師。

京師，天王之所在，而晉人執宋大夫于其所，其無王也甚矣。書曰「執宋仲幾于京師」，所以深罪晉人之無道也。《公羊》曰：「于京師，伯討也。」《春秋》伯討者稱爵，稱歸于京師。于京師執其大夫，又不稱爵，何謂伯討乎？《穀梁》曰「不正其執人於尊者」是也。

夏，六月，癸亥，公之喪至自乾侯。戊辰，公即位。

《春秋》八公即位，七皆不日而定獨書日者，人君即位必於正月朔日，不日者，朔日可知也。定公即位不於正月之朔，喪至而後行即位之禮，必特書曰戊辰以別之也。《穀梁》説是。

秋，七月，癸巳，葬我君昭公。九月，大雩。立煬宫。冬，十月，隕霜殺菽。

二年，春，王正月。夏，五月，壬辰，雉門及兩觀災。

雉門、兩觀皆天子之禮。自成王以天子禮樂賜周公，而魯之群公相承僭之，國内制度一同於天子。孔子非之，而欲著其僭於

《春秋》久矣。於是雉門、兩觀災，故孔子因其災以著其僭也。曰「及」者，災自雉門而及於兩觀，先後之次爾。《公羊》以爲不以微及大，《穀梁》以爲尊之，皆非也。

秋，楚人伐吴。

冬，十月，新作雉門及兩觀。

雉門、兩觀，魯不得有，而因其災也，又侈大焉。書曰「新作」，以兼譏之也。

三年，春，王正月，公如晉，至河乃復。二月，辛卯，邾子穿卒。夏，四月。秋，葬邾莊公。冬，仲孫何忌及邾子盟于拔。

四年，春，王二月，癸巳，陳侯吴卒。三月，公會劉子、晉侯、宋公、蔡侯、衛侯、陳子、鄭伯、許男、曹伯、莒子、邾子、頓子、胡子、滕子、薛伯、杞伯、小邾子、齊國夏于召陵，侵楚。夏，四月，庚辰，蔡公孫姓帥師滅沈，以沈子嘉歸，殺之。五月，公及諸侯盟于皐鼬。杞伯成卒于會。六月，葬陳惠公。許遷于容城。秋，七月，公至自會。劉卷卒。

劉卷者，劉子也。劉子王臣而下交諸侯，於其卒也，來赴魯。《春秋》欲正其外交之罪，故特書其卒。此與尹氏、王子虎卒例正同也。《穀梁》之說非。

葬杞悼公。楚人圍蔡。晉士鞅、衛孔圉帥師伐鮮虞。

葬劉文公。

劉卷王臣而外交於魯，經因其告卒也，書以譏之。於是魯又往葬焉，書曰「葬劉文公」，所以譏卷之外交而魯交王臣也。《公羊》之說非。

冬，十有一月，庚午，蔡侯以吴子及楚人戰于栢舉。楚師敗績。

吴入春秋侵伐會盟未嘗稱子，於是蔡侯以之及楚戰而稱子者，非進吴也，所以狄蔡也。《春秋》之義，有褒其使而善其君者，有貶其敵而罪其人者。「楚屈完來盟于

師」，不曰楚子使之，善屈完，所以善楚子也。「楚人、陳侯、蔡侯、鄭伯、許男圍宋」，不稱楚子而稱楚人，人楚子，所以人諸侯也。然則吴爲夷狄而蔡侯以之戰，進吴稱爵，所以狄蔡侯也。爲中國不能明中國之義，而附夷狄之楚，至于誘殺其君，用其世子。蔡侯朱奔焉，東國卒焉，而與楚益厚。此四年又與諸侯侵之，而滅其與國之沈。夫以楚之彊，夷狄無道，而蔡必親之，親之久又遽絶之，而侵犯焉以自取禍，故有今年之圍。圍斯已矣，又連夷狄之吴以與楚戰。戰雖幸勝，然聖人以蔡近於楚，屢與楚親而屢絶之，復舍楚而從吴，反覆無信，輕用干戈，蓋夷狄之不若，於是進吴稱子，以爲蔡之所爲殆與吴夷狄等爾。蔡得稱侯，則吴何以不得稱子？進吴稱子，所以外蔡於狄也。《春秋》諸侯連諸侯之師不言「以其」，言「以」者三焉，不宜以而以也，言彼無意於戰，而我以之戰者也。吴子無意於楚，而蔡侯以之戰焉，故曰「以吴子」也。《公》、《穀》之説皆非。

楚囊瓦出奔鄭。

庚辰，吴入楚。

二傳皆作「入楚」，而《左氏》作「入郢」，此當從二傳爲定。《公》、《穀》以爲吴不稱子，復狄之也。案：栢舉之戰稱吴子以狄蔡，非進吴也。於是稱吴，自其本號爾，何謂復狄之乎？

五年，春，王三月，辛亥，朔，日有食之。夏，歸粟于蔡。

仁義之道，先自近始。故孟子曰：「親親而仁民，仁民而愛物。」蓋親有所未親，則民雖仁焉，不得謂之仁也；民有所未仁，則物雖愛焉，不得謂之愛也。夫以定公之時三桓彊而公室弱，家臣擅命而私室又衰，連兵而侵伐者無虚歲，上之則政令出

於私門，下之則國罷於奔命。爲定公之民者，必有受其凍餒者矣。爲定公之士者，必有窮而不給者矣。以定公莫之恤而哀也，乃歸粟于蔡。夫蔡者何足恤哉？絶楚以自取其禍，連吳而戰以求勝，不量其國小力弱以鬬楚，不度其財窘糧乏以連吳，至于大困且饑而無告也，始求救於諸侯。魯又不虞其國民之乏絶而蔡無足與也，歸之粟焉。書曰「歸粟于蔡」，非所宜歸而歸也。《春秋》之義，有文可尚而實則貶之，事無足善而輕褒之者。以弟叛兄，不義之大者，而蔡季書字。弑父之賊，討而殺之，而楚子書名。公如京師行朝覲之禮，而成公則譏。歸粟于蔡，得分災之義，而定公有罪。此《春秋》所以爲難也。❶ 三傳之説皆非。

於越入吳。

春秋諸國惟越最爲晚見，其見於經凡六，其三稱越，皆在於昭公之時，五年稱越人與楚子伐吳，八年楚放公子昭于越，三十二年吳伐越，皆曰越也；其三稱於越，二在定公之時，五年於越入吳，十四年於越敗吳于檇李，一在哀公之時，十三年於越入吳，皆曰於越也。然則越之見於昭公之時者曰越，見於定、哀之時者曰於越也。蓋當是時越有數種，有東越、南越、閩越、甌越。於定公之前，國名爲越，故經據其號，皆書曰越也。於定公之後，欲自別於群越，始改號爲於越，經據其已改之號，故書曰於越也。此猶楚初見經稱荆，其後稱楚，始改號也。不然，何以見經者六，而定公之前三皆稱越，定公之後三稱於越乎？《公羊》及諸説皆非。

六月，丙申，季孫意如卒。秋，七月，壬子，叔

❶「此」，殿本作「皆」。

孫不敢卒。冬，晉士鞅帥師圍鮮虞。

六年，春，王正月，癸亥，鄭游速帥師滅許，以許男斯歸。二月，公侵鄭。公至自侵鄭。夏，季孫斯、仲孫何忌如晉。秋，晉人執宋行人樂祁犁。冬，城中城。季孫斯、仲孫忌帥師圍鄆。

仲孫何忌經不言何者，舊史闕之，孔子不妄加之，以傳信也。《公羊》以爲譏二名。《春秋》二名者多矣，何獨何忌乎？《春秋》大法所繫，二名細碎者，亦足譏邪？

七年，春，王正月。夏，四月。秋，齊侯、鄭伯盟于鹹。齊人執衛行人北宮結以侵衛。

以者，不宜以也。齊人將討衛，則聲其可伐之罪以伐之爾，何乃執其行人而侵人之國乎？經書之，與楚執宋公以伐宋等也。

齊侯、衛侯盟于沙。大雩。齊國夏帥師伐我西鄙。九月，大雩。冬，十月。

八年，春，王正月，公侵齊。公至自侵齊。二月，公侵齊。三月，公至自侵齊。曹伯露卒。夏，齊國夏帥師伐我西鄙。公會晉師于瓦。公至自瓦。秋，七月，戊辰，陳侯柳卒。晉士鞅帥師侵鄭，遂侵衛。葬曹靖公。九月，葬陳懷公。季孫斯、仲孫何忌帥師侵衛。冬，衛侯、鄭伯盟于曲濮。從祀先公。

魯自文公二年躋僖逆祀而昭穆遂亂，訖於今不正。於是禘于太廟而正昭穆，序閔、僖。《春秋》以其變禮，故特書之曰「從祀先公」，言自是而昭穆有别也。夫審别昭穆而序次先公，禘于太廟之禮也。蓋《春秋》書禘、書大事者，而從祀先公不書。禘祭得禮，常事不書也。惟從祀爲禮之變，故記之爾。《左氏》以爲禘于僖公。若禘禮獨行於僖公，則何由得閔在僖上而云從祀乎？蓋合食而行大禘之禮，故言從祀爾。《左氏》之説非。

盜竊寶玉、大弓。

寶玉、大弓，魯之分器而世寶之者。於是爲盜竊之，則是魯公不欽而執政非人也。三傳皆言陽虎竊之而經不書者，蓋陽虎家臣，微賤，法不當書。又寶玉、大弓國之重器至爲盜所竊，則罪重。《春秋》書曰「盜竊」，蓋深罪魯公及執政者爾。

九年，春，王正月。夏，四月，戊申，鄭伯蠆卒。得寶玉、大弓。

得者，對失之辭也。寶玉、大弓去年爲盜竊去，則是魯失之也，於是復得之，故曰得爾。不書所以得之，以得爲重也。《左氏》曰：「凡獲器用曰得。」郜之大鼎亦器用也，何以不言得？《穀梁》曰：「不目羞也。」寶玉、大弓本我分器，嘗失之而復得之，何用目之哉？謂之羞，非也。

六月，葬鄭獻公。秋，齊侯、衛侯次于五氏。秦伯卒。冬，葬秦哀公。

十年，春，王三月，及齊平。

魯自八年西鄙之役不與齊平，至是齊、魯始平。不書所以平之者，二國皆欲之也。

夏，公會齊侯于夾谷。

夾谷之會，孔子相之，齊侯詘而歸，歸魯鄆、讙、龜陰之田。蓋魯公之會能使大國爲之詘，畏義而反其侵地，未有盛於夾谷之會者。然孔子書之，與異時會盟等爾，無異文焉。蓋孔子之意以謂治國有道而交隣有義，苟治道之不至而奔走盟會，以徼幸於言語之間，亦不足尚也。故夾谷之會爲魯至榮之舉，而《春秋》以例書之，猶有譏焉，孔子之道如何也！

公至自夾谷。晉趙鞅帥師圍衛。齊人來歸鄆、讙、龜陰田。叔孫州仇、仲孫何忌帥師圍郈。秋，叔孫州仇、仲孫何忌帥師圍郈。宋樂大心出奔曹。宋公子地出奔陳。冬，齊侯、衛侯、鄭游速會于安甫。叔孫州仇如齊。宋公之弟辰暨仲佗、石彄出奔陳。

《春秋》會者外爲志，及者内爲志，會、及之外又有書暨，暨不得已也。「暨齊平」，不得已而暨之平也。宋公之弟辰亦不得已而暨佗、彄奔也。《春秋》諸侯之兄弟不書，言兄則罪其弟，言弟則罪其兄。「盜殺衛侯之兄輒」，罪衛侯爲人君而兄見殺也。「陳侯之弟出奔楚」，罪陳侯爲人兄而奔其弟也。段不弟，則不書弟。凡言兄、弟，皆有意也。宋爲人君，有一國之廣，不能悌其弟，使之從二叛臣以奔于外，辰固有不得已者，然宋公之兄道如何也？

十有一年，春，宋公之弟辰及仲佗、石彄、公子地自陳入于蕭以叛。夏，四月。秋，宋樂大心自陳入于蕭。冬，及鄭平。叔還如鄭涖盟。

十有二年，春，薛伯定卒。夏，葬薛襄公。叔孫州仇帥師墮郈。

墮，毁也。是時三桓之邑皆爲城以自固，故其家臣因之以叛。十三年叔弓圍費，去夏郈凡再圍，於是一墮毁之。而經書之者，所以見三桓之盛，至於城私邑以自封殖。墮郈，墮費，圍成，而三桓之彊亦少殺也。《穀梁》以墮爲取，殊不合經意。

衛公孟彄帥師伐曹。季孫斯、仲孫何忌帥師墮費。秋，大雩。冬，十月，癸亥，公會齊侯，盟于黄。十有一月，丙寅，朔，日有食之。公至自黄。

十有二月，公圍成。公至自圍成。

天子有天下，諸侯有一國。天下有逆命不服者，則天子命諸侯伐之。一國之邑有背叛不從，則諸侯命其臣伐之。故天子無伐其諸侯，諸侯無討於其邑。春秋之時，天下無王而諸侯逆命者衆，故有王而伐鄭者。陪臣擅命而權在私家，諸侯不得爲政，故有公而圍成者。成，魯邑，而魯圍之。書曰「公圍成」，以見諸侯之失道也。

十有三年，春，齊侯、衛侯次于垂葭。夏，築蛇淵囿。大蒐于比蒲。衛公孟彄帥師伐曹。秋，晉趙鞅入于晉陽以叛。冬，晉荀寅、士吉射入于朝歌以叛。晉趙鞅歸于晉。

趙鞅嘗以晉陽爲叛，而三傳推其事，以爲逐君側之惡人，雖書其叛，而又書歸以善之也。趙鞅爲人臣，不知進退之義，君側有惡人而已志不申，則去之可也。既入其邑，以其兵逐君側之人，則叛爾。人君之側，豈人臣用兵之所哉？心雖不叛，而其迹已甚惡，將焉自明乎？故經據其迹而書之曰叛也。趙鞅雖已叛者，然其君明其心，復其位而使之歸。《春秋》以其人主信之，其歸無難，故曰歸也，非原其已叛之惡也。趙鞅據邑以叛，雖其心在於安社稷、善人主，而其事不可以訓。故孔子不原其心而書之曰叛，所以絶萬世姦臣假借之禍也。然而伯夷無救於紂而孔子稱之，以勸事君之義。趙鞅有功於晉而《春秋》罪之，以明進退之節。三傳皆失其義。

薛弑其君比。

十有四年，春，衛公叔戍來奔。衛趙陽出奔宋。二月，辛巳，楚公子結、陳公孫佗人帥師滅頓，以頓子牂歸。夏，衛北宫結來奔。五月，於越敗吴于檇李。吴子光卒。公會齊侯、衛侯于牽。公至自會。秋，齊侯、宋公會于洮。天王使石尚來歸脤。衛世子蒯聵出奔宋。衛公孟彄出奔鄭。宋公之弟辰自蕭來奔。大蒐于比蒲。邾子來會公。城莒父及霄。

十有五年，春，王正月，邾子來朝。鼷鼠食郊牛，牛死，改卜牛。二月，辛丑，楚子滅胡，以胡子豹歸。夏，五月，辛亥，郊。壬申，公薨于高寢。鄭罕達帥師伐宋。齊侯、衛侯次于渠蒢。邾子來奔喪。秋，七月，壬申，姒氏卒。

姒氏，定公之妾，哀公之母。禮，妾母不稱夫人，不書卒葬。而春秋之時稍稍僭之，故妾母稱夫人，書卒葬同於小君。孔子皆書之，以懲其僭。是時哀公即位未逾年，而其母未敢僭夫人之號，故卒不稱夫人而書氏，葬不稱葬也。《左氏》之説非。

八月，庚辰，朔，日有食之。九月，滕子來會葬。丁巳，葬我君定公。雨，不克葬。戊午，日下昃，乃克葬。辛巳，葬定姒。

冬，城漆。

漆非魯邑，邾庶其以之來奔者。魯受之於叛人，而又勞民以城之，所謂不待貶絶而罪惡見者也。

龍學孫公春秋經解定公第十四

後學成德校訂

龍學孫公春秋經解哀公第十五

孫覺莘老

元年，春，王正月，公即位。楚子、陳侯、隨侯、許男圍蔡。鼷鼠食郊牛，改卜牛。夏，四月，辛巳，郊。

魯郊非禮也。非禮之中有可見之者，不可不著矣。《春秋》書郊牛傷者四，皆正月。《春秋》之正月，夏時之十一月也。牛在滌三月，然後郊。魯郊夏之二月。三王之郊一用夏正，而魯郊夏之二月。魯諸侯，不敢並天子之郊時而郊二月也。卜郊者四，皆四月。《春秋》之四月，夏時二月也。夏之二月，魯之郊時也。及郊之月，而復卜焉。月三旬，旬一辛日。三旬之辛卜皆不吉，則不郊，且不復卜也。用郊者一，九月也。用者，不宜用也。求吉之道，不過於三。三旬之辛也，過於三則不卜矣。而僖之卜至於四，❶成之卜至于五，瀆也。郊有常月矣。必先卜而後行事者，以人事天，人道之修而欽誠之至，則卜而吉。人道不修，欽誠不至，則卜不吉。故卜至于三而不吉，則不郊。所以欽天變，飭人事，況牛傷其口而鼠食其角哉？《春秋》常事不書。四月之郊，得時合禮而又書之，嘗以災變而改卜之矣。不書辛巳之郊，則若因災而不郊也。魯之郊則非禮，而《春秋》著之。蓋王者之郊可以類舉，而後世得以觀郊於《春秋》也。《穀梁》之說曰：「魯自正月至于三月，郊之時也。」《穀梁》見《春秋》牛傷者必於正月，而卜郊者必於四月，故

❶「僖」，原作「禧」，據殿本改。

曰郊有三月之時。不知自正月養牛，四月卜郊爾。又曰：卜免牲，三卜郊而不從，則已矣。郊大事不舉，則牲細事何足卜哉？郊卜不從矣，又卜免牲，無乃瀆乎？又曰：自十二月卜，以至于正月。不知卜一月三旬之辛而已矣。十二月、正月、二月皆可卜焉，則是郊無定月，而王者之郊不止於夏正，而魯郊不止於二月。《穀梁》之説失之。

秋，齊侯、衛侯伐晉。冬，仲孫何忌帥師伐邾。

二年，春，王二月，季孫斯、叔孫州仇、仲孫何忌帥師伐邾，取漷東田及沂西田。癸巳，叔孫州仇、仲孫何忌及邾子盟于句繹。夏，四月，丙子，衛侯元卒。滕子來朝。晉趙鞅帥師納衛世子蒯聵于戚。

蒯聵之事，三傳及諸儒論之多矣。《左氏》之意則以聵之入復稱世子，蓋靈公未嘗有命廢之事，迹可考也。《公羊》則曰「不以家事辭王事」，以爲輒受靈公之命是王事，輒納其父是家事也。王事重，家事輕，故可以不辭也。《穀梁》則曰：「其弗受，以尊王父也。」是猶子可拒父爾。江熙則曰：「其稱世子，明正也，明正則拒之者非也。」蓋曰輒不可以拒蒯聵也。孫先生曰：蒯聵有罪，靈公逐而廢之可也，逐蒯聵而立輒則不可。蓋亦曰罪在靈公不廢蒯聵而立輒也。考之聖人，諸家之説皆未得其意也。蓋冉有問子貢曰：「夫子爲衛君乎？」子貢問伯夷、叔齊於孔子，而孔子盛稱其仁。子路問衛君待子爲政，而孔子欲先正名。由此推之，孔子之意可知矣。夷、齊兄弟遜國，至於餓死，而孔子屢道其仁。聵、輒爭立，父子仇敵，而孔子請先正名。孔子之意可知矣。蒯聵事其親孝，必不至於見逐。靈公教其子以道，亦不至於

逐之。書曰「衛世子蒯聵出奔宋」，見蒯聵得罪於父，見逐出奔，被天下不孝之名，其惡莫加焉。不能飭躬改行以求容於父，又不能逃于山林待罪以死，而父没不喪，求反其國，以與子争位，則蒯聵之罪也。輒爲人子，而父逐於外，不能號慕毁瘠，以感動靈公而復之位；靈公死，夫人立之，不辭以父亡未復而即位爲君；蒯聵在外且入，不能迎之居位，而以兵拒之，又圍之焉，則輒之罪也。使靈公得爲父之道，則聵不至於逐。使聵得事父之禮，則逐而必反其位。使輒得子孫之義，則能感動王父，以復聵之位，屏位權立以須聵之入。蓋靈公、蒯聵不父，而衛輒不子，是以至於蒯聵出奔，趙鞅納聵而石曼姑圍戚。孔子曰「必也正名」，父父子子之名也。聵之奔也，書曰世子出奔，所以見靈公、蒯聵父子之道缺也。聵之入書曰「納衛世子」，所以見蒯聵、衛輒争國之罪也。書曰世子者，非與蒯聵也，蓋稱之以有見也。出奔而不名世子，何以見父子之乖離乎？見納而不曰世子，何以見蒯聵之必争而輒拒之之罪乎？鄭忽之奔不稱世子，忽非見逐於父也，罪其有世子之位不能居而至於出奔，是以奪之也。忽久於外，得國而後歸，稱曰世子者，以明突之不正而正忽之歸也。蒯聵之稱世子，則反是矣。其奔也，則見逐於父。其入也，則見拒於子。於其納也，奪其世子之稱，則若聵無得立之理，而輒之拒之爲得其正。然書之曰「納衛世子」，則輒之拒之爲不得其正顯矣。鄭忽之歸，非與之也，所以正突之不正。蒯聵之納，非正之也，所以罪輒之拒之也。三傳、諸儒皆未得其義。

秋，八月，甲戌，晉趙鞅帥師及鄭罕達帥師戰于鐵，鄭師敗績。冬，十月，葬衛靈公。十有

一月，蔡遷于州來。蔡殺其大夫公子駟。

三年，春，齊國夏、衛石曼姑帥師圍戚。

欲圍戚者，衛也，而主兵以齊。蓋聖人之意以蒯聵爲世子而輒拒之，以子拒父而又圍之，其罪不待誅絶而可見也。齊大國，又世爲盟主，諸侯不道，父子爭國，明大義以正之可也，乃助其子以圍其父，推之主兵，所以深罪之也。《公羊》曰：「伯討也。」以子圍父爲伯討，天下復有不義之兵乎？《穀梁》曰「子不圍父」，亦不得其義也。

夏，四月，甲午，地震。

五月，辛卯，桓宮、僖宮災。

桓公者，哀公之十世祖也。僖公者，哀公之七世祖也。諸侯五廟而十世、七世存焉，蓋非禮矣。蓋桓宮之存者，三桓擅政而祖廟不毁也。僖宮之存者，以桓廟之存，而僖爲盛德，藉桓不毁以兼存僖宮也。蓋皆三桓之罪。於是因災而書之，所以記異，且見不毁之非禮也。

季孫斯、叔孫州仇帥師城啓陽。宋樂髡帥師伐曹。秋，七月，丙子，季孫斯卒。蔡人放其大夫公孫獵于吴。冬，十月，癸卯，秦伯卒。叔孫州仇、仲孫何忌帥師圍邾。

四年，春，王二月，庚戌，盜殺蔡侯申。

《春秋》弑君有稱國者，稱人者，稱名者，國則衆，人則賤，名則大夫也，未有書曰盜者。不知其來，且何國人也。其君見弑而不知弑者之名，是以曰盜爾。不曰蔡盜而但曰盜焉，是明不知其弑者之名也。爲人君而見弑於盜，則其所以爲君者可知也。《左氏》以爲公孫翩實弑之，經何爲不書翩乎？《公羊》曰：「罪人也。」蔡侯申近罪人而見殺，當如「閽弑吴子餘祭」書之。《穀梁》謂盜有三名，有襲利者，近之爾。

蔡公孫辰出奔吴。葬秦惠公。宋人執小邾子。夏，蔡殺其大夫公孫姓、公孫霍。

晉人執戎蠻子赤歸于楚。

戎蠻子赤，夷狄也，而晉執之。楚非京師，而晉歸之。執之有罪，歸之有罪，故微之曰晉人也。

城西郛。

六月，辛丑，亳社災。

諸侯建國皆立兩社，其一國社，其一亡國之社。故《左氏》曰：「閒于兩社，爲公室輔。」公室，諸侯國。諸侯國有兩社焉，則所謂國社，亡國之社也。《公羊》以亳爲蒲，遂致誤也。《穀梁》之説是也。

秋，八月，甲寅，滕子結卒。冬，十有二月，葬蔡昭公、葬滕頃公。❶

五年，春，城毗。夏，齊侯伐宋。晉趙鞅帥師伐衛。秋，九月，癸酉，齊侯杵臼卒。冬，叔還如齊。閏月，葬齊景公。

閏者，歲之餘日。喪事不以備數，爲其殺恩而短喪也。諸侯五月而葬，而齊景公以閏月焉，《春秋》非之，故特書曰「閏月，葬景公」也。《穀梁》之説是。

六年，春，城邾瑕。晉趙鞅帥師伐鮮虞。吳伐陳。夏，齊國夏及高張來奔。叔還會吳于柤。秋，七月，庚寅，楚子軫卒。齊陽生入于齊。齊陳乞弑其君荼。

陽生入齊而陳乞弑君，則是陽生與聞乎弑也。不以陽生首惡者，陽生之入，陳乞召之，荼之弑，陳乞爲之。加陽生以弑君之罪，則陳乞廢立之迹不明。書陽生之入而陳乞弑君，則陳乞之惡著，而陽生與有罪也。《穀梁》曰：「陽生正，荼不正。」案：經書陽生之入而荼見弑焉，則陽生簒荼也，何得曰陽生正、荼不正乎？

冬，仲孫何忌帥師伐邾。宋向巢帥師伐曹。

七年，春，宋皇瑗帥師侵鄭。晉魏曼多帥師

❶「滕」，原作「蔡」，據《春秋》經文改。

侵衛。夏，公會吴于鄫。秋，公伐邾。八月，己酉，入邾，以邾子益來。

《春秋》滅國而以其君歸者書「歸」，内以君歸者書「來」。❶ 來者自外之辭，别異於外諸侯之國也。《穀梁》以爲外魯之辭，恐不然也。

宋人圍曹。冬，鄭駟弘帥師救曹。

八年，春，王正月，宋公入曹，以曹伯陽歸。吴伐我。

《春秋》於外諸侯加兵於魯者，必曰某鄙，未有曰伐我者。於是吴伐之，十一年齊伐之，不曰某而皆曰伐我，此《春秋》之終而聖人之意也。夫鄙者，邊遠之地也。我之治道素行，而禦敵之具素修，❷則敵不來，來斯敗之。而彼雖加兵焉，不能加於我都也，加於我鄙而已。二百四十二年之久，雖大國之侵伐，未嘗曰侵我、伐我者。哀之八年吴伐我，十一年齊伐我。自是《春秋》且終，而侵伐之事不復見於經矣。《春秋》内魯之法，非私之也，欲其修所以爲治者稱之爾。二百四十二年之閒不爲不久，一十二公不爲無人，而因循苟簡，訖于《春秋》之終，國日以蹙，敵日以多。孔子老矣，又不見其成功，於其書法之終而敵人之來一絶之，❸所以同之諸侯而爲戒於後也。《春秋》之法尊周，凡其行事皆曰「京師」，所以望周之有爲於天下。至其大壞而無法，甚衰而不支，則一書之曰「成周」，言周道之不復而列國無異也。《春秋》之法内魯，凡其見伐必曰某鄙，所以望魯之興而有爲於其國也。至於二百年之久，終十數世而不復，則一書之曰「伐我」，言魯

❶「者」，原作「有」，據殿本改。
❷「修」，殿本作「備」。
❸「絶」，殿本作「紀」。

竟哀而外諸侯之無異也。何休曰「不言鄙者，諱圍也」，何其謬哉！

夏，齊人取讙及闡。歸邾子益于邾。秋，七月。冬，十有二月，癸亥，杞伯過卒。齊人歸讙及闡。

九年，春，王二月，葬杞僖公。宋皇瑗帥師取鄭師于雍丘。夏，楚人伐陳。秋，宋公伐鄭。冬，十月。

十年，春，王二月，邾子益來奔。公會吴伐齊。三月，戊戌，齊侯陽生卒。

《左氏》於此記陽生之卒，以爲齊人弒之。然經所書乃正卒爾，不知《左氏》何從知之。此當據經爲定。

夏，宋人伐鄭。晉趙鞅帥師侵齊。五月，公至自伐齊。葬齊悼公。衛公孟彄自齊歸于衛。薛伯夷卒。秋，葬薛惠公。冬，楚公子結帥師伐陳。吴救陳。

十有一年，春，齊國書帥師伐我。夏，陳轅頗出奔鄭。五月，公會吴伐齊。甲戌，齊國書帥師及吴戰于艾陵，齊師敗績，獲齊國書。

伐齊之役書公，❶而戰不言我者，我會伐而不會戰也。國書戰敗而至于獲，與宋華元之獲等也。

秋，七月，辛酉，滕子虞母卒。冬，十有一月，葬滕隱公。衛世叔齊出奔宋。

十有二年，春，用田賦。

古者什一而税，賦有常法，有餘不過取之，不足不取贏焉。哀公之時，國家多事而軍用不給，於是用田之多少以賦斂之。蓋常賦之外，其常賦民，使供於上，但一旦行之，其後不以爲常，故曰「用田賦」。若始行之，其後因之不改，則經何以不言始乎？《公羊》之説非也。

夏，五月，甲辰，孟子卒。

❶「役」，原作「後」，據殿本改。

《論語》曰：「陳司敗問昭公知禮乎，孔子曰：『知禮。』孔子退，揖巫馬期而進之曰：『吾聞君子不黨。君子亦黨乎？君取於吴爲同姓，謂之吴孟子。君而知禮，孰不知禮？』」然則孟子者，吴女而昭公夫人也。孔子以昭公娶同姓非禮，不敢斥君之惡，故對司敗以知禮。其於《春秋》也，可以正言其惡矣，然而書之亦曰孟子。蓋聖人之於《春秋》有内辭焉，所以尊之而責之備也。若孟子者，夫子不忍一言於陳司敗，況忍著其惡以傳示後世乎？三傳之説皆通。

公會吴于橐皋。秋，公會衛侯、宋皇瑗于鄖。宋向巢帥師伐鄭。冬，十有二月，螽。

十有三年，春，鄭罕達帥師取宋師于嵒。夏，許男成卒。公會晉侯及吴子于黄池。

吴入《春秋》未嘗稱子，惟使札來聘一稱之，其它會盟侵伐皆曰吴也。黄池之會稱子，又曰晉侯及焉。蓋晉侯者，中國之盟主，而諸侯之方伯也。於是吴爲夷狄之彊以侵漁中國，晉侯不能以中國之諸侯攘而却之，反與之會于黄池。蓋及者，内爲志也。晉侯盟主而爲志於會夷狄之君，則是不能伯天下之諸侯，而爲吴夷狄者詘也。書曰「公會晉侯及吴子于黄池」，進吴稱子，所以狄晉侯。稱及，所以見方伯求與之會，則諸侯皆爲之詘，而天下一夷也。《春秋》之辭數萬，其尊異而爲法者三：天王也，魯也，中國也。故内京師而外諸夏，尊天王也。内諸夏，外夷狄，尊中國也。内魯，外諸侯，尊魯也。尊之所以望之備，内之所以責之周也。及其既久而天王益衰，諸夏益弱，魯益無道，則聖人一反之，以託於《春秋》之終而爲天下後世之戒也。《春秋》天子之事見於經者必曰京師，而昭三十二年書曰「城成周」，天王竟衰而同之

列國也。魯爲它國侵伐者必曰某鄙，而哀八年再言「伐我」，魯竟無道而同之諸侯也。夷狄之會稱國而離之，此《春秋》常法也。而「公會晉侯及吳子于黄池」，進吳稱子，又言晉侯及之，諸夏竟衰而同之夷狄也。《春秋》之旨微矣，《公》、《穀》皆不得其義。

楚公子申帥師伐陳。於越入吳。秋，公至自會。晉魏曼多帥師侵衛。葬許元公。九月，螽。冬，十有一月，有星孛于東方。盜殺陳夏區夫。十有二月，螽。

十有四年，春，西狩獲麟。

孔子曰：「鳳鳥不至，河不出圖，吾已矣夫。」孔子何取於河圖、鳳鳥哉？取其天下有道，則鳳鳥來儀，河出圖也。孔子自傷不得見昔者有道之世，而終没於離亂擾攘之邦，故嘆曰「吾已矣夫」。言其終不及見也，若鳳鳥者，又何羨之乎？蓋昔者舜道之成，而韶樂之和充塞於天地之閒，則鳳鳥來而爲儀。鳳者，蓋有知之禽。網罟有時，而覆巢毁卵之患息，則乘和氣而來儀。非以應人道之治而君德之修也，世無我害則來儀矣。麟者，蓋鳳之類而獸之有知者也。蒐田以時，而麑卵之害息，則亦乘和氣而來游。非應於時君而主於一人也，世無我害則來游矣。《麟趾》之詩是也。故麟、鳳之爲物，非以瑞於人君，人道修而物理得，則或巢於林，或游於郊。人之見之，有以知人道之至而和氣之交也。人道乖而物理失，則或求之而不來，或致之而不至。人之見之，有以知治道之謬而戾氣之積也。春秋之時，可謂大亂矣。父子之恩缺，而子弑父，父殺世子。君臣之義消，而臣弑君，君殺大夫。兄弟之道失，而弟簒兄，兄克弟。夫婦之道亡，而婦弑夫，夫絶婦。人道如此，則天地之氣戾，而

日食、星隕、地震、山崩，水旱不時，霜雹爲害。物理反常，而變異薦至，螽螟害稼，麋多傷物，含沙之蜮當無而有，穴居之鳥異土來巢。于斯時也，非鳳鳥來儀之世，麟趾信厚之時也，然而西狩獲麟焉。麟者，有知之獸而出於有道之世者也，奈何哀公之十四年而獲焉？爲麟則不當出於哀公之時，有靈則不當見獲。爲麟有靈而不免於獲，此孔子所以爲異而絶筆於《春秋》也。人道之亂如彼，而物理反常如此，孔子區區《春秋》又何爲哉？於是而止爾。蓋《春秋》十二公，二百四十二年，王道備，人事浹，世益久而亂不止。孔子老矣，書之無窮。昭、定之閒，孔子之意亦以已矣，而未有可絶之事。於是西狩獲麟，物理之異而人事有所不可知者，孔子書之絶筆焉。蓋慨嘆當世至於無言，❶而深有意於後世也。先儒説獲麟者多矣。杜預以爲感麟而作，故止獲麟。就令當時無獲麟之事，孔子《春秋》將不作也？《公羊》曰：西狩獲麟，孔子反袂拭面而涕沾袍。麟而見獲，誠大異矣，孔子性命之際同於天道，何至於涕沾袍乎？其曰「記異」，最爲得之，《穀梁》之説疎矣。

龍學孫公春秋經解哀公第十五

後學成德校訂

❶「世」，殿本作「時」。

附録

國史傳

孫覺字莘老，高郵人。甫冠，從胡翼之游。翼之門弟子千數，别其老成者爲經社。覺年最少，儼然居其間，衆皆推服。登進士第，調合肥主簿。歲旱，州課民捕蝗輸之官。覺言：「民方艱食，難督以威刑。若以米易之，必盡力，是爲除害而亨利也。」守悦，推其説，下之他縣。嘉祐中，擇名士編校昭文書籍，覺首預選，進館閣校勘。以直集賢院，爲昌王記室。王問終身之戒，爲陳諸侯之孝，作富、貴二箴。擢右正言。神宗將大革積敝，覺言：「敝政固不可不革，革而當，其悔乃亡。」帝稱其知理。嘗從容語及知人之難，覺曰：「堯以知人爲難，而終享其易。蓋知人之要，在於知言，而人主用臣之道，曰任賢使能而已。賢能之分既殊，任使之方亦異。至於所知有限量，所能有彼此，是功用之士也，可以處外而不可處内，可以責之事功而不可責之言議。陛下欲興太平之治，而所獎拔數十人者，多有口才而無實行。臣恐日浸月長，彙征牆進，充滿朝廷之上，則賢人日去，正人日遠，其爲患禍，尚可以一二言之哉？願觀《詩》、《書》之所任使，無速於小利近功，則王道可成矣。」邵亢在樞府，無所建明，帝語覺，欲出之而用陳升之以代。覺退，即奏疏如所言。帝以爲希旨，奪官兩級。覺連章丐去，云：「去歲有罰金御史，今兹有貶秩諫

官，未聞罰金貶秩而猶可居位者。」乃通判越州。熙寧二年，召知諫院，同修起居注，知審官院。王安石早與覺善，驟引用之，將援以爲助。時吕惠卿用事，帝詢於覺，對曰：「惠卿辯而有才，過於人數等，特以爲利之故，屈身於安石。安石不悟，臣竊以爲憂。」帝曰：「朕亦疑之。」其後王、吕果交惡。青苗法行，首議者謂：《周官・泉府》，民之貸者至輸息二十而五，國事之財用取具焉。覺奏條其妄曰：「成周賒貸，特以備民之緩急，不可徒予也，故以國服爲之息。然國服之息，説者不明。鄭康成釋經，乃引王莽計赢受息無過歲什一爲據，不應周公取息重於莽時，況《載師》所任地，漆林之征特重，所以抑末作也。今以農民乏絶，將補耕助斂，顧比末作而征之，可乎？國事取具，蓋謂泉府所領。若市之不售，貨之滯於民用，有買有予，并賒貸之法而舉之焉。儻專取具於泉府，則冢宰九賦將安用邪？聖世宜講求先王之法，不當取疑文虚説以圖治。今老臣疎外而不見聽，輔臣遷延而不就職，門下執正而不行，諫官請罪而求去，誠恐姦邪之人結黨連伍，乘衆情之洶洶，動摇朝廷，釣直干譽，非國家之福也。」安石覽之，怒。覺適以事詣中書，安石以語動之曰：「不意學士亦如此。」始有逐覺意。又言畿縣有追呼抑配之擾，安石因請遣覺行視虚實。覺既受命，退乃言：「官以言爲職，體量非臣事也。」遂以反覆，出知廣德軍，徙湖、廬、蘇、福、亳、揚、徐七州。松江隄没，水爲民患。覺易以石，高丈餘，長百里，隄下化爲良田。閩俗昏喪費無藝，覺裁爲中制，使資裝無得過百千。令下明日，嫁娶以百數，而葬薶之費率減什五。徐多盜，捕得殺人者五，而乙僅勝衣。疑而訊之，曰：「我

耕於野，與甲遇，彊以梃畀我，半夜挾我東，使候諸門，不知其它也。」問吏法如何，曰：「死。」覺止誅其首，後遂爲例。知應天府，入爲太常少卿。哲宗立，拜右諫議大夫。是時諫官、御史論事有分限，毋得越職。覺請申《唐六典》及天禧詔書，凡發令造事之未便，皆得奏陳。論宰相蔡確、韓縝進不以德，確自訟有功無罪。覺隨所言折之，確竟去。縝白，遷覺給事中。辭曰：「閒者執政畏人議己，則遷官以餌之，願與縝俱罷。」踰月，縝去。進吏部侍郎，領右選。在選萬五千員，而闕纔五之二，至或三年不得調。覺請自軍功、保甲者補指使，宗室員外置，一日得闕數千。擢御史中丞。數月卧疾，以龍圖閣直學士兼侍講，提舉醴泉觀，求舒州靈仙觀以歸。帝遣使存勞，賜白金五百兩。卒年六十三。覺有德量，爲王安石所逐，而待之如初。及其退居鍾山，枉駕道舊，爲從容累夕。迨其死，又作文以誄。談者稱之。紹聖中，亦墮黨禍。

邵輯序❶

龍學孫公莘從安定胡先生遊，在經社中最有聲，而尤深於《春秋》。晚患諸儒之鑿，彼此佩劍，蠹蝕我聖經，迺攄其所自得爲之傳。凡先儒之是者從之，非者折衷之，義例一定，凡目昭然，誠後學之指南也，而傳者蓋寡。余囊得之親故間，愛其論議之精審而文辭之辨博也，常欲刊行，與學者共之，而力所不能。既來秦郵，以爲此公之鄉里也，近世兩淮如合肥之《包孝肅集》、山陽之《徐節孝集》，皆因其

❶ 此下八篇，原無題，爲校點者擬加。

鄉里而易以傳布，吾之志遂矣。適值大歉，朝夕汲汲焉荒政之是營，未暇及此。越明年，歲稔，公私粗給。於是樽節浮費，鳩工鏤板，寘諸郡齋，以永其傳。嗟乎！書之顯晦，蓋亦有時。如公名節著於當時，載在信史，爛如日星，固不待此以爲重輕。然公平生之所留意，今得百有餘年猶未顯行於世，余獨寶藏之，又適承乏於公之鄉里，得以遂夙昔之志，則此書之傳，疑若有待也。紹熙四禩仲春，陽羨邵輯敘。

周麟之跋

先君潛心《春秋》二十年，得成説於鄆上孫先生莘老。其書家傳三世矣，兵火焚蕩，遂爲煨燼。及寓居江浙，嘗誦其説以授學者，予每得而聽之。一日，先君爲余言：初，王荆公欲釋《春秋》以行於天下，而莘老之傳已出，一見而有惎心，自知不復能出其右，遂詆聖經而廢之，曰「此斷爛朝報也」，不列於學官，不用於貢舉者積有年矣。爰自近世，是經復行，而學士大夫亦罕知有莘老説也。已而歎曰：吁，孫先生之書，其遂湮没已乎？何其久而未顯也？麟之應之曰：此書豐城寶也，隱顯亦各有時，不幸而埋光鏟采於今之世，然而龍泉、太阿之氣，自當夜動牛斗，復有達識之士如張茂先輩表而出之，以爲天下後世判蒙之器，亦必有日矣。後數年，有文定胡公著《春秋傳》以進于上，學者皆傳之，而先君不及見也。予近得之，嘗反復其義，蓋與莘老之説合者十常六七。然莘老發明聖人之奧，舉三傳以斷得失，反復折中，著爲通論，其旨詳而明，深而當，異説不得而破。此其邃處，文定似不及也。因暇閲説

序，併述于後。海陵周麟之茂真。

張顏跋

右高沙鄉先生《龍學孫公春秋解》，發明聖經之隱奥，折衷諸儒之是否，學者願見而不可得。前政邵君出家藏本，刻版郡齋，其惠後進也博矣。兹復移書以樞密周公跋語，俾附益卷末，又且見景仰不忘之意。余敢不助成美事？慶元改號朔旦，檇李張顏書。

楊時序

孟子曰：「王者之跡熄而《詩》亡，《詩》亡然後《春秋》作。」春秋之時，《詩》非盡亡也，《黍離》降而爲《國風》，則王者之詩亡。王者之詩亡，則《雅》不作而天下無政矣，《春秋》所爲作也。故曰：「《春秋》，天子之事也。」孔子没，更秦燔書，微言中絶。漢興，諸儒守專門之學，互相疵病，至父子有異同之論，況餘人乎？然自昔通儒達識，未有不由此而學也。熙寧之初，崇儒尊經，訓迪多士，以謂三傳異同無所考正，於六經尤爲難知，故《春秋》不列於學官，非廢而不用也。而士方急于科舉之習，遂闕而不講，可勝惜哉！高郵中丞孫公先生以其饜餘，盡發聖人之蘊，著爲成書，以傳後學，其微辭妙旨多先儒之所未言者，啓其關鍵，使學者得以稽其門，叩其户，以窺堂奥，豈曰小補之哉！余得而伏讀之，不能釋手，聞所未聞多矣。而其孫廣伯乃以其書屬予爲序，以余之淺陋，使得掛名經端，自托不腐，豈不幸矣哉！然承命以來于兹有年矣，而不敢措筆于其間。竊謂先生以宗工鉅儒，世所師仰，雖片言寸簡皆足以

垂世傳後，況其成書耶！晚學後進妄以蕪辭圬鏝之，非惟不足以爲重，乃退之所謂言之適有累於高明也。故絶意不敢爲。而廣伯之請益至，乃勉爲之書其後，庶乎如古之附驥尾者。後之覽者，矜其意而勿誚焉可也。龜山楊時序。

汪綱跋

綱因讀《龜山文編》，見其爲中丞孫先生作《春秋解》後序，竊謂楊公學邃於經，今於是書尊信推予若弟子之於其師，後學觀此，當知所依歸矣。敬鋟諸梓，以補前之未備云。時嘉定丙子仲春上澣，郡守新安汪綱書。

納蘭成德序

宋熙寧以前，荆舒未用，《春秋》猶立於學官。以是經名者，有兩孫先生：一爲泰山孫明復，一爲甓社孫莘老。兩人俱有著書傳世。明復以師道與胡安定并稱，石介輩至尊之如孔子。然石林葉氏謂其書不盡達于經例，又不深禮學，故其言多自牴牾，有甚害於經者。莘老則早從安定遊，有聲經社中，患諸儒解經之鑿，蠹蝕遺經，乃攄其所得而爲之解。謂《穀梁》最饒精義，故多從之，而參以《左氏》、《公羊》及漢、唐諸家之説，義有未安，則補以所聞于安定者。晁公武稱其論議精嚴，良然也。王介甫惎其不能勝之也，因舉聖人筆削之經而廢之，且爲斷爛朝報。其始不過忮刻，而終於無忌憚若此。龜山乃

言當時三傳異同無所是正，于他經爲難知，故不列于學官，非廢而不用，殆曲護之而爲是言歟？ 是書宋南渡已不常見，故海陵周麟之有學士大夫罕知之歎。 至紹熙癸丑，陽羨邵輯始得之而刊于毘社。 其後慶元乙卯槜李張禎、嘉定丙子新安汪綱皆增爲序跋。 三君皆官于其地，争與表章先賢經術，可謂知所先務矣。 先生別有《春秋經社》六卷，晁氏言其亦本啖、趙，凡四十門，惜乎不可復得而並行于世也。 康熙丙辰，納蘭成德容若序。

御製題孫覺《春秋經解》六韻

注疏春秋充棟夥，高郵作解費研磨。 學從安定居名第，書出臨川罷制科。 周麟之跋云：初，王荆公欲釋《春秋》以行于天下，而莘老之傳已出，一見而有惎心，自知不復能出其右，遂詆聖經而廢之，曰「此斷爛朝報也」，不列於學官，不用於貢舉者積有年。其説雖未必盡然，而是書爲當時所重亦可見矣。 鑿傳鄙他相佩劍，翼經嘉此匪操戈。 諸公列國事悉具，抑伯尊王義不訛。 發奥依然準平正，折衷要是弗偏頗。 邵張珍弆今歸紀，此書於宋紹興間陽羨邵輯任高郵時鏤版郡齋，槜李張顔又因其移書以周麟之跋語，附益卷末，識而弆之。今爲翰林紀昀所藏，僅有鈔本耳。 汲古深心有足多。

武英殿聚珍版《春秋經解》提要

臣等謹案：《春秋經解》十五卷，宋孫覺撰。 覺字莘老，高郵人。 擢進士第，官至御史中丞，事蹟具《宋史》本傳。 此書題曰「龍學孫公」，蓋其致仕之時以龍圖閣學士兼侍講提舉醴泉觀也。 覺早從胡瑗游，傳其《春秋》之

學，大旨以抑霸尊王爲主。《自序》稱《左氏》多説事蹟，《公羊》亦存梗概，今以三家之説較其當否，而《穀梁》最爲精深，且以《穀梁》爲本。其説是非褒貶，則雜取三傳及歷代諸儒啖、趙、陸氏之説，長者從之，其所未聞，則以安定先生之説解之。今瑗《口義》五卷已佚，傳其緒論，惟覺此書。周麟之《跋》稱：初，王安石欲釋《春秋》以行於天下，而莘老之傳已出，一見而有惎心，自知不能出其右，遂詆聖經而廢之。邵輯《序》稱：是書作於晚年，謂安石因此廢《春秋》，似未必盡然，然亦可見當時甚重其書，故有此説也。《宋史·藝文志》載覺《春秋經解》十五卷，又《春秋學纂》十二卷，《春秋經社要義》六卷。朱彝尊《經義考》據以著録，於《經解》注曰存，於《學纂》、《要義》皆注曰佚。考陳振孫《書録解題》載《春秋經解》十五卷，《春秋經社要義》六卷，而無《春秋學纂》。王應麟《玉海》載《春秋經社要義》六卷，《春秋學纂》十三卷，而無《春秋經解》。其《學纂》條下注曰：其説以《穀梁》爲本，及采《左氏》、《公羊》、歷代諸儒所長，間以其師胡瑗之説斷之，分莊公爲上下云云，與今本一一相合。然則《春秋學纂》即《春秋經解》之别名，《宋志》既誤分爲二書，《玉海》所記亦訛十五卷爲十三卷，惟《書録解題》爲得其真矣。

春秋傳

〔南宋〕胡安國　著
鄭任釗　校點

目録

附録

校點説明

《春秋傳》，宋胡安國撰。胡安國，字康侯，號青山，建寧崇安（今福建省武夷山市）人，學者稱武夷先生，著名經學家、理學家。爲人耿介，史稱其「如大冬嚴雪，百草萎死，而松柏挺然獨秀者也」（《宋史》本傳）。生於北宋熙寧七年（一〇七四），卒於南宋紹興八年（一一三八）。

紹聖四年（一〇九七），胡安國中進士第，殿試哲宗親擢爲第三名，除荆南府教授，遷太學博士。崇寧四年（一一〇五），提舉湖南路學事。次年受蔡京所誣除名，後長期託病不仕。宋室南渡，紹興元年，除中書舍人兼侍講，復除給事中。二年，命兼侍讀。旋因參劾朱勝非，落職建昌軍仙都觀。遂結廬衡嶽山下，創碧泉書院、文定書堂，講學授徒。五年除徽猷閣待制，提舉江州太平觀，令纂修所著《春秋傳》。六年十二月，書成奏御。八年二月，除寶文閣直學士。是年四月卒，享年六十五歲，贈四官，謚文定。

胡安國學宗二程，嘗謂「孔孟之道不傳久矣，自頤兄弟始發明之，然後知其可學」（《宋史》本傳）。於《春秋》之外，喜誦《論語》、《孟子》、《周易》、《詩經》、《尚書》、《中庸》、《資治通鑑》，至老不倦。紹興二年任職經筵，專講《春秋》，高宗贊稱「他人通經，豈胡安國比」（《宋史》本傳）。

胡安國以爲，六經之中惟《春秋》出於先聖之手，天下事物無不備於《春秋》。而自被王安石詆爲「斷爛朝報」，《春秋》久不列於學官，致使「人主不得聞講説，學者不得相傳習」，導致「亂倫滅理」（《宋史》本傳）的嚴重後果。於是他潛心《春秋》，博取諸家，前後積三十餘年，終成《春秋傳》三十卷。適逢南渡之後，高宗以平王東遷自況，留心東周史事而篤好《春秋》，詔令纂修。《春秋傳》進呈

之後，高宗「置之座右」，「率二十四日讀一過」（《建炎以來繫年要録》卷一一五），以爲深得聖人之旨。

胡安國《春秋傳》以「尊君父、討亂賊、闢邪説、正人心、用夏變夷」（《春秋传》自序）爲宗旨，視《春秋》爲「經世大典」，志在匡時，因此往往借《春秋》寓意，引申議論時政，以實現振起朝綱、攘夷復仇等政治主張。是書又以《春秋》爲「史外傳心之要典」（《春秋傳》自序），充滿理學色彩。朱熹評論其「有牽强處，然議論有開合精神」（《朱子五經語類》卷五十八）。是書自元延祐二年（一三一五）立於學官，成爲科舉考試的標準用書，後曾與《左傳》、《公羊傳》、《穀梁傳》並列而稱《春秋》四傳，影響元、明兩代三百餘年。明代修《五經大全》，《春秋》即以是書爲主。

據錢偉彊先生考證，是書於紹興六年進呈後，即行刊刻，至七年冬已印成分寄好友，殆爲後來諸本之祖，惜早已不存。（據錢偉彊點校《春秋胡氏傳》附録四《版本述略》）今所見宋本，一爲乾道四年（一一六八）劉珙刻、慶元五年（一一九九）黄汝嘉修補本，今藏北京大學圖書館，《中華再造善本》影印。該本半葉十行行二十字，白口，單魚尾，左右雙邊。爲乾道四年劉珙知隆興府時所刻，慶元五年隆興府學教授黄汝嘉據胡安國曾孫胡絳家藏舊稿對原板校正修補，重加印行。此本有朱墨筆點抹及校改，如僖公二十一年「故特列楚子於陳蔡之上」，「子」改「人」；哀公十三年「内中國而外諸夏」，「夏」改「夷」等。惜諸多頁面漫漶不清，至有不可識别者。二爲常熟瞿氏鐵琴銅劍樓舊藏宋刊本，現藏國家圖書館。該本經張元濟先生考證爲宋孝宗時刻本，刊入《四部叢刊續編》，並附張元濟先生跋和校勘記。該本半葉十四行行二十六字，白口，雙魚尾，四周雙邊。李致忠先生《宋版書敘録》斷爲孝宗時浙江刻本，並稱該本「字近歐體，秀雅端莊，皮紙製造，墨色精良，舉目便知其爲宋刻中的上乘」。錢偉彊先生考證該本可能是乾道九年婺州刻本。鈐有「華庭朱氏珍藏」、「顧從義氏」、

「顧從德」及「鐵琴銅劍樓」諸印記。國家圖書館另藏一部原潘氏寶禮堂舊藏宋本，有袁克文墨筆題跋，與該本同版，但有殘闕。三爲上海圖書館藏《胡先生春秋傳》，由兩宋本配成，半葉十三行行二十五字。卷一至八刊刻時間不早於孝宗朝，細黑口，雙魚尾，間有單魚尾，左右雙邊，有多葉係抄配；卷九至三十刊刻時間不早於光宗朝，細黑口，雙魚尾，間有三魚尾，四周雙邊。

南宋中，林堯叟爲胡安國《春秋傳》作音注。元後音注本大行，胡傳面貌大變，除附有林堯叟音注括例始末外，卷首多刊有《春秋名號歸一圖》、《諸國興廢說》、《春秋十二國年表》、《春秋列國東坡圖說》、《春秋正經音訓》、《春秋提要》等篇。明、清兩代音注本留存至今有數十種之多，明本主要有永樂四年（一四〇六）廣勤書堂刻本、正統十二年（一四四七）司禮監刻五經本、成化十八年（一四八二）徽州府同知張英退思堂刻本、嘉靖二十八年（一五四九）新興鄭氏刻本、萬曆三十三年（一六〇五）建邑張氏新賢堂刻本、萬曆金陵奎壁齋刻本等。清本主要有乾隆四年（一七三九）內府刻五經四書本、乾隆七年怡府明善堂刻五經巾箱本及《四庫全書》本、摛藻堂《四庫全書薈要》本等，有關夷夏之辨的文字清本多予刪改。另元代汪克寬作有《春秋胡氏傳纂疏》，入明爲《春秋大全》所襲取，今有元至正八年（一三四八）建安劉叔簡日新堂刻本。

本次校點，以《四部叢刊續編》影印常熟瞿氏鐵琴銅劍樓藏宋刊本爲底本，以《中華再造善本》影印宋乾道四年刻、慶元五年黃汝嘉修補本（簡稱「黃修本」）及日本東京大學東洋文化研究所藏明嘉靖二十八年新興鄭氏刊本（簡稱「鄭本」）爲校本，並參考浙江古籍出版社二〇一〇年版錢偉彊點校《春秋胡氏傳》。底本中凡避宋帝廟諱或嫌名諸字，如殷、匡、恒、貞、桓、慎等字，其缺筆皆予以補足，不出校。

校點者　鄭任釗

春秋傳序❶

古者列國各有史官，掌記時事。《春秋》，魯史爾，仲尼就加筆削，乃史外傳心之要典也，而孟氏發明宗旨，目爲天子之事者。周道衰微，乾綱解紐，亂臣賊子接迹當世，人欲肆而天理滅矣。仲尼，天理之所在，不以爲己任而誰可？五典弗惇，己所當叙；五禮弗庸，己所當秩；五服弗章，己所當命；五刑弗用，己所當討。故曰：「文王既没，文不在兹乎？天之將喪斯文也，後死者不得與於斯文也；天之未喪斯文也，匡人其如予何？」聖人以天自處，斯文之興喪在己，而由人乎哉？故曰：「我欲載之空言，不如見諸行事之深切著明也。」空言獨能載其理，行事然後見其用，是故假魯史以寓王法，撥亂世反之正。叙先後之倫，而典自此可惇；秩上下之分，而禮自此可庸。有德者必褒，而善自此可勸；有罪者必貶，而惡自此可懲。其志存乎經世，其功配於抑洪水、膺戎狄、放龍蛇、驅虎豹，其大要則皆天子之事也。故曰：「知我者其惟《春秋》乎！罪我者其惟《春秋》乎！」知孔子者，謂此書遏人欲於横流，❷存天理於既滅，爲後世慮至深遠也；罪孔子者，無其位而託二百四十二年南面之權，❸使亂臣賊子禁其欲而不得肆，則戚矣。

❶「春秋傳序」，鄭本作「胡氏傳序」。
❷「書」下，鄭本有「之作」二字。
❸「無」上，鄭本有「謂」字。

是故《春秋》見諸行事，非空言比也。公好惡則發乎《詩》之情，酌古今則貫乎《書》之事，興常典則體乎《禮》之經，本忠恕則導乎《樂》之和，著權制則盡乎《易》之變。百王之法度、萬世之繩準，❶皆在此書。故君子以謂「五經之有《春秋》，猶法律之有斷例也」。學是經者，信窮理之要矣。不學是經而處大事、決大疑能不惑者，鮮矣。自先聖門人以文學名科如游、夏，尚不能贊一辭，蓋立義之精如此。去聖既遠，欲因遺經窺測聖人之用，豈易能乎？然世有先後，人心之所同然一爾。苟得其所同然者，雖越宇宙，若見聖人親炙之也，而《春秋》之權度在我矣。

近世推隆王氏新説，按爲國是。獨於《春秋》，貢舉不以取士，庠序不以設官，經筵不以進讀，斷國論者無所折衷，天下不知所適，人欲日長，天理日消，其效使夷狄亂華，莫之遏也。噫，至此極矣！仲尼親手筆削撥亂反正之書，亦可以行矣。天縱聖學，崇信是經，廼於斯時，奉承詔旨，輒不自揆，謹述所聞，爲之説以獻。雖微辭奥義或未貫通，然尊君父，討亂賊，闢邪説，正人心，用夏變夷，大法略具，庶幾聖王經世之志小有補云。

❶「繩準」，鄭本作「準繩」。

述綱領

學《春秋》者必知綱領，❶然後衆目有條而不紊。自孟軻氏而下，發明綱領者凡七家，今載七家精要之詞于卷首，智者即詞以觀義，則思過半矣。

孟軻氏曰：「《春秋》，天子之事也。昔者禹抑洪水而天下平，周公膺戎狄、驅猛獸而百姓寧，孔子成《春秋》而亂臣賊子懼。」又曰：「王者之迹熄而《詩》亡，《詩》亡然後《春秋》作。晉之《乘》、楚之《檮杌》、魯之《春秋》，一也。其事則齊桓、晉文，其文則史，其義則丘竊取之矣。」又曰：「《春秋》無義戰。彼善於此，則有之矣。征者，上伐下也，敵國不相征也。」

莊周曰：「《春秋》經世，先王之志也，聖人議而不辨。」又曰：「《春秋》以道名分。」

漢董仲舒記夫子之言曰：「我欲載之空言，不如見之於行事之深切著明也。」誦其師説曰：「撥亂世，反之正，莫近《春秋》。」董氏治公羊學。其自言曰：「有國者不可以不知《春秋》，前有讒而不見，後有賊而不知；爲人臣者不可以不知《春秋》，守經事而不知其宜，遭變事而不知其權。爲人君父而不通《春秋》之義者，必蒙首惡之名；爲人臣子而不通《春秋》之義者，必陷簒弑之罪。故《春秋》，禮義之大宗也。」

隋王通曰：「《春秋》之於王道，是輕重之權衡，曲直之繩墨也，舍則無所取衷矣。」又

❶「學」上，鄭本有「胡氏曰」三字。

曰：「《春秋》其以天道終乎？故止於獲麟。」

宋西都邵雍曰：「《春秋》，孔子之刑書也，功過不相掩。五伯者，功之首，罪之魁也。先定五伯之功過，而學《春秋》，則大意立矣。春秋之間，有功者未有大於四國者也，有過者亦未有大於四國者也。不先治四國之功過，則事無統理，不得聖人之心矣。」

橫渠張載曰：「《春秋》之書，在古無有，乃仲尼所自作，惟孟子爲能知之。非理明義精，殆未可學。先儒未及此而治之，故其說多鑿。」

河南程頤曰：「五經載道之文，《春秋》聖人之用。五經之有《春秋》，猶法律之有斷例也。」又曰：「五經如藥方，《春秋》猶用藥治病，聖人之用全在此書。」又曰：「《春秋》一句即一事，是非便見於此，乃窮理之要。學者只觀《春秋》，亦可以盡道矣。」又曰：「《春秋》，傳爲按，經爲斷。」又曰：「《春秋》之文，一一意在示人。如土功之事無大小，莫不書之，其意止欲人君重民力也。」又曰：「《春秋》之法極謹嚴，中國而用夷禮則夷之，韓子之言深得其旨。」又曰：「夫子作《春秋》，爲百王不易之大法。後世以史視《春秋》，謂褒善貶惡而已，經之大法則不知也。《春秋》大義數十，炳如日星，乃易見也。惟微辭隱義，時措從宜者，爲難知耳。或抑或縱，或與或奪，或進或退，或微或顯，而得乎義理之安、文質之中、寬猛之宜、是非之公，乃制事之權衡、揆道之模範也。夫觀百物而後識化工之神，聚衆材而後知作室之用，於一事一義而欲窺聖人之用，非上智不能也。故學《春秋》者，必優游涵泳，默識心通，然後能造其微矣。」

明類例

《春秋》之文，有事同則詞同者，後人因謂之例。然有事同而詞異，則其例變矣。是故正例非聖人莫能立，變例非聖人莫能裁；正例天地之常經，變例古今之通誼。惟窮理精義，於例中見法、例外通類者，斯得之矣。

謹始例

人君嗣立，逾年必改元，此重事也。當國大臣冢宰必以其事告于廟，秉筆史官必以其事書于策。緣始終之義，一年不二君，故不改於柩前定位之初；緣臣民之心，不可曠年無君，故不待於三年畢喪之後。逾年春正月，乃謹始之時，得理之中者也，於是改元，著新君即位之始，宜矣。即位而謹始，本不可以不正。爲子受之父，爲諸侯受之王，此大本也。咸無焉則不書即位，隱、莊、閔、僖四公是也。聖人恐此義未明，又於衛侯晉發之，書曰「衛人立晉」，以見内無所承，上不請命者，雖國人欲立之，其立之非也。在春秋時，諸侯皆不請王命矣，然承國於先君者，則得書即位，以别於内復無所承者，文、成、襄、昭、哀五公是也。聖人恐此義未明，又於齊孺子荼發之。荼幼固不當立，然既有先君景公之命矣，陳乞雖流涕欲立長君，其如景公之命何？以乞君荼，不死先君之命也。命雖不敢死，以别於内復無所承者，可也，然亂倫失正，則天王所當治。聖人恐此義未明，又於衛侯朔發之。朔殺伋、壽，受其父宣公之命，嘗有國矣，然四國納之則貶，王人拒之則褒，於以見雖有父命而亂倫失正者，王法所宜絶也。由此推之，王命重矣。雖重天王之命，若非制命以義，亦將壅而不行。故魯武公以括與戲見宣王，王欲立戲，仲山甫不可，王卒立之，魯人殺戲立括之子，諸侯由是不睦。聖人以此義非盡倫者不能斷也，又特於首止之

盟發之。夫以王世子而出會諸侯，以列國諸侯而上與王世子會，此例之變也，而《春秋》許之。鄭伯奉承王命，不與是盟，此禮之常也，而《春秋》「逃」之。所以然者，王將以愛易儲貳，桓公糾合諸侯，仗正道以翼世子，使國本不摇，而天下之爲父子者定，所謂「一匡天下，民到于今受其賜」者也。至是變而之正，以大義爲主，而崇高之勢不與焉，然後即位謹始之義終矣，萬世之大倫正矣。故曰「《春秋》之法大居正，非聖人莫能修之」，謂此類爾。

敘傳授

傳《春秋》者三家，❶《左氏》敘事見本末，《公羊》、《穀梁》詞辨而義精。學經以傳爲按，則當閱《左氏》；玩詞以義爲主，則當習《公》、《穀》。如載惠公元妃、繼室及仲子之歸于魯，即隱公兄弟嫡庶之辨、攝讓之實，可按而知也，當閱《左氏》謂此類也。若夫來賵仲子以爲「豫凶事」，則誣矣。「王正月」之爲「大一統」，「及，我欲之；暨，不得已也」，當習《公羊氏》謂此類也。若夫「母以子貴」，媵妾許稱夫人，則亂矣。「段，弟也弗謂弟，公子也弗謂公子，賤段而甚鄭伯之處心積慮，成於殺也」，當習《穀梁氏》謂此類也。若夫曲生條例，以大夫日卒爲正，則鑿矣。萬物紛錯懸諸天，衆言淆亂折諸聖，要在反求於心，斷之以理，精擇而慎取之，則美玉之與武砆必有能辨之者。自晉杜預、❷范甯，唐啖助、趙匡，此數子者，用力甚勤，時有所取。雖造宫墻之側，幾得其門而入，要皆未見宗廟之美、百官之富者也，故不預七家之列。七家所造，固自有淺深，獨程氏嘗爲之傳，然其説甚略，於意則引而不發，欲使後學慎思明辨，自得於耳目見聞之外者也。故今所傳，事按《左氏》，義採《公羊》、《穀梁》之精者，大綱本孟子，而微詞多以程氏之説爲證云。

❶「傳」上，鄭本有「胡氏曰」三字。
❷「自」，鄭本作「至」。

進表

臣安國言：臣昨奉聖旨，纂修所著《春秋傳》，候書成進入。續奉聖旨，令疾速投進。今已成書，謹繕寫奏御。臣安國誠皇誠恐，頓首頓首。臣伏觀《春秋》二百四十二年，其行事備矣。仲尼因事屬詞，深切著明，非五經比也。本夫周室東遷，禮樂征伐自諸侯出。及平王末年，王迹既熄，故《春秋》作於隱公之初。逮莊、僖而下，五霸迭興，假仁義而行，以推戴宗周，爲天下之共主，號令征伐莫敢不從。其文則史官稱述，無制作之法；其義則以尊周爲名，而仲尼固曰「丘竊取之矣」。霸德既衰，諸侯放恣，政在大夫，專權自用，官及失德，寵賂益章。然後陪臣執國命，夷狄制諸夏，皆馴致其道，是以至此極耳。仲尼德配天地，明並日月。自以無位與時，道不行於天下也，制《春秋》之義，見諸行事，垂訓方來。雖祖述憲章，上循堯、舜、文、武之道，而改法創制，不襲虞、夏、商、周之迹。蓋「洪水滔天」、「下民昏墊」與「《簫韶》九成」、「百獸率舞」，並載於《虞書》；「大木斯拔」與「嘉禾合穎」，「鄙我周邦」與「六服承德」，同垂乎周史：此上世帝王紀事之例。至《春秋》則凡慶瑞之符、禮文常事，皆削而不書，而災異之變、政事闕失，則悉書之，以示後世，使鑒觀天人之理，有恐懼祇肅之意，若事斯語，若書諸紳，若列諸座右，若几杖盤盂之有盟有戒，乃史外傳心之要典。於以反身，日加修省，及其既久，積善成德，上下與天地同

流，自家刑國，措之天下，則麟鳳在郊，龜龍游沼，其道亦可馴致之也。故始於隱公，止於獲麟，而以天道終焉。比於《關雎》之應，而能事畢矣。書火於秦，賴諸儒口相傳授。及漢初興，張子房爲韓滅秦，以明《春秋》復讎之義；三老董公請漢爲義帝發喪，以暴項羽弒君之惡。下逮武、宣之世，時君信重其書，學士大夫誦説，用以斷獄決事，雖萬目未張，而大綱克正，過於春秋之時，其効亦可見矣。粤自熙寧，崇尚釋、老、蒙莊之學，以虚無爲宗，而不要義理之實。殆及崇寧，曲加防禁，由是用事者以災異之變、政事闕失，則默不敢言，而慶瑞之符與禮文常事，則詠歌贊誦，洋洋乎盈耳，是與《春秋》正相反也。侈心益縱，至夷狄亂華，莫之能遏，豈不痛哉！

陛下天錫勇智，聖德日新，嗣承寶位於三綱九法淪斁之後，發於獨斷，崇信是經，將以撥亂世，反之正。聖王之志既自得之，又命臣下有能誦習其書者，使訓明其義。而臣以荒蕪末學，榮奉詔音，❶輒不自揆，罄竭所聞，修成《春秋傳》三十卷，十萬餘言，上之御府。恭惟肅將天討之餘，萬幾之暇，特留宸念，時賜省覽，取自聖裁。監天人休咎之符，覈賞罰是非之實，懋檢身之盛德，恢至治之遠圖，式敘邦經，永康國步，則臣雖委身填壑，志願畢矣。謹奉表投進以聞。臣安國誠皇誠恐，頓首頓首。謹言。

紹興六年十二月　日左朝散郎、充徽猷閣待制、提舉江州太平觀、賜紫金魚袋臣胡安國上表

❶「音」，黄修本作「旨」。

論名諱劄子

臣昨列職經筵，專以《春秋》進讀。緣《春秋》正文有淵聖御名，方具奏劄，未及進稟，得罪去國。後聞禮官建議以它字易之，定讀爲「威」，其經傳本字即不改易，事已施行。臣今奉旨纂修，於經傳本字既有詔令可遵，即未委臣所纂修，出於己見，援引他經子史，有犯淵聖御名者，亦許依本字書寫，或當遷避，有此疑惑。臣聞古者不以名爲諱，《堯典》稱「有鰥在下曰虞舜」，則堯、舜者，固二帝之名。而《堯典》乃虞氏史官所作，直載其君之名而不避也。周人以謚易名，於是有諱禮，然臨文不諱，嫌名不諱，二名不偏諱，載在禮律，其義明白。孔子作《春秋》，凡書周、魯事，雖婉其文，至於名諱，並依本字。若襄王名鄭，而書「衛侯鄭」；正王名班，而書「曹伯班」；簡王名夷，而書「晉侯夷」；恭王名句，而書「晉士句」；莊公名同，而書「同盟于幽」；僖公名申，而書「戊申朔」；襄公名午，而書「陳侯午」；定公名宋，而書「宋仲幾」是也。按《春秋》書成，當恭王之朝、哀公之世，句乃恭王之名也，夷即三世之穆也，宋即哀公之考也，午即皇考之廟諱也，而筆削之際，並無回避。《春秋》爲尊君父而作，仲尼豈不恭者？書法如此，義亦可知。自漢已來，此義不行，臣子習爲諂諛，❶而不知恭順之實，則有易人之名以「徹」爲「通」者，易人之姓以「莊」

❶「諂」，原作「諂」，據文意改。下同者逕改。

爲「嚴」者，易甲乙之紀以「丙」爲「景」者，易郡縣之號以「還淳」爲「青溪」者。又其甚，則有父名「晉肅」，而子不敢應進士舉者。忌諱既繁，名實愈亂，本朝沿襲漢、唐故事，未暇盡革。恭惟陛下天縱聰明，既尊《春秋》之書以新聖德，宜用《春秋》之法以斷政事。凡所施設，動以《春秋》從事，即有撥亂反正之功。臣所纂修繕寫進本，援引他經子史之類，欲乞應犯聖朝廟諱不可遷避者，依太常博士王晳所進《春秋解》例，並依監本空缺點畫。於淵聖御名，亦不改易本字，覆以黄紙。庶幾名實不亂，上遵《春秋》之法，亦以消臣子諂諛之端，向孟軻氏欽王之義，明恭順之實。取進止。十一月二十七日，三省同奉聖旨：「依奏，仍疾速投進。」

春秋傳卷第一

左朝散郎充徽猷閣待制提舉江州太平觀
賜紫金魚袋臣胡安國奉聖旨纂修

隱　公　上

孟子曰：「王者之迹熄而《詩》亡，《詩》亡然後《春秋》作。」今按：《邶》、《鄘》而下，多春秋時詩也，而謂「《詩》亡然後《春秋》作」，何也？自《黍離》降爲《國風》，天下無復有《雅》，而王者之詩亡矣。《春秋》作於隱公，適當《雅》亡之後。又按：《小雅·正月》，刺幽王詩也，而曰「赫赫宗周，褒姒威之」。逮魯孝公之末，幽王已爲犬戎所斃，惠公初年，周既東矣。《春秋》不作於孝公、惠公者，東遷之始，流風遺俗猶有存者：鄭武公入爲司徒，善於其職，則猶用賢也；晉侯捍王于艱，錫之秬鬯，則猶有誥命也；王曰「其歸視爾師」，則諸侯猶來朝也；義和之薨，謚爲文侯，則列國猶有請也。及平王在位日久，不能自强於政治。棄其九族，《葛藟》有「終遠兄弟」之刺；不撫其民，周人有「束薪蒲楚」之譏。至其晚年，失道滋甚，乃以天王之尊下賵諸侯之妾，於是三綱淪，九法斁，人望絶矣。夫婦人倫之本，朝廷風化之原，平王子母，適冢正后，親遭褒姒之難，廢黜播遷，而宗國顛覆，亦可省矣。又不是懲，而賵人寵妾，是拔本塞源，自戚之也。《春秋》於此，蓋有不得已焉爾矣。託始乎隱，不亦深切著明也哉！

元年。

即位之一年，必稱「元年」者，明人君之用也。「大哉乾元，萬物資始」，天之用也；「至哉坤元，萬物資生」，地之用也；「成位乎其中」，則與天地參。故體元者，人主之職；❶而調元者，宰相之事。元，即仁也。仁，人心也。《春秋》深明其用當自貴者始，故治國先正其心，以正朝廷與百官，而遠近莫不壹於正矣。《春秋》立文兼

❶「主」，鄭本作「君」。

述作，按《舜典》紀「元日」，商《訓》稱「元祀」，此經書「元年」，所謂祖二帝、明三王、述而不作者也。正次王，王次春，乃立法創制，裁自聖心，無所述於人者，非史册之舊文矣。

春，王正月。

按《左氏》曰：「王周正月。」周人以建子爲歲首，則冬十有一月是也。前乎周者以丑爲正，其書始即位曰「惟元祀十有二月」，則知月不易也。後乎周者以亥爲正，其書始建國曰「元年冬十月」，則知時不易也。建子非春亦明矣，乃以夏時冠周月，何哉？聖人語顔回以爲邦，則曰「行夏之時」；作《春秋》以經世，則曰「春王正月」，此見諸行事之驗也。或曰：「非天子不議禮」，仲尼有聖德無其位，而改正朔，可乎？曰：有是言也。不曰「《春秋》，天子之事」乎？以夏時冠月，垂法後世；以周正紀事，示無其位，不敢自專也，其旨微矣。加王於正者，《公羊》言「大一統」是也。國君逾年改元，必行告廟之禮；國史主記時政，必書即位之事。而隱公闕焉，是仲尼削之也。古者諸侯繼世襲封，則内必有所承；爵位、土田受之天子，則上必有所稟。内不承國於先君，上不稟命於天子，諸大夫扳己以立而遂立焉，是與争亂造端，而篡弑所由起也。《春秋》首絀隱公，以明大法，父子、君臣之倫正矣。

三月，公及邾儀父盟于蔑。

魯，侯爵，而其君稱公，此臣子之詞，《春秋》從周之文而不革者也。我所欲曰「及」。邾者，魯之附庸；儀父，其君之字也。何以稱字？中國之附庸也。王朝大夫例稱字，列國之命大夫例稱字，諸侯之兄弟例稱字，中國之附庸例稱字，其常也。聖人按是非定褒貶，則有例當稱字或黜而書名，例當稱人或進而書字，其變也。常者，道之正；變者，道之中。《春秋》大義，公天下，以講信修睦爲事，而刑牲歃血、要質鬼神，則非所貴也。故盟有弗獲已者，而汲汲欲焉，惡隱公之私也。或言褒其首與公盟而書字，失之矣。

夏，五月，鄭伯克段于鄢。

用兵，大事也，必君臣合謀而後動，則當稱國；命公子吕爲主帥，則當稱將；出車二百乘，則當稱師。三者咸無稱焉，而專目鄭伯，是罪之在伯也。猶以爲未足，又書曰「克段于鄢」。克者，力勝之詞。不稱弟，路人也。于鄢，操之爲已蹙矣。夫君親無將，段將以弟篡兄，以

臣伐君，必誅之罪也，而莊公特不勝其母焉爾。曷爲縱釋叔段，移於莊公，舉法若是失輕重哉？曰：姜氏當武公存之時，常欲立段矣。及公既没，姜以國君嫡母主乎内，段以寵弟多才居乎外，國人又悦而歸之。恐其終將軋己爲後患也，故授之大邑而不爲之所，縱使失道以至於亂，然後以叛逆討之，則國人不敢從，姜氏不敢主，而大叔屬籍當絶，不可復居父母之邦，此鄭伯之志也。王政以善養人，推其所爲，使百姓興於仁而不偷也，況以惡養天倫，使陷於罪，因以翦之乎？《春秋》推見至隱，首誅其意，以正人心。示天下爲公，不可以私亂也。垂訓之義大矣。

秋，七月，天王使宰咺來歸惠公仲子之賵。

上古應時稱號，故其名三變。《春秋》以天自處，創制立名，繫王於天，爲萬世法，其義備矣。冢宰稱宰，咺者名也。王朝公卿書官，大夫書字，上士、中士書名，下士書人。咺位六卿之長而名之，何也？仲子，惠公之妾爾。以天王之尊，下賵諸侯之妾，是加冠於屨，人道之大經拂矣。天王，紀法之宗也；六卿，紀法之守也。議紀法而修諸朝廷之上，則與聞其謀；頒紀法而行諸邦國之間，則專掌其事。而承命以賵諸侯之妾，是壞法亂紀自王朝始也。《春秋》重嫡妾之分，故特貶而書名，以見宰之非宰矣。或曰：僖公之母成風亦莊公妾也，其卒也，「王使榮叔歸含且賵」；其葬也，「王使召伯來會葬」。下賵諸侯之妾而名其宰，榮、召何以書字而不名也？於前賵仲子，則名冢宰；於後葬成風，王不稱天，其法嚴矣。

九月，及宋人盟于宿。

内稱及，外稱人，皆微者。其地以國，宿亦與焉。微者盟會，不志于《春秋》，此其志者，有宿國之君也。凡書盟者，惡之。或曰：《周官》有「司盟掌盟載之法」，詛祝作其詞，玉府共其器，戎右役其事，太史藏其約。蘇公亦曰「出此三物，以詛爾斯」。夫盟以結信，出於人情，先王猶不禁也，而謂「凡書盟者，惡之」，可乎？曰：盟以結信，非先王所欲而不禁，逮德下衰，欲禁之而不克也。春秋之時，會而歃血，其載果掌於司盟，猶不以爲善也。又況私相要誓，慢鬼神，犯刑政，以成傾危之習哉！今魯既及儀父、宋人盟矣，尋自叛之，信安在乎？故知「凡書盟者，惡之」也。

冬，十有二月，祭伯來。

按《左氏》曰：「非王命也。」祭伯，畿内諸侯，爲王卿士。來朝于魯，而直書曰來，不與其朝也。人臣義無私交，大夫非君命不越境。所以然者，杜朋黨之原，爲後世事君而有貳心者之明戒也。惟此義不行，然後有藉外權，如繆留之語韓宣惠者；交私議論，如莊助之結淮南者；倚强藩爲援以脅制朝廷，如唐盧攜之於高駢，崔胤之於宣武，昭緯之於邠、岐者矣。❶經於内臣，朝、聘、告、赴皆貶而不與，正其本也，豈有誣上行私，自植其黨之患哉？

公子益師卒。

凡公子、公孫，登名於史册，貴戚之卿也。不書官者，故侍講程頤以謂「不與其以公子故，而自爲卿也」。古者諸侯大夫皆命於天子，卿卒必書，此《春秋》貴大臣之意。其不日，《公羊》以爲「遠」，然公子彄遠矣，而書日，則非遠也；《穀梁》以爲「惡」，然公子牙、季孫意如惡矣，而書日，則非惡也；《左氏》以爲「公不與小斂」，然公孫敖卒于外而公在内，叔孫舍卒于内而公在外，不與小斂明矣，而書日，《左氏》之説亦非也。其見恩數之有厚薄歟？

二年，春，公會戎于潛。

戎狄舉號，外之也。天無所不覆，地無所不載，天子與天地參者也。《春秋》，天子之事，何獨外戎狄乎？曰：中國之有戎狄，猶君子之有小人。内君子外小人爲泰，内小人外君子爲否。《春秋》，聖人傾否之書，内中國而外四夷，使之各安其所也。無不覆載者，王德之體；内中國外四夷者，王道之用。是故以諸夏而親戎狄，致金繒之奉，首顧居下，其策不可施也；以戎狄而朝諸夏，位侯王之上，亂常失序，其禮不可行也；以羌胡而居塞内，無出入之防，非我族類，其心必異，萌猾夏之階，其禍不可長也。爲此説者，其知内外之旨，而明於馭戎之道。正朔所不加也，奚會同之有？書「會戎」，譏之也。

夏，五月，莒人入向。無駭帥師入極。

《左氏》曰「莒子娶于向，向姜不安莒而歸，莒人入向，以姜氏還」，此所謂按也。《春秋》書曰「莒人入向」，此所謂斷也。以事言之，入者造其國都；以義言之，入者逆

❶「邠」，鄭本作「豳」。

而不順。莒稱人，小國也。無駭不氏，未賜族也。其書「帥師」，用大衆也。非王命而入人國邑，逞其私意，見諸侯之不臣也。擅興而征討不加焉，見天王之不君也。據事直書，義自見矣。

秋，八月，庚辰，公及戎盟于唐。

按《費誓》稱「淮夷」、「徐戎」，此蓋徐州之戎，久居中國，在魯之東郊者也。韓愈氏言「《春秋》謹嚴」，君子以爲「深得其旨」。所謂謹嚴者，何謹乎？莫謹於華夷之辨矣。中國而夷狄則狄之，夷狄猾夏則膺之，此《春秋》之旨也。而與戎歃血以約盟，非義矣。是故成於日者，必以事繫日。而前此「盟于蔑」則不日，「盟于宿」則不日，後此「盟于密」則不日，「盟于石門」則不日，獨「盟于唐」而書日者，謹之也。後世乃有結戎狄以許婚，而配耦非其類，如西漢之於匈奴；約戎狄以求援，而華夏被其毒，如肅宗之於回紇；信戎狄以與盟，而臣主蒙其耻，如德宗之於尚結贊。雖悔於終，亦將奚及？《春秋》謹唐之盟，垂戒遠矣。

九月，紀履緰來逆女。冬，十月，伯姬歸于紀。

按穀梁子：「逆女，親者也。使大夫，非正也。」魯哀公問：「冕而親迎，不以重乎？」孔子對曰：「合二姓之好，以爲宗廟社稷主，君何謂已重乎？」「文定厥詳，親迎于渭。造舟爲梁，不顯其光」，則世子而親迎也。「韓侯娶妻，蹶父之子。韓侯迎止，于蹶之里」，則諸侯而親迎也。有夫婦然後有父子，有父子然後有君臣。夫婦，人倫之本也。逆女必親，使大夫，非正也。入《春秋》之始，名宰咺歸賵以譏亂法，書履緰逆女以志變常，衆妾之分定矣，大昏之禮嚴矣。

紀子伯莒子盟于密。

凡闕文，有斷以大義削之，而非闕者；有本據舊史因之，而不能益者；亦有先儒傳受承誤，而不敢增者。如隱不書即位，桓不書王，賵、葬成風王不書天，吴、楚之君卒不書葬之類，皆斷以大義削之，而非闕也。「甲戌，己丑」、「夏五」、「紀子伯莒子盟于密」之類，或曰本據舊史因之而不能益者也，或曰先儒傳受承誤而不敢增者也。闕疑而慎言其餘可矣，必曲爲之説則鑿矣。

十有二月，乙卯，夫人子氏薨。

按穀梁子曰：「夫人子氏者，隱之妻也。卒而不書葬，

夫人之義，從君者也。」邦君之妻，國人稱之曰小君，卒則書薨，以明齊也；先卒則不書葬，以明順也。有夫婦然後有父子，有父子然後有君臣。夫婦，人倫之本也。❶入《春秋》之始，於子氏書薨不書葬，明示大倫。苟知其義，則夫夫婦婦，而家道正矣。

鄭人伐衛。

按《左氏》：「鄭共叔之亂，公孫滑出奔衛。衛人爲之伐鄭，取廩延。」至是鄭人伐衛，討滑之亂也。凡兵，聲罪致討曰伐，潛師入境曰侵，❷兩兵相接曰戰，環其城邑曰圍，造其國都曰入，徙其朝市曰遷，毀其宗廟社稷曰滅，詭道而勝之曰敗，悉虜而俘之曰取，輕行而掩之曰襲，已去而躡之曰追，聚兵而守之曰戍，以弱假强而能左右之曰以，皆誌其事實以明輕重。內兵書敗曰戰，書滅曰取，特婉其詞，爲君隱也。征伐，天子之大權。今鄭無王命，雖有言可執，亦王法所禁，況於修怨乎？不書戰者，程氏以爲「衛已服也，衛服則可免矣」。此義施於伐而不書戰，皆可通矣。

三年，春，王二月，己巳，日有食之。

經書日食三十六，去之千有餘歲，而精曆筭者所能攷也，其行有常度矣。然每食必書，示後世治曆明時之法也。有常度則災而非異矣，然每食必書，示後世遇災而懼之意也。日者，衆陽之宗，人君之表，而有食之，災咎象也。克謹天戒，則雖有其象而無其應；弗克畏天，災咎之來必矣。凡經所書者，或妾婦乘其夫，或臣子背君父，或政權在臣下，或夷狄侵中國，皆陽微陰盛之證也。是故《十月之交》，詩人以刺；日有食之，《春秋》必書，以戒人君不可忽天象也。

三月，庚戌，天王崩。

崩者，上墜之形。《春秋》歷十有三王，❸桓、襄、匡、簡、景，志崩志葬者，赴告及，魯往會之也。平、惠、定、靈，志崩不志葬者，赴告雖及，魯不會也。莊、僖、頃，崩葬皆不志者，王室不告，魯亦不往也。諸侯爲天王服斬衰，禮當以所聞先後而奔喪。今平王崩，周人來訃，而

❶「之」下，鄭本有「大」字。

❷「入」，黄修本、鄭本作「掠」。

❸「三」，鄭本作「二」。據鄭本卷首《春秋提要》云：「春秋歷十四王，悼王立未踰年，敬王崩在春秋後，故曰十二王。」傳文亦只舉十二王，不及悼、敬二王。

隱公不往，是無君也。其罪應誅，不書而自見矣。或曰：萬國，至衆也；封疆，至重也。天王之喪不得越境以奔，而修服於國，卿供弔送之禮，訖葬卒哭而除喪，禮乎？按《周書·康王之誥》：「太保率西方諸侯入應門左，畢公率東方諸侯入應門右，再拜，趨出，王反喪服。」此奔成王之喪者，安得以爲修服於國而可乎？故周人有喪，魯人有喪。周人往弔，謂使人可也；魯人不往，謂當親之者，而不可使人代也。諸侯歲時或朝覲於京師，或會同於方嶽，或從兵革征討之事，越境踰時，不以爲難，何獨難於奔喪，而薄君臣始終存歿之義哉？大非先王之禮，失《春秋》之義矣。

夏，四月，辛卯，尹氏卒。

尹氏，天子大夫，世執朝權，爲周階亂，家父所刺「秉國之均」、「不平謂何」者是也。因其告喪，與立子朝，以朝奔楚，皆以氏書者，志世卿非禮，爲後鑒也。或曰：世卿非禮，《裳裳者華》何以作乎？曰：功臣之世，世其禄；世卿之官，嗣其位。禄以報功也，故其世可延；位以尊賢也，故其官當擇。官不擇人，世授之柄，黨與既衆，威福下移，大姦根據而莫除，人主孤立而無助，國不亡幸爾。《春秋》於周，書尹氏、武氏、仍叔之子；於魯，書季友、仲遂，皆志其非禮也。公羊子此説，必有所受矣。

秋，武氏子來求賻。

武氏，天子之大夫，何以不稱使？當喪未君，非王命也。嗣子定位於初喪，其曰未君，何也？古者君薨諒陰，百官總己以聽於冢宰三年。夫百官總己以聽，則是攝行軍國之事也。以非王命而不稱使，《春秋》之旨微矣。於以謹天下之通喪，而嚴君臣之名分也。夫賻以貨財，則生者所須索也。君取於臣不言求，而曰「求賻」、「求車」、「求金」，皆著天王之失道也。上失其道則下不臣矣。

八月，庚辰，宋公和卒。

外諸侯卒，國史承告而後書，聖人皆存而弗削。曷爲弗削？《春秋》，天子之事也。古者諸侯之邦交，聘問、殷聘，而世相朝。蓋王事相從，則有和好之情；及告終易代，則有弔恤之禮，是諸侯所以睦鄰國也。周制，王哭諸侯，則大宗伯爲上相，司服爲王制緦麻，宰夫掌邦之弔事戒令與其幣器財用，是王者所以懷諸侯也。凡諸侯卒，皆存弗削，而交鄰國、待諸侯之義見矣。卒而或

日或不日者何？謹則書日，慢則書時，其大致然也。卒而或名或不名者何？會盟則名於載書，聘問則名於簡牘。未嘗會盟、聘問而無所證者，雖使至告喪，其名亦不可得而知矣。凡此類，因舊史而不革者也。諸侯曰薨，大夫曰卒，五等邦君何以書卒？夫子作《春秋》，則有革而不因者。周室東遷，諸侯放恣，專享其國而上不請命。聖人奉天討以正王法，則有貶黜之刑矣。因其告喪，特書曰卒，不與其爲諸侯也。故曰：「知我者其惟《春秋》乎！罪我者其惟《春秋》乎！」

冬，十有二月，齊侯、鄭伯盟于石門。

外盟會，常事也，何以書？在春秋之亂世，常事也，於聖人之王法則非常也。有虞氏未施信於民而民信，夏后氏未施敬於民而民敬，殷人作誓而民始畔，周人作會而民始疑。子曰：「大道之行與三代之英，丘未之逮也，而有志焉。」諸侯會盟，來告則書而弗削者，其諸以是爲非常典，而有志於天下爲公之世乎？故凡書盟者，惡之也。

癸未，葬宋穆公。

外諸侯葬，其事則因魯會而書，其義則聖人或存或削。曷爲或存或削？《春秋》，天子之事也。傳稱：「諸侯五月而葬，同盟至。」同盟謂同方嶽之盟者，其生講會同之好，其没有葬送之禮，是諸侯所以睦鄰國也。按周制有「職喪掌諸侯之喪禮，莅其禁令，序其事」，「凡諸侯及諸臣葬於墓者，則冢人授之兆，爲之蹕，而均其禁」，是王者所以懷諸侯也。外諸侯葬，或存或削，而交鄰國、待諸侯之義見矣。葬而或日或不日者何？備則書日，略則書時，其大致然也。卒而或葬或不葬者何？有怠於禮而不葬者，有弱其君而不葬者，有討其賊而不葬者，有諱其辱而不葬者，有治其罪而不葬者，有避其號而不葬者。宋殤、齊昭告亂書弑矣，而經不書葬，是討其賊而不葬者也；晉主夏盟，在景公時告喪書日矣，而經不書葬，是諱其辱而不葬者也；魯、宋盟會未嘗不同，而三世不葬，是治其罪而不葬者也；吴、楚之君書卒者十，亦有親送於西門之外者矣，而經不書葬，是避其號而不葬者也。怠於禮而不往，弱其君而不會，無其事闕其文，魯史之舊也。討其賊而不葬，諱其辱而不葬，治其罪而不葬，避其號而不葬，聖人所削，《春秋》之法也。故曰：「知我者其惟《春秋》乎！罪我者其惟《春秋》乎！」

春秋傳卷第二

隱公中

四年，春，王二月，莒人伐杞，取牟婁。

取者，收奪之名。牟婁，杞邑也。聲罪伐人而强奪其土，故特書曰取，以著其惡。或曰：諸侯土地，上受之天王，下傳之先祖，所以守宗廟之典籍也。聖王不作，諸侯放恣，强者多兼數圻，弱者日以侵削。當是時有取其故地者，夫豈不可？然僖公嘗取濟西田矣，成公嘗取汶陽田矣，亦書曰取，何也？苟不請於天王，以正疆理，而擅兵争奪，雖取本邑，與奪人之有者無以異。《春秋》之義，不以亂易亂，故亦書曰取，正其本之意也。上二年莒人擅興入向，而天討不加焉，至是伐國取邑，其暴益肆矣。

戊申，衛州吁弑其君完。

此衛公子州吁也，而削其屬籍，特以國氏者，罪莊公不待之以公子之道，使預聞政事，主兵權而當國也。以公子之道待州吁，教以義方，弗納於邪，不以賤妨貴、少陵長，則桓公之位定矣，亂何由作？州吁有寵，好兵而公弗禁，石碏盡言極諫而公弗從，是不待以公子之道，使預聞政事，主兵權而當國也。《春秋》之旨，在於端本清源。以衛詩《緑衣》諸篇考之，所謂「前有讒而不見，後有賊而不知」者，莊公是也。其不稱公子而以國氏，著後世爲人君父者之戒耳。故傳有之曰：「爲人君父而不通《春秋》之義者，必蒙首惡之名。」

夏，公及宋公遇于清。

遇者，草次之期。古有遇禮，不期而會，以明造次亦有恭肅之心。《春秋》書遇，私爲之約，自比於不期而遇者，直欲簡其禮耳。簡略慢易，無國君之禮，則莫適主矣。故志内之遇者三，而皆書及，若曰以此及彼然也。

志外之遇者四，❶而皆以爵，若曰以尊及卑然也。其意以爲莫適主者，異於古之不期而會矣。故凡書遇者，皆惡其無人君相見之禮也。

宋公、陳侯、蔡人、衛人伐鄭。

《春秋》之法，誅首惡。興是役者，首謀在衛，而以宋主兵，何也？前書州吁弑君，其罪已極，至是阻兵脩怨，勿論可也。而鄰境諸侯聞衛之有大變也，可但已乎？田常弑簡公，❷孔子沐浴而朝，告於哀公，請討之。公曰：「告夫三子者。」子曰：「以吾從大夫之後，不敢不告也。」之三子告，不可。子曰：「以吾從大夫之後，不敢不告也。」然則鄰有弑逆，聲罪赴討，雖先發而後聞可矣。宋殤不恤衛有弑君之難，欲定州吁，而從其邪説，是肆人欲，滅天理，非人之所爲也。故以宋公爲首，諸國爲從，示誅亂臣、討賊子，必先治其黨與之法也。此義行，爲惡者孤矣。故曰：「《春秋》成而亂臣賊子懼。」

秋，翬帥師。

按《左氏》：「諸侯謀伐鄭，宋公使來乞師。公辭之。羽父請以師會之，公弗許。固請而行。」《易》曰：「履霜，堅冰至。履霜，陰始凝也，馴致其道，至堅冰也。」「臣弑其君，子弑其父，非一朝一夕之故，其所由來者漸矣，由辨之不早辨也。」宋人來乞師而公辭之，羽父請以師會而公弗許。其辭而弗許，義也。翬以不義强其君，固請而行，無君之心兆矣。夫公子、公孫升爲貴戚之卿者，其植根膠固，難御於異姓之卿，況翬已使主兵而方命乎？隱公不能辨之於早，罷其兵權，猶使之帥師也，是以及鍾巫之禍。《春秋》於此，去其「公子」以謹履霜之戒。

會宋公、陳侯、蔡人、衛人伐鄭。

《春秋》立義至精，詞極簡嚴而不贅也。若曰「翬帥師會

---

❶「内之遇者三」、「外之遇者四」，鄭本分别作「内之遇者四」、「外之遇者三」。按《春秋》書遇者凡七，内遇者四：莊公二十三年「公及齊侯遇于穀」、莊公三十年「冬，公及齊侯遇于魯濟」、隱公四年「夏，公及宋公遇于清」及僖公十四年「夏，六月，季姬及鄫子遇於防，使鄫子來朝」；外遇者三：隱公八年「春，宋公、衛侯遇于垂」、莊公四年「夏，齊侯、陳侯、鄭伯遇于垂」、莊公三十二年「夏，宋公、齊侯遇于梁丘」。

❷「田常」，鄭本作「陳恒」。

伐鄭」，豈不白乎？再序四國，何其詞費，不憚煩也？言之重，詞之複，其中必有大美惡焉。四國合黨，翬復會師同伐無罪之邦，欲定弒君之賊，惡之極也。言之不足而再言，聖人之情見矣。天地造物，化工運其神；《春秋》討賊，聖筆寫其意。再序四國，而誅討亂臣之法嚴矣。

九月，衛人殺州吁于濮。

伐鄭稱人，責詞也。殺州吁稱人，衆詞也。知然者，伐鄭之役，公孫文仲爲主將，而變文稱人，則是指國人聽州吁號令，從文仲而南行者也，故曰責詞。其殺州吁，則石碏謀之，而使右宰醜涖也，變文稱人，則是人皆有欲討賊之心，亦夫人之所得討也，故曰衆詞。公羊子曰「稱人者何？討賊之辭也」，其義是矣。「于濮」者，憫衛國之人，著諸侯之罪也。衛人失賊而曰著諸侯之罪，何也？夫州吁二月弒君而不能即討者，緣四國連兵欲定其位，故久然後能殺之于濮耳，非諸侯之罪而何？夫以討賊許衆人，而以失賊罪鄰國，與賊者寡矣。故曰：「《春秋》成而亂臣賊子懼。」

冬，十有二月，衛人立晉。

人，衆辭。立者，不宜立也。晉雖諸侯之子，內不承國於先君，上不禀命於天子，衆謂宜立而遂自立焉，可乎？故《春秋》於衛人特書曰「立」，所以著擅置其君之罪。於晉絶其公子，所以明專有其國之非。以此垂法，而父子君臣之義明矣。未有爲子而不受之父也，未有爲諸侯而不受之王也。

五年，春，公觀魚于棠。

齊景公問於晏子：「吾欲觀於轉附、朝舞，遵海而南，放於琅琊。何修而可以比於先王觀也？」❶對曰：「天子適諸侯曰巡狩，巡所守也；諸侯朝於天子曰述職，述所職也。無非事者。春省耕而補不足，秋省斂而助不給。」是故諸侯非王事則不出，非民事則不出。今隱公慢棄國政，遠事逸遊，僖伯之忠言不見納，亦已矣，又從而爲之辭，是縱欲而不能自克之以禮也，能無鍾巫之及

❶「何」上，鄭本有「吾」。按此引《孟子·梁惠王下》，原文有「吾」。

乎？特書「觀魚」，譏之也。

夏，四月，葬衛桓公。

衛亂，是以緩。魯往會，故書。聖人存而弗削者，弒逆之賊討矣。謚者，行之迹，所以紀實德、垂勸戒也。名之曰幽、厲，雖孝子慈孫百世不能改。失位而見弒，何以爲桓？列爵惟五，皆王命也。衛本侯爵，何以稱公？見臣子不請於王而私自謚爾。程氏曰：「正終，大事也。必於正寢，而不没於婦人之手，豈苟然乎？死而加之不正之謚，知忠孝者不忍爲也。」《春秋》於邦君薨，正以王法而書卒；至於葬，則從其私謚而稱公。或革或因，前以貶不臣順之諸侯，後以罪不忠孝之臣子。詞顯而義微，皆所以遏人欲、存天理，大居正也。

秋，衛師入郕。

稱師者，紀其用衆而立義不同。有矜其盛而稱師者，如「齊師、宋師、曹師城邢」之類是也；有著其暴而稱師者，楚滅陳、蔡，公子棄疾主兵，而曰「楚師」之類是也；有惡其無名不義而稱師者，「次于郎，以俟陳、蔡」及「齊圍郕」之類是也。衛宣繼州吁暴亂之後，不施德政，固本恤民，而毒衆臨戎，入人之國，失君道矣。書「衛師入郕」，著其暴也。

九月，考仲子之宫。

考者，始成而祀也。其稱仲子者，惠公欲以愛妾爲夫人，隱公欲以庶弟爲適子。聖人以爲諸侯不再娶，於禮無二適。孟子入惠公之廟，仲子無祭享之所，爲别立宫以祀之，非禮也。故因其來賵而正名之曰「仲子之賵」，因其考宫而正名之曰「仲子之宫」，而夫人、衆妾之分定矣，隱公攝讓之實辨矣，桓公篡弒之罪昭矣。存則以氏繫姓，以姓繫號；没則以謚繫號，以姓繫謚者，夫人也。存不稱號，没不稱謚，單舉姓字者，妾也。凡宫廟非志災、失禮則不書。

初獻六羽。

初獻六羽者，始用六佾也。不謂之「佾」而曰「羽」者，佾，干羽之惣稱也，羽以象文德，干以象武功，婦人無武事，則獨奏文樂，故謂之「羽」，而不曰「佾」也。初者，事之始。魯僭天子之禮樂舊矣，是成王過賜，而伯禽受之非也。用於大廟以祀周公，已爲非禮，其後群公皆僭用

焉。仲子以别宫，故不敢同群廟，而降用六羽。書「初獻」者，明前此用八之僭也。諸侯僭於上，大夫僭於下，故其末流「季氏八佾舞於庭」，而「三家者以《雍》徹」，上下無復辨矣。聖人因事而書，所以正天下之大典也。

邾人、鄭人伐宋。

按《左氏》：「宋人取邾田，邾人告於鄭曰：『請君釋憾於宋，敝邑爲道。』」則主兵者邾也，故雖附庸小國而序乎鄭之上。凡班序上下，以國之小大，從禮之常也。而盟會征伐以主者先，因事之變也。然則衛州吁告於宋以伐鄭，事與此同，而聖人以宋爲主者何？此《春秋》撥亂之大法也，凡誅亂臣、討賊子，必深絶其黨。

螟。

蟲食苗心曰螟，食葉曰螣，食節曰賊，食根曰蟊。國以民爲本，民以食爲天。《詩》去螟螣，❶害稼也；《春秋》書螟，記災也。聖人以是爲國之大事也，故書。而近世王安石乃稱，爲人牧者不必論奏災傷之事，亦獨何哉？甚矣，其不講於聖人之經，以欺當年而誤天下與來世也。

冬，十有二月，辛巳，公子彄卒。

按《左氏》：「臧僖伯卒，公曰：『叔父有憾於寡人，寡人弗敢忘。葬之加一等。』」以《公羊》三世考之，則所傳聞之世也。而書日，見恩禮之厚明矣。公將如棠觀魚者，僖伯諫而不聽，則稱疾不從，可謂忠臣矣。葬之加一等，夫是之謂稱。然隱公不敢忘其忠而不能聽其言，與郭公善善而不能用至於亡國，一也，其及宜矣。

宋人伐鄭，圍長葛。

圍者，環其城邑，絶其往來之使，禁其樵采之途。城守不下，至於經年而不解。誅亂臣、討賊子可也，長葛，鄭邑，何罪乎？書圍於此，而書取於後，宋人之惡彰矣。

六年，春，鄭人來輸平。

輸者，納也。平者，成也。鄭人曷爲納成于魯？以利相結，解怨釋仇，離宋、魯之黨也。公之未立，與鄭人「戰于狐壤」，止焉；元年「及宋盟于宿」；四年「遇于清」，其秋會師伐鄭，即宋、魯爲黨，與鄭有舊怨明矣。五年鄭人「伐宋，入其郛，宋來告命」，魯「欲救之，使者

❶「去」，鄭本作「云」。

失詞，公怒而止」，其冬「宋人伐鄭，圍長葛」，鄭伯知其適有用間可乘之隙也，是以來納成耳。然則善之乎？曰：平者，解怨釋仇，固所善也；輸平者，以利相結，則貶矣。曷爲知其相結之以利也？後此「鄭伯使宛來歸祊」，而魯入其地；「會鄭人伐宋」，得郜及防，而魯又取其二邑。是知輸平者以利相結，乃貶之也。諸侯修睦以蕃王室，所主者義爾。苟爲以利，使爲人臣者懷利以事其君，爲人子者懷利以事其父，爲人弟者懷利以事其兄，諸侯必曰何以利吾國，大夫必曰何以利吾家，士庶人必曰何以利吾身。上下交征利，不至於簒弒奪攘則不厭矣。故特稱「輸平」，以明有國者必「正其義不謀其利」，杜亡國敗家之本也。

夏，五月，辛酉，公會齊侯盟于艾。

秋，七月。

四德備而後爲乾，故《易》曰：「乾，元亨利貞。」一德不備，則乾道熄矣。四時具而後成歲，故《春秋》雖無事，首時過則書。一時不具，則歲功虧矣。既書時又書月者，時，天時也；月，王月也。書時又書月，見天人之理合也。《易》不云乎，「君子行此四德者，故曰『乾，元亨利貞』」。若夫上下異致，天人殊觀，聖學不傳，而《春秋》之義隱矣。

冬，宋人取長葛。

宋人恃强圍邑，久役大衆，取非所有，其罪著矣。在王朝不能施九伐之威，在列國不能修連帥之職。鄭人土地，天子所命，先祖所受，不能保有而失之也，是上無天王，下無方伯，而鄭亦無君也。宋人强取，以王法言不可勝誅，以天理言不善之積著矣。初，穆公屬國於與夷，使其子馮出居于鄭，殤公既立，忌馮而伐鄭，不亦逆天理乎？《春秋》序宋主兵，以殤公之罪重也。明年鄭人報宋，❶序邾爲首，以鄭伯之罪輕也。至是宋又舉兵伐鄭而圍其邑，肆行暴虐，不善之積已著，而不可解矣。其見弒於亂臣，豈一朝一夕之故哉。凡此類，皆直書于策，按其行事而善惡之應可攷，而知天理之不誣者也。

七年，春，王三月，叔姬歸于紀。

❶「報」，鄭本作「伐」。

叔姬，伯姬之娣，非夫人也，則何以書？古者諸侯一娶九女，必格之同時者，所以定名分，窒亂源也。今叔姬待年於宗國，不與嫡俱行，則非禮之常，所以書也。眉山蘇轍以謂：「書叔姬，賢之也。若賢不得書，必貴而後書，則是以位而蔑德也。小國無大夫，至於接我則書，是位不可以廢事也。位不可以廢事，而獨可以廢賢乎？」如叔姬不歸宗國而歸于酅，以全婦道，賢可知矣。賢而得書，亦《春秋》之法也。

滕侯卒。

滕侯書卒，何以不葬？怠於禮、弱其君而不葬者，滕侯、宿男之類是已。古者邦交有常制，不以國之强弱而有謹慢也，不以情之踈密而有厚薄也。春秋之時則異於是。晉，北國也；楚，南邦也。地非同盟，而親往俟其葬。滕，鄰境也；宿，同盟也。訃告雖及，而魯不之恤，豈非以其壤地褊小乎？怠於禮而不往，弱其君而不會，無其事而闕其文，此魯史之舊也，聖人無加損焉。存其卒，闕其葬，義自見矣。卒自外録，不卒，非外也。葬自內録，不葬，非內也。

夏，城中丘。

程氏曰：「爲民立君，所以養之也。養民之道在愛其力，民力足則生養遂、教化行、風俗美，故爲政以民力爲重也。《春秋》凡用民必書，其所興作，不時害義，固爲罪矣；雖時且義亦書，見勞民爲重事也。人君而知此義，則知慎重於用民力矣。凡書城者，完舊也；書築者，創始也。城中丘，使民不以時，非人君之心也。」

齊侯使其弟年來聘。

兄弟，先公之子，不稱公子，貶也。書盟、書帥師而稱兄弟者，罪其有寵愛之私。書出奔、書歸而稱兄弟者，責其薄友恭之義。攷於事而《春秋》之情可見矣。年者，齊僖公母弟也。程氏謂：「先儒説母弟者，蓋緣禮有立嫡子同母弟之文。其曰同母，蓋爲嫡耳，非以爲加親也。此義不明久矣。」僖公私其同母，寵愛異於他弟，施及其子，猶與適等，而襄公絀之，遂成篡弒之禍。故聖人於年來聘，特變文書弟，以示貶焉。鄭語來盟，黑背帥師，皆罪其私也。《書》云：「于弟弗念天顯，乃弗克恭厥兄。兄亦不念鞠子哀，大不友于弟。」天惟與我民

彝大泯亂。」陳光奔楚而稱弟，「不念鞠子哀」矣；盜殺衛縶而稱兄，其亦「不念天顯」矣；秦鍼、宋辰，皆責其薄也。仁人於兄弟，絶偏係之私，篤友恭之義，人倫正而天理存，其《春秋》以訓天下與來世之意也。

秋，公伐邾。

奉詞致討曰伐。按《左氏》：「公伐邾，爲宋討也。」宋人先取邾田，故邾人入其郛。魯與儀父則元年盟於眛矣。❶邾人何罪可聲？特託爲辭説以伐之爾。經之書伐，非主兵者皆有言可執，見伐者皆有罪可討也。傳曰：「欲加之罪，何患無詞？」魯爲宋討，非義甚矣，而稱「伐邾」，所謂「欲加之罪」者也，而不知渝眛之盟，不待貶而自見矣。

冬，天王使凡伯來聘。戎伐凡伯于楚丘以歸。

國而曰伐，此一人而曰伐，見其以徒衆也。楚丘，衛地。以歸，易詞也。「于楚丘」者，罪衛不救王臣之患。「以歸」者，罪凡伯失節，不能死於位也。「周之秩官：敵國賓至，關尹以告，候人爲導，司徒具徒，司寇詰姦，佃人積薪，火師監燎；其貴國之賓至，則以班加一等益虔；至於王吏，則皆官正涖事。」今凡伯承王命，以爲過賓於衛，而戎得伐之以歸，是蔑先王之官而無君父也。故《旄丘》録於《國風》，見衛不能脩方伯之職也。「戎伐凡伯于楚丘以歸」，見衛不救王臣之患也。爲狄所滅，則有由矣。

---

❶「眛」，原作「昧」，鄭本作「昧」。按：此字當作「眛」。《公羊傳》、《穀梁傳》諸本作「眛」或「昧」不一，《左傳》作「蔑」，唯「眛」方與《公羊疏》所云「亡結反」合，與《左傳》作「蔑」通。另《集韻・屑韻》莫結切：「眛，地名。《春秋》傳『公及邾婁儀父盟于眛』，通作蔑。」亦可爲證。下文此字另作「昧」，不再出校，逕改。

春秋傳卷第三

隱公　下

八年，春，宋公、衛侯遇于垂。

三月，鄭伯使宛來歸祊。庚寅，我入祊。

鄭伯欲以太山之祊易許田。前此「來輸平」者，以言請之矣，未入地也。至是「來歸祊」者，其地既輸矣，未易許也。周制六年五服一朝，故於天子之郊有朝宿之地；又六年王乃時巡，諸侯各朝于方嶽，故於泰山之旁有湯沐之邑。諸侯於王畿之内、方嶽之下，皆有是乎？成王以周公有大勳勞，故特賜之許田爲朝宿之地，如皆有焉，盡天子之郊不足爲其地矣；宣王以鄭伯母弟懿親，故特賜之祊田爲湯沐之邑，如皆有焉，盡泰山之旁不足爲其邑矣。祊近於魯，許鄰於鄭，各以其近者相易，何以不可乎？用是見鄭有無君之心，而謂天王不復能巡狩矣；用是見鄭有無親之心，而敢與人以先祖所受之邑矣。其言「我入祊」者，祊非我有也。入者，不順之詞，義不可而强入之也。

夏，六月，己亥，蔡侯考父卒。

辛亥，宿男卒。

天王崩，告於諸侯則不名；諸侯薨，以名赴而自别於太上，禮也。古者死而不謚，不以名爲諱。周人以謚易名，於是乎有諱禮。故君薨，赴於他國則曰「寡君不禄，敢告執事」。春秋之時，遵用此禮，凡赴者皆不以名矣。經書其終，雖五霸强國齊桓、晉文之盛，莫不以名者，是仲尼筆之也。赴不以名而書其名者，與魯通也。已通而不名者，舊史失之爾；未通而名者，有所證矣。故傳此義者記於《禮》篇曰：「諸侯不生名。」夫生則不名，死而名之，别於太上，示君臣尊卑之等，蓋禮之中也。諸侯薨，赴不以名，而仲尼革之，必以名書，變周制矣。《春秋》，魯史，聖人修之也，而孟子謂之「作」，以此類也。

秋，七月，庚午，宋公、齊侯、衛侯盟于瓦屋。

程氏曰：「宋爲主盟，與鄭絶也。」大道隱而家天下，然

後有詰誓；忠信薄而人心疑，然後有詛盟；盟詛煩而約劑亂，然後有交質子。至是傾危之俗成，民不立矣。《春秋》革薄從忠，於參盟書日，謹其始也。《周官》設司盟，掌盟載之法，凡邦國有疑，則請盟於會同，聽命於天子，亦聖人待衰世之意耳。德又下衰，諸侯放恣，其屢盟也，不待會同，其私約也，不繇天子，口血未乾而渝盟者有矣。其末至於交質子猶有不信者焉。《春秋》謹參盟，善胥命，美蕭魚之會，以信待人而不疑也，蓋有志於天下爲公之世。凡此類，亦變周制矣。

八月，葬蔡宣公。

九月，辛卯，公及莒人盟于浮來。

莒，小國。人，微者。而公與之盟，故特言「及」，以譏失禮，且明非大夫之罪也。《易》曰：「謙，尊而光，卑而不可踰。」隱公可謂謙矣，何以譏之爲失禮？曰：「謙，亨。」「君子以裒多益寡，稱物平施。」屈千乘之尊，下與小國之大夫盟，豈「稱物平施」之謂乎？太卑而可踰，非謙德矣。

螟。

冬，十有二月，無駭卒。

無駭書名，未賜族也。諸侯之子爲大夫，則稱公子；其孫也而爲大夫，則稱公孫。公孫之子與異姓之臣未賜族而身爲大夫，則稱名，無駭、俠之類是也；已賜族而使之世爲大夫，則稱族，如仲孫、叔孫、季孫之類是也。古者置卿必求賢德，不以世官。春秋之初猶爲近古，故無駭與俠皆書名耳。其後官人以世，無不賜之族，或以字，或以謚，或以官，或以邑，而先王之禮亡矣。至於三家專魯，六卿分晉，諸侯失國，出奔者相繼，職此由也。按《禮》，天子寰内諸侯世其禄而不嗣。然則諸侯所置大夫嗣其位而不易，豈禮也哉？觀《春秋》所書，而是非之迹著矣，治亂之効明矣。

九年，春，天王使南季來聘。

按《周禮·行人》，王者待諸侯，有「時聘以結好，間問以諭志」。而穀梁子何以獨言「聘諸侯非正也」？古者諸侯於天子，比年一小聘，三年一大聘，五年一朝。天子於諸侯不可以若是恝，故亦有聘問之禮焉。隱公即位九年于此，而史策不書遣使如周，則是未嘗聘也；亦不書公如京師，則是未嘗朝也。一不朝則貶其爵，再不朝則削其地。如隱公者，貶爵削地可也。刑則不舉，遣使聘焉，其斯以爲不正乎？經書「公如京

師」者一，「朝于王所」者二，卿大夫如京師者五，舉魯一國則天下諸侯怠慢不臣可知矣。書天王來聘者七，錫命者三，❶賵葬者四，則問於他邦及齊、晉、秦、楚之大國又可知矣。王之不王如此，征伐安得不自諸侯出乎？諸侯之不臣如此，政事安得不自大夫出乎？君臣上下之分易矣。陪臣執國命，夷狄制諸夏矣，其原皆自天王失威福之柄也。《春秋》於此，蓋有不得已焉爾矣。

三月，癸酉，大雨震電。庚辰，大雨雪。

震電者，陽精之發。雨雪者，陰氣之凝。周三月，夏之正月也，雷未可以出，電未可以見，而大震電，此陽失節也。雷已出，電已見，則雪不當復降，而大雨雪，此陰氣縱也。夫陰陽運動有常而無忒，凡失其度，人爲感之也。今陽失節而陰氣縱，公子翬之讒兆矣，鍾巫之難萌矣。《春秋》災異必書，雖不言其事應，而事應具存，惟明於天人相感之際，響應之理，則見聖人所書之意矣。

挾卒。

夏，城郎。

城者，禦暴保民之所，而城有制，役有時。大都不過三國之一，邑無百雉之城，制也。魯嘗城費、城郈，其後復墮焉，則越禮而非制矣。凡土功，龍見而戒事，火見而致用，水昏正而栽，日至而畢，時也。隱公城中丘、城郎，而皆以夏，則妨農務而非時矣。城不踰制，役不違時，又當分財用，平板榦，稱畚築，程土物，議遠邇，略基址，揣厚薄，仞溝洫，具餱糧，度有司，量功命日，不愆于素，然後爲之可也。況失其時制，妄興大作，無愛養斯民之意者，其罪之輕重見矣。

秋，七月。

冬，公會齊侯于防。

《周官·行人》曰：「時會以發四方之禁。」此謂非時而合諸侯，以禁止天下之不義也。列國何爲有此名？凡書會，皆譏也，謂非王事相會聚爾。《左氏》稱：「宋公不王，鄭伯以王命討之，使來告命。會于防，謀伐宋也。于中丘，爲師期也。」亦謂之非王事可乎？曰：以王命討宋，而聽征討之禁於王都，雖召陵

❶「三」下，鄭本有「歸賑者一」四字。

之舉不是及矣。始則私相會爲謀於防，中則私相盟爲師期於鄧，終則乘敗人而深爲利，以取二邑歸諸己。奉王命討不庭者，果如是乎？經之書會、書伐而不異其文以此。

十年，春，王二月，公會齊侯、鄭伯于中丘。

夏，翬帥師會齊人、鄭人伐宋。

翬不氏，先期也。始而會宋以伐鄭，固請而行，今而會鄭以伐宋，先期而往。不待鍾巫之變，知其有無君之心矣。夫亂臣賊子，積其强惡非一朝一夕之故，及權勢已成，威行中外，雖欲制之，其將能乎？故去其公子以戒兵柄下移，制之於未亂也。

六月，壬戌，公敗宋師于菅。辛未，取郜。

辛巳，取防。

内大惡其詞婉，小惡直書而不隱。夫諸侯分邑，非其有而取之，盜也，曷不隱乎？於取之中，猶有重焉者。若成公取鄟，襄公取邿，昭公取鄫，皆覆人之邦而絶其嗣，亦書曰取，所謂猶有重焉者此。故取郜、取防，直書而不隱也。其不言戰而言敗，敗之者爲主，彼與戰而此敗之也。皆陳曰戰，詐戰曰敗。

秋，宋人、衛人入鄭。

宋人、蔡人、衛人伐戴。鄭伯伐取之。

稱伐，稱取，兼之也。或疑鄭人兵力不能取戴，兼三國之師，非矣。什圍伍攻，正也。以寡覆衆，奇也。莊公蓋嘗克叔段、敗王師、困州吁而入許，能以奇勝可知矣。故駐師於郊，多方以誤之也。四國已鬬，起乘其弊，一舉而兼取之，卞莊子之術也。然則可乎？孟子曰：「善戰者服上刑。」稱「伐取」者，其以鄭莊公殘民之甚，當此刑矣。

冬，十月，壬午，齊人、鄭人入郕。

《左氏傳》云：「宋公不王，鄭伯以王命致討，而郕人不會。齊、鄭入郕，討違王命也。」程氏謂：「宋本以公子馮在鄭，故二國交惡，《春秋》不見其爲王討也。王臣不行，王師不出，矯假以逞私忿耳。」此説據經爲合。若討違王命，則不書入矣。入者，不順之詞也。苟以爲難詞，則齊、鄭大國，於討郕何難哉？

十有一年，春，滕侯、薛侯來朝。

諸侯朝於諸侯，禮乎？孔子曰：「邦君爲兩君之好，有反坫。」《周禮·行人》：「凡諸侯之邦交，殷相聘，世相

朝也。」然謂之殷，則得中而不過；謂之世，則終諸侯之世而一相朝，其爲禮亦節矣。周衰，典制大壞，❶諸侯放恣，無禮義之交，惟强弱之視。以魯事觀焉，或來朝而不報其禮，或屢往而不納以歸，無合於中聘世朝之制矣。且列國於天子述所職者，蓋闕如也。而自相朝聘可乎？凡大國來聘，小國來朝，一切書而不削，皆所以示譏。滕、薛二君，不特言者，又譏旅見也。非天子不旅見諸侯，偃然受之而不辭，亦以見隱公之志荒矣。

夏，公會鄭伯于時來。秋，七月，壬午，公及齊侯、鄭伯入許。

書會，則伐許者，本鄭志也。書及，則入許者，公所欲也。隱公即位十有一年，天王遣使來聘者再，而未嘗朝于京師，罪一也；平王崩，不奔喪會葬，至使武氏子來求賻，罪二也；禮樂征伐自天子出，而擅興兵甲爲宋而伐邾，爲鄭而伐宋，罪三也；山川土田各有封守，上受之天王，下傳之先祖，而取郜及防，入祊易許，罪四也；今又入人之國，而逐其君，罪五也。凡此五不韙者，人臣之大惡，而隱公兼有之。然則不善之殃，豈特始於惠成於桓，而隱之積亦不可得而揜矣。使隱公者，爲國以禮而自强於善，豈有鍾巫之難乎？是故《春秋》所載，以人事言，則是非善惡之迹設施於前，而成敗吉凶之効見於後；以天道言，則感應之理明矣，不可不察也。

冬，十有一月，壬辰，公薨。

致隱讓國，立不以正，惠公之罪也。致桓弑君，幾不早斷，隱公之失也。既有讒人交亂其間，憂虞之象著矣，而曰「使營菟裘，吾將老焉」，是猶豫留時，辨之弗早辨也，其及也宜。隱公見弑，魯史舊文必以實書，其曰「公薨」者，仲尼親筆也。古者史官以直爲職，而不諱國惡。仲尼筆削舊史，斷自聖心，於魯君見弑，削而不書者，蓋國史一官之守，《春秋》萬世之法，其用固不同矣。不書弑，示臣子於君父有隱避其惡之禮。不書地，示臣子於君父有不没其實之忠。不書葬，示臣子於君父有討賊復讎之義。非聖人莫能修，謂此類也。夫賊不討、讎不復，而不書葬，則服不除，寢苫枕戈，無時而終事也。以此法討罪，❷至嚴矣，故曰：「《春秋》成而亂臣賊子懼。」

❶「制」，鄭本作「禮」。
❷「罪」，鄭本作「賊」。

右隱公十有一年，書于經者，其事七十有六。以爲經世之典，撥亂反正之書，百王不易之大法，其詳可得聞乎？謂一爲元，則知祖述憲章，以體元爲人主之職。謂周正爲春，則知立制度，改正朔，以夏正爲可行之時。謂正月爲王正，則知天下之定于一也。隱公不書即位，則知父子君臣之大倫不可廢也。與邾儀父、宋人盟，而皆書曰「及」，則知以忠信誠慤爲先，而盟誓不足貴也。大叔出奔共，而書曰「鄭伯克段」，則知以親愛爲主，而恩義之輕重不可偏也。來賵仲子，而冢宰書名，則知夫婦人倫之本，而嫡妾之名分不可亂也。祭伯朝魯，直書曰來，則知人臣義無私交，而朋黨之原不可長也。公子益師書卒，則知《春秋》貴大臣，而恩禮之哀榮不可恝也。

元者何？仁是也。仁者何？心是也。建立萬法，酬酢萬事，帥馭萬夫，統理萬國，皆此心之用也。堯、舜、禹以天下相授，堯所以命舜，舜亦以命禹，首曰「人心惟危，道心惟微」。周公稱乃考文王「惟克厥宅心，乃克立茲常事」。故一心定，而萬物服矣。

春之爲夏正，何也？夫斗指寅，然後謂之春。建巳，然後謂之夏。故《易》曰：「兑，正秋也。」以兑爲正秋，則坎爲正冬必矣。今以冬爲春，則四時易其位。《春秋》正名之書，豈其若是哉？故程氏謂「周正月非春也，假天時以立義耳」。商人以建丑革夏正，而不能行之於周；周人以建子革商正，而不能行之於秦；秦人以建亥爲正，固不可行矣。自漢氏改用夏時，❶經歷千載以至于今，卒不能易，謂爲百王不易之大法，指此一事可知矣，仲尼豈以欺後世哉？

「王正月」之定于一，何也？天無二日，土無二王，家無二主，尊無二上，道無二致，政無二門。故議常經者，黜百家，尊孔氏，諸不在六藝之科者勿使並進，此道術之歸于一也；言致理者，欲令政事皆出中書，而變禮樂，革制度，則流放竄殛之刑隨其後，此國政之歸于一也。若乃闢私門，廢公道，各以便宜行事，是人自爲政，繆於《春秋》大一統之義矣。

盟于眛而書及，公所欲也；盟于宿而書及，公立而求成焉，非若小國之於大國，不得已而要盟者。後七年爲宋而伐邾，眛之盟其刑牲歃血，果何爲也？後十年爲鄭而伐宋，要質鬼神，❷又安在乎？比事以觀，而盟不足

❶「氏」，鄭本作「世」。
❷「要」上，鄭本有「宿之盟」三字。

貴，亦審矣。

世衰道隱，民彝泯亂，若宋殤之於馮也，衛侯鄭之於叔武，瑕也，皆爲利争，不勝計也。而莊公獨以順母爲詞，養成段惡。夫中也養不中，才也養不才，故人樂有賢父兄也。仁人之於兄弟，不藏怒焉，不宿怨焉，親愛之而已矣。象憂亦憂，象喜亦喜，恩掩義也。使吏治其國，而象不得有爲，義勝恩也。恩義並立而中持衡焉，段雖凶逆，焉攸亂？此《春秋》責莊公之意也。

太宰建邦六典，以佐王治邦國者也。而承命以賵諸侯之妾，不知其不可，是爲不智；知其不可而不言，是爲不忠。不忠不智之人，而可以居百寮之長乎？故貶而書名，賤之也。或曰：安知咺之不言，如其不用何？言而不用，則辭其位而不居，禮也。今奉命而來，則知其阿諛順旨，無體國愛君之義矣。其貶而書名，非宰也。夫危而不持，顛而不扶，則將焉用彼相？若以其嘗爲冢宰，不論功罪，而曲以禮貌加之，非《春秋》責相之意矣。

君子有更相汲引，交好以爲公；小人有互相朋黨，比周以爲私。其迹雖同而情異，不可不察也。祭伯朝魯，安知其爲私而不與乎？隱公之立，未嘗請命，王法所當治也。祭伯爲王卿士，不能詔王以正典刑，而遠來朝之，其爲阿私審矣。故尹氏來訃不稱爵，祭叔來聘不言使，皆以明人臣之義，杜朋黨之原耳。

大夫書卒，見君臣之義也。不書葬，明尊卑之等也。或日或不日，著禮貌之差也。名而不書氏者，身自爲卿而非世也。其稱公子，以貴戚故使爲卿也。不書官者，不請於王而自命也。其有將兵而會戰，奉使而出疆，名姓已登於史册，如公子翬者，而不書卒，何也？迷國誤朝，躬行弒逆，則有天討之刑矣。公子遂之罪亦同，而書卒，何也？因事之變，以明卿卒不繹之禮，而義不繫於遂也。季孫意如無事之變，而書卒，獨何歟？《春秋》有變例，定、哀多微詞。季氏逐昭公，殺務人，而立宋，若有漢高帝之公，不賞私勞，則三家退聽，公室張矣。定公幸於禍而忘其讎，誘於利而忘其辱，以意如爲大夫，而不討先君之賊也，天理滅矣。

是故比事以觀，其異同可見。觸類而長，其指意無窮。以一年之事攷之，則二百四十二年之行事皆可見矣。以爲經世之典，撥亂反正之書，百王不易之大法，豈不信夫！

春秋傳卷第四

桓公　上

元年。

元年，即位之始年也，自是累數，雖久而不易。此前古人君紀事之例，《春秋》祖述爲編年法。及漢文帝惑方士之言，改後元年，始亂古制。夫在位十有六載矣，復稱元年，可乎？孝武又因事别建年號，歷代因之，或五六年，或四三年，或一歲再更，使記注繁蕪，莫之勝載。夫歷世無窮，而美名有盡，豈記久明遠可行之法也？必欲傳久，當以《春秋》編年爲正。

春，王正月，公即位。

桓公與聞乎故，而書即位，著其弑立之罪，深絶之也。美惡不嫌同詞。或問桓非惠公之嫡子乎？適子當立而未能自立，是故隱公攝焉，以俟其長而授之位，久攝而不歸，疑其遂有之也，是以至於見弑，而惡亦有所分矣，《春秋》曷爲深絶桓也？曰：古者諸侯不再娶，於禮無二適，惠公元妃既卒，繼室以聲子，則是攝行内主之事矣。仲子安得爲夫人？母非夫人，則桓乃隱之庶弟，安得爲適子謂當立乎？桓不當立，則國乃隱公之國，其欲授桓，乃實讓之，非攝也。攝、讓異乎？曰：非其有而居之者，攝也，故周公即政而謂之攝；推己所有以與人者，讓也，故堯、舜禪授而謂之讓。惠無適嗣，隱公繼室之子，於次居長，禮當嗣世，其欲授桓，所謂推己所有以與人者也，豈曰「攝之」云乎？以其實讓，而桓乃弑之，《春秋》所以惡桓，深絶之也。

然則《公羊》所謂「桓幼而貴，隱長而卑，子以母貴」者，其説非與？曰：此徇惠公失禮而爲之詞，非《春秋》之法也。仲子有寵，惠公欲以爲夫人，母愛者子抱，惠公欲以桓爲適嗣，禮之所不得爲也。禮不得爲，而惠公縱其邪心而爲之，隱公又探其邪志而成之，❶《公羊》又肆其邪説而傳之，漢朝又引爲邪議而用之，夫婦之大倫亂

❶「志」，鄭本作「心」。

矣。《春秋》明著桓罪，深加貶絶，備書終始討賊之義，以示王法、正人倫、存天理，訓後世不可以邪汩之也。

三月，公會鄭伯于垂。

鄭伯以璧假許田。

許田所以易祊也，鄭既歸祊矣，又加璧者，祊薄於許故也。魯，山東之國，與祊爲鄰。鄭，畿内之邦，許田近地也。以此易彼，各利於國，而聖人乃以爲惡而隱之，獨何歟？曰：利者，人欲之私，放於利必至奪攘而後厭；義者，天理之公，正其義則推之天下國家而可行。《春秋》惡易許田，孟子極陳利國之害，皆拔本塞源、杜篡弑之漸也。湯沐之邑，朝宿之地，先王所錫，先祖所受，私相貿易而莫之顧，是有無君之心而廢朝覲之禮矣，是有無親之心而棄先祖之地矣，故聖人以是爲國惡而隱之也。其不曰「以璧易田」而謂之「假」者，夫「易」則已矣，言「假」則有歸道焉，又以見許人改過遷善自新之意，非止隱國惡而已也，其垂訓之意大矣。

夏，四月，丁未，公及鄭伯盟于越。

垂之會，鄭爲主也，故稱「會」。越之盟，魯志也，故稱「及」。鄭人欲得許田以自廣，是以爲垂之會。桓公欲結鄭好以自安，是以爲越之盟。夫弑逆之人，凡民罔弗憝，即孟子所謂「不待教命，人得而誅之」者也。而鄭與之盟，以定其位，是肆人欲，滅天理，變中國爲夷狄，化人類爲禽獸，聖人所爲懼，《春秋》所以作，無俟於貶絶而惡自見矣。

秋，大水。

大水者，陰逆而與怨氣并之所致也。桓行逆德而致陰沴，宜矣。或問：堯之時豈有致之者，而曰「洚水警予」，何也？曰：堯之水非有以致之，開闢以來，水之行未得其所歸，故堯有憂焉，使禹治之，然後人得平土而居爾。若曰洪水者積雨之所成，時暘而熄矣，奚待乎九年、十有三載之治也，山谷之所洩歟？自禹功既施，疏鑿決排，以至于今，而其流不減，何也？是知天非爲堯有洪水之災，至禹而後水由地中行爾。後世有人爲不善，感動天變，召水溢之災者，必引堯爲解，誤矣。

冬十月。

二年，春，王正月，戊申，宋督弑其君與夷。

桓無王而元年書「春王正月」，以天道王法正桓公之罪也。桓無王而二年書「春王正月」，以天道王法正宋督

之罪也。程氏曰：「弑逆者不以王法正之，天理滅矣。督雖無王，而天理未嘗亡也。」其説是矣。穀梁子以二年書王，正與夷之卒，其義一爾。以爲諸侯之卒，天子所隱痛，故書王以正之，誤矣。

及其大夫孔父。

按《左氏》：「宋殤公立，十年十一戰，民不堪命。」孔父爲司馬，無能改於其德，非所謂格君心之非者。然君弑死於其難，處命不渝，亦可以無愧矣。父者，名也，著其節而書及，不失其官而書大夫，是《春秋》之所賢也。賢而名之，何也？故侍讀劉敞以謂「既名其君於上，則不得字其臣於下，此君前臣名，禮之大節也」。督將弑殤公，孔父生而存，則不可得而弑，於是乎先攻孔父，而後及其君，能爲有無，亦庶幾焉。凡亂臣賊子畜無君之心者，必先剪其所忌，而後動於惡；不能剪其所忌，則有終其身而不敢動也。華督欲弑君而憚孔父，劉安欲叛漢而憚汲直，曹操欲禪位而憚孔融，此數君子者，義形於色，皆足以衛宗社而忤邪心，姦臣之所以憚也。不有君子，其能國乎？《春秋》賢孔父，示後世人主崇奬節義之臣，乃天下之大閑，有國之急務也。

滕子來朝。

隱公末年，滕稱侯爵，距此三歲爾，乃降而稱子者，先儒謂爲時王所黜也。使時王能黜諸侯，《春秋》豈復作乎？又有言其在喪者，終春秋之世不復稱侯，無説矣。然則云何？《春秋》爲誅亂臣討賊子而作，其法尤嚴於亂賊之黨。使人人知亂臣賊子之爲大惡而莫之與，則無以立於世，無以立於世，則莫敢勸於爲惡，而篡弑之禍止矣。今桓公弟弑兄，臣弑君，天下之大惡，凡民罔弗憝也，己不能討，又先鄰國而朝之，是反天理、肆人欲，與夷狄無異，而《春秋》之所深惡也，故降而稱子，以正其罪。四夷雖大皆曰子，其降而稱子，狄之也。或曰：非天子不制度、不議禮、不攷文，仲尼豈以匹夫專進退諸侯，亂名實哉？則將應之曰：仲尼固不以匹夫專進退諸侯，亂名實矣。不曰「《春秋》天子之事乎」，「知我罪我者，其惟《春秋》乎」？世衰道微，暴行交作，仲尼有聖德無其位，不得如黄帝、舜、禹、周公之伐蚩尤、誅四凶、戮防風、殺管蔡，行天子之法於當年也，故假魯史，用五刑、奉天討、誅亂賊，垂天子之法於後世。其事雖殊，其理一耳，何疑於不敢專進退諸侯，以爲亂名實哉？夫奉天討，舉王法，以黜諸侯之滅天理、廢人

倫者，此名實所由定也。故曰：「《春秋》成而亂臣賊子懼。」

三月，公會齊侯、陳侯、鄭伯于稷，以成宋亂。

按《左氏》：「爲賂故，立華氏也。」邾定公時有弒父者，公瞿然失席，曰：「是寡人之罪也。嘗學斷斯獄矣。臣弒君，凡在官者殺無赦。子弒父，凡在官者殺無赦。❶殺其人，壞其室，洿其宮而豬焉，蓋君踰月而後舉爵。」華督，弒君之賊，凡民罔不懟也。而桓與諸侯會而受賂以立華氏，使相宋公，甚矣。故特書其所爲，而曰「成宋亂」。夫臣爲君隱，子爲父隱，禮也。此其目言之何？桓惡極矣。臣子欲盡隱之，而不可以欺後世。其曰「成宋亂」而不書「立華氏」，猶爲有隱乎耳。《春秋》列會，未有言其所爲者，獨此與襄公末年會于澶淵，各書其事者。桓弒隱，督弒殤，般弒景，皆天下大惡，聖人所爲懼，《春秋》所以作也。一則受宋賂而立華氏，一則謀宋災而不能討，故特書其事，以示貶焉。然澶淵之會，既不書魯卿，又貶諸國之大夫而稱人，此則書公，又序諸侯之爵，何也？澶淵之會，欲謀宋災，而不討弒君之賊，雖書曰「宋災故」，而未能表其誅責之意也，必深諱魯卿，而重貶諸國之大夫，然後足以啓問者，見是非也。稷之會，前有宋督弒君，後有取宋鼎之事，書曰「成宋亂」，則其責已明，不必諱公與貶諸侯爵次，然後見其罪矣。

夏，四月，取郜大鼎于宋。戊申，納于大廟。

取者，得非其有之稱；納者，不受而强致之謂。弒逆之賊，不能致討，而受其賂器，寘於大廟，以明示百官，是教之習爲夷狄禽獸之行也。公子牙、慶父、仲遂、意如之惡，又何誅焉？聖人爲此懼而作《春秋》，故直載其事，謹書其日，垂訓後世，使知寵賂之行、保邪廢正，能敗人之國家也，亦或知戒矣。

秋，七月，杞侯來朝。

《公》、《穀》、程氏皆以杞爲紀。桓弟弒兄，臣弒君，天下之大惡，王與諸侯不奉天討，反行朝聘之禮，則皆有貶焉，所以存天理、正人倫也。紀侯來朝，何獨無貶乎？

---

❶「官」，鄭本作「宫」。按：此引《禮記·檀弓下》，原文作「宫」。

當是時，齊欲滅紀，紀侯求魯爲之主，非爲桓立而朝之也。

蔡侯、鄭伯會于鄧。

按《左氏》曰：「始懼楚也。」其地以國，鄧亦與焉。楚自西周已爲中國之患，宣王蓋嘗命將南征矣，及周東遷，僭號稱王，憑陵江漢。此三國者，地與之鄰，是以懼也。其後卒滅鄧，虜蔡侯，而鄭以王室懿親，爲之服役。終春秋之世，聖人蓋傷之也。夫天下莫大於理，莫强於信義，循天理，惇信義，以自守其國家，荆楚雖大，何懼焉？不知本此，事醜德齊，莫能相尚，則以地之大小、力之强弱分勝負矣。觀諸侯會盟離合之迹，❶而夷夏盛衰之由可攷也。觀《春秋》進退與奪抑揚之旨，則知安中夏待四夷之道矣。

九月，入杞。

公及戎盟于唐。冬，公至自唐。

凡爲人子者，出必告，反必面，事亡如事存，故君行必告廟，反必奠而後入，禮也。出必告行，反而告至，常事爾，何以書？或誌其去國踰時之久也，或録其會盟侵伐之危也，或著其黨惡附姦之罪也。桓公弑君而立，嘗列於中國諸侯之會而不書至，同惡也。今遠與戎盟而書至者，危之也。程氏所謂「居夷浮海之意」是矣。《語》不云乎：「夷狄之有君，不如諸夏之亡也。」

三年，春，正月。

桓公三年而後，經不書王，有以爲周不班曆者。昭公末年，王室有子朝之亂，豈暇班曆，而經皆書王，非不班曆明矣。又有以爲此闕文也。安得一公之内，凡十四年皆不書王？其非闕文亦明矣。然則云何？桓公弑君而立，至于今三年，而諸侯之喪事畢矣，是入見受命於天子之時也。而王朝之司馬不施殘執之刑，鄰國之大夫不聞有沐浴之請，魯之臣子義不戴天，反面事讎，曾莫之耻，使亂臣賊子肆其凶逆，無所忌憚，人之大倫滅矣。故自是而後不書王者，見桓公無王與天王之失政而不王也。桓公無王而行歸罪於天子，可乎？齊景公問政，子曰：「君君，臣臣，父父，子子。」君不君則臣不臣，父不父則子不子。

公會齊侯于嬴。

❶「諸侯」，鄭本作「春秋」。

夏，齊侯、衛侯胥命于蒲。

《公羊》曰：「胥命者，相命也。相命，近正也。古者不盟，結言而退。」人愛其情，私相疑貳，以成傾危之俗，其所由來漸矣。有能相命而信諭，豈不獨爲近正乎？故特起胥命之文，於此有取焉。聖人以信易食，答子貢之問；君子以信易生，重桓王之失。信去則民不立矣，故荀卿言「《春秋》善胥命」。

六月，公會杞侯于郕。

秋，七月，壬辰，朔，日有食之，既。

《穀梁》曰：「既，盡也，言日言朔，食正朔也。」言朔不言日，食既朔也。言日不言朔，食晦日也。不言日不言朔，夜食也。何以知其夜食？曰：王者朝日。王者朝日則何以知其夜食乎？日始出而有虧傷之處，未之復也，知其食於夜矣。日者，衆陽之宗，人君之象，而有食之既，則其爲變大矣。先儒以爲荆楚僭號，鄭拒王師之應。

公子翬如齊逆女。

娶妻必親迎，禮之正也。若夫邦君，以爵則有尊卑，以國則有小大，以道途則有遠邇，或迎之於其國，或迎之於境上，或迎之於所館，禮之節也。紀侯於魯，以小大言，則親之者也，而使履緰來；魯侯於齊，以遠邇言，則親之者也，而使公子翬往，是不重大昏之禮，失其節矣，故書。

九月，齊侯送姜氏于讙。公會齊侯于讙。夫人姜氏至自齊。

古者昏禮必親迎，則授受明。後世親迎之禮廢，於是有父母兄弟越境而送其女者。以公子翬往逆，則既輕矣。爲齊侯來，乃逆而會之于讙。是公之行，其重在齊侯而不在姜氏，豈禮也哉！不言「以至」者，既得見乎公也，不能防閑，於是乎在《敝笱》之刺兆矣。禮者，所以別嫌明微，制治于未亂，不可不謹也。娶夫人，國之大事，故詳。

冬，齊侯使其弟年來聘。

有年。

舊史災異與慶祥並記，故「有年」、「大有年」得見于經。若舊史不記，聖人亦不能附益之也。然十二公多歷年所，有務農重穀、閔雨而書雨者，豈無豐年？而不見於經，是仲尼於他公皆削之矣。獨桓「有年」、宣「大有年」

則存而弗削者，緣此二公獲罪於天，宜得水旱凶災之譴，今乃有年，則是反常也，故以爲異，特存耳。然則天道亦僭乎？桓、宣享國十有八年，獨此二年書「有年」，他年之歉可知也。而天理不差，信矣。此一事也，在不修《春秋》則爲慶祥，君子修之則爲變異，是聖人因魯史舊文，能立興王之新法也。故史文如畫筆，經文如化工，嘗以是觀，非聖人莫能修之，審矣。有年、大有年，自先儒說經者，多列於慶瑞之門，至程氏發明奧旨，然後以爲記異，此得於言意之表者也。

四年，春，正月，公狩于郎。

何以書？譏遠也。戎、祀，國之大事，狩所以講大事也。用民以訓軍旅，所以示之武而威天下；取物以祭宗廟，所以示之孝而順天下。故中春教振旅遂以蒐，中夏教茇舍遂以苗，中秋教治兵遂以獮，中冬教大閱遂以狩。然不時則傷農，不地則害物。田狩之地，如鄭有原圃，秦有具囿，皆常所也。違其常所，犯害民物，而百姓苦之，則將聞車馬之音，見羽旄之美，舉疾首蹙頞而相告，可不謹乎？徒非其地而必書，❶是《春秋》謹於微之意也。每謹於微，然後王德全矣。

夏，天王使宰渠伯糾來聘。

宰，冢宰也。渠，氏。伯，爵。糾，其名也。王朝公卿書爵，大夫書字，上士、中士書名，下士書人，例也。糾位六卿之長，降從中士之例而書名，貶也。於糾何貶乎？在周制，大司馬九伐之法，諸侯而有「賊殺其親則正之，放弒其君則殘之」。桓公之行，當此二者，舍曰不討，而又聘焉，失天職矣。操刑賞之柄以御下者，王也；論刑賞之法以詔王者，宰也。以經邦國，則有治典；以安邦國，則有教典；以平邦國，則有政典；以詰邦國，則有刑典。治、教、政、刑而謂之典，明此天下之大常也。大宰所掌而獨謂之建，以此典大宰之所定也。乃爲亂首，承命以聘弒君之賊乎？故特貶而書名，以見宰之非宰也。聘于弒君之賊而名其宰，則桓公没，王使榮叔來錫命矣，榮叔何以書字而不名也？始而來聘，冢宰書名以見貶；終而追錫，王不稱天以示譏，其義備矣。夫晅賵仲子，糾聘桓公，其事皆三綱之所繫也，然晅獨書官，糾兼稱爵，何也？如晅者，豈初得政猶未受封，而糾則

❶「徒」，鄭本作「以」。

或以諸侯入相，或既相而已封者乎？漢初命相，必擇列侯爲之，後用公孫，因相而得封，蓋欲倣古重其任也。任之重，則責益深矣。嫡妾之分，君臣之義，天下之大倫，無所輕重。糾以既封，故兼稱爵，見《春秋》責相之意也。

春秋傳卷第五

桓公中

五年，春，正月，甲戌，己丑，陳侯鮑卒。

夏，齊侯、鄭伯如紀。

按《左氏》：「齊、鄭朝紀，欲以襲之。紀人知之。」夫如者，朝詞也，尊不朝乎卑，大不朝乎小。紀之爲紀，微乎微者也。齊在東州，尊則方伯，鄭亦大國也，並驅而朝紀，乃懷詐諼之謀，欲以襲之，而不虞紀人之覺也，其志憯矣。此外相如爾，何以書？紀人主魯，故來告其事。魯史承告，故備書于策。夫子修經，存而不削者，以小國恃大國之安靖已，而乃包藏禍心以圖之，亦異於興滅國、繼絶世之義矣，故存而不削，❶以著齊人滅紀之罪，明紀侯去國之由，劉敞《意林》所謂「聖人誅意之効」是也。

天王使仍叔之子來聘。

「仍叔之子」云者，譏世官非公選也。帝王不以私愛害公選，故仕者世禄而不世官。任之不以其賢也，使之不以其能也，卿大夫子弟以父兄故而見使，則非公選，而政由是敗矣。上世有自野耕釣渭，❷擢居輔相，而人莫不以爲宜。伊陟象賢，復相大戊，丁公世美，入掌兵權，不以世故疑之也。崇伯殛死，禹作司空，蔡叔既囚，仲爲卿士，亦不以其父故廢之也，惟其公而已矣。及周之衰，小人得政，視朝廷官爵爲己私，援引親黨，分據要途，施及童稚，賢者退處於蓽門，老身而不用，公道不行，然後夷狄侵陵，國家傾覆，雖有智者，不能善其後矣。《春秋》書武氏、仍叔之子云者，戒後世人主徇大臣私意，而用其子弟之弱者居公選之地，以敗亂其國家，欲其深省之也。

葬陳桓公。

---

❶ 「不」，鄭本作「弗」。

❷ 「野耕」，黄修本、鄭本作「耕野」。

城祝丘。

秋，蔡人、衛人、陳人從王伐鄭。

按《左氏》：「王奪鄭伯政，鄭伯不朝。王以諸侯伐鄭，鄭伯禦之。戰于繻葛，王卒大敗。」《春秋》書王必稱天者，所章則天命也，所用則天討也。王奪鄭政而怒其不朝，❶以諸侯伐焉，非天討也，故不稱天。或曰：鄭伯不朝，惡得爲無罪？曰：桓公弒君而自立，宋督弒君而得政，天下大惡，人理所不容也，則遣使來聘而莫之討。鄭伯不朝，貶其爵可也，何爲憤怒自將以攻之也？移此師以加宋、魯，誰曰非天討乎？《春秋》天子之事，述天理而時措之也，既譏天王以端本矣。三國以兵會伐，則言從王者，又以明君臣之義也。君行而臣從，正也。「戰于繻葛」而不書戰，「王卒大敗」而不書敗者，又以存天下之防也。三綱，軍政之本，聖人寓軍政於《春秋》，而書法若此，皆裁自聖心，非國史所能與也。

大雩。

大雩者，雩于上帝，用盛樂也。諸侯雩于境内之山川爾。魯，諸侯而郊禘、大雩，欲悉書於策，則有不勝書，故雩祭則因旱以書而特謂之大，郊禘亦因事以書而義自見。此皆國史所不能與，君子以謂性命之文是也。諸侯不得祭天地，大夫不得祭山川，士庶人不敢以他人祖禰祭於己之寢，禮也。故季氏旅於泰山，子曰：「嗚呼，曾謂泰山不如林放乎？」明乎《春秋》所書郊禘、大雩之義，則知聖人「治國如指諸掌」之説矣。

螽。

冬，州公如曹。

按《左氏》：「淳于公如曹。度其國危，遂不復。」天子三公稱公，王者之後稱公。州公，諸侯而稱公者，昔畢高以父師而保釐東土，衛武以列國而入相于周，蓋與後世出入均勞之意同，此其所以稱公也。外相如不書，此何以書？將有其末，故先録其本。

六年，春，正月，寔來。

按《左氏》：「自曹來朝。書曰『寔來』，不復其國也。」寔者，州公名也。《春秋》之法，諸侯不生名，失地、滅同姓則名。正名，經世之本，名正而天下定矣。或曰：諸侯失國而後託於諸侯，孟子以爲禮也。今州公來朝，將以

❶「鄭」下，鄭本有「伯」。

諸侯之禮接之乎？則《春秋》乃書其名；將以匹夫之賤畜之乎？孟子乃以託國爲禮。將何處而可？曰：世衰道微，諸侯放恣，强陵弱，衆暴寡，夫子不能正，方伯不能治，其有壤地褊小，迫乎大國之間而失國，是不幸焉，非其罪也，則以諸侯之禮接之可也。若譚子在莒，弦子在黄，温子在衛，雖失國出奔，而《春秋》不名，義可見矣。若夫不能修道以正其國，或棄賢保佞，或驕奢淫縱，或用兵暴亂，自底滅亡，如蔡獻舞、邾益、曹陽、州寔之徒，皆其自取焉耳，則待之以初，乃禮之過也。觀《春秋》名與不名，則知所以處寓公之禮，與强爲善自暴棄者之勸戒矣。

夏，四月，公會紀侯于郕。

秋，八月，壬午，大閲。

大閲，簡車馬也。周制，大司馬中冬大閲，教衆庶修戰法。獨詳於三時者，爲農隙故也。書「八月」，不時矣。以鼓，則王執路鼓，諸侯執賁鼓；以旗，則王載太常，諸侯載旗；以殺，則王下大綏，諸侯下小綏。其禮固亦不同也。書「大閲」，非禮矣。先王寓軍政於四時之田，訓民禦暴，其備豫也。懼鄭忽，畏齊人，不因田狩而閲兵車，厲農失政甚矣，何以保其國乎？《春秋》非特以不時非禮書也，乃「天未陰雨，徹彼桑土，綢繆牖户」之意。

蔡人殺陳佗。

佗弑大子而代其位，至是踰年，不成之爲君者，以賊討也。書「蔡人」以善蔡，書「陳佗」以善陳。善蔡者，以蔡人知佗之爲賊；善陳者，以陳國不以佗爲君。知其爲賊故稱人，稱人，討賊之詞也。不以爲君故稱名，稱名，當討之賊也。魯桓弑君而鄭伯與之盟，宋督弑君而四國納其賂，則不知其爲賊矣。齊商人弑君者，及其見殺則稱位；蔡般殺父者，❶及其見殺則稱爵。是齊、蔡國人皆以爲君矣。聖人於此，抑揚與奪，遏人欲於横流，存天理於既滅，見諸行事，可謂深切著明矣。簒弑之賊，外則異國皆欲致討而不赦，内則國人不以爲君而莫之與，誰敢勸於爲惡？故曰：「孔子成《春秋》而亂臣賊子懼。」

九月，丁卯，子同生。

適冢始生，即書于策，與子之法也。唐、虞禪，夏后、殷、

❶「殺」，鄭本作「弑」。

周繼，《春秋》兼帝王之道，賢可禪，則以天下爲公，而不拘於世及之禮；子可繼，則以天下爲家，而不必於讓國之義。萬世之通道也。與賢者貴於得人，與子者定於立嫡。傳子以嫡，天下之達禮也，故有君薨而世子未生之禮，植遺腹，朝委裘，而天下不亂者，以名分素明而民志定也。經書「子同生」，所以明與子之法，正國家之本，防後世配嫡奪正之事，垂訓之義大矣。此世子也，其不曰世子，何也？天下無生而貴者，誓於天子，然後爲世子。

冬，紀侯來朝。

按《左氏》：「會于郕，咨謀齊難也。冬來朝，請王命以求成于齊也。公告不能。」孟子曰：「觀近臣以其所爲主，觀遠臣以其所主。」主者，成敗之機，榮辱之本也。昭公棄晉主齊，至於客死；鄭伯逃齊主楚，終以乞盟。觀其所主，而榮辱成敗見矣。魯桓者，弑君之賊，人人之所同惡，夫人得而討之也，而主之以求援，其能國乎？然則何以免於貶？志不在於朝桓也。

七年，春，二月，己亥，焚咸丘。

咸丘，地名也。《易》稱「王用三驅」，在《禮》「天子不合圍，諸侯不掩群」，夫子「釣而不綱，弋不射宿」，皆愛物之意也。推此心以及物，至於鳥獸若，草木裕，無淫獵之過矣。書「焚咸丘」，所謂焚林而田也。

夏，穀伯綏來朝。鄧侯吾離來朝。

《春秋》之法，諸侯不生名。穀伯、鄧侯何以名？桓，天下之大惡也，執之者無禁，殺之者無罪。穀伯、鄧侯越國踰境，相繼而來朝，即大惡之黨也，故特貶而書名，與失地、滅同姓者比焉。經於朝桓者，或貶爵，或書名，或稱人，以深絶其黨，撥亂之法嚴矣。誅止其身而黨之者無罪，則人之類不相賊殺，爲禽獸也幾希。

四時具然後成歲，故雖無事必書首時。今此獨於秋、冬闕焉，何也？立天之道曰陰陽，陽居春、夏，以養育爲事，所以生物也，王者繼天而爲之子，則有賞；陰居秋、冬，以肅殺爲事，所以成物也，王者繼天而爲之子，則有刑。賞以勸善，非私與也，故五服五章謂之天命；刑以懲惡，非私怒也，故五刑五用謂之天討。古者賞以春、夏，刑以秋、冬，象天道也。桓弟弑兄、臣弑君，而天討不加焉，是陽而無陰，歲功不能成矣，故特去秋、冬二時，以志當世之失刑也。獨於四年、七年闕焉，何也？按周制大司馬，諸侯而有「賊殺其親則正之，放弑其君

則殘之」。桓弒隱公而立，大司馬「九伐之法」雖未之舉，猶有望也，及使冢宰下聘，恩禮加焉，則天下之望絶矣，故四年宰糾書名，而去秋、冬二時，以見天王之不復能用刑也。田常弒其君，孔子請討之，以從大夫之後，不敢不告也。桓弒隱公而立，雖方伯連帥環視而未之恤，猶有望也，及穀、鄧二國自遠來朝，則天下諸侯莫有可望者矣，故七年穀伯、鄧侯各書其名而去秋、冬二時，以見諸侯之不復能修其職也。然則見之行事，不亦深切著明矣乎！故曰：「《春秋》成而亂臣賊子懼。」

八年，春，正月，己卯，烝。

按《周官・大司馬》，烝以中冬。今魯烝以春正月，其不同，何也？《周書》有《周月》以紀政，而其言曰：「夏數得天，百王所同。其在商、周，革命改正，示不相沿。至于敬授民時，巡狩承享，❶猶自夏焉。」然則司馬「中冬教大閱，獻禽以享烝」，所謂「自夏」。而魯之烝祭在春正月，見《春秋》用周正紀魯事也。而穀梁子乃曰：「烝，冬事也，春興之，志不時也。」是以閉蟄而烝爲是，與周制異矣。《春秋》非以不時志也，爲再烝見瀆書也。

天王使家父來聘。

下聘弒逆之人而不加貶，何也？既名冢宰於前，其餘無責焉，乃同則書重之義，以此見《春秋》任宰相之專，而責之備也。虞史以人主、大臣爲一體，《春秋》以天王、宰相爲一心。以爲一體，故帝庸作歌，則曰「股肱喜哉，元首起哉，百工熙哉」；臯陶賡歌，則曰「元首明哉，股肱良哉，庶事康哉」，而垂、益九官之徒不與也。以爲一心，故歸賵仲子、會葬成風，則宰咺書名於前，而王不稱天於後；來聘桓公、錫桓公命，則宰糾書名以正其始，王不稱天以正其終，而榮叔、家父之徒不與也，故人主之職在論相而止矣。

夏，五月，丁丑，烝。

《春秋》之文有一句而包數義者，有再書而一貶者。「戎伐凡伯于楚丘以歸」之類，一句而包數義；「春，正月，己卯，烝」、「夏，五月，丁丑，烝」，再書而一貶。

秋，伐邾。

冬，十月，雨雪。

❶「承」，鄭本作「烝」。按《逸周書・周月解》作「祭」，孫詒讓《周書斠補》疑宋本作「烝」。

祭公來，遂逆王后于紀。

劉敞曰：「祭公，王之三公也。曷爲不稱使？不與王之使祭公也。師傅之官，坐而論道，其任重矣。今其來魯，乃命魯侯以婚姻之事者也。若是則大夫可矣，何必三公？任之重，使之輕，故祭公緣此義，得專命不報，遂行如紀，而王以輕使爲失，祭公以遂行爲罪矣。」此説是也。爲之節者，宜使卿往逆，公監之，則於禮得矣。使祭公命魯主婚姻之事，則曰不可。卿往而公監之，何以可乎？命魯輕矣，卿往公監之，重矣。官師從單靖公逆王后于齊，劉夏非卿而書，靖公合禮則不書，故先儒以爲「使卿逆，公監之」，禮也。

九年，春，紀季姜歸于京師。

往逆則稱「王后」，既歸何以書「季姜」？自逆者而言，則當尊崇其匹，❶內主六宮之政，使妃妾不得以上僭，故從天王所命而稱「王后」，示天下之母儀也。自歸者而言，則當樛屈逮下，使夫人嬪婦皆得進御於君，而無嫉妒之心。故從父母所子而稱「季姜」，化天下以婦道也。其詞之抑揚上下，進退先後，各有所當而不相悖，皆正始之道，王化之基，《春秋》之所謹也。京師者，衆大之稱。

夏，四月。

秋，七月。

冬，曹伯使其世子射姑來朝。

按《周官·典命》：「凡諸侯之適子，誓於天子，而攝其君，則下其君之禮一等；未誓，則以皮帛繼子男。」世子固有出會朝聘之儀矣，然攝其君、繼子男者，謂諸侯朝於天子，有時而不敢後，故老疾者使世子攝己事以見天子，急述職也。諸侯閒於王事則相朝，其禮本無時。曹伯既有疾，何急於朝桓，而使世子攝哉？大位，姦之窺也。危病，邪之伺也。世子，君之貳也。君疾而儲副出，啓窺伺之心，危道也。當享而射姑歎，踰月而終生卒，其有疾明矣。而使世子來，終生之過也。世子將欲已乎，則方命矣。曰：孝子盡道，以事其親者也。不盡道而苟焉以從命爲孝，又焉得爲孝？故尸子曰：「夫已，多乎道。」

十年，春，王正月。

❶「匹」，原作「四」，今據黄修本、鄭本改。

桓無王，今復書王，何也？十者，盈數也。天道十年則亦周矣，人事十年則亦變矣。故《易》稱「守貞」者，十年而必反；傳論「遠惡」者，十年而必棄。桓公至是，其數已盈，宜見誅於天人矣。十年書王，紀常理也。有習於穀梁子而不得其傳者，見二年書王，以爲「正與夷之卒」，此年書王，而曹伯適薨，遂附益之，以爲「正終生之卒」，誤矣。果正諸侯之卒，不緣篡弑者，陳侯鮑在五年之正月，曷不書王以正其卒乎？

庚申，曹伯終生卒。

夏，五月，葬曹桓公。

秋，公會衛侯于桃丘，弗遇。

弗者，遷詞，惡失信也。衛初約魯會于桃丘，至是中變而從齊、鄭，於是乎有郎之師。其戰于郎，直書曰來；盟于惡曹，俱奪其爵。則桃丘之弗遇也，蓋惡衛侯之失信矣。桃丘，衛地。

冬，十有二月，丙午，齊侯、衛侯、鄭伯來戰于郎。

《春秋》加兵于魯衆矣，未有書「來戰」者，此獨不稱侵伐，而以「來戰」爲文，何也？兵，凶器，戰，危事，聖人之所重也。誅暴禁亂，敵加於己，蓋有不得已而應之者矣，未有悖道縱欲，得已不已，而先之者也。魯桓弑立，天下大惡，人人之所得討也。鄭伯則首盟于越以定其位，齊侯則繼會于稷以濟其姦，曾不能修方伯之職，駐師境上，聲罪致討，伸天下之大義也。今特以私忿小怨，親帥其師戰于魯境，尚爲知類也哉！此《春秋》之所必誅而不以聽也，故以三國爲主而書「來戰于郎」。鄭人主兵而首齊，猶衛州吁主兵而先宋。

春秋傳卷第六

桓公下

十有一年，春，正月，齊人、衛人、鄭人盟于惡曹。

盟會皆君臣之禮，故微者之盟會不志于《春秋》，凡《春秋》所志，必有君與貴大夫居其間者也。惡曹之盟，即三國之君矣。既不以道興師爲郎之戰，又結怨固黨爲惡曹之盟，故前書其爵而以「來戰」著罪，後書此盟而以奪爵示貶。

夏，五月，癸未，鄭伯寤生卒。

鄭莊公志殺其弟，使餬其口於四方，自以爲保國之計得也。然身没未幾，而世嫡出奔，庶孽奪正，公子互争，兵革不息，忽、儀、亹、突之際，其禍憯矣。亂之初生也，起於一念之不善，後世則而象之，至於兄弟相殘，國内大亂，民人思保其室家而不得，不亦酷乎？有國者所以必循天理，而不可以私欲滅之也。莊公之事，可以爲永鑒矣。

秋，七月，葬鄭莊公。

九月，宋人執鄭祭仲。

祭仲，鄭相也，見執於宋，使出其君而立不正，罪較然矣。何以不名？命大夫也。命大夫而稱字，非賢之也，乃尊王命、貴正卿，大祭仲之罪，以深責之也。其意若曰：以天子命大夫爲諸侯相，而執其政柄，事權重矣，固將下庇其身，而上使其君保安富尊榮之位也。今乃至於見執，廢絀其君，而立其非所立者，不亦甚乎？任之重者責之深，祭仲無所逃其罪矣。《春秋》美惡不嫌同詞，突之書名，則本非有國，由祭仲立之也；若忽則以世嫡之正，至於見逐，不能立乎其位，貴賤之分亡矣。凡此類抑揚其詞，皆仲尼親筆，非國史所能與，而先儒或以從赴告而書者，殊誤矣。或曰：孔父賢而書名，則曰禮之大節也。今此則名其君於下，而字其臣於上，何以異乎？曰：《春秋》者，輕重之權衡也。變而

不失其正之謂權，常而不過於中之謂正。宋殤、孔父道其常，祭仲、昭公語其變，惟可與權者其知之矣。

突歸于鄭。

突不稱公子，絶之也。小白入于齊，則曰「齊小白」，突歸于鄭，何以不稱「鄭突」乎？以小白繫之齊者，明桓公之宜有齊也。不以突繫之鄭者，正厲公不當立也。突不當立，何以書「歸于鄭」乎？《春秋》書歸有二義：一易詞也，一順詞也。其書入亦有二義：一難詞也，一逆詞也。突以庶奪正，固爲不順矣，然内則權臣許之立，外則大國爲之援，而世子忽之才不能以自固也，則其歸無難，故穀梁子曰：「歸，易詞也。」

鄭忽出奔衛。

忽以國氏，正也。出奔而名，不能君也。攷於《詩》：《有女同車》，刺無大國之助也；《山有扶蘇》，所美非美然也；《蘀兮》，君弱臣强，不唱而和也；《狡童》，不能與賢臣圖事，權臣擅命也。夫以狡童目其君，聖人猶録其詩，所以見忽之失國，亦其自取，非獨仲之罪矣。或曰：詩人刺忽之不昏于齊，至於見逐。欲固其位者，必待大國之援乎？曰：此獨爲鄭忽言也。如忽之爲人，苟無大援，則不能立爾。若夫志士仁人，卓然有以自立者，進退之權在我矣。鄭自五霸之後，益以侵削，他日子産相焉，馳詞執禮以當晉、楚，至於壞諸侯之館垣，却逆女之公子于野，皆變其常度，以晉、楚之强，卒莫能屈，亦待大國之助乎！然則仲見脅，忽出奔，咸其自取焉爾。《春秋》書法如此，欲人自强於爲善也。

柔會宋公、陳侯、蔡叔盟于折。公會宋公于夫鍾。冬，十有二月，公會宋公于闞。

臣與宋公盟于折，君與宋公會于夫鍾、于闞、于虚、于龜，皆存而不削，何其詞費也？曰：盟者，《春秋》所惡，而屢盟以長亂；會者，諸侯所不得，而數會以厚疑。聖人皆存而不削，於以見屢盟而卒叛，數會而卒離，其事可謂著明矣。是故《春秋》之志，在於天下爲公，講信修睦，不以會盟爲可恃也。

十有二年，春，正月。

夏，六月，壬寅，公會杞侯、莒子盟于曲池。

秋，七月，丁亥，公會宋公、燕人盟于穀丘。

八月，壬辰，陳侯躍卒。

公會宋公于虛。

冬，十有一月，公會宋公于龜。

丙戌，公會鄭伯盟于武父。

丙戌，衛侯晉卒。

十有二月，及鄭師伐宋。丁未，戰于宋。

既書「伐宋」，又書「戰于宋」者，責賂於鄭而無厭，屢盟于魯而無信者，宋也。二國聲其罪以致討，故書曰伐。夫宋人之罪，則固可伐矣。然取其賂以立督者，魯桓也；資其力以簒國者，鄭突也。無諸己，然後可以非諸人。《春秋》之義，用賢治不肖，不以亂易亂也，故又書曰「戰于宋」。來戰者，罪在彼，「戰于郎」是也；往戰者，罪在內，「戰于宋」是也。

十有三年，春，二月，公會紀侯、鄭伯。

己巳，及齊侯、宋公、衛侯、燕人戰，齊師、宋師、衛師、燕師敗績。

《左氏》以爲鄭與宋戰，《公羊》以爲宋與魯戰，《穀梁》以爲紀與齊戰。趙匡攷據經文，内兵則以紀爲主而先於鄭，外兵則以齊爲主而先於宋，獨取《穀梁》之說。蓋齊、紀者，世讎也。齊人合三國以攻紀，魯、鄭援紀而與戰。戰而不地，於紀也。不然，紀懼滅亡不暇，何敢將兵越國助魯、鄭以增怨乎？齊爲無道，恃强陵弱，此以紀爲主，何也？彼爲無道，加兵於己，必有引咎責躬之事，禮義辨喻之文，猶不得免焉，則亦固其封疆，効死以守，上訴諸天子，下告諸方伯連率與鄰國之諸侯，其必有伸之者矣。不如是而憤然與戰，豈已亂之道乎？力同度德，動則相時，小國讎大國而幸勝焉，禍之始也。息伐鄭而亡，鄭勝蔡而懼，蔡敗楚而滅。今紀人不度德、不量力、不徵詞，輕與齊戰，而爲之援者，弑君之賊、簒國之人也，不能保其國，自此戰始矣。《春秋》以紀爲主，省德相時，自治之意也。

三月，葬衛宣公。

葬自内録也，既與衛人戰，曷爲葬宣公？怨不棄義，怒不廢禮，是知古人以葬爲重也。禮，喪在殯，孤無外事。衛宣未葬，朔乃即戎，已爲失禮，又不稱子，是以吉服從金革之事，其爲惡大矣。凡此類據事直書，年月具存，而惡自見也。

夏，大水。

秋，七月。

冬，十月。

十有四年，春，正月，公會鄭伯于曹。

無冰。

按《豳風·七月》，周公陳王業之詩也，其詞曰：「二之日鑿冰沖沖，三之日納于凌陰，四之日其蚤，獻羔祭韭。」《周官》陵人之職，頒冰於夏，其藏之也，固陰冱寒，於是乎取，其出之也，賓食喪祭，於是乎用。藏之周，用之徧，亦理陰陽天地之一事也。今在仲冬之月，燠而無冰，則政治縱弛不明之所致也，故書于策。夫《春秋》所載，皆經邦大訓，而書法若此，其察於四時寒暑之變詳矣。

夏五。

「夏五」，傳疑也，疑而不益，見聖人之慎也。故其自言曰：「吾猶及史之闕文也。」其語人曰：「多聞闕疑，慎言其餘，則寡尤。」而世或以私意改易古書者有矣，盍亦視此爲鑒可也。然則《春秋》何以謂之「作」？曰：其義則斷自聖心，或筆或削，明聖人之大用；其事則因舊史，有可損而不能益也。

鄭伯使其弟語來盟。

來盟稱使，則前定之盟也。其不稱使，如楚屈完、齊高子，則權在二子，盟不盟特未定也。諸侯之弟兄，❶例以字通，而書名者，罪其有寵愛之私，非友于之義也。

秋，八月，壬申，御廩災。

門觀災而新作則書，御廩粢盛之所藏，其新必矣，何以不書？營宮室以宗廟爲先，重本也。御廩災而新則不書，常事也。以爲常事而不書，垂教之意深矣。知其説者，然後知有國之急務，爲政之後先，雖勤於工築，而民不怨勞，與妄興土木、困民力以自奉者異矣。

乙亥，嘗。

嘗祭，時事之常，則何以書？志不時與不敬也。《春秋》紀事用周月，而以八月嘗，則不時也。御廩災于壬申，而嘗以乙亥，是不改卜而供未易災之餘，則不敬也。禮以時爲大，施於事則不時；禮以敬爲本，發於心則不敬，故書。

冬，十有二月，丁巳，齊侯禄父卒。

宋人以齊人、蔡人、衛人、陳人伐鄭。

❶「弟兄」，黄修本、鄭本作「兄弟」。

師而曰「以」者，能左右之以行己意也。宋怨鄭突之背己，故以四國伐鄭；魯怨齊人之侵己，故以楚師伐齊；蔡怨囊瓦之拘己，故以吴子伐楚。蔡弱於吴，魯弱於楚，宋與蔡、衛、陳敵而弱於齊，乃用其師以行己意，故特書曰「以」。列國之兵有制，皆統乎天子，而敢私用之與私爲之，用以伐人國，大亂之道也。故穀梁子曰：「以者，不以者也。」

十有五年，春，二月，天王使家父來求車。

遣使需索之謂求。王畿千里，租税所入足以充費，不至於有求。四方諸侯，各有職貢，不至於來求。以喪事而求貨財，已爲不可，況車服乎？經於求賻、求車、求金，皆書曰「求」，垂後戒也。夫上有好者，下必有甚焉者矣。王者有求，下觀而化，諸侯必將有求以利其國，大夫必將有求以利其家，士庶人必將有求以利其身，皇皇焉唯恐不足，未至於簒弑奪攘則不厭矣。古之君人者，必昭儉德以臨照百官，尊卑登降各有度數，示等威、明貴賤，民志既定之後，皆安其分而無求，兵刑寢矣。及侈心一動，莫爲防制，必至於亢不衷，官失德，廉耻道喪，寵賂日章，淪於危亡而後止也。觀《春秋》所書，則見王室衰亂之由，而知興衰撥亂之説矣。

三月，乙未，天王崩。

夏，四月，己巳，葬齊僖公。

五月，鄭伯突出奔蔡。

按《左氏》：「祭仲專，鄭伯使其壻雍糾殺之。❶雍姬知之，以告仲。仲殺雍糾，公出奔蔡。」是祭仲逐之也，没而不書，其義何也？陸淳曰：「逐君之臣，其罪易知也。君而見逐，其惡甚矣。聖人之教，在乎端本清源，故凡諸侯之奔皆不書所逐之臣，而以自奔爲名，所以警乎人君。」其説是也。夫君實有國，而出於臣，乃其自取焉耳。本正而天下之事理矣。

鄭世子忽復歸于鄭。

忽嘗嗣位君其國，歸而獨稱「世子」，則亡其君位明矣。其稱「復歸」者，謂既絶而復歸也。然諸侯失國出奔，歸而稱復則可；大夫失位出奔，歸而稱復則不可。古者諸侯世國，大夫不世官。或曰：復，厭詞也。

許叔入于許。

許，大岳之裔。先王建國，迫於齊、鄭，不得奉其社稷，

---

❶「伯」下，鄭本有「患之」二字。按《左傳》有此二字。

未聞可滅之罪也，則當伸大義，以直詞上告諸天王，下赴諸方伯，求復其國，糞除宗廟，孰能與之争？ 今乃因亂竊入，則非復國之義。 故書「入于許」。「入」云者，難詞也。

公會齊侯于艾。

邾人、牟人、葛人來朝。

《公羊》曰：「皆何以称人？ 夷狄之也。」其狄之何？ 天王崩，不奔喪，而相率朝弑君之賊也。

秋，九月，鄭伯突入于櫟。

經於厲公復國削而不書，獨書「入于櫟」，何也？ 夫制邑之死虢君，共城之叛大叔，皆莊公所親戒也。 今又城櫟而寘子元焉，使昭公不立，何謀國之誤也！ 衛有蒲、戚而出獻公，楚有陳、蔡、不羹而叛棄疾。 末大必折，有國之害也。 故夫子行乎季孫曰：「古者家不藏甲，邑無百雉之城。」遂墮三都以張公室。 於厲公復國削而不書者，若曰既入于櫟，則其國已復矣，於以明居重馭輕，强幹弱枝，以身使臂之義，爲天下與來世之鑒也。 爲國者可不謹於禮乎？ 《春秋》此義，皆小康之事，衰世之意也。

冬，十有一月，公會宋公、衛侯、陳侯于袲，伐鄭。

《左氏》曰：「將納厲公也，弗克而還。」《穀梁》曰：「地而後伐，疑詞，非其疑也。」昭公與突之是非邪正亦明矣。 然昭公雖正，其才不足以君一國之人，復歸于鄭，日以微弱；厲公雖篡，其智足以結四鄰之援，既入于櫟，日以盛强。 諸侯不顧是非而計其强弱，始疑於輔正，終變而與邪。《穀梁》所謂「非其疑」者，非其疑於爲義，而果於爲不義，相與連兵動衆，納篡國之公子也。 故詳書其會地，而後言伐以譏之也。

十有六年，春，正月，公會宋公、蔡侯、衛侯于曹。 夏，四月，公會宋公、衛侯、陳侯、蔡侯伐鄭。

春正月會于曹，蔡先於衛。 夏四月伐鄭，衛先於蔡。 王制諸侯之爵次，其後先固有序矣。 在《周官·大司馬》「設儀辨位，以等邦國」，猶天建地設，不可亂也。 及春秋時，禮制既亡，霸者以意之向背爲升降，諸國以勢之强弱相上下。 蔡嘗先衛，今序陳下者，先儒以爲後至也。 以至之先後易其序，是以利率人，而不要諸禮也，

豈所以定民志乎？後世有以濃賞誘人之趨事赴功，❶以重罰沮人之奉公守正，意亦如此。夫亂之所由生也，則儀位以爲階。《春秋》防微杜漸，尤嚴於名分，考其所書，意自見矣。

秋，七月，公至自伐鄭。

伐鄭則致，罪之也。曷爲罪之？以納突也。諸侯失國，諸侯納之，正也。伐鄭以納突，非正也。故書至，以罪桓之上無王法，恣爲不義，而莫之禁也。

冬，城向。

十有一月，衛侯朔出奔齊。

十有七年，春，正月，丙辰，公會齊侯、紀侯盟于黄。

二月，丙午，公會邾儀父盟于趡。

五月，❷丙午，及齊師戰于奚。

六月，丁丑，蔡侯封人卒。

秋，八月，蔡季自陳歸于蔡。

季，字也。歸，順詞。蔡季之去，以道而去者也；其歸，以禮而歸者也。公子不去國，季何以去？權也。既歸何以不有國？獻舞立矣。若季者，劉敞所謂「智足以與權而不亂，力足以得國而不居，遠而不攜，邇而不迫者也」，是以見貴於《春秋》。

癸巳，葬蔡桓侯。

啖助曰：「蔡桓何以稱侯？蓋蔡季之賢，知請謚也。」人亦多愛其君者，莫能愛君以禮，而季能行之，此賢者所以異於衆人也。或曰：葬未有不稱公者，其稱侯，傳失之爾。臣子之於君，極其尊而稱之，禮也。其説誤矣。孔子疾，子路使門人爲臣，子曰：「無臣而爲有臣，吾誰欺？欺天乎？」曾子疾革而易簀，曰：「吾得正而斃焉，斯已矣。」故終而必安於正。人子不以非所得而加之於父，是爲孝；人臣不以非所得而加之於君，是爲忠。極其尊而稱之，不正之大者，而可以爲禮哉？或曰：魯君生而稱公，亦非禮乎？曰：生而稱公爲虚位，禮之文也；没而繫謚爲定名，禮之實也。《春秋》諸侯雖伯子男葬皆稱公，志其失禮之實，爲後世戒，欲其

❶「濃」，鄭本作「醲」。

❷「五」上，鄭本有「夏」字。按《公羊傳》無「夏」字，《左傳》、《穀梁傳》有「夏」字。

以正終也，其垂訓之義大矣。

及宋人、衛人伐邾。

冬，十月，朔，日有食之。

十有八年，春，王正月。

是年桓公已終，復書王者，春秋之時，諸侯放恣，弑君簒國者已列於會，則不復致討。故魯宣殺惡及視以取國，賂齊請會，而傳曰：「會于平州，以定公位。」曹伯負芻殺太子自立，見執於晉，而曹人請之曰：「若爲有罪，則君列諸會矣。」孔子爲此懼，作《春秋》於十八年復書王者，明弑君之賊，雖身已没，而王法不得赦也。又據桓十五年，天王崩，至是新君嗣立，三年之喪畢矣，明弑君之賊，雖在前朝，而古今之惡一也。然則簒弑者不容於天地之間，身無存没，時無古今，皆得討而不赦，聖人之法嚴矣。已列於會則不致討，可乎？故曰：「《春秋》成而亂臣賊子懼。」

公會齊侯于濼。

公與夫人姜氏遂如齊。

與者，許可之詞。曰「與」者，罪在公也。按《齊詩》惡魯桓微弱，不能防閑文姜，使至淫亂，爲二國患，而其詞曰：「敝笱在梁，其魚唯唯。齊子歸止，其從如水。」言公於齊姜，委曲從順，若水從地，無所不可，故爲亂者文姜，而《春秋》罪桓公，治其本也。《易》曰：「夫夫婦婦而家道正。」夫不夫則婦不婦矣。乾者，夫道也，以乘御爲才；坤者，婦道也，以順承爲事。《易》著於乾、坤述其理，《春秋》施於桓公見其用。

夏，四月，丙子，公薨于齊。丁酉，公之喪至自齊。

魯公弑而薨者，則以不地見其弑。今書桓公「薨于齊」，豈不没其實乎？前書「公與夫人姜氏如齊」，後書「夫人孫于齊」，去其姓氏，而莊公不書「即位」，則其實亦明矣。

秋，七月。

冬，十有二月，己丑，葬我君桓公。

《公羊》曰：「賊未討，何以書葬？讎在外也。」穀梁子曰：「讎在外者，不責踰國而討于是也。」夫桓公之讎在齊，則外也；隱公之讎在魯，則内也。在外者不責其踰國，固有任之者矣；在内者討于是，此《春秋》之法也。故十八年書「王」，而桓公書「葬」，惟可與權者，其知之矣。

春秋傳卷第七

莊公上

元年，春，王正月。

不書即位，内無所承，上不請命也。或曰：莊公嫡長，其爲儲副明矣，雖内無所承，上不請命，獨不可以享國而書即位乎？曰：諸侯之嫡子必誓於王，莊雖嫡長而未誓，安得爲國儲君副稱世子也？夫爲世子必誓於王，爲諸侯可以内無所承，上不請命，擅有其國，即諸侯之位耶？《春秋》絀而不書，父子君臣之大倫正矣。

三月，夫人孫于齊。

夫人，文姜也。桓公之弑，姜氏與焉，爲魯臣子者，義不共戴天矣。嗣君，夫人所出也，恩如之何？徇私情則害天下之大義，舉王法則傷母子之至恩，此國論之難斷者也。經書「夫人孫于齊」，而恩義之輕重審矣。梁人有繼母殺其父者，而其子殺之，有司欲當以大逆。孔季彦曰：「文姜與弑魯桓，《春秋》去其姜氏，傳謂『絶不爲親，禮也』。夫絶不爲親，即凡人耳。方諸古義，宜以非司寇而擅殺當之，不得以逆論也。」人以爲允。故通於《春秋》，然後能權天下之事矣。孫者，順讓之詞，使若不爲人子所逐，以全恩也。哀姜去而弗返，文姜即歸于魯，例以「孫」書，何也？與聞弑桓之罪已極，有如去而弗返，深絶之也，然則恩輕而義重矣。《河廣》之詩，其詞何取？而聖人録于《國風》者，明宋襄公之重本，亦此義也，其垂訓遠矣。

夏，單伯逆王姬。

單伯者，吾之命大夫也。逆王姬，使我爲之主也。其不言「如」者，穀梁子以爲「義不可受於京師也」。躬君弑於齊，使之主婚姻，與齊爲禮，其義固不可受也。此明忘親釋怨，則無以立人道矣。

秋，築王姬之館于外。

魯於王室爲懿親，其主王姬亦舊矣。館於國中，必有常處，今特築之于外者，穀梁子以爲「仇讎之人非所以接

婚姻也，衰麻非所以接弁冕也」。知其不可，故特築之于外也。築之于外，得變之正乎？曰：不正。有三年之喪，天王於義不當使之主；有不戴天之讎，莊公於義不可爲之主。築之於外之爲宜，不若辭而弗主之爲正也，是以君子貴端本焉。或曰：天王有命，固不可辭，使單伯逆于京師，上得尊周之義，爲之築館于外，下未失居喪之禮，奚爲不可？曰：以常禮言之，可也。今莊公有父之讎，方居苫塊，此禮之大變也，而爲之主婚，是廢人倫滅天理矣。《春秋》於此事一書再書又再書者，其義以復讎爲重，示天下後世臣子不可忘君親之意。故雖築館于外，不以爲得禮，而特書之也。

冬，十月，乙亥，陳侯林卒。

王使榮叔來錫桓公命。

啖助曰：「不稱天王，寵篡弒以瀆三綱也。」《春秋》書王必稱天，所履者天位也，所行者天道也，所賞者天命也，所刑者天討也。今桓公弒君篡國，而王不能誅，反追命之，無天甚矣。桓無王，王無天，其失非小惡也，與葬成風引爲夫人，使妾並嫡無以異，故其文一施之。范甯乃以出居于鄭、來聘、求車三事爲證，而謂「非義之所存」，誤矣。

王姬歸于齊。

魯主王姬之嫁舊矣。在他公時，常事不書，此獨書者，以歸于齊故也。逆于京師，築館于外，而不書「歸于齊」，則無以見其罪之在也；書「歸于齊」，而後忘親釋怨之罪著矣，《春秋》復讎之義明矣。

齊師遷紀郱、鄑、郚。

郱、鄑、郚者，紀三邑也。邑不言遷，遷不言師，其以師遷之者，見紀民猶足與守，而齊人强暴，用大衆以迫之爲己屬也。凡書遷者，自是而滅矣。《春秋》興滅國，繼絶世，則遷國邑者，不再貶而罪已見矣。

二年，春，王二月，葬陳莊公。

夏，公子慶父帥師伐於餘丘。

按二傳，於餘丘，邾邑也。國而曰伐，此邑爾，其曰伐何也？誌慶父之得兵權也。莊公幼年即位，首以慶父主兵，卒致子般之禍。於餘丘，法不當書，聖人特書以誌亂之所由，爲後戒也。魯在《春秋》中，見弒者三君，其賊未有不得魯國之兵權者。公子翬再爲主將，專會諸侯，不出隱公之命。仲遂擅兵兩世，入杞伐邾，會師救

鄭，三軍服其威令之日久矣。故翬弑隱公，而寪氏不能明其罪；慶父弑子般，而成季不能遏其惡；公子遂殺惡及視，而叔仲惠伯不能免其死，夫豈一朝一夕之故哉？《春秋》所書，爲戒遠矣。

秋，七月，齊王姬卒。

内女嫁爲諸侯妻則書卒，王姬何以書？比内女爲之服也。故《檀弓》曰：「齊告王姬之喪，魯莊公爲之大功。」或曰：由魯嫁，故爲之服姊妹之服。夫服，稱情而爲之節者也。莊公於齊王姬厚矣，如不共戴天之念何？此所謂「不能三年之喪而緦、小功之察」也，特卒王姬以著其罪。

冬，十有二月，夫人姜氏會齊侯于禚。

婦人無外事，送迎不出門，見兄弟不踰閾，在家從父，既嫁從夫，夫死從子。今會齊侯于禚，是莊公不能防閑其母，失子道也。故趙匡曰：「姜氏、齊侯之惡著矣，亦所以病公也。」曰：子可以制母乎？夫死從子，通乎其下，況於國君？君者，人神之主，風教之本也。不能正家，如正國何？若莊公者，哀痛以思父，諴敬以事母，❶威刑以督下，車馬僕從莫不俟命，夫人徒往乎？夫人之往也，則公威命之不行，哀戚之不至爾。

乙酉，宋公馮卒。

三年，春，王正月，溺會齊師伐衛。

穀梁子曰：「此公子溺也，其不稱公子，何也？惡其會仇讎，伐同姓，故貶而名之也。」有父之讎而釋怨，其罪大矣，況與合黨興師伐人國乎？

夏，四月，葬宋莊公。

五月，葬桓王。

《左氏》曰：「緩也。天子七月而葬，同軌畢至；諸侯五月，同盟至；大夫三月，同位至；士踰月，外姻至。」王崩，至是蓋七年矣。先儒或言「天子不志葬」，又以爲「不言葬者，常也」。夫事孰有大於葬天子者，而可以不志乎？死生終始之際，人道之大變，豈以是爲常事而不書也？

秋，紀季以酅入于齊。

大夫不得用地，公子不當去國，盜地以下敵，棄君以避患，非人臣也。故《春秋》之義，私逃者必書奔，有罪者

---

❶「諴」，鄭本作「諴」。

必加貶。今季不書奔，則非竊地也，不書名，則非貶也。諸侯兄弟貶則書名，宋辰、秦鍼之類是也；不貶則書字，蔡季、許叔之類是也。紀季所以不書奔者，有紀侯之命矣；所以不書名者，天下無道，强衆相陵，天子不能正，方伯不能伐，屈己事齊，請後五廟，其亦不得已而爲之者，非其罪也，所以無貶乎。「入」云者，難詞也。

冬，公次于滑。

穀梁子曰：「次，止也，有畏也。欲救紀而不能也。」《春秋》紀兵，伐而書次，以次爲善；救而書次，以次爲譏。次于滑，譏之也。魯、紀有婚姻之好，當恤其患；於齊有父之讎，不共戴天。苟能救紀抑齊，一舉而兩善并矣。見義不爲而有畏也，《春秋》之所惡，故書「公次于滑」以譏之也。或言：夫子意在刺無王命，若譏其怯懦，則當褒其勇者，《春秋》乃鼓亂之書。爲此言者誤矣。《易》於《謙》之六五，則曰「利用侵伐」；《師》之六四，則曰「左次無咎，進退勇怯」。顧義如何爾，豈可專以勇爲鼓亂而不與乎？

四年，春，王二月，夫人姜氏享齊侯襄于祝丘。

享者，兩君之禮，所以訓共儉也。兩君相見，享于廟中，禮也。犧象不出門，嘉樂不野合，非兩君相見，又去其國而享諸侯，甚矣。

三月，紀伯姬卒。

夏，齊侯、陳侯、鄭伯遇于垂。

蘇轍曰：「鄭伯，子儀也。桓十五年，書『突出奔蔡』、『忽歸于鄭』。是年九月，『突入于櫟』。十七年，高渠彌弒忽，立子亹。十八年，齊襄公殺子亹，鄭人立子儀。莊十四年，突使傅瑕殺子儀而入，則遇于垂者，子儀也。然則鄭有二君，可乎？《春秋》有一國而二君者，鄭突與儀、衛衎與剽是也。突、衎始終爲君，子儀君鄭十有四年，剽君衛十有一年，皆能君者也。故《春秋》因其實而君之。然則孰與？曰：皆不與也。突之入以篡，衎之出以惡，儀、剽雖國人所立，而突、衎在焉，非所以爲安也。故四人者，《春秋》莫適與也，皆不没其實耳。君子不幸而處於此，如子臧、季札可也，不如是則亂不止。」爲此説者，善矣。然而鄭伯實厲公也，非子儀也。

紀侯大去其國。

凡「大閲」、「大雩」、「大蒐」而謂之「大」者，譏其僭也。

「大無」者，志倉廩之竭也；「大去」者，土地人民、儀章器物，悉委置之而不顧也。或曰：以争國爲小而不爲，以去國爲大而爲之者也。夫守天子之土疆，承先祖之祭祀，義莫重焉，委而去之，無貶歟？曰：有國家者，以義言之，世守也，非身之所能爲，則當效死而勿去；以道言之，不以其所以養人者害人，亦可去而不守。於斯二者，顧所擇如何爾，然則擬諸大王去邠之事，其可以無愧矣。曰：大王去邠，從之者如歸市，紀侯去國，日以微滅，則何大王之可擬哉？故聖人與其不争而去，而不與其去而不存。與其不争而去，是以異於失地之君而不名；不與其去而不存，是故書「叔姬歸酅」而不録紀侯之卒，明其爲君之末矣。

六月，乙丑，齊侯葬紀伯姬。

葬紀伯姬，不稱齊人而目其君者，見齊襄迫逐紀侯，使之去國，雖其夫人在殯而不及葬，然後襄公之罪著矣。或曰：葬之，禮也，而以爲著其罪，何也？弑魯君，滅其婚姻之國而葬其女，是猶加刃於人以手撫之也，而可以爲禮乎？斥言齊侯，賤之也。或曰：惡其詐也。如紀似禮，存紀似義，葬伯姬似仁。惡似而非者，惡莠恐其亂苗也。

秋，七月。

冬，公及齊人狩于禚。

穀梁子曰：「齊人者，齊侯也，其曰人，何也？卑公之敵，所以卑公也。何爲卑公？不復讎而怨不釋，刺釋怨也。」父母之讎不共戴天，兄弟之讎不與同國，九族之讎不同鄉黨，朋友之讎不同市朝。今莊公於齊侯不與共戴天，則無時焉可通也。而與之狩，是忘親釋怨，非人子矣。夫狩者，馳騁田獵，其爲樂下主乎己；❶一爲乾豆，其事上主乎宗廟。以爲有人心者，宜於此焉變矣，故齊侯稱人而魯公書及，以著其罪。

五年，春，王正月。

夏，夫人姜氏如齊師。

師者，衆多之地。按《齊詩・載驅》，刺襄公無禮義，盛其車服，疾驅於通道大都，與文姜淫之詩也。其三章曰：「汶水湯湯，行人彭彭。魯道有蕩，齊子翱翔。」彭彭者，多貌也。其四章曰：「汶水滔滔，行人儦儦。魯道有蕩，齊子遊敖。」儦儦者，衆貌也。曰會、曰享，猶爲

❶「下」，原作「不」，今據黄修本、鄭本改。

之名也，至是如齊師，羞惡之心忘矣。❶夫人之行不可復制矣。《春秋》書此以戒後世，謹禮於微，慮患於早之意也。

秋，郳黎來來朝。

郳，國也。黎來，名也。國何以名？夷狄之附庸也。中國附庸例書字，郳儀父、蕭叔是也；夷狄附庸例書名，郳黎來、介葛盧是也。能修朝禮，故特書曰「朝」。其後王命以爲小邾子，蓋於此已能自進於禮矣。

冬，公會齊人、宋人、陳人、蔡人伐衛。

穀梁子曰：「是齊侯、宋公也，其曰人，何也？人諸侯，所以人公也。其人公何也？逆王命也。」桓公十六年「衛侯朔出奔齊」，經書其名者，以王命絶之也，又黨有罪以納之，故貶而稱人。

六年，春，王正月。

王人子突救衛。

王人，微者。子突，其字也。以下士之微，超從大夫之例而書字者，褒救衛也。朔陷其兄，使至於死，罪固大矣。然其父所立，諸侯莫得而治也，王治其舊惡而廢之可也。又藉諸侯之力，抗王命以入國，是故四國之君貶而稱人，王人之微嘉而書字。或曰：子突，王之子弟也。用兵大事，而委諸子弟，使無成功，故書人以譏之。必若此言，是《春秋》以成敗論事，而不計理也。使諸侯苟顧順逆之理，子突雖微，自足以申王命矣，彼既肆行，莫之顧也。雖天子親臨，將有請從如祝聃者，況其下乎？子突不勝五國，使之得入也，其亦不幸焉爾矣。幸不幸，命也。守義循理者，法也。君子行法以俟命，故其褒貶如此。

夏，六月，衛侯朔入于衛。秋，公至自伐衛。

入有二義：一難詞也，一逆詞也。朔藉諸侯之力，連五國之師，距王官之微者，以復歸于衛，其勢宜無難矣。而書入者，逆王命也。《春秋》大義，在於天下爲公，選賢與能，而不拘大人世及之禮。雖以正取國，未之貴也，況殺其兄，又逆王命乎？故衛朔書名、書入，以著其惡；王人書字、書救，以著其善。外則諸侯書人，内則莊公書至，而《春秋》之情見矣。

螟。

❶「忘」，黄修本、鄭本作「亡」。

冬，齊人來歸衛俘。

俘者，二傳以爲寶。按《商書》稱「遂伐三朡，俘厥寶玉」，則俘者正文也，寶者釋詞也。言齊歸衛寶，即知四國皆受朔之賂矣。《春秋》特書此事，結正諸侯之罪也。夫以弟弑兄，臣弑君，簒居其位，上逆天王之命，人理所不容矣。彼諸侯者，豈其弗察而援之甚力？則未有以驗其喪心失志，迷惑之端也。及書「齊人歸寶」，然後知其有欲貨之心，而後動於惡也。世衰道微，暴行交作，徇于貨寶，賄賂公行，使君臣父子兄弟，終去仁義，懷利以相與，不至於簒弑奪攘則不厭也。《春秋》書此，結正諸侯之罪，垂戒明矣。

七年，春，夫人姜氏會齊侯于防。

夏，四月，辛卯，夜，恒星不見。夜中，星隕如雨。

恒星者，列星也。如雨者，言衆也。人事感於下，則天變動於上。前此者，五國連衡，旅拒王命；後此者，齊桓、晉文更霸中國，政歸盟主，而王室遂虚，其爲法度廢絶，威信陵遲之象著矣。漢成帝永始中亦有星隕之異，而五侯擅權，賊莽居攝，漢法宗支掃蕩幾盡。❶天之示人顯矣，《春秋》謹於天象至矣。

秋，大水。無麥苗。

書「大水」，畏天災也。「無麥苗」，重民命也。畏天災、重民命，見王者之心矣。忽天災而不懼，輕民命而不圖，國之亡無日矣。《春秋》所以謹之也。

冬，夫人姜氏會齊侯于穀。

防，魯地也。穀，齊地也。初會于禚，次享于祝丘，又次如齊師，又一歲而再會焉，其爲惡益遠矣。明年無知弑諸兒，其禍淫之明驗也。

八年，春，王正月，師次于郎，以俟陳人、蔡人。

用大衆曰師。次，止也。伐而次者，有整兵慎戰之意，其次，善之也，「遂伐楚，次于陘」是也。救而次者，有緩師畏敵之意，其次，譏之也，次于匡、于聶北、于雍榆是也。俟而次者，有無名妄動之意，「次于郎，以俟陳人、蔡人」是也。何俟乎陳、蔡？或曰：陳、蔡將過我，俟而邀之也。或曰：魯將與陳、蔡有事於鄰國，而陳、蔡

❶「法」，鄭本作「之」。

不至，故次于郎以待之也。若是，皆非義矣。其曰「次」、曰「以俟」者，深貶之也。

甲午，治兵。

此治兵于郎也。俟而不至，暴師露衆，役久不用，則有失伍離次、逃亡潰散之虞，故復申明軍法以整齊之。其志非善之也，譏黷武也。

夏，師及齊師圍郕。郕降于齊師。

書「及齊師」者，親仇讎也。「圍郕」者，伐同姓也。「郕降于齊師」者，見伐國無義而不能服也。於是莊公之惡著矣。

秋，師還。

書「師還」，譏役久也。按《左氏》，「仲慶父請伐齊師，莊公不可」，是國君上將親與圍郕之役也。然其次、其及、其還，皆不稱公者，重衆也。《春秋》正例，君將不稱帥師，則以君爲重，今此不稱公，又以爲重衆，何也？輕舉大衆，妄動久役，俟陳、蔡而陳、蔡不至，圍郕而郕不服，歷三時而後還，則無名黷武，非義害人，未有如此之甚也，至是師爲重矣。義繫於師，故不書公，以著勞民毒衆之罪，爲後戒也。《春秋》於王道輕重之權衡，此類是矣。

冬，十有一月，癸未，齊無知

無知曷爲不稱公孫而以國氏？罪僖公也。弑君者無知，於僖公何罪乎？不以公孫之道待無知，使恃寵而當國也。按無知者，夷仲年之子。年者，僖公母弟也。私其同母，異於他弟，施及其子，衣服禮秩如嫡，此亂本也。故於年之來聘特以弟書，於無知之弑不稱公孫，著其有寵而當國也，垂戒之義明矣。古者親親與尊賢並行而不相悖，故堯親九族，必先明俊德而後九族睦；周封同姓，必庸康叔、蔡仲而後王室强。徒知寵愛親屬，而不急於尊賢，使爲儀表，以明親親之道，必有篡弑之禍矣。

弑其君諸兒。

按《左氏》：「齊侯游于姑棼，遂田于貝丘。徒人費遇賊于門，先入伏公，出而鬭死，石之紛如死于階下。」是能死節者也。《春秋》重死節之臣，而法有特書，其不見于經，何也？如費等，所謂便嬖私暱之臣，逢君之惡，田獵畢弋而不修民事，使百姓苦之者也。與大臣孔父、仇牧「義形於色」、「不畏强禦」，以身死其職則異矣。當是

時，管仲、隰朋、鮑叔皆沉於下寮，不見庸也，而徒人費、石之紛如，乃得居左右。襄公之所疎遠親信者如此。故以齊國之强大，一也。桓公用之，則九合諸侯，不以兵車，由親賢人、遠小人所以興也。襄公用之，不能保其身，死于户下，由親小人、遠賢人所以亡也。此二人雖死于難，與自經於溝瀆而莫之知者，猶不逮焉，乃致亂之臣，死不償責，又何取乎？

春秋傳卷第八

莊公中

九年，春，齊人殺無知。

殺無知者，雍廩也。而曰「齊人」者，討賊之詞也。弒君之賊，人人之所惡，夫人之所得討，故稱人。人者，衆詞也。無知不稱君，己不能君，齊人亦莫之君也。

公及齊大夫盟于蔇。

及者，内爲志。大夫不名者，義繫於齊而不繫於大夫之名氏也。曰「公及齊大夫盟」者，譏公之釋父怨、親仇讎也。或曰：以德報怨，寬身之仁，何以譏之也？曰：德有輕重，怨有深淺，怨莫甚乎父母之仇，而德莫重乎安定其國家，而圖其後嗣也。有父之讎而不知怨，乃欲以重德報之也，則人倫廢、天理滅矣。然則如之何？以直報怨，以德報德。

夏，公伐齊，納糾。齊小白入于齊。

《左氏》書「子糾」，二傳曰「伐齊納糾」，君子以《公》、《穀》爲正。納者，不受而强致之稱。入者，難詞。糾不書子者，明糾不當立也；以小白繫齊者，明小白宜有齊也。所以然者，襄公見殺，糾與小白皆以庶公子出奔，而糾，弟也，又未嘗爲世子。按史稱「周公誅管、蔡以安周，齊桓殺其弟以反國」，是糾幼而小白長，其有齊宜矣。宜則何以不稱公子？内無所承，上不稟命，故以王法絶之也。桓公於王法雖可絶，視子糾則當立。故管氏相桓爲徙義，而聖人稱之曰「微管仲，吾其被髮左衽矣」；召忽死於子糾爲傷勇，比諸「匹夫匹婦之諒，自經於溝瀆而莫之知也」。

秋，七月，丁酉，葬齊襄公。

八月，庚申，及齊師戰于乾時，我師敗績。

内不言敗，此其言敗者，爲與讎戰，雖敗亦榮也。按《左氏》「戰于乾時，公喪戎路，傳乘而歸」，❶則敗績者，公

❶「傳乘」，原倒乙，據黄修本、鄭本及《左傳》改。

也。能與讎戰，雖敗亦榮，何以不言公？貶之也。公本忘親釋怨，欲納讎人之子，謀定其國家，不爲復讎與之戰也，是故没公以見貶。若以復讎舉事，則此戰爲義戰，當書「公」冠于「敗績」之上，與沙隨之不得見，平丘之不與盟爲比，以示榮矣。惟不以復讎戰也，是故諱公以重貶其忘親釋怨之罪，其義深切著明矣。

九月，齊人取子糾殺之。

取者，不義之詞。前書納糾不稱子者，明不當立也；此書殺糾復稱子者，明不當殺也。或奪或予，於義各安，《春秋》精意也。仁人之於兄弟，不藏怒焉，不宿怨焉，親愛之而已。糾雖争立，越在他國，置而勿問可也，必請于魯殺之，然後快于心，其不仁亦甚矣。後世以傳讓爲名，而取國者必殺其主，以爲一人心，防後患，意與此同，流毒豈不遠哉？故孟子曰：「五伯，三王之罪人也。仲尼之徒，無道桓、文之事者。」

冬，浚洙。

固國以保民爲本，輕用民力，妄興大作，邦本一摇，雖有長江巨川，限帶封域，洞庭、彭蠡、河、漢之險猶不足憑，而況洙乎？書「浚洙」，見勞民於守國之末務而不知本，爲後戒也。

十年，春，王正月，公敗齊師于長勺。

齊師伐魯，經不書伐，意責魯也。詐戰曰敗，敗之者爲主。或曰：長勺，魯地，而齊師至此，所謂敵加於己，不得已而後應者也，疑若無罪焉，何以見責乎？善爲國者不師，善師者不陣，善陣者不戰，故行使則有文告之詞，而疆埸則有守禦之備。至於善陣，德已衰矣，而況兵刃相接，又以詐謀取勝乎？故書魯爲主以責之，皆已亂之道，寡怨之方，王者之事也。

二月，公侵宋。

三月，宋人遷宿。

其曰「遷宿」者，宿非欲遷，爲宋人之所遷也。懷土，常物之大情。遷國，重事也，雖違害就利，去危即安，猶或恐沉于衆，不肯率從。而況迫於横逆，非其所欲，棄久宅之田里，刈新徙之蓬藋，道途之勤，營築之勞，起怨讟，傷和氣，豈不惻然有隱乎？肆行莫之顧也，其不仁亦甚矣。凡書遷，不再貶而惡已見矣。

夏，六月，齊師宋師次于郎。公敗宋師于乘丘。

齊、宋輕舉大衆，深入他境，肆其報復之心，誠有罪也。魯人若能不用詐謀，奉其辭令，二國去矣。偷得一時之捷，而積四鄰之忿，此小人之道，故次者不以其事，勝者不以其理，交譏之。

秋，九月，荆敗蔡師于莘，以蔡侯獻舞歸。

蔡侯何以名？絶之也。凡書敗、書滅、書入，而以其君歸，皆名者，爲其服爲臣虜，故絶之也。若蔡獻舞、潞嬰兒、沈嘉、許斯、頓牂、胡豹、曹陽、邾益之類是矣。國君死社稷，正也。逃之雖罪，猶有耻焉，虜甚矣。楚人滅夔，以夔子歸，獨不名者，夔子以無罪見討，雖國滅身爲臣虜，其義直，其詞初不服也，是以獨假之爵而不名也。《春秋》之法，諸侯不生名，失地則生而名之，比於賤者。欲使有國之君戰戰兢兢，長守富貴，無危溢之行也。

冬，十月，齊師滅譚，譚子奔莒。

滅而書奔，責不死位也。不書出，國亡無所出也。國滅身奔而不能守其富貴，何以書爵乎？己無取滅之罪，爲横逆所加而力不能勝，至於出奔，則亦不幸焉爾矣，其義蓋未絶也。按《左氏》：「齊侯之出也，過譚，譚不禮焉，及其入也，諸侯皆賀，譚又不至。」責其失事大之禮可矣，坐此見滅，可乎？齊師滅譚，譚子奔莒；楚人滅弦，弦子奔黄；狄滅温，温子奔衛。三國所以皆存其爵，不比於失地之君而名之也。然則「吴滅徐，徐子章羽奔楚」，何以獨名？按《左氏》：「吴伐徐，徐子斷其髪，攜其夫人以逆吴子。」既已屈服而後奔，豈有興復之志乎？獨書名，所以絶之也。《春秋》之義雖在於抑强扶弱，又責弱者之不自强於爲善也，故其書法如此。

十有一年，春，王正月。

夏，五月，戊寅，公敗宋師于鄑。

秋，宋大水。

凡外災，告則書。所謂災者，害及民物，如水火兵戎之寇是也。諸侯於四鄰，有恤病救急之義，則告爲得禮，而不可以不弔。故四國同災，許人不弔，君子以是知許之先亡也。凡志災，見《春秋》有謹天戒、恤民隱之心，王者之事也。

冬，王姬歸于齊。

按周制，「王姬嫁於諸侯，車服不繫其夫，下王后一等」，禮亦隆矣。《春秋》之義，尊君抑臣，其書王姬下嫁，曷爲與列國之女同辭而不異乎？曰：陽唱而陰和，夫先

而婦從，天理也。述天理，訓後世，則雖以王姬之貴，其當執婦道，與公侯大夫士庶人之女何以異哉？故舜爲匹夫，妻帝二女，而其書曰「嬪于虞」。西周王姬嫁於齊侯，亦執婦道，成肅雍之德，其詩曰「曷不肅雍，王姬之車」。自秦而後，尤欲尊君抑臣爲治，而不得其道，至謂列侯尚公主，使男事女，夫屈於婦，逆陰陽之位。故王陽條奏世務，指此爲失，而長樂王回亦以其弊至父母不敢畜其子，舅姑不敢畜其婦。原其意雖欲尊君抑臣爲治，而使人倫悖於上，風俗壞於下，又豈所以爲治也？其流至此，然後知《春秋》書王姬、侯女同詞而不異，垂訓之義大矣。

十有二年，春，王三月，紀叔姬歸于酅。

莊公四年，紀侯去國。叔姬至此始歸于酅者，紀侯方卒，故叔姬至此然後歸爾。歸者，順詞，以宗廟在酅，歸奉其祀也。魯爲宗國，婦人有來歸之義。紀既亡矣，不歸于魯，所謂全節守義，不以亡故而虧婦道者也。魯人高其節義，恩禮有加焉，是故其歸于酅、其卒、其葬，史册悉書。夫子修經，存而弗削，使與衛之共姜同垂不朽，爲後世勸。若夏侯令女，曹爽之弟婦也，寡居守志，父母欲奪而嫁之，誓而弗許，而曰：「曹氏全盛之時尚欲保終，況今衰亡，何忍棄之？」聞者爲之感動。其聞叔姬之風而興起者乎？

夏，四月。

秋，八月，甲午，宋萬弑其君捷，及其大夫仇牧。

君弑而大夫死於其難，《春秋》書之者，其所取也。大夫死於弑君之難，而有不書者，故知孔父、牧、息皆所取也。夫仇牧可謂不畏强禦矣。然徒殺其身，不能執賊，無益於事也，亦足取乎？食焉不避其難，義也。徒殺其身，不能執賊，亦足爲求利焉而逃其難者之訓矣，何名爲無益哉？夫審事物之重輕者，權也；權重輕而處之，得其宜者，義也。太宰督亦死於閔公之難，削而不書者，身有罪也。惠伯死於子惡之難，亦削而不書者，非君命也。召忽死於子糾之難，孔子比於「匹夫匹婦之諒，自經於溝瀆而莫之知」者，所事不正也。崔杼弑君，晏平仲曰：「人有君而人弑之，吾焉得死之？而焉得亡之？」君子不以是罪晏子者，齊莊公不爲社稷死，而晏子非其私昵之臣也。若仇牧、荀息，立乎人之本朝，執國之政，而君見弑不以其私也，雖欲勿死，焉得而勿

死？聖人書而弗削，以爲求利焉而逃其難者之勸也。惟此義不行，然後有視棄其君猶土梗弁髦，曾莫之省，而三綱絶矣。

冬，十月，宋萬出奔陳。

按《左氏》：「宋萬弑閔公於蒙澤，奔陳。宋人請萬于陳，以賂。陳人使婦人飲之酒，而以犀革裹之。宋人醢萬。」然則賊已討矣，曷爲不書「陳人殺萬」而葬閔公乎？夫天下之惡一也，陳人不以萬爲賊而納之，又受宋人之賂而使婦人飲之酒，是與賊爲黨，非政刑也。特書「萬出奔陳」，而閔公不葬，以著陳人與賊爲黨之罪，而不能正天討，其法嚴矣。故曰：「《春秋》成而亂臣賊子懼。」

十有三年，春，齊侯、宋人、陳人、蔡人、邾人會于北杏。

桓何以及四國之微者會？是宋公、邾子也。然則何以稱人？春秋之世，以諸侯而主天下會盟之政，自北杏始，其後宋襄、晉文、楚莊、秦穆交主夏盟，迹此而爲之者也。桓非受命之伯，諸侯自相推戴以爲盟主，是無君矣。故四國稱人，以誅始亂，正王法也。齊侯稱爵，其與之乎？上無天子，下無方伯，有能會諸侯安中國，而免民於左衽，則雖與之可也。誅諸侯者，正也。與桓公者，權也。或曰：桓公始平宋亂，遂得諸侯，故四國稱人，言衆與之也。

夏，六月，齊人滅遂。

滅國之與見滅，罪孰爲重？取國而書滅，奪人土地使不得有其民人，毁人宗廟使不得奉其祭祀，非至不仁者莫之忍爲。見滅而書滅，亡國之善詞，上下之同力也，其亦不幸焉爾。《語》有之曰：「興滅國，繼絶世，天下之民歸心焉。」今乃滅人之國而絶其世，罪莫重矣。齊人滅遂，其稱人，微者爾。凡書滅者，不待再貶而惡已見。

秋，七月。

冬，公會齊侯，盟于柯。

始及齊平也。世讎而平，可乎？於傳有之：「敵惠敵怨，不在後嗣。」魯於襄公有不共戴天之讎，當其身則釋怨不復，而主王姬、狩于禚、會伐衛、同圍郕、納子糾，故聖人詳加譏貶，以著其忘親之罪。今易世矣，而桓公始合諸侯，安中國，攘夷狄，尊天王，乃欲修怨怒鄰而危其

宗社，可謂孝乎？故長勺之役，專以責魯，而柯之盟，公與齊侯皆書其爵，則以爲釋怨而平可也。或稱齊襄公復九世之讎，而《春秋》賢之，信乎？以仲尼所書柯之盟，其詞無貶，則復九世之讎而《春秋》賢之者，妄矣。其諸傳者借襄公事，以深罪魯莊當其身而釋怨耶！

十有四年，春，齊人、陳人、曹人伐宋。

宋人背北杏之會，諸侯伐宋，其稱人者，將卑師少也。齊自管仲得政滅譚之後，二十年閒未嘗遣大夫爲主將，亦未嘗動大衆出侵伐，蓋以制用兵，而賦於民薄矣，故能南摧强楚，西抑秦、晉，天下莫能與之争也。或以爲貶齊稱人，誤矣。

夏，單伯會伐宋。

隱公四年，諸侯伐鄭，翬帥師會伐，則再舉宋、陳、蔡、衛四國之名。今諸侯伐宋，而單伯會伐，不復再舉三國之名，何也？宋人背北杏之會，合諸國而伐之者，齊桓公也。會伐者無貶焉，故其詞平。主謀伐鄭，而欲求寵於諸侯以定其位者，州吁也。會之者，黨逆賊矣，故其詞繁而不殺，疾之也。再舉而列書者，甚疾四國之詞也。言之不足，故再言之，而聖人之情見矣。

秋，七月，荆入蔡。

冬，單伯會齊侯、宋公、衛侯、鄭伯于鄄。

十有五年，春，齊侯、宋公、陳侯、衛侯、鄭伯會于鄄。

夏，夫人姜氏如齊。

秋，宋人、齊人、邾人伐郳。

伯者之先諸侯，專征也；非伯者而先諸侯，主兵也。此齊桓之師，何以序宋下？猶未成乎伯也。二十七年同盟于幽，天下與之，然後成乎伯矣。

鄭人侵宋。

侵伐之義，三傳不同。《左氏》曰：「有鐘鼓曰伐，無鐘鼓曰侵。」先儒或非其説，以爲「聲罪致討曰伐，無名行師曰侵」，未有以易之也。然考諸五經，皆稱「侵伐」。在《易·謙》之六五曰：「利用侵伐，征不服也。」《書》之《太誓》曰：「我武惟揚，侵于之疆。」《詩》之《皇矣》曰：「依其在京，侵自阮疆。」《周官》大司馬「以九伐之法正邦國」，而曰：「賊賢害民則伐之，負固不服則侵之。」而以爲無名行師，可乎？然則或曰侵、或曰伐，何也？

聲罪致討曰伐，潛師掠境曰侵。聲罪者，鳴鐘擊鼓，整衆而行，兵法所謂正也；潛師者，銜枚卧鼓，出人不意，兵法所謂奇也。

冬，十月。

十有六年，春，王正月。

夏，宋人、齊人、衛人伐鄭。

秋，荆伐鄭。

冬，十有二月，會齊侯、宋公、陳侯、衛侯、鄭伯、許男、滑伯、滕子同盟于幽。

會者，公也。不書公，諱也。其諱公，何也？程氏曰：「齊桓始霸，仗義以盟，而魯首叛盟，故諱不稱公。」惡失信也。其曰同盟，何也？程氏曰：「上無明王，下無方伯，列國交争，桓公始霸，天下與之，故書同盟。」志同欲也。自古皆有死，民無信不立。故聖人以信易食，答子貢之問，君子以信易生，重桓王之失。《春秋》之諱公與是盟也，豈不以信之重於生與食乎？先儒或以爲「不書公者，諱與讎盟」，誤矣。果以桓爲讎而諱與盟者，曷不於柯之盟諱之也？

郳子克卒。

十有七年，春，齊人執鄭詹。

書「齊人執詹」，惡齊之詞也。鄭既侵宋，又不朝齊，詹爲執政，蓋用事之臣也，其見執宜矣，而以惡齊，何也？以責人之心責己，則盡道；以愛己之心愛人，則盡仁。此《春秋》待齊之意也。

夏，齊人殲于遂。

殲，盡也。齊滅遂，使人戍之，遂之餘民飲戍者酒而殺之，齊人殲焉。《春秋》書此者，見齊人滅遂，恃强陵弱，非伐罪弔民之師。遂人書滅，乃亡國之善詞，上下之同力也。夫以亡國餘民，能殲强齊之戍，則申胥一身可以存楚，楚雖三户可以亡秦，固有是理，足爲强而不義之戒，而弱者亦可省身而自立矣。

秋，鄭詹自齊逃來。

穀梁子曰：「逃義曰逃。」逃者，匹夫之事。詹之見執，若其有罪，雖死可也。儻曰無罪，苟見免焉，請從惠於會，使諸侯聞之，則不辱君命矣。不能以理自明也，而反效匹夫之行，遁逃苟免，越在他國，不亦賤乎？特書曰逃，以著其幸免而不知命之罪也。齊桓始霸，同盟于

幽，而魯首叛盟，受其逋逃，虧信義矣。書「自齊逃來」，又以罪魯也。

冬，多麋。

麋，魯所有也，多則爲異，以其又害稼也，故書。此亦禹放龍蛇、周公遠犀象之意也。害稼則及人矣。

十有八年，春，王三月，日有食之。

夏，公追戎于濟西。

此未有言侵伐者，而書「追戎」，是不覺其來，已去而追之也。爲國無武備，啓戎心而不知警，危道也。《春秋》之意，其必未雨而徹桑土，閒暇而明政刑。

秋，有蜮。

蜮，魯所無也，故以有書。夫以含沙射人，其爲物至微矣。魯人察之以聞于朝，魯史異之以書于策，何也？山陰陸佃曰：「蜮，陰物也。麋，亦陰物也。是時莊公上不能防閑其母，下不能正其身，陽淑消而陰慝長矣，此惡氣之應。」其說是也。然則《簫韶》作而鳳凰來儀，《春秋》成而麟出于野，何足怪乎？《春秋》書物象之應，欲人主之慎所感也。世衰道微，邪說作，正論消，小人長，善類退，天變動於上，地變動於下，禽獸將食人而不知懼也，亦昧於仲尼之意矣。

冬，十月。

十有九年，春，王正月。

夏，四月。

秋，公子結媵陳人之婦于鄄，遂及齊侯、宋公盟。

媵，淺事。陳人，微者。公子往焉，是以所重臨乎禮之輕者也。齊侯，伯主。宋公，王者之後。盟，國之大事也，大夫輒與焉，是以所輕當乎禮之重者也。禮者，不失己，亦不失人。失己與人，寇之招也。是故結書公子，而曰「媵陳人之婦」，譏其重以失己也；齊、宋書爵，而曰「遂」，譏其輕以失人也。遂者，專事之詞。「聘禮，大夫受命不受辭，出境有可以安社稷利國家，則專之可」者，謂本有此命得以便宜從事，特不受專對之辭爾。若違命行私，雖有利國家安社稷之功，使者當以矯制請罪，有司當以擅命論刑，何者？終不可以一時之利亂萬世之法，是《春秋》之旨也。

夫人姜氏如莒。

冬，齊人、宋人、陳人伐我西鄙。

奉詞曰伐。其稱人，將卑師少也。結方與二國盟，則其來伐我，何也？齊桓始霸，責魯不恭，所謂失己與人，以招寇也。或以「結能爲魯設免難之策，爲齊、宋畫講好之計，身在境外而權其國家，爲《春秋》予之，故稱公子」，非矣。

春秋傳卷第九

莊公 下

二十年，春，王二月，夫人姜氏如莒。

十有五年，夫人姜氏如齊，至是再如莒，而《春秋》書者，禮義天下之大防也，其禁亂之所由生，猶坊止水之所自來也。衛女嫁於諸侯，父母終，思歸寧而不得，故《泉水》賦；許穆夫人閔衛之亡，思歸唁其兄而阻於義，故《載馳》作。聖人録於《國風》以訓後世，使知男女之别，自遠於禽獸也。今夫人如齊，以寧其父母而父母已終，以寧其兄弟又義不得。宗國猶爾，而況如莒乎？婦人從人者也，❶夫死從子，而莊公失子之道，不能防閑其母，禁亂之所由生。故初會于禚，次享于祝丘，又次如齊師，又次會于防、于穀，又次如齊，又再如莒，此以舊坊爲無所用而廢之者也，是以至此極。觀《春秋》所書之法，則知防閑之道矣。

夏，齊大災。

秋，七月。

冬，齊人伐戎。

二十有一年，春，王正月。

夏，五月，辛酉，鄭伯突卒。

杜預稱：「莊公四年，鄭伯遇于垂者，乃子儀也。」而以爲厲公者，按《春秋》，突歸于鄭之後，其出奔蔡、入于櫟，皆以名書，猶繫於爵，雖篡而實君，雖君而實篡，不没其實也。忽雖世子，其出奔猶不得稱子，其復歸猶不得稱伯，以其實不能君也。而況子儀，雖乘間得立，其爲君微矣，豈敢輕去國都與諸侯會于外乎？故知遇于垂者，乃厲公也，其始終書爵，不没其實也，亦可以爲居正而不能保者之戒矣。

秋，七月，戊戌，夫人姜氏薨。

❶ 「從人」，鄭本作「從夫」。

冬，十有二月，葬鄭厲公。

二十有二年，春，王正月，肆大眚。

肆眚者，蕩滌瑕垢之稱也。《舜典》曰：「眚災肆赦。」《易》於《解卦》曰：「君子以赦過宥罪。」《呂刑》曰：「五刑之疑有赦，五罰之疑有赦。」《周官》：「司刺掌赦宥之法，一宥曰不識，再宥曰過失，三宥曰遺忘；一赦曰幼弱，再赦曰老耄，三赦曰惷愚。」未聞肆大眚也。大眚皆肆則廢天討，虧國典，縱有罪，虐無辜，惡人幸以免矣。後世有姑息爲政，數行恩宥，惠姦軌，賊良民，而其弊益滋，蓋流於此。故諸葛孔明曰：「治世以大德，不以小惠。」其爲政於蜀，軍旅數興而赦不妄下，蜀人久而歌思，猶周人之思召公也，斯得《春秋》之旨矣。肆眚而曰「大眚」，譏失刑也。

癸丑，葬我小君文姜。

文姜之行甚矣，而用小君之禮，其無譏乎？以書「夫人孫于齊」，不稱姜氏，及書「哀姜薨于夷」、「齊人以歸」攷之，則議小君典禮當謹之於始，❶而後可正也。文姜已歸爲國君母，臣子致送終之禮，雖欲貶之，不可得矣。

陳人殺其公子禦寇。

公子之重視大夫，殺而或稱君，或稱國，或稱人，何也？稱君者，獨出於其君之意，而大夫、國人有不與焉，如「晉侯殺其世子申生」之類是也。稱國者，國君、大夫與聞其事，而不請於天子，如「鄭殺其大夫申侯」之類是也。稱人者，有二義：其一國亂無政，衆人擅殺，而不出於其君，則稱人，如「陳人殺其公子禦寇」之類是也；其一弒君之賊，人人所得討，背叛之臣，國人之所同惡，則稱人，如「衛人殺州吁」、「鄭人殺良霄」之類是也。攷於傳之所載，以觀經之所斷，則罪之輕重見矣。

夏，五月。

秋，七月，丙申，及齊高傒盟于防。冬，公如齊納幣。

微者名姓不登於史册，高傒，齊之貴大夫也，曷爲就吾之微者盟？蓋公也。其不言公，諱與高傒盟也。來議結昏，娶仇人女，大惡也。娶者其爲吉，下主乎己，上主乎宗廟，以爲有人之心者，宜於此焉變矣。公親如齊納幣，則不待貶也。

❶「議」，鄭本作「譏」。

二十有三年，春，公至自齊。

祭叔來聘。

穀梁子曰：「其不言使，天子之内臣也。不正其私交，故不與使也。」祭伯來朝而不言朝，祭叔來聘而不言使，尹氏、王子虎、劉卷來訃而不書其爵秩，皆所以正人臣之義也。人君而明此，不容下比之臣；人臣而明此，不爲交私之計，黨錮之禍息矣。

夏，公如齊觀社。

莊公將如齊觀社，曹劌諫曰：「齊棄太公之法，觀民於社，君爲是舉而往觀之，非故業也。天子祀上帝，諸侯會之受命焉；諸侯祀先公，卿大夫佐之受事焉。不聞諸侯之相會祀也。君舉必書，書而不法，後嗣何觀？」

公至自齊。

荆人來聘。

荆自莊公十年始見於經，十四年入蔡，十六年伐鄭，皆以州舉者，惡其猾夏不恭，故狄之也。至是來聘，遂稱人者，嘉其慕義自通，故進之也。朝聘者，中國諸侯之事，雖蠻夷而能修中國諸侯之事，則不念其猾夏不恭而遂進焉，見聖人之心，樂與人爲善矣。後世之君能以聖人之心爲心，則與天地相似。凡變於夷者，叛則懲其不恪，而威之以刑；來則嘉其慕義，而接之以禮。邇人安，遠者服矣。《春秋》謹華夷之辨，而荆、吴、徐、越，諸夏之變於夷者，故書法如此。

公及齊侯遇于穀。蕭叔朝公。

穀，齊地。蕭叔，附庸之君也。爲禮必當其物與其所，而後可以言禮。大夫宗婦覿而用幣，則非其物也；蕭叔朝公在齊之穀，則非其所也。嘉禮不野合，而朝公于外，是委之於野矣。故禮非其所，君子有不受，必反之於正而後止。此亦《春秋》撥亂之意也。

秋，丹桓宫楹。

冬，十有一月，曹伯射姑卒。

十有二月，甲寅，公會齊侯盟于扈。

程氏曰：「遇于穀，盟于扈，皆爲要結姻好也。」傳稱：「男子二十而冠，冠而列丈夫，三十而不娶則非禮矣。」然天子、諸侯十五而冠者，以娶必先冠，而國不可久無儲貳，欲人君早有繼體，故因以爲節也。鰥者，老而無妻之稱。舜方三十未娶，而師錫帝堯，已曰「有鰥在下矣」。妻帝之二女，則不告於父母，以爲告則不得娶，而

廢人之大倫。堯亦不告而妻焉，其欲及時而無過如此也。今莊公生於桓之六年，至是三十有六載矣，以世嫡之正，諸侯之貴，尚無內主同任社稷之事，何也？蓋爲文姜所制，使必娶于母家，而齊女待年未及，故莊公越禮不顧。如此其急，齊人有疑；如此其緩，而遇于穀、盟于扈，要結之也。娶夫人，奉祭祀，爲宗廟之主，而母言是聽，不以大義裁之，至於失時，不孝甚矣。《春秋》詳書于策，爲後戒也。

二十有四年，春，王三月，刻桓宮桷。

公將逆姜氏，丹桓宮之楹，刻其桷，爲盛飾以夸示之，此非特有童心而已。御孫諫曰：「儉，德之共也；侈，惡之大也。先君有共德，而君納諸大惡，無乃不可乎？」自常情觀之，丹楹刻桷，疑若小失，❶而《春秋》詳書于策，御孫以爲大惡，何也？桓公見殺于齊則不能復，而盛飾其宮，夸示仇人之女，乃有亂心，廢人倫，悖天道，而不知正者也。御孫知爲大惡而不敢盡言。《春秋》謹禮於微，正後世人主之心術者也，故詳書于策，斥言桓宮以惡莊，爲後鑒也。

葬曹莊公。

夏，公如齊逆女。秋，公至自齊。

穀梁子曰：「親迎，常事也，不志。此其志，何也？不正其親迎於齊也。」或曰：常事不志，歲事之常也，親迎可以常乎？則其説誤矣。所謂常者，其事非一。有月事之常，則視朔是也；有時事之常，則蒐狩是也；有歲事之常，則郊祀雩祭之類是也；有合禮之常，則婚姻納幣逆女至歸之類是也。凡此類合禮之常，則不志矣，其志則於禮不合，將以爲戒者也。若夫崩、薨、卒、葬、即位之類，不以禮之合否而皆書，此人道始終之大變也，其於親迎異矣。

八月，丁丑，夫人姜氏入。

何以不致？不可見乎宗廟也。姜氏，齊襄公之女。入者，不順之詞，以宗廟爲弗受也。昏義以正始爲先，而公不與夫人皆至，姜氏不從公而入，已失夫婦之正，弑閔、孫邾之亂兆矣。莊公不勝其母，越禮踰時，俟仇人之女，薦舍於宗廟，以成好合，卒使宗嗣不立，弑逆相仍，幾至亡國。故《春秋》詳書其事，以著莊公不孝之

❶「疑」，鄭本作「宜」。

罪，爲後戒也。

戊寅，大夫宗婦覿，用幣。

禮：夫人至，大夫郊迎，明日執贄以見。宗婦，大夫之妻也。公事曰見，私事曰覿。見夫人，禮也，曷爲以私言之？夫人不可見乎宗廟，則不可以臨諸臣，故以私言之也。覿用幣，何以書？男贄，大者玉帛，小者禽鳥，以章物也；女贄，不過榛、栗、棗、脩，以告虔也。今男女同贄，是無别也，公子牙、慶父之亂兆矣。《春秋》詳書，正始之道也。

大水。

冬，戎侵曹，曹羈出奔陳，赤歸于曹。

杜預謂：「羈，蓋曹世子也。」曹伯已葬，猶不稱爵者，以微弱不能君，故爲戎所逐爾。赤者，曹之庶公子。歸，易詞也。宋人執鄭祭仲，而忽出突歸，權在宋也；戎侵曹，而羈出赤歸，制在戎也。使鄭忽、曹羈明而能斷，雖有宋、戎之衆，突、赤之孽何緣而起？以國儲君副不能自定其位，於誰責而可？故雖以國氏，皆不書爵，爲居正者之戒。

郭公。

此郭公也，義不可曉。而先儒或以爲「郭亡」者，於傳有之。齊桓公之郭，問父老曰：「郭何故亡？」曰：「以其善善而惡惡也。」公曰：「若子之言，乃賢君也，何至於亡？」父老曰：「郭君善善不能用，惡惡不能去，所以亡也。」考其時與事，謂之「郭亡」，理或然也。夫善善而不能用，則無貴於知其善；惡惡而不能去，則無貴於知其惡。未之或知者，猶有所覬也。夫既或知之矣，不能行其所知，君子所以高舉遠引，小人所以肆行而無忌憚也。然則非有能亡郭者，郭自亡爾。

二十有五年，春，陳侯使女叔來聘。

夏，五月，癸丑，衛侯朔卒。

六月，辛未，朔，日有食之。鼓，用牲于社。

按《禮》，「諸侯旅見天子，入門不得終禮者四」，而日食與焉。古者固以是爲大變，人君所當恐懼修省以答天意，而不敢忽也。故《夏書》曰：「乃季秋月朔，辰弗集于房。瞽奏鼓，嗇夫馳，庶人走。」《周官·鼓人》：「救日月，則詔王鼓。」《太僕》：「凡軍旅田役贊王鼓，救日月亦如之。」諸侯用幣于社，伐鼓于朝，退而自責，皆恐懼修省以答天意而不敢忽也。然則「鼓，用牲于社」何

以書？譏不鼓于朝而鼓于社，又用牲，則非禮矣。

伯姬歸于杞。

其不言逆，何也？逆者非卿，其名姓不登於史策，則書歸以志禮之失也。大夫來逆，名姓已登於史策，足以志其失矣。猶書歸者，以別於大夫之自逆者也。猶書歸者，紀伯姬是也；自逆者，莒慶、齊高固是也。

秋，大水。鼓，用牲于社、于門。

冬，公子友如陳。

二十有六年，春，公伐戎。

夏，公至自伐戎。

曹殺其大夫。

稱國以殺者，國君、大夫與謀其事，不請於天子而擅殺之也。義繫於殺，則止書其官，「曹殺其大夫」、「宋人殺其大夫」是也；義繫於人，則兼書其名氏，「楚殺其大夫得臣」、「陳殺其大夫洩冶」之類是也。❶然殺大夫，而曰大夫與謀其事，何也？與謀其事者，用事之大夫也；見殺者，不得於君之大夫也。所謂義繫於殺者，罪在於專殺，而見殺者之是非有不足紀也，故止書其官，而不録其名氏也。古者諸侯之卿大夫士，命于天子，而諸侯不敢專命也；其有罪，則請于天子，而諸侯不敢專殺也。及春秋時，國無小大，卿大夫士皆專命之，而不以告於王朝；有罪無罪，皆專殺之，而不以歸於司寇，無王甚矣。五霸，三王之罪人，而葵丘之會，猶曰「無專殺大夫」，故《春秋》明書于策，備天子之禁也。凡諸侯之大夫，方其交政中華，會盟征伐，雖齊、晉上卿，止録其名氏；至於見殺，雖曹、莒小國，亦書其官。或抑或揚，或奪或與，聖人之大用也，明此然後可以司賞罰之權矣。

秋，公會宋人、齊人伐徐。

按《書》「伯禽嘗征徐戎」，則戎在徐州之域，爲魯患舊矣。是年春，公伐戎，秋，又伐徐者，必戎與徐合兵，表裏爲魯國之患也。故雖齊、宋將卑師少，而公獨親行。其不致者，役不淹時，而齊人同會，則無危殆之憂矣。

冬，十有二月，癸亥，朔，日有食之。

二十有七年，春，公會杞伯姬于洮。

《左氏》曰：「會于洮，非事也。天子非展義不巡守，諸

❶「冶」，原作「治」，今據黄修本改。按三傳均作「冶」。

侯非民事不舉，卿非君命不越境。」伯姬，莊公之女，非事而特會于洮，愛其女之過而不能節之以禮，此《春秋》之所禁也。惟不節之以禮，然後有使自擇配，如僖公之於季姬，而典訓亡矣。

夏，六月，公會齊侯、宋公、陳侯、鄭伯同盟于幽。

同盟之例，有惡其反覆而書同盟，有諸侯同欲而書同盟。此盟，鄭伯之所欲而書同盟者也。凡盟，皆小國受命於大國，不得已而從焉者也。其有小國願與之盟，非出於勉强者，則書同盟，所以志同欲也。前此鄭伯嘗貳於齊矣，至是齊桓强盛，有伯中國、攘夷狄之勢，諸侯皆歸之，鄭伯於是焉有畏服之心，其得與於盟，所欲也，故特書同。穀梁子所謂「於是而後授之諸侯」是也。其授之諸侯，齊侯得衆也，視他盟爲愈矣。

秋，公子友如陳，葬原仲。

公子友如陳葬原仲，私行也。人臣之禮無私交，大夫非君命不越境，何以通季子之私行而無貶乎？曰：《春秋》，端本之書也；京師，諸夏之表也。祭伯以寰内諸侯而來朝，祭叔以王朝大夫而來聘，尹氏以天子三公來告其喪，誣上行私，表不正矣。是故季子違王制，委國事，越境而會葬。齊高固、莒慶以大夫即魯而圖婚。其後陳莊子死，赴喪於魯，魯人欲勿哭，繆公召縣子而問焉，曰：「古者大夫，束修之問不出境，雖欲哭，焉得而哭諸？今之大夫，交政於中國，雖欲勿哭，焉得而勿哭？」末流可知矣。《春秋》深貶王臣，以明始亂，備書諸國大夫而無譏焉，則以著其効也，凡此皆正其本之意。

冬，杞伯姬來。

《左氏》曰：「歸寧也。」禮，父母在，歲一歸寧。若歸而合禮，則常事不書。其曰「杞伯姬來」者，不當來也。女子有行，遠父母兄弟。春會于洮矣，冬又歸魯，故知其不當來也。來而必書，《春秋》於男女往來之際嚴矣。

莒慶來逆叔姬。

莒慶，莒大夫也。叔姬，莊公女也。何以稱字？大夫自逆則稱字，爲其君逆則稱女，尊卑之别也。何以書？諸侯嫁女於大夫，而公自主之，非禮也。

杞伯來朝。

公會齊侯于城濮。

二十有八年，春，王三月，甲寅，齊人伐衛。衛人及齊人戰，衛人敗績。

《春秋》紀兵，及者爲主。齊人舉兵而伐衛，衛人見伐而受兵，則其以衛及之，何也？按《左氏》：衛嘗伐周立子頽，至是王使召伯廖賜齊侯命，且請伐衛。則齊人舉兵，乃奉王命，聲衛立子頽之罪以討之也。爲衛計者，誠有是罪，則當請歸司寇服刑可也，若惠邀康叔，不泯其社稷，使得自新，亦惟命，則可以免矣。今不徵詞請罪，而上逆王命，下拒方伯之師，直與交戰，則是衛人爲志乎此戰，故以衛主之也。戰不言伐，伐不言日，而書日者，戰之日也，見齊人奉詞伐罪，方以是日至。而衛人不請其故，直以是日與之戰，所以深疾之也，而聖人之情見矣。齊稱人，將卑師少也。

夏，四月，丁未，邾子瑣卒。

秋，荆伐鄭。

公會齊人、宋人救鄭。

按《左氏》「楚令尹子元無故以車六百乘伐鄭，入自純門」，是陵弱暴寡之師也。故以州舉，狄之也。鄭人將奔桐丘，諸侯救之，楚師夜遁，是得救急恤鄰之義也，故書「救鄭」，善之也。齊、宋稱人，將卑師少。桓公主兵，攘夷狄、安中國之事見矣。

冬，築郿。

郿，邑也。凡用功，大曰城，小曰築，故館則書築，臺則書築，囿則書築。郿邑而書築者，創作邑也。其志不視歲之豐凶，而輕用民力於其所不必爲也，則非君人之心矣。❶

大無麥禾。

麥熟於夏，禾成在秋，而書於冬者，莊公惟宫室臺榭是崇是飾，費用浸廣，調度不充，有司會計歲入之多寡虚實，然後知倉廩之竭也，故於歲杪而書曰「大無麥禾」。大無者，倉廩皆竭之詞也。古者三年耕，餘一年之食；九年耕，餘三年之食。今莊公享國二十八年，當有九年之積，而虚竭如此，所謂寄生之君也。民事古人所急，食者養民之本，不敦其本而肆侈心，何以爲國？故下書「臧孫告糴」，以病公而戒來世爲國之不知務也。

臧孫辰告糴于齊。

❶「君人」，鄭本作「人君」。

劉敞曰：「不言『如齊告糴』，而曰『告糴于齊』者，言『如齊』則其詞緩，『告糴于齊』則其情急，所以譏大臣任國事，治名而不治實之蔽也。魯人悦其名，而以急病讓夷爲功；君子責其實，而以不能務農重穀、節用愛人爲罪。」

二十有九年，春，新延廐。

言新者，有故也。何以書？昔韓昭侯作高門，屈宜臼曰：「不時。所謂時者，非時日也，人固有利不利時。前年秦拔宜陽，今年旱，君不以此時恤民之急而顧益奢，此所謂時詘舉贏者也。」故穀梁子曰：「古之君人者，必時視民之所勤。民勤於力，則功築罕；民勤於財，則貢賦少；民勤於食，則百事廢矣。」「大無麥禾」、「告糴于齊」、「冬，築郿」、「春，新延廐」，以其用民力爲已悉矣。

夏，鄭人侵許。

秋，有蜚。

冬，十有二月，紀叔姬卒。

紀已滅矣，其卒之何？見紀侯去國，終不能自立，異於古公亶父之去，故特書「叔姬卒」，而不卒紀侯，以明其不争而去則可，能使其民從而不釋，則微矣。

城諸及防。

三十年，春，王正月。

夏，師次于成。

秋，七月，齊人降鄣。

降者，脅服之詞。前書「郕降于齊師」，意責魯也；此言「齊人降鄣」，專罪齊也。鄣者，紀之附庸，微乎微者也。齊人不道，肆其强力，脅使降附，不書「鄣降」而曰「降鄣」者，以齊之强，故罪之深；以鄣之微，故責之薄。《春秋》之法，扶弱抑强，明道義也；霸者之政，以强臨弱，急事功也。故曰：「五伯，三王之罪人，仲尼之徒無道桓、文之事者。」

八月，癸亥，葬紀叔姬。

滅國不葬，此何以葬？賢叔姬也。紀侯既卒，不歸宗國而歸于酅，所謂秉節守義，不以亡故而睽婦道者也，故繫之於紀而録其卒葬。先儒謂「賢而得書」是也。賢而得書，所以爲後世勸也。

九月，庚午，朔，日有食之。鼓，用牲于社。

冬，公及齊侯遇于魯濟。

齊人伐山戎。

齊人者，齊侯也，其稱人，譏伐戎也。自管仲得政，至是二十年，未嘗命大夫爲主將，亦未嘗興大衆出侵伐，故魯莊十一年而後，凡用兵皆稱人者，以將卑師少爾。今此安知其非將卑師少，而獨以爲齊侯，何也？以「來獻戎捷」稱「齊侯」，則知之矣。夫北戎病燕，職貢不至，桓公内無因國，外無從諸侯，越千里之險，爲燕闢地，可謂能修方伯連帥之職，何以譏之乎？桓不務德，勤兵遠伐，不正王法以譏其罪，則將開後世之君，勞中國而事外夷，捨近政而貴遠略，困吾民之力，争不毛之地，其患有不勝言者，故特貶而稱人，以爲好武功而不修文德者之戒也。然則伐楚之役，何以美之？其謂退師召陵，責以大義，不務交兵，而强楚自服乎。觀此可以見聖人强本治内，柔服遠人之意矣。

三十有一年，春，築臺于郎。

何以書？厲民也。天子有靈臺以候天地，諸侯有時臺以候四時。去國築臺于遠而不緣占候，是爲遊觀之所，厲民以自樂也。厲民自樂，而不與民同樂，則民欲與之偕亡，雖有臺，豈能獨樂乎？

夏，四月，薛伯卒。

築臺于薛。

六月，齊侯來獻戎捷。

軍獲曰捷。凡諸侯有四夷之功，則獻于王，王以警于夷，中國則否，諸侯不相遺俘。獻者，下奉上之辭。齊伐山戎，以其所得躬來誇示，書「來獻」者，抑之也。後世宰臣有不賞邊功，以沮外徼生事之人，得《春秋》抑戎捷之意。

秋，築臺于秦。

冬，不雨。

三十有二年，春，城小穀。

夏，宋公、齊侯遇于梁丘。

秋，七月，癸巳，公子牙卒。

牙有今將之心，而季子殺之，其不言刺者，《公羊》以爲「善之也。季子殺母兄，何善爾？誅不得避兄，君臣之義也。曷爲不直誅而酖之？使託若以疾死然，親親之道也」。陸淳曰：「季子恩義俱立，變而得中，夫子書其

自卒，以示無譏也。」得之矣。

八月，癸亥，公薨于路寢。

趙匡曰：「君終必於正寢，就公卿也。大位，姦之窺也；危病，邪之伺也。若蔽於隱，是女子小人得行其志矣。」然則莊公以世適承國，不爲不貴；周公之後，奄有龜蒙，不爲不强；即位三十有二年，不爲不久；薨于路寢，不爲不正。而嗣子受禍，幾至亡國，何也？大倫不明而宗嗣不定，兵柄不分而主威不立，得免其身，幸矣。

冬，十月，己未，子般卒。

初，公築臺臨黨氏，見孟任，生子般焉。般嘗鞭圉人犖。公薨，般即位，次于黨氏，慶父使犖賊般，成季奔陳，立閔公。昔舜不告而娶，恐廢人之大倫以懟父母，君子以爲猶告也。莊公過時越禮，謬於《易》基乾、坤，《詩》始《關雎》，大舜不告而娶之義甚矣。而子般乃孟任之所出也，胡能有定乎？雖享國日久，獲終路寢，而嗣子見殺，幾至亡國，有國者可不以爲戒哉！

公子慶父如齊。

子般之卒，慶父弒也，宜書「出奔」，其曰「如齊」，見慶父主兵自恣，國人不能制也。昔成王將終，命大臣相康王，方是時，掌親兵者，太公望之子伋也。宰臣召公奭命仲桓、南宮毛，取二干戈，虎賁百人于伋，以逆嗣子。伋雖掌兵，非有宰臣之命，不敢發也；召公雖制命，非二諸侯將命以往，伋亦不承也。兵權散主，不偏屬於一人可知矣。今莊公幼年即位，專以兵權授之慶父，歲月既久，威行中外，其流至此，故於餘丘法不當書，而聖人特書「慶父帥師」，以志得兵之始。而卒書「公薨」、「子般卒」、「慶父如齊」，以見其出入自如，無敢討之者，以示後世，其垂戒之義明且遠矣。

狄伐邢。

春秋傳卷第十

閔公

元年，春，王正月。

不書即位，內無所承，上不請命也。莊公薨，子般卒，慶父、夫人利閔公之幼而得立焉，是內不承國於先君也。按周制，「王哭諸侯，則大宗伯爲上相」，未有諸侯之薨而不告于王者也。「職喪掌諸侯之喪，以國之喪禮涖其禁令，序其事。凡國有司以王命有事焉，則詔贊主人」，未有諸侯之子主喪而王不遣使者也。今魯有大故，不告于周，閔既主喪，而王不遣使，是上不請命於天子也。內無所承，上不請命，故不書即位，正人道之大倫也。

齊人救邢。

凡書救者，未有不善之也。救在京師，則罪列國，子突救衛是也；救在夷狄，則罪諸侯，狄救齊、吴救陳是也；救在遠國，則罪四鄰，晉陽處父帥師伐楚以救江是也。救而不速救者，則書所次，以罪其慢，叔孫豹救晉次于雍榆是也；救而不敢救者，則書所至，以罪其怯，齊侯伐我北鄙圍成，公救成至遇是也。兵者，《春秋》之所甚重。衛靈公問陳，❶孔子對曰：「俎豆之事則嘗聞之矣，軍旅之事未之學也。」獨至於救兵而書法若此，聖人之情見矣。其稱人，將卑師少也。

夏，六月，辛酉，葬我君莊公。

秋，八月，公及齊侯盟于落姑。季子來歸。

按《左氏》：「盟于落姑，請復季友也。」其曰「季子」，賢之也。其曰「來歸」，喜之也。自外至者爲歸，是嘗出奔矣，何以不書？莊公薨，子般弒，慶父主兵，勢傾公室，季子力不能支，避難而出奔，恥也。魯國方危，內賊未討，國人思得季子以安社稷，而公爲落姑之盟以請於齊，則是賢也。《春秋》欲没其恥，故不書奔；欲旌其

❶「陳」，原作「陣」，據黄修本、鄭本改。

賢，故特稱季子。聖人之情見矣。隱惡而揚善，舜也；樂道人之善，惡稱人之惡，孔子也；爲尊者諱，爲親者諱，爲賢者諱，《春秋》也。明此可以畜納汙之德，樂與人爲善矣。其不稱公子，見季友自以賢德爲國人所與，不緣宗親之故也。堯敦九族，而急親賢，退嚚訟；周厚本枝，而庸旦、仲，黜蔡、鮮，義皆在此，而親親之殺、尊賢之等著矣。此義行，則内無貴戚任事之私，外無棄親用羈之失，而國不治者未之有也。此《春秋》待來世之意。

冬，齊仲孫來。

仲孫，齊大夫也，其不稱使而曰「來」者，略其君臣之常詞，以見桓公使臣不以禮，仲孫事君不以忠也。按《左氏》「齊侯憂魯，使仲孫來省難」，何以言使臣不以禮也？鄰有弒逆，則當聲罪戒嚴，修方伯之職，以奉天討，而更使計謀之士，窺覘虚實，有乘亂取國之心，則使臣非以禮矣。仲孫歸曰「不去慶父，魯難未已，❶君其務寧魯難而親之」，何以言事君不以忠也？田常弒簡公，孔子沐浴而朝，告於哀公請討焉，豈曰齊人方强，姑少待之也？不勸其君急於討賊，而俟其自斃，則事君非以忠矣。使慶父稔惡，閔公再弒，則桓公與仲孫始謀不臧之所致耳。直書曰「齊仲孫來」，交譏之也。

二年，春，王正月，齊人遷陽。

夏，五月，乙酉，吉禘于莊公。

程氏曰：「天子曰禘，諸侯曰祫，其禮皆合祭也。禘者，禘其所自出之帝，爲東向之尊，其餘皆合食於前，此之謂禘。諸侯無所出之帝，則止於太祖之廟，合群廟之主以食，此之謂祫。」天子禘，諸侯祫，大夫享，庶人薦，上下之殺也。魯，諸侯爾，何以有禘？成王追念周公有大勳勞於天下，賜魯公以天子禮樂，使用諸太廟，以上祀周公，魯於是乎有禘祭。《春秋》之中所以言禘不言祫也。然則可乎？孔子曰：「魯之郊禘，非禮也，周公其衰矣。」禘言吉者，喪未三年，行之太早也。于莊公者，方祀于寢，非宫廟也。一舉而三失禮焉，《春秋》之所謹也。四時之祭有禘之名，蓋《禮》文交錯之失。

秋，八月，辛丑，公薨。

按《左氏》：「初，公傅奪卜齮田，公不禁，慶父使卜齮賊

❶「未」，原作「木」，今據黄修本、鄭本改。

公于武闈。」魯史舊文必以實書，其曰「公薨」不地者，仲尼親筆也。觀於删《詩》，在諸國則變風皆取，在魯則獨編史克之頌。或問：「吾黨有直躬者，其父攘羊而子證之。」則曰：「吾黨之直者異於是。父爲子隱，子爲父隱，直在其中矣。」後世緣此，制爲五服相容隱之條，以綴骨肉之恩，《春秋》有諱，義蓋如此。《禮記》稱「魯之君臣未嘗相弑」者，蓋習於經文，而不知聖人書薨不地之旨，故云爾。然則諱而不言弑也，何以傳信於將來？曰：書薨以示臣子之情，不地以存見弑之實，何爲無以傳信也？凡君終必書其所，獨至於見弑，則没而無所，其情厚矣，其事亦白矣，非聖人能修之乎！後世記言之士，欲諱國惡則必失其實，直書毋隱又非臣子所當施之於君父也，而《春秋》之法不傳矣。

九月，夫人姜氏孫于邾。

夫人稱「孫」，聞乎故也。不去姓氏，降文姜也。莊公忘親釋怨，無志於復讎，《春秋》深加貶絶，一書再書又再書，屢書而不諱者，以謂三綱人道所由立也。忘父子之恩，絶君臣之義，國人習而不察，將以是爲常事，則亦不知有君之尊、有父之親矣。莊公行之而不疑，大臣順之而不諫，百姓安之而無憤疾之心也，則人欲必肆，天理必滅。故叔牙之弑械成于前，慶父之無君動於後，圉人犖、卜齮之刃交發于黨氏、武闈之間，哀姜以國君母，與聞乎故而不忌也。當是時，魯君再弑，幾至亡國，其應不亦憯乎？《春秋》以復讎爲重，而書法如此，所謂治之於未亂，保之於未危，不可不察也。

公子慶父出奔莒。

公子出奔，譏失賊也。閔公立而季子歸，何以見弑？慶父主兵日久，其權未可遽奪也；季子執政日淺，其謀未得盡行也。設以聖人處之，期月而已可矣。季子賢人而當此，能必克乎？及閔公再弑，慶父罪惡貫盈，而疾之者愈衆；季子忠誠顯著，而附之者益多。外固强齊之援，内恊國人之情，正邪消長之勢判矣。然後夫人不敢安其位，慶父不得肆其姦，此明爲國者，不知圖難於其易，爲大於其細，雖有智者，亦不能善其後矣。世儒或言「用魯之衆，因齊之力，以戮慶父，其勢甚易，而季子不能，故書『夫人孫邾』、『慶父奔莒』，所以深惡其緩不討賊」，則非也。以絳侯勃之果，陳平之無誤，將相交歡，而内有朱虚，外連齊、楚，以制諸吕庸人，宜易於反手。然太尉已入北軍，士皆左袒，猶恐不勝，未敢誦言誅之也，況於慶父巨姦，七百里之侯國，革車千乘，而

三十年執其兵柄，其植根深矣，其耳目廣矣，其用物弘矣，而以爲戮之其勢甚易，此未察乎難易遲速之幾者也。經書莊公忘親，無復讎之志，使百官則而象之，亦不知有君父也。而又使慶父主兵，失馭臣之道，是以至此極，故書「孫邾」、「奔莒」，爲後世之永鑒也。

冬，齊高子來盟。

高子，齊大夫也。子者，男子之美稱。其稱子，賢之也。何賢乎高子？莊公薨，子般卒，閔公弑，慶父、夫人亂乎內，魯於是曠年無君。齊桓公使將南陽之甲，至魯而謀其國，其命高子，必曰：「魯可取，則兼其國以廣地；魯可存，則平其亂以善鄰。」非有安危繼絶，一定不可易之計也。高子至，則平魯難，定僖公，魯人賴焉，以爲美談，至于久而不絶，曰「猶望高子也」。聖人美其明人臣之義，得奉使之宜，特稱高子，以著其善。其不曰齊侯使之者，權在高子也。

十有二月，狄入衛。

衛，康叔之後，蓋北州大國，狄何以能入乎？臣昔嘗謂河南劉弈曰：「史氏記煩而志寡，如班固書載諸王淫亂等事，盡削之可也。」弈曰：「必若此言，仲尼刪《詩》，如《墻有茨》、《鶉之奔奔》、《桑中》諸篇，何以録於《國風》而不削乎？」臣不能答。後以問延平楊時，時曰：「此載衛爲戎狄所滅之因也，故在《定之方中》之前。」因以是説攷於歷代，凡淫亂者，未有不至於殺身敗家而亡其國者也，然後知古詩垂戒之大。而近世有獻議，乞於經筵不以《國風》進讀者，殊失聖經之旨矣。

鄭棄其師。

按《鄭詩·清人》：「刺文公也。高克，好利而不顧其君，文公惡之而不能遠，使克將兵，禦狄于境，陳其師旅，翺翔河上，久而不召，衆散而歸，高克奔陳。公子素惡高克進之不以禮，文公退之不以道，危國亡師之本，故作是詩。」觀此，則鄭棄其師可知矣。或曰：高克進不以禮，曷不書其出奔以貶克，爲人臣之戒？而獨咎鄭伯，何也？曰：人君擅一國之名寵，殺生予奪，惟我所制爾。使克不臣之罪已著，按而誅之可也；情狀未明，黜而遠之可也；愛惜其才，以禮馭之可也。烏有假以兵權，委諸境上，坐視其失伍離散而莫之恤乎？然則棄師者鄭伯，乃以國稱，何也？二三執政，股肱心膂，休戚之所同也。不能進謀於君，協志同力，黜逐小人，而國事至此，是謂「危而不持，顛而不扶，則將焉用

彼相矣」。晉出帝時，景延廣專權，諸藩擅命，及桑維翰爲相，出延廣於外，一制書所敕者十有五鎮，無敢不從者。以五季之末，維翰能之，而鄭國二三執政，畏一高克，不能退之以道，何政之爲？書曰「鄭棄其師」，君臣同責也。

春秋傳卷第十一

僖公上

元年，春，王正月。

不書即位，內無所承，上不請命也。閔公薨，夫人孫于邾，慶父出奔莒，公於是焉以成風所屬，而季子立之，內無所承也。嗣子定位於初喪，而魯使不告于周，明年正位改元，而周使亦不至于魯，又明年服喪已畢，而不見于京師，上不請命也。承國於先君者，父子之倫；請命於天王者，君臣之義。今僖公內無所承，上不請命，不書即位，正王法也。是故有四海而即天王之位者，受之於天者也；有一國而即諸侯之位者，受之於王者也。受之於天者，必奉若天道，而後能保天下；受之於王者，必謹守王度，而後能保其國。

齊師、宋師、曹師次于聶北，救邢。

三國稱師，見兵力之有餘也。聶北書次，譏救邢之不速也。《春秋》大義，伐而書次，其次爲善，「遂伐楚，次于陘」，美之也；救而書次，其次爲貶，「救邢，次于聶北」，譏之也。聖人之情見矣。故救患分災，於禮爲急；而好攻戰樂殺人者，於罪爲大。

夏，六月，邢遷于夷儀。齊師、宋師、曹師城邢。

書「邢遷于夷儀」，見齊師次止，緩不及事也。然邢以自遷爲文，而再書「齊師、宋師、曹師城邢」者，美桓公志義，卒有救患之功也。不以王命興師，亦聖人之所與乎？中國衰微，夷狄猾夏，天子不能正，至於遷徙奔亡，諸侯有能救而存之，則救而存之可也。以王命興師者正，能救而與之者權。

秋，七月，戊辰，夫人姜氏薨于夷，齊人以歸。

夫人薨不地，其曰「薨于夷」，故也，桓公召而殺之也。其曰「齊人以歸」者，以其喪歸于魯也。齊爲盟主，義得舉法，是伯者之所以行乎諸侯也。既誅其人，又歸其

喪，何居？魯欲拒而勿受乎，則子無讎母之義；受而葬之乎，已絶者復得享小君之禮，典刑紊矣。故特書「以歸」，而不曰「歸夫人之喪」。以者，不以者也。

楚人伐鄭。

楚稱人，浸强也。莊公十年敗蔡師，虜獻舞，固已强矣，然獨舉其號者，始見于經，則本其僭竊之罪，正其夷狄之名，著王法也。二十三年來聘，嘉其慕義，乃以人書；二十八年伐鄭，惡其猾夏，復以號舉。至是又伐鄭也，亦書人者，豈許其伐國而人之乎？會中華，執盟主，朝諸侯，長齊、晉，其所由來者漸矣。

八月，公會齊侯、宋公、鄭伯、曹伯、邾人于檉。九月，公敗邾師于偃。

檉之會，謀救鄭，而公與邾人咸與焉，則是志同而謀協也。今既會邾人于檉，又敗邾師于偃，於此責公無攘夷狄、安中國之誠矣。凡此類，皆直書其事而義自見也。詐戰曰敗，敗之者爲主。

冬，十月，壬午，公子友帥師敗莒師于酈，獲莒挐。

按《公羊》：「慶父走莒，莒人逐之，將由乎齊，齊人不納，却，反舍于汶水之上，使奚斯入請，不可而死。莒人曰：『吾已得子之賊。』以求賂乎魯，魯人弗與，爲是興師而來伐。」然則罪在莒也，而以季友主此戰，何也？抑鋒止鋭，喻以詞命，使知不縮而引去，則善矣。今至於兵刃既接，又用詐謀擒其主將，此强國之事，非王者之師。《春秋》之志故以季友爲主而書敗、獲，責之備也。

十有二月，丁巳，夫人氏之喪至自齊。

夫人預弑二君，幾於亡國，大義已絶，不可復入宗廟矣。書「孫于邾」、「薨于夷」者，絶哀姜也；書「齊人以歸」、「夫人氏之喪至自齊」者，譏桓公也。不稱姓者，殺于齊；不去氏者，受於魯。

二年，春，王正月，城楚丘。

楚丘，衛邑。桓公帥諸侯城之而封衛也，不書桓公，不與諸侯專封也。《木瓜》美桓公，而夫子録之，意豈異乎？不與專封，正王法也。《木瓜》有取焉，善衛人之情也。曷爲善之？報者天下之利，以德報德，則民有所勸矣。城楚丘略而不書，城邢詞繁而不殺，何也？按周制，凡封國，大宗伯儐，司几筵設黼扆，內史作册

命，是天子大權，非諸侯所得擅而行之者也。衛人渡河，野處曹邑，許穆夫人閔其亡而《載馳》賦，文公徙居楚丘而後百姓悦，則其國固嘗亡滅而不存矣。城楚丘，是擅天子之大權而封國也。邢遷于夷儀，經以自遷爲文，則其遷出於己意，其國未嘗滅也。諸侯城邢，是謂「同惡相恤，以從簡書」，故詞繁而不殺，美救患也。桓公封衛，而衛國忘亡，其有功於中華甚大，爲利於衛人甚博，宜有美詞發揚其事。今乃微之若此者，「正其義不謀其利，明其道不計其功」，略小惠存大節，《春秋》之法也。故曰：「五伯，三王之罪人。仲尼之徒無道桓、文之事者。」

夏，五月，辛巳，葬我小君哀姜。

虞師、晉師滅下陽。

按《孟子》：「晉人以垂棘之璧與屈産之乘，假道於虞以伐虢，宫之奇諫，百里奚不諫。」然則晉人造意，以虞首惡，何也？貪得重賂，遂其强暴，滅兄弟之國以及其身，而亡其社稷，所以爲首乎。《春秋》，聖人律令也，觀此義可以見法矣。唐高宗賜其臣長孫無忌金寶繒錦，欲以立武昭儀，雖無忌終不順旨，君子猶譏其没於利而不反君賜也。矧受他人之賂，遂其强暴者乎？國而曰滅，下陽，邑爾，其書滅，何也？下陽，虞、虢之塞邑，猶秦有潼關，蜀有劍嶺，皆國之門户也。潼、劍不守，則秦、蜀破；下陽既舉，而虞、虢亡矣。《春秋》此義，以天下爲家，以城郭溝池爲固，以山川丘陵爲險，設之以守國而待暴客者也，其衰世之意邪！

秋，九月，齊侯、宋公、江人、黄人盟于貫。

按《左氏》：「盟于貫，服江、黄也。」荆楚，天下莫强焉，江、黄者，其東方之與國也。二國來定盟，則楚人失其右臂矣。樂毅破齊，先結韓、趙；孔明伐魏，申好江東。雖武王牧野之師，亦誓友邦，遠及庸、蜀、彭、濮八國之人，共爲掎角之勢也。桓公此盟，其服荆楚之慮周矣，其攘夷狄，免民於左衽之義著矣。盟雖《春秋》所惡，然諸侯皆在，獨言遠國者，許是盟也。

冬，十月，不雨。

楚人侵鄭。

三年，春，王正月，不雨。夏，四月，不雨。

穀梁子曰：「不雨者，勤雨也。每時而一書，閔雨也。閔雨者，有志乎民者也。歷時而總書，不憂雨也。不憂

雨者，無志乎民者也。」按《詩》稱「僖公儉以足用，寬以愛民，務農重穀」，則誠賢君也，其有志乎民審矣。故冬不雨而書，春不雨而書，夏不雨而書，以著其勤也。文公以練祭則緩於作主，以宗廟則太室屋壞，❶以賦政則四不視朔，以邦交則三不會盟，其無志乎民亦審矣。故自十有二月不雨至于秋七月而書，自正月不雨至于秋七月而書，以著其慢也。

徐人取舒。

六月，雨。

「雨」云者，喜雨也。閔雨與民同其憂，喜雨與民同其樂，此君國子民之道也。觀此義，則知《春秋》有懼天災、恤民隱之意。遇天災而不懼，視民隱而不恤，自樂其樂而不與民同也，國之亡無日矣。

秋，齊侯、宋公、江人、黄人會于陽穀。

按《左氏》：「謀伐楚也。」或曰：侵蔡次陘之師，諸侯皆在，江、黄獨不與焉，則安知其爲謀伐楚乎？曰：兵有聚而爲正，亦有分而爲奇。諸侯之師同次于陘，所謂聚而爲正也；江人、黄人各守其地，所謂分而爲奇也。次陘，大衆厚集其陣，聲罪致討，以震中國之威；江人、黄人各守其境，按兵不動，以爲八國之援，此克敵制勝之謀也。退于召陵而盟禮定，循海以歸而濤塗執，然後及江人、黄人伐陳，則知侵蔡次陘而二國不會，自爲掎角之勢明矣。此大會而末言者，善是謀也。

冬，公子友如齊涖盟。

楚人伐鄭。

四年，春，王正月，公會齊侯、宋公、陳侯、衛侯、鄭伯、許男、曹伯侵蔡。蔡潰，遂伐楚，次于陘。

潛師掠境曰侵，侵蔡者，奇也；聲罪致討曰伐，伐楚者，正也。遂者，繼事之詞而有專意。次，止也。楚貢包茅不入，王祭不供，無以縮酒，桓公是徵，而楚人服罪，師則有名矣。孟氏何以獨言「《春秋》無義戰」也？譬諸殺人者，或曰：人可殺歟？曰：可。孰可以殺之？曰：爲士師則可以殺之矣。國可伐歟？曰：可。孰可以伐之？曰：爲天吏則可以伐之矣。楚雖暴横，憑陵上國，齊不請命，擅合諸侯，豈所謂爲天吏以伐之

❶「太」，鄭本作「世」。

乎？《春秋》以義正名，而樂與人爲善。以義正名，則君臣之分嚴矣。書「遂伐楚」，譏其專也。樂與人爲善，苟志於善，斯善之矣。書「次于陘」，「楚屈完來盟于師，盟于召陵」，序其績也。

夏，許男新臣卒。

劉敞曰：「諸侯卒于外者，在師則稱師，在會則稱會。今許男一無稱者，此去師與會而復歸其國之驗也。召陵地在潁川，是以許男復焉。古者國君即位而爲椑，歲一漆之，出疆必載椑。卒于師曰師，卒于會曰會，正也。許男新臣卒，非正也，其爲人君不知命者也。不知命則必畏死，畏死則必貪生，貪生則必亂於禮矣，而後有容身苟免之耻，而後有淫祀非望之惑。」此説是也。夫知死生之説，通晝夜之道者，亦豈有以異於人哉？苟得正而斃焉，則無求矣。

楚屈完來盟于師，盟于召陵。

楚大夫未有以名氏通者，其曰「屈完」，進之也。其不稱使，權在完也。「來盟于師」，嘉服義也。「盟于召陵」，序桓績也。桓公帥八國之師侵蔡而蔡潰，❶伐楚而楚人震恐，兵力强矣。責包茅之不貢則諾，問昭王之不復則辭，徼與同好則承以寡君之願，語其戰勝攻克則對以用力之難。然而桓公退師召陵以禮楚使，卒與之盟而不遂也。於此見齊師雖强，桓公能以律用之而不暴；楚人已服，桓公能以禮下之而不驕，庶幾乎王者之事矣。故《春秋》之盟，於斯爲盛，而楊子稱之曰「齊桓之時組，而《春秋》美召陵」，是也。

齊人執陳轅濤塗。秋，及江人、黄人伐陳。八月，公至自伐楚。葬許穆公。冬，十有二月，公孫兹帥師會齊人、宋人、衛人、鄭人、許人、曹人侵陳。

楊子《法言》：「或問：『爲政有幾？』曰：『思斁。昔在周公，征于東方，四國是王，其思矣夫；齊桓公欲徑陳，陳不果納，執袁濤塗，❷其斁矣夫。』」桓公識明而量淺，管仲器不足而才有餘。方楚人未帖，❸而齊以爲憂也。

❶「八」，原作「九」，據鄭本改。按經文，侵蔡當有八國之師。
❷「袁」，鄭本作「轅」。
❸「帖」，黄修本作「怗」。

致勤於鄭，振中夏之威；會于陽穀，惇遠國之信；按兵于陘，修文告之詞；退舍召陵，結會盟之禮，何其念之深，禮之謹也。存此心以進善，則桓有王德而管氏爲王佐矣。堯、舜性之也，湯、武身之也，五伯假之也。久假而不歸，烏知其非有惜乎！ 桓公假之不久而遽歸也。楚方受盟，志已驕溢，陳大夫一謀不協，其身見執，其國見伐見侵，而怒猶未怠也，桓德於是乎衰矣。 愛人不親反其仁，治人不治反其智，禮人不答反其敬。行有不得者，皆反求諸己，其身正而天下歸之，曾可厚以責人不自反乎？ 原其失在於量淺而器不宏也。魏武纔得荆州，而張松見忽；唐莊宗自矜取汴，而高氏不朝。成湯勝夏，撫有萬方，乃曰：「茲朕未知獲戾于上下，慄慄危懼，若將隕于深淵。其爾萬方有罪，在予一人；予一人有罪，無以爾萬方。」人之度量相越，豈不遠哉？《春秋》稱人以執，罪齊侯也。稱「侵陳」者，深責之也。故孟子曰：「仲尼之徒無道桓、文之事者。」「管仲，曾西之所不爲也，而子爲我願之乎？」

五年，春，晉侯殺其世子申生。

公羊子曰：「殺世子母弟直稱君者，甚之也。」申生進不能自明，退不能違難，愛父以姑息而陷之不義，讒人得志，幾至亡國，先儒以爲大仁之賊也。而目晉侯斥殺，專罪獻公，何也？《春秋》，端本清源之書也。内寵並后，嬖子配適，亂之本也。驪姬寵，奚齊、卓子嬖，亂本成矣，尸此者其誰乎？是故目晉侯斥殺，專罪獻公，使後世有欲紊妃妾之名，亂適庶之位，縱人欲滅天理以敗其家國者，知所戒焉。以此防民，猶有以堯母名門，使姦臣逆探其意，有危皇后、太子之心，以成巫蠱之禍者。

杞伯姬來朝其子。

夏，公孫茲如牟。

公及齊侯、宋公、陳侯、衛侯、鄭伯、許男、曹伯會王世子于首止。

及以會，尊之也。以王世子而下會諸侯則陵，以諸侯而上與王世子會則抗。《春秋》抑强臣，扶弱主，撥亂世，反之正，特書及以會者，若曰「王世子在是，諸侯咸往會焉」，示不可得而抗也。後世論其班位，有次于三公宰臣之下，亦有序乎其上者，則將奚正？自天王而言，欲屈遠其子，使次乎其下，示謙德也；自臣下而言，欲尊敬王世子，則序乎其上，正分義也。天尊地卑而其分定，典叙禮秩而其義明，使群臣得伸其敬，則貴有常尊，

上下辨矣。經書宰周公袛與王人同序於諸侯之上，而不得與殊會同書，此聖人尊君抑臣之旨也，而班位定矣。

秋，八月，諸侯盟于首止。

無中事復舉諸侯，會盟同地，再言首止者，書之重，詞之複，其中必有大美惡焉。首止之盟，美之大者也。土將以愛易世子，桓公有憂之，控大國，扶小國，會于首止以定其位。太子踐阼，是爲襄王。一舉而父子君臣之道皆得焉。故夫子稱之曰：「管仲相桓公，一匡天下，民到于今受其賜。微管仲，吾其被髮左衽矣。」中国之爲中国，以有父子君臣之大倫也。一失則爲夷狄矣，故曰：「首止之盟，美之大者也。」

鄭伯逃歸不盟。

事有惡者不與爲幸，其善者不與爲貶。平丘之盟，惡也，請魯無勤，是以爲幸，故直書曰「公不與盟」；首止之盟，善也，犯衆不盟，是以爲貶，故特書曰「鄭伯逃歸」。逃者，匹夫之事，以諸侯之尊，下行匹夫之事，雖悔於終，病而乞盟，如所喪何？其書「逃歸不盟」，深貶之也。或曰：首止之會，非王志也，王惡齊侯定世子，而使周公召鄭伯，曰：「吾撫汝以從楚，可以少安。」鄭伯喜於王命而畏齊，故逃歸不盟，然則何罪乎？曰：《春秋》道名分，尊天王，而以大義爲主。夫義者，權名分之中而當其可之謂也。諸侯會王世子，雖衰世之事，而《春秋》與之者，是變之中也；鄭伯雖承王命，而制命非義，《春秋》逃之者，亦變之中也。天下之大倫有常有變，舜之於父子，湯、武之於君臣，周公之於兄弟，皆處其變者也。賢者守其常，聖人盡其變，會首止，逃鄭伯，處父子君臣之變而不失其中也。噫！此《春秋》之所以爲《春秋》，而非聖人莫能修之者矣。

楚人滅弦，弦子奔黄。

九月，戊申，朔，日有食之。

冬，晉人執虞公。

公羊子曰：「虞已滅矣，其言執何？不與滅也。滅者，亡國之善詞，上下之同力也。」若夫虞公，地之組於晉久矣，晉命行乎虞民信矣，其曰「晉人執之」者，猶衆執獨夫耳。貴爲天子，富有四海，而身爲獨夫，商紂是也；貴爲諸侯，富有一國，而身爲獨夫，虞公是也。其曰「公」者，非存其爵，猶下執之之詞也。不言以歸，驗其

爲匹夫之實也。書「滅下陽」於始，而記「執虞公」於後，可以見棄義趨利、瀆貨無厭之能亡國敗家審矣。

六年，春，王正月。

夏，公會齊侯、宋公、陳侯、衛侯、曹伯伐鄭，圍新城。秋，楚人圍許，諸侯遂救許。冬，公至自伐鄭。

齊自召陵之後，兵服四夷，威動諸夏。今合六國之師，圍新造之邑，宜若振槁，然圍而不舉，有遺力者矣。及楚人攻許，即解新城之圍，移師救許，是又得討罪分災救急之義也，故特書曰「楚人圍許，諸侯遂救許」。凡書救者，未有不善之也。其曰「遂救許」，善之尤者也。善之尤，則何以致？久也。

七年，春，齊人伐鄭。夏，小邾子來朝。鄭殺其大夫申侯。

將卑師少稱人，聲罪致討曰伐。鄭伯背華即夷，南與楚合而未離也，故桓公復治之。孔叔言於其君，請下齊以救國。鄭伯曰：「吾知其所由來矣，姑少待我。」於是殺申侯以說于齊。稱國以殺者，罪累上也。不知自反，內忌聽讒，而擅殺其大夫，信失刑矣。如申侯者，其見殺何也？專利而不厭，則足以殺其身而已矣。

秋，七月，公會齊侯、宋公、陳世子款、鄭世子華盟于甯母。

曹伯班卒。

公子友如齊。

冬，葬曹昭公。

八年，春，王正月，公會王人、齊侯、宋公、衛侯、許男、曹伯、陳世子款盟于洮。鄭伯乞盟。

王人，下士也。內臣之微者，莫微於下士；外臣之貴者，莫貴於方伯公侯。今以下士之微，序乎方伯公侯之上，外輕內重，不亦偏乎？《春秋》之法，內臣以私事出朝者直書曰來，以私好出聘者不稱其使，以私情出訃者止録其名，不以其貴故尊之也；以王命行者，雖下士之微，序乎方伯公侯之上，不以其賤故輕之也。然則班列之高下，不在乎內外，特係乎王命耳，聖人之情見矣，尊君之義明矣。乞者，卑遜自屈之詞。欲與是盟而未知其得與否也。始而逃歸，今則乞盟，於以見舉動人君之

大節，不可不慎也。

夏，狄伐晉。

秋，七月，禘于太廟，用致夫人。

按《禮》，「大禘，升歌《清廟》，下而管《象》，朱干玉戚以舞《大武》，八佾以舞《大夏》」，此天子之禮樂也。踐其位，則行其禮奏其樂，故《雝》禘大祖，《周頌》也，而其詩曰：「相維辟公，天子穆穆。」周公人臣，不踐其位，魯侯國而用天子之禮，亂名犯分莫大乎是，故夫子志之曰：「郊社之禮，所以事上帝也；宗廟之禮，所以祀乎其先也。」魯侯國而以王禮祀太廟，是誣僞不誠，而非所以事乎其先矣，故夫子傷之曰：「禘祀既灌而往者，❶吾不欲觀之。」夫灌以降神，乃祭之始，而已不欲觀，是自始至終皆非禮矣。用者，不宜用也。致者，不宜致也。夫人者，風氏也。初，成風聞季友之繇，遂事之而屬僖公焉，故季子立之，公賜季子汶陽之田及費，又生而命之氏，俾世其卿，而私門强矣。於成風，則舉大事於始祖之廟，立以爲夫人，而嫡妾亂矣。以私勞寵其臣而卑公室，以私恩崇其母而輕宗廟，皆越禮之罪也。經書夫人而不稱姓氏，其貶深矣。

冬，十有二月，丁未，天王崩。

九年，春，王三月，丁丑，宋公御説卒。

夏，公會宰周公、齊侯、宋子、衛侯、鄭伯、許男、曹伯于葵丘。

其曰「宰周公」者，以冢宰兼三公也。古者三公無其人，則以六卿之有道者上兼師保之任；冢宰或闕，亦以三公下行端揆之職。禹自司空進宅百揆，又曰「作朕股肱耳目」，是以宰臣上兼師保之任也；周公爲師，又曰「位冢宰正百工」，是以三公下行端揆之職也。所以然者，三公與王坐而論道，固難其人，而冢宰揆百官、❷均四海，亦不易處也。夫以冢宰兼三公，其職任重矣，而不殊會之，何也？人臣則有進退之節，出入均勞之義，非王世子貴有常尊之可比矣。

秋，七月，乙酉，伯姬卒。

九月，戊辰，諸侯盟于葵丘。

❶「祀」，黃修本、鄭本作「自」。按此引《論語·八佾》，原文作「自」。

❷「揆」，鄭本作「統」。

會盟同地，再言葵丘，何也？書之重，辭之複，其中必有大美惡焉。葵丘之盟，美之大者也。初命曰：「誅不孝，無易樹子，無以妾爲妻。」再命曰：「尊賢育材，以彰有德。」三命曰：「敬老慈幼，無忘賓旅。」四命曰：「士無世官，官事無攝，取士必得，無專殺大夫。」五命曰：「無曲防，無遏糴，無有封而不告。」曰：「凡我同盟之人，既盟之後，言歸于好。」以是爲盡禁矣。諸侯咸喻乎桓公之志，蓋束牲載書而不歃血也。是故會盟同地而再言葵丘，美之也。觀《孟子》所載此盟初命之詞，則知桓公翼載襄王之事信矣。❶

甲子，晉侯詭諸卒。

冬，晉里克殺其君之子奚齊。

穀梁子曰：「其君之子云者，國人不子也，不正其殺申生而立之也。」人君擅一國之名寵，爲其所子，則當子矣，國人何爲不子也？民至愚而神，是非好惡，靡不明且公也。其所子而弗子者，莫能使人弗之子也；非所子而子之者，莫能使人之亦子也。周幽王嘗黜太子宜臼，子伯服矣，而犬戎殺其身；晉獻公亦殺世子申生，立奚齊矣，而大臣殺其子。《詩》不云乎：「天生蒸民，有物有則。民之秉彝，好是懿德。」此言天理根於人心，雖以私欲滅之，而有不可滅也。《春秋》書此，以明獻公之罪，抑人欲之私，示天理之公，爲後世戒，其義大矣。以此防民，猶有欲易太子而立趙王如意，致夫人之爲人彘者。

十年，春，王正月，公如齊。

狄滅温，温子奔衛。

晉里克弑其君卓。

國人不君奚齊、卓子，而曰「里克弑其君卓」，何也？是里克君之也。克者，世子申生之傅也，驪姬將殺世子而難里克，使優施飲之酒，而告之以其故，里克聽其謀，乃欲以中立自免，稱疾不朝，居三旬而難作，是謂持禄容身，速獻公殺適立庶之禍者。故成其君臣之名，以正其弑逆之罪。克雖欲辭而不受，其可得乎？使克明於大臣之義，據經庭諍以動其君，執節不貳，固太子以攜其黨，多爲之故以變其志，其濟則國之福也，其不濟而死於其職，亦無歉矣。人臣所明者義，於功不貴幸而成；

❶「載」，黄修本、鄭本作「戴」。

所立者節，於死不貴幸而免。克欲以中立祈免，自謂智矣，而終亦不能免。等死耳，不死於世子而死於弑君，其亦不知命之蔽哉！《語》曰：「不知命無以爲君子也。」爲人臣而不知《春秋》之義者，必陷於篡弑誅死之罪，克之謂矣。

及其大夫荀息。

荀息者，奚齊、卓子之傅也。君弑而死於難，書及，所以著其節；書大夫，不失其官也。於荀息，何取焉？若息者，可謂不食其言矣。或曰：息既從君於昏，不食其言，庸足取乎？世衰道微，人愛其情，私相疑貳，以成傾危之俗，至於刑牲歃血，要質鬼神，猶不能固其約也，孰有可以託六尺之孤，寄百里之命，臨死節而不可奪如息者哉？自古皆有死，民無信不立，故聖人以信易食，而君子以信易生。息不食言，其可少乎？

夏，齊侯、許男伐北戎。

晉殺其大夫里克。

里克弑二君與一大夫，不以討賊之詞書者，惠公殺之不以其罪也。殺之不以其罪奈何？里克所爲弑者，爲重耳也。夷吾曰：「是又將殺我也。」則謂克曰：「爾既殺夫二孺子矣，又將圖寡人，爲爾君者，不亦病乎？」里克對曰：「不有廢也，君何以興？欲加之罪，何患無詞？臣聞命矣。」伏劍而死。若惠公既立，而謂克曰：「先君命大夫爲世子傅，世子死非其罪，而大夫不之恤，若奚齊者，既有先君之命矣，而大夫又殺之，以及卓。大夫雖殺之，獨不念先君之命乎？」則克必再拜而死，不復有言矣。惠公乃曰「又將圖寡人」，是殺之不以其罪也。故稱國以殺而不去其官。

秋，七月。

冬，大雨雪。

十有一年，春，晉殺其大夫丕鄭父。

按《左氏》「丕鄭言於秦伯，請出晉君」，則鄭有罪矣，曷爲稱國以殺而不去其官？惠公以私意殺里克，故其黨皆懼，鄭之有此謀，由殺里克致之也。《春秋》以大義公天下爲誅賞，故書法如此。其稱國者，兼罪用事大夫，不能格君心之非，至於多忌濫刑，危其國也。

夏，公及夫人姜氏會齊侯于陽穀。

襄陵許翰曰：「先乎陽穀之會爲大雨雪，後乎陽穀之會爲大雩。僖公賢君，不能禮佐齊桓，儆其怠忽，而更與

之俱肆于寵樂，是以見戒于天如此。以公、夫人陽穀之會觀之，❶齊桓霸業怠矣，故楚人伐黄不能救。」凡此類屬詞比事，直書于策，而義自見者也。

秋，八月，大雩。

冬，楚人伐黄。

按穀梁子曰：「貫之盟，管敬仲言於桓公：『江、黄遠齊而近楚，楚爲利之國也，若伐而不能救，則無以宗諸侯矣。』桓公不聽，遂與之盟。管仲死，楚伐江滅黄，桓公不能救，故君子閔之也。」遠國慕義，背夷即華，所謂「出自幽谷，遷于喬木」，《春秋》之所取也。被兵城守，更歷三時，告命已至，而援師不出，則失救患分災、攘夷狄安與國之義矣。滅弦、滅温皆不書伐，滅黄而書伐者，罪桓公既與會盟而又不能救也。

---

❶「陽穀」，原倒乙，據黄修本、鄭本改。

春秋傳卷第十二

僖公中

十有二年，春，王三月，庚午，日有食之。

夏，楚人滅黄。

《春秋》滅人之國其罪則一，而見滅之君其例有三：以歸者，既無死難之節，又無克復之志，貪生畏死，甘就執辱，其罪爲重，許斯、頓牂之類是也；出奔者，雖不死於社稷，有興復之望焉，託於諸侯，猶得寓禮，其罪爲輕，弦子、温子之類是也；若夫國滅死於其位，是得正而斃焉者矣，於禮爲合，於時爲不幸，若江、黄二國是也。其書滅者，見夷狄之强，罪諸夏之弱，責方伯連帥之不修其職，使小國賢君困於强暴，不得其所，公羊子所謂「亡國之善詞，上下之同力」者也。

秋，七月。

冬，十有二月，丁丑，陳侯杵臼卒。

十有三年，春，狄侵衛。

齊桓公爲陽穀之會，是肆于寵樂，其行荒矣；楚人伐黄，而救兵不起，是忽于簡書，其業怠矣。然後狄人窺伺中國，今年侵衛，明年侵鄭，近在王都之側，淮夷亦來病杞而不忌也。伯益戒于舜曰「無怠無荒，四夷來王」，此至誠無息，帝王之道，《春秋》之法也。齊桓、晉文若此類者，其事則直書于策，其義則遊聖門者默識於言意之表矣，故曰：「仲尼之徒無道桓、文之事者。」

夏，四月，葬陳宣公。

公會齊侯、宋公、陳侯、衛侯、鄭伯、許男、曹伯于鹹。

秋，九月，大雩。

冬，公子友如齊。

十有四年，春，諸侯城緣陵。

齊桓公城三國而書詞不同，城楚丘則没諸侯而不書，城緣陵則書諸侯而不序，城邢則再序三國之師，何也？

邢以自遷爲文，故再列三師而書「城邢」者，美其得救患分災之義，無封國之嫌也。淮夷病杞，諸侯會于鹹，城緣陵而遷杞焉，則其事專矣，故前目後凡，直書諸侯而不序也。衛爲狄滅，東徙渡河，野處漕邑，桓公使公子無虧戍以甲士，歸其祭服乘馬，凡爲國之用，其力尤勤，其功尤大，其事尤專，而《春秋》責之尤重，曰「城楚丘」而不書諸侯，正王法也。是故以功言之，則楚丘爲大；以義言之，則城邢爲美。《春秋》之法，「明其道不計其功，正其義不謀其利」者也。詳著城邢之師而深没楚丘之迹，貴王賤霸，羞稱桓、文，以正待人之體也。明此則知曾西不爲管仲，深畏仲由之説矣。

夏，六月，季姬及鄫子遇于防，使鄫子來朝。

《春秋》内女適人者，明有所從，則繫諸國，若杞伯姬是也；其未適人者，欲有所别，則書其字，若子叔姬是也。季姬書字而未繫諸國，其女而非婦亦明矣。及者，内爲志，内女而外與諸侯遇，譏魯也。朝不言使，言使非正。鄫子國君，而季姬使之朝，病鄫也。魯秉周禮，男女之際豈其若是之甚乎？蓋魯公鍾愛其女，使自擇配，故得與鄫子遇于防，而遂以季姬歸之爾。有孟光之德，有伯鸞之賢，變而不失禮之正，則猶可矣，不然，非所以爲愛而厚其别也。故稱及、稱遇、稱使，罪魯與鄫，以正男女之禮，爲後世戒也。

秋，八月，辛卯，沙鹿崩。

沙鹿，晉地也。卜偃曰：「期年必有大咎，國幾亡。」《詩》稱「百川沸騰，山冢崒崩」，言西周之將亡也。書「沙鹿崩」於前，書「獲晉侯」於後，雖不指其事應，而事應具存。此《春秋》畏物之反常爲異，使人恐懼修省之意也，其垂戒明矣。

狄侵鄭。

冬，蔡侯肸卒。

十有五年，春，王正月，公如齊。

楚人伐徐。三月，公會齊侯、宋公、陳侯、衛侯、鄭伯、許男、曹伯盟于牡丘，遂次于匡。

公孫敖帥師及諸侯之大夫救徐。

楚都于郢，距徐亦遠，而舉兵伐徐，暴横憑陵之罪著矣。徐在山東，與齊密邇，以封境言之，不可以不速救；以形勢言之，非有餽糧越險之難也。今書「盟于牡丘」，見諸侯救患之不協矣；書「次于匡」，見霸主號令之不嚴

矣；書大夫帥師，而諸侯不行，見桓德益衰，而禦夷狄、安中國之志怠矣。凡兵而書救，未有不善之也。救而書次，則尤罪其當速而故緩，失用師之義矣。《中庸》曰：「至誠無息，不息則久。」《春秋》謹始卒，欲有國者敦不息之誠也。始勤而終怠，則不能久，而無以固其國矣。

夏，五月，日有食之。

秋，七月，齊師、曹師伐厲。

八月，螽。

九月，公至自會。

季姬歸于鄫。

己卯，晦，震夷伯之廟。

震者，雷電擊夷伯之廟也。不曰「夷伯之廟震」而曰「震夷伯之廟」者，天應之也，天人相感之際微矣。夷伯者，魯大夫也，大夫既卒不名。《穀梁》以爲：「因此見天子至于士皆有廟，天子七廟，諸侯五，大夫三，士二，故德厚者流光，德薄者流卑，是以貴始德之本也。始封必爲祖。」

冬，宋人伐曹。

楚人敗徐于婁林。

十有一月，壬戌，晉侯及秦伯戰于韓，獲晉侯。

秦伯伐晉而經不書伐，專罪晉也；獲晉侯以歸而經不書歸，免秦伯也。書伐、書及者，兩俱有罪而以及爲主；書獲、書歸者，兩俱有罪而以歸爲甚。今此專罪晉侯之背施幸災，貪愛怒鄰，而恕秦伯也。然則秦戰義乎？《春秋》無義戰，彼善於此，則有之矣。其不言「師敗績」，何也？君獲不言師敗績，君重於師也；大夫戰而見獲，必書師敗績，師與大夫敵也。君爲重，師次之，大夫敵，《春秋》之法也。與孟子之言何以異？孟子爲時君牛羊用人莫之恤也，故以民爲貴，君爲輕；《春秋》正名定分，爲萬世法，故以君爲重，師次之。堯以天下命舜，舜亦以命禹，必稱元后爲先，此經世大常，而仲尼蓋祖述之者也。惟此義不行，然後叛逆之黨，有託以爲民，輕棄君親而不顧者矣。

十有六年，春，王正月，戊申，朔，隕石于宋五。是月，六鷁退飛，過宋都。

隕石，自空凝結而隕也。退飛，有氣逆驅而飛也。石隕鷁飛，而得其數與名。在春秋時，凡有國者，察於物象之變亦審矣。此宋異也，何以書于魯史？亦見當時諸國有非所當告而告者矣。何以不削乎？聖人因災異以明天人感應之理，而著之於經，垂戒後世，如石隕于宋而書曰「隕石」，此天應之也。和氣致祥，乖氣致異，人事感於下，則天變應於上。苟知其故，恐懼修省，變可消矣。宋襄公以亡國之餘，欲圖霸業，五石隕，六鷁退飛，不自省其德也。後五年有盂之執，又明年有泓之敗，天之示人顯矣，聖人所書之義明矣，可不察哉！

三月，壬申，公子季友卒。

季者，其字也。友者，其名也。大夫卒而書名，則曷爲稱字？聞諸師曰：「春秋時，魯卿有生而賜氏者，季友、仲遂是也。生而賜氏者何？命之世爲卿也。」❶季子忠賢，在僖公有翼戴之勤；襄仲弑逆，在宣公有援立之力。此二君者，不勝私情，欲以異賞報之也，故皆生而賜氏，俾世其官。經於其卒各以氏書者，誌變法亂紀之端，貽權臣竊命之禍，其垂戒遠矣。

夏，四月，丙申，鄫季姬卒。

內女嫁於諸侯則尊同，尊同則記其卒，記其卒則必記其葬，然而有不記者，此筆削之旨，非可以例求者也。宋伯姬在家爲淑女，既嫁爲賢婦，死於義而不回，此行之超絕卓異者，既書其葬，又載其謚。僖公鍾愛季姬，使自擇配，季姬不能自克以禮，恃愛而行，雖書其卒，因奪其葬，所以謹夫婦之道，正人倫之統，明王教之始也。以此防民，猶有嫁殤立廟，舉朝素衣，親臨祖載，如魏明帝之厚其女者。

秋，七月，甲子，公孫兹卒。

冬，十有二月，公會齊侯、宋公、陳侯、衛侯、鄭伯、許男、邢侯、曹伯于淮。

十有七年，春，齊人、徐人伐英氏。

夏，滅項。

按《左氏》：「淮之會，公有諸侯之事，未歸而取項。齊人以爲討而止公。」然則滅項者，魯也。二傳以爲桓公滅之，孰信乎？考於經，未有書外滅而不言國者，如齊師滅譚是也；亦未有書內取而直言魯者，如取鄟、取

❶「世爲」，鄭本作「爲世」。

郜、取鄶是也。由此知項爲魯滅無疑矣。然聖人於魯事有君臣之義，凡大惡必隱避其詞而爲之諱。今此滅項，其惡大矣，曷不諱乎？曰：事有隱諱，臣子施之於君父者也，故成公取鄟、襄公取邿、昭公取鄫，皆不言滅而書取。程氏以爲「在君則當諱」，是也。若夫滅項，則僖公在會，季孫所爲耳。執政之臣，擅權爲惡，而不與之諱，此《春秋》尊君抑臣，不爲朋黨比周之意也。

秋，夫人姜氏會齊侯于卞。

九月，公至自會。

冬，十有二月，乙亥，齊侯小白卒。

十有八年，春，王正月，宋公、曹伯、衛人、邾人伐齊。夏，師救齊。五月，戊寅，宋師及齊師戰于甗，齊師敗績。狄救齊。

伐齊之喪，奉少奪長，其罪大，故其責詳。書「師救齊」者，善魯也。救者善，則伐者惡矣。凡書救者，未有不善之也。書「狄救齊」者，許狄也，許夷狄則罪諸夏矣。許之曷爲不稱人？深著中國諸侯之罪也。凡伐者爲客，受伐者爲主。今齊人受伐，以宋爲主者，曲在宋也。凡師直爲壯，曲爲老，書「齊師敗績」者，責齊臣也。或曰：桓公、管仲嘗屬孝公於宋襄，以爲世子矣，則何以不可立乎？曰：不能制命，雖天王欲撫鄭伯以從楚，《春秋》猶以大義裁之而不與也。桓公君臣乃欲以私愛亂長幼之節，其可哉？獨不見宣王與仲山甫爭魯侯戲、括之事，其後如之何也？《春秋》深罪宋公，大義明矣。

秋，八月，丁亥，葬齊桓公。

桓公九合諸侯，不以兵車，威令加乎四海，幾於改物，雖名方伯，實行天子之事。然而不能慎終如始，付託非人，柩方在殯，四鄰謀動其國家而莫之恤，至於九月而後葬，以此見功利之在人淺矣。《春秋》明道正義，不急近功，不規小利，於齊桓、晉文之事，有所貶而無過褒以此。

冬，邢人、狄人伐衛。

狄稱人，進之也。慕義而來，進之可也。以夷狄伐衛而進之，可乎？伐衛，所以救齊也。衛嘗亡滅，東徙渡河，無所控告，齊桓公攘戎狄而封之，使衛國忘亡，誰之賜也？桓公方没，不念舊德，欲厚報之，遽伐其喪，亦

太甚矣。以直報怨，聖人之公也；以怨報怨，天下之利也；❶以德報怨，寬身之仁也；以怨報德，刑戮之民也，至是人理亡矣。桓公攘夷狄，安中國，免民於左衽，諸侯不念其賜，而於衛爲尤。先書「狄救齊」，以著中國諸侯之罪；再書「狄人伐衛」，所以見救齊之善，功近而德遠矣。

十有九年，春，王三月，宋人執滕子嬰齊。

執之是非，決於稱人與稱爵；而見執者，則以名與不名，知其罪之在也。經書見執於人者，悉皆不名，而滕子獨名，是亦有罪焉耳。夫以齊桓之盛，九合諸侯，不以兵車，雖江、黄遠國，猶相繼來盟。而滕介齊、宋之間，不與衣裳之會者三十有七年，及宋襄繼起，又不尊事大國，其見執則有由矣。書名，著其罪也。苟爲有罪，其見執固宜，宋何以稱人？不得爲伯討乎？執雖以罪，不歸于京師則稱人，惡其專也；歸于京師，而執非其罪則稱人，惡其濫也。

夏，六月，宋公、曹人、邾人盟于曹南。

鄫子會盟于邾。

己酉，邾人執鄫子，用之。

秋，宋人圍曹。

盟于曹南，口血未乾，今復圍曹者，討不服也。愛人不親反其仁，治人不治反其智。襄公不能內自省德，而急於合諸侯。執嬰齊，非伯討不足以示威；盟曹南，非同志不足以示信。卒於兵敗身傷，不知反求諸己，欲速見小利之過也。漢景削七國而吳、楚叛，東都疾横議而黨錮興，唐文宗切於除姦而訓、注用。故子夏爲莒父宰，問政，子曰：「無欲速，無見小利。欲速則不達，見小利則大事不成。」經書襄公不越數端，而知其操心之若此者。仲尼筆削，推見至隱，如化工賦像，并其情不得遯焉，非特畫筆之肖其形耳。故《春秋》者，化工也，非畫筆也。

衛人伐邢。

冬，會陳人、蔡人、楚人、鄭人盟于齊。

盟會，皆君之禮也。微者盟會不志于《春秋》，凡所志者，必有君與貴大夫居其間也。然則爲此盟者，乃公與陳、蔡、楚、鄭之君，或其大夫矣，曷爲内則没公，外則人

❶「利」，鄭本作「私」。

諸侯與其大夫？諱是盟也。楚人之得與中國會盟，自此始也。莊公十年「荆敗蔡師」，始見于經，其後「入蔡」、「伐鄭」，皆以號舉，夷狄之也。僖公元年改而稱楚，經亦書人，於是乎浸强矣。然終桓公世，皆止書人，而不得與中國盟會者，以齊修霸業，能制其强故也。桓公既没，中國無霸，鄭伯首朝于楚，其後遂爲此盟。故《春秋》没公，人陳、蔡諸侯，而以鄭列其下，蓋深罪之也。又二年，復盟于鹿上，至會于盂，遂執宋公以伐宋，而楚於是乎大張，列位於陳、蔡之上而書爵矣。聖人書此，豈與之乎？所以著夷狄之强，傷中國之衰，莫能抗也。故深諱此盟，一以外夷狄，二以惡諸侯之失道，三以謹盟會之始也。

梁亡。

陸淳曰：「秦肆其暴，取人之國，没而不書，其義安在？曰：乘人之危，惡易見也；滅人之國，罪易知也。自取亡滅者，其事微矣。《春秋》之作，聖人所以明微也。」梁本侯國，魚爛而亡，何哉？《易》曰：「天行健，君子以自强不息。」古者諸侯朝修其業令，❶晝攷其國職，夕省其典刑，夜儆百工，無使慆淫而後即安，故克勤于邦，荒度土功者，禹也；慄慄危懼，檢身若不及者，湯也；自朝至于日中昃，不遑暇食，用咸和萬民者，文王也。凡有國家者，土地雖廣，人民雖衆，兵甲雖多，城郭雖固，而不能自强於政治，則日危月削，如火銷膏，以至滅亡而莫覺也，而況好土功，輕民力，湎於酒，淫於色，心昏而出惡政者乎？其亡可立而待矣。

二十年，春，新作南門。

言「新」者，有故也。言「作」者，創始也。其曰「南門」者，南非一門也。庫門，天子皐門；雉門，天子應門。書「新作南門」，譏用民力於所不當爲也。魯人爲長府，閔子騫曰：「仍舊貫，如之何？何必改作？」孔子曰：「夫人不言，言必有中。」《春秋》凡用民力，得其時制者，猶書于策，以見勞民爲重事，而況輕用於所不當爲者乎？然僖公嘗修泮宫、復閟宫矣，奚斯董其役，史克頌其事，而經不書者，宫廟以事其祖考，學校以教國之子弟，二者爲國之先務，雖用民力，不可廢也，其垂教之意深矣。

夏，郜子來朝。

❶「業」，鄭本作「禁」。

五月，乙巳，西宮災。

鄭人入滑。

秋，齊人、狄人盟于邢。

冬，楚人伐隨。

二十有一年，春，狄侵衛。

宋人、齊人、楚人盟于鹿上。

夏，大旱。

秋，宋公、楚子、陳侯、蔡侯、鄭伯、許男、曹伯會于盂，執宋公以伐宋。

執宋公者，楚子也，何以不言楚子執之？分惡於諸侯也。諸侯皆在會，而蠻夷執其會主，拱手以聽而莫之敢違，其不勇於爲義亦甚矣，故特列楚人於陳、蔡之上，❶而以同執爲文。夫以楚之强，豈能勝秦？五國之衆，何弱於趙？然澠池之會，藺相如一奮其氣，威信敵國，秦雖虎狼，猶不敢動，況以五國之君而不能得志於荆楚乎？宋以乘車之會往，而楚伏兵車以執之，則宋直楚曲，其義已明。雖以匹夫自反而縮，猶不可耻，矧南面之君也哉！然《春秋》爲賢者諱，宋公見執，不少隱之，何也？夫盟主者，所以合天下之諸侯，攘戎狄、尊王室者也。宋公欲繼齊桓之烈，而與楚盟會，豈攘戎狄、尊王室之義乎？故人宋公於鹿上之盟，而盂之會直書其事而不隱，所以深貶之也。

冬，公伐邾。

楚人使宜申來獻捷。

不曰「來獻宋捷」，爲魯諱也。諸侯從楚伐宋，而魯獨不與，故楚來獻捷以脅魯。爲魯計者，拒其使而不受可也，請於天王而討之可也。宋公，先代之後，作賓王家，方修盟會，而伏兵車執之於壇坫之上，又以軍獲遺獻諸侯，其横逆甚矣。拒其使而不受，聲其罪而致討，不患無詞。魯於是時，曾不能申大義以攘荆楚、尊中國，故不曰「宋捷」，特爲魯諱之也。

十有二月，癸丑，公會諸侯盟于薄，釋宋公。

會不書其所爲，獨會于稷書「成宋亂」者，爲受郜鼎、立華督也。會于澶淵言「宋災故」者，爲葬蔡侯不討般也。盟不書所爲，而盟于薄言「釋宋公」者，宋方主會，而蠻

❶「人」，黄修本原作「人」，後修作「子」。鄭本作「子」。

夷執而伐之，以其俘獲來遺，是夷狄反爲中國主，禽獸將逼人而食之矣。此正天下大變，《春秋》之所謹也。魯既不能申大義以抑其强暴，使宋公見釋出自天王與中國，而顧與歃血要言，求楚子以釋之，是操縱大權自蠻夷出，其事已傎甚矣。故書會、書盟、書釋，皆不言楚子，爲魯諱以深貶之也。《穀梁》謂「不與楚專釋」是已，或以爲「嘉我公之救患」，誤矣。

二十有二年，春，公伐邾，取須句。

按《左氏》：「須句，風姓，實司太皞與有濟之祀。」邾人滅之，須句子來奔，因成風也。公伐邾，取須句，而反其君焉。審如是，固得崇明祀、保小寡之禮，何以書取乎？不請於王命，而專爲母家報怨，謀動干戈於邦內，擅取人國而反其君，是以亂易亂，非所以爲禮也，與收奪者無以異矣。

夏，宋公、衛侯、許男、滕子伐鄭。

秋，八月，丁未，及邾人戰于升陘。

邾人以須句故出師。公卑邾，不設備，戰于升陘，我師敗績。邾人獲公冑，縣諸魚門。《記》稱「邾婁復之以矢，蓋自戰於升陘始也」。魯既敗績，邾亦幾亡，輕用師徒，害及兩國，亦異於誅暴禁亂之兵矣。故諱不言公，而書及，內以諱爲貶。

冬，十有一月，己巳，朔，宋公及楚人戰于泓，宋師敗績。

泓之戰，宋襄公不阨人於險，不鼓不成列，先儒以謂「至仁大義，雖文王之戰，不能過也」，而《春秋》不與，何哉？物有本末，事有終始，順事恕施者，王政之本也。襄公伐齊之喪，奉少奪長，使齊人有殺無虧之惡，有敗績之傷，此晉獻公之所以亂其國者，罪一也；桓公存三亡國以屬諸侯，義士猶曰薄德，而一會虐二國之君，罪二也；曹人不服，盍姑省德，無闕然後動，而興師圍之，罪三也。凡此三者，不仁非義，襄公敢行，而獨愛重傷與二毛，則亦何異盜跖之以分均出後爲仁義，陳仲子以避兄離母居於陵爲廉乎？夫計末遺本，飾小名妨大德者，《春秋》之所惡也，故詞繁不殺，而宋公書「及」，以深貶之也。

二十有三年，春，齊侯伐宋，圍緡。

齊，霸國之餘業也。宋襄公既敗於泓，荆楚之勢益張矣。齊侯既無尊中國、攘夷狄、恤患災、畏簡書之意，又

乘其約而伐之，此尤義之所不得爲者也，故書伐國而言圍邑，以著其罪。然則桓公伐鄭圍新城，何以不爲貶乎？鄭與楚合，憑陵中國，桓公伐之，攘夷狄也；宋與楚戰，兵敗身傷，齊侯伐之，殘中夏也。其事異矣，美惡不嫌同詞。

夏，五月，庚寅，宋公茲父卒。

秋，楚人伐陳。

冬，十有一月，杞子卒。

按《左氏》：「杞成公卒。書曰子，杞，夷也。」杜預以謂「杞實稱伯，而書曰子者，成公始行夷禮終其身，故仲尼於其卒以文貶之」，此説是也。或曰：信斯言，是《春秋》黜陟諸侯爵次以見褒貶，不亂名實乎？曰：《春秋》固天子之事也，而尤謹於華夷之辨。中國之所以爲中國，以禮義也，一失則爲夷狄，再失則爲禽獸，人類滅矣。魯桓篡弑，滕首朝之，貶而稱子，治其黨也；夷不亂華，成公變之，貶而稱子，存諸夏也。

二十有四年，春，王正月。

夏，狄伐鄭。

秋，七月。

冬，天王出居于鄭。

按《左氏》：「鄭人入滑，王爲滑請，鄭不聽命。王怒，使穨叔出狄師伐鄭，而德狄人，立其女隗氏爲后。富辰諫，不聽。大叔帶通于隗氏，王絀狄女。穨叔懼狄之怨己，遂奉叔帶以狄師攻王。王適鄭，處于氾。」自周無出，特書曰「出」者，言其自取之也。夫鄭伯不王，固有罪矣，襄王不知自反，念其制命之未順也。忍小忿，暱懿親，以扞外侮，而棄德崇姦，遂出狄師，是用夷制夏，如木之植，拔其本也，不亦慎乎！王者以天下爲家，京師爲室，而四方歸往，猶天之無不覆也。東周降于列國，既不能家天下矣，又毁其室而不保，則是寄生之君耳，貶而書「出」，以爲後戒。唐資突厥之兵以代隋，而世有戎狄之禍；晉藉契丹之力以取唐，而卒有播遷之辱。許翰以謂「不講於《春秋》，戒襄王之所以出」，其言信矣，而華夷之辨可不謹夫！居者，宅其所有之稱。出而曰「居」者，若曰「普天之下，莫非王土」，撥亂反正，存天理之意也。

晉侯夷吾卒

二十有五年，春，王正月，丙午，衛侯燬

滅邢。

衛侯何以名？滅同姓也。《春秋》之法，諸侯不生名，滅同姓則名者，謂其絶先祖之裔，蔑骨肉之恩，故生而書名，示王法不容誅也。聖人與天地合德，滅人邦國而絶其祀，同姓與異姓奚别焉？而或名或否，何也？正道理一而分殊，異端二本而無分。分殊之弊，私勝而失仁；無分之罪，兼愛而失義。《春秋》之法，由仁義行而人道立者也，可以無差等乎？然則晉滅虞，楚滅夔，亦同姓也，曷爲不名？曰：諸侯滅同姓則名，其常也；有名有不名，例之變也。邢雖與狄伐衛，而經無譏文者，爲能救齊也。衛人曾不反思而遷怒於邢，又遣禮至昆弟往仕焉，誘其守而殺之于外，與虞公貪璧馬以易鄰國及其身者，其情異矣。《春秋》原情定罪，而衛燬獨名，蓋輕重之權衡也。若荆楚則僭號稱王，聖人比諸夷狄，於滅夔乎何誅？

夏，四月，癸酉，衛侯燬卒。

宋蕩伯姬來逆婦。

伯姬，公女也，而配蕩氏。其往嫁不見於經者，國君不與大夫敵也。今來逆婦而史策書之，見公失禮，下主大夫之昏，是慢宗廟，卑朝廷也。姑自逆婦，其失明矣。

宋殺其大夫。

秋，楚人圍陳，納頓子于頓。

圍陳，納頓子也。「納」云者，不與納也。諸侯失國，諸侯納之，正也，何以不與乎？夫陳，先代之後，不能以禮安靖鄰國，保恤寡小，中國諸侯又不能修方伯連帥之職，而使楚人納之，是夷狄仗義正諸夏也。故書曰「楚人圍陳，納頓子于頓」，其責中國深矣，此亦正本自治之意也。

葬衛文公。

冬，十有二月，癸亥，公會衛子、莒慶盟于洮。❶

二十有六年，春，王正月，己未，公會莒子、衛甯速盟于向。

齊人侵我西鄙，公追齊師至酅，弗及。

❶「洮」，原作「兆」，今據黄修本、鄭本改。按三傳均作「洮」。

書人、書侵、書師，罪齊也；書追、書「至酅弗及」，罪魯也。潛師入境曰侵，少則稱人，衆則稱師。前書「齊人」，是見其弱以誘魯也；後書「齊師」，是伏其衆以邀魯也，其爲諼明矣。凡書追者，在境内則譏其不預，追戎于濟西是也；在境外則譏其深入，追齊師至酅是也。酅者，齊地。至者，言遠也。弗者，還詞也，有畏而弗敢及之也。齊、魯皆私憤之兵，而非正也，故交譏之。

夏，齊人伐我北鄙。衛人伐齊。公子遂如楚乞師。

衛人報德以怨，伐齊之喪，助少陵長，又還怒於邢而滅其國，不義甚矣。公既與其君盟于洮，又與其臣盟于向，是黨衛也。故齊人既侵其西又伐其北，齊師固亦非義矣。而僖公不能省德自反，深思遠慮，計安社稷，乃乞楚師與齊爲敵，是以蠻夷殘中國也，於義可乎？其書「公子遂如楚乞師」，而惡自見矣。

秋，楚人滅夔，以夔子歸。

《春秋》滅國以其君歸，無有不名者。而夔何以獨不名？按《左氏》：「夔子不祀祝融與鬻熊，楚人讓之。對曰：『我先君熊摯有疾，鬼神弗赦，自竄于夔，以是失楚，又何祀焉？』」諸侯之祀，無過其祖者，而夔祖熊摯，是不得祀祝融與鬻熊也。而楚反以是滅之，非其罪矣，故特存其爵而不名也。然則楚滅同姓，何以不名？人而不名，《春秋》待夷狄之體也。

冬，楚人伐宋，圍緡。

公以楚師伐齊，取穀。公至自伐齊。

楚强魯弱，而能用其師，進退在己，故特書曰「以」。以者，不以者也。夫背華即夷，取人之邑爲己有，失正甚矣，患之起必自此始。其致，危之也。

春秋傳卷第十三

僖公　下

二十有七年，春，杞子來朝。

夏，六月，庚寅，齊侯昭卒。

秋，八月，乙未，葬齊孝公。

乙巳，公子遂帥師入杞。

冬，楚人、陳侯、蔡侯、鄭伯、許男圍宋。十有二月，甲戌，公會諸侯盟于宋。

楚稱人，貶也。宋公，先代之後，作賓王家，非有篡弒之惡，楚人無故摟諸侯以圍之，何名也？故黜而稱人以著其罪。諸侯信夷狄伐中國，獨無貶乎？人楚子，所以人諸侯也。公與楚結好，故往會盟，其地以宋者，宋方見圍，無嫌於與盟，而公之罪亦著矣。

二十有八年，春，晉侯侵曹，晉侯伐衛。

按《左氏》：「初，公子重耳之出亡也，曹、衛皆不禮焉。」至是侵曹伐衛，再稱「晉侯」者，譏復怨也。春秋之時，用兵者非懷私復怨，則利人土地爾。《詩》云：「百爾君子，不知德行。不忮不求，何用不臧？」不忮則能懲忿，不求則能窒慾，然後貪憤之兵亡矣。或曰：曹、衛背華即夷，於是乎致武，奚爲不可？曰：楚人摟諸侯以圍宋，陳、蔡、鄭、許舉兵而同會，魯公與會而同盟。楚雖得曹，新昏於衛，然其君不在會，其師不與圍，以方諸國，不猶愈乎？又況衛已請盟，而晉人弗之許也。《書》曰：「必有忍，其乃有濟。❶有容，德乃大。」文公能忍於奄楚、里鳧須矣，何獨不能忍於曹、衛乎？再稱「晉侯」者，甚之也。下書「楚人救衛」，則譏晉深矣。《春秋》責備賢者，而樂與人改過。責備賢者，故再稱「晉侯」；樂與人改過，故衛已請盟，不當拒而絶之也。

公子買戍衛，不卒戍，刺之。

❶「其乃」，原作「乃其」，據鄭本及《尚書・君陳》改。

按《左氏》：「買爲楚戍衛，楚人救衛，不克。公懼於晉，殺買以説焉。謂楚人：『不卒戍也。』」内殺大夫稱刺者，若曰刺審其情，與衆棄之，而專殺之罪則一耳。《周官》有三刺，「一刺曰訊群臣，再刺曰訊群吏，三刺曰訊萬民」。刺未有書其故者，而以「不卒戍」刺之，則知買爲無罪矣。孟子曰：「無罪而殺士，則大夫可以去；無罪而戮民，則士可以徙。」今乃殺無罪之主將，以苟説於强國，於是乎不君矣，故特書其故以貶之也。

楚人救衛。

三月，丙午，晉侯入曹，執曹伯畀宋人。

古者覿文匿武，修其訓典，序成而不至，於是乎有攻伐之兵。故孟子謂萬章曰：「子以爲有王者作，將比今之諸侯而誅之乎？其教之不改而後誅之乎？」曹伯羸者，未狎晉政，莫知所承。晉文不修詞令，遽入其國，既執其君，又分其田，暴矣；欲致楚師與之戰，而以曹伯畀宋人，譎矣。雖一戰勝楚，遂主夏盟，舉動不中於禮亦多矣。徒亂人上下之分，無君臣之禮，其功雖高，道不足尚也。故曰：「五伯，三王之罪人，仲尼之徒無道桓、文之事者。」

夏，四月，己巳，晉侯、齊師、宋師、秦師及楚人戰于城濮，楚師敗績。

楚稱人，貶也。戰而言「及」，主乎是戰者也。當此時，晉師避楚三舍，請戰者得臣也，而經之書「及」何以在晉？得臣雖從晉師，然初告於晉曰：「請復衛侯而封曹，臣亦釋宋之圍。」是未有必戰之意也。及先軫獻謀，許曹、衛以攜其黨，拘宛春以激其怒，而後得臣之意決矣。故楚雖請戰，而「及」在晉侯，誅其意也。荆楚恃强，憑陵諸夏，滅黄而霸主不能恤，敗徐于婁林而諸大夫不能救，執中國盟主而在會者不敢與之争。今又戍穀逼齊，合兵圍宋，戰勝中國，威動天下，非有城濮之敗，則民其被髮左衽矣。宜有美詞稱揚其績，而《春秋》所書如此其略，何也？仁人「明其道不計其功，正其義不謀其利」。文公一戰勝楚，遂主夏盟，以功利言則高矣，語道義則三王之罪人也。知此説，則曾西不爲管仲，而仲尼、孟子雖老于行而不悔，其有以夫。

楚殺其大夫得臣。

按《左氏》：「晉師既克曹、衛，楚子入居于申，使申叔去穀，使子玉去宋，曰：『晉侯在外十九年，而果得晉國。

險阻艱難，備嘗之矣；民之情僞，盡知之矣。天假之年，而除其害，其可廢乎？』子玉使伯棼請戰，楚子怒，少與之師，唯西廣、東宮與若敖之六卒實從之，而不止也。子玉從晉師，文公退三舍辟之，楚衆欲止，子玉不可。戰于城濮，楚師敗績。」夫得臣信有罪矣。而楚子知其不可敵，不能使之勿敵，而少與之師，又以一敗殺之，是以師爲重，而棄其將以與之也。是晉再克而楚再敗也，故稱國以殺，而不去其官。以仲尼書「鄭棄其師」與「楚殺得臣」之事觀之，可爲來世之永鑒矣。

衛侯出奔楚。

諸侯失國出奔，未有不名者，衛侯何以不名？著文公之罪也。衛侯失守社稷，背華即夷，於文公何罪乎？衛之禍，文公爲之也。初，齊、晉盟于斂盂，衛侯請盟，晉人不許，是塞其向善之心，雖欲自新改轍，而其道無由也。高帝一封雍齒而功臣不競，世祖燒棄文書而反側悉安。使文公釋怨，許衛結盟，南向諸侯棄楚而歸晉矣。忿不思難，惟怨是圖，必使衛侯竄身無所，奔于荆蠻，歸于京師。兄弟相殘，君臣交訟，誰之咎也？夫心不外者，乃能統大衆；智不鑿者，乃能處大事。文公欲主夏盟，取威定霸，而舉動煩擾，若不勝任者，惟鑿智自私，而心不廣也。《春秋》於衛侯失國出奔，不以其罪名之，而重文公之咎，蓋端本議刑，責備賢者之意也。

五月，癸丑，公會晉侯、齊侯、宋公、蔡侯、鄭伯、衛子、莒子盟于踐土。

踐土之會，天王下勞晉侯，削而不書，何也？周室東遷，所存者號與祭耳，其實不及一小國之諸侯。晉文之爵雖曰侯伯，而號令天下，幾於改物，實行天子之事，此《春秋》之名實也。與其名存實亡，猶愈於名實俱亡。是故天王下勞晉侯于踐土，則削而不書，去其實以全名，所謂「君道也，父道也」；晉侯以臣召君，則書「天王狩于河陽」，正其名以統實，所謂「臣道也，子道也」，而天下之大倫尚存而不滅矣。衛侯奔楚不書名者，未絶其位也；叔武受盟而稱衛子者，立以爲君也。此見聖人深罪晉文報怨行私，專權自恣、廢置諸侯之意。

陳侯如會。

公朝于王所。

朝不言所，言所，非其所也。朝于廟，禮也，于外非禮也。有虞氏五載一巡狩，群后四朝。周制十有二年王乃時巡，諸侯各朝于方嶽，亦何必于京師于廟，然後爲

禮乎？古者天子巡狩于四方有常時，諸侯朝于方嶽有常所，其宫室道途可以預修，故民不勞；其供給調度可以預備，故國不費。今天王下勞晉侯，公朝于王所，則非其時與地矣。自秦而後，巡遊無度，至有長吏以倉卒不辦被誅，民庶以煩勞不給生厭，蓋《春秋》之義不行故也。然則天子在是，其可以不朝乎？天子在是，而諸侯就朝，禮之變也。《春秋》不以諸侯就朝爲非，而以王所非其所爲貶，正其本之意也。

六月，衛侯鄭自楚復歸于衛。衛元晅出奔晉。

衛侯失國出奔則不名，復歸得國何以名？殺叔武也。叔武者，衛侯之弟也。晉文公有憾於衛侯而不釋怨，於是逐衛侯立叔武，叔武辭立而他人立，則恐衛侯之不得反也，於是己立乎其位，治反衛侯。衛侯得反而疑其弟，則曰：「叔武篡我。」元晅争之曰：「叔武無罪。」衛侯不信其言，終殺叔武。是不念鞠子哀，而以争國爲心，亂民彝，滅天理，其爲罪大矣，此其所以名也。元晅由是走之晉而訟其君。然衛侯初歸則稱「復」，再歸何以不稱「復」乎？《春秋》立法甚嚴，而待人以恕。鄭之初歸，雖殺叔武，既名之矣，猶意其或出於誤而能革也，是以稱「復」；及其再歸，又殺元晅及公子瑕，則是終以争國爲心，長惡不悛，無自艾之意矣，是以不稱「復」。其曰「歸于衛」者，易詞也。諸侯嗣，故稱「復」者繼之也，不稱「復」者絶之也，而國非其國矣。

陳侯款卒。

秋，杞伯姬來。

公子遂如齊。

冬，公會晉侯、齊侯、宋公、蔡侯、鄭伯、陳子、莒子、邾子、秦人于温。天王狩于河陽。

按《左氏》：「晉侯召王，以諸侯見。仲尼曰：『以臣召君，不可以訓。』故書曰『天王狩于河陽』，以尊周而全晉也。」啖助謂：「以常禮言之，晉侯召君，名義之罪人也。其可訓乎？若原其自嫌之心，嘉其尊王之意，則請王之狩，忠亦至焉。故夫子特書『狩于河陽』，所謂原情爲制，以誠變禮者也。」夫踐土之會，王實自往，非晉罪也，故爲王諱而足矣；温之會，晉則有罪，而其情順也。故既爲王諱之，又爲晉解之，於以見《春秋》忠恕也。

壬申，公朝于王所。

晉人執衛侯，歸之于京師。衛元咺自晉復歸于衛。

其言「歸之于」者，執不以正之詞也。古者君臣無獄，諸侯不專殺，爲臣執君，故衛侯不名而元咺稱「復」。大夫不世，其稱「復」，絶之也。「自晉」者，晉有奉焉，因其力也。歸者，易詞。以文公爲之主，故其歸無難，而方伯之罪亦明矣。是以執而稱人，不得爲伯討也。

諸侯遂圍許。

諸侯比再會，天子再至，皆朝于王所，而許獨不會，以其不臣也，故諸侯圍許。按古者巡狩，諸侯各朝于方嶽。今法天子行幸，三百里内亦皆問起居。許距河陽、踐土近矣，而可以不會乎？其稱「遂」，繼事之詞也。

曹伯襄復歸于曹，遂會諸侯圍許。

曹伯襄何以名？其歸之道，非所以歸也。晉侯有疾，使其豎侯獳貨筮史曰：「以曹爲解。」晉侯恐，於是反曹伯。夫以賂得國，而《春秋》名之，比於失地滅同姓之罪，以此知聖人嚴於義利之别，以正性命之理。其説行而天下定矣，豈曰小補之哉？

二十有九年，春，介葛盧來。

公至自圍許。

夏，六月，會王人、晉人、宋人、齊人、陳人、蔡人、秦人盟于翟泉。

按《左氏》「公會王子虎、晉狐偃、宋公孫固、齊國歸父、陳轅濤塗、秦小子憖盟于翟泉」，則皆列國之貴大夫與王子，而公與會也。其貶而稱人，諱不書公，何也？翟泉近在洛陽王城之内，而王子虎於此下與列國盟，是謂上替；諸侯大夫入天子之境，雖貴曰士，而於此上盟王子虎，是謂下陵。而無君之心著矣，故以爲大惡。諱公而不書，諸國之卿貶稱人，而王子亦與焉者，此正其本之義也。

秋，大雨雹。

《正蒙》曰：「凡陰氣凝聚，陽在内者不得出，則奮擊而爲雷霆；陽在外者不得入，則周旋不捨而爲風。和而散，則爲霜雪雨露；不和而散，則爲戾氣曀霾。陰常散緩，受交於陽，則風雨調、寒暑正。」雹者，戾氣也，陰脅陽，臣侵君之象。當是時，僖公即位日久，季氏世卿，公子遂專權，政在大夫萌於此矣。

冬，介葛盧來。

三十年，春，王正月。

夏，狄侵齊。

《左氏》曰：「晉人伐鄭，以觀其可攻與否。狄間晉之有鄭虞也，遂侵齊。」《詩》不云乎：「戎狄是膺，荆舒是懲。」四夷交侵，所當攘斥，晉文公若移圍鄭之師以伐之，則方伯連率之職修矣。上書「狄侵齊」，下書「圍鄭」，此直書其事而義自見者也。

秋，衛殺其大夫元咺。

元咺訟君爲惡，君歸則己出，君出則己歸，無人臣之禮，信有罪矣。則稱國以殺而不去其官，何也？《春秋》之法，「躬自厚而薄責於人」。君子之道譬諸射，失諸正鵠反求諸己。衛侯之躬，無乃有闕，盍亦省德而内自訟乎？夫稱國以殺者，君與大臣專殺之也。衛侯在外，其稱國以殺，何也？穀梁子曰：「待其殺而後入也。」待其殺而後入，是志乎殺咺、瑕者也。「兵莫憯於志，鏌鋣爲下」，衛侯未入，稱國以殺，此《春秋》誅意之効也。然則大臣何與焉？從君於惡而不能止，故并罪之也。

及公子瑕。

公子瑕未聞有罪，而殺之，何也？元咺立以爲君，故衛侯忌而殺之也。然不與衛剽同者，是瑕能拒咺，辭其位而不立也；不與陳佗同者，是瑕能守節，不爲國人之所惡也。故經以「公子」冠瑕而稱「及」，見瑕無罪，事起元咺。以咺之故，延及於瑕，而衛侯忌克專殺濫刑之惡著矣。

衛侯鄭歸于衛。

衛侯出奔于楚則不名，見執于晉則不名，今既歸國，復有其土地矣，何以反名之乎？不名者，責晉文公之以小怨妨大德；名之者，罪衛侯鄭之以忮害戕本枝。古者天下爲公，選賢與能，不以爲異，況於戚屬，豈有疑閒猜忌之心哉？末世隆怨薄恩，趨利棄義，有國家者恐公族之軋己，至於網羅誅殺，無以芘其本根，而社稷傾覆，如六朝者衆矣。衛侯始歸而殺叔武，再歸而及公子瑕，是《葛藟》之不若，而《春秋》之所惡也，故再書其名爲後世戒。此義苟行，則六朝之君或亦少省矣。

晉人、秦人圍鄭。

按《左氏傳》：「晉侯、秦伯圍鄭，以其無禮於晉。」而經書「晉人、秦人」者，貶之也。於秦、晉何貶乎？初，晉公子重耳出亡過鄭，而鄭文公亦不禮焉，爲是興師而圍

鄭。孟子曰：有人於此，待我以橫逆，則君子必自反也：我必不仁無禮與不忠歟？仁且有禮而忠矣，其橫逆猶是也，此亦妄人耳矣，而君子蓋終不之校也。故行有不得者，皆反求諸己而已矣。今鄭伯之於晉公子，特不能厚將迎贈送之禮，而未嘗以橫逆加之也，坐此見圍，爲列國者，不亦難乎？故晉侯、秦伯貶稱人者，晉文以私忿勤民動衆，圍人之國，秦伯惟利爲向背，從燭之武之言，不以義舉也。而二國結釁連兵，暴骨原野，自此始矣。

介人侵蕭。

冬，天王使宰周公來聘。公子遂如京師，遂如晉。

大夫出疆，有以二事出者，有以一事出而專繼事者，其書皆曰「遂」。公子遂如周及晉，與祭公自魯逆王后，皆所謂以二事出者也；公子結往媵而及齊、宋盟，則專繼事者也。是非得失，則存乎其事矣。冢宰上兼三公，其職任爲至重，而來聘于魯，天王之禮意莫厚焉。魯侯既不朝京師，而使公子遂往，又以二事出，夷周室於列國，此大不恭之罪。履霜堅冰之漸，《春秋》之所誅而不以聽者也，則何以無貶乎？有不待貶絶而罪惡見者，不貶絶以見罪惡。

三十有一年，春，取濟西田。

《公羊》曰：「取之曹也。晉侯執曹伯，班其所侵地于諸侯。」不繫國者，吾故田也。復吾故田而謂之取，何也？《春秋》之法，不以亂易亂。

公子遂如晉。

夏，四月，四卜郊。

記《禮》者曰：「祭帝於郊，所以定天位也；禮行於郊，而百神受職焉。」魯，諸侯，何以有郊？成王以周公有大勳勞於天下，命魯公世世祀周公以天子之禮樂，是故魯君孟春乘大輅，載弧韣，旂十有二旒，日月之章，祀帝于郊，配以后稷，天子之禮也。以人臣而用天子之禮，可乎？是成王過賜，而魯公伯禽受之非也。楊子曰：「天子之制諸侯，庸節。節莫差於僭，僭莫重於祭，祭莫重於地，地莫重於天。」諸侯而祀天，其僭極矣。聖人於《春秋》，欲削而不存，則無以志其失，爲後世戒；悉書之乎，則歲事之常，有不勝書者。是故因禮之變而書于策，或以卜，或以時，或以望，或以牲，或以牛，於變之中

又有變焉者，悉書其事，而謂言偃曰：「魯之郊禘非禮也，周公其衰矣。杞之郊也，禹也；宋之郊也，契也，是天子之事守也。」言杞、宋，夏、商之後，受命于周，作賓王家，統承先王，修其禮物，其得行郊祀而配以其祖，非列國諸侯之比也。是故「天子祭天地，諸侯祭社稷，祝嘏莫敢易其常古」，易則亂名犯分，人道之大經拂矣。故曰：「郊社之禮，所以事上帝也；宗廟之禮，所以祀乎其先也。明乎郊社之禮，禘嘗之義，治國其如指諸掌乎！」夫庶人之不得祭五祀，大夫之不得祭社稷，諸侯之不得祭天地，非欲故爲等衰，蓋不易之定理也。知其理之不可易，則安於分守，無欲僭之心矣，爲天下國家乎何有？

不從，乃免牲。

古者大事決於卜，故《洪範》稽疑獨以龜爲主。卜而不從，則不郊矣，故免牲。

猶三望。

望，祭也。有虞氏受終而望因於類，巡狩而望因於柴，皆天子之事也。今魯不郊而望，故特書曰「猶」。猶者，可以已之辭。其言「三望」，何也？天子有方望，無所不通，諸侯非名山大川在其封内者則不祭。魯得用重禮，視王室則殺，故望止於三；比諸侯則隆，故河海雖不在其封而亦祭，然非諸侯之所得爲也。

秋，七月。

冬，杞伯姬來求婦。

蕩伯姬來逆婦而書者，以公自爲之主，失其班列書也。杞伯姬敵矣，其來求婦，曷爲亦書？見婦人之不可預國事也。王后之詔命不施於天下，夫人之教令不施於境中。婚姻，大事也，杞獨無君乎，而夫人主之也？故特書于策，以爲婦人亂政之戒。母爲子求婦，猶曰不可，況於他乎？此義行，無吕、武之禍矣。

狄圍衛。十有二月，衛遷于帝丘。

帝丘，東郡濮陽，顓頊之虚，亦衛地也。狄嘗迫逐黎侯，黎侯寓于衛，而衛不能修方伯連帥之職；戎嘗伐凡伯于楚丘，而衛不能救王臣之患，其後遂爲狄人所滅，東徙渡河矣。齊桓公攘戎狄，封之，而衛國忘亡。今又爲狄所圍，其遷于帝丘，避狄難也。而中國衰微，夷狄强盛，衛侯不能自强於政治，晉文無卻四夷、安諸夏之功，莫不見矣。

三十有二年，春，王正月。

夏，四月，己丑，鄭伯捷卒。

衛人侵狄。秋，衛人及狄盟。

按《左氏》：「狄有亂，衛人侵狄，狄請平焉。衛人及狄盟。」其不地者，盟於狄也。再書「衛人」而稱「及」者，所以罪衛也。盟會，中國諸侯之禮，衰世之事，已非《春秋》之所貴，況與戎狄豺狼即其廬帳刑牲歃血以要之哉？

冬，十有二月，己卯，晉侯重耳卒。

按《左氏》載，秦伯納晉文公，及殺懷公于高梁，其事甚詳。而《春秋》不書者，以爲不告也。徐邈曰：「諸侯有朝聘之禮，赴告之命，所以敦交好，通憂虞。若鄰國相望而情志否隔，存亡禍福不以相關，則他國之史無由得書。魯政雖陵，典刑猶在，史策所録，不失常法，其文足證，仲尼修之，事仍本史，有可損而不能益也。」

三十有三年，春，王二月，秦人入滑。

齊侯使國歸父來聘。

夏，四月，辛巳，晉人及姜戎敗秦于殽。

按《書序》「秦穆公伐鄭，晉襄公帥師敗諸殽」，而經書「晉人敗秦于殽」，是皆仲尼親筆，其詞何以異乎？《書序》專取穆公悔過自誓之言，止於勸善，其詞恕；《春秋》備書秦、晉無道用兵之失，兼於懲惡，其法嚴，此所以異也。晉襄親將，絀不稱君者，俯逼葬期，忘親背惠，墨衰絰而即戎，其惡甚矣。視秦猶狄，其罪云何？客人之館而謀其主，因人之信己而逞其詐，利人之危而襲其國，越人之境而不哀其喪，叛盟失信，以貪勤民而棄其師，狄道也。夫杞子、先軫之謀，偷見一時之利，徼倖其成，自以爲功者也。二君皆過聽焉而貪其利，是使爲人臣者懷利以事其君，爲人子者懷利以事其父。君臣父子去仁義，懷利以相與，利之所在，則從之矣，何有於君父？故一失則夷狄，再失則禽獸，而大倫滅矣。《春秋》人晉子而狄秦，所以立人道、存天理也。

癸巳，葬晉文公。

狄侵齊。

公伐邾，取訾婁。秋，公子遂帥師伐邾。

按《左氏》：「公伐邾，取訾婁，報升陘之役。邾人不設備，襄仲復伐之。」此皆不勝忿慾，報怨貪得，恃强陵弱，

不義之兵也。直書其事而罪自見矣。或曰：取須句、訾婁，有爲爲之也。伐邾至于再三，念母勤矣。夫念母者，必當止乎禮義。平王不撫其民，而遠屯戍于母家，詩人刺之，夫子録焉。僖公以成風之有功於己也，越禮以尊其身，違義以報其怨，殘民動衆，取人之邑，曾是以爲可乎？

晉人敗狄于箕。

冬，十月，公如齊。

十有二月，公至自齊。

乙巳，公薨于小寢。

《左氏》曰：「即安也。」周制，王宮六寢：路寢一，小寢五。君日出而眡朝，退適路寢聽政，使人眡大夫退，然後適小寢釋服。是路寢，治事之所也；而小寢，燕息之地也。《公羊》以西宮爲小寢，魯子以諸侯有三宮，則列國之制蓋降於王，其以路寢爲正則一爾。君終不於路寢，則非正矣。曾子曰：「吾得正而斃，又何求哉？」古人貴於得正乃如此，凡此直書而義自見矣。

隕霜不殺草，李梅實。

哀公問於仲尼曰：「《春秋》記『隕霜不殺草』，何爲記之也？」曰：「此言可殺也。夫宜殺而不殺，則李梅冬實。天失其道，草木猶干犯之，而況君乎？」是故以天道言，四時失其序，則其施必悖，無以統萬象矣；以君道言，五刑失其用，則其權必喪，無以服萬民矣。哀公欲去三桓，張公室，問社於宰我，古者用命賞于祖，不用命戮于社。宰我對以「使民戰栗」，蓋勸之斷也。仲尼則曰：「成事不説，既往不咎。」其自與哀公言，乃以爲可殺，何也？在聖人則能處變而不失其常，在賢者必有小正吉、大正凶之戒矣。❶其論隕霜不殺草，則李梅冬實，蓋除惡於微，慮患於早之意也。

晉人、陳人、鄭人伐許。

❶「正」，鄭本作「貞」。按「貞」犯宋仁宗嫌名。

春秋傳卷第十四

文公上

元年，春，王正月，公即位。

即位者，告廟臨群臣也。國君嗣世，定於初喪，必逾年然後改元書「即位」者，緣始終之義，一年不二君；緣民臣之心，不可曠年無君。按《書》載舜、禹受終傳位之事，在舜則曰：「月正元日，格于文祖。」在禹則曰：「正月朔旦，受命于神宗。率百官若帝之初。」夫于文祖、神宗，則告廟也；率百官若帝之初，則臨群臣也。自古通喪三年，其以凶服則不可入宗廟，其以吉服則斬焉在衰經之中，不可既成而又易之也，如之何而可？子張問於孔子：「『高宗諒陰，三年不言』，何謂也？」子曰：「何必高宗，古之人皆然。君薨，百官總己以聽於冢宰三年。」則告廟臨群臣，固有攝行之禮矣。按《商書》稱，「太甲元年，伊尹祠于先王」，則攝而告廟之證也；「百官總己以聽冢宰」，則攝而臨群臣之證也。其曰「祗見厥祖」者，言伊尹以奉嗣王之事，祗見太甲之祖也。至「三祀十有二月，伊尹以冕服奉嗣王」，則免喪從吉之證也。然《顧命》、《康誥》記成王之崩，其君臣皆冕服，何也？當是時，成王方崩就殯，猶未成服，故用麻冕黼裳入受顧命。已受命誥諸侯，而後釋冕反喪服者，於是成服而宅憂也。或以爲「康王釋服離次而即吉」，則誤矣。

二月，癸亥，日有食之。

天王使叔服來會葬。

凡崩、薨、卒、葬，人道始終之大變也，不以得禮爲常事而不書。其或失禮而害於王法之甚者，聖人則有削而不存以示義者矣。

夏，四月，丁巳，葬我君僖公。

天王使毛伯來錫公命。

諸侯終喪入見，則有錫；歲時來朝，則有錫；能敵王所

愼，則有錫。韍冕圭璧，❶因其終喪入見而錫之者也，禮所謂「喪畢以士服見天子，已見，賜之黻冕圭璧然後歸」是已。車馬衮黼，因其歲時來朝而錫之者也，《詩》所謂「君子來朝，何錫予之？雖無予之，路車乘馬。又何予之？玄衮及黼」是已。彤弓旅矢，因其敵愾獻功而錫之者也，《詩》所謂「彤弓弨兮，受言藏之。我有嘉賓，中心貺之。鐘鼓既設，一朝享之」是已。今文公繼世，喪制未畢，非初見繼朝而獻功也，何爲來錫命乎？故穀梁子曰：「禮有受命，無來錫命。來錫命，非正也。」

晉侯伐衛。

叔孫得臣如京師。

衛人伐晉。

秋，公孫敖會晉侯于戚。

冬，十月，丁未，楚世子商臣弑其君頵。

書「世子弑君」者，有父之親，有君之尊，而至於弑逆，此天理大變，人情所深駭。《春秋》詳書其事，欲以起問者察所由，示懲誡也。唐世子弘受《左氏春秋》，至此廢書嘆曰：「經籍聖人垂訓，何書此耶？」郭瑜對曰：「《春秋》義存褒貶，以善惡爲勸誡，故商臣千載而惡名不滅。」弘曰：「非惟口不可道，故亦耳不忍聞，願受他書。」瑜請讀《禮》，世子從之。嗚呼！聖人大訓不明於後世，皆腐儒學經，不知其義者之罪耳。夫亂臣賊子，雖陷穽在前，斧鉞加於頸而不避，顧謂身後惡名，足以係其邪志而懲於爲惡，豈不謬哉！持此曉人，可謂茅塞其心意矣。若語之曰：「爲人君父，而不通於《春秋》之義者，必蒙首惡之名；爲人臣子，而不通於《春秋》之義者，必陷簒弑誅死之罪。聖人書此者，使天下後世察於人倫，知所以爲君臣父子之道，而免於首惡之名、誅死之罪也。」則世子弘而聞此，必將戄然畏懼，知《春秋》之不可不學矣。學於《春秋》，必明臣子之義，不至於奏請佛旨而見酖矣。

傳者，案也；經者，斷也。考於傳之所載，可以見其所由致之漸，豈隱乎？嫡妾必正，而楚子多愛；立子必長，而楚國之舉常在少者；養世子不可不愼也，而以潘崇爲之師；侍膳問安，世子職也，而多置宮甲。「降而不憾，憾而能眕者，鮮矣。」乃欲黜兄而立其弟，謀及婦

❶「韍」，黄修本作「黻」。

人，宜其敗也。而使江羋知其情，是以不仁處其身，而以不孝處其子也，其及宜矣。楚頵僭王，憑陵中國，戰勝諸侯，毒被天下，然昧於君臣父子之道，禍發蕭墻而不之覺也。不善之積，豈可揜哉？君不君則臣不臣，父不父則子不子。《春秋》書「世子弑其君」者，推本所由而著其首惡，爲萬世之大戒也。然則商臣無貶矣，曰：弑父與君之賊，其惡猶待於貶而後著乎？

公孫敖如齊。

二年，春，王二月，甲子，晉侯及秦師戰于彭衙，秦師敗績。

戰而言「及」者，主乎是戰者也。夫敵加於己，不得已而起者謂之應兵；争恨小故，不忍忿怒者謂之忿兵。按《左氏》「秦孟明帥師伐晉，報殽之役」，此所謂忿兵。疑罪之在秦也，而以晉侯主之，何哉？處己息争之道，遠怨之方也。然則敵加於己，縱其侵暴，將不得應乎？曰：敵加於己，而己有罪焉，引咎責躬，服其罪則可矣；己則無罪，而不義見加，諭之以詞命，猶不得免焉，亦告於天子方伯可也。若遽然興師而與戰，是謂以桀攻桀，何愈乎？故以晉侯爲主者，處己息争之道，寡怨之方，王者之事也。

丁丑，作僖公主。

作主者，造木主也。既葬而反虞，虞主用桑；期年而練祭，練主用栗。用栗者，藏主也，何以書？僖公薨至是十有五月，然後作主，慢而不敬甚矣。夫慢而不敬，積惡之原也。以爲無傷而不去，至於惡積而不可揜，所以謹之也。

三月，乙巳，及晉處父盟。

及處父盟者，公也。其不地，於晉也。諱不書公者，抑大夫之伉，不使與公爲敵，正君臣之分也。適晉不書，反國不致，爲公諱耻，存臣子之禮也。凡此類，筆削魯史之舊文衆矣。

夏六月，公孫敖會宋公、陳侯、鄭伯、晉士縠盟于垂隴。

自十有二月不雨至于秋七月。

書「不雨至于秋七月」，而不曰「至于秋七月不雨」者，蓋後言不雨，則是冀雨之詞，非文公之意也。夫書「不雨至于秋七月」而止，即八月嘗雨矣。然而不書八月雨者，見文公之無意於雨，不以民事繫憂樂也，其怠於政

事可知，而魯衰自此始矣。

八月，丁卯，大事于大廟，躋僖公。

有事者，時祭。大事，祫也。合群廟之主，食於大廟，升僖於閔之上也。閔、僖二公，親則兄弟，分則君臣。以爲逆祀者，兄弟之不先君臣，禮也。君子不以親親害尊尊，故《左氏》則曰：「祀，國之大事，而逆之，可乎？子雖齊聖，不先父食久矣。」《公羊》則曰：「其逆祀，先禰而後祖也。」《穀梁》則曰：「逆祀則是無昭穆也，無昭穆則是無祖也。」閔、僖非祖禰，而謂之祖禰者何？臣子一例也。夫有天下者事七世，諸侯五世。説《禮》者曰：「世指父子，非兄弟也。」然三傳同以閔公爲祖，而臣子一例，是以僖公父視閔公爲禮。而父死子繼，兄亡弟及，名號雖不同，其爲世一矣。

冬，晉人、宋人、陳人、鄭人伐秦。

按《左氏》，「四國伐秦，報彭衙之役」，則皆國卿也。其貶而稱人者，晉人再勝秦師，在常情亦可以已矣。而復興此役，結怨勤民，是全不務德，專欲力争，而報復之無已也，以致濟河焚舟之師，故特貶而稱人。

公子遂如齊納幣。

婚姻常事不書。其書「納幣」者，喪未終而圖婚也。夫娶在三年之外矣，則何譏乎？《春秋》論事，莫重乎志。志敬而節具，與之知禮；志和而音雅，與之知樂；志哀而居約，與之知喪。非虛加之也，重志之謂也。此皆使人私欲不行，閑邪復禮之意。

三年，春，王正月，叔孫得臣會晉人、宋人、陳人、衛人、鄭人伐沈，沈潰。

按《左氏》：「伐沈，以其服於楚也。」沈潰，民逃其上也。」五國皆稱人，將非命卿也。沈在汝南平輿縣北，未嘗與中國會盟，而南服於楚。師入其境而民人逃散，雖非義舉，比於報復私怨之兵則有間矣，故其辭無褒貶。凡此類，欲示後世用師者，知權而本之以正也。

夏，五月，王子虎卒。

王子虎不書爵，譏之也，天子内臣無外交。或曰：禮，稱情而爲之節文者也。叔服新使乎我，則宜有恩禮矣。仲尼脱驂於舊館，雖卒叔服可也。夫脱驂於舊館，惡夫涕之無從而爲之者，非禮之經也。天子内臣無外交，而以新使乎我致恩禮焉，是以私情害公義，失輕重之權矣。

秦人伐晉。

按《左氏》：「秦伯伐晉，濟河焚舟，封殽尸而還。」其稱人，何也？聖人作《易》，以「懲忿窒慾」爲《損卦》之象，其辭曰：「損，德之修也。」春秋諸侯之知德者鮮矣。穆公初聽杞子之請，違蹇叔之言，其名爲貪兵，是慾而不能窒也。及敗於殽，歸作《秦誓》，庶幾能改，將窒其慾矣。復起彭衙之師，報殽、函之役，其名爲憤兵，是忿而不能懲也。今又濟河取郊，人之稱斯師也，何義哉？晉人畏秦而不出，穆公逞其忿而後悔，自是見伐不報，始能踐自誓之言矣。是故於此貶而稱人，備責之也。

秋，楚人圍江。

雨螽于宋。

冬，公如晉。

十有二月，己巳，公及晉侯盟。

晉陽處父帥師伐楚以救江。

以者，不以者也。救江，善矣，其書「以」何？楚嘗伐鄭矣，齊桓公遠結江、黄，合九國之師於召陵，然後伐鄭之謀罷；又嘗圍宋矣，晉文公許復曹、衛，會四國之師於城濮，然後圍宋之役解。今江國小而弱，非能與宋、鄭比，楚人圍之，必不待徹四境屯戍守禦之衆與宿衛盡行也。當是時，楚有覆載不容之罪，晉主夏盟，宜合諸侯聲罪致討，命秦甲出武關，齊以東兵略陳、蔡而南，處父等軍方城之外，楚必震恐，而江圍自解矣。計不出此，乃獨遣一軍遠攻强國，豈能濟乎？故書「伐楚以救江」，言救江雖善，而所以救之者非其道矣，此《春秋》紀用兵之法也。

四年，春，公至自晉。

夏，逆婦姜于齊。

逆皆稱女，以未成婦，而女者，在父母家之所稱也。往逆而稱婦，入國不書至，何哉？此《春秋》誅意之効也。禫制未終，思念娶事，是不志哀而居約矣。方逆也而已成爲婦，未至也而如在國中，原其意而誅之也。不稱「夫人姜氏」者，亦與有貶焉。婦人不專行，何以與有貶？父母與有罪也。文公不知敬其伉儷，違禮而行，使國亂子弑；齊人不能鑒微知著，冒禮而往，使其女不允於魯，皆失於不正其始之過也。夫婦之際，人倫之首，禮不可不謹也，故交貶之以爲後鑒。

狄侵齊。

秋，楚人滅江。

晉侯伐秦。

晉人三敗秦師，見報乃常情耳，而穆公濟河焚舟，則貶而稱人。秦取王官及郊，未至結怨如晉師之甚也，襄公又報之，於常情過矣，而得稱爵，何也？聖人以常情待晉襄，而以王事責秦穆，所以異乎。襄公忘親背惠，大破秦師，敗狄伐許，怒魯侯之不朝也，而以無禮施之，是專尚威力，先事加人，莫知省德而後動也。今又報秦，不足罪矣。穆公初敗於殽，悔過自誓，增修德政，宜若過而知悔，悔而能改。又有濟河之役，則非誓言之意，所以備責之也。然晉襄見伐而報，猶無譏焉；秦穆至是見伐而不報，善可知矣。不譏晉侯，所以深善秦伯。《春秋》大改過，嘉釋怨，王者之事也。故仲尼定《書》，列《秦誓》於百篇之末，以見悔過能改而不責人，雖聖賢誥命不越此矣。

衛侯使甯俞來聘。

冬，十有一月，壬寅，夫人風氏薨。

風氏，僖公之母，莊公妾也，而稱夫人，自是嫡妾亂矣。《語》曰：「邦君之妻，邦人稱之曰君夫人，稱諸異邦曰寡小君。」蓋敵體之稱也。若夫妾媵，則非敵矣，其生亦以夫人之名稱號之，其没亦以夫人之禮卒葬之，非所以正其分也。以妾媵爲夫人，徒欲尊寵其所愛，而不虞卑其身；以妾母爲夫人，徒欲崇貴其所生，而不虞賤其父。卑其身則失位，賤其父則無本，越禮至是，不亦悖乎？夫禮，庶子爲君，爲其母無服，不敢貳尊者也。《春秋》於成風記其卒葬，各以實書，不爲異詞者，謹禮之所由變也。

五年，春，王正月，王使榮叔歸含且賵。

珠玉曰含，車馬曰賵。「歸含且賵」者，厚禮妾母也。不稱「天王」者，「弗克若天」也。《春秋》繫王於天，以定其名號者，所履則天位也，所治則天職也，所勑而惇之者則天之所叙也，所自而庸之者則天之所秩也，所賞所刑者則天之所命而天之所討也。夫婦，人倫之本，王法所尤謹者。今成風以妾僭嫡，王不能正，又使大夫歸含賵焉，而成之爲夫人，則王法廢，人倫亂矣。是謂「弗克若天」而悖其道，非小失耳，故特不稱「天」，以謹之也。

三月，辛亥，葬我小君成風。

仲子雖聘，非惠公之嫡也。春秋之初，尚以爲疑，故別爲立宮，❶而羽數特異。此雖非禮之正，然不祔于姑，猶有辨焉。至是成風書葬，乃有二夫人祔廟，而亂倫易紀，無復辨矣，故禮之失自成風始也。

王使召伯來會葬。

王臣下聘桓公，冢宰書名示貶，而大夫再聘則無譏焉，或以爲從同同也，或以爲同則書重也。成風薨，「王使榮叔歸含且賵」，既不稱「天」矣，及「使召伯來會葬」，又與貶焉，何也？歸含且賵，施於妾母已稠疊矣，又使卿來會葬，恩數有加焉，是將祔之於廟也，而致禮於成風盡矣。聘一也，含賵而又葬，則其事益隆，亂人倫、廢王法甚矣。再不稱「天」者，聖人於此，尤謹其戒而不敢略也。

夏，公孫敖如晉。

秦人入鄀。❷

秋，楚人滅六。

冬，十月，甲申，許男業卒。

六年，春，葬許僖公。

夏，季孫行父如陳。

秋，季孫行父如晉。

八月，乙亥，晉侯驩卒。

冬，十月，公子遂如晉。葬晉襄公。

晉殺其大夫陽處父。晉狐射姑出奔狄。

公羊子曰：「晉殺其大夫陽處父，則狐射姑曷爲出奔？射姑殺也。射姑殺，則其稱國以殺何？君漏言也。」《易》曰：「不出户庭，无咎。」何謂也？子曰：「亂之所生，則言語以爲階。君不密則失臣，臣不密則失身，幾事不密則害成，是以君子慎密而不出也。」凡書殺者，在上則稱君，在下則稱氏，在衆則稱人，在微者則稱盜，君與臣同殺則稱國。今殺處父者，射姑耳，君獨以漏言故，亦預殺焉，所以爲後世戒也。或以處父爲侵官，非歟？曰：人君用人失當，則其國必危。凡立于朝者，舉當諫君，況身爲晉國之太傅耶？若以爲侵官，將相

❶「宫」，原作「官」，今據黄修本、鄭本改。

❷「鄀」，原作「郡」，今據黄修本、鄭本改。按三傳均作「鄀」。

大臣非其人，百官有司失其職，在位者當拱默自全，陰聽人主之所爲，至於顛危而不救，則將焉用彼相乎？率天下臣子爲持禄容身不忠之行，以誤朝迷國者，必此侵官之説夫。

閏月不告月，猶朝于廟。

不告月者，不告朔也。不告朔，則曷爲不言朔也？因月之虧盈而置閏，是主乎月而有閏也，故不言朔而言月。占天時則以星，授民事則以節，候寒暑之至則以氣。百官修其政於朝，庶民服其事於野，則主乎是焉耳矣。閏不可廢乎？曰：迎日推策，則有其數；轉璣觀衡，則有其象。歸奇於扐以象閏，數也；斗指兩辰之間，象也。象數者，天理也，非人所能爲也。故以定時成歲者，唐典也；以詔王居門終月者，周制也。班告朔於邦國，不以是爲附月之餘而弗之數也。「猶朝于廟」者，幸其不已之詞。子貢欲去告朔之餼羊，子曰：「爾愛其羊，我愛其禮。」

七年，春，公伐邾。

三月，甲戌，取須句，遂城郚。

夏，四月，宋公王臣卒。

宋人殺其大夫。

書「宋人」者，國亂無政，非君命而衆人擅殺之也。大夫不名，義繫於殺大夫，而其名不足紀也。

戊子，晉人及秦人戰于令狐。晉先蔑奔秦。

按《左氏》：「襄公卒，太子幼，晉人欲立長君，趙孟使先蔑如秦逆公子雍，秦康公以師納之。襄夫人日抱太子以啼于朝，曰：『舍適嗣不立，而外求君，將焉寘此？』諸大夫畏逼，乃背先蔑立靈公。趙盾將中軍以禦秦，潛師夜起，敗秦師于令狐。先蔑奔秦。」程氏以爲：「晉不謝秦，秦納不正，皆罪也，故稱人。晉懼秦之不肯已而擊之，是晉人爲志乎是戰者也，故書『及』。」其貶之如此者，使後世臣子慎於廢立之際，不可忽也。治亂存亡係國君之廢立，事莫重於此矣，而可以有誤乎？弈者舉棋不定，不勝其耦，況置君而可以不定乎？

狄侵我西鄙。

秋，八月，公會諸侯、晉大夫盟于扈。

諸侯會晉趙盾盟于扈，爲晉侯立也。趙盾内專，廢置其君，外强諸侯爲此盟，其不名者，見大夫之强也。諸侯不序，見公之不及於會也。文公怠惰，事多廢緩，既約

晉盟而復後至，故隱其不及，罪公之不能自强於政治，魯自是日益衰矣。

冬，徐伐莒。公孫敖如莒涖盟。

八年，春，王正月。

夏，四月。

秋，八月，戊申，天王崩。

冬，十月，壬午，公子遂會晉趙盾盟于衡雍。

乙酉，公子遂會雒戎盟于暴。

《春秋》記約而志詳，其書公子遂盟趙盾及雒戎，何詞之贅乎？曰：聖人謹華夷之辨，所以明族類、别内外也。雒邑，天地之中，而戎醜居之，亂華甚矣。再稱公子，各日其會，正其名與地以深别之者，示中國、夷狄終不可雜也。自東漢已來，乃與戎雜處而不辨，晉至於神州陸沉，唐亦世有戎狄之亂。許翰以爲「謀國者不知學《春秋》之過」，信矣。

公孫敖如京師，不至而復。丙戌，奔莒。

按《左氏》：「公孫敖奔莒，從己氏也。」男女，人之大欲存焉。寡欲者，養心之要。欲而不行，可以爲難矣。然欲生於色，而縱於淫。色出於性，目之所視，有同美焉，不可掩也；淫出於氣，不持其志，則放僻趨蹶，無不爲矣。敖如京師，其書「不至而復」者，言敖無入使于周之意，惟己氏之欲從也。夫以志徇氣，肆行淫欲，而不能爲之帥，至於棄其家國，出奔而不顧，此天下之大戒也。《春秋》謹書其事，於敖與何誅？使后人爲鑒，必持其志，修窒慾之方也。

螽。

宋人殺其大夫司馬。宋司城來奔。

初，宋昭公將去群公子，樂豫以爲不可，遂舍司馬以讓公子卬，則卬固昭公之黨，欲專宋政，而昭公固欲以其弟卬自衛也。夫司馬，掌兵之官，不選衆舉賢，以素有威望爲國人所畏服者，使居其任，乃欲寵其私昵，鮮有不亡者矣。公子卬、蕩意諸皆以官舉者，見主兵者不能其官，至於見殺；守土者不能其官，至於出奔。而其君不免失身見弒之禍，宜矣。

春秋傳卷第十五

文公下

九年，春，毛伯來求金。

毛伯，天子大夫，何以不稱使？當喪未君也。踰年即位矣，何以言未君？古者諒陰三年，百官總己以聽於冢宰。夫百官總己以聽，則是冢宰獨專國政之時，託於王命以號令天下，夫豈不可而不稱使？《春秋》之旨微矣，非特謹天下之通喪，所以示後世大臣，當國秉政，不可擅權之法戒也。跋扈之臣，假仗主威，脅制中外，凡有所行，動以詔書從事，蓋未有以《春秋》此義折之耳。

夫人姜氏如齊。

二月，叔孫得臣如京師。

辛丑，葬襄王。

晉人殺其大夫先都。

三月，夫人姜氏至自齊。

夫人與君敵體，同主宗廟之事，出必告行，反必告至，則書于策。然適他國者，或曰享，或曰會，或曰如，衆矣。未有致之者，則其行非禮，以不致見其罪也。出姜如齊以寧父母，於禮得行矣。其致者，非特以告廟書耳。夫人初歸，豈其不告？爲文公越禮，故削而不書，示誅意之法矣。今此書至者，又以見小君之重也。夫承祭祀以爲宗廟主，一國之母儀而可以摇動乎？出姜至是蓋不安於魯，故至而特書，以示防微杜漸之意，其爲世慮深矣。

晉人殺其大夫士縠及箕鄭父。

殺先都、士縠，國也。其稱人以殺者，國亂無政，衆人擅殺之稱也。何以知其非討賊之詞？書「殺其大夫」則知之矣。三大夫皆强家也，求專晉不得，挾私怨以作亂，而使賊殺其中軍佐，則固有罪矣。曷爲不去其官？當是時，晉靈公初立，主幼不君，政在趙盾，而中軍佐者，盾之黨也。若獄有所歸，則此三人者，獨無可議從末減乎？而皆殺之，是大夫專生殺而政不自人主出

也，故不稱國討，不去其官。而箕鄭父書「及」，示後世司賞罰者，必本忠恕，無有黨偏之意，其義精矣。

楚人伐鄭。公子遂會晉人、宋人、衛人、許人救鄭。

按《左氏》：「范山言於楚子曰：『晉君少，不在諸侯，北方可圖也。』楚子師于狼淵以伐鄭。」則是貪得無故，憑陵諸夏之兵也，故楚子親將貶而稱人。晉、宋、衛則趙盾、華、孔，皆國卿也，何以貶而稱人？救而不及楚師，欲以懲不恪也。❶ 晉主夏盟，不在諸侯，以啓戎心，誰之過乎？故書救而稱人，以罪趙盾之不能折衝消患，爲夷狄之所窺也。

夏，狄侵齊。

秋，八月，曹伯襄卒。

九月，癸酉，地震。

冬，楚子使椒來聘。

楚僭稱王，《春秋》之始獨以號舉，夷狄之也；中間來聘，改而書人，漸進之矣。至是其君書爵，其臣書名而稱使，遂與諸侯比者，是以中國之禮待之也。所謂「謹華夷之辨，內諸夏而外四夷」，義安在乎？曰：吳、楚，聖賢之後，見周之弱，王靈不及，僭擬名號，此以夏而變於夷者也，聖人重絕之。夫《春秋》立法謹嚴，而宅心忠恕。嚴於立法，故僭號稱王，則深加貶黜，比之夷狄，以正君臣之義；恕以宅心，故內雖不使與中國同，外亦不使與夷狄等。思善悔過，向慕中國，則進之而不拒，此慎用刑，重絕人之意也。噫，《春秋》之所以爲《春秋》，非聖人莫能修之者乎！

秦人來歸僖公成風之襚。

秦人歸襚而曰「僖公成風」者，非兼襚也，亦猶平王來賵仲子，而謂之「惠公仲子」爾。仲子，惠公之妾也。然則風氏亦莊公之妾，曷不書曰「來歸莊公成風之襚」乎？曰：寵愛仲子，以妾爲妻者，惠公也，故書「惠公仲子」，所以正後世之爲人夫者，當明夫道，不可亂嫡妾之分，以卑其身；尊崇風氏，立爲夫人者，僖公也，故書「僖公成風」，所以正後世之爲人子者，當明子道，不可行僭亂之禮，以賤其父。聖人垂誡之義明矣。

---

❶「恪」，原作「格」，今據黄修本改。按《左傳》文公九年作「恪」。

葬曹共公。

十年，春，王三月，辛卯，臧孫辰卒。

夏，秦伐晉。

說者謂：「秦伐晉，以戎狄書，蓋闕文者。」據《左氏》，少梁、北徵之師，兩國相攻，無他得失言之也。然晉取少梁，事不經見，固未可據。秦以狄書者，程氏以謂：「晉舍嫡嗣而外求君，罪也；既而悔之，正矣。秦不顧義理是非，惟以報復爲事，則夷狄之道也。」以此狄秦，義固然矣。或者猶有深許晉人悔過能改，終不遂非之意，故重貶秦伯以見乎。

楚殺其大夫宜申。

按《左氏》：「宜申與仲歸謀弑穆王而誅。」則是討弑君之賊也，曷爲稱國以殺又書其官，而不曰「楚人殺宜申」乎？曰：穆王者，即楚世子商臣也，而《春秋》之義微矣。

自正月不雨至于秋七月。

及蘇子盟于女栗。

冬，狄侵宋。

楚子、蔡侯次于厥貉。

楚滅江、六，平陳與鄭，於是乎爲伐宋之舉，次于厥貉。凡伐而次者，其次爲善；次而伐者，其次爲貶。齊師次陘，修文告以威敵，善之也，故上書「伐楚」以著其美；楚次厥貉，藏禍心以憑夏，貶之也，故下書「伐麇」以著其罪。當是時，陳、鄭、宋皆從楚矣，獨書蔡侯，何哉？鄭失三大夫，侯救而不及，陳獲公子茷而懼，宋方有狄難，蓋有不得已者，非所欲也。蔡無四竟之虞，則是得已不已，志在從夷狄矣。故削三國書蔡侯，見其棄諸夏之惡也。

十有一年，春，楚子伐麇。

夏，叔仲彭生會晉郤缺于承匡。❶

秋，曹伯來朝。

公子遂如宋。

狄侵齊。

冬，十月，甲午，叔孫得臣敗狄于鹹。

❶「匡」，鄭本作「筐」。按《公羊傳》、《穀梁傳》作「匡」，《左傳》作「筐」。

《左氏》稱此「長狄」也，而劉敞以爲非。夫《春秋》正名之書，其稱狄也，或曰「狄」，或曰「白狄」，或曰「赤狄」；其稱戎也，或曰「戎」，或曰「山戎」，或曰「姜戎」，或曰「陸渾之戎」。不別其種類書之于策，後亦無所攷矣。

十有二年，春，王正月，郕伯來奔。

杞伯來朝。

二月，庚子，子叔姬卒。

夏，楚人圍巢。

秋，滕子來朝。

秦伯使術來聘。

冬，十有二月，戊午，晉人、秦人戰于河曲。

秦伯親將，晉上卿趙盾禦之，其稱人何？爲令狐之役故也。秦納不正，遂非積忿，晉不謝秦，潛師禦之，是以暴兵連禍，至此極也。凡戰，皆以主人及客者，處己之道，寡怨之方，王者之事，其不書晉及，何也？前年秦師來伐晉，不言戰者，晉已服矣，故狄秦而免晉。今又爲此役，則秦曲甚矣，故不以晉爲主。惟動大衆從秦師，不奉詞令以止之也，故貶而稱人，此輕重之權衡也。

季孫行父帥師城諸及鄆。

十有三年，春，王正月。

夏，五月，壬午，陳侯朔卒。

邾子蘧蒢卒。

自正月不雨至于秋七月。世室屋壞。

世室，魯公之廟也。周公稱太廟，魯公稱世室，群公稱宮。書「世室屋壞」，譏久不修也。何以知久乎？「自正月不雨」，則無壞道也。不雨凡七月，而先君之廟壞，不恭甚矣。凡此皆志文公怠慢，不謹事宗廟，以致魯國衰削之由，垂戒切矣。

冬，公如晉。

衛侯會公于沓。

狄侵衛。

公還自晉。

十有二月，己丑，公及晉侯盟。

鄭伯會公于棐。

十有四年，春，王正月，公至自晉。

邾人伐我南鄙，叔彭生帥師伐邾。

夏，五月，乙亥，齊侯潘卒。

六月，公會宋公、陳侯、衛侯、鄭伯、許男、曹伯、晉趙盾。癸酉，同盟于新城。

同盟于新城，同外楚也。其曰「同」者，志諸侯同欲，非强之也。而宋公、陳侯、鄭伯在焉，則知楚次厥貉，三國雖從，誠有弗獲已者，削而不書，蓋恕之也。蔡不與盟，果有背華即夷之實矣。夷攷晉、楚行事，未有以大相遠也，而《春秋》與奪如此者，荆楚僭王，若與同好，陵蔑中華，是將代宗周爲共主，君臣之義滅矣，可不謹乎？

秋，七月，有星孛入于北斗。

孛者，惡氣所生，闇亂不明之貌也。入于北斗者，斗有環域，天之三辰，綱紀星也。宋，先代之後，齊、晉，天子方伯，中國紀綱。彗者，所以除舊布新也。禎祥妖孽，隨其所感，先事而著。後三年宋弑昭公，又二年齊弑懿公，又二年晉弑靈公，此三君者，皆違道失德而死于亂。符叔服之言，天之示人顯矣，史之有占明矣。

公至自會。

晉人納捷菑于邾，弗克納。

邾文公元妃齊姜生定公，二妃晉姬生捷菑。文公卒，邾人立定公，捷菑奔晉。趙盾以諸侯之師八百乘，納捷菑于邾，邾人辭曰：「齊出貜且長。」宣子曰：「非吾力不能納也，義實不爾克也。」引師而去之。故君子善之，而書曰「弗克納」也。在《易·同人》之九四曰：「乘其墉，弗克攻，吉。」象曰：「乘其墉，義弗克也。其吉，則困而反則也。」其趙盾之謂矣。聖人以改過爲大，過而不改，將文過以遂非，則有怙終之刑；過而能悔，不貳過以遠罪，則有遷善之美。其曰「弗克納」，見私欲不行，可以爲難矣。然則何以稱人？大夫而置諸侯，非也。聞義能徙，故爲之諱。內以諱爲貶，外以諱爲善。

九月，甲申，公孫敖卒于齊。

齊公子商人弑其君舍。

州吁弑君，則以國氏，商人獨稱公子，何也？以國氏者，累及乎上；稱公子者，誅止其身。夫州吁寵愛，有匹嫡奪正之漸，莊公養成其惡而莫之禁，至於弑逆，則有以致之也，故曰「以國氏者，累及乎上」。按《左氏》：「魯叔姬妃齊昭公，生舍。叔姬無寵，舍無威。」商人心

知其孤危寡特，可以取而代也，於是「驟施於國而多聚士」。然則商人弒逆，出於其身之所爲，而非昭公有以致之也，故曰「稱公子者，誅止其身」。舍未踰年而成之爲君者，穀梁子曰：「成舍之爲君，所以重商人之弒也。」

宋子哀來奔。

宋昭公無道，高哀爲蕭封人，以爲卿，不義宋公而出，遂來奔。書曰「子哀」，貴之也。《易》曰：「幾者動之微，吉之先見者也。君子見幾而作，不俟終日。」宋子哀有焉。昔微子去紂，列於三仁之首。子哀不立於危亂之邦，而《春秋》書字，謂能貴愛其身以存道也。若偷生僻禍而去國出奔，亦何取之有？

冬，單伯如齊。齊人執單伯。

齊君舍，魯之甥也。商人弒舍，固忌魯矣。魯使單伯如齊，齊人意欲辱魯，故執單伯并執子叔姬，而誣之以罪。不稱行人，《公羊》所謂「以己執之」者也。

齊人執子叔姬。

子叔姬者，齊君舍之母也。弒其君，執其母，皆商人所爲。而以爲齊人執之，何也？商人弒君之罪已顯，而齊人黨賊之惡未彰。商人驟施於國而多聚士，是以財誘齊國之人，而濟其惡也。齊人懷商人之私惠，忘君父之大倫，弒其君而不能討，執其母而莫之救，則是舉國之人皆有不赦之罪也。假有人焉，正色而立於朝，誰敢致難其君與執其母而不之顧乎？故聖人書曰「齊人執子叔姬」，所以窮逆賊之黨與而治之也，其討罪之旨嚴矣。故曰：「《春秋》成而亂臣賊子懼。」

十有五年，春，季孫行父如晉。

三月，宋司馬華孫來盟。

司馬，主兵之官。稱華孫者，自督弒殤公，諸侯受賂，失賊不討，使秉宋政，及其後世，繼掌兵權，《春秋》之所禁者。故傳載其「承命亞旅」之詞，而經書曰「宋司馬華孫來盟」。其曰「華孫」，猶季孫、叔孫、仲孫、❶臧孫之類。不書名者，義不繫於名也；不稱使，以是專行，爲無君矣。孟子曰：「所謂故國，非謂其有喬木、有世臣之謂也。」《春秋》此義，其欲後世以賢者之類、功臣之胄爲世臣，然後委之以政乎。

❶「孫」，原訛作「叔」，今據黄修本、鄭本改。

夏，曹伯來朝。

齊人歸公孫敖之喪。

公孫敖，慶父之後，行又醜矣，出奔他國，其卒與喪歸皆書于策者，許翰以謂：「文伯、惠叔二子之哀，誠無已也，故魯人從其請，國史記其事。仲尼因而不革者，以敖著教也。」《易》曰：「有子，考无咎。」周公命蔡仲曰：「爾尚蓋前人之愆。」

六月，辛丑，朔，日有食之。鼓，用牲于社。

單伯至自齊。

單伯，天子之命大夫也。故逆王姬、會伐宋、使于齊，皆書其字。致而不名，與意如、舍異者，無所書而不尊王命，謹臣禮也。

晉郤缺帥師伐蔡。戊申，入蔡。

秋，齊人侵我西鄙。

季孫行父如晉。

冬，十有一月，諸侯盟于扈。

盟于扈者，晉侯、宋公、衛、蔡、陳、鄭、曹、許八國之君也，何以不序？略之也。《春秋》於夷狄，君臣同詞而不分爵號，説者以爲略之也。八國曷爲略之，等于夷狄乎？齊人弑君，不能致討，受賂而退，奚以賢於狄矣？不曰「晉人會諸侯盟于扈」，而曰「諸侯盟」者，分惡於諸侯也。田恒弑其君，孔子沐浴而朝，告於哀公，請討之。弑君之賊，夫人之所得討也，而況於諸侯乎？況於鄰國乎？略諸侯而不序，以其欲討齊罪而後不能也，況於鄰壤初不與盟會者乎？魯君之罪亦可知矣。

十有二月，齊人來歸子叔姬。

不言「齊子叔姬來歸」，而曰「齊人來歸子叔姬」者，見子叔姬無罪，齊人自絶而歸之爾。《春秋》深罪齊人以商人爲君而不知其惡，故其執、其歸與弑其君商人，皆稱齊人，深責之也。

齊侯侵我西鄙，遂伐曹，入其郛。

十有六年，春，季孫行父會齊侯于陽穀，齊侯弗及盟。

夏，五月，公四不視朔。

天子班朔于諸侯，諸侯每月奉以告廟，出視朝政。文公四不視朔，公羊子以爲「有疾也，不言疾，自是公無疾不視朔也」，此見聖人所書之意。若後復視朔者，必於此

書公有疾，與昭公如晉之事比矣。文公厭政，備見於經，閏不告，朔不視，無雨不閔，會同不與，廟壞不修，作主不時，事神治民之怠也，則其心放而不知求久矣。

六月，戊辰，公子遂及齊侯盟于郪丘。

秋，八月，辛未，夫人姜氏薨。

毁泉臺。

先祖爲之非矣，然臺之存毁，非安危治亂之所係也，雖勿居可也，而必毁之，是暴揚其失，有輕先祖之心。此履霜之漸，弑父與君之萌，《春秋》之所謹也，故書。

楚人、秦人、巴人滅庸。

楚大饑，戎與麇、濮交伐之，而庸人幸其弱，帥群蠻以叛楚，此取滅之道也。楚人謀徙於阪高，蔿賈曰：「不可。我能往，寇亦能往，不如伐庸。」亦見其謀國之善矣。故列書三國，而楚不稱師，滅楚之罪詞也。

冬，十有一月，宋人弑其君杵臼。

此襄夫人使甸殺之也，而書「宋人」者，昭公無道，國人之所欲弑也。君無道而弑之，可乎？諸侯殺其大夫，雖當於罪，若不歸諸司寇，猶有專殺之嫌，以爲不臣矣，況於北面歸戴奉之以爲君也。❶故曰：「人臣無將，將而必誅。」昭公無道，聖人以弑君之罪歸宋人者，以明三綱人道之大倫，君臣之義不可廢也。然則有土之君，可以肆於民上而無誅乎？諸侯無道，天子方伯在焉，臣子國人其何居？死於其職，而明於去就從違之義，斯可矣。蕩意諸亦死職，《春秋》削之，不得班於孔父、仇牧、荀息，何也？三子閑其君而見殺，《春秋》之所取也。意諸知國人將弑其君而不能止，知昭公之將見殺而不能正，坐待其及而死之。所謂「匹夫匹婦自經於溝瀆而莫之知也」，奚得與死於其職者比乎？聖人所以獨取高哀之去，而書字以褒之也。

十有七年，春，晉人、衛人、陳人、鄭人伐宋。

列國之卿，其君所與共天位，治天職者。宋有弑君之亂，欲行天討而伐宋，乃其職也。復不能討而成其亂，是不足爲國卿，失其職矣，故皆貶而稱人。大夫帥師稱名氏，賤者窮諸人。其稱人，賤之也。田常弑簡公，孔子請討曰：「以吾從大夫之後，不敢不告也。」

夏，四月，癸亥，葬我小君聲姜。

---

❶「況」，原作「泥」，今據黄修本、鄭本改。

齊侯伐我西鄙。

六月，癸未，公及齊侯盟于穀。

諸侯會于扈。

宋昭公雖爲無道，人臣將而必誅，《春秋》正宋人爲弑君之罪，所以明人道之大倫也。故大夫無沐浴之請，則貶而稱人；諸侯無討賊之功，則略而不序。不然，是廢君臣之義，人欲肆而天理滅矣。故曰：「《春秋》成而亂臣賊子懼。」

秋，公至自穀。

冬，公子遂如齊。

十有八年，春，王二月，丁丑，公薨于臺下。

秦伯罃卒。

夏，五月，戊戌，齊人弑其君商人。

按《左氏》：「齊懿公即位，刖邴歜之父，而使歜僕。納閻職之妻，而使職驂乘。」二人者，實弑懿公，然則於法宜書曰「盜」，而特變其詞以爲「齊人」，何也？亂臣賊子之動於惡，必有利其所爲而與之者。人人不利其所爲而莫之與，則孤危獨立，無以濟其惡，篡弑之謀熄矣。惟利其所爲而與之者衆，是以能濟其惡，天下胥爲禽獸而莫之遏。公子商人驟施於國而多聚士，盡其家而貸於公有司，是以財誘齊國之人也。齊人貪公子一時之私施，不顧君臣萬世之大倫。弑其國君，則靦面以爲之臣而不能討；執其君母，則拱手以聽其所爲而不能救。故於懿公見殺特不書盜，反以弑君之罪歸諸齊人，以誅亂賊之黨，弭篡弑之漸，所謂「拔本塞源」，懲禍亂之所由也。故曰：「《春秋》成而亂臣賊子懼。」

六月，癸酉，葬我君文公。

秋，公子遂、叔孫得臣如齊。

使舉上客，將稱元帥，此《春秋》立文之常體也。其有變文書介副者，欲以起問者見事情也。子赤，夫人之子。今卒于弑，不著其實，是爲國諱惡，無以傳信於將來，而《春秋》之大義隱矣。故上書大夫並使，下書「夫人歸于齊」，中曰「子卒」，則見禍亂邪謀發於奉使之日，而公子遂弑立其君之罪著矣。

冬，十月，子卒。

諸侯在喪稱子，繼世不忍當也。既葬不名，終人子之事也。踰年稱君，緣民臣之心也。子卒何以不日？遇弑

不忍言也。既葬而不名，不名而遇弑者，不日以見其弑，子赤是也；踰年而稱君，稱君而遇弑者，不地以見其弑，閔公是也。何以知其賊乎？上書大夫並使，下書「子卒」、「夫人歸」，則知罪之在公子遂矣；「孫于邾」，「出奔莒」，則知罪之在夫人與慶父矣。繼世之恩，終事之重，情文之節，隱惡之禮，記事之信，誅亂臣、討賊子之義亦備矣。

夫人姜氏歸于齊。

書「夫人」，則知其正；書「姜氏」，則知其非見絶於先君；書「歸于齊」，則知其無罪，異於「孫于邾」者。而魯國臣子殺嫡立庶，敬嬴、宣公不能事主君、存適母，其罪不書而並見矣。

季孫行父如齊。

莒弑其君庶其。

春秋傳卷第十六

宣公上

元年，春，王正月，公即位。

宣公爲弑君者所立，受之而不討賊，是亦聞乎弑也，故如其意焉而書即位，以著其自立之罪，而不嫌於同詞。美，一也，有小大則褒詞異；惡，一也，有小大則貶詞異。一美一惡，無嫌於同。

公子遂如齊逆女。

魯秉周禮，喪未期年遣卿逆女，何亟乎？太子赤，齊出也。仲遂殺子赤及其母弟而立宣公，懼於見討，故結昏于齊爲自安計。越典禮以逆之，如此其亟而不顧者，必敬嬴、仲遂請齊立接之始謀也。其後滕文公定爲三年喪，父兄百官皆不欲，曰：「吾宗國魯先君莫之行也。」喪紀浸廢，夫豈一朝一夕之故？自文、宣莫之行矣。此所謂不待貶絶，而罪惡見者也。

三月，遂以夫人婦姜至自齊。

有不待貶絶而罪惡見者，不貶絶以見惡。夫人與有罪焉，則待貶而後見，故不稱氏。夫人其如何？知惡無禮如《野有死麕》，能以禮自防如《草蟲》，徯期有待如《歸妹》之九四，則可免矣。凡稱婦者，其詞雖同，立義則異。「逆婦姜于齊」，病文公也；「以婦姜至自齊」，責敬嬴也。敬嬴嬖妾，私事襄仲，以其子屬之，殺世適兄弟，出主君夫人，援成風故事，即以子貴爲國君母。斬焉在衰服之中，請昏納婦，而其罪隱而未見也。故因夫人至，特稱「婦姜」以顯之。此乃《春秋》推見至隱，著妾母當國用事，爲後世鑒者也。概指爲有姑之詞而不察其旨，則精義隱矣。

夏，季孫行父如齊。

經書「行父如齊」，而不言其故。謂「納賂以請會」者，傳也。經有不待傳而著者，比事以觀，斯得矣。下書「公會齊侯于平州」，則知此會，行父請之也。又書「齊人取濟西田」，則知其請，蓋以賂也。雖微傳，其事著矣。諸

侯立卿爲公室輔，猶屋之有楹也。而謀國如此，亦不待貶絶而惡自見者也。不然，以行父之勤勞恭儉，相三君而無私積，必能以其君顯名，與晏嬰等矣。

晉放其大夫胥甲父于衛。

放，猶竄置毋去其所。比於專殺者，其罪薄乎云爾。或以爲近正，非矣。大夫當官，既不請於天子而自命；以爲有罪，又不告於司寇而擅刑，猶不遠於正乎？秦、晉戰于河曲，撓臾駢之謀者，趙穿也。若討其不用命，則當以穿爲首，止治軍門之呼，偕貶可也。而獨放胥甲父，則以趙盾當國，穿，其族子，而盾庇之也。桃園之罪，其志同形於此矣。故稱國以放，見晉政之在私門而成上浸，爲後戒也。

公會齊侯于平州。

按《左氏》曰：「會于平州，以定公位。」魯宣篡立，踰年舉國臣子既從之矣，若之何位猶未定，而有待於平州之會也？春秋以來，弑君篡國者已列於諸侯之會，則不復致討，故曹人以此請負芻于晉。夫篡弑之賊，毀滅天理，無所容於天地之間，身無存没，時無古今，其罪不得赦也。以列於會而不復討，率中國爲戎夷，棄人類爲禽獸，此仲尼所爲懼，《春秋》所以作也。然欲定其位者魯宣公，宜稱「及齊」，而曰「會」者，討賊之法也。凡討亂臣賊子，必深絶其黨，而後爲惡者孤矣。

公子遂如齊。

宣公篡立之罪，仲遂主謀爲首惡。初請于齊，遂爲上客，而並書介使者，罪叔孫得臣不能爲有無，亦從之也。大夫有以死争者矣，然削而不書者，以叔仲惠伯死非君命，失其所也。遂及行父，則一再見于經矣，如齊拜成，雖削之可也，又再書于策者，於以著其始終成就弑立之謀，以戒後世人臣。或内交宫禁以固其寵，或外結藩鎮以爲之援，至于殺生廢置皆出其手，而人主不悟者，其慮深矣。凡此皆直書于策而義自見者也。

六月，齊人取濟西田。

魯人致賂以免討，而書「齊人取田」者，所以著齊罪。《春秋》討賊，尤嚴於利。其爲惡而助之者，所以孤其黨。夫齊，魯鄰國，盟主之餘業也。子惡弑，出姜歸，而宣公立，不能聲罪致討，務寧魯亂，首與之會，是利其爲惡而助之也。弑君篡國，人道所不容，而貨賂公行，免於諸侯之討，則中國胥爲戎夷，人類滅爲禽獸，其禍乃

自不知以義爲利，而以利之可以爲利而爲之也。孟氏爲梁王極言利國者，必至於弑奪而後饜，蓋得經書「取田」之意。舉法如此，然後人知保義棄利，亂臣賊子孤立無徒，而亂少弭矣。

秋，邾子來朝。

楚子、鄭人侵陳，遂侵宋。

楚書爵而人鄭者，貶之也。鄭伯本以宋人弑君，晉不能討，受賂而還，以此罪晉爲不足與也，遂受盟于楚。今乃附楚，以亟病中國，何義乎？書「侵陳遂侵宋」者，以見濳師掠境，肆爲侵暴，非能聲宋罪而討之也。既正此師爲不義，然後中國之師可舉矣。

晉趙盾帥師救陳。

鄭在王畿之内，而附蠻夷。陳，先代帝王之後，而見侵逼。此門庭之寇，利用禦之者也。晉能救陳，則存諸夏，攘夷狄之師，故特褒而書救。凡書救者，未有不善之也，如解倒懸，如拯民於塗炭之中。知此義，則知《春秋》用兵之意矣。傳稱「師救陳、宋」，經不書宋，此非闕文，乃聖人削之也。前方以不能討宋，上卿貶而稱人，諸侯會而不序，今若書「救宋」，則典刑紊矣。

宋公、陳侯、衛侯、曹伯會晉師于棐林，伐鄭。

列數諸侯而會晉趙盾，穀梁子以爲「大趙盾之事，以其大之也，故曰師」，此説非也。《春秋》立法，君爲重，而大夫與師其體敵。列數諸侯於帥師之下，而又書大夫之名氏，則臣疑於君，而不可以爲訓。其曰「會晉師」，此乃謹禮於微之意也，其立義精矣。棐林，鄭地也。前者地而後伐，以爲疑詞，此其地則以著其美者。一美一惡，無嫌於同。

冬，晉趙穿帥師侵崇。

崇在西土，秦所與也。晉欲求成于秦，不以大義動之，而伐其與國，則爲諼已甚，比諸伐楚以救江異矣。而傳謂「設此謀者，趙穿也」，意者趙穿已有逆心，欲得兵權，託於伐國以用其衆乎？不然，何謀之迂，而當國者亦不裁正而從之也？穿之名姓自登史策，弑君于桃園，而上卿以志同受惡，其端又見於此。書侵以見所以求成者，非其道矣。

晉人、宋人伐鄭。

宋人弑君，既列於會，在春秋衰世，已免於諸侯之討矣。

論《春秋》王法，則其罪故在法所不赦也。而晉人與之合兵伐鄭，是謂「以燕伐燕」，庸愈乎？其書「晉人、宋人」，非將卑師少，蓋貶而人之也。以貶書伐者，若曰聲罪致討而已有瑕，則何以伐人矣。

二年，春，王二月，壬子，宋華元帥師及鄭公子歸生帥師，戰于大棘。宋師敗績，獲宋華元。

兩軍接刃，主將見獲，其負明矣。又書「師敗績」，詞不贅乎？此明大夫雖貴，與師等也。故將尊師少，稱將不稱師；師衆將卑，稱師不稱將。將尊師衆並書于策者，示人君不可輕役大衆，又重將帥之選，其義深矣。或曰：元帥，三軍之司命，而輕重若是班乎？自行師而言，則以元帥爲司命；自有國而言，則以得衆爲邦本。鄭使高克將兵，禦狄于境，欲遠克也，而不恤其師；楚以六卒實從得臣，恐喪師也，而不恤其將。故經以「棄師」罪鄭，以「殺其大夫」責楚。明此義，然後知王者之道，輕重之權衡矣。

秦師伐晉。

按《左氏》：「以報崇也，遂圍焦。」晉用大師於崇，乃趙穿私意而無名也，故書侵；秦人爲是興師而報晉，則問其無名之罪也，故書伐。世豈有欲求成於强國而侵其所與，可以得成者乎？穿之情見矣。宣子當國，筭無遺策，獨懵於此哉？其從之也，而盾之情亦見矣。《春秋》書事，筆削因革，必有以也。一侵一伐，而不書「圍焦」，所以誅晉卿上侵之意，其所由來者漸矣。

夏，晉人、宋人、衛人、陳人侵鄭。

按《左氏》：「晉趙盾及諸侯之師侵鄭，以報大棘之役。」初，鄭歸生受命于楚以伐宋，經不書伐，而以宋華元主大棘之戰者，蓋楚人有詞于宋矣。師之老壯在曲直，晉主夏盟，盾既當國，合諸侯之師，何畏乎楚？何避乎鬬椒？然力非不足而去之者，以理曲也，故卿不氏而稱人，師書侵而不言伐。《易》於《訟卦》之象曰：「君子作事謀始。」始而不謀，將至于興師動衆，有不能定者矣。晉惟取賂，釋宋而不討，至以中國之大，不能服鄭，不競於楚，可不慎乎！《春秋》行事，必正其本，爲末流之若此也，其垂戒明矣。

秋，九月，乙丑，晉趙盾弑其君夷皐。

趙穿手弑其君，董狐歸獄於盾，其斷盾之獄詞曰：「子

爲正卿，亡不越境，反不討賊。」以是書斷，而盾也受其惡而不敢辭。仲尼因其法而不之革，其義云何？曰：正卿，當國任事之臣也。國事莫酷於君見弒，不於其身而誰責乎？亡而越境，謂去國而不還也，然後君臣之義絶；反而討賊，謂復讎而不釋也，然後臣子之事終。不然，是盾僞出而實聞乎故也。假令不與聞者而縱賊不討，是有今將之心，而意欲穿之成乎弒矣。惡莫慘乎意，今以此罪盾，乃閑臣子之邪心，而謹其漸也。盾雖欲辭而不受，可乎？以高貴鄉公之事觀焉，抽戈者成濟，唱謀者賈充，而當國者司馬昭也。爲天吏者，將原司馬昭之心而誅之乎？亦將致辟成濟而足也？故陳泰曰：「惟斬賈充，可以少謝天下耳。」昭問其次，意在濟也。泰欲進此，直指昭也。然則趙穿弒君，而盾爲首惡，《春秋》之大義明矣。微夫子推見至隱，垂法後世，亂臣賊子皆以詭計獲免，而至愚無知，如史太、鄧扈樂之徒，皆蒙歸獄而受戮焉。君臣父子不相夷以至於禽獸也幾希。故曰：「《春秋》成而亂臣賊子懼。」

冬，十月，乙亥，天王崩。

三年，春，王正月，郊牛之口傷，改卜牛。牛死，乃不郊。

乃不郊，爲牛之口傷，改卜牛，而牛又死也，不然，郊矣。《禮》：「爲天王服斬衰。」周人告喪于魯，史策已書而未葬也。祀帝于郊，夫豈其時？而或謂不以王事廢天事，禮乎？春秋已來，喪紀浸廢，有不奔王喪而遠適他國，有不修弔禮而自相聘問，固將以是爲可舉而不廢也。卒至漢文，以日易月，後世不能復，其所由來漸矣。《春秋》備書，其義自見。

猶三望。

三望者，《公羊》曰：「祭太山、河、海。」夫天子有天下，凡宇宙之内名山大川，皆其所主也，故得祭天而有方望，無所不通。諸侯有一國，則境外之山川，他人所主者，而可以望乎？季氏旅於太山，冉求不能救，而夫子責之者，爲太山魯侯所主也，大夫何與焉？季氏不得旅太山，則河、海非魯之封内，其不得祭亦明矣。猶者，可已不當爲之詞。

葬匡王。

四月而葬，王室不君，其禮略也。微者往會，魯侯不臣，其情慢也。或曰：宣公親之者也，而常事不書。非矣。

崩葬始終之大變，豈以是爲常事而不書也？

楚子伐陸渾之戎。

夷狄相攻不志，此其志何也？爲陸渾在王都之側，戎夏雜處，族類之不分也。楚又至洛，觀兵于周疆，問鼎之大小輕重焉，故特書于策，以謹華夷之辨，禁猾夏之階。

夏，楚人侵鄭。

按《左氏》：「晉侯伐鄭，鄭及晉平。」而經不書者，仲尼削之也。鄭本以晉靈不君，取賂釋賊爲不足與，似也；而往從楚，非矣。今晉成公初立，背僭竊僞邦而歸諸夏，則是反之正也。《春秋》大改過，許遷善，書「楚人侵鄭」者，與鄭伯之能反正也，故獨著楚人侵掠諸夏之罪爾。鄭既見侵於楚，則及晉平可知矣。

秋，赤狄侵齊。

宋師圍曹。

按《左氏》：「宋文公即位，盡逐武、穆之族，二族以曹師伐宋。」然不書于經者，二族以見逐而舉兵，非討罪也。及宋師圍曹，報武氏之亂，而經書之者，端本清源之意也。武、穆二族與曹之師，奚爲至於宋哉？不能反躬自治，恃衆强以報之，兵革何時而息也？宋惟有不赦之罪，莫之治也，故書法如此。

冬，十月，丙戌，鄭伯蘭卒。

葬鄭穆公。

四年，春，王正月，公及齊侯平莒及郯。莒人不肯，公伐莒，取向。

心不偏黨之謂平。以此心平物者物必順，以此心平怨者怨必釋，惟小人不能宅心之若是也。雖以勢力强之，而有不獲成者矣。夫以齊、魯大國，平郯、莒小邦，宜其降心聽命，不待文告之及也。然而莒人不肯，則以宣公心有所私係，失平怨之本耳，故書及、書取以著其罪。及，所欲也。平者，成也。取者，盜也。不肯者，心弗允從，莫能强之者也。以利心圖成，雖强大者不能行之於弱小。《春秋》書此，戒後世之不知治其本者，故行有不得者，反求諸己斯可矣。

秦伯稻卒。

夏，六月，乙酉，鄭公子歸生弒其君夷。

首謀弒逆者，公子宋也。懼譖而從之者，歸生也。而以歸生爲首惡，何也？夫亂臣賊子欲動其惡，而不從者

未有能全其身而不死也。故季子然問：「仲由、冉求其從之者歟？」子曰：「弑父與君，亦不從也。」是以死節許二子矣。歸生懼譖而從公子宋，特無求、路不可奪之死節耳，書爲首惡，不亦過乎？曰：歸生與宋並爲大夫，乃貴戚之卿，同執國政，可以不從，一也；嘗統大師與宋人戰，獲其元帥，已得兵權，可以不從，二也。聞宋逆謀，登時而覺，先事誅之，猶反手耳。夫據殺生之柄，仗大義以制人，使人聽己，猶犬羊之伏於虎也，何畏於人，懼其見殺而從之也哉？計不出此，顧以畜老憚殺比方君父，歸生之心悖矣。故《春秋》捨公子宋，而以弑君之罪歸之，爲後世鑒。若司馬亮、沈慶之等，苟知此義，則能討罪人，不至於失身爲賊所制矣。

赤狄侵齊。

秋，公如齊。公至自齊。

君行告至，常事不書。宣公比年如齊而皆致者，危之也。夫以篡弑謀於齊而取國，以土地賂齊而請會，以卑屈事齊而求安，上不知有天王，下不知有方伯，惟利交是奉，而可保乎？高固之事亦殆矣。故比年如齊而皆致，以戒後世之欲利有攸往者，惟義之與比爲可安耳。

冬，楚子伐鄭。

五年，春，公如齊。夏，公至自齊。秋，九月，齊高固來逆子叔姬。

按《左氏》：「公如齊，高固使齊侯止公，請叔姬焉。」書「夏，公至自齊」、「秋，齊高固來逆子叔姬」，罪宣公也。其曰來者，以公自爲之主。稱子者，或謂別於先公之女也。諸侯嫁女於大夫，主大夫以與之者，爲體敵也，而公自爲之主，壓尊毀列，卑朝廷、慢宗廟矣。夫以鄭國褊小，楚公子圍之貴驕强大，來娶于鄭，子産辭而卻之，使館于外，欲野賜之，幾不得撫有其室。而宣公以魯國周公之後，逼於高固，請婚其女，强委禽焉，而不能止，惟不知以禮爲守身之幹，是以得此辱也。《春秋》詳書，爲後世鑒，欲人之必謹於禮以定其位，不然，卑巽妄説，不近於禮，奚足遠恥辱哉？

叔孫得臣卒。

內大夫卒，無有不日者，以《春秋》魯史也，其或不日，則見恩數之略爾。仲遂如齊，謀弑子赤，叔孫得臣與之偕行，在宣公固有援立之私，其恩數豈略而不書日？是聖人削之也。君臣父子，妃妾適庶，人道之大倫也。方

仲遂以殺適立庶往謀於齊，而與得臣並使也，若懵然不知其謀，或知之而不能救，則將焉用彼相矣？《春秋》治子赤之事，專在仲遂，以其內交宮禁，外結强鄰，大惡無所分也。而叔孫得臣有同使于齊之罪，故特不書日以貶之。若曰大夫而不能爲有無者，不足加以恩數云爾。

冬，齊高固及子叔姬來。

《左氏》曰：「反馬也。」禮，嫁女留其送馬，不敢自安，及廟見成婦，遣使反馬。則高固親來，非禮也。又禮，女子有行，遠父母者，歲一歸寧。今見逆逾時，未易歲也，而叔姬亟來，亦非禮也。故書及、書來，以著齊罪也。大夫適他國，必有君命與公事，否則禮法之所禁，而可犯乎？惠公許其臣越禮恣行而莫遏，高固委其君踰境自如而不忌，則人欲已肆矣。凡婚姻常事不書，而書此者，則以爲非常，爲後世戒也。

楚人伐鄭。

六年，春，晉趙盾、衛孫免侵陳。

按傳稱「陳及楚平」、「荀林父伐陳」，經皆不書者，以下書晉、衛加兵于陳，即陳及楚平可知矣。以趙盾、孫免書侵，即林父無詞可稱，亦可知矣。愛人不親反其仁，治人不治反其智。晉嘗命上將帥師救陳，又再與之連兵伐鄭，今而即楚，無乃於己有闕，盍亦自反可也。不內省德，遽以兵加之，則非義矣。故林父不書伐，而盾、免書侵，以正晉人所以主盟非其道也。

夏，四月。

秋八月，螽。

傳謂：「螽爲穀災，虐取於民之効也。」先是，公伐莒取向，後再如齊伐萊，軍旅數起，賦斂既繁，❶戾氣應之矣。夫善惡之感萌於心，而災祥之應見於事。宣公不知舍惡遷善，以補前行之愆，而用兵不息，災異數見，年穀不豐，國用空乏，卒至於改助法而稅民，蓋自此始矣。經於蟲螟一物之變，必書于策，示後世天人感應之理不可誣，當慎其所感也。

冬，十月。

❶「賦」，原作「賊」，今據黄修本、鄭本改。

春秋傳卷第十七

宣公中

七年，春，衛侯使孫良夫來盟。

來盟爲前定者，嘗有約言矣。未足効信而釋疑，又相歃血固結之爾。是盟衛欲爲晉致魯，而魯專事齊，初未與晉通也，必有疑焉。而衛侯任其無咎，故遣良夫來爲此盟，而公卒見辱。盟非《春秋》之所貴，義自見矣。

夏，公會齊侯伐萊。秋，公至自伐萊。

大旱。

及者，内爲志。會者，外爲主。平莒及郯，公所欲也，故書及，繼以取向，即所欲者可知矣；伐萊，齊志也，故書會，繼以伐致，即師行之危亦可知矣。公與齊侯俱不務德，合黨連兵，恃强陵弱，是以爲此舉也。軍旅之後，必有凶年，言民以征役怨咨之氣，感動天變，而旱乾作矣。其以「大旱」書者，或不雩，或雖雩而不雨也。不雩則無恤民憂國之心，雩而不雨，格天之精意闕矣。

冬，公會晉侯、宋公、衛侯、鄭伯、曹伯于黑壤。

會而不得見，不以不得見爲諱；盟而不與盟，不以不與盟爲諱：則曲不在公，而主會盟者之罪耳。與於會不與於盟，而公有歉焉，非主會盟者之過也，則書會不書盟，若黑壤是也。晉侯之立，公既不朝，又不使大夫聘，而每歲適齊，是宣公行有不慊於心，而非晉人之咎矣。凡不直者，臣爲君隱，子爲父隱，於以養臣子愛敬之心。而不事盟主，又以賂免，則不直在己矣。

八年，春，公至自會。

夏，六月，公子遂如齊，至黄乃復。

至黄乃復，棄君命也。有疾亦不復，可乎？大夫以君命出，聞喪，徐行而不反，未致事而死，以尸將事。楚伐吴，陳侯使公孫貞子往弔，及良而卒，將以尸入，吴人辭焉。上介芋尹蓋曰：「寡君使蓋備使，弔君之下吏，無禄，使人逢天之慼，大命隕墜，絶世于良，廢日供積，一

日遷次。今君命逆使人曰『無以尸造于門』，是我寡君之命委于草莽也，無乃不可乎？」吴人不敢辭，君子以爲知禮。「乃」者，無其上之詞。其曰「復」，事未畢也。

辛巳，有事于太廟。仲遂卒于垂。

「有事」，言時祭。此公子遂也，曷爲書字？生而賜氏，俾世其官也。曷爲書卒？以事之變卒之也。古者諸侯立家，大夫卒而賜氏。其後尊禮權臣，寵遇貴戚，而不由其道，於是乎有生而賜氏，其在魯，則季友、仲遂是也。襄仲殺惡及視，援立宣公，而宣公深德之，故生而賜氏，使世大夫以答之也。經於其卒書族，以志變法之端，爲後世戒。

壬午，猶繹。萬入，去籥。

繹者，祭之明日以賓尸也。猶者，可已之詞。萬，舞也，以其無聲也，故入而遂用；籥，管也，以其有聲也，故去而不作。是謂故知不可，存其邪心而不能格也。禮，大夫卒，當祭則不告，終事而聞則不繹。不告者，盡肅敬之誠於宗廟；不繹者，全始終之恩於臣子。今仲遂，國卿也，卒而猶繹，則失寵遇大臣之禮矣。《春秋》雖隆君抑臣，而禮貌有加焉，❶則廉陛益尊而臣節礪。後世法家，專欲隆君而不得其道，至以犬馬國人相視，大倫滅矣。聖人書法如此，存君臣之義也。

戊子，夫人嬴氏薨。

敬嬴，文公妾也，何以稱夫人？自成風聞季友之繇，事友而屬其子，及僖公得國，立以爲夫人，於是乎嫡妾亂矣。《春秋》於風氏，凡始卒四貶之，則禘于太廟、秦人歸襚、榮叔含賵、召伯會葬，去其姓氏，不稱夫人，王再書而無「天」是也。敬嬴又嬖，私事襄仲而屬宣公，不待致于太廟，援例以立，則從同同而無貶矣。其意若曰：以義起禮爲可繼，苟出於私情而非義，後雖欲正，可若何？

晉師、白狄伐秦。

晉主夏盟，糾合諸侯，攘夷狄、安諸夏，乃其職矣。秦人之怨，起自侵崇，其曲在晉，責己可也。既不知自反，釋怨修睦以補前過，已可咎矣，乃復興師動衆，會戎狄以伐之，獨不惡傷其類乎？直書于策，貶自見矣。

楚人滅舒蓼。

---

❶「禮」，黄修本作「體」。

按《詩》稱：「戎狄是膺，荆舒是懲。」在周公，所懲者其自相攻滅，中國何與焉？然《春秋》書而不削者，是時楚人疆舒蓼，及滑、汭，盟吴、越，勢益强大，將爲中國憂，而民有被髮左衽之患矣。經斯世者，當以爲懼，有攘卻之謀而不可忽，則聖人之意也。

秋，七月，甲子，日有食之，既。

冬，十月，己丑，葬我小君敬嬴。

成風薨以夫人，葬以小君，將祔于廟，而始有二夫人也，則四貶之，以正其事。今敬嬴亦薨以夫人，葬以小君，使祔于廟，無貶以正之，從同同可也。而於宣公元年，即以所逆穆姜婦之，何也？曰：婦，有姑之詞，見敬嬴遂以子貴，援例而亟立爲夫人也。僖公享國八年，然後致成風，而敬嬴之亟也，雖云援例，魯君臣之責亦可知矣。無貶而書法若此者，猶桓、宣弑君而書即位爾。

雨不克葬。庚寅，日中而克葬。

敬嬴以其子宣公屬諸襄仲，殺太子及其母弟，雖假手于仲，實敬嬴之謀也。經書「子赤卒」、「夫人姜氏歸于齊」，其文無貶，而讀者有傷切之意焉，則以秉彝不可滅也。傳謂「哭而過市，市人皆哭」，敬嬴逆天理拂人心之狀慘矣。其於終事，雨不克葬，著咎徵焉，而謂無天道乎？此皆直書，以見人心與天理之不可誣者也。夫喪事即遠，有進無退，浴于中霤，飰于牖下，小斂于户内，大斂于阼階，殯于客位，遷于廟，祖于庭，塴于墓，以弔賓則其退有節，以虞事則其祭有時，不爲雨止，禮也。雨不克葬，喪不以制也。或曰：卜葬先遠日，所以避不懷也。諸侯相朝與旅見天子，入門而雨霑服失容，則廢。矧送終大事，人情所不忍遽者，反可冒雨不待成禮而葬乎？潦車載蓑笠，士喪禮也，有國家者乃不能爲雨備，何也？且公庭之於墓次，其禮意固不同矣。不得不可以爲悦，無財不可以爲悦，得之爲有財，古之人皆用焉，而不能爲之備，是儉其親也，不亦薄乎？故穀梁子曰：「雨不克葬，喪不以制也。」厚葬，古人之所戒，而墨之治喪也以薄，又君子之所不與，故喪事以制，《春秋》之旨也。

城平陽。

楚師伐陳。

九年，春，王正月，公如齊。公至自齊。夏，仲孫蔑如京師。

以淺言之，屬辭比事，《春秋》教也。當歲首月，公朝于齊，夏使大夫聘于京師，此皆比事可考，不待貶絶而惡自見者也。宣公享國九年，於周纔一往聘，其在齊則又再朝矣，經於如齊，每行必致，深罪之也。下逮戰國，周衰甚矣，齊威王往朝于周，而天下皆賢之，況春秋時乎？而宣公不能也，故聘覲之禮廢，則君臣之位失，諸侯之行惡，而倍畔侵陵之敗起矣。此經書君如齊、臣如周之意，而特書「王正月」以表之也。

齊侯伐萊。

秋，取根牟。

八月，滕子卒。

九月，晉侯、宋公、衛侯、鄭伯、曹伯會于扈。

晉荀林父帥師伐陳。

按《左氏》：「討不睦也。陳侯不會，荀林父以諸侯之師伐陳。晉侯卒，乃還。」則知經所書者，與晉罪陳之詞也。會于扈以待陳，而陳侯不會，然後林父以諸侯之師伐之也，則幾於自反而有禮矣。不書諸侯之師，而曰「林父帥師」者，在會諸侯皆以師聽命，而林父兼將之也，則其衆輯矣。晉主夏盟，又嘗救陳，所宜與也，而惟楚之即，夫豈義乎？

辛酉，晉侯黑臀卒于扈。冬，十月，癸酉，衛侯鄭卒。

晉成公何以不葬？魯不會也。衛成公何以不葬？亦魯不會也。衛成事晉甚謹，而魯宣公獨深向齊，衛欲爲晉致魯，故謀黑壤之會，而特使孫良夫來盟以定之也。及會于黑壤，而晉人止公，賂然後免，是以扈之會皆前日諸侯，而魯獨不往。二國繼以喪赴，亦皆不會，此所謂「無其事而闕其文」者也。或曰：二君皆有貶焉，故不書葬。誤矣。魯人不會，亦無貶乎？書卒而以私怨廢禮忘親，其罪已見。《春秋》文簡而直，視人若日月之無私照也，曲生意義，失之遠矣。

宋人圍滕。

圍國非將卑師少所能辦也，必動大衆而使大夫爲主帥明矣，然而稱人，是貶之也。滕既小國，又方有喪，所宜矜哀吊恤之不暇，而用兵革以圍之，比事以觀，知見貶之罪在不仁矣。

楚子伐鄭。晉郤缺帥師救鄭。

楚兵加鄭數矣，或稱人，或稱爵，何也？鄭自晉成公初

立，舍楚而從中國，正也。楚人爲是興師而加鄭，不義矣。故宣公三年書人、書侵，罪之也。次年，鄭公子歸生弑其君，諸侯未有聲罪致討者，而楚師至焉，故特書爵與之也。然興師動衆，賊則不討，惟服鄭之爲事，則非義舉矣。故又次年，傳稱「楚子伐鄭」，而經書人，再貶之也。至是稱爵，豈與之乎？按《公羊》例，「君將不言帥師，書其重者也」。至此書爵，見其陵暴中華，以重兵臨鄭矣。何以知其非與之乎？曰：下書「晉郤缺帥師救鄭」，則知非與之也。由此觀《春秋》書法，皆欲治亂賊之黨，謹華夷之辨，以一字爲褒貶，深切著明矣。

陳殺其大夫洩冶。

稱國以殺者，君與用事大臣同殺之也。稱「其大夫」，則不失官守，而殺之者，有專輒之罪矣。洩冶無罪，而書名，何也？冶以諫殺身者也。殺諫臣者，必有亡國弑君之禍，故書其名，爲徵舒弑君、楚子滅陳之端，以垂後戒，此所謂義係於名而書其名者也。比干諫而死，子曰：「商有三仁焉。」洩冶諫而死，何獨無褒詞？夫語默死生，當其可而止爾。洩冶之盡言無隱，不愧乎史魚之直矣，方諸比干自靖自獻于先王，則未可同日而語也。冶雖効忠，其猶在宋子哀、魯叔肸之後乎！故仕於昏亂之朝，若異姓者，如子哀，潔身而去可也；其貴戚耶，不食其禄，如叔肸，善矣。

十年，春，公如齊。公至自齊。

此亦如齊，亦致其至，而不書月。上九年亦如齊，亦致其至，而書月者，爲是年夏使仲孫蔑如京師，故特於歲首書「王正月」，以著宣公之罪，而君臣名分之際，謹嚴如此也。歸田以爲私惠，比於君臣名分之際，則大小不侔矣。

齊人歸我濟西田。

宣公於齊，順其所欲，既以女妻其臣，又以兵會伐萊之舉，又每歲往朝于齊廷，雖諸侯事天子無是禮也。故惠公悦其能順事己，而以所取濟西田歸之也。歸讙及闡，直書曰「歸」，此獨書「我」者，乃相親愛惠遺之意。❶或謂濟西，魯之本封，故書「我」，則誤矣。以柔巽卑屈事人，不以其道而得地，與悦人之柔巽卑屈事己，不以其道而歸其地，皆人欲之私而非義矣。

夏，四月，丙辰，日有食之。

❶「意」下，鄭本有「深著齊人助成弑逆之罪也」十一字。

己巳，齊侯元卒。齊崔氏出奔衛。

按《左氏》：「崔杼有寵於惠公，高、國畏其逼也，公卒而逐之，奔衛。」書曰「崔氏」，以族奔也。許翰以謂：「崔杼出而能反，反而能弒者，以其宗强。於此舉氏，辨之早也。」其説得矣。所謂「譏世卿」者，非《公羊》本旨，蓋門弟子因尹氏、武氏稱世卿，而附益之於此耳。經有事同而詞異，亦有事異而詞同，一視之，則泥而不通矣。

公如齊。五月，公至自齊。

文約而事詳者，經也。春如齊朝惠公，夏如齊奔其喪，若是雖不致可也，而皆致者，甚之也。天王之喪不奔，欲行郊禮，而汲汲於奔齊惠公之喪；天王之葬不會，使微者往，而公孫歸父會齊惠公之葬。其不顧君臣上下尊卑之等，所謂肆人欲、滅天理而無忌憚者也。詞繁而不殺，聖人之情見矣。

癸巳，陳夏徵舒弒其君平國。

陳靈公之無道也，而稱大夫之名氏以弒，何也？禍莫大於拒諫而殺直臣，忠莫顯於身見殺而其言驗。洩冶所爲，不憚斧鉞，盡言於其君者，正謂靈公君臣通於夏徵舒之家，恐其及禍，不忍坐觀，故昧死言之。靈公不能納，又從而殺之，卒以見弒，而亡其國，此萬世之大戒也。特書徵舒之名氏，以見洩冶忠言之驗，靈公見弒之由，使有國者必以遠色修身，包容狂直，開納諫諍爲心也。以爲罪不及民，故稱大夫以弒者，非經意矣。

六月，宋師伐滕。

前圍滕稱人，刺伐喪也。此伐滕稱師，譏用衆也。宋大國，爵上公，霸主之餘業，力非不足也。今鄰有弒逆，不能聲罪致討，乃用大衆以伐所當矜恤之小邦，且滕不事己，無乃己德猶有所闕，而滕何尤焉？故特稱師，以著其罪，而汲汲於誅亂臣、討賊子之意見矣。

公孫歸父如齊。葬齊惠公。

歸父，仲遂之子，貴而有寵。宣公深德齊侯之能定其位，而又以濟西田歸之也，故生則傾身以事之，而不辭於屈辱；没則親往奔喪，而使貴卿會其葬。亦不顧天王之禮，闕然莫之供也。比事考詞，義自見矣。

晉人、宋人、衛人、曹人伐鄭。

按《左氏》：「鄭及楚平，諸侯伐鄭，取成而還。」其稱人，貶也。鄭居大國之間，從於强令，豈其罪乎？不能以德鎮撫而用力争之，是謂五十步笑百步，庸何愈於楚？

自是責楚益輕，罪在晉矣。

秋，天王使王季子來聘。

《公羊傳》曰：「王季子者，王之母弟也。」王有時聘以結諸侯之好，禮也。宣公享國，至是十年，不朝于周而比年朝齊，不奔王喪而奔齊侯喪，不遣貴卿會匡王葬而使歸父會齊侯之葬。縱未舉法，勿聘焉猶可也，而使王季子來，王靈益不震矣。自是王聘《春秋》亦不書矣。

公孫歸父帥師伐邾，取繹。

用貴卿爲主將，舉大衆出征伐，不施於亂臣賊子，奉天討罪，而陵弱侵小，近在邦域之中，附庸之國，是爲盜也。當此時，陳有弑君之亂，既來赴告，藏在諸侯之策矣，曾不是圖，而有事於邾，不亦傎乎！故四國伐鄭，貶而稱人；魯人伐邾，特書「取繹」以罪之也。

大水。

季孫行父如齊。冬，公孫歸父如齊。

按《左氏》：「行父如齊，初聘也；歸父如齊，邾故也。」齊侯嗣立，宣公親往奔其父喪，又使貴卿會葬矣。若待踰年然後修聘，未晚也。而季孫亟行，歸父繼往，則以宣公君臣不知爲國以禮，而謂妄悅取人之可以免於討也。歸父貪於取繹，畏齊而往，蓋理曲則氣必餒矣，能無畏乎哉？《春秋》備書而不削，以著其罪，爲後世鑒也。

齊侯使國佐來聘。

葬之速也，太不懷也。又未逾年，而以君命遣使聘于鄰國，則哀戚之情忘矣。孟子曰：「養生不足以當大事，惟送死可以當大事。」滕文公五月居廬，未有命戒，及至葬，顔色之戚，哭泣之哀，吊者大悦，而有願爲其氓者，蓋禮義人心之所同然也。齊頃公嗣位之初，舉動如此，喪師失地，幾見執獲，豈特婦人笑客之罪哉？已失守身之本矣。

饑。

楚子伐鄭。

經有詞同而意異者，比事以觀，斯得之矣。九年「楚子伐鄭」稱爵者，貶詞也，若曰國君自將，恃强壓弱，憑陵中夏之稱也。知然者，以下書「晉郤缺帥師救鄭」，則貶楚可知矣。此年「楚子伐鄭」稱爵者，直詞也，若曰以實屬詞，書其重者，而意不以楚爲罪也。知然者，以傳書「晉士會救鄭，逐楚師于潁北」，而經削之，則責晉可知

矣。此類兼以傳爲案者也。

十有一年，春，王正月。

夏，楚子、陳侯、鄭伯盟于辰陵。

晉、楚争此二國，爲日久矣。今陳、鄭背晉從楚，盟于辰陵，而《春秋》書之無貶詞者，豈與其下喬木、入幽谷乎？中國而不能令，則夷狄進矣。經之大法在誅亂臣，討賊子，有亂臣則無君，有賊子則無父，無父與君，即中國變爲夷狄，人類殄爲禽獸，雖得天下，不能一朝居也。今魯與齊方用兵伐莒，晉與狄方會于欑函，而不謀少西氏之逆也，而楚人能謀之，所謂「禮失而求之野」，「夷狄之有君，不如諸夏之亡也」。辰陵之盟，所以得書於經而詞無貶乎！聖人討賊之意，可謂深切著明矣。

公孫歸父會齊人伐莒。

秋，晉侯會狄于欑函。

《春秋》正法，不與夷狄會同，分類也。書「會戎」、「會狄」、「會吴」，皆外詞也。內中國故詳，外四夷故略。今中國有亂，天王不能討，則方伯之責也。又不能討，則四鄰諸侯宜有請矣。而魯方會齊伐莒，晉方求成于狄，是失肩背而養其一指，不能三年而緦、小功之察，不亦慎乎！凡此直書其事，不待貶絶而義自見者也。

冬，十月，楚人殺陳夏徵舒。丁亥，楚子入陳。

稱人者，衆詞也。大惡，人人之所同惡，人人之所得討。其稱「楚人殺徵舒」，諸夏之罪自見矣。按《左氏傳》：「楚子爲夏氏亂故，謂陳人：『無動，將討於少西氏。』遂入陳，殺徵舒，轘諸栗門。」而經先書殺後書入者，與楚子之能討賊，故先之也。討其賊爲義，取其國爲貪，舜、跖之相去遠矣，其分乃在於善與利耳。楚莊以義討賊，勇於爲善，舜之徒也；以貪取國，急於爲利，跖之徒矣。爲善與惡，特在一念須臾之間，而書法如此。故《春秋》，傳心之要典，不可以不察者也。或曰：聖人大改過，楚雖縣陳，能聽申叔時之説而復封陳，可謂能改過矣。猶書「入陳」以貶之，何也？曰：楚莊意在滅陳，雖復封之，然鄉取一人焉以歸，謂之夏州。而又納其亂臣，是制人之上下，使不得其君臣之道也。「晉人以幣如鄭，問駟乞之立故。子産對曰：『若寡君之二三臣，而晉大夫專制其位，是晉之縣鄙也，何國之爲？』辭客

幣而報其使。晉人舍之。」他國非所當與也，而必欲納其亂臣，存亡興滅，其若是乎？仲尼重傷中國，深美其有討賊之功，故特從末滅，不稱「取陳」而書入，雖曰與之，可矣。

納公孫寧、儀行父于陳。

此二臣者，從君於昏，宣淫於朝，誅殺諫臣，使其君見弒，蓋致亂之臣也。肆諸市朝，與衆同棄，然後快於人心。今乃詭詞奔楚，託於討賊復讎以自脱其罪，而楚莊不能察其反覆，又使陳人用之，是猶人有飲毒而死者，幸而復生，又强以毒飲之，可乎？故聖人外此二人於陳，而特書曰納。納者，不受而强納之者也。爲楚莊者宜奈何？瀦徵舒之宫，封洩冶之墓，尸孔寧、儀行父于朝，謀於陳衆，定其君而去，其庶幾乎！

春秋傳卷第十八

宣　公　下

十有二年，春，葬陳靈公。

討賊者非臣子也，何以書葬？天下之惡一也，本國臣子或不能討，而上有天王，下有方伯，又其次有四鄰，有同盟，有方域之諸侯，有四夷之君長，與凡民皆得而討之，所以明大倫、存天理也。徵舒雖楚討之，陳之臣子亦可以釋怨矣，故得書葬，君子詞也。

楚子圍鄭。

按《公羊傳》例：「戰不言伐，圍不言戰，入不言圍，滅不言入，書其重者。」楚子縣陳，蓋滅之矣，而經止書入。其於鄭也，入自皇門，至于逵道，蓋即其國都矣，而經止書圍。曷爲悉從輕典，不書其憑陵諸夏之罪乎？❶上無天王，下無方伯，天下諸侯有臣弒君，子弒父，諸夏不能討，而夷狄能討之。《春秋》取大節，略小過，雖如楚子憑陵上國，近造王都之側，猶從末減，於以見誅亂臣、討賊子、正大倫之重也。❷

夏，六月，乙卯，晉荀林父帥師及楚子戰于邲，晉師敗績。

戰而言「及」，主乎是戰者也。按《左氏》：「晉師救鄭。」經既不以「救鄭」書矣，又不言「楚、晉戰于邲」，而使晉主之，何也？陳人弒君，晉不討賊而楚能討之；楚人圍鄭，亦既退師與鄭平矣，而又與之戰，則非觀釁之師也。故釋楚不貶，而使晉主之，獨與常詞異乎。按邲之役，六卿並在，大夫司馬皆具官，不欲勤民者三帥也，違命濟師者先縠也，而獨罪林父，何也？尊無二上，定于一也。古者仗鉞臨戎，專制閫外，雖君命有所不受，況其屬乎？欒書救鄭，軍帥之欲戰者八人，武子遂還，衆不敢遏。偪陽之舉，匄、偃二將皆請班師，荀罃令曰：

❶「書」，鄭本作「著」。

❷「之」下，黄修本、鄭本有「爲」字。

「七日不克，必爾乎取之。」遂下偪陽。林父既知「無及於鄭，焉用之」矣，諸帥又皆信然其策，先縠若獨以中軍佐濟者，下令三軍，無得妄動，按軍法而行辟，夫豈不可？既不能令，乃畏失屬亡師之罪，而從韓獻子分惡之言，知難而冒進，是棄晉師，於誰責乎？故後誅先縠，不去其官；此稱「敗績」，特以林父主之也。

秋，七月。

冬，十有二月，戊寅，楚子滅蕭。

假於討賊而滅陳，《春秋》以討賊之義重也，未滅而書入；惡其貳己而入鄭，《春秋》以退師之情恕也，未滅而書圍：與人爲善之德宏矣。至是肆其强暴，滅無罪之國，其志已盈，雖欲赦之不得也。故傳稱「蕭潰」，經以滅書，斷其罪也。孟子曰：「以力假人者霸，霸必有大國。」楚莊蓋以力假仁，不能久假而遽歸者也。建萬國、親諸侯者，先王之政；興滅國、繼絶世者，仲尼之法。今乃滅人社稷而絶其祀，亦不仁甚矣。蕭既滅亡，必無赴者，何以得書于魯史？楚莊縣陳入鄭，大敗晉師于邲，莫與校者，不知以禮制心，至於驕溢，克、伐、怨、欲皆得行焉，遂以滅蕭告赴諸侯，矜其威力以恐中國耳。孟子定其功罪，以五霸爲三王之罪人。《春秋》史外傳心之要典，推此類求之，斯得矣。

晉人、宋人、衛人、曹人同盟于清丘。

書同盟，志同欲也。或以惡其反覆而書同盟，非也。《春秋》不貴盟誓，自隱公始年書「儀父盟眛」、「宋人盟宿」，已不實言矣，奚待清丘然後惡其反覆乎？清丘載書，恤病討貳，口血未乾，敗其盟好，所謂不待貶而惡見者也，又奚必人諸國之卿，然後知反覆之可罪乎？楚既入陳圍鄭，大敗晉師，伐蕭滅之，憑陵中國甚矣。爲諸侯計者，宜信任仁賢，修明政事，自强於爲善，則可以保其國耳。曾不是圖，而刑牲歃血，要質鬼神，蘄以禦楚，謀之不臧，孰大於是？故國卿貶而稱人，譏失職也。原縠違命喪師，乃晉國罪人，而主兹盟約，所信任者皆可知矣。

宋師伐陳，衛人救陳。

陳有弑君之亂，宋不能討而楚能討之，雖曰縣陳，尋復封之，其德於楚而不貳，未足責也。宋人不能内自省德，遽以大衆伐之，非義舉矣。衛人救陳，背盟失信，而以「救」書者，見宋師非義，陳未有罪而受兵，爲可恤也。

且謀國失圖妄興師旅，無休息之期，則亂益滋矣。其以「救」書，意在責宋也。若衛叛盟，則不待貶絶而惡自見矣。

十有三年，春，齊師伐莒。

夏，楚子伐宋。

楚人滅蕭，將以脅宋，諸侯懼而同盟。爲宋人計者，恤民固本，輕徭薄賦，使民効死親其上，則可以待敵矣。計不出此，而急於伐陳，攻楚與國，非策也，故楚人有詞于伐而得書爵。

秋，螽。

冬，晉殺其大夫先縠。

先縠違命，大敗晉師，元帥不能用鉞，已失刑矣。今又重有罪焉，晉人治其罪而戮之，義也，曷爲稱國以殺而不去其官？夫兵者，安危所係，有國之大事也。將非其人則敗；雖得其人，使親信間之則敗；以剛愎不仁者參焉，而莫肯用命則敗。凡此三敗，君之過也。河曲之戰，趙穿獨出，而臾駢之謀不用；濟涇而次，欒黶欲東，而荀偃之令不行。今林父初將中軍，乃以先縠佐之，使敵國謀臣知其從政者新，未能行令，誰之過歟？故稱國以殺，不去其官，罪累上也。

十有四年，春，衛殺其大夫孔達。

殺大夫而書名氏，義不繫於專殺也。孔達棄信以危社稷，衛人按其罪而誅之可也，何以稱國而不去其官？用人謀國，干犯盟主，至於見討，誰之過歟？稱國以殺，不去其官，罪累上也。《春秋》端本清源，故書法如此。

夏，五月，壬申，曹伯壽卒。

晉侯伐鄭。

按《左氏傳》：「爲郯故也。」比事以觀，知其爲報怨復讎之兵。詞無所貶者，直書其事而義自見矣。

秋，九月，楚子圍宋。

宋人要結盟誓，欲以禦楚，已非持國之道；輕舉大衆，勤民妄動，又非恤患之兵。特書「救陳」以著其罪，明見伐之由也。國必自伐，然後人伐之。凡事其作始也簡，其將畢也必巨。《易》於《訟卦》曰：「君子以作事謀始。」始而不謀必至於訟，訟而不竟必至於師。若宋是矣。始謀不臧，至於見伐、見圍，幾亡其國，則自取之也。《春秋》端本，故責宋爲深，若蠻夷圍中國，則亦

明矣。

葬曹文公。

冬，公孫歸父會齊侯于穀。

夫禮，別嫌明微，制治于未亂，自天子出者也。列國之君，非王事而自相會聚，是禮自諸侯出矣。以國君而降班失列，下與外臣會；以外臣而抗尊出位，上與諸侯會，是禮自大夫出矣。君若贅旒，陪臣執命，豈一朝一夕之故？其所由來漸矣。故《易》於《坤》之初六曰：「馴致其道，至堅冰也。」《易》言其理，《春秋》見諸行事，若合符節，可謂深切著明矣。

十有五年，春，公孫歸父會楚子于宋。

楚子不假道於宋，以啓釁端而圍之，陵蔑中華甚矣。諸侯縱不能畏簡書，攘夷狄，存先代之後，嚴兵固圉以爲聲援，猶之可也。乃以周公之裔、千乘之國，謀其不免，至於薦賄，不亦鄙乎！若此類，聖人不徒筆之於經也。比事以觀，則知中國夷狄盛衰之由，《春秋》經世之略矣。

夏，五月，宋人及楚人平。

此華元、子反，二國之卿，其稱人何？貶也。《春秋》賤欺詐，惡侵伐。二卿不愛其情，釋怨解紛，使宋無亡國之憂，楚無滅國之罪，功亦大矣，宜在所褒，何以貶也？善則稱君，過則稱己，則民作忠。今二卿自以情實私相告語，取必於上，以成平國之功，而其君不預知焉，非人臣之義也。世衰道微，暴行交作，君有聽於臣，父有聽於子，夫有聽於婦，中國有聽於夷狄，仲尼所爲懼，《春秋》所以作也。故平以解紛，雖其所欲，而平者在下，則大倫紊矣。聖人明其道不計其功，故褒貶如此。然則臣而有安國家利社稷者，專之不可乎？曰：專之而可者，謂境外也。子反在君之側，無奏報之難，幾會之失，奚急於平而專之若是哉？或曰：子反攘善，則知其罪矣，華元救國急難而紓其情實，何尤焉？夫宋，先代之後，武王所封以備三恪，横見侵逼，非有可滅之罪也。若以大義責之曰：「子爲上卿，不能恤小，助桀爲虐，陵我郊保，圍我城郭，欲滅我社稷，縱子得之，何面目見中華之士乎？」使子反果忠，楚莊果賢，必爲義動，退師止衆，結盟而反矣，何必輕見情實，蹈不測之險乎？後世羊、陸効其所爲，交歡邊境，而議者以爲非純臣也，知《春秋》之法矣。

六月，癸卯，晉師滅赤狄潞氏，以潞子嬰

兒歸。

其稱日，謹之也。上卿爲主將，略而稱師者，著其暴也。滅而舉號及氏者，滅見滅之罪，著滅者之甚不仁也。潞嬰兒不死社稷，比於中國而書爵者，免嬰兒之責詞也。然則，攘夷狄、安諸夏非耶？徐夷並興，東郊不開，伯禽征之；玁狁孔熾，侵鎬及方，宣王伐之；楚人侵鄭，近在王畿，齊侯攘之。皆門庭之寇，不可縱而莫禦者也。雖禦之，亦不極其兵力，殄滅之無遺育也。今赤狄未嘗侵掠晉境，非門庭之寇，而恃强暴以滅之，其不仁甚矣，《春秋》所以責晉而略狄也。又有異焉者，夫伐國之要，討其罪人斯止矣。按《左氏》：「潞子夫人，晉景公之姊也。酆舒爲政而殺之，又傷潞子之目。」則酆舒者，罪之在也。爲晉計者，執酆舒，轘諸市，立黎侯，安定潞子，改紀其政而返，則諸狄服，疆域安矣。今乃利狄之土，滅潞氏以其君歸，何義乎？《春秋》所以責晉而略狄也。

秦人伐晉。

王札子殺召伯、毛伯。

王臣有書字而言子者，王季子是也；有書子而繫名者，王子虎是也。此稱「王札子」者，《穀梁》以爲「當上之詞」也。其爲當上之詞者，矯王命以殺之也。爲天下主者天也，繼天者君也，君之所司者命也。爲人臣而侵其君之命則不臣，爲人君而假其臣以命則不君。君不君，臣不臣，天下所以傾也。邢侯專殺雍子於朝，叔向以殺人不忌爲賊，請施邢侯，君子以爲義。王札子之罪，當服此刑，而天王不能施之，無政刑矣，何以保其國而不替乎？

秋，螽。

人事感於此，則物變應於彼。宣公爲國，虛内以事外，去實而務華，煩於朝會聘問賂遺之末，而不知務其本者也，故戾氣應之。六年螽，七年旱，十年大水，十有三年又螽，十有五年復螽。府庫匱，倉廩竭，調度不給，而言利剋民之事起矣。

仲孫蔑會齊高固于無婁。

禮之始失也，諸侯非王事而自相會也，無以正之，不自天子出矣。然後諸侯與大夫會，又無以正之，然後大夫與大夫會，禮亦不自諸侯出矣。田氏篡齊，六卿分晉，三家專魯，理固然也。不能辨於早，後雖欲正之，其將

能乎？

初税畝。

孟子曰：「耕者助而不税，則天下之農皆悦而願耕於其野矣。」書「初税畝」者，譏宣公廢助法而用税也。殷制，公田爲助，助者，藉也；周因其法爲徹，徹者，通也，其實皆什一也。古者上下相親，上之於下則曰「駿發爾私，終三十里」，惟恐民食之不給也；下之於上則曰「雨我公田，遂及我私」，惟恐公田之不善也。故助法行，而頌聲作矣。世衰道微，上下交惡，民惟私家之利，而不竭力以奉公；上惟邦財之入，❶而不惻怛以利下。水旱凶災相繼而起，公田之入薄矣，所以廢助法而税畝乎。「初」者，志變法之始也。其後作丘甲，用田賦，至於二猶不足，則皆宣公啓之也。故曰：「作法於涼，其弊猶貪。作法於貪，弊將若何？」有國家者，必欲克守成法而不變，其必先務本乎！

冬，蝝生。

始生曰蝝，既大曰螽。秋螽未息，冬又生子，災重及民也。而詳志之如此者，急民事，謹天災，仁人之心，王者之務也。遇天災而不懼，忽民事而不修，而又爲繁政重賦以感之，國之危無日矣。

饑。

《春秋》饑歲多矣，書于經者三，而宣公獨有其二，何也？古者三年耕，餘一年之蓄；九年耕，餘三年之食，雖有凶旱，民無菜色。是歲雖螽蝝，而遽至於饑者，宣公爲國，務華去實，虚内事外，煩於朝會聘問賂遺之末，而不敦其本，府庫竭矣，倉廩匱矣。水旱螽蝝，天降饑饉，亦無以振業貧乏矣。經所以獨兩書饑，以示後世爲國之不可不敦本也。

十有六年，春，王正月，晉人滅赤狄甲氏及留吁。

按《左氏》，董是役者士會也。上將主兵，其稱人，貶詞也。甲氏，潞之餘種。留吁，其殘邑也。《春秋》於夷狄，攘斥之，不使亂中夏則止矣。伯禽征徐夷，東郊既開而止；宣王伐玁狁，至于太原而止；武侯征戎瀘，服其渠帥而止。必欲盡殄滅之無遺種，豈仁人之心，王者之事乎？士會所以貶而稱人也。

❶「財」，鄭本作「賦」。

夏，成周宣榭火。

成周，天子之東都。宣榭，宣王之廟也。按吕大臨《考古圖》：「有郱敦者，稱王格于宣榭，呼内史策命郱。」是知宣榭者，宣王之廟也。古者爵有德，禄有功，必於太廟，示不敢專也。榭者，射堂之制，其堂無室，以便射事，故凡無室者皆謂之榭。宣王之廟謂之榭者，其廟制如榭也。宣榭火，何以書？以宗廟之重書之也。貴戚擅殺大臣而天子不討，王室不復能中興矣，人火之，天所以見戒乎！

秋，郯伯姬來歸。

按《左氏》：「郯伯姬來歸，出也。」内女出，書之策者，男女居室，人之大倫也。婚姻之禮廢，則夫婦之道苦，淫辟之罪多矣。復相棄背，喪其配耦，《氓》之詩所以刺衛；日以衰薄，室家相棄，《中谷有蓷》所以閔周。《易》序咸、恒爲下經首，《春秋》内女出、夫人歸，凡男女之際，詳書于策，所以正人倫之本也，其旨微矣。

冬，大有年。

程氏曰：「大有年，記異也。」旱乾水溢，饑薦臻者，❶災也；山崩地震，彗孛飛流者，異也；景星甘露，醴泉芝草，百穀順成者，祥也。大有年，上瑞矣，何以爲記異乎？凡災異慶祥，皆人爲所感而天以其類應之者也。人事順於下，則天氣和於上。宣公弒立，逆理亂倫，水旱螽蝝饑饉之變，相繼而作，史不絶書，宜也。獨於是冬乃大有年，所以爲異乎！夫有年、大有年，一耳。古史書之則爲祥，仲尼筆之則爲異，此言外微旨，非聖人莫能修之者也。

十有七年，春，王正月，庚子，許男錫我卒。丁未，蔡侯申卒。夏，葬許昭公。葬蔡文公。

日卒書名、赴而得禮，記之詳也。葬而不月，其略在内。宣公爲國，務華而無忠信誠慤之心，計利而不知禮義邦交之實，哀死送終，獨厚於齊，而利害不切其身者，皆闕如也。大則薄其君親，次則忽於盟主，又其次若秦、若衛、若滕，雖來告訃，怠於禮而不會也。比事以觀，義自見矣。

六月，癸卯，日有食之。

❶「饑」下，黄修本、鄭本有「饉」字。

己未，公會晉侯、衛侯、曹伯、邾子，同盟于斷道。

書同盟者，志同欲也。大國率之，小國畏威而從命，非同欲也；小國訴之，大國勉强而應焉，非同欲也。若斷道之盟，諸侯同心謀欲伐齊，釋其憤怒，非有不得已而要之者也。或以爲「會同，天子之事。築宫爲壇，設方明如方嶽之盟，故書同」，疑其説之誤矣。

秋，公至自會。

冬，十有一月，壬午，公弟叔肸卒。

稱弟，得弟道也。稱字，賢也。何賢乎叔肸？宣弑而非之也。非之則胡爲不去也？兄弟無絶道，故雖非之而不去也。與之財則曰「我足矣」，終身不食宣公之禄，君子以是爲通恩也。論情可以明親親，言義可以厲不軌，所以取貴乎《春秋》。書曰「公弟」而稱字，以表之也。公子爲正大夫而書卒，貴也；不爲大夫而特書卒，賢也。或以爲「叔肸寵弟，在宣公有私親之愛，故生而賜氏，俾世其卿，與季友、仲遂比」，則其説誤矣。誠使叔肸有寵，生而賜氏，則是貴戚用事之卿，豈有不見於經者？齊年、鄭語，在外之見於經者；季友、仲遂，在内之見於經者。勢必與聞政事，執國命矣。況宣公之時，煩於聘問會朝之禮，遂、蔑、季孫、歸父交於鄰國衆矣，而獨叔肸不與焉。其非生而賜氏，俾世其卿，亦明矣。

十有八年，春，晉侯、衛世子臧伐齊。

保國以禮爲本者也。齊頃公不謹於禮，自己致寇，所謂「國必自伐，❶而後人伐之矣」。諸侯上卿皆執國命，取必於其君，以行其克伐怨欲之私，故盟于斷道，師于陽穀，大戰于鞌，逞其志而後止。《春秋》詳書于策，見伐與伐者之罪，皆可以爲鑒矣。

公伐杞。

夏，四月。

秋，七月，邾人戕鄫子于鄫。

戕者，殘賊而殺之也。于鄫者，刺臣子不能救君難也。夷貊無城郭宫室、百官有司，單車使者直造其廬帳，虜其酋長者，則有之矣。中國則重門擊柝，廉陛等威，侍衛守禦之嚴，奚至於坐使其君爲邾人殘賊殺之而莫禦

❶「國」，原作「人」，據鄭本及《孟子·離婁上》改。

乎？邾人蓋嘗執鄫子用之，則不共戴天之世讎也，既不能復，又使邾人得造其國都而戕殺其君。曰「于鄫」者，所以深責鄫之臣子至此極也。

甲戌，楚子旅卒。

楚僭稱王，降而稱子者，是仲尼筆之也。其不書葬者，恐民之惑而避其號，是仲尼削之也。若楚、若吳、若徐，皆自王降而稱子；若滕，自侯降而稱子；若杞，自伯降而稱子。四夷雖大皆曰子，其降而稱子者，狄之也。或謂「《春秋》不擅進退諸侯，亂名實」，則非矣。述天理、正人倫，此名實所由定也，奚名爲亂哉？

公孫歸父如晉。

宣公因齊得國，故刻意事之，雖易世猶未怠也。及頃公不能謹禮，怒晉、魯上卿，而郤克當國，決策討之。晉方强盛，齊少懦矣，於是背齊而事晉。其於邦交，以利爲嚮背，無忠信誠慤之心者也。按《左氏》：「歸父欲去三桓，以張公室。與公謀，而聘于晉，欲以晉人去之。」夫輕於背與國，易於謀大家，而不知其本，未有能成而無悔也。然則公室不可張乎？務引其君當道，正心以正朝廷，禮樂刑政自己出也，其庶幾乎！必欲倚外援以去之，是去疥瘍而得腹心之疾也，庸愈哉？

冬，十月，壬戌，公薨于路寢。歸父還自晉，至笙，遂奔齊。

仲尼稱：「孟莊子之孝，其不改父之臣與父之政，是難能也。」又曰：「三年無改於父之道，可謂孝矣。」夫仁人孝子，於其父之臣，非有大不可，如晉悼公於夷羊五之屬，必存始終進退之禮而不遽也。歸父以君命出使，未反而君薨，在《聘禮》有「執圭復命于殯」之文，「升自西階，子臣皆哭」，情亦戚矣。今宣公猶未殯，而東門氏逐，忍乎哉！書曰「歸父還自晉」者，已畢事之詞也。「至笙，遂奔齊」者，罪成公君臣死君而忘父，逐之亟也。穀梁子曰：「捐殯而奔其父之使者，是亦奔父也。」得經意矣。君薨家遣，方寸宜亦亂，而造次顛沛不失禮焉，非志於仁者弗能也。詞繁而不殺，歸父之善自著矣。比事以觀，則見當國者有無君之心，此《春秋》所以作，不可不察也。

春秋傳卷第十九

成公上

元年，春，王正月，公即位。

二月，辛酉，葬我君宣公。

無冰。

寒極而無冰者，常燠也。按《洪範傳》曰：「豫常燠若，❶此政事舒緩，紀綱縱弛之象。」成公幼弱，政在三家，公室不張，其象已見，故當固陰沍寒，而常燠應之。古者日在北陸而藏冰，獻羔而啓，朝之禄位，賓食喪祭，冰皆與焉，此亦燮調愆伏之一事也。今既寒而燠，遂廢凌人之職。然策書所載，皆經邦大訓，人有微而不登其姓名，事有小而不記其本末，雨雹冰雪何以悉書？天人一理也，萬物一氣也，觀於陰陽寒暑之變，以察其消息盈虛，此制治于未亂，慎於微之意也。每慎於微，然後王事備矣。

三月，作丘甲。

作丘甲，益兵也。古者九夫爲井，四井爲邑，四邑爲丘，四丘爲甸，甸地方八里，旁加一里爲成，所取於民者，出長轂一乘，此《司馬法》一成之賦也。爲齊難作丘甲，益兵備敵，重困農民，非爲國之道，其曰「作」者，不宜作也。唐太宗問李靖：「楚廣與周制如何？」靖曰：「周制，一乘步卒七十二人，甲士三人，以二十五人爲一甲，凡三甲，共七十五人。」然則一丘所出十有八人，積四丘而具一乘耳。今作丘甲者，即丘出一甲，是一甸之中，共百人爲兵矣，則未知其所作者，三甸而增一乘乎？每乘而增一甲乎？魯至昭公時，嘗蒐于紅，革車千乘，則計甸而增乘，未可知也。楚人二廣之法，一乘至用百有五十人，則魯每乘而增一甲，亦未可知也。賦雖不同，其實皆爲益兵，其數皆增三之一耳。先儒或言「甲非人人之所能爲」，又以爲「丘出甸賦加四倍」者，誤矣。

❶「常」，鄭本作「恒」。

夏，臧孫許及晉侯盟于赤棘。

初，宣公謀以晉人去三桓，歸父爲是見逐而奔齊矣。今季孫當國，恨齊人之立宣公、納歸父，又懼晉侯之或見討也，故往結此盟。赤棘，晉地也。其稱「及」，魯所欲也。盟非《春秋》所貴，而惡屢盟者，非惟長亂，亦國用民力所難給也。成公即位之初，方經大故，未有施舍、已責、逮鰥寡、救乏困之事也。爲齊難既作丘甲矣，聞將出楚師，又遠與晉尋盟，豈固本保邦之道乎？書「及晉侯盟于赤棘」，非特備齊懼晉，蓋三桓懷忿懟君父之心，將有事於齊，而汲汲欲之者，罪可見矣。

秋，王師敗績于茅戎。

程氏曰：「王師於諸侯不言敗，諸侯不可敵王也；於夷狄不言戰，夷狄不能抗王也。不可敵、不能抗者，理也。其敵其抗，王道之失也。」桓王伐鄭，兵敗身傷，而經不書敗，存君臣之義，立天下之防也；劉康公邀戎伐之，敗績於徐吴氏，❶而經不書戰，辨華夷之分，立中國之防也。是皆聖人筆削，非魯史之舊文也。然筆於經者，雖以尊君父、外戎狄爲義，而君父所以尊，戎狄所以服，則有道矣。桓王不以討賊興師而急於伐鄭，康公不以惇信持國而輕於邀戎，是失其所以君天下、禦四夷之道也。書「敗績于茅戎」者，言自敗也，其自反亦至矣。

冬，十月。

二年，春，齊侯伐我北鄙。

初，魯事齊謹甚，雖易世而聘會不絶也。及與晉侯盟于斷道，而後怨隙成；再盟于赤棘，而後伐吾北鄙。齊侯之興是役，非義矣。魯人爲鞌之戰，豈義乎？同曰憤兵，務相報復，而彼此皆無善者，則亦不待貶而罪自見矣。

夏，四月，丙戌，衛孫良夫帥師及齊師戰于新築，衛師敗績。

齊師侵虐，而以衛主此戰，何也？衛侯初與晉同盟于斷道矣，又使世子臧與晉同伐齊矣，又使孫良夫、石稷將侵齊矣。及與齊師遇，石稷欲還，良夫不可，曰：「以師伐人，遇其師而還，將謂君何？若知不能，則如無出，今既遇矣，不如戰也。」遂戰于新築。故齊師雖侵虐，而此戰以衛主之也。《春秋》善解紛，貴遠怨，而惡

---

❶「吴」，鄭本作「吾」。按《左傳》成公元年作「吾」。

以兵刃相接，故書法如此。

六月，癸酉，季孫行父、臧孫許、叔孫僑如、公孫嬰齊帥師會晉郤克、衛孫良夫、曹公子首及齊侯戰于鞌，齊師敗績。

大國三軍，次國二軍。魯雖大國，而四卿並將，是四軍也。當此時，舊制猶存，尺地皆公室之土也，一民皆公室之兵也。上卿行父與僑如、嬰齊各帥一軍會戰，而臧孫許如晉乞師，又逆晉師爲之道，本不將兵，特往來晉、魯兩軍之間預謀議耳。成公初立，主幼國危，爲季孫一怒，掃境内興師，而四卿並出，肆其憤欲，雖無人乎成公之側，有不恤也，然後政自季氏出矣。將稱元帥，略其副，屬詞之體也，而四卿皆書者，豈特爲詳内録哉？堅冰之戒亦明矣。經之大例，受伐者爲主，而此以四國及之者，以一笑之微，殘民毒衆，幾獲其君，而怒猶未怠，焚雍門之茨，侵車東至海。故以四國主之，爲憤兵之大戒。見諸行事，深切著明矣。

秋，七月，齊侯使國佐如師。己酉，及國佐盟于袁婁。

齊國佐如師，與楚屈完來一也。然陘之役則曰「來盟于師」、「盟于召陵」，鞌之戰則曰「及國佐盟于袁婁」，何也？荆楚暴横，憑陵諸夏，齊桓公仗義聲罪致討，威行江、漢之上，不待加兵而楚人帖服。其書「來盟于師」者，楚人自服而求盟也；「盟于召陵」者，桓公退舍禮與之盟也。在春秋時，斯爲善矣，若夫袁婁則異於是。齊雖侵虐，未若荆楚之暴也。諸國大夫含憤積怒，欲雪一笑之耻，至於殺人盈野，非有擊强扶弱之心。國佐如師，將以賂免，非服之也。晉大夫又不以德命，使齊人盡東其畝，而以蕭同叔子爲質。夫蕭同叔子，齊君之母也，則亦悖矣。由是國子不可，請合餘燼，背城借一，揖而去之。郤克使魯、衛之使以其詞爲之請，逮乎袁婁而與之盟，則汲汲欲盟者，晉也，故反以晉人及之。若此類，見曲直之繩墨矣。是故制敵莫如仗義，天下莫大於理，而强有力不與焉，亦可謂深切著明矣。

八月，壬午，宋公鮑卒。

庚寅，衛侯速卒。

取汶陽田。

汶陽之田，本魯田也。取者，得非其有之稱，不曰「復」而謂之「取」，何也？恃大國兵力，一戰勝齊，得其故

壤，而不請於天王以正疆理，則取之不以其道，與得非其有奚異乎？ 然則宜奈何？ 攷於建邦土地之圖，若在封域之中，則先王所錫，先祖所受，經界世守不可亂矣。不然，侵小得之，《春秋》固有興滅國、繼絕世之義，必有處也。魯在戰國時，地方五百里，而孟氏語慎子曰：「如有王者作，在所損乎？ 在所益乎？」經於復其故田而書取，所損益亦可知矣。

冬，楚師、鄭師侵衛。十有一月，公會楚公子嬰齊于蜀。

按《左氏》：「魯、衛受盟于晉，從於伐齊，故楚爲陽橋之役。令尹子重曰：『師衆而後可。』於是王卒盡行。」二國稱師，著其衆也。侵衛則書，侵我、師于蜀，致賂納質，没而不書，非諱也。書其重者，則莫重乎其以中國諸侯，降班失列，下與夷狄之大夫會也。季孫行父爲國上卿，當使其君尊榮，其民免於侵陵之患，而危辱至此，特起於忿忮，肆其褊心，而不知制之以禮也。《書》曰：「必有忍，乃其有濟。」懲忿窒慾，德之修也；不忮不求，行之善也。躬自厚而薄責於人，遠怨之方也。季孫忿忮，弗能懲也。而辱逮君父，不亦憯乎！故《春秋》史外傳心之要典也。攷其行事，深切著明，於以反求諸己，則亦知戒矣。

丙申，公及楚人、秦人、宋人、陳人、衛人、鄭人、齊人、曹人、邾人、薛人、鄫人盟于蜀。

盟而魯與，必先書公，尊内也；次書主盟者，衆所推也。此書「公及楚人」，則知主盟者楚也。公子嬰齊、秦右說、宋華元、陳公孫寧、衛孫良夫、鄭去疾，皆國卿也，何以稱人？ 楚僭稱王，《春秋》黜之，比諸夷狄。晉雖不競，猶主夏盟，諸侯苟能任仁賢，修政事，保固疆圉，要結鄰好，同心擇義，堅事晉室，荆楚雖大，何畏焉？ 今乃西向服從而與之盟，不亦恥乎！古者用夏服夷，未聞服於夷也，乃是之從，亦爲不善擇矣。經於魯君盟會，不信則諱公而不書，不臣則諱公而不書，棄中國從夷狄則諱公而不書。蜀之盟，棄晉從楚，書公不諱，何也？ 事同而既貶，則從同同，正始之義也。從荆楚而與盟，既諱公於僖十九年齊之盟矣，是以於此不諱，而人諸國之大夫以見意也。

三年，春，王正月，公會晉侯、宋公、衛侯、曹伯伐鄭。

按《左氏》：「諸侯伐鄭，討邲之役也。遂東侵，鄭公子偃帥師禦之，覆諸鄤，敗諸丘輿。」夫討邲之役，則復怨勦民，非觀釁也；遂東侵，則潛師掠境，非以律也；覆而敗諸，則專用詐謀，非正勝也。度彼參此，皆無善也。略而不紀，勝負微也。晉侯稱爵，而以伐書，何也？初爲是役，必以鄭之從楚也。附蠻夷、擾中國，則盟主有詞于伐耳。宋、衛未葬，曷爲稱爵？背殯越境，以吉禮從金革之事也。

辛亥，葬衛穆公。

二月，公至自伐鄭。

甲子，新宮災。三日哭。

廟災而哭，禮也。得禮爲常事，則何以書？緱氏劉絢曰：「新宮者，宣宮也。不曰宣宮者，神主未遷也。知然者，丹楹刻桷皆稱桓宮，此不舉謚，故知其未遷也。宮成而主未入，遇災而哭，何禮哉？宣公薨，至是二十有八月，緩於遷主可知矣。言災，則不恭之致亦自見矣。」此説據經爲合。或曰：《禮》稱「有焚其先人之室，則三日哭」，新宮將以安神主也，雖未遷而哭，不亦可乎？曰：先人之室，蓋嘗寢於斯，食於斯，會族屬於斯，其居處笑語之所在，皆可想也。事死如事生，故有焚其室則哭之禮也。神主未遷而哭，於人情何居？

乙亥，葬宋文公。

按《左氏》：「文公卒，始厚葬，益車馬，重器備。君子謂：『華元、樂舉，於是乎不臣。』」攷於經，未有以驗其厚也。數其葬之月，則信然矣。天子七月，諸侯五月，大夫三月，士踰月，以降殺遲速爲禮之節，不可亂也。文公之卒，國家安靖，外無危難，曷爲越禮踰時，逮乎七月而後克襄事哉？故知華元、樂舉之棄君於惡而益其侈，無疑矣。夫禮之厚薄，稱人情而爲之者也。宋公在殯，而離次出境，從金革之事，哀戚之情忘矣。顧欲厚葬其君親，此非有所不忍於死者，特欲誇耀淫侈無知之人耳。世衰道微，禮法既壞，無以制其侈心。至於秦、漢之間，窮竭民力以事丘隴，其禍有不可勝言者。《春秋》據事直書而其失自見，此類是也，豈不爲永戒哉！

夏，公如晉。鄭公子去疾帥師伐許。公至自晉。

宣公薨，至是三年之喪畢矣，宜入朝京師，見天子，受王命，然後歸而即政可也。嗣守社稷之重而不朝于周，以

拜汶陽田之故而往朝于晉，其行事亦悖矣，此《春秋》所爲作也。公行多不致，其書「公至自晉」何？其至也，必有以也。

秋，叔孫僑如帥師圍棘。

按《左氏》：「取汶陽之田，棘不服，故圍之。」復故地而民不聽，至於命上將，用大師，環其邑而攻之，何也？魯於是時，初税畝，作丘甲，税役日益重矣，棘雖復歸故國，所以不願爲之民也歟。成公不知薄税斂，輕力役，修德政以來之，而肆其兵力，雖得之，亦必失之。

大雩。

晉郤克、衛孫良夫伐廧咎如。

冬，十有一月，晉侯使荀庚來聘。衛侯使孫良夫來聘。丙午，及荀庚盟。丁未，及孫良夫盟。

劉敞曰：「諸侯有聘無盟。聘，禮也。盟，非禮也。庚與良夫，不務引其君當道，而生事專命，爲非禮不信，以干先王之典，故不繫於國，以見其遂事之辱，非人臣之操。」此説然也。其言「及」者，公與之盟而不言公，見二卿之伉也。盟者，《春秋》所惡，於惡之中又有惡焉者，此類是矣。

鄭伐許。

稱國以伐，狄之也。晉、楚争鄭，鄭兩事焉，及邲之敗，於是乎專意事楚，不通中華。晉雖加兵，終莫之聽也。至此一歲而再伐許，甚矣。夫利在中國，則從中國；利在夷狄，則從夷狄，而不擇於義之可否以爲去就，其所以異於夷者幾希。況又馮弱犯寡，一歲之中而再動干戈於鄰國，不既甚乎！《春秋》之法，中國而夷狄行者，則狄之，所以懲惡也。以爲告詞略而從告，乃實録耳，一字爲褒貶義安在也？

四年，春，宋公使華元來聘。

三月，壬申，鄭伯堅卒。

杞伯來朝。

夏，四月，甲寅，臧孫許卒。

公如晉。

葬鄭襄公。

秋，公至自晉。

冬，城鄆。

鄭伯伐許。

前此鄭襄公伐許，既狄之矣，今悼公又伐許，乃復稱爵，何也？喪未踰年，以吉禮從金革之事，則忘親矣。稱爵非美詞，所以著其惡也。

五年，春，王正月，杞叔姬來歸。

前書「杞伯來朝」，《左氏》以爲「歸叔姬」也。此書「杞叔姬來歸」，則出也。《春秋》於内女，其歸、其出録之詳者，男女居室，人之大倫也。男子生而願爲之有室，女子生而願爲之有家。父母之心，人皆有之，而不能爲之擇家與室，則夫婦之道苦，淫僻之罪多矣。王法所重，人倫之本，録之詳也，爲世戒也。

仲孫蔑如宋。

夏，叔孫僑如會晉荀首于穀。

梁山崩。

梁山，韓國也。《詩》曰：「弈弈梁山，韓侯受命。」而謂之「韓弈」者，言弈然高大，爲韓國之鎮也。後爲晉所滅，而大夫韓氏以爲邑焉。書而不繫國者，爲天下記異，是以不言晉也。《左氏》載絳人之語，於禮文備矣，而未記其實也。夫降服、乘縵、徹樂、出次、祝幣、史詞六者，禮之文也。古之遭變異而外爲此文者，必有恐懼修省之心主於内，若成湯以六事撿身，高宗克正厥事，宣王側身修行，欲銷去之是也。徒舉其文而無實以先之，何足以弭災變乎？夫國主山川，至於崩竭，當時諸侯，未聞有戒心而修德也。故自是而後，六十年間，弑君十有四，亡國三十二，其應亦憯矣。《春秋》不明著其事應，而事應具存，其可忽諸？

秋，大水。

冬，十有一月，己酉，天王崩。

十有二月，己丑，公會晉侯、齊侯、宋公、衛侯、鄭伯、曹伯、邾子、杞伯同盟于蟲牢。

按《左氏》：「許靈公愬鄭伯于楚，鄭伯如楚訟，不勝，歸而請成于晉。盟于蟲牢，鄭服也。」鄭服則何以書同盟？天王崩，赴告已及，在諸侯之策矣。以所聞先後而奔喪，禮也，而九國諸侯會盟不廢，故特書同盟，以見其皆不臣。《春秋》惡盟誓，於惡之中又有惡焉者，❶此類是也。

❶「又」，原作「文」，今據黄修本、鄭本改。

六年，春，王正月，公至自會。

二月，辛巳，立武宮。

武宮，武公之宮。立武宮，非禮也。喪事即遠，有進而無退；宮廟即遠，有毁而無立。故二昭、二穆與太祖而五者，諸侯之廟制也。曰考廟，曰王考廟，曰皇考廟，皆月祭焉；曰顯考廟，曰祖考廟，享嘗乃止。去祖爲壇，去壇爲墠，壇墠有禱則祭，無禱乃止，去墠爲鬼，諸侯之祭法也。武公至是歷世十一，其毁已久，而輒立焉，非即遠有終之意，故特書曰「立」。立者，不宜立也。

取鄟。

鄟，微國也。書取者，滅之也。滅而書取，爲君隱也。項，亦國也，其書滅者，以僖公在會，季孫所爲，故直書其事而不隱。此《春秋》尊君抑臣，以辨上下，謹於微之意也。人倫之際，差之毫釐，繆以千里，故仲尼特立此義，以示後世臣子，使以道事君，而無朋附權臣之惡。於傳有之：「犯上干主，其罪可救；乖忤貴臣，禍在不測。」故臣子多不憚人主而畏權臣，如漢谷永之徒，直攻成帝不以爲嫌，至於王氏則周旋相比，結爲死黨，而人主不之覺，此世世之公患也。歸父家遣，緣季氏也；朝吴出奔，因無極也；王章殺身，忤王鳳也；鄴侯寄館，避元載也。惟殺生在下，而人主失其柄也，是以黨與衆多，知有權臣而不知有君父矣。使《春秋》之義得行，尊君抑臣，以辨上下，每謹於微，豈有此患乎？

衛孫良夫帥師侵宋。

夏，六月，邾子來朝。

公孫嬰齊如晉。

壬申，鄭伯費卒。

秋，仲孫蔑、叔孫僑如帥師侵宋。

魯遣二卿爲主將，動大衆焉。有事於宋，而以侵書者，潛師侵掠，無名之意，蓋陋之也，於衛孫良夫亦然。上三年嘗會宋、衛同伐鄭矣；次年宋使華元來聘，通嗣君矣；又次年魯使仲孫蔑報華元矣；是年冬鄭伯背楚求成于晉，而魯、衛與宋又同盟于蟲牢矣。今而有事於宋，上卿授鉞，大衆就行，而師出無名，可乎？故特書侵，以罪之也。《左氏》載此師「晉命也」，後二年宋來納幣，請伯姬焉，則此師爲晉而舉，非魯志明矣。兵戎，有國之重事；邦交，人道之大倫。聽命於人，不得已焉，將能立乎？《春秋》所以罪之也。

楚公子嬰齊帥師伐鄭。

冬，季孫行父如晉。

晉欒書帥師救鄭。

荆楚僭號稱王，聖人比諸夷狄而不赦者，大一統以存周，使民著於君臣之義也。鄭能背夷即華，是改過遷善，出幽谷而遷喬木也。嬰齊爲是帥師，又因其喪而伐之，不義甚矣，經所以深惡之也。書卿「帥師伐鄭」，於文無貶詞，何以知其深惡楚也？下書「欒武子帥師救鄭」，則知之矣。凡書救者，未有不善之也，而伐者之罪著矣。按《左氏》，晉、楚遇于桑隧，軍帥之欲戰者八人，武子遂還，則無功也，亦何善之有？曰：此《春秋》之所以善欒書也。兩軍相加，兵刃既接，折馘執俘，計功受賞，此非仁人之心、王者之事。故舞干而苗格者，舜也；因壘而崇降者，文也；次于陘而屈完服者，齊桓也；會于蕭魚而鄭不叛者，晉悼也。武子之能不遷戮而知還也，亦庶幾哉！

七年，春，王正月，鼷鼠食郊牛角，改卜牛。

鼷鼠又食其角，乃免牛。

穀梁子曰：「郊牛日展觓角而知傷，展道盡矣，其所以備災之道不盡也。改卜牛，鼷鼠又食其角，則亡乎人矣，非人之所能也，所以免有司之過也。」有司免過，即變異也，其應云何？許翰曰：「小害大，下賊上，食而又食，三桓子孫相繼之象也。」宣公有虞三桓之志，至成始弗戒矣，理或然也。

吳伐郯。

稱國以伐，狄之也。吳本太伯之後，以族屬言，則周之伯父也，何以狄之？爲其僭天子之大號也。按《國語》云「命圭有命，固曰吳伯，不曰吳王」，然則吳本伯爵也，後雖益熾，浸與中國會盟，進而書爵，不過曰子，亦不以本爵與之。故紀於《禮》，書曰「四夷雖大皆曰子」，此《春秋》之法，仲尼之制也。而以爲「不敢擅進退諸侯亂名實」者，誤矣。

夏，五月，曹伯來朝。

不郊，猶三望。

吳郡朱長文曰：「禮，天子有四望，諸侯則祭境内山川而已。魯當祭太山。太山，魯之境也，禮所得祭，故不書。三望，僭天子禮，是以書之。」其説是矣。楚子軫言三代命祀，祭不越望，而曰江、漢、沮、漳，楚之望，非也。

楚始受封，濱江之國，漢水、沮、漳，豈其境内哉？此亦據後世并兼封略言之爾。

秋，楚公子嬰齊帥師伐鄭。公會晉侯、齊侯、宋公、衛侯、曹伯、莒子、邾子、杞伯救鄭。八月，戊辰，同盟于馬陵。

楚人軍旅數起，頻年伐鄭，以其背己而從諸夏也，與莊之欲討徵舒而入陳亦異矣。書大夫之名氏、書帥師、書伐，而無貶詞者，所謂不待貶絶而罪自見者也。晉合八國之君，親往救鄭，則攘夷狄、安中國之師也，欲著其善，故特書「救鄭」以美之。言救，則楚罪益明，而鄭能背夷即華，善亦著矣。前此晉遣上將，諸國不與焉，此則其君自行，而會合諸國，則楚人暴横，憑陵諸夏之勢益張，亦可見矣。故盟于馬陵而書同盟者，同病楚也。

公至自會。

吴入州來。

冬，大雩。

衛孫林父出奔晉。

春秋傳卷第二十

成公下

八年，春，晉侯使韓穿來言汶陽之田，歸之于齊。

汶陽之田本魯田也，魯人恃大國之威，以兵力脅齊，得其故地，而不正疆里於天王，則取之不以其道也。郤克戰勝，令於齊曰：「反魯、衛之侵地。」齊既從之，今復命，俾歸諸齊，則歸之不以其道也。而齊人貪得，晉有二命，穿也列卿，無所諫止，皆罪矣。「來言」者，緩詞也。「歸之于」者，易詞也。爲國以禮者，無憚於强，而魯侯微弱，遂以歸齊而不能保，罪亦見矣。

晉欒書帥師侵蔡。

公孫嬰齊如莒。

宋公使華元來聘。

夏，宋公使公孫壽來納幣。

納幣不書，此何以書？公孫壽，卿也，納幣使卿，非禮也。禮不可略，亦不可過，惟其稱而已矣。略則輕大倫，過則溺私愛。宋公之請伯姬，魯侯之嫁其女，皆致其厚者也，而不知越禮踰制，豈所以重大婚之禮哉？經悉書之，爲後法也。

晉殺其大夫趙同、趙括。

按《左氏》：「趙莊姬爲趙嬰之亡，譖于晉侯曰：『原、屏將爲亂。』欒、郤爲證。晉討趙同、趙括，以其田與祁奚。韓厥言於君曰：『成季之勳，宣孟之忠，而無後，爲善者懼矣。』乃立武，而反其田。」然則同、括無罪，爲莊姬所譖，而欒、郤害之也。故稱國以殺而不去其官，以見晉之失政刑矣。

秋，七月，天子使召伯來賜公命。

諸侯嗣立而入見則有賜，已修聘禮而來朝則有賜，能敵王所愾而獻功則有賜。成公即位，服喪已畢，而不入見；既更五服一朝之歲矣，而不如京師；又未嘗敵王所愾而有功也，何爲來賜命乎？召伯者，縣内諸侯，爲

王卿士者也。「來賜公命」，罪邦君之不王，譏天子之僭賞也。臨諸侯曰天王，君天下曰天子，蓋一人之通稱。

冬，十月，癸卯，杞叔姬卒。

晉侯使士燮來聘。叔孫僑如會晉士燮、齊人、邾人伐郯。

按《左氏》：「士燮來聘，言伐郯也，以其事吴故。公請緩師，不可。」吴初伐郯，季孫固曰：「中國不振旅，蠻夷入伐而莫之或恤，亡無日矣。」當其時，既不能救，及其既成，豈獲已也？而又率諸國伐之，何義乎？前書「來聘」，下書「會」、「伐」，晉侯之爲盟主可見矣。魯既知其不可，從大國之令而不敢違，其不能立亦可知矣。

衛人來媵。

媵者何？諸侯有三歸，嫡夫人行則姪娣從，二國來媵亦以姪娣從，凡一娶九女，所以廣繼嗣。三國來媵，非禮也。夫以禮制欲則治，以欲敗禮則亂。而諸侯一娶十有二女，則是以欲敗禮矣。備書三國，以明逾制，爲後戒也。

九年，春，王正月，杞伯來逆叔姬之喪以歸。

凡筆於經者，皆經邦大訓也。杞叔姬一女子爾，而四書于策，何也？有男女然後有夫婦，有夫婦然後有父子，故《春秋》慎男女之配，重大昏之禮，以是爲人倫之本也，事有大於此者乎？男而賢也，得淑女以爲配，則自家刑國，可以移風俗；女而賢也，得君子以爲歸，則承宗廟，奉祭祀，能化天下以婦道，豈曰小補之哉？夷攷杞叔姬之行，雖賢不若宋共姬，亦不至如鄫季姬之越禮也。杞伯初來朝魯，然後出之，卒而復逆其喪以歸者，豈非叔姬本不應出，故魯人得以義責之，使復歸葬乎？魯在春秋時，内女之歸不得其所者有矣，聖人詳録其始卒，欲爲後鑒，使得有終而無弊也，其經世之慮遠矣。

公會晉侯、齊侯、宋公、衛侯、鄭伯、曹伯、莒子、杞伯，同盟于蒲。

按《左氏》：「爲歸汶陽之田故，諸侯貳於晉。晉人懼，會於蒲，以尋馬陵之盟。」夫盟非固結之本也。衛獻公言於甯喜，求復國，喜曰：「必子鮮在，不然必敗。」小邾射以句繹來奔，曰：「使季路要我，吾無盟。」夫信在言前者，不言而自喻；誠在令外者，不令而自行。晉初下令於齊，反魯、衛之侵地，而齊不敢違者，以其順也。齊既從之，魯君親往拜其賜矣，復有二命，俾歸諸齊。一

與一奪，信不可知，無或乎諸侯之解體也。晉人不知反求諸己，惇信明義以補前行之愆，而又欲刑牲歃血、要質鬼神以御之，是從事於末而不知本矣。特書同盟，以罪晉也。

公至自會。

二月，伯姬歸于宋。夏，季孫行父如宋致女。晉人來媵。

致女者何？女既嫁，三月而廟見，則成婦矣，而後父母使人安之，故謂之致也。常事爾，何以書？致女使卿，非禮也。經有因褒以見貶者，「初獻六羽」之類是也；亦有因貶以見褒者，「致女來媵」是也。❶伯姬賢行著於家，故致女使卿，特厚其嫁遣之禮；賢名聞於遠，故諸國爭媵，信其無妬忌之行。程氏以爲：「一女子之賢尚聞於諸侯，況君子哉？」或曰：魯女雖賢，豈能聞於遠乎？曰：古者庶女與非敵者，則求爲媵，固爲之擇賢小君，則諸侯之賢女自當聞矣。

秋，七月，丙子，齊侯無野卒。

晉人執鄭伯。晉欒書帥師伐鄭。

按《左氏》：「楚人以重賂求鄭，鄭伯會公子成于鄧。秋，鄭伯如晉，晉人討其貳於楚，執諸銅鞮。欒書伐鄭，鄭使伯蠲行成，晉人殺之。楚子重侵陳以救鄭。」稱人而執者，既不以王命，又不歸諸京師，則非伯討也。殺伯蠲不書者，既執其君矣，則行人爲輕，亦不足紀也。楚子重侵陳，與處父救江何異？削而不書者，鄭亦有罪焉耳。夫背夷即華，正也。今以重賂故，又與楚會，則是惟利之從，而不要諸義也。故鄭無可救之善，楚不得有能救之名。

冬，十有一月，葬齊頃公。

楚公子嬰齊帥師伐莒。庚申，莒潰。楚人入鄆。

按《左氏》：「楚子重自陳伐莒，圍渠丘。城惡，衆潰。楚師圍莒，莒城亦惡。庚申，莒潰。楚遂入鄆。」孟子曰：「鑿斯池也，築斯城也，與民守之，効死而民不去，是則可爲也。」夫鑿池築城者，爲國之備，所謂事也；効死而民不去，爲國之本，所謂政也。莒恃其陋，不修城郭，浹辰之間，楚克其三都，信無備矣。然兵至而民逃

❶「媵」下，鄭本有「之類」二字。

其上，不能使民効死而不去，則昧於爲國之本也。雖隆莒之城，何益乎？故經於莒潰，特書曰以謹之者，以明城郭溝池，重門擊柝，❶皆守邦之末務，必以固本安民爲政之急耳。

秦人、白狄伐晉。

經所謹者，華夷之辨也。晉嘗與白狄伐秦，秦亦與白狄伐晉，族類不復分矣。其稱人，貶詞也。武王伐商，誓師牧野，庸、蜀、羌、髳、微、盧、彭、濮皆與焉，豈亦不謹乎？除天下之殘賊，而出民於水火之中，雖蠻夷戎狄，以義驅之可也。亦慮其同惡相濟，貽患於後也。中國友邦，自相侵伐，已爲不義，又與非我族類者共焉，不亦甚乎！晉既失信，復聽婦人讒說，殺其世臣，而諸侯皆貳。秦、狄交伐，比事以觀，可謂深切著明矣。

鄭人圍許。

城中城。

經世安民，視道之得失，不倚城郭溝池以爲固也。穀梁子謂「凡城之誌皆譏」，其說是矣。莒雖恃陋不設備，至使楚人入鄆，苟有令政，使民効死而不潰，寇亦豈能入也？城非《春秋》所貴，而書「城中城」，其爲儆守益微矣。王公設險以守其國，非歟？曰：百雉之城，七里之郭，設險之大端也。謹於禮以爲國，辨尊卑、分貴賤、明等威、異物采，凡所以杜絶陵僭，限隔上下者，乃體險之大用也，獨城郭溝池之足恃乎？

十年，春，衛侯之弟黑背帥師侵鄭。

按《左氏》：「衛子叔黑背侵鄭，晉命也。」其曰「衛侯之弟」者，子叔黑背生公孫剽，孫林父、甯殖出衛侯衎而立剽，亦以其父有寵愛之私，故得立耳。此與齊之夷仲年無異。其特書「弟」，以爲後戒，可謂深切著明矣。

夏，四月，五卜郊，不從，乃不郊。

五月，公會晉侯、齊侯、宋公、衛侯、曹伯伐鄭。

齊人來媵。

丙午，晉侯獳卒。

秋，七月，公如晉。

此葬晉侯也，而不書，諱之也。天子之喪動天下，屬諸

❶「柝」，原作「析」，今據黄修本改。

侯；諸侯之喪動通國，屬大夫。公之葬晉侯，非禮也，唯天子之事焉可也。傳以「晉人止公。送葬，諸侯莫在焉。魯人辱之，故諱而不書」，非矣。假令諸侯皆在，魯人不以爲辱，而可書乎？

冬，十月。

十有一年，春，王三月，公至自晉。

晉侯使郤犨來聘。己丑，及郤犨盟。

夏，季孫行父如晉。

秋，叔孫僑如如齊。

冬，十月。

十有二年，春，周公出奔晉。

按《左氏》：「周公楚惡惠、襄之偪，且與伯輿爭政，不勝，怒而出。王使劉子復之，盟于鄄而入。三日復出，奔晉。」夫人主無誠愨之心，而下要大臣盟，是謂君不君；人臣無忠信之實，而上與人主盟，是謂臣不臣。既已要質鬼神以入矣，又叛盟失信而出奔，則是自絶於天也。自周無出，而書曰「出」者，見周室衰微，刑政號令不行於天下爾。

夏，公會晉侯、衛侯于瑣澤。

秋，晉人敗狄于交剛。

冬，十月。

十有三年，春，晉侯使郤錡來乞師。

晉主夏盟，行使諸侯，徵會討貳，誰敢不從。以霸主之尊，而書曰「乞師」，何也？列國疏封，雖有大小，土地甲兵受之天子，不相統屬，魯兵非晉所得專也。今晉不以王命興諸侯之師，故特書曰「乞」，以見其卑伏屈損，無自反而縮之意矣。聖人作《春秋》，無不重内而輕外，至於乞師，則内外同辭者，蓋皆有報怨、復讎、貪得之心，是以如此。若夫誅亂臣、討賊子，請於天王，以大義驅之，誰不拱手以聽命，何至於乞哉？噫！此聖人所以垂戒後世，見諸行事之深切著明者也。

三月，公如京師。夏，五月，公自京師，遂會晉侯、齊侯、宋公、衛侯、鄭伯、曹伯、邾人、滕人伐秦。

諸侯每歲侵伐四出，未有能修朝覲之禮者。今公欲會伐秦，道自王都，不可越天子而往也，故皆朝王而不能

成朝禮。書曰「如京師」，見諸侯之慢也，因會伐而行矣。又書「公自京師」，以「伐秦」爲遂事者，此仲尼親筆，明朝王爲重，存人臣之禮也。古者諸侯即位，服喪畢則朝，小聘大聘終則朝，巡狩于方嶽則朝。觀《春秋》所載，天王遣使者屢矣，十二公之述職，蓋闕如也。獨此年書「公如京師」，又不能成朝禮，不敬莫大焉。君臣，人道之大倫，而至於此極，故仲尼嘗喟然歎曰：「夷狄之有君，不如諸夏之亡也。」爲此懼，作《春秋》，或抑或縱，或與或奪，所以明君臣之義者至矣。其義得行，則臣必敬於君，子必敬於父，天理必存，人欲必消，大倫必正，豈曰小補之哉？此以「伐秦」爲遂事之意也。

曹伯盧卒于師。❶

秋，七月，公至自伐秦。

冬，葬曹宣公。

十有四年，春，王正月，莒子朱卒。

夏，衛孫林父自晉歸于衛。

秋，叔孫僑如如齊逆女。

鄭公子喜帥師伐許。

九月，僑如以夫人婦姜氏至自齊。

《穀梁》曰：「大夫不以夫人，以夫人，非正也，刺不親迎也。」僑如之不氏，一事而再見者，卒名耳。然則娶于他邦，而道里或遠，必親迎乎？以封壤則有小大，以爵次則有尊卑，以道途則有遠邇，或迎之於其國，或迎之於境上，或迎之於所館，中禮之節可也。

冬，十月，庚寅，衛侯臧卒。

秦伯卒。

十有五年，春，王二月，葬衛定公。

三月，乙巳，仲嬰齊卒。

嬰齊者，公子遂之子，公孫歸父之弟也。歸父出奔齊，魯人徐傷其無後也，於是使嬰齊後之，故書曰「仲嬰齊」，此可謂亂昭穆之序，失父子之親者。以後歸父，則弟不可爲兄嗣；以後襄仲，則以父字爲氏，亦非矣。

癸丑，公會晉侯、衛侯、鄭伯、曹伯、宋世子成、齊國佐、邾人同盟于戚。

❶「盧」，鄭本作「盧」。按《左傳》作「盧」，《公羊傳》、《穀梁傳》作「盧」。

晉侯執曹伯歸于京師。

稱侯以執，伯討也。何以爲伯討？晉合諸侯伐秦，曹宣公卒于師，曹人使公子負芻守，使公子欣時逆曹伯之喪，負芻殺其太子而自立。至是晉侯執之，又不敢自治而歸于京師，使即天刑，夫是之謂伯討。《春秋》執諸侯者衆矣，未有執得其罪如此者，故獨書其爵。

公至自會。

夏，六月，宋公固卒。

楚子伐鄭。

秋，八月，庚辰，葬宋共公。

宋華元出奔晉。宋華元自晉歸于宋。宋殺其大夫山。宋魚石出奔楚。

宋六卿，魚氏、蕩氏、向氏、鱗氏，皆桓族也；華氏，戴族也。華元爲右師，魚石爲左師。蕩氏汰而驕，共公卒已葬，蕩澤弱公室，殺公子肥。華元曰：「我司君臣之訓而不能正，罪大矣。不能治官，敢賴寵乎？」乃出奔晉。魚石將止之，魚府曰：「元反必討，是無桓氏也。」石曰：「彼多大勳，國人所與。不反，懼桓氏之無祀於宋也。」遂自止元於河上。元歸，使國人攻桓氏，殺蕩山，出魚石，國然後定。元之出奔晉與歸于宋，皆不省文者，著其正也。書之重，詞之複，必有美惡焉。詞繁而不殺，所以與之也。以不賴寵而出奔，以國人與晉皆許之討而後入，正可知矣。蘇轍謂：「使元懷禄顧寵，重於出奔，則不能討。」此説是也。山不書氏，背其族也。背其族者，伐其本也。人而無本，人道絶矣。葛藟猶能芘其本根，況於人而忍伐其本乎？

冬，十有一月，叔孫僑如會晉士燮、齊高無咎、宋華元、衛孫林父、鄭公子鰌、邾人會吴于鍾離。

吴以號舉，夷之也。會而殊會，外之也。殊會有二義：會王世子于首止，意在尊王室，不敢與世子抗也；會吴于鍾離、于柤、于向，意在賤夷狄，而罪諸侯不能與之敵也。夫以太伯至德，是始有吴，以族言之，則周之伯父也。至其後世，遂以號舉者，以其僭竊稱王，不能居中國之爵號耳。成、襄之間，中國無霸，齊、晉大國，亦皆俛首東向而親吴，聖人蓋傷之，故特殊會，可謂深切著明矣。

許遷于葉。

十有六年，春，王正月，雨木冰。

「雨木冰」者，雨而木冰也。何休曰：「木者，少陽，幼君大臣之象。冰者，凝陰，兵之類也。冰脅木者，君臣將執於兵之徵。」未幾而有沙隨、苕丘之事。天人之際，休咎之應，焉可誣也？而欲盡廢《五行傳》，亦過矣。

夏，四月，辛未，滕子卒。

鄭公子喜帥師侵宋。

六月，丙寅，朔，日有食之。

晉侯使欒黶來乞師。

甲午，晦，晉侯及楚子、鄭伯戰于鄢陵。楚子、鄭師敗績。

不書「師敗績」，以其君親集矢於目，而身傷爲重也。當是時，兩軍相抗，未有勝負之形，晉之捷也，亦幸焉爾。幸非持勝之道。范文子所以立於軍門，有「聖人能內外無患，盍釋楚以爲外懼」之戒乎。楚師雖敗，其勢益張，晉遂怠矣，卒有欒氏之譖而誅三郤，國內大亂。聖人備書，以見行事之深切著明也。

楚殺其大夫公子側。

秋，公會晉侯、齊侯、衛侯、宋華元、邾人于沙隨，不見公。

臣子之於君父，揚其美不揚其惡。爲尊者諱，爲親者諱，禮也。聖人假魯史以示王法，其於魯事有君臣之義，故君弒則書薨，易地則書假，滅國則書取，出奔則書遜，屈己而與强國之大夫盟則書及，叛盟失信而莫適守則没公而書會。凡此類，雖不没其實，示天下之公，必隱避其辭，以存臣子之禮。然則，沙隨之會，晉不見公，是魯侯之大辱，深可耻焉者矣，曷爲直書其事而不諱乎？曰：《春秋》伸道不伸邪，榮義不榮勢，正己而無恤乎人，以仁禮存心，而不憂横逆之至者也。沙隨之會，魯有内難，師出後期，所當恤者。晉人聽叔孫僑如之譖，怒公而不見，曲在晉矣。魯侯自反，非有背仁棄禮不忠之咎也。昔曾子嘗聞大勇於夫子曰：「自反而縮，雖千萬人，吾往矣。」孟子言浩然之氣：「至大至剛，以直養而無害，則塞乎天地之間。」沙隨之不見，於公何歉乎？直書而不諱者，示天下後世，使知大勇浩然之氣，所以守身應物如此，其垂訓之義大矣。

公至自會。

公會尹子、晉侯、齊國佐、邾人伐鄭。

曹伯歸自京師。

曹伯不名，其位未嘗絶也。不絶其位，所以累乎天王也。其言「自京師」，王命也，言天王之釋有罪也。善不蒙賞，惡不即刑，以堯爲君，舜爲臣，雖得天下，不能一朝居也。負芻殺世子而自立，不能因晉之執，寘諸刑典，而使復國，則無以爲天下之共主矣。

九月，晉人執季孫行父，舍之于苕丘。冬，十月，乙亥，叔孫僑如出奔齊。十有二月，乙丑，季孫行父及晉郤犨盟于扈。公至自會。乙酉，刺公子偃。

按《左氏》：「宣伯通於穆姜，欲去季、孟而取其室。戰于鄢陵之日，公將行，穆姜送公，而使逐二子。公以晉難告，曰：『請反而聽命。』姜怒，公子偃、公子鉏趨過，指之曰：『女不可，是皆君也。』公待於壞隤，申宮、儆備、設守而後行，是以後。使孟獻子守于公宮。宣伯使告郤犨曰：『魯侯待于壞隤，以待勝者。』郤犨取貨于宣伯，而訴公于晉侯。晉侯不見公。公會諸侯伐鄭。將行，姜又命公如初，公又申守而行。宣伯使告郤犨曰：『魯之有季、孟，猶晉之有欒、范也，政令於是乎成。今其謀曰：晉政多門，不可從也，寧事齊、楚，有亡而已，蔑從晉矣。若欲得志於魯，請止行父而殺之，我斃蔑也。不然，歸必叛。』晉人執季文子于苕丘。公還，待于鄆，使子叔聲伯請季孫于晉。郤犨曰：『苟去仲孫蔑而止季孫行父，吾與子國，親於公室。』對曰：『僑如之情，子必聞之矣。若去蔑與行父，是大棄魯國，而罪寡君也。若猶不棄，使寡君得事晉君，則夫二人者，魯國社稷之臣也。若朝亡之，魯必夕亡。』范文子謂欒武子曰：『季孫於魯，相二君矣，妾不衣帛，馬不食粟，可不謂忠乎？信讒慝而棄忠良，若諸侯何？』乃許魯平，赦季孫，出叔孫僑如而盟之。季孫及郤犨盟于扈。歸，刺公子偃。」

十有七年，春，衛北宮括帥師侵鄭。

夏，公會尹子、單子、晉侯、齊侯、宋公、衛侯、曹伯、邾人伐鄭。

六月，乙酉，同盟于柯陵。

秋，公至自會。

齊高無咎出奔莒。

九月，辛丑，用郊。

郊之不時，未有甚於此者也，故特曰「用郊」。用者，不宜用也。或曰：蓋以人享，叩其鼻血以薦也。古者六畜不相爲用，況敢用人乎？

晉侯使荀罃來乞師。

冬，公會單子、晉侯、宋公、衛侯、曹伯、齊人、邾人伐鄭。

十有一月，公至自伐鄭。

壬申，公孫嬰齊卒于貍脤。❶

十有二月，丁巳，朔，日有食之。

邾子貜且卒。

晉殺其大夫郤錡、郤犫、郤至。

楚人滅舒庸。

十有八年，春，王正月，晉殺其大夫胥童。

庚申，晉弑其君州蒲。

弑君，天下之大罪；討賊，天下之大刑。《春秋》合於人心而定罪，聖人順於天理而用刑，固不以大霈釋當誅之賊，亦不以大刑加不弑之人。然趙盾以不越境而書弑，許世子止以不嘗藥而書弑，鄭歸生以憚老懼讒而書弑，楚公子比以不能效死不立而書弑，齊陳乞以廢長立幼而書弑。晉欒書身爲元帥，親執厲公於匠麗氏，使程滑弑公，而以車一乘葬之於翼東門之外，而《春秋》稱國以弑其君，而不著欒書之名氏，何哉？仲尼無私，與天爲一，奚獨於趙盾、許止、歸生、楚比、陳乞則責之甚備，討之甚嚴，而於欒武子闊略如此乎？學者深求其旨，知聖人誅亂臣、討賊子之大要也，而後可與言《春秋》矣。

齊殺其大夫國佐。

公如晉。

夏，楚子、鄭伯伐宋。宋魚石復入于彭城。

此伐宋以納魚石，其不曰「納宋魚石于彭城」，何也？劉敞曰：「不與納也。諸侯失國，諸侯納之，正也，諸侯

❶「脤」，原作「賑」，今據黃修本、鄭本改。按《左傳》作「脤」，《公羊傳》作「軫」，《穀梁傳》作「蜃」。

世也；大夫失位，諸侯納之，非正也，大夫不世也。諸侯託於諸侯，禮也；大夫託於諸侯，非禮也。其言『復入』者，已絶而復入。」惡之甚者，宋魚石、晉欒盈是矣。

公至自晉。

晉侯使士匄來聘。

秋，杞伯來朝。

八月，邾子來朝。

築鹿囿。

己丑，公薨于路寢。

冬，楚人、鄭人侵宋。

晉侯使士魴來乞師。

十有二月，仲孫蔑會晉侯、宋公、衛侯、邾子、齊崔杼同盟于虛朾。❶

丁未，葬我君成公。

❶「朾」，原作「杅」，今據黄修本、鄭本改。按三傳均作「朾」。

春秋傳卷第二十一

襄公上

元年，春，王正月，公即位。仲孫蔑會晉欒黶、宋華元、衛甯殖、曹人、莒人、邾人、滕人、薛人圍宋彭城。

按《左氏》曰：「非宋地，追書也。」然則書「圍彭城」者，魯史舊文也；曰「圍宋彭城」者，仲尼親筆也。楚已取彭城，封魚石，戍之三百乘矣，則曷爲繫之宋？楚不得取之宋，魚石不得受之楚。雖專其地，君子不登叛人，所以正疆域，固封守，謹王度也。

夏，晉韓厥帥師伐鄭。仲孫蔑會齊崔杼、曹人、邾人、杞人次于鄫。

楚人釋君而臣是助，事已悖矣。晉於是乎降彭城，以魚石等歸，遂伐鄭，而諸侯次于鄫，此皆放於義而行者也。傳書「楚子辛救鄭」，而經不書者，鄭本爲楚以其君之故，親集矢於目，是以與楚而不貳也。棄中國從蠻夷，不能以大義裁之，惟私欲之從，則鄭無可救之善，楚不得有能救之名，經所以削之，不言救也。

秋，楚公子壬夫帥師侵宋。

九月，辛酉，天王崩。邾子來朝。冬，衛侯使公孫剽來聘。晉侯使荀罃來聘。

簡王崩，赴告已及，藏在諸侯之策矣，則宜以所聞先後而奔喪。今邾子方來修朝禮，衛侯、晉侯方來修聘事，於王喪若越人視秦人之肥瘠，曾不與焉。而《左氏》以爲禮，此何禮乎？滕定公薨，世子定爲三年喪，父兄百官皆不欲，曰：「吾宗國魯先君莫之行也。」喪紀益廢，民習於耳目而不察，故後世以日易月，人子安而行之，不知《春秋》之義，無君臣之禮，豈不惜哉！

二年，春，王正月，葬簡王。

鄭師伐宋。

夏，五月，庚寅，夫人姜氏薨。

六月，庚辰，鄭伯睔卒。

晉師、宋師、衛甯殖侵鄭。

秋，七月，仲孫蔑會晉荀罃、宋華元、衛孫林父、曹人、邾人于戚。

己丑，葬我小君齊姜。

叔孫豹如宋。

冬，仲孫蔑會晉荀罃、齊崔杼、宋華元、衛孫林父、曹人、邾人、滕人、薛人、小邾人于戚，遂城虎牢。

虎牢，鄭地，故稱制邑，至漢爲成皋，今爲汜水縣。巖險聞於天下，猶虞之下陽、趙之上黨、魏之安邑、燕之榆關、吳之西陵、蜀之漢樂，地有所必據，城有所必守，而不可以棄焉者也。有是險而不能守，故不繫於鄭。然則據地設險，亦所貴乎？「天險不可升也，地險山川丘陵也，王公設險以守其國」，大《易》之訓也；「城郭溝池以爲固」，六君子之所謹也；「鑿斯池，築斯城，與民同守」，孟子之所以語滕君也。夫狄焉思啓封疆，而「爭地以戰殺人盈野，爭城以戰殺人盈城」者，固非《春秋》之所貴。守天子之土，繼先君之世，不能設險守國，將至於遷潰滅亡，亦非聖人之所與。故城虎牢而不繫於鄭，程氏以爲「責鄭之不能有也」，其聖人以待衰世之意，小康之事耶！

楚殺其大夫公子申。

三年，春，楚公子嬰齊帥師伐吴。

公如晉。

夏，四月，壬戌，公及晉侯盟于長樗。

公至自晉。

六月，公會單子、晉侯、宋公、衛侯、鄭伯、莒子、邾子、齊世子光。己未，同盟于雞澤。

同盟，或以爲有三例：一則王臣預盟而書同，二則諸侯同欲而書同，三則惡其反覆而書同。夫惡其反覆與諸侯同欲而書同，信矣；王臣預盟而書同，義則未安。盟于女栗，及蘇子也，而不書同；盟于洮、于翟泉，會王人也，而不書同。然則此三盟者，正所謂諸侯同欲而書同盟也。其同欲奈何？同病楚也。會于柯陵之歲，夏伐鄭，楚人師于首止而諸侯還；冬伐鄭，楚人師于汝上而

諸侯還。雞澤之盟，陳袁僑如會，楚師在繁陽而韓獻子懼；平丘之行，楚棄疾立，復封陳、蔡而中國恐。是知此三盟者，諸侯皆有戒心而修盟，故稱同，不以尹子、單子、劉子亦預此盟而譏之也。夫王臣將命，必惇信明義，而後可以表正乎天下；諸侯守邦，必尊主奉法而後可以保其社稷。今王臣下與諸侯約誓，諸侯亦敢上與王臣要言，斯大亂之道也，則亦不待書同盟而罪自見矣。

陳侯使袁僑如會。

戊寅，叔孫豹及諸侯之大夫及陳袁僑盟。

秋，公至自會。

冬，晉荀罃帥師伐許。

四年，春，王三月，己酉，陳侯午卒。

午者，襄公名也。孔子作《春秋》，在哀公之世。襄公，❶哀公之皇考也，曷不諱乎？古者死而無謚，不以名爲諱。周人以謚易名，於是乎有諱禮。故孟子曰：「諱名不諱姓，姓所同也，名所獨也。」然禮律所載，則有不諱者。夫子兼帝王之道，參文、質之中，而作《春秋》以法萬世，如公薨不地、滅國書取、出奔稱遜之類，所以放其文也；莊公名同而書「同盟」，僖公名申而書「戊申」，定公名宋而書「宋人」之類，所以從其質也。後世不明此義，則有以諱易人之名者，又有以諱易人之姓者。《詩》、《書》則諱，臨文則諱，嫌名則諱，二名則偏諱。愚者違禮以爲孝，諂者獻佞以爲忠。忌諱繁，名實亂，而《春秋》之法不行矣。

夏，叔孫豹如晉。

秋，七月，戊子，夫人姒氏薨。

葬陳成公。

八月，辛亥，葬我小君定姒。

冬，公如晉。

陳人圍頓。

五年，春，公至自晉。

夏，鄭伯使公子發來聘。

叔孫豹、鄫世子巫如晉。

仲孫蔑、衛孫林父會吴于善道。

---

❶「公」，原作「官」，據鄭本改。

秋，大雩。

楚殺其大夫公子壬夫。

公會晉侯、宋公、陳侯、衛侯、鄭伯、曹伯、莒子、邾子、滕子、薛伯、齊世子光、吴人、鄫人于戚。

吴何以稱人？按《左氏》：「吴子使壽越如晉，請聽諸侯之好。晉人將爲之合諸侯，使魯、衛大夫會吴于善道，且告會期。」然則戚之事乃吴人來會，不爲主也。來會諸侯而不爲主，則進而稱人；諸侯往與之會而主吴，則貶而稱國。聖人之情見矣，《春秋》之義明矣。

公至自會。

冬，戍陳。

楚公子貞帥師伐陳。

公會晉侯、宋公、衛侯、鄭伯、曹伯、齊世子光救陳。

十有二月，公至自救陳。

辛未，季孫行父卒。

六年，春，王三月，壬午，杞伯姑容卒。

夏，宋華弱來奔。

秋，葬杞桓公。

滕子來朝。

莒人滅鄫。

穀梁子曰：「莒人滅鄫，非滅也。立異姓以莅祭祀，滅亡之道也。」《公羊》亦云：「莒女有爲鄫夫人者，蓋欲立其出也。」或曰：鄫取莒公子爲後，罪在鄫子，不在莒人，《春秋》應以梁亡之例而書「鄫亡」，不當但責莒人也。今直罪莒捨鄫，何哉？曰：莒人之以其子爲鄫後，與黄歇進李園之妹於楚王，吕不韋獻邯鄲之姬於秦公子，其事雖殊，其欲滅人之祀而有其國，則一也，《春秋》所以釋鄫而罪莒歟！以此防民，猶有以韓謐爲世嗣，昏亂紀度如郭氏者。

冬，叔孫豹如邾。

季孫宿如晉。

十有二月，齊侯滅萊。

七年，春，郯子來朝。

夏，四月，三卜郊，不從，乃免牲。

小邾子來朝。

城費。

費，季氏邑也。按《左氏》：「南遺爲費宰。叔仲昭伯爲隊正，❶欲善季氏，而求媚於南遺。謂遺：『請城費，吾多與而役。』故季氏城費。」夫文子相三君，無衣帛之妾，無食粟之馬，無藏金玉，無重器備，則固忠於公室，而不顧其所食之私邑也。及行父卒，宿之不忠，遂專魯國之政，群小媚之，無故勞民，妄興是役，季氏益張。其後孔子行乎季孫，三月不違，至於帥師墮費，其越禮不度可知矣。然則書「城費」，乃履霜堅冰之戒，强私家弱公室之萌，據事直書而義自見矣。用人不惟其賢惟其世，豈不殆哉！

秋，季孫宿如衛。

八月，螽。

冬，十月，衛侯使孫林父來聘。壬戌，及孫林父盟。

楚公子貞帥師圍陳。

十有二月，公會晉侯、宋公、陳侯、衛侯、曹伯、莒子、邾子于鄬。鄭伯髡頑如會，未見諸侯。丙戌，卒于鄵。

按鄭僖公，三傳皆以爲弑，而《春秋》書卒者，《左氏》則曰「以瘧疾赴也」，《公羊》則曰「爲中國諱也」，《穀梁》則曰「不使夷狄之民加乎中國之君也」。夫弑而可以僞赴，又順其欲而不彰，則亂臣賊子免於見討，而《春秋》非傳信之書矣。然則弑而書卒，二傳以爲「爲中國諱」，「不使夷狄之民加中國之君」，疑得聖人之意，顧習其説者未之察爾。夫弑君之賊，其惡不待貶絶而自見矣。見弑者，豈無不善之積以及其身者乎？衛桓則以嫡母無寵，宋殤則以亟戰疲民，齊襄則以行同鳥獸，鄭夷則以侮慢大臣，蔡固則以淫而不父，陳平國則以殺諫臣而通于夏氏，楚虔則以多行無禮，奚齊則以孽而國人不之君，吴餘祭則以輕近刑人，而晉州蒲欲盡去群大夫而立其左右也。若夫鄭僖公則異於是矣。中國者，禮義之所出也；夷狄者，禽獸之與鄰也。僖公欲從諸侯會

❶「隊」，鄭本作「隧」。按《左傳》作「隧」。

于鄬，則是貴禮義，爲中國之君也；諸大夫欲背諸夏與荆楚，則是近禽獸，爲夷狄之民也。以中國之君而見弑於夷狄之民，豈有不善之積以及其身者乎？聖人至是，傷之甚，懼之甚，故變文而書曰「鄭伯髡頑如會，未見諸侯。丙戌，卒于鄵」。未見諸侯，其曰「如會」何？致其志也。諸侯卒于境内不地，鄵，鄭邑也，其曰「卒于鄵」，見其弑而隱之也。「汲鄭伯，❶逃歸陳侯」，聖人之旨微，而《公》、《穀》之義精矣，存天理、抑人欲之意遠矣。

陳侯逃歸。

穀梁子曰：「逃義曰逃。」逃者，匹夫之事。上二年，諸侯戍陳，今楚令尹來伐，諸侯又救之，亦既勤矣。爲陳侯計者，下令國中，大申儆備，立太子以固守，親聽命於諸侯，謀禦敵之策。當是時，晉君方明，八卿和睦，諸侯聽命，必能致力於陳矣。不此之顧，棄儀衛而逃歸，此匹夫之事耳。夫義，路也。禮，門也。輕棄中國，惟蠻夷之懼，是不能由是路出入是門，故書「逃歸」以罪之，可謂深切著明矣。

八年，春，王正月，公如晉。

夏，葬鄭僖公。

鄭人侵蔡，獲蔡公子燮。

季孫宿會晉侯、鄭伯、齊人、宋人、衛人、邾人于邢丘。

蘇轍曰：「晉悼公修文、襄之業，改命朝聘之數，使諸侯之大夫聽命於會。大夫稱人，衆詞也。朝聘之節，儉而有禮，衆之所安也。」臣則以爲大夫稱人，貶之也。昔周公戒成王以「繼自今，我其立政立事」，夫不自爲政而委於臣下，是以國之利器示人而不知寶也。朝聘，事之大者，重煩諸侯而使大夫聽命，無乃以姑息愛人而不由德乎？使政在大夫而諸侯失國，又豈所以愛之也？後此八年，溴梁之會，悼公初没，諸侯皆在而大夫獨盟，君若贅旒，夫豈一朝一夕之故哉？故邢丘之事，魯公在晉，而季孫宿會，見魯之失正也。諸侯之大夫貶而稱人，謹其始也。

公至自晉。

莒人伐我東鄙。

❶「汲」，鄭本作「卒」。按此引《穀梁傳》，原文作「汲」。

秋，九月，大雩。

冬，楚公子貞帥師伐鄭。

齊宣王問於孟子：「交鄰國有道乎？」孟子曰：「有。唯智者爲能以小事大，故大王事獯鬻，勾踐事吴。以小事大，畏天者也。畏天者，保其國。」鄭介大國之閒，困强楚之令，而欲息肩於晉，若能信任仁賢，明其刑政，經畫財賦，以禮法自守而親比四鄰，必能保其封境。荆楚雖大，何畏焉？而子耳、子國加兵於蔡，獲公子燮，無故怒楚，所謂不修文德而有武功者也。楚人來討，不從則力不能敵，從之則晉師必至，故國人皆喜，而子產獨不順焉。以晉、楚争鄭，自兹弗得寧矣，是以獲公子燮，特書「侵蔡」以罪之。而公子貞來伐，鄭及楚平，不復書矣。平而不書，以見鄭之屈服於楚而不信也。犧牲玉帛，待於境上，以待强者而請盟，其能國乎？

晉侯使士匄來聘。

九年，春，宋災。

夏，季孫宿如晉。

五月，辛酉，夫人姜氏薨。

秋，八月，癸未，葬我小君穆姜。

冬，公會晉侯、宋公、衛侯、曹伯、莒子、邾子、滕子、薛伯、杞伯、小邾子、齊世子光伐鄭。十有二月，己亥，同盟于戲。

鄭之見伐於楚，子駟欲從楚，子展曰：「小國無信，兵亂日至，亡無日矣，請完守以老楚，杖信以待晉。」其策未爲失也。而子駟遂及楚盟，於是晉師至矣。諸侯伐鄭，晉人令於列國，脩器備，盛餱糧，歸老幼，居疾于虎牢，肆眚圍鄭。鄭人恐，乃行成。荀偃曰：「遂圍之，以待楚人之救，而與之戰。不然，無成。」知罃曰：「許之盟而還師，以敝楚。吾三分四軍，與諸侯之鋭，以逆來者，於我未病，楚不能矣。猶愈於戰，暴骨以逞，不可以争。大勞未艾，君子勞心，小人勞力，先王之制也。」乃許鄭成，同盟于戲。夫善爲國者不師，善師者不陣，善陣者不戰。知武子明於善陣之法以佐晉悼公，屢與諸侯伐鄭，楚輒救之，而不與之戰，楚師遂屈，得善勝之道矣，故下書「蕭魚之會」以美之。

楚子伐鄭。

十年，春，公會晉侯、宋公、衛侯、曹伯、莒

子、郳子、滕子、薛伯、杞伯、小郳子、齊世子光，會吴于柤。

夏，五月，甲午，遂滅偪陽。

公至自會。

楚公子貞、鄭公孫輒帥師伐宋。

晉師伐秦。

秋，莒人伐我東鄙。

公會晉侯、宋公、衛侯、曹伯、莒子、郳子、齊世子光、滕子、薛伯、杞伯、小郳子伐鄭。

冬，盜殺鄭公子騑、公子發、公孫輒。

按《左氏》：「鄭公子騑當國，發爲司馬，輒爲司空。騑與尉止有争，及爲田洫，司氏、堵氏、侯氏、子師氏皆喪田，故五族聚群不逞之徒以作亂。入西宫，殺三卿于朝。」不稱大夫，程氏以爲失卿職也。卿大夫者，國君之陪貳，政之本也。本强則精神折衝，聞有偃息談笑而卻敵國之兵、勝千里之難者矣。乃至於身不能保，而盜得殺之於朝，安在其爲陪貳乎？故削其大夫，爲當官失職者之鑒也。

戍鄭虎牢。楚公子貞帥師救鄭。

虎牢之地，城不繫鄭者，責在鄭也；戍而繫鄭者，罪諸侯也。曷爲責鄭？設險所以守國，有是險而不能設，犧牲玉帛，待盟境上，使其民人不享土利，辛苦墊隘，無所厎告，然後請成，故城不繫鄭者，責其不能有也。曷爲罪諸侯？夫鄭人從楚，固云不義，然中國所以城之者，非欲斷荆楚之路爲鄭蔽也，駐師阨險以逼之爾。至是伐而復戍焉，猶前志也，則可謂以義服之乎？故戍而繫鄭者，若曰鄭國分地，受諸天子，非列國所得專，所以罪諸侯也。聖人既以虎牢還繫於鄭，又書「楚公子貞帥師救鄭」，諸侯之罪益明矣。夫以「救」許楚，所以深罪諸侯不能保鄭，肆其陵逼，曾荆楚之不若也，亦可謂深切著明也哉！

公至自伐鄭。

十有一年，春，王正月，作三軍。

三軍，魯之舊也。古者大國三軍，次國二軍，小國一軍。魯侯封於曲阜，地方數百里，天下莫强焉。及僖公時，能復周公之宇而史克作《頌》，其詩曰「公車千乘」，説者以爲大國之賦也；又曰「公徒三萬」，説者以爲大國之

軍也。故知三軍，魯之舊耳。然車而謂之「公車」，則臣下無私乘也；徒而謂之「公徒」，則臣下無私民也。若有侵伐，諸卿更帥以出，事畢則將歸於朝，車復於甸，甲散於丘，卒還於邑。將皆公家之臣，兵皆公家之衆，不相係也。文、宣以來，政在私門，襄公幼弱，季氏益張，廢公室之三軍，而三家各有其一，季氏盡征焉，而舊法亡矣，是以謂之「作」。其明年，季孫宿救台遂入鄆，又其後亨范獻子，而公臣不能具三耦，民不屬公可知矣。《春秋》書其「作」、「舍」，以見昭公失國、定公無正，而兵權不可去公室，有天下國家者之所宜鑒也。

夏，四月，四卜郊，不從，乃不郊。

鄭公孫舍之帥師侵宋。

公會晉侯、宋公、衛侯、曹伯、齊世子光、莒子、邾子、滕子、薛伯、杞伯、小邾子伐鄭。

秋，七月，己未，同盟于亳城北。公至自伐鄭。楚子、鄭伯伐宋。

盟于亳城北，鄭服而同盟也。尋復從楚伐宋，故書同盟，見其既同而又叛也。既同而又叛，從子展之謀，欲致晉師而後與之也。故亳之盟，其載書曰：「或閒茲命，明神殛之。俾失其民，隊命亡氏，踣其國家。」雖渝此盟而不顧也。噫！慢鬼神至於此極，而盟猶足恃乎？

公會晉侯、宋公、衛侯、曹伯、齊世子光、莒子、邾子、滕子、薛伯、杞伯、小邾子伐鄭，會于蕭魚。

程氏曰：「會于蕭魚，鄭又服而請會也。不書鄭會，謂其不可信也。而晉悼公推至誠以待人，信鄭不疑」，禮其囚而歸焉，納斥候，禁侵掠，遣叔肸告于諸侯，「而鄭自此不復背晉者二十四年。至哉，誠之能感人也」。而悼公又能謀於魏絳以息民，聽於知武子而不與楚戰，故三駕而楚不能與之争，雖城濮之績不越是矣。

公至自會。

楚人執鄭行人良霄。

冬，秦人伐晉。

春秋傳卷第二十二

襄公中

十有二年，春，王三月，莒人伐我東鄙，圍台。季孫宿帥師救台，遂入鄆。

鄆，莒邑也。遂者，生事也。入者，逆詞也。大夫無遂事，受命而救台，不受命而入鄆，惡季孫宿之擅權，使公不得有爲於其國也。或曰：古者命將，得專制閫外之事，有可以安國家利社稷者，專之可也。曰：此爲境外言之也。台在邦域之中，而專行之，非有無君之心者不敢爲也。昭公逐，定無正，夫豈一朝一夕之故哉？其所由來者漸矣。

夏，晉侯使士魴來聘。

秋，九月，吳子乘卒。

冬，楚公子貞帥師侵宋。

公如晉。

十有三年，春，公至自晉。

夏，取邿。

秋，九月，庚辰，楚子審卒。

冬，城防。

十有四年，春，王正月，季孫宿、叔老會晉士匄、齊人、宋人、衛人、鄭公孫蠆、曹人、莒人、邾人、滕人、薛人、杞人、小邾人會吳于向。

使舉上客而叔老並書者，以内卿行則不得不書矣。季孫宿以卿爲介而不使之免，叔老介於宿而不敢避，蓋兩失之。雖晉人輕其幣而敬其使，於君命使人之體，豈爲得哉？

二月，乙未，朔，日有食之。

夏，四月，叔孫豹會晉荀偃、齊人、宋人、衛人、北宮括、鄭公孫蠆、曹人、莒人、邾人、滕人、

薛人、杞人、小邾人伐秦。

己未，衛侯出奔齊。

按《左氏》，衛甯殖將死，語其子曰：「吾得罪於君，名在諸侯之策，曰：『孫林父、甯殖出其君。』」夫所謂諸侯之策，則列國之史也。諸侯則若晉、若魯是也；史則若晉之《乘》、魯之《春秋》是也。今《春秋》書「衛侯出奔齊」，而不曰「孫林父、甯殖出其君」者，蓋仲尼筆削，不因舊史之文也。欲知經之大義，深考舊文、筆削之不同，其得之矣。或曰：孫、甯出君，衆所同疾，史策書之是也，聖人曷爲掩姦藏惡，不暴其罪，而以歸咎人主，何哉？曰：臣而逐君，其罪已明矣。人君擅一國之名寵，神之主而民之望也，愛之如父母，仰之如日月，敬之如神明，畏之如雷霆，何可出也？所爲見逐，無乃肆於民上，縱其淫虐，以棄天地之性乎？故衛衎出奔，使祝宗告亡，且告無罪，而定姜曰「有罪若何告無」。《春秋》端本清源之書，故不書所逐之臣，而以自奔爲名，所以警乎人君者，爲後世鑒。非聖人莫能修之，爲此類也。

莒人侵我東鄙。

秋，楚公子貞帥師伐吴。

冬，季孫宿會晉士匄、宋華閱、衛孫林父、鄭公孫蠆、莒人、邾人于戚。

十有五年，春，宋公使向戌來聘。二月，己亥，及向戌盟于劉。

劉夏逆王后于齊。

劉夏何以不稱使？不與天子之使夏也。昏姻，人倫之本。王后，天下之母。劉夏，士也。士而逆后，是不重人倫之本而輕天下之母矣。然則何使？卿往逆，公監之，禮也。官師從單靖公逆王后于齊，書劉夏而不書靖公，是知卿往逆公監之，禮也。《春秋》昏姻得禮者，常事不書。

夏，齊侯伐我北鄙，圍成。❶公救成，至遇。

季孫宿、叔孫豹帥師城成郛。

秋，八月，丁巳，日有食之。

邾人伐我南鄙。

❶「圍」，原作「圖」，今據黄修本、鄭本改。按三傳均作「圍」。

冬，十有一月，癸亥，晉侯周卒。

十有六年，春，王正月，葬晉悼公。

三月，公會晉侯、宋公、衛侯、鄭伯、曹伯、莒子、邾子、薛伯、杞伯、小邾子于湨梁。戊寅，大夫盟。

牡丘之會，諸侯既次于匡，則書曰「公孫敖帥師及諸侯之大夫救徐」；雞澤之會，諸侯既盟，而陳侯使袁僑如會，則書曰「叔孫豹及諸侯之大夫及陳袁僑盟」。今湨梁之會，諸侯皆在是，若欲使大夫盟者，則宜書「魯卿及諸侯之大夫盟」可也，而獨書「大夫」，何也？諸侯失政，大夫皆不臣也。上二年，春正月會于向，十有四國之大夫也；夏四月會伐秦，十有三國之大夫也；冬會于戚，七國之大夫也。此三會，皆國之大事也，而使大夫皆專之，而諸侯皆不與焉，是列國之君不自爲政，弗躬弗親，禮樂征伐已自大夫出矣。況悼公既没，晉平初立，無先公之明也。君若贅旒，而大夫張亦宜矣，夫豈一朝一夕之故哉？善惡積於至微而不可揜，常情忽於未兆而不預謀。荀偃怒，大夫盟，而晉靖公廢，趙籍、韓虔、魏斯爲諸侯之勢見矣。有國者謹於禮而不敢忽，此《春秋》以待後世之意也。

晉人執莒子、邾子以歸。

齊侯伐我北鄙。

夏，公至自會。

五月，甲子，地震。

叔老會鄭伯、晉荀偃、衛甯殖、宋人伐許。

秋，齊侯伐我北鄙，圍成。

大雩。

冬，叔孫豹如晉。

十有七年，春，王二月，庚午，邾子牼卒。

宋人伐陳。

夏，衛石買帥師伐曹。

秋，齊侯伐我北鄙，圍桃。

高厚帥師伐我北鄙，圍防。

九月，大雩。

宋華臣出奔陳。

冬，邾人伐我南鄙。

十有八年，春，白狄來。

劉敞曰：「夷狄於中國，無事焉，其於天子世一見，則諸侯雖善其交際，不得而通也，是以《春秋》亦不與其朝。不與其朝者，懲淫慝，一内外也。周公致太平，越裳氏重九譯而獻其白雉。公曰：『君子德不及焉，不享其贄。』此乃天子而讓也，況列國之君乎，守藩之臣乎？」

夏，晉人執衛行人石買。

秋，齊師伐我北鄙。

冬，十月，公會晉侯、宋公、衛侯、鄭伯、曹伯、莒子、邾子、滕子、薛伯、杞伯、小邾子同圍齊。

凡侵、伐、圍、入，未有書「同」者，而獨於此書「同圍齊」，何也？齊環背盟棄好，陵虐神主，肆其暴横，數伐鄰國，觀加兵於魯則可見矣。諸侯所共惡疾，故同心而圍之也。同心圍齊，其以伐致，何也？見齊環無道，宜得惡疾。大諸侯之伐，而免其圍齊之罪詞也。《春秋》於此，有沮横逆、抑强暴之意。孟子曰：「國必自伐，而後人伐之。自作孽，不可逭。」其齊侯環之謂矣，尚誰懟哉？

曹伯負芻卒于師。

楚公子午帥師伐鄭。

十有九年，春，王正月，諸侯盟于祝柯。

晉人執邾子。

公至自伐齊。

取邾田，自漷水。

季孫宿如晉。

葬曹成公。

夏，衛孫林父帥師伐齊。

秋，七月，辛卯，齊侯環卒。

晉士匄帥師侵齊，至穀，聞齊侯卒，乃還。

穀，齊地也。還者，終事之詞。古之爲師不伐喪。大夫以君命出境，有可以安國家利社稷者，則專之可也。世衰道微，暴行交作，利人之難以成其私欲者衆矣。士匄乃有惻隱之心，聞齊侯卒而還，不亦善乎！或曰「君不尸小事，臣不專大名，爲士匄者，宜墠帷而歸命乎介」，則非矣。使士匄未出晉境，如是焉可也。已至齊地，則進退在士匄矣，猶欲墠帷而歸命乎介，則非。古者命

將，不從中覆，專制境外之意，而況喪必不可伐，非進退可疑而待請者。故「至穀，聞齊侯卒，乃還」，善之也。

八月，丙辰，仲孫蔑卒。

齊殺其大夫高厚。

鄭殺其大夫公子嘉。

按《左氏》：「初盜殺鄭三卿於西宮之朝，公子嘉知而不言。既又欲起楚師以去諸大夫，故楚人伐鄭，至于純門而返。至是，嘉之爲政也專，國人患之，乃討西宮之難與純門之師。子展、子西率國人殺嘉，而分其室。」不稱「鄭人」者，嘉則有罪矣。而子展、子西不能正以王法，肆諸市朝，與衆同棄，乃利其室而分之，有私意焉，故稱國以殺而不去其官，此《春秋》原情定罪之意。

冬，葬齊靈公。

城西郛。

叔孫豹會晉士匄于柯。

城武城。

二十年，春，王正月，辛亥，仲孫速會莒人盟于向。

夏，六月，庚申，公會晉侯、齊侯、宋公、衛侯、鄭伯、曹伯、莒子、邾子、滕子、薛伯、杞伯、小邾子盟于澶淵。

秋，公至自會。

仲孫速帥師伐邾。

蔡殺其大夫公子燮。蔡公子履出奔楚。

按《左氏》：「初，蔡文侯欲事晉，曰：『先君與於踐土之盟，晉不可棄，且兄弟也。』畏楚，不能行而卒。楚人使蔡無常，公子燮求從先君以利蔡。」謀國之合於義者也，國人乃不順焉，而殺燮。此何罪矣？故稱國而不去其官。公子履，其母弟也，進不能正國，退不能遠害，懼禍而奔，從於夷狄。書者，罪之也。

陳侯之弟黄出奔楚。

叔老如齊。

冬，十月，丙辰，朔，日有食之。

季孫宿如宋。

二十有一年，春，王正月，公如晉。

邾庶其以漆、閭丘來奔。

庶其，邾大夫也。《春秋》小國之大夫，不書其姓氏，微也；其以事接我，則書其姓氏，謹之也。莒慶以大夫即魯而圖婚，接我不以禮者也；邾庶其以地叛其君而來奔，接我不以義者也。以欲敗禮，則身必危；以利棄義，則國必亂。《春秋》禮義之大宗，故小國之大夫接我以利欲，則特書其姓氏，謹之也。漆一邑，閭丘一邑，而不言「及」者，庶其之私邑，所受於君而食之者也。此叛臣，何以不書叛？書名、書地，而竊邑叛君之罪見矣。夫棄夷狄從諸夏，其慕義之心疑可與也。然有據城以求援者，君子猶以爲不可受，而況鄰國乎？書「來奔」，而魯受叛臣、納其地之罪亦見矣。

夏，公至自晉。

秋，晉欒盈出奔楚。

九月，庚戌，朔，日有食之。

冬，十月，庚辰，朔，日有食之。

曹伯來朝。

公會晉侯、齊侯、宋公、衛侯、鄭伯、曹伯、莒子、邾子于商任。

二十有二年，春，王正月，公至自會。

夏，四月。

秋，七月，辛酉，叔老卒。

冬，公會晉侯、齊侯、宋公、衛侯、鄭伯、曹伯、莒子、邾子、薛伯、杞伯、小邾子于沙隨。

按《左氏》：「會于商任，錮欒氏也。會于沙隨，復錮欒氏也。」古者大夫去國，君不埽其社稷，不係纍其子弟，不收其田邑，使人導之出疆，又先之於其所往，勑五典、厚人倫也。今晉不念欒氏世勳而逐盈，又將搏執之，而命諸侯無得納焉，則亦過也。楚逐申公巫臣，子反請以重幣錮之，楚子曰：「止。彼若能利國家，雖重幣，晉將可乎？若無益於晉，晉將棄之，何勞錮焉？」其賢於商任、沙隨之謀遠矣。

公至自會。

楚殺其大夫公子追舒。

二十有三年，春，王二月，癸酉，朔，日有食之。

三月，己巳，杞伯匄卒。

夏，邾畀我來奔。❶

葬杞孝公。

陳殺其大夫慶虎及慶寅。

按《左氏》：「慶虎無道，求專陳國，暴蔑其君，畏公子黃之偪，而愬諸楚曰：『與蔡司馬同謀。』楚人以爲討。公子黃奔楚，愬之。二慶以陳叛，楚屈建圍陳，殺二慶。」夫人君擅一國之利勢，使權臣暴蔑其身而不能遠，欲去其親而不能保，譖愬之於大國而不能辨，至因夷狄之力然後能克，則非君人之道也。故二慶之死稱國以殺，公子黃之出，特以「弟」書者，譏歸陳侯也。凡此皆《春秋》端本之意。

陳侯之弟黃自楚歸于陳。

晉欒盈復入于晉，入于曲沃。

欒氏，晉室之世臣，故盈雖出奔，猶繫於晉。「復入」者，甚逆之詞，爲其既絶而復入也。曲沃者，所食之地。當是時，權寵之臣各以利誘其下，使爲之用，至於殺身而不避，莫知有君臣之分者也。故聞語欒孺子者，則或泣或歎，以爲得主而爲之死，猶不死也。盈從之，遂入絳，乘公門。若非天棄欒氏，又有范鞅之謀，晉亦殆矣。原其失在於錮之甚急，使無所容於天地之間，是以至此極。《春秋》備書之，以見「人而不仁，疾之已甚，亂也」。其爲後世鑒，豈不深切著明也哉！

秋，齊侯伐衛，遂伐晉。

八月，叔孫豹帥師救晉，次于雍榆。

己卯，仲孫速卒。

冬，十月，乙亥，臧孫紇出奔邾。

晉人殺欒盈。

齊侯襲莒。

二十有四年，春，叔孫豹如晉。

仲孫羯帥師侵齊。

夏，楚子伐吴。

秋，七月，甲子，朔，日有食之，既。

齊崔杼帥師伐莒。

大水。

---

❶「畀」，原作「卑」，據鄭本改。按《左傳》、《穀梁傳》作「畀」，《公羊傳》作「鼻」。

八月，癸巳，朔，日有食之。

公會晉侯、宋公、衛侯、鄭伯、曹伯、莒子、邾子、滕子、薛伯、杞伯、小邾子于夷儀。

冬，楚子、蔡侯、陳侯、許男伐鄭。

公至自會。

陳鍼宜咎出奔楚。

叔孫豹如京師。

大饑。

古者救災之政，若國凶荒，或發廩以賑乏，或移粟以通用，或徙民以就食，或爲粥溢以救餓莩，或興工作以聚失業之人。緩刑舍禁，弛力薄征，索鬼神，除盜賊，弛射侯而不燕，置廷道而不修，殺禮物而不備，雖有旱乾水溢，民無菜色，所以備之者如此其至。是年秋有陰沴之災，而冬大饑，蓋所以賑業之者有不備矣，故書之以爲戒。

二十有五年，春，齊崔杼帥師伐我北鄙。

夏，五月，乙亥，齊崔杼弒其君光。

齊莊公見弒，賈舉、州綽等十人皆死之，而不得以死節稱，何也？所謂死節者，以義事君，責難陳善，有所從違而不苟者是也。雖在屬車後乘，必不肯同入崔氏之宮矣。若此十人者，獨以勇力聞，皆逢君之惡，從於昏亂，而莊公嬖之者，死非其所，比諸匹夫匹婦自經於溝瀆而莫之知者，猶不逮也。晏平仲曰：「君民者，豈以陵民？社稷是主。臣君者，豈爲其口實？社稷是養。故君爲社稷死則死之，爲社稷亡則亡之。若爲己死而爲己亡，非其私暱，誰敢任之？」此十人者，真其私暱，任此宜矣，雖殺身不償責，安得以死節許之哉！

公會晉侯、宋公、衛侯、鄭伯、曹伯、莒子、邾子、滕子、薛伯、杞伯、小邾子于夷儀。

諸侯會于夷儀，將以討齊。齊使隰鉏請成，慶封如師，男女以班，賂晉侯以宗器、樂器。自六正、五吏、三十帥、三軍之大夫、百官之正長、師旅及處守者，皆有賂。晉侯許之。夫晉本爲報朝歌之役來討，及會夷儀，既聞崔杼之弒，則宜下令三軍，建而復旆，聲於齊人，問莊公之故，執崔杼以戮之，謀於齊衆，置君以定其國，示天討之義，則方伯連帥之職修矣。今乃知賊不討，而受其賂，則是與之同情也，故《春秋》治之如下文所貶云。

六月，壬子，鄭公孫舍之帥師入陳。

秋，八月，己巳，諸侯同盟于重丘。

崔杼既弑其君矣，晉侯受其賂而許之成，故盟于重丘，特書曰同。

公至自會。

衛侯入于夷儀。

「鄭伯突入于櫟」，「衛侯入于夷儀」，其入則一。或名或不名者，鄭伯奪正以立，而國人君之，諸侯助之，不知其義不可以有國也，故特書其名，著王法以絶之。衛侯蔑其冢卿，失國出奔，固不爲無罪矣，然有世叔儀以守，有母弟鱄以出，或撫其内，或營其外，有歸道焉，則其義猶未絶也，故止書其爵而不名。及甯喜弑剽，復歸于衛，然後書名，此聖人俟其改過遷善，不輕絶人之意。曾子曰：「夫子之道，忠恕而已。」此類是也。

冬，鄭公孫夏帥師伐陳。

楚屈建帥師滅舒鳩。

十有二月，吴子遏伐楚，門于巢，卒。

巢，南國也。其言「門于巢，卒」者，吴子將伐楚，引師至巢，入其門，巢人射諸城上，矢中吴子而卒，非吴子之自輕而見殺也。古者入境必假道，過門必釋甲，入國則不馳。或曰：古者大國過小邑，小邑必飾城而請罪，亦非巢之輕以一矢相加，不飾城而請罪也。

二十有六年，春，王二月，辛卯，衛甯喜弑其君剽。

喜嘗受命於其父，使納獻公以免逐君之惡。衛侯出入皆以爵稱，於義未絶，而剽以公孫非次而立，又未有説焉，則喜之罪應末減矣，亦以「弑其君」書，何也？弈者舉棋不定，不勝其耦，況置君乎？於衎，則殖也出之，喜也納之；於剽，則殖也立之，喜也弑之。是弈棋之不若也，不思其終亦甚矣。故聖人特正其爲弑君之罪，示天下後世，使知慎於廢立之際而不敢忽也。霍光以大義廢昌邑，立宣帝，猶有言其罪者，而朝廷加肅，況私意耶？范粲、桓彝之徒，殺身不顧，君子所以深取之者，知《春秋》之旨矣。

衛孫林父入于戚以叛。甲午，衛侯衎復歸于衛。

按《左氏》：「孫林父以戚如晉，書曰『入于戚以叛』者，

著其據土背君之罪也。臣之禄，君實有焉。專禄以周旋，戮也。」衛侯出奔齊，入于夷儀，皆以爵稱。今既復歸而得國矣，乃書其名，何也？人之有德慧智術者，❶嘗存乎疢疾。衛侯淹恤在外十有二年，困於心、衡於慮久矣，此生於憂患之時，而一旦得國，失信無刑，猶夫人也，則是困而弗革，雖復得國，猶非其國也。此見《春秋》俟人改過之深，而責人自棄之重，欲其强於爲善之意也。

夏，晉侯使荀吴來聘。

公會晉人、鄭良霄、宋人、曹人于澶淵。

秋，宋公殺其世子痤。

殺世子母弟直稱君者，甚之也。宋寺人伊戾爲太子内師，無寵，譖於宋公而殺之。則賊世子痤者，寺人矣，而獨甚宋公，何哉？譖言之得行也，必有嬖妾配適以惑其心，又有小人欲結内援者以爲之助，然後愛惡一移，父子夫婦之閒，不能相保者衆矣。尸此者，其誰乎？晉獻之殺申生，宋公之殺痤，直稱君者，《春秋》正其本之意。

晉人執衛甯喜。

八月，壬午，許男甯卒于楚。

冬，楚子、蔡侯、陳侯伐鄭。

葬許靈公。

❶「智術」，鄭本作「術知」。按此引《孟子·盡心上》，原文作「術知」。

春秋傳卷第二十三

襄公下

二十有七年，春，齊侯使慶封來聘。

夏，叔孫豹會晉趙武、楚屈建、蔡公孫歸生、衛石惡、陳孔奐、鄭良霄、許人、曹人于宋。

衛殺其大夫甯喜。

甯喜既坐弒君之罪矣，不以討賊之詞，何也？初，衛侯使與喜言：「苟反，政由甯氏，祭則寡人。」甯氏納之。衛侯復國，患甯喜之專也，公孫免餘請殺之。曰：「微甯子，不及此，吾與之言矣。」對曰：「臣殺之，君勿與知。」乃攻甯氏殺喜，尸諸朝。子鮮曰：「逐我者出，納我者死。賞罰無章，何以勸沮？君失其信，而國無刑，不亦難乎？」故稱國以殺而不去其官。

衛侯之弟鱄出奔晉。

衛侯之入，使鱄與甯喜約言。既殺甯喜，鱄病失言，遂出奔晉，託於木門，不鄉衛國而坐。木門大夫勸之仕，不可。曰：「仕而廢其事，罪也。從之，昭吾所以出也，吾不可以立於人之朝矣。」終身不仕。其稱弟，罪衛侯也。穀梁子曰：「專之去，合乎《春秋》。」

秋，七月，辛巳，豹及諸侯之大夫盟于宋。

此一地也，曷爲再言宋？書之重，詞之複，其中必有大美惡焉。宋之盟，合左師欲弭諸侯之兵以爲名，而楚屈建請晉、楚之從交相見，自是中國諸侯南向而朝楚。及申之會，蠻夷之君、篡弒之賊，大合十有一國之衆，而用齊桓召陵之禮，宋左師、鄭子產皆獻禮焉。宋世子佐以後至，遂辭而不見。伐吴滅賴，無敢違者。聖人至是哀人倫之滅，傷中國之衰，而其事自宋之盟始也，故會盟同地而再言宋者，貶之也。或者乃以宋之盟，中國不出，夷狄不入，玉帛之使交乎天下，以尊周室，爲晉趙武，楚屈建之力而善此盟也，其説誤矣。

冬，十有二月，乙亥，朔，日有食之。

二十有八年，春，無冰。

夏，衛石惡出奔晉。

邾子來朝。

秋，八月，大雩。

仲孫羯如晉。

冬，齊慶封來奔。

十有一月，公如楚。

十有二月，甲寅，天王崩。乙未，楚子昭卒。

甲寅，天王崩。乙未，楚子昭卒。相距四十二日，則閏月之驗也。然不以閏書，見喪服之不數閏也。齊景公葬，書閏月，則明殺恩之非禮也。

二十有九年，春，王正月，公在楚。

歲之首月，公如他國者有矣，❶此獨書「公在楚」者，外爲夷狄所制，以俟其葬而不得歸，内爲强臣所逼，欲擅其國而不敢入，故特書所在，以存君也。按《左氏》：「楚人使公親襚。夏，四月，送楚子葬，至于西門之外。還，及方城。季武子取卞以自封，使公冶告曰：『聞守卞者將叛，臣帥師徒以討，既得之矣。』公曰：『欲而言叛，祇見疏也，吾不可以入矣。』將適諸侯，有賦《式微》者，乃歸。」故特於歲首朝正之時，而書曰「公在楚」，使後世臣子戴天履地，視君父之危且困者，必有天威不違顔只尺，食坐見於羹墻之意，而不以頃刻忘也。此義一行，豈敢有顧其身與妻子與其家而不恤國，朋附權臣以圖富貴而背其君者乎？

夏，五月，公至自楚。

庚午，衛侯衎卒。

閽弑吴子餘祭。

穀梁子曰：「閽，門者，寺人也。不稱名姓，閽不得齊於人；不稱其君，閽不得君其君也。禮，君不使無耻，不近刑人，不狎敵，不邇怨。賤人非所貴也，貴人非所刑也，刑人非所近也。舉至賤而加之吴子，吴子近刑人也。閽弑吴子餘祭，仇之也。」《左氏》以爲「伐越，獲俘焉，以爲閽，使守舟。吴子觀舟，閽以刀弑之」，亦邇怨之失也。

仲孫羯會晉荀盈、齊高止、宋華定、衛世叔儀、鄭公孫段、曹人、莒人、滕人、薛人、小邾

❶「如」，鄭本作「在」。

人城杞。

晉平公，杞出也，故合諸侯之大夫以城杞。古之建國立家者，必親九族，然有父族而後及母族，有母族而後及妻族，此《葛藟》之詩所爲次也。晉主夏盟，令行中國，平公不能修文、襄、悼公之業，尊獎王室，恤宗周之闕，而夏肄是屏，輕棄諸姬，可謂知本乎？平王惟不撫其民而遠屯戍于母家，周人怨思焉，《揚之水》所以降爲《國風》，不得列于《雅》也。城杞之役，亦不待貶絶而可見矣。

晉侯使士鞅來聘。

杞子來盟。

吴子使札來聘。

札者，吴之公子。何以不稱公子？貶也。辭國而生亂者，札爲之也，故因其來聘而貶之示法焉。按，吴子壽夢有子四人，長曰諸樊，次曰餘祭，次曰夷末，札其季子也。壽夢賢季札，欲立以爲嗣，札辭不可，然後立諸樊。既除喪，則致國於季子，季子又辭而去之，諸樊乃舍其子而立弟，約以次傳，必及季子。故諸樊卒而餘祭立，餘祭卒而夷末立。夷末卒則季子宜受命以安社稷，成父兄之志矣，乃徇匹夫之介節，辭位以逃。夷末之子僚既立，諸樊之子光曰：「先君所以不與子國而與弟者，凡爲季子爾。將從先君之命歟，則季子宜有國也；如不從先君之命，則我宜立，僚烏得爲君？」於是使專諸刺僚，而致國乎季子。季子不受，去之延陵，終身不入吴國。故曰季子「辭國以生亂，因其來聘而貶之示法焉」。

或謂：子貢問於孔子曰：「伯夷、叔齊何人也？」曰：「古之賢人也。」「怨乎？」曰：「求仁而得仁，又何怨？」子貢以先聖賢夷、齊，知其惡衛輒之争而不爲也。季子辭位，獨不爲賢，而奚貶乎？曰：叔齊之德不越伯夷，孤竹捨長而立幼，私意也。諸樊兄弟父子，無及季札之賢者，其父兄所爲眷眷而欲立札，公心也。以其私意，故夷、齊讓國爲得仁，而先聖之所賢；以其公心，故季子辭位爲生亂，而《春秋》之所貶。苟比而同之，過矣。或曰：世衰道微，暴行交作，臣篡其君者有之，子篡其父者有之。季子於是焉而辭位，則將使聞其風者，貪夫廉，争夫讓，而篡弑奪攘之禍損矣，其於名教豈不有補，何貶之深也？曰：《春秋》達節而不守者也。昔太伯奔吴而不反，季歷嗣位而不辭，武王繼統受命作周，亦

不以配天之業讓伯邑考，官天下也。彼王僚無季歷之賢、武王之聖，而季子爲太伯之讓，豈至德乎？使争弑禍興，覆師喪國，其誰階之也？若季子之辭位守節，立名全身，自牧則可矣，概諸聖王之道則過矣。《中庸》曰：「道之不明、不行也，我知之矣。」季子所謂賢且智，過而不得其中者也。使由於季歷、武王之義，其肯附子臧之節而不受乎？惜其擇乎中庸，失時措之宜爾，此仲尼所以因其辭國生亂而貶之也。

或曰：吴子使札，與楚子使椒、秦伯使術，一例爾。吴、楚蠻夷之國，秦介戎狄之間，其禮未同於中夏，故使人之來皆略之，而札何以獨爲貶乎？曰：《春秋》多變例，聖筆有特書。荆楚無大夫而屈完書族，王朝下士以人通而子突書字，諸侯公子以名著而季友書子，毋弟之無列者不登其姓名而叔肸書氏，皆賢而特書者也。季札讓國，天下賢之，若仲尼亦賢季札，必依此例，或以字、或以氏、或以公子，特書之矣。今乃略以名紀，比於楚椒、秦術之流無異稱焉，是知仲尼不以其讓國爲賢而貶之也。噫！世之君子盛稱季札之賢於讓國之際，以爲「禮之大節不可亂也」。公子喜時，《春秋》猶賢其後世，於季札則何獨貶之深也？曰：仲尼於季子，望之深矣，責之備矣。惟與天地同德而達乎時中，然後能與於此，非聖人莫能修之，豈不信夫？

秋，九月，葬衛獻公。

齊高止出奔北燕。

冬，仲孫羯如晉。

三十年，春，王正月，楚子使薳罷來聘。

夏，四月，蔡世子般弑其君固。

五月，甲午，宋災。宋伯姬卒。

穀梁子曰：「取卒之日，加之災上者，見以災卒也。伯姬之舍失火，左右曰：『夫人少避火乎？』曰：『婦人之義，傅姆不在，宵不下堂。』遂逮乎火而死。婦人以貞爲行者也，伯姬之婦道盡矣！詳其事，賢伯姬也。」《易》曰：「恒其德，貞，婦人吉，夫子凶。」而或以爲共姬女而不婦，非也。世衰道微，暴行交作，女德不貞，婦道不明，能全其節，守死不回，見於《春秋》者，宋伯姬爾。聖人冠以夫謚，書於《春秋》曰「葬宋共姬」，以著其賢行，勵天下之婦道也。

天王殺其弟佞夫。

王子瑕奔晉。

秋，七月，叔弓如宋。葬宋共姬。

鄭良霄出奔許，自許入于鄭。鄭人殺良霄。

按《左氏》：「良霄汰侈嗜酒，諸大夫皆惡之。而與公孫黑争，黑因其醉伐之。良霄奔許，自許襲鄭，以伐公門，弗勝，死于羊肆。」不言「復入」者，其位未絶也。若宋魚石、若晉欒盈去國三年，其稱「復入」，位已絶矣。不言叛者，將以滅國，非直叛也。若華亥之入南里，宋辰之入蕭，其書叛者，皆據土背君以自保，未有滅國之謀也。不言「殺其大夫」者，非其大夫矣，討賊之詞也。

冬，十月，葬蔡景公。晉人、齊人、宋人、衛人、鄭人、曹人、莒人、邾人、滕人、薛人、杞人、小邾人會于澶淵，宋災故。

《春秋》大法，君弑而賊不討則不書葬，況世子之於君父乎？蔡景公何以獨書葬？遍刺天下之諸侯也。葬送之禮，在春秋時，視人情之踈密而爲之者也。有嘗同盟卒而不赴者，有雖同姓赴而不會者，則以哀死而致襚爲輕，吊生而歸賻爲重必矣。今蔡世子般弑其君，藏在諸侯之策，而往會其葬，是恩義情禮之篤於世子般，不以爲賊而討之也。人之所以異於禽獸，中國之所以貴於夷狄，以其有父子之親、君臣之義爾。世子弑君，是夷狄禽獸之不若也，而不知討，豈不廢人倫、滅天理乎？故《春秋》大法，君弑賊不討則不書葬。而蔡景公特書葬者，聖人深痛其所爲，遍刺天下之諸侯也。魯隱、宋殤之賊不討則不書葬，蔡景公賊亦不討而特書葬，猶閔、僖二公不承國於先君則不書即位，桓、宣簒弑以立而反書之也。何以知聖人罪諸侯之意如此乎？以下文書「會于澶淵，宋災故」而貶其大夫，則知之矣。二百四十二年之間，列會亦衆，而未有言其所爲者，此獨言其所爲何？遍刺天下之大夫也。大夫，以智帥人者也。智者無不知當務之爲急。不能三年之喪，而緦、小功之察；放飯流啜，❶而問無齒決，是之謂不知務。蔡世子般弑其君，天下之大變，人理所不容也，則會其葬而不討；宋國有災，小事也，則合十二國之大夫，更宋之所喪而歸其財，則可謂知務乎？田常弑簡公，❷孔

❶「啜」，鄭本作「歠」。按此引《孟子·盡心上》，原文作「歠」。

❷「田常」，黄修本作「田恒」，鄭本作「陳恒」。

子沐浴而朝，告於哀公請討之。公曰：「告夫三子者。」子曰：「以吾從大夫之後，不敢不告也。」之三子告，不可。子曰：「以吾從大夫之後，不敢不告也。」叔孫豹、晉趙武而下，皆諸侯上卿，執國之政者也。三綱，國政之本，至於淪絶，無父與君，是禽獸也。禽獸逼人，雖得天下，弗能一朝處矣。昔者伯禹過門而不入，放龍蛇也；周公坐而俟旦，驅猛獸也。今世子弑君，三綱淪絶，禽獸逼人，則與之同而不恤。有國者不戒于火，自亡其財，苟其來告，吊之可也。則合十二國之大夫駐於澶淵，而謀更其所喪，尚爲知類也乎？夫蔡之亂，其猶人身有腹心之疾，而宋之災，譬諸桐梓與雞犬也。謀宋災而不恤蔡之亂，奚啻於養桐梓、求雞犬，不顧其身有腹心危疾而不知療者哉？以爲未之察也，可謂不智；苟察此而不謀，則亦不仁矣。是故諸國之大夫貶而稱人，魯卿諱而不書，又特言會之所爲，以垂戒後世，其欲人之自别於禽獸之害也，可謂深切著明矣。或曰：夫穆叔、趙孟、向戌、子皮，皆諸侯之良也，而所謀若是，何也？世衰道微，邪説交作，以利害謀國家而不本於仁義也久矣，是以至此極，孔子所爲懼，《春秋》所以作乎！

三十有一年，春，王正月。

夏，六月，辛巳，公薨于楚宫。

秋，九月，癸巳，子野卒。

子般、子赤弑而書卒，子野過毁亦書卒，何以别乎？曰：閔公内無所承，不書即位，則子般之弑可知。下書「夫人姜氏歸于齊」，上書「公子遂、叔孫得臣如齊」，赤之卒也隱而不日，則子赤之弑可知，與子野異矣。子野有命立昭公，故穆叔雖不欲而不能止也。

己亥，仲孫羯卒。

冬，十月，滕子來會葬。

癸酉，葬我君襄公。

十有一月，莒人弑其君密州。

經以傳爲案，傳有乖繆，則信經而棄傳可也，若密州之事是矣。《左氏》稱：「莒子生去疾及展輿，既立展輿，又廢之。莒子虐，國人患焉。展輿因國人以攻莒子，弑之，乃立。」信斯言，則子弑其父也，而《春秋》有不書乎？故趙匡謂：「其文當曰『展輿因國人之攻莒子，弑之，乃立』，而後來傳寫誤爲『以』字爾。」《左氏》博通諸

史，叙事尤詳，能令後人得見本末，因以求意，經文可知。而門弟子轉相傳授，日月既久，浸失本真。如書晉趙盾、許世子止等事，詳攷傳之所載，以求經之大義可也，而傳不可疑；如莒人弑其君密州，獨依經之所書，以證傳之繆誤可也，而傳不可信。盡以爲可疑而廢傳，則無以知其事之本末；盡以爲可信而任傳，則經之弘意大旨或泥而不通矣。要在學者詳攷而精擇之可也。

春秋傳卷第二十四

昭　公　上

元年，春，王正月，公即位。

叔孫豹會晉趙武、楚公子圍、齊國弱、宋向戌、衛齊惡、陳公子招、蔡公孫歸生、鄭罕虎、許人、曹人于虢。

此陳侯之弟招也，何以不稱弟？諸侯之尊，弟兄不得以屬通。曰「公子」者，其本當稱者也；曰「弟」者，因事而特稱之也。所以然者，諸侯非始封之君，則臣諸父昆弟，族人不得以其屬戚君也。會于虢，尋宋之盟，而經何以不書？在宋之盟，楚人先歃，若曰狎主諸侯，則懼晉之先也，故圍請讀舊書加于牲上，而晉人許之。觀其事，雖若楚重得志，晉少懦矣，然《春秋》不貴修盟，晉人以信爲本，故每書必先趙武。

三月，取鄆。

按《左氏》：「季孫宿伐莒，取鄆。莒人訴於會。楚告晉曰：『尋盟未退，而魯伐莒，瀆齊盟，請戮其使。』有欲求貨於叔孫豹而爲之請者，豹弗與，曰：『諸侯之會，衛社稷也。我以貨免，魯必受師，是禍之也，何衛之爲？雖怨季孫，魯國何罪？』趙孟聞之，請於楚曰：『魯雖有罪，其執事不辟難。子若免之，以勸左右，可也。莒、魯爭鄆，爲日久矣。苟無大害於其社稷，可無亢也。』乃免叔孫。」其不曰「伐莒取鄆」者，乘莒亂而取邑，故不悉書，爲内諱也。

夏，秦伯之弟鍼出奔晉。

按《左氏》：「秦后子有寵於桓，如二君於景。其母曰：『弗去，懼選。』鍼遂出奔。」書此見人君寵愛其子，不差以禮，是禍之也。鍼之適晉，其車千乘。司馬侯問焉，曰：「子之車盡於此乎？」對曰：「此謂多矣。若能少此，吾何以得見？」叔齊曰：「秦公子必歸。能知其過，必有令圖。令圖，天所贊也。」後五年，秦伯卒，后子歸。書曰「弟」者，罪秦伯也。夫后子出奔，其父禍之，而罪

秦伯，何也？《春秋》以均愛望人父，以能友責人兄。父母有愛妾，猶没身敬之不衰，况兄弟乎？兄弟翕而後父母順矣。故不曰「公子」，而特稱「秦伯之弟」云。

六月，丁巳，邾子華卒。

晉荀吴帥師敗狄于大鹵。

大鹵，太原也。按《六月》，宣王北伐之詩，其詞曰：「薄伐玁狁，至于太原。」而詩人美之者，謂不窮追遠討，及封境而止也。然則太原在禹服之内，而狄人來侵，攘斥宜矣。其過在毁車崇卒，以詐誘狄人而敗之，非王者之師耳。使後世車戰法亡，崇尚步卒，争以變詐相高，日趨苟簡，皆此等啓之矣。書「敗狄」，譏之也。

秋，莒去疾自齊入于莒。

天下國家定于一，吴、楚僭號，經不書葬，土無二王也。以忽繫之鄭，則突不稱國；以小白繫之齊，則糾不書子，國無二君也。展輿乃莒子，而去疾曷爲又以國氏乎？程氏曰：「去疾假齊之力以入莒，討展輿之罪，正也。」其以國氏，與去疾之討有罪也。此莒之公子，曷爲不稱公子？自謂先公之子，可以有國不疑，遂立乎其位而無所禀也。其書入者，難詞也。

莒展輿出奔吴。

展輿，莒子也，曷爲不稱爵？爲弑君者所立。既立乎其位而不能討賊，則是與聞乎故也，斯不可以有國矣。不可以有國，則曷爲以國氏？程氏曰：「罪諸侯之與其立也。」虢之會，展輿無列，何以見諸侯之與其立乎？莒雖以亂未能預會，然訴魯取鄆，而在會者欲執叔孫，則知諸侯之與其立矣。亦以國氏，惡崇亂也。

叔弓帥師疆鄆田。

葬邾悼公。

冬，十有一月，己酉，楚子麇卒。

按《左氏》：「楚令尹圍將聘于鄭。未出竟，聞王有疾而還。入問王疾，縊而弑之。」使赴於諸侯，應爲後之詞曰：「共王之子圍爲長。」初，圍之未動於惡，人預夏盟，緝蒲爲宫，設服離衛，中國大夫莫不知其有無君之心矣。雖以疾赴，曷爲承僞藏在諸侯之策乎？當是時，仲尼已生，將志于學，乃所見之世，非祖之所逮聞也，又曷爲因之而不革乎？曰：此《春秋》之所以爲《春秋》，非聖人莫能修之者也。薨則書薨，卒則書卒，弑則書弑，葬則書葬，各紀其實，載於簡策，國史掌之，此史官

之所同，而凡爲史者皆可及也。或薨或不薨，或卒或不卒，或弑或不弑，或葬或不葬，筆削因革，裁自聖心，以達王事，此仲尼之所獨，而游、夏亦不能與焉者也。然則郟敖實弑而書卒，何歟？令尹圍弑君以立，中國力所不加而莫能致討，則亦已矣。至大合諸侯于申，與會者凡十有三國，其臣舉六王二公之事，其君用齊桓召陵之禮，而宋向戌、鄭子産皆諸侯之良也，而皆有獻焉，不亦傷乎？若革其僞赴，而正以弑君，將恐天下後世以篡弑之賊，非獨不必致討，又可從之以主會盟，而無惡矣。聖人至此，憫之甚，懼之甚。憫之甚者，憫中國之衰微而不能振也；懼之甚者，懼人欲之横流而不能遏也。是故察微顯，權輕重，而略其篡弑以扶中國，制人欲，存天理，其立義微矣。

楚公子比出奔晉。

二年，春，晉侯使韓起來聘。

夏，叔弓如晉。

秋，鄭殺其大夫公孫黑。

按《左氏》：「鄭駟黑好在人上，攻良霄而逐之，又與公孫楚争室，又將作亂，去游氏代其位，傷疾作而不果。子産使吏數之，曰：『爾有亂心無厭，國不女堪。專伐伯有，而罪一也；兄弟争室，而罪二也；矯君之位，而罪三也。不速死，大刑將至。』遂縊而尸之。」黑則有罪，而鄭人初畏其强，不之討也，因其疾而幸勝之，則亦云殆矣。故稱國以殺，累乎上也。

冬，公如晉，至河乃復。季孫宿如晉。

按《左氏》：「晉少姜卒，公如晉，及河，晉侯使士文伯來辭，曰：『非伉儷也，請君無辱。』公還。季孫宿遂致服焉。」舉動，人君之大節，賢哲量之以行藏其道，姦邪窺之以作止其惡，四鄰視之以厚薄其情，故有國者必謹於禮而後動，此守身之本，保國之基也。禮雖自卑而尊人，亦不妄悦人以自辱。昭公既不能據經守正，失禮而妄動，又不能從權適變，無故而輕復，終後失國出奔，客死他境，蓋始諸此行矣。或曰：禮者明微，正於未動之前可也。已至于河而見卻，雖欲勿反，將得已乎？曰：以周公之胄，千乘之國，輕身以修鄰好，乃欲卻而不納，夫何敢？若曰：「敝邑褊小，敬事大國，惟恐獲戾，聞陳無宇見執於中都，謂少姜之數於守適，信也。用是不遑寧處，跋履山川，來修吊事。今若不獲進見，剪爲仇讎，他國誰敢朝夕在廷，修事大之禮乎？夫小

國之去就從違，聽大國之令也。若非伉儷，齊人請陳無宇之罪，何以令之也？苟有二命，又何以爲盟主？」如此，晉人其將謝過之不暇，敢不納乎？昭公習儀以亟，而不明乎禮，其及也宜。經書「公如晉至河乃復」、「季孫宿如晉」，而昭公失國之因，季氏逐君之漸，晉人下比之迹，不待貶絶而皆見矣。

三年，春，王正月，丁未，滕子原卒。

夏，叔弓如滕。

五月，葬滕成公。

秋，小邾子來朝。

八月，大雩。

冬，大雨雹。

北燕伯款出奔齊。

按《左氏》：「燕簡公多嬖寵，欲去諸大夫而立其寵人。燕大夫比以殺公之外嬖。公懼，奔齊。書曰『北燕伯款出奔齊』，罪之也。」君雖不君，臣不可以不臣。燕伯欲去諸大夫，固不君矣，而大夫相與比以殺其外嬖，是威脅其主而出之也，與鬻拳之以兵諫無異，而獨罪燕伯，何哉？大夫，國君之陪貳，以公心選之而不可私也，以誠意委之而不可疑也，以隆禮待之而不可輕也，以直道馭之而不可辱也，否則是忽其陪貳以自危矣。晉厲公殺三郤立胥童，而弑於麗氏；漢隱帝殺楊史立郭允明，而弑於趙村；❶衛獻公蔑冢卿而信其左右，亦奔夷儀，久而後復也。故人主不尊陪貳，而與賤臣圖柄臣者，事成則失身而見弑，事不成則失國而出奔，此有國之大戒也。《春秋》凡見逐於臣者，皆以自奔爲文，正其本之意也，而垂戒遠矣。

四年，春，王正月，大雨雹。

陰陽之氣，和而散則爲霜雪雨露，不和而散則爲戾氣曀霾。雹，戾氣也，陰脅陽，臣侵君之象。當是時，季孫宿襲位世卿，將毁中軍，專執兵權，以弱公室，故數月之閒再有大變。申豐者，季氏之孚也，不肯端言其事，故暴揚於朝，歸咎藏冰之失。夫山谷之冰，藏之也周，用之也徧，亦古者本末備舉爕調之一事耳。謂能使四時無愆伏凄苦之變，雷出不震，無菑霜雹，則亦誣矣。意者

❶「趙」，原作「蘇」，據黄修本、鄭本改。按《新五代史·周本紀》：「郭允明反，弑隱帝于趙村」。

昭公遇災而懼，以禮爲國，行其政令，無失其民，雹之災也，庶可禦也。不然，雖得藏冰之道，合於《豳風・七月》之詩，其將能乎？

夏，楚子、蔡侯、陳侯、鄭伯、許男、徐子、滕子、頓子、胡子、沈子、小邾子、宋世子佐、淮夷會于申。

申之會，楚子爲主，而不殊淮夷，是在會之諸侯皆狄也。其意也何？楚虔弑麇以立，而求諸侯於晉，晉人許之，中國從之，執徐子，圍朱方，遷賴於鄢，城竟莫校。畏其强盛，則曰「晉、楚惟天所相，不可與争」；滅陳不能救，則曰「陳亡而楚克有之，天道也」；滅蔡而又不能救，則曰「天將棄蔡以壅楚，盈而降之罰也」。至使窮凶極惡，師潰於訾梁，身竄於棘里，而縊於申亥。人不致討而天自討之，是責命于天，而以人事爲無益而弗爲也，而可乎？弑君之賊，在春秋時，有臣子討之，則衛人殺州吁是也；有四鄰討之，則蔡人殺陳佗是也。臣子不能討之於内，四鄰不能討之於外，有與之會以定其位，則齊侯及魯宣公會于平州是也；有受其賂以免於討，則晉侯及諸國會于扈是也。然至此極矣，則未有不以爲賊而又推爲盟主，相與朝事之，以聽順其所爲而不敢忤者也。故申之會不殊淮夷者，以在會諸侯皆爲夷狄之行，皆王法之所當斥，而不使夏變於夷之意也。或曰：晉叔向、鄭子産、宋向戌，皆諸侯之良也，謀其國至變於夷而不校，何哉？聖人以天自處，賢者聽天所命。《春秋》之法，以人合天不任於天，以義立命不委於命，而宇宙在其手者也。故楚麇書卒，不革其僞赴於前；諸侯會申，與淮夷累數於後。此以恕待人，而責備賢者之意，其垂訓之義大矣。

楚人執徐子。

秋，七月，楚子、蔡侯、陳侯、許男、頓子、胡子、沈子、淮夷伐吴。執齊慶封，殺之。遂滅賴。

九月，取鄫。

冬，十有二月，乙卯，叔孫豹卒。

五年，春，王正月，舍中軍。

按《左氏》：「舍中軍，卑公室也。初作三軍，三分公室，而各有其一。及其舍之也，四分公室，季氏擇二，二子

各一，皆盡征之，而貢于公。」然則三軍作舍，皆自三家，公不與焉。公室益卑，而魯國之兵權悉歸于季氏矣。兵權，有國之司命；三綱，兵政之本原。書其「作」、「舍」，而「公孫于齊」、「薨于乾侯」，定公無正，必至之理也。己則不臣，三綱淪替，南遺叛，❶陽虎專，季斯囚，而三桓之子孫微矣，亦能免乎？書曰「舍中軍」，微詞以著其罪也。

楚殺其大夫屈申。

公如晉。

夏，莒牟夷以牟婁及防、兹來奔。

邾、莒之大夫，名姓不登於史册，微也。牟夷，莒大夫，曷爲以姓氏通？重地也。以地叛，雖賤必書地，以名其人，終爲不義，弗可滅矣。其書「來奔」，是接我以利，而我入其利，兩譏之也。爲國以義不以利，如以利，則上下交征，而國必危矣；爲己以義不以利，如以利，則患得患失，亦無所不至矣。《春秋》於三叛人，雖賤特書其名，以懲不義，懼淫人，爲後戒也。邑而言及者，《公羊》所謂「不以私邑累公邑」是也。

秋，七月，公至自晉。

戊辰，叔弓帥師敗莒師于蚡泉。

秦伯卒。

冬，楚子、蔡侯、陳侯、許男、頓子、沈子、徐人、越人伐吴。

越始見經，而與徐皆得稱人，何也？吴以朱方處齊慶封，而富於其舊，崇惡也。楚圍朱方，執齊慶封殺之，討罪也。吴不顧義，入棘、櫟、麻，以報朱方之役，狄道也。楚於是以諸侯伐吴，則比吴爲善而師亦有名，其從之者，進而稱人可也。或者以詞爲主，而謂不可云「沈子、徐、越伐吴」，故特稱人，誤矣。以不可爲文詞而進人於越，一字褒貶義安在乎？且吴、楚、徐、越雖比於夷狄，而劉敞以爲其實不同。吴，太伯之後也；楚，祝融之後也；徐，伯益之後也；越，大禹之後也。其上世皆爲元德顯功，通于周室，與中國冠帶之君無以異。徐始稱王，楚後稱王，吴、越因遂稱王，王非諸侯所當稱也，故《春秋》比諸夷狄。雖然，猶不欲絶其類，是以上不使與

❶「遺」，鄭本作「蒯」。按《左傳》昭公十二年「南蒯懼不克，以費叛如齊」，當作「蒯」。

中國等，下不使與夷狄均，推之可遠，引之可來，此聖人慎絶人，亦《春秋》之意也。

六年，春，王正月，杞伯益姑卒。

葬秦景公。

夏，季孫宿如晉。

葬杞文公。

宋華合比出奔衛。

《左氏》曰：「宋寺人柳有寵，太子佐惡之。華合比請殺之。柳聞，坎、用牲、埋書，而告公曰：『合比將納亡人之族，既盟于北郭矣。』公使視之，有焉，遂逐合比。於是華亥欲代爲右師，乃與柳比，從爲之徵。公使代之。」宋公寵信閹寺，殺世適痤，而父子之恩絶；逐華合比，而君臣之義睽。刑人之能敗國亡家，亦可畏矣。猶有任趙高以亡秦，信恭、顯、十常侍以亡漢，寵王守澄、田令孜以亡唐，而不知鑒覆車之轍者，不亦悲夫！凡此類，直書而義自見矣。

秋，九月，大雩。

楚薳罷帥師伐吴。

冬，叔弓如楚。

齊侯伐北燕。

七年，春，王正月，暨齊平。

我所欲曰「及」，不得已曰「暨」。當是時，昭公結婚强吴，外附荆楚，其與齊平，無汲汲之意，乃齊求於魯而許之平也，故曰「暨」。至定公八年，魯再侵齊，結大國之怨，見復必矣，其與齊平，非不得已，乃魯求於齊而欲其平也，故曰「及」。平者，聖人之所貴。然或以賄賂而結平，或以臣下而擅平，或以附夷狄而得平，或以侵犯大國而急於平，則皆罪也。攷其事而輕重見矣。

三月，公如楚。

叔孫舍如齊涖盟。

夏，四月，甲辰，朔，日有食之。

秋，八月，戊辰，衛侯惡卒。

九月，公至自楚。

冬，十有一月，癸未，季孫宿卒。

十有二月，癸亥，葬衛襄公。

八年，春，陳侯之弟招殺陳世子偃師。

此公子招，特以弟稱者，著招憑寵稔惡，而陳侯失親親之道也。招以公子爲司徒，乃貴戚之卿，親則介弟，尊則叔父，號令廢立，自己而出，莫敢干之者也。不能援立嫡冢，安靖國家，而逢君之惡，戕殺偃師，以致大寇，宗社覆没，罪固大矣。陳侯信愛其弟，何以爲失親親乎？尊賢者，親親之本，不能擇親之賢者，厚加尊寵以表儀公族，而狥其私愛，施於不令之人，以至亡國敗家，豈不失親親之道乎？其曰「陳侯之弟招殺陳世子偃師」，交貶之也。

夏，四月，辛丑，陳侯溺卒。

叔弓如晉。

楚人執陳行人干徵師殺之。

陳公子留出奔鄭。

秋，蒐于紅。

蒐，春事也，秋興之則違天時；有常所矣，其于紅則易地利。三家專行，公不與焉，而兵權在臣下，則悖人理。此亦直書其事，不待貶絶而自見者也。凡亂臣之欲竊國命，必先爲非禮以動民，而後上及於君父。昭公至是，民食於他，不恤其所，昧於履霜之戒甚矣。

陳人殺其大夫公子過。

大雩。

冬，十月，壬午，楚師滅陳。執陳公子招，放之于越。殺陳孔奂。

葬陳哀公。

九年，春，叔弓會楚子于陳。

許遷于夷。

夏，四月，陳災。

凡外災，告則書。今楚已滅陳，夷於屬縣，使穿封戌爲公矣，必不遣使告於諸侯，言亡國之有天災也，何以書於魯國之策乎？當是時，叔弓與楚子會于陳，則目擊其事矣，雖彼不來告，此不往吊，叔弓使畢而歸，語陳故也，魯史遂書之耳。或曰：國史所書，必承赴告，豈有憑使人之言而載之於史者？曰：周景王崩，有尹、單、猛、朝之變，固無赴告矣，叔鞅至自京師，言王室之亂也。《春秋》承其言，遂書於策，亦此類爾。仲尼作經，存而弗革者，蓋興滅國、繼絶世，以堯、舜、三代公天下之心爲心，異於孤秦罷侯置守，欲私一人以自奉者，所

以歸民心合天德也。《穀梁》以爲「存陳」，得其旨矣。

秋，仲孫貜如齊。

冬，築郎囿。

十年，春，王正月。

夏，齊欒施來奔。

秋，七月，季孫意如、叔弓、仲孫貜帥師伐莒。

前已舍中軍矣，曷爲猶以三卿並將乎？季氏毁中軍，四分公室擇其二，二家各有其一。至是，季孫身爲主將，二子各率一軍爲之副，則三軍固在。其曰舍之者，特欲中分魯國之衆爲己私耳，以爲復古則誤矣。襄公以來，既作三軍，地皆三家之土，民皆三家之兵，每一軍出，各將其所屬，而公室無與焉。是知雖舍中軍，而三卿並將，舊額固存矣。

戊子，晉侯彪卒。

九月，叔孫舍如晉。

葬晉平公。

十有二月，甲子，宋公成卒。

十有一年，春，王二月，叔弓如宋。

葬宋平公。

夏，四月，丁巳，楚子虔誘蔡侯般，殺之于申。

楚公子棄疾帥師圍蔡。

《左氏》曰：「楚子在申，召蔡侯。其大夫曰：『王貪而無信，幣重言甘，誘我也，不如無往。』蔡侯不可。楚子伏甲饗般於申，執而殺之。」此討賊也，雖誘殺之，疑若無罪，《春秋》深惡楚子，貶而稱名，何也？世子般弑其君，諸侯與通會盟十有三年矣，是中國變爲夷狄而莫之覺也。楚子若以大義唱天下，奉詞致討，執般於蔡，討其弑父之罪，而在宫者無赦焉；討其弑君之罪，而在官者無赦焉。殘其身，瀦其宫室，謀於蔡衆，置君而去，雖古之征暴亂者不越此矣，又何惡乎？今虔本心欲圖其國，不爲討賊舉也，而又挾欺毁信，重幣甘言，詐誘其君，執而殺之，肆行無道，貪得一時，流毒於後。棄疾以是殺戎蠻，商鞅以是紿魏將，秦人以是刼懷王。傾危成俗，天下大亂，劉、項之際，死者十九，聖人深惡楚虔而名之也，其慮遠矣。後世誅討亂臣者，或畏其强，或幸其弱，不以大義興師，至用詭謀詐力，徼倖勝之。若事

之捷，反側皆懼；苟其不捷，適足長亂，如代宗之圖思明，憲宗之紿王弁，昧於《春秋》垂戒之旨矣。

五月，甲申，夫人歸氏薨。

大蒐于比蒲。

其曰「大蒐」，越禮也。君有重喪，國不廢蒐，不忌君也。三綱，軍政之本，君執此以御其下，臣執此以事其上，政之大本於是乎在。君有三年之慼，而國不廢一日之蒐，則無本矣。然則君有重喪，喪不貳事，以簡車徒爲非禮也，乃有身從金革而無避者，獨何歟？曰：喪不貳事，大比而簡車徒，則廢其常可也。有門庭之寇，而宗廟社稷之存亡係焉，必從權制而無避矣。伯禽服喪，徐夷並興，至于東郊，出戰之師與築城之役同日並舉，度緩急輕重，蓋有不得已焉者矣。晉王克用薨，梁兵壓境，而莊宗決勝於夾寨；周太祖殂，契丹入寇，而世宗接戰於高平。若此者，君行爲顯親，非不顧也；臣行爲愛君，非不忌也。惟審於緩急輕重之宜，斯可矣。

仲孫貜會邾子盟于祲祥。

秋，季孫意如會晉韓起、齊國弱、宋華亥、衛北宮佗、鄭罕虎、曹人、杞人于厥慭。

按《左氏》：「楚師在蔡，晉荀吴曰：『不能救陳，又不救蔡，物無以親，己爲盟主而不恤亡國，將焉用之？』會于厥慭，謀救蔡也。使狐父請蔡于楚，弗許。」文十五年，晉靈公帥八國之諸侯盟于扈，《春秋》略而不序者，謀伐齊而不克定其亂也。襄公三十年，叔孫豹會十二國之大夫于澶淵，諸國之大夫皆稱人，魯卿諱而不書者，視蔡亂而不能討其賊也。今楚將滅蔡，請于楚而弗許，晉之不能亦可知矣，曷爲諸國猶序而大夫無貶乎？扈之盟，晉侯受賂，弗克而還，諸侯略而不序，亡義利之分也；澶淵之會，謀救宋災而不討蔡罪，大夫貶而稱人，魯卿諱而不書，失重輕之別也。亡義利之分爲不仁，失重輕之別爲不智。今晉與諸侯心欲救蔡而力弗加焉，則無惡也。凡此見《春秋》明義利，審重輕，以恕待人而不求其備矣。

九月，己亥，❶葬我小君齊歸。

冬，十有一月，丁酉，楚師滅蔡，執蔡世子有以歸，用之。

---

❶「己」，原作「乙」，據鄭本改。按三傳皆作「己」。

內入國而以其君來，外滅國而以其君歸，皆服而以之，易詞也。既書「滅蔡」矣，又書「執蔡世子有」者，世子無降服之狀，强執以歸而虐用之也。或以爲「未踰年之君，其稱世子者，不君靈公，故不成其子」，非也。楚虔殺蔡般，棄疾圍其國，凡八月而見滅，世子在窮迫危懼之中，固未暇立乎其位，安得以爲未踰年之君而稱子也？假使立乎其位，而般死於楚，其喪未至，不斂不葬，世子亦不成乎爲君矣。然世子，繼世有國之稱，必以此稱「蔡有」者，父母之仇不與共天下，與民守國，効死不降，至於力屈就擒，虐用其身而不顧也，則有之爲世子之道得矣。

十有二年，春，齊高偃帥師納北燕伯于陽。

三月，壬申，鄭伯嘉卒。

夏，宋公使華定來聘。

公如晉，至河乃復。

五月，葬鄭簡公。

楚殺其大夫成熊。

秋，七月。

冬，十月，公子慭出奔齊。

楚子伐徐。

晉伐鮮虞。

《左氏》曰：「晉荀吴僞會齊師者，假道鮮虞，遂入昔陽。」冬書「晉伐鮮虞」，❶狄之也。獻公假道於虞以滅虢，因執虞公，則以師與人稱之。今晉雖爲諼，固可罪也，而狄之，不亦過乎？楚奉孫吴討陳，因以滅陳，誘蔡般殺之，因以滅蔡。晉人視其殘虐莫能救，則亦已矣，而効其所爲以伐人國，是中國居而夷狄行也。人之所以爲人，中國之所以爲中國，信義而已矣。一失則爲夷狄，再失則爲禽獸。禽獸逼人，人將相食。自春秋末世，至于六國亡秦，變詐並興，傾危成俗，河決魚爛，不可壅而收之，皆失信棄義之明驗也。《春秋》謹嚴於此，制治未亂，拔本塞源之意，豈曰過乎？

❶「冬」，黃修本作「經」。

春秋傳卷第二十五

昭公中

十有三年，春，叔弓帥師圍費。

費，内邑也。命正卿爲主將，舉大衆圍其城，若敵國然者，家臣强，大夫弱也。《語》不云乎：「有一言可以終身行之者，其恕矣夫！己所不欲，勿施於人。」所惡於下者，無以事上也；所惡於上者，無以使下也，然後家齊而國治矣。季孫意如，以所惡於下者事其上，而不忠於其君；以所惡於上者使其下，而不禮於其臣。出乎爾者反乎爾，宜南蒯之及此也。《春秋》之法，不書内叛，反求諸己而已矣。其書「圍費」，欲著其實，不没之也。

夏，四月，楚公子比自晉歸于楚，弑其君虔于乾谿。

楚師伐徐，楚子虔次于乾谿爲之援，公子棄疾君陳、蔡，主方城之外。有觀從者，率群失職，以棄疾命，召比于晉，既至，脅比而立之，令于乾谿曰：「先至者復其田里。」師潰而歸，楚子經而死。或曰：昭元年楚虔弑立，比出奔晉；十三年比歸，而虔縊于棘圍，則比未嘗一日北面事虔爲之臣。虔又弑立，固非比之君矣，而書曰「比弑其君虔」，何也？曰：凡去國出奔，而君不以爲臣，則晉於欒盈是也；臣不以爲君，則公子鱄於衛是也。若去國雖久，而爵禄有列於朝，出入有詔於國，不掃其墳墓，不收其田里，不係纍其宗族，即君臣之分猶在也。比雖奔晉，而晉人以羈待比，以國底禄，固楚之亡公子也。楚又未嘗錮之，如晉之於欒盈；比又未嘗不向楚而坐，如子鮮之於衛，安得以爲比非楚臣，而虔非比之君乎？《春秋》書「比弑其君虔」，明於君臣之義也。或曰：虔弑郟敖以立，比之獲罪，豈其無討賊之心，而徒貪夫位歟？曰：《春秋》罪比不明乎君臣之義，不責其無討賊之心。夫比雖當次及之序，而棄疾亦居楚國之常。以取國言之，比具五難而棄疾有五利，此事之變也。爲比者宜乎効死不立，若國有所歸，爲曹子

臧、魯叔肸，不亦善乎？ 不然，身居令尹，都貴戚之卿，爲社稷鎮，亂不自已，亦可也。 今乃脅於勢而忘其守，怵於利而忘其義，被之大惡，欲辭而不可得矣。 爲人臣而不知《春秋》，守經事而不知其宜，遭變事而不知其權者，若此類是也。 悲夫！ 聖人垂戒之意明矣。

楚公子棄疾殺公子比。

棄疾立比爲王，而己爲司馬。 固君比矣，而又殺之，則宜書曰「棄疾弑其君比」，而曰「殺公子比」，何也？ 初，子干歸自晉，觀從假棄疾命而召之來則來，坎牲加書而强之盟則盟，帥四族衆而使之入楚則入，殺太子禄而立之爲王則王，周走而呼於國中，謂衆怒如水火而逼之自殺則自殺。 其行止遲速，去就死生，皆觀從與國人所爲，而比未嘗可否之也，安得爲棄疾之君乎？ 然比兄也，黑肱弟也，棄疾其季弟也。 立比爲王，肱爲令尹，疾爲司馬，蓋國人以長幼之序立之也，則宜書曰「楚人殺比」。 而《春秋》變文，歸獄棄疾者，誅其本意在於代比，而非討之也。 所謂輕重之權衡，曲直之繩墨，而懷惡者亦無所隱其情矣。

秋，公會劉子、晉侯、齊侯、宋公、衛侯、鄭伯、曹伯、莒子、邾子、滕子、薛伯、杞伯、小邾子于平丘。

按《左氏》：「晉成虒祁，諸侯朝而歸者皆有貳心。 齊侯往朝于晉，燕而投壺，曰：『寡人中此，與君代興。』晉人知其亦將貳也。 叔向曰：『諸侯不可以不示威。』乃並徵會。 治兵于邾南，甲車四千乘，遂合諸侯于平丘。」方是時，楚人暴横，陵蔑中華，在宋之盟，爭晉先歃，及虢之會，仍讀舊書。 遂召諸侯爲申之舉，遷賴於鄢，縣陳滅蔡。 此乃敵國外患，臨深履薄，恐懼省戒之時。 其君當倚於法家拂士，以德修國政；其臣當急於責難陳善，以禮格君心。 內結夏盟，外攘夷狄，復悼公之業，若弗暇也。 今乃施施然安於不競，無憤耻自强之志，惟宮室臺榭是崇是飾，及諸侯皆貳，顧欲示威徵會，而以兵甲耀之，不亦末乎？ 《春秋》之法，制治于未亂，保邦于未危，貴事之預，耻以苟成而不要諸道者也。 是以深惡此會，如下文所貶云。 明其義者，然後知仲尼作經，於一臺囿之築、一宮室門觀之作，必謹而書，以重民力，其弭亂持危，固結人心之慮遠矣。

八月，甲戌，同盟于平丘。

按《左氏》：「晉將尋盟，齊人不可。叔向曰：『諸侯有間矣，不可以不示衆。』辛未，治兵，建而不旆。壬申，復旆。諸侯畏之。辭諸魯，曰：『寡君有甲車四千乘在，雖以無道行之，猶必可畏。牛雖瘠，僨於豚上，其畏不死？南蒯、子仲之憂，庸可棄乎？若奉晉之衆，間其二憂，何求而弗克？請君無勤。』魯人聽命。甲戌，同盟于平丘。」其書「同盟」者，劉子與盟，同懼楚也。會與盟同地，再書「平丘」者，書之重，詞之複，其中必有美惡焉。見行事之深切著明，故詞繁而不殺也。是盟蓋或善之，而以爲惡，何哉？盟雖衰世之事，然有定人道之大倫者矣；有備天子之明禁者矣；有束牲不歃，相命而信自喻者矣；有納斥候，禁侵掠，誠格而不復叛者矣。其次猶以載書詞命，相爭約於大神而不敢越者，則未聞主盟中國，奉承齊犧，而矜其威力，恐迫諸侯，又信蠻夷之訴，絶兄弟之歡，❶求逞私憤，間其憂疑。如此盟者，流及戰國，强衆相誇，恫疑恐喝，恣行陵暴，死者十九，積習所致，有自來矣。《春秋》，禮義之大宗也，曾是以爲善乎？詞繁而不殺，則惡其競力不道，爲後世鑒也。

公不與盟。

臣子之於君父，隱諱其恥，禮也。十二國會于平丘，公獨見辭不得與盟，斯亦可恥矣，曷爲直書其事而不隱也？晉主此盟，德則不競，而矜兵甲之威，肆脅持之術，以諸侯上要天子之老而歃血，以中國同惴夷狄篡立之主而結盟，無禮義忠信誠慤之心，而以威詐涖之。具此五不韙者，得不與焉，幸也。聖人筆削《春秋》，凡魯君可恥者，必爲之隱諱。至會于沙隨而公不得見，盟于平丘而公不得與，自衆人常情，必深沮喪以爲辱矣。仲尼推明其故，自反而縮，雖晉國之嚴不可及也。彼以其威，我以其理；彼以其勢，我以其義。夫何歉乎哉？❷直書其事，示後世立身行己之道也，其垂訓之用大矣。

晉人執季孫意如以歸。

稱人以執，非伯討也。自文以來，公室微弱，三家專魯，而季氏罪之首也。宿及意如尤爲强逼，元年伐莒疆鄆，十年伐莒取郠，中分魯國以自封殖，而使其君民食於家，其不臣甚矣，何以爲非伯討乎？晉人若按邾、莒所訴有無之狀，究南蒯、子仲奔叛之因，告於諸侯，以其罪

❶「歡」，原作「勸」，今據黄修本、鄭本改。

❷「歉」，鄭本作「慊」。

執之；請於天子，以大義廢之；選於魯卿，更意如之位；收斂私邑，爲公室之民，使政令在君，三家臣順，則方伯之職修矣。今魯與邾通好，亦不朝夕伐莒，而鄟、鄆之故，又非昭公意也，徒以邾、莒之言曰「我之不共，魯故之以」，遂辭魯君而執意如，則是意在貨財，而不責其無君臣之義也，何得爲伯討乎？稱人以執，罪晉之偷也。

公至自會。

蔡侯廬歸于蔡。陳侯吴歸于陳。

楚虔遷六小國於荆山，又滅陳、蔡而縣之。及棄疾即位，復諸遷國，封蔡及陳。隱太子有之子廬歸于蔡，悼世子偃師之子吴歸于陳。曰「歸」者，順詞也。陳、蔡昔皆滅矣，不稱「復歸」者，不與楚虔之得滅也。其稱「歸于」者，國其所宜歸也。廬與吴皆亡世子之子也，而棄疾封之，可謂有奉矣。不言「自楚」者，不與楚子之得封也。其稱「侯」者，位其所固有也。陳，列聖之後。蔡，王室之親。見滅於楚虔，而諸侯不能救；復封於棄疾，而諸侯不能與，是以夷狄制諸夏也。聖人至是懼之甚，蓋有不得已焉。制《春秋》爲後法，大要皆天子之事也，其義則以公天下爲心。興滅國，繼絶世，異於自私其身，欲擅而有之者也，故書法如此。爲天下國家而不封建，欲望先王之治，難矣。

冬，十月，葬蔡靈公。

公如晉，至河乃復。

吴滅州來。

十有四年，春，意如至自晉。

按《左氏》：「季孫猶在晉，子服惠伯私於中行穆子曰：『魯事晉，何以不如夷之小國？土地猶大，所命能具。若爲夷棄之，使事齊、楚，何瘳於晉？』乃歸季孫。」其始執之，爲乏邾、莒之供，而非有扶弱擊强之義也；其終歸之，爲土地猶大，所命能具，而非有不能救蔡，爲夷執親之悔也。然則晉人喜怒皆以利發，其勸沮皆以利行，違道甚矣，故平丘之會深加貶斥。自是而後，諸侯不合二十餘年。至于召陵，又以賄敗，十有八國之諸侯，而書「侵楚」以譏之。於是晉日益衰，外攜内叛，不復振矣。利之能敗人國家乃如此，《春秋》之深戒也。

三月，曹伯滕卒。

夏，四月。

秋，葬曹武公。

八月，莒子去疾卒。

卒自外録者也，莒人來赴，故魯史書其卒；葬自内録者也，魯人不往，是以闕其葬。自昭公以來，雖薛、杞微國，無不會其葬者，何獨於莒則不往乎？方是時，意如專政，而莒嘗訴其疆鄆取郠之罪于方伯而見執矣，爲是怒莒，故獨不會其葬也。夫怨不棄義，惡不忘親，怒不廢禮。在桓公時，雖與衛戰，而宣公卒則往葬之，不以私故，絶吉凶慶吊往來施報之常禮也，以此見意如之專恣矣。若意如者，其傲很修怨，敢施於昭公與莒子，及其在晉，聞除館西河，則恐懼逃歸如一匹夫，何也？小人無禮，喜怒勇怯不中節，皆若是耳。苟不遠之，其能國乎？

冬，莒殺其公子意恢。

十有五年，春，王正月，吴子夷末卒。

二月，癸酉，有事于武宫。籥入，叔弓卒，去樂卒事。

《左氏》曰：「禘于武宫。叔弓莅事，籥入而卒。去樂卒事。」有事於宗廟，聞大夫之喪，則去樂而祭，可乎？按《曾子問》：「君在祭不得成禮」者，夫子語之詳矣，而無有及大臣者，是知祭而去樂不可也。有事於宗廟，遭大夫之變，則以聞可乎？按《禮》，衛有太史柳莊寢疾，君曰：「若疾革，雖當祭必告。」是知祭而以聞不可也。禮莫重於當祭，大夫有變而不以聞，則内得盡其誠敬之心於宗廟，外全隱卹之意於大臣，是兩得之也。然則有事於宗廟，大臣莅事，籥入而卒於其所，則如之何？禮雖未之有，可以義起也。有事於宗廟，大臣莅事，籥入而卒於其所，去樂卒事，其可也。緣先祖之心，見大臣之卒，必聞樂不樂；緣孝子之心，視已設之饌，必不忍輕徹。故去樂而卒事，其可也。宗廟合禮者，常事不書。苟以爲可，則《春秋》何書乎？此記禮之變而書之者也。

夏，蔡朝吴出奔鄭。

朝吴，蔡之忠臣，雖不能存蔡而能復蔡，其從於棄疾者，謂蔡滅而棄疾必能封之也。棄疾以其忠於舊君而信之，使居舊國，可謂知所信矣。則曷爲出奔？費無極害其寵也。無極，楚之讒人，去朝吴，出蔡侯朱，喪太子建，殺連尹奢，屏王耳目，使不聰明，卒使吴師入郢，辱及宗廟。讒人爲亂，可不畏乎？爲國有九經而尊賢爲

上，勸賢有四事而去讒爲首。志朝吴出奔，而入郢之師兆矣。然朝吴身居舊國，處危疑之地，苟有譖之者，則王不能無動也。能以忠信自任而杜讒諂之謀，則善矣。而費無極乃語之曰：「子亦長矣，而在下位，辱也。」欲爲之請。以名利累其心而莫之覺，不智亦甚矣。故特書其「出奔」以罪吴，爲後戒也。

六月，丁巳，朔，日有食之。

秋，晉荀吴帥師伐鮮虞。

晉滅潞氏、甲氏，及再伐鮮虞，皆用大夫爲主將，而或稱人，或稱國，或稱其名氏，何也？以殄滅爲期而無矜惻之意則稱人，見利忘義而以狄道欺詐行之則稱國，以正兵加敵而不納其叛臣則稱名氏。夫稱其名氏，非褒之也，纔免於貶耳，而《春秋》用兵禦狄之略咸見矣。

冬，公如晉。

十有六年，春，齊侯伐徐。

楚子誘戎蠻子殺之。

楚子之誘一也，或名或不名者，虔欲滅中國，而棄疾討蠻氏，謹華夷之辨也。蔡侯與蠻子之見殺一也，或名不名者，❶蔡般弑父與君，蠻氏亂而無質，其罪之輕重亦差矣。

夏，公至自晉。

《左氏》曰：「公如晉，平丘之會故也。」至是始歸者，晉人止公。其不書，諱之也。昭公數朝于晉，三至于河而不得入，兩得見晉侯，又欲討其罪而止旃，其困辱亦甚矣。在《易》之《困》曰「困，亨」者，因困窮而致亨也。夫困於心，衡於慮，而後得；❷徵於色，發於聲，而後喻。此正憤悱自强之時，而夏少康、衛文公、越勾踐、燕昭王四君子者，由此其選也。今昭公安於危辱，無激昂勉勵之志，即所謂自暴自棄，不可與有爲，而人亦莫之告矣，不亦悲乎？諱而不書，深貶之也。

秋，八月，己亥，晉侯夷卒。

九月，大雩。

季孫意如如晉。

冬，十月，葬晉昭公。

❶「不」上，黄修本、鄭本有「或」字。

❷「得」，黄修本作「作」。按此引《孟子・告子下》，原文作「作」。

十有七年，春，小邾子來朝。

夏，六月，甲戌，朔，日有食之。

秋，郯子來朝。

八月，晉荀吴帥師滅陸渾之戎。

林父之於潞氏，士會之於甲氏，荀吴之於陸渾戎，皆滅之也。而林父、士會稱人，❶荀吴舉其名氏，何哉？夷不亂華，陸渾之戎密邇王室，而縱之雜處，則非膺戎狄、別内外之義也，與闢土服遠以圖强霸則異矣。然舉其名氏，非褒詞也，纔得無貶耳，則窮兵於遠，虚内事外者，可知矣。

冬，有星孛于大辰。

大辰，心也。心爲明堂，天子之象，其前星太子，後星庶子。孛星加心，象天子適庶將分争也。後五年，景王崩，王室亂，劉子、單子立王猛，尹氏、召伯立子朝，歷數載而後定。至哀十三年，「有星孛于東方」。不言宿名者，不加宿也。當是時，吴人僭亂，憑陵上國，日敝於兵，暴骨如莽，其戾氣所感，固將壅吴而降之罰也，故氛祲所指在於東方。假手越人，吴國遂滅，天之示人顯矣，史之有占明矣。

楚人及吴戰于長岸。

言戰不言敗，勝負敵也。楚地五千里，帶甲數十萬，戰勝諸侯，威服天下，本非吴敵也。惟不能去讒賤貨，使費無極以讒勝，囊瓦以貨行，而策士奇才爲敵國用，故日以侵削。至雞父之師，七國皆敗；柏舉之戰，國破君奔，幾於亡滅。吴日益强而楚削矣。是故爲國必以得賢爲本，勸賢必以去讒賤貨爲先。不然，雖廣土衆民，不足恃也。攷其所書本末强弱之由，其爲後世戒明矣。

十有八年，春，王三月，曹伯須卒。

夏，五月，壬午，宋、衛、陳、鄭災。

按《左氏》：「鄭災，子産臨事而備，至于書焚室而寬其征，與之材。三日哭，國不市。使行人告於諸侯。宋、衛皆如是。陳不救火，許不吊災，君子以是知陳、許之先亡也。初，裨竈言於子産：『宋、衛、陳、鄭將同日火，若我用瓘斝玉瓚，鄭必不火。』子産弗與。及鄭既災，竈

❶「會」下，鄭本有「稱師」二字。按宣公十五年「晉師滅赤狄潞氏」，則荀林父滅潞氏稱師。

曰：『不用吾言，鄭又將火。』鄭人請用之。子產不可，曰：『天道遠，人道邇，非所及也，何以知之？』亦不復火。」裨竈所言，蓋以象推，非妄也。而鄭不復火者，子產當國，方有令政，此以德消變之驗矣。是知吉凶禍福固有可移之理，古人所以必先人事而後言命也。

六月，邾人入鄅。

秋，葬曹平公。

冬，許遷于白羽。

十有九年，春，宋公伐邾。

按《左氏》「宋公伐邾，圍蟲，取之」，而經不書圍與取，何也？初，「鄅人藉稻，邾人襲鄅，盡俘之。鄅子曰：『余無歸矣。』從帑於邾。邾子反其夫人而舍其女。夫人，宋向戌之女也，故向寧請師。圍蟲，取之，盡歸鄅俘」。此所謂聲罪執言之兵。歸鄅之俘，其善意也，故書「伐邾」而釋其取邑之罪，此亦善善長、惡惡短之義。

夏，五月，戊辰，許世子止弑其君買。

按《左氏》：「許悼公瘧。戊辰，飲世子止之藥，卒。」書曰「弑其君」者，止不嘗藥也。古者醫不三世，不服其藥。夫子之所慎者三，疾居其一。季康子饋藥，曰：「丘未達，不敢嘗。」敬慎其身如此也，而於君父可忽乎？君有疾飲藥，臣先嘗之；父有疾飲藥，子先嘗之，蓋言慎也。止不擇醫而輕用其藥，藥不先嘗而誤進於君，是有忽君父之心而不慎矣。自小人之情度之，世子弑君，欲速得其位，而止無此心，故曰「我與夫弑者，不立乎其位」，哭泣歠飦粥，嗌不容粒，未逾年而卒。無此心，故被以大惡而不受。自君子聽之，止不嘗藥，是忽君父之尊而不慎也，而止有此心，忽君父之尊而不慎，此篡弑之萌，堅冰之漸，而《春秋》之所謹也。有此心，故加以大惡而不得辭。書「許世子止弑君」，乃除惡於微之意也。而或者顧以操刃而殺，與不躬進藥及進藥而不嘗，三者罪當殊科，疑於三傳之說，則誤矣。必若此言，夫人而能爲《春秋》，奚待於聖筆乎？墨翟兼愛，豈其無父？楊朱爲我，豈其無君？孟軻氏辭而闢之，以爲禽獸逼人，人將相食，後世推明其功不在禹下，未有譏其過者。知此說，則知止不嘗藥《春秋》以爲弑君之意矣。

己卯，地震。

秋，齊高發帥師伐莒。

冬，葬許悼公。

何以書葬？穀梁子曰：「不使止爲弑父也。」其説曰：「子既生，不免乎水火，母之罪也。羈貫成童，不就師傅，父之罪也。就師學問無方，心志不通，身之罪也。心志既通，而名譽不聞，友之罪也。名譽既聞，有司不舉，有司之罪也。有司舉之，王者不用，王者之過也。許世子止不知嘗藥，累及許君也。」觀止自責，可謂有過人之質矣。乃至以弑君獲罪，此爲人臣子而不知《春秋》之義者也。古者太子，自其初生固舉以禮，有司端冕，見之南郊，過闕則下，過廟則趨，爲赤子而其教已有齊肅敬慎之端矣。此《春秋》訓臣子除惡於微、積善於早之意也。

二十年，春，王正月。

夏，曹公孫會自鄸出奔宋。

奔未有言自者，此其言自何？劉敞曰：「待放也。古者大夫有罪，待放於其境三年，君賜之環則復，賜之玦則去。踰境，則爲位向國而哭，素衣、裳、冠，不説人以無罪。此去國之禮。」曹無大夫，其曰公孫，賢之也。待放而後出奔，臣子常禮，免於貶足矣，而何以賢之？爲公子喜時之後賢之也。喜時者，曹之社稷鎮公子，能以國讓，不取乎爲諸侯，所謂子臧是也。《春秋》之義，善善也長，惡惡也短；善善及子孫，惡惡止其身。以其賢者之後，苟可善焉，斯進之矣。此《舜典》「罰弗及嗣，賞延于世」之意也。後世議者有乞録用賢者之類，功臣之世，蓋得《春秋》之旨矣。

秋，盜殺衛侯之兄縶。

《左氏》以爲齊豹殺之也：「齊豹爲衛司寇，守嗣大夫，其書爲『盜』，所謂求名而不得者也。若艱難其身，以險危大人，而有名章徹，攻難之士將奔走之。」臣竊以爲，仲尼書斷此獄，罪在宗魯。宗魯，孟縶之驂乘也，於法應書曰「盜」，非求名而不得者也。天下豈有欲求險危大人之惡名，而聖人又靳此名而不與者哉？然則齊豹首謀作亂，宗魯雖預聞行事，又以身死之矣，今乃釋豹不誅，而歸獄於宗魯，不亦頗乎？曰：豹之不義，夫人皆知之也。若宗魯欲周事豹而死於公孟，蓋未有知其罪者，故琴張聞其死，將往吊之。仲尼曰：「齊豹之盜，孟縶之賊，汝何吊焉？」非聖人發其食姦、受亂，蓋不義犯非禮之罪，書於《春秋》，則齊豹所畜養之盜，孟縶所

見殺之賊，其大惡隱矣。

冬，十月，宋華亥、向寧、華定出奔陳。

十有一月，辛卯，蔡侯廬卒。

二十有一年，春，王三月，葬蔡平公。

夏，晉侯使士鞅來聘。

宋華亥、向寧、華定自陳入于宋南里以叛。

按《左氏》：「初，宋元公無信多私，而惡華、向。三大夫謀曰：『亡愈於死，先諸？』乃誘群公子殺之。公如華氏請焉，弗許，遂劫公，取太子及其母弟以爲質。公怒，攻之。華、向奔陳，至是入于南里以叛。」凡書叛，有入于戚者，而不言衛；有入于朝歌者，而不言晉；有入于蕭者，而不言宋。此獨稱「宋南里」，何也？戚與朝歌及蕭，皆其所食私邑也。若南里，則宋國城内之里名也。傳稱「華氏居盧門南里以叛，❶而宋城舊鄘及桑林門以守」，是華氏與宋分國而居矣。故其入其出，皆以南里繫之宋，此深罪叛臣逼脅其君已甚之詞也。

秋，七月，壬午，朔，日有食之。

八月，乙亥，叔輒卒。

冬，蔡侯朱出奔楚。

公如晉，至河乃復。

❶「南里以叛」，按《左傳》昭公二十一年作「以南里叛」。

春秋傳卷第二十六

昭公下

二十有二年，春，齊侯伐莒。

宋華亥、向寧、華定自宋南里出奔楚。

華、向誘殺群公子，又刧其君，取其太子母弟爲質，又求助於吴、楚蠻夷，入披其國都以叛，此必誅不赦之賊也。宋宜竭力必討之於内，諸侯宜協心必救之於外，楚子宜執叛臣之使而戮之於境。今楚人釋君而臣是助，諸侯之戍，怠於救患，固請逸賊，而宋又從之，則皆罪也。故晉荀吴、齊苑何忌、衛公子朝、曹大夫皆略而不書，其曰「自宋南里」者，譏宋之縱釋有罪，不能致討。「出奔楚」者，不待貶絶而亢不衷、奬亂人之惡自見矣。

大蒐于昌間。

昭公之時，凡三書蒐，或以非其時，或以非其地，而大意在權臣專行，公不與也。三綱，軍政之本。古者春蒐、夏苗、秋獮、冬狩，皆於農隙以講事，而所主者，明貴賤、辨等列、順少長、習威儀，則皆納民於軌物，而非馳射擊刺之末矣。是故觀于有莘，少長有禮，知可用也，而文公遂霸；臨于洛陽，袒而發喪，爲義帝也，而漢祖遂王。今魯國，其君則設兩觀，乘大輅；其臣則八佾舞於庭，旅太山，以《雍》徹；其宰則據大都，執國命，而軍政之本亡矣，何以蒐爲？此《春秋》所書，爲後戒之意也。

夏，四月，乙丑，天王崩。

六月，叔鞅如京師。

葬景王。

王室亂。

何言乎「王室亂」？王者以天下爲家，則以京師爲室。京師者，本也。周公作《立政》曰：「迪惟有夏，乃有室大競。」其作《鴟鴞》詩以遺成王，亦曰：「既取我子，無毁我室。」皆指京師言之也。以京師爲室，王畿爲堂，諸

夏爲廷户，❶四夷爲藩籬。治外者先自内，治遠者先自近，本亂而末治者，否矣。景王寵愛子朝，使孽子配適，以本亂者。其言「王室」，譏國本之不正也。本正而天下定矣。唐虞公天下，則相禪而與賢；三代家天下，則相繼而與子。《春秋》兼帝、王之道，可公也，則以達節爲權，故季札辭國貶而稱名；可家也，則以居正爲大，故莊公始生即書于策。鄭突歸而不氏以國，陽生入而得係於齊，此皆正本以及天下之義也。其義苟行，無易樹子，王室豈有亂離之禍乎？《春秋》書「子同生」於前，而記「王室亂」於後，其爲來世法戒明矣。

劉子、單子以王猛居于皇。

凡稱「以」者，不以者也。師而曰「以」，能左右之也；地而曰「以」，能取與之也；人而曰「以」，能死生之也。尊不以乎卑，貴不以乎賤，大不以乎小。劉蚠、單旗，臣也，曷爲能以王猛乎？猛無寵於景王，不能自定其位，制在劉、單，其曰「以」者，能廢立之也。按《左氏》，景王太子壽以昭十五年卒，至是八年矣。猛與匄皆其母弟，禮無疑於當立，然久而未立者，王愛庶子朝，欲立以爲嗣。未果而王崩，故諸大臣競立君，諸王子爭欲立。以正則有猛，以寵則有朝。猛雖正而無寵，其威不足以懾群下；朝雖寵而不正，其分不足以服人心。二子廢立，皆恃大臣强弱而後定者也，故特稱曰「以」，而景王之弱其後嗣、輕其宗社之罪亦著矣。《易》曰：「王居無咎。」稱「居于皇」者，明其有土，當得位之稱也。

秋，劉子、單子以王猛入于王城。

猛未踰年，何以稱王？示當立也。既當立矣，何以稱名？明嗣君也。曰「王猛」者，見居尊得正，又以别乎諸王子也。君前臣名，劉、單不名而王名，不嫌於倒置乎？曰：君前臣名，常禮也。禮當其變，臣有不名，名其君而不嫌者矣。王不當稱，未踰年而稱王；名不當稱，立爲君而稱猛，皆禮之變也。惟可與權者，能知其變而不越乎道之中。再書劉子、單子之「以王」，何也？《春秋》詞繁而不殺者，必有美惡焉。劉子、單子蓋挾天子以令諸侯而專國柄者也。書而未足，故再書于策，以著上下舛逆，爲後世之深戒也。

冬，十月，王子猛卒。

十有二月，癸酉，朔，日有食之。

❶「廷」，黄修本、鄭本作「庭」。

二十有三年，春，王正月，叔孫舍如晉。

癸丑，叔鞅卒。

晉人執我行人叔孫舍。

晉人圍郊。

按《左氏》：「晉籍談、荀躒帥師軍于侯氏，箕遺、樂徵濟師軍其東南。正月，二師圍郊。」郊，子朝邑也。既不書大夫之名氏，又不稱師，而曰「晉人」，微之也。所謂以其事而微之者也。當是時，天子蒙塵，晉爲方伯，不奔問官守，省視器具，徐遣大夫往焉，勤王尊主之義若是乎？書「晉人圍郊」，而罪自見矣。

夏，六月，蔡侯東國卒于楚。

秋，七月，莒子庚輿來奔。

《左氏》曰：「庚輿虐而好劍，苟鑄劍，必試諸人，國人患之。又將叛齊。烏存帥國人逐之。庚輿來奔，齊人納郊公。」三代之得失天下，仁與不仁而已矣。苟無仁心，甚則身弑國亡，不甚則身危國削。庚輿免死道左而出奔於魯，幸耳。入國不書，而書其出奔，惡之也。郊公出入皆不書，微之也，所謂以其人而微之者也。微之爲義，或以位，或以人，或以事。《春秋》書法達王事，名氏不登於史策，若此類亦衆矣。

戊辰，吴敗頓、胡、沈、蔡、陳、許之師于雞父。胡子髡、沈子逞滅，獲陳夏齧。

吴伐州來，楚令尹帥師及諸侯之師與吴戰，曷爲不書？楚令尹既喪，楚師已熸，六國先敗，楚師遂奔，是以不書楚也。諸侯之師，曷爲略而不序？頓、胡、沈則其君自將，蔡、陳、許則大夫帥師。言戰則未陳也，言敗績則或滅或獲，其事亦不同也。故揔言吴人以詐取勝於前，而以君與大夫序六國於後。胡、沈書爵書名書滅者，二國之君幼而狂，不能以禮自守，役屬于楚，悉師以出，一敗而身與衆俱亡也。其曰「胡子髡、沈子逞滅」者，若曰非有能滅之者，咸其自取焉耳，亦猶「梁亡」自亡也，「鄭棄其師」自棄也，「齊人殲于遂」自殲也。或曰滅，或曰獲，別君臣也。君死曰滅，胡子髡、沈子逞是也；生得曰獲，秦、晉戰于韓原，獲晉侯是也。大夫生死皆曰獲，鄭獲宋華元，生也；吴獲陳夏齧，死也。書其敗，不以國分，而以君大夫爲序；書其死，不以事同，而以君臣爲別。皆所以辨上下，定民志，雖顛沛必於是也。其義行而亂自熄矣。

天王居于狄泉。尹氏立王子朝。

立者，不宜立也。王猛當立而未能立，故稱大臣「以」之而不言立；敬王當立又能立矣，故直稱「居于狄泉」而不言立。子朝庶孽奪正，以賤妨貴，基亂周室，不當立者也，故特稱「立」而目尹氏。尹氏，天子之卿也。王朝公卿書爵，而變文稱氏者，見世卿之擅權亂國，爲後戒也。或曰：稱氏者，時以氏稱之也，《詩》云「王謂尹氏」，此《大雅》美宣王詩也，亦譏世卿歟？爲此説者誤矣。詩人主文而不以害意，有美而或過，有刺而或深，以意逆之可也。《春秋》所書，或稱爵，或稱字，或稱名，或稱氏，或稱子，或稱人，名分所由正，是非所由定，禮義所由出，皆斷自聖心，游、夏不能與也。徇時之所稱而稱之，豈其然乎？

八月，乙未，地震。

冬，公如晉，至河，有疾，乃復。

昭公兩朝于晉而一見止，五如晉而四不得入焉。今此書「有疾，乃復」，殺耻也。以周公之胄，千乘之君，執幣帛修兩君之好，而不見納，斯亦可耻矣。有耻而後能知憤，知憤而後能自强，自强而後能爲善，爲善而後能立身，身立而後能行其政令、保其國家矣。昭公内則受制於權臣，外則見陵於方伯，此正憂患疢疾，有德慧智術保生免死之時也，而安於屈辱，甘處微弱，無憤耻自强之心。其失國出奔，死於境外，其自取之哉。

二十有四年，春，王二月，丙戌，仲孫貜卒。

叔孫舍至自晉。

大夫執而致則名，此獨書其姓氏何？賢之也。叔孫舍以禮立身而不屈於强國，以忠事主而不順於强臣，此社稷之衛，魯之良大夫也。使昭公稍有動心忍性，强於爲善之意，舉國以聽，豈其死於乾侯？觀意如之稽顙於昭子，叔孫之以逐君責意如，其事可見矣。及意如有異志，而昭子使祝宗祈死，所謂「知其無可奈何，安之若命」者。故舍至自晉，特以姓氏書。其死也，公雖在外，而特書日以卒之，所以表其節，爲後世勸也。

夏，五月，乙未，朔，日有食之。

秋，八月，大雩。

丁酉，杞伯郁釐卒。

冬，吴滅巢。

巢，楚之附庸，實邑之也。書「吴入州來」，著陵楚之漸。

書「吴滅巢」，著入郢之漸。四鄰，封境之守，既不能制，則封境震矣；四境，國都之守，既不能保，則國都危矣。故沈尹戌以此爲亡郢之始也。《春秋》内失地不書，明此爲有國之大罪；外取滅皆書，明見取滅者之不能有其土地人民，則不君矣。故諸侯之寳三，以土地爲首。

葬杞平公。

二十有五年，春，叔孫舍如宋。

夏，叔詣會晉趙鞅、宋樂大心、衛北宫喜、鄭游吉、曹人、邾人、滕人、薛人、小邾人于黄父。

按《左氏》：「鄭子太叔如晉，范獻子曰：『若王室何？』對曰：『王室之不寧，大國之憂，晉之耻也。吾子其早圖之。』獻子懼，乃徵會於諸侯。會于黄父，謀王室也。趙簡子令諸侯之大夫輸王粟，具戍人，將納王。」夫以王猛之無寵，單旗、劉蚠之屢敗，敬王初立，子朝之衆，召伯奂、南宫嚚、甘桓公之黨，疑若多助之在朝也。然會于黄父凡十國，而諸侯之大夫無異議焉，是知邪不勝正久矣。猶有寵愛庶孽，配適奪正，至於滅亡而不寤者，不知幽王、晉獻之父子，亦何足劾哉？然則黄父之會，王事也，而無美辭，何也？王室不靖，亦惟友邦冢君，克修厥職，以綏定王都，非異人任，亦何美之有？免於譏貶足矣。此《春秋》以正待人之體也。後世以濫賞報臣子所當爲之事，爲臣子者亦受而不辭，失此義矣。

有鸜鵒來巢。

傳曰：「鸜鵒不踰濟。」濟水東北會于汶，魯在汶南，其所無也，故書曰「有」。巢者，去穴而巢，陰居陽位，臣逐君象也。鸜鵒宜穴處於下，而巢居於上；季孫宜臣順於家，而主祭於國。反常爲異之兆，能以德消，則無其應矣。或曰：此公子宋有國之祥也。

秋，七月，上辛，大雩。季辛，又雩。

《左氏》以再雩爲旱甚。聖人書此者，以志禦災之非道，而區區於禱祠之末也。昭公之時，雨雹、地震四見於經，旱乾爲虐，相繼而起。「有鸜鵒來巢」，異之甚也；「季辛又雩」，災之甚也。考諸列位，則國有人焉；觀諸天時，則猶有眷顧之心，未終棄也。若反身修德，信用忠賢，災異之來，必可禦矣。昔高宗肜日，雊升鼎耳，異亦甚矣，聽於祖己，克正厥事，故能嘉靖殷邦，享國長久。宣王之時，旱魃蘊隆，災亦甚矣，側身修行，遇災而

懼，故能興衰撥亂，王化復行。此皆以人勝天，以德消變之驗也。昭公至是，猶不知畏，罔克自省，而求於禱祠之末，將能勝乎？故特書此以爲後世鑒。

九月，己亥，公孫于齊，次于陽州。

内出奔稱孫，隱也。「次于陽州」，待齊命也。昭公欲伐季氏，子家子曰：「季氏得民已久，君無多辱。」公不從。意如登臺而請「待於沂上以察罪」，弗許。請囚于費，弗許。請以五乘亡，弗許。子家子曰：「君其許之！政自之出久矣，隱民多取食焉，爲之徒者衆矣。日入慝作，弗可知也。」弗聽。叔孫氏之司馬陷西北隅以入，孟氏殺郈昭伯，遂伐公徒。公與臧孫如墓謀，遂行。以君伐臣，曷爲不勝？魯自東門遂殺適立庶，魯君於是乎失政。禄去公室，政在季氏，於此君也四公矣。作三軍盡征其一，舍中軍兼有其二，民賦入於其家半矣。受命救台也遂入鄆，帥師取卞也不以聞，軍政在其手專矣。行父片言而東門氏逐，南蒯一動而公子慭奔，魯之群臣亦無敢忠於公室而獻謀者，所謂屯難之時也。在《易·屯》之六五曰：「屯其膏，小貞吉，大貞凶。」象曰：「屯其膏，施未光也。」昭公不明乎消息盈虚之理，正身率德，擇任忠賢，待時循致，不忍一朝之忿，求逞其私欲，而以群小謀之，其及也宜矣。

齊侯唁公于野井。

唁者，弔也。生事曰唁，死事曰吊。齊侯唁公于野井，以遇禮相見。孔子曰：「其禮與其詞足觀矣。」然則何以失國而不反乎？禮有本末，正身治人，禮之本也；威儀文詞，禮之末也。昭公喪齊歸，無慼容而不顧，娶孟子爲夫人而不命，政令在家而不能取，有子家子之賢而不能用，而屑屑焉習儀以亟，能有國乎？雖齊侯來唁，其禮與詞是矣，而方伯連帥之職則未修也，又豈所以爲禮哉？其言曰：「自莒疆以西，請致千社，將帥敝賦以從。」而子家子曰：「失魯而以千社爲臣，誰與之立？且齊君無信，不如早之晉。」書曰「唁公」，亦明其無納公之實，譏之也。

冬，十月，戊辰，叔孫舍卒。

十有一月，己亥，宋公佐卒于曲棘。

按《左氏》：「宋元公爲公故如晉，卒于曲棘。」曲棘，宋地也。宋元之夫人曹氏，生子妻意如。或謂曹氏勿與，魯將逐之。曹氏告元公，公告樂祁，祁曰：「與之。」如是魯君必出，無民而能逞其志者，未之有也。魯君失民

久矣。」然則宋元，意如之外舅也，不此之顧，而求欲納公，是以正倫恤患爲心，而不匿其私親之惡者也，其賢於當時諸侯遠矣。故雖卒于封内，而特書其地以别之也。

十有二月，齊侯取鄆。

鄆，魯邑也。直書齊侯取之，何也？齊不自取，而爲公取鄆，使居之也。昭公出奔，經書「次于陽州」，見公於魯未絶，而季氏逐君爲不臣。及書「齊侯取鄆」，則見公已絶於魯，而逐於季氏爲不君。君者，有其土地人民，以奉宗廟之典籍者也。己不能有，而他人是保，則不君矣。《春秋》之義，欲爲君盡君道，爲臣盡臣道，各守其職而不渝也。昭公失君道，季氏爲亂臣，各淪其職而不守矣。其爲後世戒，深切著明矣。

二十有六年，春，王正月，葬宋元公。

三月，公至自齊，居于鄆。

居者，有其土地人民之稱也。昭公失國出奔，而稱「居于鄆」者，存一國之防也。襄王已出而稱「居于鄭」，敬王未入而稱「居于狄泉」者，存天下之防也。天子之於天下，率土之濱，莫非王臣，❶非諸侯所敢擅也；諸侯之於封國，四境之内，莫非其土，非大夫所得專也。故諸侯避舍以待廵守，而大夫專邑是謂叛君。曰「居于鄆」，其爲防也至矣。

夏，公圍成。

成者，孟氏之邑。《左氏》曰：「齊侯將納公，命無受魯貨。申豐適齊，貨梁丘據。據受之，言於齊侯曰：『群臣不盡力于魯君者，非不能事君也。據有異焉。宋元公爲魯君如晉，卒于曲棘；叔孫昭子求納其君，無疾而死。不知天之棄魯邪，抑君有罪於鬼神，❷故及此也？若使群臣從魯君以卜，師有濟也，而繼焉，兹無敵矣。』齊侯從之，使公子鉏帥師從公圍成。」不書齊師者，景公怵於邪説，爲義不終，故微之也。書「公圍成」，則季氏之不臣，昭公之不君，齊侯之不能修方伯連帥之職，其罪咸具矣。

秋，公會齊侯、莒子、邾子、杞伯盟于鄟陵。

公至自會，居于鄆。

❶「王」，黄修本、鄭本作「其」。
❷「君」上，鄭本有「魯」字。按《左傳》有「魯」字。

九月，庚申，楚子居卒。

冬，十月，天王入于成周。

《左氏》曰：「晉知躒、趙鞅帥師納王入于成周，使成公般戍周而還。」不曰「入于京師」者，京師，衆大之稱，不可繫之入也。其曰「成周」云者，《黍離》而次，不列于《雅》，降爲《國風》之意，而景王寵愛庶孽，弱其世適之罪著矣。

尹氏、召伯、毛伯以王子朝奔楚。

取國有五利，寵居一焉。子朝有寵於景王，爲之黨者衆矣，卒不能立，至於奔楚，何也？是非有出於人之本心者，不可以私愛是，亦不可以私惡非，卒歸於公而止矣。景王寵愛子朝，將蘄於見是，而天下不以爲是；踈薄子猛，將蘄於見非，而天下卒不以爲非。徒設此心，兩棄之也。庶孽憑寵，爲群小之所宗，而人心不附；適子恃正，人心之所向，而群小不從。故伯服雖殺，而平王亦不能復宗周之盛；申生已死，而奚齊、卓子亦不能勝里克之兵，是兩棄之也。景王不鑒覆車，王猛、子朝之際，危亦甚矣。《春秋》詳書爲後世戒，可謂深切著明也哉！

二十有七年，春，公如齊。

公至自齊，居于鄆。

夏，四月，吴弑其君僚。

此公子光使專諸弑之，而稱國何也？吴子壽夢有四子，長諸樊，次餘祭，次夷末，次季札。光，諸樊之子也。僚，夷末之子也。諸樊兄弟以次相及，必欲致國於季子，而季子終不受，則國宜之光者也，僚烏得爲君？故稱國以弑，而不歸獄於光。其稱國以弑者，吴大臣之罪也。大臣任大事，事莫大於置君矣。故君存而國本定，君終而嗣子立，社稷嘉靖，人無間言，此秉政大臣之任，伊、召之所以安商、周，孔明之所以定劉漢也。若廢立進退出於群小閽寺，而當國大臣不預焉，則將焉用彼相矣。此《春秋》歸罪大臣，稱國弑君之意，其經世之慮深矣。

楚殺其大夫郤宛。

秋，晉士鞅、宋樂祁犂、衛北宮喜、曹人、邾人、滕人會于扈。

按《左氏》：「扈之會，令戍周，且謀納公也。宋、衛皆利納公，固請之，士鞅取貨於季孫，謂樂祁、北宮喜曰：

『魯君守齊，三年而無成。季氏甚得其民，淮夷與之，有十年之備，有齊、楚之援，有堅守之心，有列國之權，而弗敢宣也，事君如在國，鞅以爲難。二子皆圖國者也，而欲納魯君，請從二子以圍魯。無成，死之。』二子懼，皆辭。乃辭小國，而以難復。」文十五年，諸侯盟于扈，將爲魯討齊，齊侯賂之而不克討，故在會諸侯略而不序。今此謀納公，亦以賂故不克納，而諸國之大夫皆序，何也？曰：利於納公者，宋、衛之大夫也；受賂而不欲納公者，獨范鞅主之耳。又況戍周之令行乎，所以列序而不略也。以此見聖人取捨之大情，而輕重審矣。

冬，十月，曹伯午卒。

郲快來奔。

公如齊。

公至自齊，居于鄆。

二十有八年，春，王三月，葬曹悼公。

公如晉，次于乾侯。

夏，四月，丙戌，鄭伯寧卒。

六月，葬鄭定公。

秋，七月，癸巳，滕子寧卒。

冬，葬滕悼公。

二十有九年，春，公至自乾侯，居于鄆。

齊侯使高張來唁公。

遣使來唁，淺事也，亦書于經者，罪齊侯不能修方伯連帥之職也。昔狄人迫逐黎侯，黎侯寓于衛，衛人弗恤，黎之臣子勸其君以歸，而賦《式微》。其一章曰「微君之故」者，以事求人，而人不有其事，是謂「微君之故」。若昭公見逐出奔而齊莫之討，淹恤日久而齊莫之納，微君之故矣。其二章曰「微君之躬」者，以身下人，而人不有其身，是謂「微君之躬」。若齊侯設禮以享而使宰獻，遣使來唁而稱主君，微君之躬矣。諸侯失國，託於諸侯，禮也；諸侯失國，諸侯納之，正也。齊之先世常主夏盟，而太公受先王五侯九伯之命矣。魯爲鄰境，甥舅之國也，昭公朝夕立於其朝，曾不能陳師境上，討意如逐君之罪，而遣使唁公，豈得禮乎。

公如晉，次于乾侯。

夏，四月，庚子，叔詣卒。

秋，七月。

冬，十月，鄆潰。

民逃其上曰潰。自是昭公削迹於魯，尺地一民皆非其有矣。公之出奔，處鄆四年，民不見德，亡無愛徵，至于潰散，豈非昏迷不反，自納於罟擭陷穽之中？其從者又皆艾殺其民，視如土芥，其下不堪，所以潰歟？然則去宗廟社稷出奔，而猶不惕然恐懼，蕲改過以補前行之愆也，自棄甚矣，欲不亡，得乎？噫！故書以爲後世戒。

三十年，春，王正月，公在乾侯。

公去社稷，于今五年。每歲首月不書公者，在魯四封之內，則無適而非其所也。至是鄆潰，客寄乾侯，非其所矣。歲首必書公之所在者，蓋以存君，不與季氏之專國也，而罪臣子、譏諸侯之意具矣。唐武后廢遷中宗，革命自立，史臣列于本紀，欲著其罪，而君子以爲非《春秋》之法，其言曰：「天下者，唐之天下，中宗受之於其父，武后安得絶先君之世？復繫嗣君之年，黜武氏之號，自以爲竊取《春秋》之義。」信矣。

夏，六月，庚辰，晉侯去疾卒。

秋，八月，葬晉頃公。

冬，十有二月，吴滅徐。徐子章羽奔楚。

三十有一年，春，王正月，公在乾侯。

季孫意如會晉荀躒于適歷。

《左氏》曰：「晉侯將以師納公。士鞅曰：『若召季孫而不來，則信不臣矣，然後伐之，若何？』晉人召季孫。鞅使私焉，曰：『子必來，我受其無咎。』」意如出君不事，專有魯國。晉實主盟，不能致討，而寵以會禮，不亦逆哉？或曰季孫事君如在國，未知其罪，而君伐之，是昭公之過也，則非矣。行貨齊、晉，使不納公；禱於煬宫，求君不入；及其復也，猶欲絶其兆域，加之惡謚，安在乎事君如在國，猶曰未知其罪乎？齊、晉不能誅亂禁姦，悖君臣之義，不知其從自及也。陸淳以謂：「逐君之臣，晉不之罪，而反與爲會，書曰『意如會晉荀躒于適歷』，晉侯之爲盟主可見矣，荀躒之爲人臣可知矣。此不待貶絶而罪惡見者也。」得《春秋》所書之意矣。

夏，四月，丁巳，薛伯穀卒。

晉侯使荀躒唁公于乾侯。

秋，葬薛獻公。

冬，黑肱以濫來奔。

十有二月，辛亥，朔，日有食之。

三十有二年，春，王正月，公在乾侯。取闞。

夏，吴伐越。

秋，七月。

冬，仲孫何忌會晉韓不信、齊高張、宋仲幾、衛世叔申、鄭國參、曹人、莒人、薛人、杞人、小邾人城成周。

天子有道，守在四夷。今至於城王都，可以不書乎？不曰「城京師」，而曰「城成周」者，京師，衆大之稱；成周，地名也，與列國等矣。

十有二月，己未，公薨于乾侯。

諸侯失國出奔者衆矣，鄭伯突爲祭仲所逐而出奔，入于櫟而復國；衛侯衎爲孫、甯所逐而出奔，入于夷儀而復國。昭公在外八年，終以客死，爲天下笑，何也？祭仲雖專，而世權不重於季氏；衛侯失國，猶夫人也，而有推挽之者，所以雖失而復得也。魯自季友受費以爲上卿，至于意如專執國命四世矣，其臣皆季氏之孚也，其民皆季氏之獲也。而昭公有一子家駒，言不見聽，計不行也，不能復國，宜矣。故《春秋》詳録其所因，爲後世之戒。公雖失國，然每歲之首月必書「公在乾侯」，誅意如也；書「齊侯取鄆」、「公圍成」、「鄆潰」，絶昭公也。爲人臣者，觀每歲必書公所在，必不敢萌跋扈不臣之心；爲人君者，觀《春秋》所書「圍成」、「鄆潰」，知社稷之無常奉也，亦必少警矣。嗚呼！可謂深切著明者矣。

春秋傳卷第二十七

定公 上

元年，春，王。

元年必書正月，謹始也。定何以無正月？昭公薨於乾侯，不得正其終；定公制在權臣，不得正其始，魯於是曠年無君，《春秋》欲謹之而不可也。季氏廢太子衍及務人，而立公子宋。宋者，昭公之弟，其主社稷，非先君所命，而專受之於意如者也。故不書正月，見魯國無君，定公無正。主人習其讀而問其傳，則未知己之有罪焉爾。

三月，晉人執宋仲幾于京師。

按《左氏》：「諸侯會城成周，宋仲幾不受功，曰：『滕、薛、郳，吾役也。』」爲是執之，則有罪矣。書「晉人執仲幾于京師」，則貶詞也。以王事討有罪，何貶乎？按《周官》，司隸掌「凡囚執人之事」，屬於司寇。凡諸侯之獄訟，定以邦典；凡卿大夫之獄訟，斷以邦法，則大司寇之職也。不告諸司寇，而執人於天子之側，故雖以王事討有罪，猶貶。凡此類，皆篡弑之萌，履霜之漸。執而書其地，謹之也。每謹於初，而禍亂熄矣。

夏，六月，癸亥，公之喪至自乾侯。戊辰，公即位。

昭公之薨，已越葬期，猶未得返，至于六月癸亥，然後喪至。而定之即位，乃在是月之戊辰。蓋遲速進退爲意如所制，不得專也。以《周書·顧命》攷之，成王之崩在四月乙丑，辛臣太保即於是日，命仲桓、南宫毛俾爰齊侯吕伋，以二干戈、虎賁百人，逆王世子釗于南門之外，延入翼室宅憂，爲天下主，不待崇朝而後定也。今昭公喪至，在葬期之後，公子宋自壞隤先入，猶未得立，是知爲意如所制，不得以時定，非謂正棺乎兩楹之間，故定之即位不可不察也。夫即位，大事也。宗嗣先定，則變故不生。蓋代君享國而主其祭，宜戚宜懼，一失幾會，或萌窺伺之心，至於生變，則爲不孝矣，古人所以貴於早定國家之本也。今昭公之薨，定之即位，《春秋》詳書

于策，非爲後法，乃見諸行事爲永鑒耳。

秋，七月，癸巳，葬我君昭公。

九月，大雩。

立煬宫。

煬公，伯禽之子。其曰「立」者，不宜立也。喪事即遠，有進而無退；宫廟即遠，有毁而無立。

冬，十月，隕霜殺菽。

穀梁子曰：「菽，舉重也。未可以殺而殺，舉重；可殺而不殺，舉輕。」其象則刑罰不中之應。

二年，春，王正月。

夏，五月，壬辰，雉門及兩觀災。

秋，楚人伐吴。

冬，十月，新作雉門及兩觀。

書「新作」者，譏僭王制而不能革也。雉門，象魏之門，其外爲庫門，而臯門在庫門之外，其内爲應門，而路門在應門之内，是天子之五門也。僖公嘗修泮宫、復閟宫，非不用民力也，而《春秋》不書，新作南門則獨書者，南非一門也，必有不當爲者。子家駒以設兩觀爲僭天子，是非諸侯之制明矣。夫撥亂反正者，必本諸身，身正者物必正。《春秋》於僭君必書者，必正之意也。使定公遇災而懼，革其僭禮，三家陪臣雖欲僭諸侯、執國命，其敢乎？習舊而不知以爲非，何以禁季氏之脅其主矣？故特書「新作」以譏之也。

三年，春，王正月，公如晉，至河乃復。

二月，辛卯，邾子穿卒。

夏，四月。

秋，葬邾莊公。

冬，仲孫何忌及邾子盟于拔。

四年，春，王二月，癸巳，陳侯吴卒。

三月，公會劉子、晉侯、宋公、蔡侯、衛侯、陳子、鄭伯、許男、曹伯、莒子、邾子、頓子、胡子、滕子、薛伯、杞伯、小邾子、齊國夏于召陵，侵楚。

按《左氏傳》書「伐」，而經書「侵楚」者，楚爲無道，憑陵諸夏，爲一裘一馬，拘唐、蔡二君，三年而後遣。蔡侯既歸，請師於晉。晉人請命于周，大合諸侯。天子之元老

在焉，若能暴明其罪，恭行天討，庶幾哉王者之師，齊桓、晉文之功徧矣。有荀寅者，求貨於蔡侯，弗得，遂辭蔡人，晉由是失諸侯，無功而還。書曰「侵楚」，陋之也。

夏，四月，庚辰，蔡公孫姓帥師滅沈，以沈子嘉歸，殺之。

沈人不會于召陵，晉人使蔡伐之。書「滅沈」，罪公孫姓也。書「以歸」，罪沈子嘉也。書「殺之」，罪蔡侯也。奉詞致討而覆其邦家，爲敵所執不死于位，皆不仁矣。所惡於前，無以先後。出乎爾者，反乎爾者也。蔡侯視楚，猶沈視蔡也。昭公拘於郢，三年而後反，非以國小而弱乎？沈雖不會召陵，未有大罪惡也，而恃强殺之，甚矣，能無公孫翩之及哉？宋以曹伯陽歸，蔡以沈子嘉歸，皆殺之也。而或書或不書，其不書者，賤而略之也。

五月，公及諸侯盟于臯鼬。

定公之立，上不請於天王，下不告於方伯，而受國於季孫意如，故三年朝晉，至河而復。今會諸侯，求爲此盟，書「公及」者，内爲志也。召陵之會必序，不序十有八國之諸侯，則無以見侵楚之陋。臯鼬之盟，序與不序，非義所係，則以凡舉可矣。

杞伯成卒于會。

六月，葬陳惠公。

許遷于容城。

秋，七月，公至自會。

劉卷卒。

葬杞悼公。

楚人圍蔡。

晉士鞅、衛孔圉帥師伐鮮虞。

葬劉文公。

冬，十有一月，庚午，蔡侯以吴子及楚人戰于柏舉，楚師敗績。楚囊瓦出奔鄭。

吴何以稱子？善伐楚，解蔡圍也。荆楚暴横，盟主不能致其討，天王不得達其命，長惡不悛，復興師而圍蔡，王法所當討而不赦也。吴能自卑，聽蔡侯之義，以達天子之命，興師救蔡，戰于柏舉，大敗楚師，成伯討之功，善矣。晉主夏盟，中國所仰，若嘉穀之望雨也，有請于晉，如彼其難；吴國天下莫强焉，非諸侯所能以也，有請于吴，如此其易。故召陵之會，大合諸侯，而書「侵

楚」。柏舉之戰，蔡用吴師，特書曰「以」者，深罪晉人保利棄義，難於救蔡也。然則何以不言救乎？救大矣。闔閭、子胥、宰嚭皆懷謀楚之心，蔡人往請，會逢其適，非有救災恤鄰、從簡書、憂中國之實也。聖人道大德宏，樂與人爲善，故因其從蔡，特進而書爵。囊瓦貪以敗國，又不能死，可賤甚矣，故記其出奔，特貶而稱人。《春秋》之情見矣。

庚辰，吴入郢。

及楚人戰則稱爵，入郢則舉其號，何也？君舍于其君之室，大夫舍于大夫之室，狄道也。聖人誰毁誰譽，救災恤鄰則進而書爵，非有心於與之，順天命也；乘約肆淫則黜而舉號，非有心於貶之，奉天討也。伐國者固將拯民於水火之中，而鳩集之耳，殺其父兄，係其子弟，毁其宗廟，遷其重器，而亂男女之配也，如水益深，如火益熱，則善小而惡大，功不足以掩之矣。聖人心無毁譽，如鏡之無妍醜也，因事物善惡而施褒貶焉，不期公而自公爾。明此義，然後可以司賞罰之權，得《春秋》之法矣。

五年，春，王三月，辛亥，朔，日有食之。

夏，歸粟于蔡。

於越入吴。

六月，丙申，季孫意如卒。

内大夫有罪見討則不書卒，公子翬是也。仲遂殺惡及視，罪與翬同，而書卒者，以事之變卒之也。意如何以書卒？見定公不討逐君之賊，以爲大夫，全始終之禮也。定雖受國於季氏，苟有叔孫舍之見，❶不賞私勞，致辟意如，以明君臣之義，則三綱可正，公室强矣。今苟於利而忘其讎，三綱滅，公室益侵，陪臣執命，宜矣，故意如書卒。主人習其讀而問其傳，則未知己之有罪焉爾。

秋，七月，壬子，叔孫不敢卒。

冬，晉士鞅帥師圍鮮虞。

六年，春，王正月，癸亥，鄭游速帥師滅許，以許男斯歸。

二月，公侵鄭。

公至自侵鄭。

夏，季孫斯、仲孫何忌如晉。

❶「舍」，鄭本作「婼」。

秋，晉人執宋行人樂祁犂。

稱人以執，非伯討也。祁犂聘于晉，主趙簡子，飲酒焉，獻楊楯六十。范、趙方惡，其宰曰：「昔吾主范氏，今子主趙氏，是賈禍也。」范獻子果怒，言於晉侯曰：「以君命越疆，未致使而私飲酒，不敬二君，不可不討也。」乃執樂祁。執非無名，何以非伯討也？使范、趙方睦，皆有獻焉，則弗執之矣。執異國行人，出於列卿私意，威福之柄移矣。三卿分晉，而靖公廢爲家人，豈一朝一夕之故哉？

冬，城中城。

季孫斯、仲孫忌帥師圍鄆。❶

七年，春，王正月。

夏，四月。

秋，齊侯、鄭伯盟于鹹。

齊人執衛行人北宮結以侵衛。

齊侯、衛侯盟于沙。

大雩。

齊國夏帥師伐我西鄙。

九月，大雩。

冬，十月。

八年，春，王正月，公侵齊。

公至自侵齊。

二月，公侵齊。

三月，公至自侵齊。

曹伯露卒。

夏，齊國夏帥師伐我西鄙。

公會晉師于瓦。

按《左氏》「晉士鞅、荀寅救魯」，則其書「公會晉師」，何也？《春秋》大法，雖師次於君而與大夫敵，至用大衆，則君與大夫皆以師爲重，而不敢輕也。故棐林之會不言趙盾而言晉師，瓦之會言晉師而不書士鞅，於以見人臣不可取民有衆、專主兵權之意。陳氏厚施於齊以移其國，季孫盡征於魯以奪其民，皆王法所禁也。《春秋》之義行，則不得爲爾矣。

---

❶ 「忌」上，鄭本有「何」字。按三傳皆無「何」字。

公至自瓦。

秋，七月，戊辰，陳侯柳卒。

晉士鞅帥師侵鄭，遂侵衛。

葬曹靖公。

九月，葬陳懷公。

季孫斯、仲孫何忌帥師侵衛。

冬，衛侯、鄭伯盟于曲濮。

從祀先公。

蜀人馮山曰：「昭公至是，始得從祀於太廟。」其説是也。季氏逐君，而制其死生之命。公薨乾侯，不得終於正寢；既薨七月，又不得以時歸葬；既葬，絶其兆域，又不得同於先君，而在墓道之南。至孔子爲司寇，然後溝而合諸墓，則其主雖久未得從昭穆而祔祭，宜矣。及意如已卒，陽虎專季氏，將殺季孫斯而亂魯國，託於正以售其不正，始以昭公之主從祀太廟，蓋欲著季氏之罪，以取媚於國人。然其事雖順，其情則逆。《春秋》原情制法，故不書禘事與日，特曰「從祀先公」於「盜竊寶玉大弓」之上，見事出陽虎而不可詳也，其亦深切著明矣。

盜竊寶玉、大弓。

九年，春，王正月。

夏，四月，戊申，鄭伯蠆卒。

得寶玉、大弓。

穀梁子曰：「寶玉，封圭。大弓，武王之戎弓。周公受賜，藏之魯。」或曰：夏后氏之璜，封父之繁弱也。子孫世守，罔敢失墜，以昭先祖之德，存肅敬之心爾。古者告終易代，弘璧、琬琰、天球、夷玉、兑之戈、和之弓、垂之竹矢，莫不陳列，非直爲美觀也。先王所寶，傳及其身，能全而歸之，則可以免矣。魯失其政，陪臣擅權，雖先公分器，猶不能守，而盜得竊諸公宮，其能國乎？故失之書，得之書，所以譏公與執政之臣，見不恭之大也。此義行，則有天下國家者，各知所守之職，不敢忽矣。

六月，葬鄭獻公。

秋，齊侯、衛侯次于五氏。

秦伯卒。

冬，葬秦哀公。

春秋傳卷第二十八

定公下

十年，春，王三月，及齊平。

夏，公會齊侯于夾谷。公至自夾谷。

夾谷之會，孔子相，犂彌言於齊侯曰：「孔丘知禮而無勇，若使萊人以兵劫魯侯，必得志焉。」齊侯從之。兩君就壇，兩相相揖，齊人鼓譟而起，欲以執魯君。孔子歷階而升，不盡一等，而視歸乎齊侯，曰：「兩君合好，而裔夷之俘以兵亂之，非齊君所以命諸侯也。裔不謀夏，夷不亂華，俘不干盟，兵不逼好。於神爲不祥，於德爲愆義，於人爲失禮。」齊侯遽止之，而屬其臣曰：「夫人率其君與行古人之道，二三子獨率我入夷狄之俗，使寡人獲罪於魯侯，如之何？」晏子曰：「小人之謝過也以文，君子之謝過也以質，君已知過，則謝之以質爾。」於是歸鄆、讙、龜陰之田。仲尼一言，威重於三軍，亦順於理而已矣。故天下莫大於理，而强衆不與焉。

晉趙鞅帥師圍衛。

齊人來歸鄆、讙、龜陰田。

齊人前此嘗歸濟西田矣，後此嘗歸讙及闡矣，而此獨書「來歸」，何也？曰「歸」者，魯請而得之也。曰「來歸」者，齊人心服而歸之也。定公、齊侯會于夾谷，孔子攝相事，具左右司馬以從，至于會所，以禮相見，卻裔俘，拒兵車之命，而罷享禮之設于野，由是齊侯歸三邑以謝過，故楊子《法言》曰：「仲尼用於魯，齊人章章，歸其侵疆。」桓公以義責楚而楚人求盟，夫子以禮責齊而齊人歸地，皆書曰「來」，序績也。《春秋》，夫子之筆削，自序其績可乎？聖人會人物於一身，萬象異形而同體；通古今於一息，百王異世而同神。於土皆安而無所避也，於我皆真而無所忘也。其曰：「天之將喪斯文也，後死者不得與於斯文也。天之未喪斯文也，匡人其如予何？」是以天自處矣，而亦何嫌之有？

叔孫州仇、仲孫何忌帥師圍郈。秋，叔孫州

仇、仲孫何忌帥師圍郈。

郈，叔孫氏邑也。侯犯以郈叛，不書于策，書「圍郈」，則叛可知矣。再書二卿帥師圍郈，則强亦可知矣。天子失道，征伐自諸侯出，而後大夫强；諸侯失道，征伐自大夫出，而後家臣强。其逆彌甚，則其失彌速。故自諸侯出，十世希不失矣；自大夫出，五世希不失矣；陪臣執國命，三世希不失矣。三家專魯，爲日既久，至是家臣爭叛，亦其理宜矣。《春秋》制法本忠恕，施諸己而不願，亦勿施諸人。故所惡於上，不以使下；所惡於下，不以事上。二三子知傾公室以自張，而不知家隸之擬其後也。凡此類皆據事直書，深切著明矣。

宋樂大心出奔曹。

宋公子地出奔陳。

冬，齊侯、衛侯、鄭游速會于安甫。

叔孫州仇如齊。

宋公之弟辰暨仲佗、石彄出奔陳。

按《左氏》：「宋公子地有白馬四，公以與桓魋。地怒，扶魋奪之。魋懼，將走，公泣之。母弟辰曰：『子爲君禮，不過出竟，君必止子。』地出奔陳，公弗止。辰爲之請，弗聽。辰曰：『是我迋吾兄也，❶吾以國人出，君誰與處？』」書曰「宋公之弟辰暨仲佗、石彄出奔陳」，其「弟」云者，罪宋公以嬖魋故而失二弟，無親親之恩；「暨」云者，罪辰以兄故帥其大夫出奔，無尊君之義。夫「暨」者，不得已之詞，又以見仲佗、石彄見脅於辰，不能自立，無大臣之節也。

十有一年，春，宋公之弟辰及仲佗、石彄、公子地自陳入于蕭以叛。夏，四月。秋，宋樂大心自曹入于蕭。

出奔陳則稱「暨」，入于蕭以叛則稱「及」。及，非不得已之詞，得已而不已者也。夫事君者，可貧可賤可殺，而不可使爲亂。今不得已而輕於去國，猶之可也，得已不已，而果於叛君，則無首從之別，其罪一施之，故不稱「暨」而稱「及」。四卿在蕭以叛，而大心自曹從之，其叛可知矣，故不書叛，而曰「入于蕭」。入，逆詞也。書「自陳」、「自曹」者，結鄰國以入叛，陳與曹之罪亦著矣。

冬，及鄭平。

❶「迋」，原作「廷」，今據黄修本及《左傳》改。

叔還如鄭涖盟。

十有二年，春，薛伯定卒。

夏，葬薛襄公。

叔孫州仇帥師墮郈。

衛公孟彄帥師伐曹。

季孫斯、仲孫何忌帥師墮費。

按《左氏》：「仲由爲季氏宰，將墮三都，於是叔孫氏墮郈。季氏將墮費，公山不狃、叔孫輒帥費人襲魯。公與三子入季氏之宫，登武子之臺。費人攻之，入及公側。仲尼命申句須、樂頎下伐之。二子奔齊，遂墮費。」《禮》曰：「制國不過千乘，都城不過百雉，家富不過百乘。以此坊民，諸侯猶有叛者。」故家不藏甲，邑無百雉之城，禮所當謹也。郈、費、成者，三家之邑，政在大夫，三卿越禮，各固其城，公室欲張而不得也。三桓既微，陪臣擅命，憑恃其城，數有叛者，三家亦不能制也。而問於仲尼，遂墮三都，是謂以禮爲國，可以爲之兆也。推而行諸魯國而準，則地方五百里，凡侵小而得者，必有興滅國、繼絶世之義。諸侯、大夫各謹於禮，不以所惡於上者使其下，亦不以所惡於下者事其上，上下交相順而王政行矣。故曰：「苟有用我者，期月而可，三年有成。」

秋，大雩。

冬，十月，癸亥，公會齊侯盟于黄。

十有一月，丙寅，朔，日有食之。

公至自黄。

十有二月，公圍成。公至自圍成。

按《左氏》：「將墮成，公斂處父謂孟孫曰：『墮成，齊人必至于北門。且成，孟氏之保障。無成，是無孟氏也。子僞不知，我將不墮。』」書「公圍成」，强也。其致，危之也。仲由爲季氏宰，孔子爲魯司寇，而不能墮成，何也？按是冬，公圍成弗克，越明年，孔子由大司寇攝相事，然後誅少正卯，與聞國政，三月而商賈信於市，男女別於途。及齊人饋女樂，孔子遂行。然則圍成之時，仲尼雖用事，未能專得魯國之政也，而辯言亂政如少正卯等，必肆疑阻於其間矣。成雖未墮，無與爲比，亦不能爲患。使聖人得志行乎魯國，以及期月，則不待兵革而自墮矣。

十有三年，春，齊侯、衛侯次于垂葭。

夏，築蛇淵囿。

大蒐于比蒲。

衛公孟彄帥師伐曹。

秋，晉趙鞅入于晉陽以叛。

按《左氏》：「趙鞅謂邯鄲午曰：『歸我衛貢五百家，吾舍諸晉陽。』午許諾，歸告其父兄，皆不可。趙孟怒，遂殺午，圍邯鄲。午，荀寅之甥。荀寅，士吉射之姻也，而相與睦，遂伐趙氏。鞅奔晉陽，晉人圍之。」趙鞅之入，拒范、中行也，而直書曰叛，何也？人臣專土，與君爲市，則是簒弑之階，堅冰之戒，豈「無以有己」之義乎？後世大臣有困於讒間，遷延居外，不敢釋兵，卒以憂死者，亦未明人臣之義故爾。故直書「入于晉陽以叛」，入者，不順之詞；叛者，不赦之罪。

冬，晉荀寅、士吉射入于朝歌以叛。

按《左氏》：「知文、韓簡、魏襄子與荀寅、范吉射相惡，將逐荀、范，言於晉侯曰：『君命大臣，始禍者死，載書在河。今三臣始禍，而獨逐鞅，刑不均矣，請皆逐之。』遂奉公以伐二子。二子敗，奔朝歌。」晉主夏盟，威服天下，及大夫專政，賄賂公行，内外離析，示威平丘而齊叛，辭請召陵而蔡叛，盟于沙、鹹而鄭叛，次于五氏而衛叛，涖于鄭、會于夾谷、畝于黄而魯叛。諸侯叛于外，大夫叛于内，故奔于晉陽而趙鞅叛，入于朝歌而荀寅與士吉射叛。以晉國之大，天下莫強焉，邦分崩而不能守也。《春秋》於晉事，或略而不序，或賤而稱人，或書侵以陋之，責亦備矣。至是三卿内叛，直書于策，見其効也。故臧哀伯曰：「國家之敗，由官邪也。官之失德，寵賂彰也。」晉卿始禍，緣衛貢也；樂祁見執，獻楊楯也；蔡侯從吴，荀寅貨也；昭公弗納，范鞅賂也。而晉室自是不復能主盟矣。故爲國以義不以利，《春秋》之大法在焉，見諸行事，亦可謂深切著明矣。

晉趙鞅歸于晉。

按《左氏》：「荀、范奔朝歌，韓、魏以趙氏爲請，鞅入于絳，盟于公宫。」然則書歸者，易詞也。韓、魏爲之請，晉侯許之復，而寅與吉射去國出奔，則無有難之者，故其歸爲易矣。三子之叛，其罪一也，鞅以有援故得復，寅、吉射以無助故終叛。《春秋》書「鞅歸于晉」，非與之也，以罪晉侯縱失有罪，無政刑耳。叛逆，人臣之大惡；始禍，晉國之載書。既不能致辟于鞅，奉行天討以警亂臣，又亢不衷，徇韓、魏之請而許之復，無政刑矣，其能

國乎？先儒或謂：「言歸者，以地正國也。鞅取晉陽之甲，以逐君側之惡人。」則其説誤矣。以地正國而可，是人主可得而脅，人臣擅興無罪，以兵諫者真愛其君也。使後世賊臣，稱兵向闕，以誅君側爲名，而實欲脅君取國者，則此説啓之也，大失《春秋》之意矣。

薛弑其君比。

稱國以弑者，當國大臣之罪也。孫復以爲「舉國之衆皆可誅」，非矣。三晉有國半天下，若皆可誅，刀鋸不亦濫乎。潁川常秩曰：「孫復之於《春秋》，動輒有罪，蓋商鞅之法耳。棄灰於道者有誅，步過六尺者有罰，其不即人心遠矣。」王回以是尚秩，此善議復者。❶

十有四年，春，衛公叔戌來奔。衛趙陽出奔宋。

公叔戌將去南子之黨，夫人愬曰：「戌將爲亂。」故公叔來奔。趙陽、北宮結，皆戌黨也，故亦出奔。而靈公無道，不能正家以喪其大臣之罪著矣。戌又以富見惡於衛侯。夫富者，怨之府也。使戌積而能散，以財發身，不爲貪人之所怨，於以保其爵位，儻庶幾乎！

二月，辛巳，楚公子結、陳公孫佗人帥師滅頓，以頓子牂歸。

夏，衛北宮結來奔。

五月，於越敗吴於檇李。吴子光卒。

按《左氏》：「吴伐越，勾踐禦之，患其整也。使罪人三行，屬劍於頸。吴師屬目，因伐之，闔閭傷而卒。」書敗者，詐戰也。定公五年於越入吴，至是敗吴于檇李，會黄池之歲越又入吴，悉書于史，以其告也。哀之元年，吴子敗越，棲勾踐於會稽之上，豈獨不告而史册不書？疑仲尼削之也。吴子光卒，夫差使人立於庭，苟出入，必謂己曰：「而忘越王之殺而父乎？」則對曰：「唯。不敢忘！」三年乃報越。然則夫椒之戰，復父讎也，非報怨也。《春秋》削而不書，以爲常事也，其旨微矣。

公會齊侯、衛侯于牽。

公至自會。

秋，齊侯、宋公會于洮。

天王使石尚來歸脤。

衛世子蒯聵出奔宋。

---

❶「議」，鄭本作「譏」。

世子，國本也。以寵南子，故不能保世子，而使之去國；以欲殺南子，故不能安其身，至於出奔，是輕宗廟社稷之所付託而恣行矣。《春秋》兩著其罪，故特書「世子」，其義不繫於與蒯聵之世其國也。而靈公無道，不能正家，以危其國本，至使父子相殘，毀滅天理之所由著矣。

衛公孟彄出奔鄭。

宋公之弟辰自蕭來奔。

大蒐于比蒲。

邾子來會公。

城莒父及霄。

十有五年，春，王正月，邾子來朝。

鼷鼠食郊牛，牛死，改卜牛。

二月，辛丑，楚子滅胡，以胡子豹歸。

按《左氏》：「吴之入楚，胡子盡俘楚邑之近胡者。楚既定，又不事楚，曰：『存亡有命，事楚何爲？』」爲是楚滅之。夫滅人之國，其罪大矣。然胡子豹乘楚之約，盡俘其邑之近胡者，所謂「國必自滅而後人滅之」，非滅之者獨有罪也。國君造命，不可委命者，既以爲有命，而又貪生忍辱，不死于社稷，則是不知命矣。書「以歸」，罪豹之不能死位而與歸也。故楚子書爵，而胡子豹名。

夏，五月，辛亥，郊。

壬申，公薨于高寢。

鄭罕達帥師伐宋。

齊侯、衛侯次于渠蒢。

邾子來奔喪。

秋，七月，壬申，姒氏卒。

八月，庚辰，朔，日有食之。

九月，滕子來會葬。

丁巳，葬我君定公，雨不克葬。

戊午，日下昃，乃克葬。

辛巳，葬定姒。

《公羊》曰：「有子則廟，廟則書葬。」曾子問：「並有喪，則如之何？」子曰：「葬，先輕而後重；其奠也，其虞也，先重而後輕。」

冬，城漆。

春秋傳卷第二十九

哀公上

元年，春，王正月，公即位。

楚子、陳侯、隨侯、許男圍蔡。

按《左氏》曰：「報柏舉也。蔡人男女以辨，使疆于江、汝之間。」夫男女以辨，則是降也；疆于江、汝，則遷其國也。而獨書「圍蔡」，何也？蔡嘗以吴師入郢，昭王奔隨，壞宗廟，徙陳器，撻平王之墓矣。至是，楚國復寧，帥師圍蔡，降其衆，遷其國，而《春秋》書之略者，見蔡宜得報，而楚子復讎之事可恕也。聖人本無怨，而怨出於不怨，故議讎之輕重，有至於不與共戴天者。今楚人禍及宗廟，辱逮父母，若包羞忍耻而不能一洒之，則不可以有立而天理滅矣，故特書「圍蔡」而稱爵，恕楚之罪詞也。

鼷鼠食郊牛，改卜牛。夏，四月，辛巳，郊。

「鼷鼠食郊牛，改卜牛」，志不敬也。「夏，四月，郊」，書不時也。四卜非禮，五卜强也。全曰牲，傷曰牛。已牛矣，其尚卜免之何也？嘗置之上帝矣，故卜而後免之，不敢專也。昔者周公郊祀后稷以配天，此成王亮陰之時，位冢宰，攝國政，行天子之事也。魯何以得郊？成王追念周公有大勳勞於天下，而欲尊魯，故賜以重祭，得郊禘大雩。然則可乎？孔子曰：「魯之郊禘，非禮也，周公其衰矣。」欲尊魯，而賜以人臣不得用之禮樂，豈所以康周公也哉？天子祭天地，諸侯祭社稷，大夫祭五祀，庶人祭其祖，此定理也。❶今魯得郊，以爲常事，《春秋》欲削而不書，則無以見其失禮；盡書之乎，則有不勝書者。故聖人因其失禮之中又有失焉者，則書于策，所謂由性命而發言也。聖人奚容心哉？因事而書，以誌其失，爲後世戒，其垂訓之義大矣。

秋，齊侯、衛侯伐晉。

❶「理」，鄭本作「禮」。

冬，仲孫何忌帥師伐邾。

二年，春，王二月，季孫斯、叔孫州仇、仲孫何忌帥師伐邾，取漷東田及沂西田。癸巳，叔孫州仇、仲孫何忌及邾子盟于句繹。

曷爲列書三卿？哀公得國，不張公室，三卿並將，魯衆悉行。伐國取地，以盟其君，而己不與焉，適越之辱兆矣。定公之薨，邾子來奔喪，事魯恭矣，而不免於見伐，徒自辱焉，不知以禮爲國之故也。邾在邦域之中，不加矜恤，而諸卿相繼伐之，既取其田，而又强與之盟，不知以義睦鄰之故也，故詳書以著其罪。三人伐，則曷爲二人盟？盟者各盟其所得也。莫强乎季孫，何獨無得？季氏四分公室有其二。昭公伐意如，叔孫氏救意如，而昭公孫；陽虎囚桓子，孟孫氏救桓子，而陽虎奔。今得邾田，蓋季氏以歸二家而不取也。

夏，四月，丙子，衛侯元卒。

滕子來朝。

晉趙鞅帥師納衛世子蒯聵于戚。

世子不言納，位其所固有，國其所宜君，謂之儲副，則無所事乎納矣。凡公子出奔，復而得國者，其順且易則曰歸，有奉焉則曰自，其難也則曰入，不稱納矣，況世子哉？今趙鞅帥師，以蒯聵復國，而書納者，見蒯聵無道，爲國人之所不受也。國人不受而稱世子者，罪衛人之拒之也。所以然者，緣蒯聵出奔，靈公未嘗有命廢之而立他子，及公之卒，大臣又未嘗謀於國人，數蒯聵之罪，選公子之賢者以主其國，乃從輒之所欲而君之。以子拒父，此其所以稱世子也。人莫不愛其親，而志於殺；莫不敬其父，而忘其喪；莫不慈其子，欲其子之富且貴也，而奪其位。蒯聵之於天理逆矣，何疑於廢黜？然父雖不父，子不可以不子。輒乃據國而與之爭，可乎？故特係「納衛世子蒯聵于戚」於「趙鞅帥師」之下，而鞅不知義，靈公與衛國大臣不能早正國家之本，以致禍亂，其罪皆見矣。

秋，八月，甲戌，晉趙鞅帥師及鄭罕達帥師戰于鐵，鄭師敗績。

冬，十月，葬衛靈公。

十有一月，蔡遷于州來。蔡殺其大夫公子駟。

州來，吴所滅也。蔡雖請遷于吴而中悔，吴人如蔡納聘而師畢入。蔡侯告大夫，殺公子駟以説，哭而遷墓。如此，則實吴人之所遷也。而經以自遷爲文，何也？楚既降蔡，使疆于江、汝。蔡人聽命而還師矣，復倍楚請遷于吴，而又自悔也，其謀之不臧甚矣。夫遷國，大事也。盤庚五遷，利害甚明，衆猶胥怨，不適有居，至於丁寧反覆，播告之修而後定也。今蔡介于吴、楚二大國之間，倍楚誑吴，及其事急，又委罪於執政，其誰之咎也？故經以自遷爲文。而殺公子駟，則書大夫而稱國，言君與用事大臣擅殺之也；放公孫獵，則書大夫而稱人，言國亂無政，衆人擅放之也。駟與獵，其以請遷于吴爲非者乎？而委之罪以説，誰敢復有盡忠而與謀其國者哉？❶

三年，春，齊國夏、衛石曼姑帥師圍戚。

按《左氏》：「靈公遊于郊，公子郢御。公曰：『余無子，將立汝。』對曰：『郢不足以辱社稷，君其改圖。君夫人在堂，三揖在下，君命祇辱。』靈公卒，夫人曰：『命公子郢爲太子，君命也。』對曰：『郢異於他子，且君没於吾手，若有，郢必聞，且亡人之子輒在。』乃立輒以拒蒯聵。」蒯聵前稱世子者，所以深罪輒之見立不辭，而拒其父也。輒若可立，則蒯聵爲未絶，未絶，則是世子尚存，而可以拒乎？主兵者衛也，何以序齊爲首？罪齊人與衛之爲惡而黨之也。公孫文仲主兵伐鄭，而序宋爲首以誅殤公；石曼姑主兵圍戚，而序齊爲首以誅國夏，訓天下後世討亂臣賊子之法也。

古者孫從祖，又孫氏王父之字，考於廟制，昭常爲昭，穆常爲穆。不以父命辭王父命，禮也。輒雖由嫡孫得立，然非有靈公之命，安得云受之王父辭父命哉？故冉有謂子貢曰：「夫子爲衛君乎？」子貢曰：「諾。吾將問之。」入，曰：「伯夷、叔齊何人也？」曰：「古之賢人也。」「怨乎？」❷曰：「求仁而得仁，又何怨？」出，曰：「夫子不爲也。」伯夷以父命爲尊而讓其弟，叔齊以天倫爲重而讓其兄，仲尼以爲求仁而得仁者也。然則爲輒者奈何？宜辭於國，曰：「若以父爲有罪，將從王父之命，則有社稷之鎮公子在，我焉得爲君？以爲無罪，則國乃世子之所有也，天下豈有無父之國哉，而使我立乎

---

❶「復有」，鄭本作「有復」。

❷「怨」上，鄭本有「曰」字。按此引《论语・述而》，原文有「曰」字。

其位？」如此則言順而事成矣。是故輒辭其位以避父，則衛之臣子拒蒯聵而輔之可也；輒利其位以拒父，則衛之臣子舍爵禄而去之可也。烏有父不慈，子不孝，争利其國，滅天理而可爲者乎？

夏，四月，甲午，地震。

五月，辛卯，桓宫、僖宫災。

桓、僖親盡矣，其宫何以存？季氏者，出於桓，立於僖，世專魯國之政，其諸以是爲悦而不毁歟？何以不稱「及」？等也。稱「及」，則祖有尊卑矣。或謂祖有功，宗有德，所以勸也，則如之何？曰：孝子慈孫，事其祖考，仁也；或七廟，或五廟，自是以衰，禮也，奚問其功德之有無也？必若此言，是子孫得選擇其祖宗而尊事之矣，豈理也哉？

季孫斯、叔孫州仇帥師城啓陽。

宋樂髡帥師伐曹。

秋，七月，丙子，季孫斯卒。

蔡人放其大夫公孫獵于吴。

冬，十月，癸卯，秦伯卒。

叔孫州仇、仲孫何忌帥師圍邾。

四年，春，王二月，庚戌，盗殺蔡侯申。

按《左氏》：「蔡侯將如吴，諸大夫恐其又遷也，公孫翩逐而射之，卒。」然則翩非微者，其以盗稱，何也？蔡侯倍楚誑吴，又委罪於執政，其謀國如是，則信義俱亡，禮文並棄，無以守身而自衛，夫人得而害之矣，故變文書盗，以警有國之君也。翩弑君而略其名氏，姓與霍皆翩之黨，稱國以殺而不去其官者，二公孫蓋嘗謀國，不使其君至於是而弗見庸者也，故書法如此。而或者以翩非微者而稱盗，蘇轍以謂「求名而不得」，非矣。天下豈有欲求弑君之名，《春秋》又惜此名而不與者哉！

蔡公孫辰出奔吴。

葬秦惠公。

宋人執小邾子。

夏，蔡殺其大夫公孫姓、公孫霍。

晉人執戎蠻子赤歸于楚。

楚圍蠻氏，蠻子赤奔晉。楚謂晉曰：「晉、楚有盟，好惡同之，若將不廢，則寡人之願也。不然將通於少習以聽

命。」趙鞅曰：「晉國未寧，安能惡楚？必速與之。」乃詐執蠻子以畀楚師。其曰「晉人」云者，罪之也。蠻子赤何以名？夷狄也。無罪見執，亦書名，外之也。文公執曹伯則曰「畀宋人」，今此曷云「歸于楚」？歸于楚者，猶曰「京師楚」也。晉主夏盟，爲日久矣，不競至此，《春秋》所惡。

城西郛。

六月，辛丑，亳社災。

秋，八月，甲寅，滕子結卒。

冬，十有二月，葬蔡昭公。

葬滕頃公。

五年，春，城毗。

夏，齊侯伐宋。

晉趙鞅帥師伐衛。

秋，九月，癸酉，齊侯杵臼卒。

冬，叔還如齊。

閏月，葬齊景公。

六年，春，城邾瑕。

晉趙鞅帥師伐鮮虞。

吳伐陳。

夏，齊國夏及高張來奔。

叔還會吳于柤。

秋，七月，庚寅，楚子軫卒。

齊陽生入于齊。齊陳乞弒其君荼。

陽生曷爲不稱公子？非先君之子也。「爲人子者，無以有己」，則以父母之心爲心者。景公命荼世其國，已則簒荼而自立，是自絕於先君，豈復得爲先君之子也？不稱公子，誅不子也。陽生不子，則曷爲繫之齊？《春秋》端本之書也，正其本則事理。陽生之不子也，其誰使之然也？不有廢長立少以啓亂者乎？故齊景問政於孔子，孔子對曰：「君君，臣臣，父父，子子。」君不君則臣不臣，父不父則子不子。以陽生繫之齊，著亂之所由生也。然而弒荼者，陽生與朱毛也，曷爲書陳乞？初，景公謂陳乞：「吾欲立荼，如何？」❶對曰：「所樂

❶「如何」，鄭本作「何如」。按此引《公羊傳》，原文作「何如」。

乎爲君者，欲立則立之，不欲立則不立也。君如欲立，則臣請立之。」陽生謂乞曰：「吾聞子蓋將不欲立我也。」對曰：「千乘之主，將廢正而立不正，必殺正者。吾不立子者，所以生子也。」與之玉節而走之魯。景公死，荼立，陳乞使人迎陽生寘諸家，召諸大夫而示之，曰：「此君也。」諸大夫知乞有備，不得已，逡巡北面，再拜而君之爾。故里克中立，不免殺身之刑；陳乞獻諛，終被弑君之罪。是皆不明《春秋》之義，陷於大惡而不知者也。

冬，仲孫何忌帥師伐邾。

宋向巢帥師伐曹。

七年，春，宋皇瑗帥師侵鄭。

晉魏曼多帥師侵衛。

夏，公會吴于鄫。

秋，公伐邾。八月，己酉，入邾，以邾子益來。

《春秋》隱君之惡，故滅國書取，婉以成章而不失其實也。恃强陵弱，無故伐人而入其國，處其宫，晝夜掠，以其君來，獻于亳社，囚于負瑕，此天下之惡也。吴師爲是克東陽，齊人爲是取吾二邑，辱國亦甚矣。何以備書于策而不諱乎？聖人道隆而德大，人之有惡，務去之而不積也，則不念其惡而進之矣。「以邾子益來」，惡也。「歸邾子益于邾」，是知其爲惡，能去之而不積也。故書「以邾子來」而不諱者，欲見後書「歸邾子」之爲能去其惡而與之也，聖人之情見矣。明此然後可以操賞罰之權，不明乎此以操賞罰之權而能濟者，鮮矣。

宋人圍曹。

冬，鄭駟弘帥師救曹。

春秋傳卷第三十

哀公下

八年，春，王正月，宋公入曹，以曹伯陽歸。

此滅曹也，曷爲不言滅？滅者，亡國之善詞，上下之同力也。曹伯陽好田弋，鄙人公孫彊獲白鴈獻之，且言田弋之説，因訪政事，大説之。彊言霸説於曹伯，因背晉而奸宋。宋人伐之，晉人不救。書「宋公入曹，以曹伯陽歸」，而削其見滅之實，猶虞之亡書「晉人執虞公」而不言滅也。《春秋》輕重之權衡，故書法若此。有國者，妄聽辯言以亂舊政，自取滅亡之禍，可以鑒矣。

吴伐我。

吴爲邾故，興師伐魯，兵加國都而盟于城下。經書「伐我」，不言四鄙及與吴盟者，諱之也。「來戰于郎」直書不諱，盟于城下何諱之深也？楚人圍宋，易子而食，析骸而爨，亦云急矣，欲盟城下，則曰「有以國斃，不能從也」。晉師從齊，齊侯致賂，晉人不可，國佐對曰：「子若不許，請合餘燼，背城借一。敝邑之幸，亦云從也。」遂盟于爰婁，而《春秋》與之。今魯未及虧，不能少待，遂有城下之盟，是棄國也。夫棄國者，其能國乎？使有華元、國佐之臣，則不至此矣。故《春秋》不言四鄙及與吴盟者，欲見其實而深諱之，以爲後世謀國之士，不能以禮義自强，偷生惜死，至於侵削陵遲，而不知耻者之戒也。

夏，齊人取讙及闡。歸邾子益于邾。秋，七月。冬，十有二月，癸亥，杞伯過卒。齊人歸讙及闡。

按《左氏》：「邾子益，齊出也。」魯以益來，則齊人取讙及闡，又如吴請師，而怒猶未怠也，以此見國君之造惡不悛，則四鄰謀取其國家，莫能保矣。歸邾子益于邾，則齊人歸讙及闡，又辭師于吴，而德猶未泯也，以此見國君去惡而不積，則四鄰不侵其封境，而自安矣。曰

以，曰取者，逆詞也。曰歸者，順詞也。去逆效順，息諍休兵，❶齊無取地之罪，魯無失地之辱，以此見遷善之優、改過之大，而《春秋》不諱「入邾，以邾子益來」者，以明「歸益于邾」之能掩其前惡而美之也。

九年，春，王二月，葬杞僖公。

宋皇瑗帥師取鄭師于雍丘。

夏，楚人伐陳。

秋，宋公伐鄭。

冬，十月。

十年，春，王二月，邾子益來奔。

公會吴伐齊。

三月，戊戌，齊侯陽生卒。

按《左氏》：「公會吴伐齊，齊人弑悼公，赴于師。」《春秋》不著齊人弑君之罪，而以卒書者，亦猶鄭伯髡頑弑而書卒，不忍以夷狄之民加中國之君也，其存天理之意微矣。魯人入邾，以其君來，罪也。齊侯爲是取讙及闡，如吴請師討之也。魯人悔懼，歸益于邾，是知其罪而能改也。齊侯爲是歸讙及闡，又辭師于吴，是變之正也。夫變之正者，禮義之所在，中國之君也。吴人欲遂前言而背違正理，狄道也。齊之臣子，不能將順，上及其君，此天下大變，常理之所無也，故没其見弑之禍，而以卒書，其旨深矣。《春秋》弑君大惡，不待貶絶而自見也。君而見弑，豈無不善之積，以及其身乎？若夫悼公變而克正，則無不善之積矣，故以卒書而没其見弑，所謂不忍以夷狄之民加中國之君也，而存天理之意微矣。

夏，宋人伐鄭。

晉趙鞅帥師侵齊。

五月，公至自伐齊。

葬齊悼公。

衛公孟彄自齊歸于衛。

薛伯夷卒。

秋，葬薛惠公。

冬，楚公子結帥師伐陳。吴救陳。

---

❶「諍」，黄修本、鄭本作「争」。

《春秋》惡首亂，善解紛。自誅亂臣、討賊子之外，凡書救者，未有不善之也。救在王室，則罪諸侯，子突救衛是也；救在遠國，則罪四鄰，晉陽處父救江是也；救在夷狄，則罪中國，楚公子貞救鄭、狄救齊、吳救陳是也。吳雖蠻夷之國，來會于戚，則進而書人矣。使季札聘，則又進而書子矣。救而果善，曷爲獨以號舉而不進之也？其以號舉而不進之者，深著楚罪，而傷中國之衰也。陳者，有虞之後，嘗爲楚滅而僅存耳，今又無故興師，肆行侵伐，而列國諸侯縱其暴横，不能修方伯連帥之職。而吳能救之，故獨以號舉，深著楚罪而傷中國之衰也。子欲居九夷，乘桴浮海，而曰「夷狄之有君，不如諸夏之亡也」，其書「吳救陳」之意乎？

十有一年，春，齊國書帥師伐我。

諸侯來伐，無有不書四鄙者。今齊師及清涉泗，非有城下之盟，可諱之辱，亦書「伐我」，何也？傳説復于高宗曰：「惟甲胄起戎，惟干戈省厥躬。」夫「省厥躬」者，自反之謂也。自反而縮則爲壯，自反而不縮則爲老。師之老壯在曲直，曲直自我，而不繫乎人者也。邾子，齊之甥。魯嘗入邾，以其君來，齊人爲是取讙及闡，請師于吳，曲在我矣；及歸邾益，而齊人歸讙及闡，又辭吳師，直在齊矣。魯人何名會吳伐之也？故《春秋》之記斯師，特曰「伐我」者，欲省致師之由而躬自厚也，垂訓之義大矣。

夏，陳轅頗出奔鄭。

五月，公會吳伐齊。

甲戌，齊國書帥師及吳戰于艾陵。齊師敗績，獲齊國書。

秋，七月，辛酉，滕子虞母卒。

冬，十有一月，葬滕隱公。

衛世叔齊出奔宋。

十有二年，春，用田賦。

哀公問於有若曰：「年饑，用不足，如之何？」有若對曰：「盍徹乎？」曰：「二，吾猶不足，如之何其徹也？」曰：「百姓足，君孰與不足？百姓不足，君孰與足？」古者，公田什一，助而不稅。魯自宣公初稅畝，後世遂以爲常，而不復矣。至是二猶不足，故又以田賦也。夫先王制土，籍田以力而砥其遠邇，賦里以入而量其有

無。里，壥也，謂商賈所居之區域。❶今用田賦軍旅之征，非矣。田以出粟爲主而足食，賦以出軍爲主而足兵。周制，宅不毛者有里布，無職事者征夫家，漆林之稅二十而五。則弛力薄征，當以農民爲急，而增賦竭作，不使末業者獨幸而免也。今二猶不足，而用田賦，是重困農民而削其本，何以爲國？書曰「用田賦」，用者，不宜用也。近世議弛商賈之征，達於時政者，欲先省國用，首寬農民，後及商賈，知《春秋》譏田賦之意矣。

夏，五月，甲辰，孟子卒。

孟子，吴女，昭公之夫人。其曰「孟子」云者，諱取同姓也。《禮》：「取妻不取同姓，買妾不知其姓則卜之，厚男女之别也。同姓從宗合族屬，異姓主名治際會，名著而男女有别矣。四世而緦，服窮也；五世而袒免，殺同姓也；六世，親屬竭矣。其庶姓别於上，戚單於下，昏姻可以通乎？綴之以姓而弗别，合之以食而弗殊，雖百世而昏姻不通，周道然也。」昭公不謹於禮，欲結好强吴以去三家之權，忍取同姓以混男女之别，不命於天子以弱其配，不見於廟、不書於册以廢其常典，禮之大本喪矣，其失國也宜。故陳司敗問：「昭公知禮乎？」子曰：「知禮。」子退，揖巫馬期而進之，曰：「吾聞君子不黨，君子亦黨乎？君娶於吴，爲同姓，謂之吴孟子。君而知禮，孰不知禮？」巫馬期以告。子曰：「丘也幸，苟有過，人必知之。」書「孟子卒」，雖曰爲君隱，而實亦不可揜矣。

公會吴于槖皋。

秋，公會衛侯、宋皇瑗于鄖。

宋向巢帥師伐鄭。

冬十有二月，螽。

十有三年，春，鄭罕達帥師取宋師于嵒。

夏，許男成卒。

公會晉侯及吴子于黄池。

黄池，衛地。其言「及」者，會兩伯之詞也。《春秋》内中國而外諸夷，❷吴人主會，其先晉，紀常也。《春秋》四夷雖大皆曰子，吴僭王矣，其稱子，正名也。以會兩伯

---

❶「里壥也謂商賈所居之區域」十一字，鄭本無。

❷「夷」，原作「夏」，今據黄修本、鄭本改。

之詞而言「及」者，先吴則拂經而失序，列書則泯實而傳疑，特書曰「及」，順天地之經，著盟會之實，又以見夷狄之强，而抑其横也。定公以來，晉失霸業，不主夏盟，夫差暴横，勢傾上國，自稱周室於己爲長。蓋太伯之後以族屬言，則伯父也。而黄池之會，聖人書法如此者，訓後世治中國、御四夷之道也。明此義，則知漢宣帝待單于位在諸侯王上，蕭傅之議非矣；唐高祖稱臣於突厥，倚以爲助，劉文靖之策失矣。況於以父事之如石晉者，將欲保國而免其侵暴，可乎？或曰：苟不爲此，至於亡國，則如之何？曰：存亡者，天也。得失者，人也。不可逆者，理也。以人勝天，則事有在我者矣。必若顛倒冠履，而得天下，其能一朝居乎？故《春秋》撥亂反正之書，不可以廢焉者也。

楚公子申帥師伐陳。

於越入吴。

吴自柏舉以來，憑陵中國，黄池之會，遂主夏盟，可謂强矣。而《春秋》繼書「於越入吴」，所謂因事屬詞，垂戒後世，而見深切著明之義也。曾子曰：「戒之戒之，出乎爾者反乎爾。」老氏曰：「佳兵，不祥之器，其事好還。」夫以力勝人者，人亦以力勝之矣。吴嘗破越，遂有輕楚之心；及其破楚，又有驕齊之志；既勝齊師，復與晉人争長，自謂莫之敵也，而越已入其國都矣。吴侵中國，而越滅之。越又不監，而楚滅之。楚又不監，而秦滅之。秦又不監，而漢滅之。老氏、曾子其言豈欺也哉？《春秋》初書「於越入吴」在柏舉之後，再書「於越入吴」在黄池之後，皆因事屬詞，垂戒後世，不待貶絶而見深切著明之義也，而可廢乎？

秋，公至自會。

晉魏曼多帥師侵衛。

葬許元公。

九月，螽。

冬，十有一月，有星孛于東方。

盗殺陳夏區夫。

十有二月，螽。

十有四年，春，西狩獲麟。

河出圖，洛出書，而八卦畫；《簫韶》作，《春秋》成，而鳳、麟至。事應雖殊，其理一也。《易》曰：「大人者，先

天而天弗違，後天而奉天時。」舜、孔子，先天者也，先天而天弗違，志壹之動氣也；伏羲氏，後天者也，後天而奉天時，氣壹之動志也。有見乎此者，則曰文成而麟至；無見乎此者，以爲妖妄而近誣。《周南·關雎》之化，王者之風，而「麟之趾」，《關雎》之應也；《召南·鵲巢》之德，先公之教，而「騶虞」，《鵲巢》之應也。世衰道微，暴行交作，臣弑其君者有之，子弑其父者有之。夫子爲是作《春秋》，明王道，正人倫，氣志天人，交相感勝之際深矣。制作文成而麟至宜矣。商王恭默思道，帝賚良弼，得於傅巖。周公欲以身代其兄，植璧秉圭，而武王疾愈；啓《金縢》之策，❶天乃反風；出罪己之言，熒惑退舍。至於勇夫志士，精誠所格，上致日星之應，召物産之祥，蓋有之矣。况聖人之心，感物而動，見於行事，以遺天下與來世哉！《簫韶》九奏，鳳儀于庭；魯史成經，麟出于野，亦常理爾。

《詩》以正情，《書》以制事，《禮》以成行，《樂》以養和，《易》以明變，垂教亦備矣，則曷爲作《春秋》？子曰：「我欲載之空言，不如見之於行事之深切著明也。知我者，其惟《春秋》乎！」何以約乎魯史？子曰：「我欲觀夏道，是故之杞，而不足徵也；我欲觀殷道，是故之宋，而不足徵也；我欲觀周道，❷幽、厲傷之，舍魯何適矣？」何以始乎隱公？三綱淪，九法斁，天下無復有王也。何以絶筆於獲麟，其以天道終乎？聖人之於天道，命也，有性焉，君子不謂命也。是故《春秋》，天子之事，聖人之用，撥亂反正之書，考諸三王而不繆，建諸天地而不悖，質諸鬼神而無疑，百世以俟聖人而不惑，其於格物、修身、齊家、治國，施諸天下，無所求而不得，亦無所處而不當，何莫學夫《春秋》？故君子誠有樂乎此也。繇仲尼至於孟子，百有餘歲，若顔、曾則見而知之，若孟子則聞而知之。由孟子而來，至于今，千有餘歲矣，其書未亡，其出於人心者猶在，蓋有不得已焉耳，則亦有不得已焉耳矣。

❶「縢」，原作「滕」，據鄭本改。

❷「欲」，黄修本、鄭本無。按此引《禮記·禮運》，原文無「欲」字。

附　録

黄汝嘉跋（黄修本）

右胡文定公《春秋傳》三十卷，發明經旨，當與三家並行。乾道四年，忠肅劉公出鎮豫章，鋟木郡齋，以惠後學。歲久磨滅，讀者病之。汝嘉備員分教，輒請歸于學官，命工刊修。會公之曾孫緈庀職民曹，因以家傳舊槁，重加是正，始爲善本。工迄告成，姑識歲月于卷末。

慶元己未，中夏既望，莆田黄汝嘉謹書

劉憲重刻春秋胡傳序（鄭本）

吾友上饒婁君克讓，以名御史奉勑董學於南畿，不數年教行信孚，士風翕然以變。君不自假，敬敷之餘，輒校讎經傳，謂《春秋》孔氏要典，儒先爲説者紛如，初學之士茫然無入頭處，惟《胡氏傳》事按《左氏》，義擇《公》、《穀》，大綱本孟子，微詞則證程氏，眡諸説爲備。學者由是學焉，庶有歸着，聖人之心可漸得矣。乃命新安同知張英重刻《胡氏傳》，以嘉惠初學。刻既訖工，屬予引其端。予惟吾夫子之作《春秋》，其心也神，其義也精，其慮也遠，孟氏推其功配抑洪水、兼夷狄、驅猛獸，誠矣哉。宋王安石柄國，創制新説，顧以《春秋》束諸高閣，卒肇靖康之禍。高宗南渡，雖命安國爲

傳以進，亦弗克用，上下陵遲，馴至夷狄入主中國，莫之遏也。天乃命我太祖高皇帝肅清中原，臨御之初，即詔天下，設科取士，《春秋》本左氏、公穀氏、程氏、胡氏傳。太宗文皇帝又命儒臣纂脩性理諸書，《春秋》一以《胡傳》爲主，尊信表章，莫此爲至。百數十年于兹，粲然君臣之義，凜然夷夏之辨，吾夫子之功至是爲大，胡氏之言至是不爲虛文矣。噫！有志《春秋》者，果能從事是傳，沉潛反復，味其言，索其義，以自得乎聖人之心，他日奮庸于時，必能議大政，持大節，以樹勳業於天下國家，匪直爲取科第之捷徑而已。夫然，是傳之刻有益於學者，豈淺淺哉？

成化壬寅秋閏八月丁巳，後學餘干劉憲序

張元濟跋

安國《自序》稱：「近世推隆王氏新説，按爲國是，獨於《春秋》貢舉不以取士，庠序不以設官，經筵不以進讀，斷國論者無所折衷，天下不知所適。」又云：「天縱聖學，崇信是經，迺於斯時，奉承詔旨，謹述所聞爲之説以獻。」是《春秋》一經，當時晦於新説，安國本褒德貶罪之旨，撰爲是書，上之御府。

《四庫總目》稱「《玉海》載：『紹興五年四月，詔徽猷閣待制胡安國，經筵舊臣，令以所著《春秋傳》纂述成書進入。十年三月，書成上之。』是安國此傳久已屬稿，自奉敕撰進，又覆訂五年而後成」云云。今按安國《進書表》實在紹興六年十二月，館臣未

見此表，致沿《玉海》之訛，疏矣。是本宋諱避至「慎」字，當爲孝宗時刻本。其《自序》、《進書表》、《論名諱劄子》及《述綱領》、《明類例》、《謹始例》、《敘傳授》四篇，涵芬樓舊藏元刊汪氏纂疏本尚存，惟《進書表》首尾已多刪削。至毛氏汲古閣刻本則盡遺之，全失舊本之真矣。

元延祐二年定經義、經疑取士條格，《春秋》用三傳及胡安國傳，其書始立於學官。明襲其制，增張洽《春秋集注》，後洽書漸微，而此傳獨行。入清，懲於明代偏勝之弊，廢置不用，誦習者希。

胡氏此書成於南渡之後，激於時事，語多感憤。其所貶者，於莊公四年「紀侯大去其國」，則不與其去而不存；十年「荆以蔡侯獻舞歸」，則賤其失地；哀公八年「吴伐我」，則諱其爲城下之盟。其所褒者，於莊公十七年「齊人殲於遂」，則嘉其以亡國餘民，能殲强齊之戍；昭公十一年「楚執蔡世子有以歸」，則與其與民守國，効死不降。胡氏當日無非對證發藥之言，然自今觀之，胡氏之言又豈僅爲南渡後宋之君臣發哉？吾竊願讀是書者，時時毋忘胡氏之苦口也。

海鹽張元濟

鳴謝

《儒藏》精華編惠蒙善助，共襄斯文；謹列如左，用伸謝忱。

本焕法師　壹佰萬元

智海企業集團董事長　馮建新先生　壹佰萬元

NE・TIGER時裝有限公司董事長　張志峰先生　壹佰萬元

張貞書女士　壹佰萬元

北京大學《儒藏》編纂與研究中心

本册審稿人　陳　新　赵伯雄

本册責任編委　谷　建　张麗娟

圖書在版編目(CIP)數據

儒藏.精華編.九一/北京大學《儒藏》編纂與研究中心編.—北京：北京大學出版社，2016.6

ISBN 978-7-301-11809-2

Ⅰ.①儒… Ⅱ.①北… Ⅲ.①儒家 Ⅳ.①B222

中國版本圖書館CIP數據核字（2016）第082301號

書　　名	儒藏（精華編九一） RUZANG
著作責任者	北京大學《儒藏》編纂與研究中心　編
責任編輯	吴遠琴　王　應
標準書號	ISBN 978-7-301-11809-2
出版發行	北京大學出版社
地　　址	北京市海淀區成府路205號　100871
網　　址	http://www.pup.cn　　新浪微博:@北京大學出版社
電子信箱	dianjiwenhua@163.com
電　　話	郵購部62752015　發行部62750672　編輯部62756449
印 刷 者	北京中科印刷有限公司
經 銷 者	新華書店
	787毫米×1092毫米　16開本　43.5印張　570千字
	2016年6月第1版　2016年6月第1次印刷
定　　價	1200.00元

ISBN 978-7-301-11809-2
9 787301 118092 >
定價:1200.00元